2025年重庆经济展望

2025 CHONGQING ECONOMIC OUTLOOK

重庆市综合经济研究院
重庆市经济信息中心
重庆统筹城乡发展研究中心 编著
重庆市推动成渝地区双城经济圈建设研究中心

中国经济出版社
CHINA ECONOMIC PUBLISHING HOUSE

·北京·

图书在版编目（CIP）数据

2025年重庆经济展望／重庆市综合经济研究院等编著． -- 北京：中国经济出版社，2024. 12． -- ISBN 978-7-5136-8029-5

Ⅰ．F127.719

中国国家版本馆 CIP 数据核字第 2024K35F83 号

审图号：渝 S（2019）045 号

策划编辑　姜　静
责任编辑　郑　潇
责任印制　马小宾
封面设计　任燕飞工作室

出版发行	中国经济出版社
印 刷 者	北京富泰印刷有限责任公司
经 销 者	各地新华书店
开　　本	889mm×1194mm　1/16
印　　张	34.5
字　　数	1000 千字
版　　次	2024 年 12 月第 1 版
印　　次	2024 年 12 月第 1 次
定　　价	198.00 元

广告经营许可证　京西工商广字第 8179 号

中国经济出版社 网址 http://epc.sinopec.com/epc/ 社址 北京市东城区安定门外大街 58 号 邮编 100011
本版图书如存在印装质量问题，请与本社销售中心联系调换（联系电话：010-57512564）

版权所有　盗版必究（举报电话：010-57512600）
国家版权局反盗版举报中心（举报电话：12390）　　服务热线：010-57512564

编 辑 委 员 会

主办单位：重庆市综合经济研究院　重庆市经济信息中心　重庆统筹城乡发展研究中心
　　　　　　重庆市推动成渝地区双城经济圈建设研究中心

顾　　问：易小光

主　　编：丁　瑶

副 主 编：黄利军　余贵玲（常务）　邓兰燕　苟文峰

编　　委：丁　瑶　黄利军　余贵玲　邓兰燕　郭汉林　苟文峰　曹　亮
　　　　　　熊　艳　熊　姝　朱　燕　李　权　张　峰　杜　婷　赵炜科
　　　　　　幸雅妮　李雪梅　罗丛生　裴　多　李　林　苏　凡　张　超
　　　　　　赵　伦　张　佳　张海荣　王　凯

主　　研：易小光　丁　瑶　黄利军　余贵玲　邓兰燕　苟文峰　曹　亮
　　　　　　熊　姝　李　权　张　峰　赵炜科　李雪梅　罗丛生　裴　多
　　　　　　李　林　苏　凡　张　超　赵　伦　邹於娟　陈　可　陈　姝
　　　　　　成秋明　戴方尧　邓吉敏　贺诗倪　贾静涛　简华球　蒋安玲
　　　　　　黎　慧　李　俊　李　霞　罗宇航　蒲昌权　邱　婧　曲　燕
　　　　　　施小兰　孙茂曦　王春宇　汪　婧　王　利　王志军　夏　月
　　　　　　夏梁颖　杨　梅　张　佳　张　锐　张　睿　赵　飞　郑秋霞
　　　　　　郑淑媛　徐璐茜

特约撰稿单位及撰稿人：

　　　　　　国家信息中心　张宇贤　牛　犁　程伟力　闫　敏　邹蕴涵
　　　　　　　　　　　　陈　彬　韩瑞栋　李　佳
　　　　　　重庆市经济和信息化委员会　范志飞　樊志鑫　马改妮　赵俊远
　　　　　　　　　　　　余　菲
　　　　　　重庆市市场监督管理局　周家鹏
　　　　　　重庆市规划和自然资源局　吴长飞
　　　　　　重庆市知识产权局　周建超
　　　　　　重庆生产力促进中心　杨　艳
　　　　　　国家统计局重庆调查总队　刘　航
　　　　　　重庆两江新区管委会　欧阳建明
　　　　　　西部科学城重庆高新区管委会　杨凯维
　　　　　　重庆市各区县（自治县）发展和改革委员会、万盛经济技术开发区发展改革局
　　　　　　西部各省（自治区）、各直辖市信息中心

序

2024年以来，世界地缘政治冲突进一步加剧了全球经济增长的脆弱性，国际贸易投资总体低迷，世界经济增长格局的不平衡性更加明显。我国在以习近平同志为核心的党中央坚强领导下，坚持稳中求进工作总基调，强化宏观经济治理体系建设，有效落实存量政策，加力推出增量政策，加大财政货币政策逆周期调节力度，着力扩大内需和防范化解风险，社会预期持续改善，国内经济保持回稳向好态势。在此宏观背景下，重庆深入贯彻党的二十届三中全会精神和习近平总书记视察重庆重要讲话重要指示精神，对标落实重庆市委六届五次全会、重庆市委六届六次全会部署，牢牢把握"稳进增效、除险固安、改革突破、惠民强企"工作导向，统筹抓好一揽子增量政策和重大存量政策落地见效，有效应对旱涝急转和连晴高温影响，全市经济运行稳中有进的势头进一步巩固，高质量发展基础进一步夯实。

2025年，重庆经济发展机遇与挑战并存，但机遇大于挑战。从国际看，科技革命与产业变革快速发展，推动了各领域的进步和发展。经济全球化在逆境中深化，广阔的市场和资源配置空间依然存在。但地缘政治冲突延宕、大国博弈持续角力，将进一步增加全球经济发展的不确定性，世界贸易保护主义和贸易摩擦风险加大，全球经济增长动力有所减弱，将对重庆对外贸易与投资产生不利影响。从国内看，2025年是"十四五"和"十五五"规划期的衔接之年，也是全面深化落实党的二十届三中全会精神和谋划未来发展的关键之年，我国将以全面深化改革推动更高质量的开放和发展，加快构建新发展格局，统筹发展和安全，围绕重大战略和重点领域，加快生产力布局调整和培育形成新质生产力，促进城乡区域协调发展。同时，宏观调控将更加科学地强化逆周期调节和跨周期调节，兼顾短期与长期目标，促进政策落地见效，进一步改善市场预期和提振企业信心，推动经济实现质的有效提升和量的合理增长。面对国内外经济环境变化，重庆将以习近平新时代中国特色社会主义思想为指导，全面贯彻落实党的二十大精神，牢牢把握高质量发展这个首要任务，紧扣习近平总书记赋予重庆的"新时代西部大开发重要战略支点"和"内陆开放综合枢纽"两大定位和打造"六区"目标，加快以成渝地区双城经济圈、西部陆海新通道、数字重庆建设为引领，全面深化体制机制改革，积极开展重大项目谋划和建设，着力推动"33618"现代制造业集群体系和"416"科技创新布局取得新进展，有效提振市场活力与投资信心，经济稳定向好态势将持续巩固，社会主义现代化新重庆建设基础更加牢固。

年度《重庆经济展望》是重庆市综合经济研究院（重庆市经济信息中心）围绕建设一流智库目标，秉承"把脉经济形势，服务政府决策"宗旨，与合作机构历经多年打造的拳头产品，是社会各界了解国内外政治经济环境，把握重庆宏观经济运行趋势、行业发展动态的重要载体和窗口，对服务重庆经济社会发展起到了重要的智力支撑作用，出版30余年来持续得到社会各界的好评和肯定，是一部了解重庆、宣传重庆的重要典藏。

《重庆经济展望》编委会
2024年12月

目 录

综合卷·宏观篇

之一：2024 年世界经济形势分析及 2025 年展望 ………………………………………… 2

之二：2024 年中国宏观经济形势分析及 2025 年展望 …………………………………… 6

之三：2024 年西部地区经济运行分析及 2025 年展望 …………………………………… 13

之四：2024 年成渝地区双城经济圈建设情况及 2025 年展望 …………………………… 20

之五：2024 年重庆市经济运行分析及 2025 年展望 ……………………………………… 27

综合卷·比较篇

之一：2024 年北京市经济运行分析及 2025 年展望 ……………………………………… 40

之二：2024 年天津市经济运行分析及 2025 年展望 ……………………………………… 46

之三：2024 年上海市经济运行分析及 2025 年展望 ……………………………………… 51

之四：2024 年四川省经济运行分析及 2025 年展望 ……………………………………… 57

之五：2024 年贵州省经济运行分析及 2025 年展望 ……………………………………… 64

之六：2024 年云南省经济运行分析及 2025 年展望 ……………………………………… 70

之七：2024 年陕西省经济运行分析及 2025 年展望 ……………………………………… 77

之八：2024 年甘肃省经济运行分析及 2025 年展望 ……………………………………… 83

之九：2024 年宁夏回族自治区经济运行分析及 2025 年展望 …………………………… 94

之十：2024 年新疆维吾尔自治区经济运行分析及 2025 年展望 ………………………… 102

之十一：2024 年内蒙古自治区经济运行分析及 2025 年展望 …………………………… 107

之十二：2024 年广西壮族自治区经济运行分析及 2025 年展望 ………………………… 111

综合卷·专题篇

之一：2024 年重庆市乡村振兴发展情况及 2025 年展望 ………………………………… 118

之二：2024 年重庆市工业经济运行分析及 2025 年展望 ………………………………… 123

之三：2024 年重庆市投资形势分析及 2025 年展望 ……………………………………… 129

之四：2024 年重庆市消费商贸形势分析及 2025 年展望 ………………………………… 136

之五：2024 年重庆市对外开放与区域合作情况及 2025 年展望 ………………………… 142

之六：2024 年重庆市财政金融运行分析及 2025 年展望 ········ 148
之七：2024 年重庆市社会事业发展情况及 2025 年展望 ········ 154
之八：2024 年重庆市就业创业发展情况及 2025 年展望 ········ 160
之九：2024 年重庆市数字经济发展情况及 2025 年展望 ········ 165
之十：2024 年重庆市信息化发展情况及 2025 年展望 ········ 170
之十一：2024 年重庆市生态绿色发展情况及 2025 年展望 ········ 176
之十二：2024 年重庆市社会信用体系建设情况及 2025 年展望 ········ 181
之十三：2024 年重庆市物价形势分析及 2025 年展望 ········ 186
之十四：2024 年重庆市民营经济发展情况及 2025 年展望 ········ 192
之十五：2024 年重庆市市场监管环境形势分析及 2025 年展望 ········ 198
之十六：2024 年重庆市自然资源开发利用分析及 2025 年展望 ········ 203
之十七：2024 年重庆市城乡居民收入状况分析及 2025 年展望 ········ 207
之十八：2024 年重庆市创新发展情况及 2025 年展望 ········ 211
之十九：2024 年重庆市知识产权发展情况及 2025 年展望 ········ 215
之二十：2024 年重庆两江新区经济运行分析及 2025 年展望 ········ 219
之二十一：2024 年西部科学城重庆高新区经济运行分析及 2025 年展望 ········ 222
之二十二：2024 年重庆市推进西部陆海新通道建设情况及 2025 年展望 ········ 225
之二十三：2024 年中新（重庆）战略性互联互通示范项目建设情况及 2025 年展望 ········ 230
之二十四：2024 年中国（重庆）自由贸易试验区建设情况及 2025 年展望 ········ 235

产业卷·第一产业篇

之一：2024 年重庆市农业发展及 2025 年展望 ········ 242

产业卷·第二产业篇

之一：2024 年重庆市第二产业发展及 2025 年展望 ········ 250
之二：2024 年重庆市高技术、战略性新兴产业发展及 2025 年展望 ········ 256
之三：2024 年重庆市汽车摩托车产业发展及 2025 年展望 ········ 261
之四：2024 年重庆市电子信息产业发展及 2025 年展望 ········ 266
之五：2024 年重庆市装备制造业发展及 2025 年展望 ········ 272
之六：2024 年重庆市生物医药产业发展及 2025 年展望 ········ 277
之七：2024 年重庆市材料产业发展及 2025 年展望 ········ 280
之八：2024 年重庆市消费品工业发展及 2025 年展望 ········ 284
之九：2024 年重庆市能源工业发展及 2025 年展望 ········ 287
之十：2024 年重庆市建筑业发展及 2025 年展望 ········ 293

产业卷·第三产业篇

- 之一：2024年重庆市第三产业发展及2025年展望 …… 300
- 之二：2024年重庆市金融业发展及2025年展望 …… 306
- 之三：2024年重庆市物流业发展及2025年展望 …… 311
- 之四：2024年重庆市软件和信息服务业发展及2025年展望 …… 317
- 之五：2024年重庆市房地产业发展及2025年展望 …… 322
- 之六：2024年重庆市文化产业发展及2025年展望 …… 328
- 之七：2024年重庆市旅游产业发展及2025年展望 …… 334
- 之八：2024年重庆市住宿和餐饮业发展及2025年展望 …… 339
- 之九：2024年重庆市健康服务业发展及2025年展望 …… 345

区域卷·主城都市区篇

- 之一：2024年主城都市区经济运行分析及2025年展望 …… 352
- 之二：2024年渝中区经济运行分析及2025年展望 …… 358
- 之三：2024年大渡口区经济运行分析及2025年展望 …… 362
- 之四：2024年江北区经济运行分析及2025年展望 …… 366
- 之五：2024年沙坪坝区经济运行分析及2025年展望 …… 369
- 之六：2024年九龙坡区经济运行分析及2025年展望 …… 372
- 之七：2024年南岸区经济运行分析及2025年展望 …… 377
- 之八：2024年北碚区经济运行分析及2025年展望 …… 380
- 之九：2024年渝北区经济运行分析及2025年展望 …… 384
- 之十：2024年巴南区经济运行分析及2025年展望 …… 388
- 之十一：2024年涪陵区经济运行分析及2025年展望 …… 394
- 之十二：2024年长寿区经济运行分析及2025年展望 …… 398
- 之十三：2024年江津区经济运行分析及2025年展望 …… 401
- 之十四：2024年合川区经济运行分析及2025年展望 …… 404
- 之十五：2024年永川区经济运行分析及2025年展望 …… 408
- 之十六：2024年南川区经济运行分析及2025年展望 …… 413
- 之十七：2024年綦江区经济运行分析及2025年展望 …… 418
- 之十八：2024年大足区经济运行分析及2025年展望 …… 422
- 之十九：2024年璧山区经济运行分析及2025年展望 …… 426
- 之二十：2024年铜梁区经济运行分析及2025年展望 …… 431
- 之二十一：2024年潼南区经济运行分析及2025年展望 …… 435
- 之二十二：2024年荣昌区经济运行分析及2025年展望 …… 440
- 之二十三：2024年垫江县经济运行分析及2025年展望 …… 445
- 之二十四：2024年万盛经济技术开发区经济运行分析及2025年展望 …… 452

区域卷·渝东北三峡库区篇

- 之一：2024 年渝东北三峡库区经济运行分析及 2025 年展望 ······ 456
- 之二：2024 年万州区经济运行分析及 2025 年展望 ······ 462
- 之三：2024 年开州区经济运行分析及 2025 年展望 ······ 468
- 之四：2024 年梁平区经济运行分析及 2025 年展望 ······ 472
- 之五：2024 年城口县经济运行分析及 2025 年展望 ······ 476
- 之六：2024 年丰都县经济运行分析及 2025 年展望 ······ 480
- 之七：2024 年忠县经济运行分析及 2025 年展望 ······ 485
- 之八：2024 年云阳县经济运行分析及 2025 年展望 ······ 490
- 之九：2024 年奉节县经济运行分析及 2025 年展望 ······ 496
- 之十：2024 年巫山县经济运行分析及 2025 年展望 ······ 501
- 之十一：2024 年巫溪县经济运行分析及 2025 年展望 ······ 506

区域卷·渝东南武陵山区篇

- 之一：2024 年渝东南武陵山区经济运行分析及 2025 年展望 ······ 512
- 之二：2024 年黔江区经济运行分析及 2025 年展望 ······ 517
- 之三：2024 年武隆区经济运行分析及 2025 年展望 ······ 521
- 之四：2024 年石柱土家族自治县经济运行分析及 2025 年展望 ······ 525
- 之五：2024 年秀山土家族苗族自治县经济运行分析及 2025 年展望 ······ 529
- 之六：2024 年酉阳土家族苗族自治县经济运行分析及 2025 年展望 ······ 534
- 之七：2024 年彭水苗族土家族自治县经济运行分析及 2025 年展望 ······ 538

综合卷
宏观篇

之一：2024年世界经济形势分析及2025年展望

一、2024年全球经济形势分析

（一）全球经济实现软着陆，但区域与国别之间分化趋势明显

根据国际货币基金组织（International Monetary Fund，IMF）预测，2024年全球经济有望实现3.2%的增长。在高通货膨胀背景下，意味着全球经济实现了软着陆。不过，这一增速既比2023年的3.3%有所回落，也低于疫情暴发前30年的平均水平。同时，区域与国别之间的经济增长分化明显。

在发达经济体中，只有美国经济一枝独秀，IMF预计2024年经济增长2.8%，但日本和欧元区仅分别增长0.3%与0.8%，其中德国经济增速为零。需要指出的是2023年德国经济已经出现0.3%的衰退。

在新兴和发展中经济体中，亚洲表现较好，IMF预计2024年增长5.3%，其中印度增长7%，在主要经济体中处于遥遥领先的地位；越南增长6.1%，比2023年提高1.1个百分点；东盟五国增速虽然只有4.5%，但比2023年提高0.5个百分点，呈现上升态势，与全球增速下滑形成鲜明对比。欧洲新兴和发展中经济体2024年预计增长3.2%，与全球水平一致。拉丁美洲和加勒比地区2024年只有2.1%的增长，其中巴西增长3%，比2023年提高0.1个百分点，呈现向好趋势；但墨西哥2024年仅增长1.5%，而2023年增长3.2%，出现明显回落趋势。

（二）发达国家工业生产低迷，新兴市场经济体相对繁荣

从美国情况来看，2023年工业生产总值下降0.42%，2024年前三季度同比分别增长-0.24%、0.02%和-0.55%，继续保持衰退或低迷状态。日本与美国保持同步，只不过幅度更大，2023年下降1.33%，2024年前两季度同比分别下降4.35%和2.96%，7月实现了2.02%的增长，但8月和9月又出现6.53%和4.27%的下降。欧洲情况与美国和日本雷同，2024年前7个月工业生产总值同比下降幅度在1.3%和6.5%之间，只有8月实现了0.1%的微弱增长。

与发达国家形成鲜明对比的是，以亚洲为代表的新兴市场经济体工业生产保持良好的增长态势。2024年前三季度，越南工业生产总值累计同比增长8.64%。2024年前7个月，印度同比增幅在4.21%和6.25%之间，只有8月出现了0.14%的小幅下降。马来西亚前8个月同比增幅保持在2.40%和6.12%之间。作为拉美新兴经济体的代表，巴西前8个月只有3月和5月出现小幅下降，其余6个月同比增幅在2.2%和8.4%之间。

（三）服务业引领经济复苏，旅游业表现尤甚

在发达国家工业生产低迷乃至衰退的情况下，GDP仍然保持增长，意味着服务业自然而然成了引领经济复苏的主要力量。在服务业中，旅游业表现尤为突出。世界旅游业理事会（The World Travel & Tourism Council，WTTC）年度报告显示，2024年全球每10美元消费中就有1美元用于旅行，创下历史新高，由此导致旅游业对全球GDP的贡献达到创纪录的11.1万亿美元，占全球GDP的10%，同比增长12.1%；从就业方面来看，预计2024年旅游业将提供近3.48亿个就业岗位，比2019年（新冠疫情前最

高纪录）多出1360万个。

这一现象并非疫情之后的突发现象，根据日本经产省数据，2019年访日国际游客消费约为4.6万亿日元，同年汽车和半导体出口约12万亿日元和4万亿日元，换言之，当年海外游客对日本出口的影响仅次于汽车已居第二位。2024年，日本旅游业空前繁荣，日本国家旅游局（Japan National Tourism Organization，JNTO）统计显示，上半年累计接待外国游客约1778万人次，远超历史同期水平，预计全年将达到3500万人次。WTTC预计，2024年日本旅游业收入将占GDP的7.5%。

（四）全球货物贸易出现反弹，服务贸易持续稳步增长

根据世界贸易组织（World Trade Organization，WTO）发布的报告，2023年全球货物贸易出现1.1%的衰退，2024年上半年全球货物贸易量同比增长2.3%，下半年和2025年将继续保持复苏态势。预计2024年全球货物贸易量将增长2.7%，不过这一复苏并不均衡。由于汽车产品和化学品需求下滑，预计2024年欧盟出口将下降1.4%；相反，亚洲地区出口额将增长7.4%，远超其他地区。与商品贸易形成对比的是服务贸易稳步快速增长。根据WTO报告，2023年全球服务贸易强劲增长9%，达到7.54万亿美元；2024年一季度服务贸易同比增长8%，二季度仍将保持相对强劲增长。

（五）通货膨胀压力明显缓解，但服务价格上涨压力仍存

2024年9月，美国和日本CPI同比涨幅分别回落到2.4%和2.5%，10月欧元区也回落到2%，全球通胀压力已经较2022年最高点时明显缓解。但是美国和欧洲服务价格上涨压力仍存，9月美国服务价格指数同比上涨4.7%，10月欧元区上涨3.9%。此外，新兴市场经济体中的巴西、印度和俄罗斯9月CPI同比分别上涨4.4%、5.5%和8.6%，仍居高位。

目前，欧美服务价格上涨问题仍可以由经典的结构性通货膨胀理论解释。经济部门可以简单地区分为贸易部门与非贸易部门，贸易部门的价格主要由国际市场决定，非贸易部门劳动生产率增速缓慢，其通货膨胀水平主要由工资水平决定，这往往表现为非贸易部门具有较强的提价能力。事实上，这一问题早已出现，2021年以来，欧美国家低收入服务行业工人跳槽及卡车司机短缺成为工资成本上升的先导，餐饮、运输、仓储、电力等非贸易部门价格率先上涨，然后再传导至其他部门。众所周知，服务业大多属于非贸易部门。

（六）就业市场持续繁荣，经济低增长与低失业率并存

2024年9月，欧元区失业率为6.3%，为2000年有该项统计指标以来最低水平，同期美国和日本失业率分别为4.1%和2.5%。新兴和发展中经济体就业压力高于发达国家，但也有明显改善，例如9月巴西失业率为6.3%，创2013年12月以来的最好水平。不过，在就业市场持续繁荣的同时经济增速却相对较低，出现这种背离现象的主要原因是劳动密集型服务业尤其是生活性服务业的快速发展促进了就业增长，由于服务业劳动生产率较低导致行业增加值增长速度有限。

二、2025年世界经济发展影响因素分析及展望

（一）2025年全球经济发展的主要影响因素分析

1. 高成本制约经济发展

即使未来全球通货膨胀水平回到央行调控目标，全球也将进入高成本时代。以美国为例，从CPI看，2024年9月比2020年同期上涨21.1%；从房价指数来看，根据美国联邦住房企业监督办公室的数据，2024年二季度比2020年同期上涨50.1%，比2014年同期上涨101.9%。换言之，即使2025年物价稳定，

居民也不得不承受比过去更高的生活成本，住房价格上涨也必然带动房租价格上涨，从而提高企业生产成本。

2. 高债务制约财政支出空间并带来潜在风险

近年来许多国家实施宽松财政政策，导致财政赤字率不断上升，根据IMF报告，2024年全球公共债务将达到100万亿美元，占全球GDP的93%。巨额财政赤字无疑制约了未来财政支出空间并形成了全球经济的潜在风险，其中美国情况尤甚。美国财政部2023年12月数据显示，当年联邦政府负债已突破34万亿美元；2024年10月数据显示，2024财年联邦赤字将达到1.834万亿美元，为后疫情时代最高水平，政府总支出为6.752万亿美元，较2023财年增长11%，其中支出的最大增长来自公共债务利息，增长34%，达到9500亿美元。历史经验表明，债务推动的经济繁荣不具有可持续性，未来高负债国家债务风险加大。

3. 保护主义浪潮加剧和地缘政治风险

近年来投资、贸易和技术保护主义浪潮呈现不断加剧现象，一是以美国为代表的发达国家保护力度不断加大；二是保护广度在不断扩大，美国在长臂管辖的基础上又联合欧盟、日本、英国等发达经济体实施保护策略；三是发展中国家也出现跟风现象。保护主义让全球生产链和供应链布局不再遵循效率最高、成本最低的市场原则，无疑会提高全球生产和消费成本，尤其是特朗普赢得总统大选后，可能引发全球新一轮贸易战，必将给全球经济复苏带来较大冲击。另外，持续的地缘冲突无疑对全球贸易和供应链造成较大负面影响。

4. 全球进入降息周期

尽管一些国家的价格压力仍然存在，但大多数国家的通胀率将陆续回落到央行调控目标附近，这为主要央行放松货币政策铺平了道路。2024年开始，全球进入降息周期，这直接降低了政府和企业的债务成本，为经济增长创造了良好的金融环境。

5. 金融市场对经济的支持仍然强劲

截至2024年11月1日，美国纳斯达克和标普指数分别上涨21.51%和20.10%，日经225指数上涨13.71%，欧元区STOXX 50指数上涨7.88%，德国DAX指数上涨14.94%，股市上涨的财富效应扩大了消费，有力支持了经济增长。尤其值得一提的是，德国经济2023年出现0.3%的负增长，是主要经济体中唯一出现衰退的国家，但DAX指数全年仍上涨20%，2024年以来仍实现15%左右的上涨，换言之，两年不到的时间上涨35%，对经济稳定的贡献功不可没。预计2025年金融市场对经济发展的支持仍然强劲。

6. 科技创新仍然是推动全球经济增长的重要力量

当前，科技创新方兴未艾，相关投资及下游产业发展有力促进了全球经济增长。最为典型的是人工智能领域的大量投资推动了半导体和电子产品需求的激增，从而带动了经济增长。据国际半导体设备与材料组织预计，受益于人工智能持续高增长需求，2025年全球半导体设备市场将实现17%增长至1280亿美元。

（二）2025年世界经济增长趋势判断

从以上分析可以看出，2025年全球经济发展虽出现新的有利因素，但不利因素影响仍然较大，世界经济仍将处于周期调整之中。2024年10月IMF发布的《世界经济展望报告》预计，2025年全球经济增长3.2%，与2024年持平；全球货物与服务贸易稳步回升，预计2025年增长3.4%，比2024年提高0.3

个百分点；全球通货膨胀压力继续下降，预计2025年全球CPI约为4.3%，比2024年回落1.5个百分点，其中发达国家将回落到2%的央行调控目标。

三、政策建议

一是提高入境中国的便利性与吸引力，促进服务业对外开放。积极提升文化、旅游、教育、科技、医疗等服务领域的对外开放水平，进一步试行扩大单方面免签国家范围，提高入境中国的便利性，吸引更多外籍人员来华旅游、学习、经商和考察，强化中外人员之间的联系和交往，同时进一步彰显我国深化对外开放的信心和决心。

二是加强国际沟通合作，维护外部环境稳定。以我国超大规模市场和完整产业链供应链为吸引力，持续扩大与广大南方国家的合作"朋友圈"，利用好上海合作组织（Shanghai Cooperation Organization，SCO）、金砖国家（BRICS）、《区域全面经济伙伴关系协定》（Regional Comprehensive Economic Partnership，RCEP）、"一带一路"等合作平台和机制，积极争取加入《全面与进步跨太平洋伙伴关系协定》（Comprehensive and Progressive Agreement for Trans-Pacific Partnership，CPTPP）、《数字经济伙伴关系协定》（Digital Economy Partnership Agreement，DEPA）等，有效应对美国等西方国家对我国的遏制打压和部分发展中国家贸易保护主义升温的势头。稳步推进"一带一路"高质量发展，形成"你中有我、我中有你"的利益共同体，通过合作共赢化解分歧和矛盾。

三是实施更强有力的刺激内需政策。2025年特朗普上台后可能对我国实施高关税和进一步遏制打压，将对冲我国一揽子增量政策效果，影响市场预期和社会信心。应围绕稳增长、扩内需、化风险，强化宏观政策逆周期调控力度，坚定实施扩大内需战略，在惠民生、促消费的同时，加大助企帮扶力度，帮助企业渡过难关，增强经济持续回升向好态势。

四是加强风险防控，维护经济和金融安全。统筹发展和安全，加强经济安全风险预警、防控机制和能力建设，实现关键领域安全可控。在金融领域，保持人民币币值稳定，加快推动外汇储备多元化，在金砖国家内部讨论和研究建立独立跨境结算系统的可行性。

[国家信息中心　程伟力]

之二：2024年中国宏观经济形势分析及2025年展望

2024年以来，面对复杂多变的内外环境，党中央科学决策，加大宏观调控力度，着力深化改革开放、扩大国内需求、优化经济结构，我国经济运行呈现总体平稳、稳中有进、质效向好的态势，能够较好实现全年预期增长目标。展望2025年，当今世界动荡不安、冲突频发，贸易摩擦风险显著上升，国内仍面临需求不足、转型阵痛、企业内卷、房地产市场调整等问题，但在政策加力、改革发力、开放助力、转型给力、增长潜力等多力协同作用下，国内经济将延续稳中有进态势，新质生产力加快形成，物价水平温和回升，预计我国经济将增长4.8%左右。

一、2024年宏观经济运行总体平稳、稳中有进

2024年以来，在政策效应持续释放、新质生产力加快发展、外需好于预期等因素作用下，我国经济运行总体平稳、稳中有进、质效向好，呈现出"前高、中低、后升"态势。

（一）经济运行总体平稳

宏观经济稳定增长。前三季度，我国GDP同比增长4.8%，在主要经济体中居于前列，仍然是全球经济增长的重要引擎。分季度看，一季度开局良好、增长5.3%，二季度有所回落、增长4.7%，三季度逐步企稳、增长4.6%。随着存量政策和一揽子增量政策持续发力显效，市场销售、服务业明显回升，股市、楼市交易趋于活跃，企业和消费者预期改善，支撑四季度经济企稳回升，全年呈现出"前高、中低、后升"态势，能够较好实现全年预期增长目标。

就业形势总体稳定。经济总体平稳为稳定扩大就业总量提供了支撑，叠加就业优先政策持续发力，就业市场总体平稳。前三季度，城镇新增就业1049万人，完成全年预期目标的87.4%，较上年同期增加27万人。1—10月，全国城镇调查失业率平均为5.1%，比上年同期下降0.2个百分点。

物价水平低位运行。居民消费价格温和上涨，1—10月，CPI同比上涨0.3%，已连续20个月低于1%，其中核心CPI同比上涨0.5%。工业品价格持续走低，PPI同比下降2.1%，已连续25个月下跌，其中生产资料价格下降2.5%、生活资料价格下降1.0%。经济总体价格水平下跌，前三季度GDP平减指数同比下降0.7%，已连续6个季度为负。

国际收支总体平衡。前三季度，我国经常账户顺差2406亿美元，与同期国内生产总值（GDP）之比为1.8%，处于合理均衡区间。国际收支口径的货物贸易顺差5182亿美元，服务贸易逆差1814亿美元。双向跨境资本流动总体稳定有序。我国对外股权性质直接投资净流出987亿美元，各类企业"走出去"整体合理有序；来华股权性质直接投资中，新增资本金流入600亿美元。

（二）经济结构稳中有进

1. 产业结构更趋均衡

前三季度，三次产业对经济增长的贡献率分别为4.6%、41.5%和53.9%，较上年同期更加均衡。

工业成为推动经济增长的重要产业。1—10月，规模以上工业增加值同比增长5.8%，增幅同比加快1.7个百分点。前三季度，工业对经济增长的贡献率为37.5%，同比加快12.7个百分点。政策拉动、外需改善以及基数等因素带动工业生产稳中向好。一是"两新"政策拉动了人工智能芯片、服务器等设备工器具和汽车、家电等消费品生产快速增长。二是工业品出口交货值增速由负转正，1—10月，规模以上工业企业实现出口交货值同比增长3.8%，增幅同比加快8.0个百分点。三是低基数因素推动工业生产。2020—2022年1—10月规模以上工业增加值同比年均增长5.5%，而2023年同期仅为增长4.1%，因而低基数因素推高了2024年工业生产增速。

服务业生产稳定增长。前三季度，服务业增加值同比增长4.7%，增幅同比放缓1.3个百分点，与2020—2023年同期平均增速持平。其中信息传输/软件和信息技术服务业、租赁和商务服务业、交通运输/仓储和邮政业生产态势良好，分别增长11.3%、10.1%和6.8%。1—10月，服务业生产指数同比增长5.0%，增幅同比放缓2.9个百分点。

2. 需求结构更加协调

2024年以来，外需好于预期，外需对经济增长的贡献由负转正，内外需结构以及需求内部结构不断优化。前三季度，最终消费支出、固定资本形成、净出口对经济增长的贡献率分别为49.9%、26.3%和23.8%。

投资平稳增长、结构不断优化。1—10月，固定资产投资同比增长3.4%，低于2020—2023年同期4.1%的平均增速。制造业高端化、智能化、绿色化稳步推进，投资结构不断优化。"两新"政策带动设备工器具购置和消费品制造投资分别增长16.1%和15.0%；新质生产力培育壮大，带动高技术产业投资同比增长9.3%；"两重"建设加快推进，基础设施投资同比增长4.3%。

消费稳定增长、热点消费较旺。1—10月，社会消费品零售总额同比增长3.5%，低于2020—2023年同期3.8%的平均增速。新业态、服务类、政策类消费旺盛，直播带货、即时零售等新业态活跃，实物商品网上零售额增长8.3%，占社会消费品零售总额的比重为25.9%，邮政快递业务量同比增长22.3%；文旅消费、展演消费等服务消费快速增长，服务消费零售额同比增长6.5%；消费品以旧换新政策效应加快释放，特别是投入1500亿元支持资金以来，家电、家居、新能源车等重点商品销售明显好转。10月家用电器和音像器材类、文化办公用品类、家具类、汽车类商品零售额分别同比增长39.2%、18.0%、7.4%和3.7%，合计拉动当月社会消费零售总额增长1.2个百分点。

外贸出口韧性十足、增长好于预期。1—10月，我国出口额同比增长6.7%（以人民币计价，下同），增幅同比提高6.6个百分点。资本密集型、技术密集型的高附加值产品出口持续增长，机电产品出口同比增长8.5%，占我国出口总额的59.4%。集成电路、汽车、船舶等出口额分别增长21.4%、20%和74.9%。民营企业出口势头较好，出口增长9.3%，占我国出口总额的64.3%。东盟、欧盟、美国仍是我国前三大贸易伙伴，对其进出口额分别同比增长8.8%、1.2%和4.4%，分别占我国进出口总额的15.7%、12.9%和11.1%。"新三样"出口呈现出"量增价跌"态势。1—10月，电动载人汽车、锂离子蓄电池、太阳能电池出口数量分别同比增长30.3%、5.6%和31.6%，出口金额分别同比增长18.5%、-7.8%和-29.5%，出口单价分别同比下跌9.1%、12.7和46.4%。

（三）经济发展质效向好

2024年，我国经济在实现量的合理增长的同时，高质量发展取得新进展，科技创新引领新质生产力加快形成。

创新发展取得新成效。1—10月，高新技术制造业增加值增长9.1%，增幅高于整体工业3.3个百分点。前三季度，智能无人飞行器、智能车载设备、集成电路等制造业增加值分别增长56.4%、30.7%、17.3%，信息传输、软件和信息技术服务业增长11.3%。全社会研发投入不断增加，对推动高科技产业发展、增强创新能力发挥重要作用。世界知识产权组织报告显示，我国创新指数居全球第11位，较上年上升1位，拥有26个全球百强科技创新集群，位居世界第一。

协调发展水平持续改善。京津冀协同发展、长江经济带发展、粤港澳大湾区建设、长三角一体化发展、黄河流域生态保护和高质量发展等重大战略推进实施，区域协调发展迈向更高水平。南水北调、西气东输、西电东送、东数西算等重大工程显著改善了区域发展格局。前三季度，城、乡居民人均可支配收入分别实际增长4.2%、6.3%，城乡居民收入比由上年同期的2.51缩小至2.46，差距进一步缩小。

绿色发展取得新成效。清洁能源体系加快建设，重点领域节能降碳有序推进，清洁能源占能源总量的比重稳步提高。1—10月，新能源汽车、光伏电池产量同比分别增长36.3%、15.5%。充电基础设施总量达1188.4万台，同比增长49.4%。清洁电力占比达33.1%，同比提高2.2个百分点。

高水平对外开放深入推进。制造业外资准入限制"清零"，免签国家范围继续扩大，外国人来华经商、旅游观光、探亲访友热度攀升。1—10月，我国对共建"一带一路"国家出口总额同比增长8.0%；我国对亚太经合组织（APEC）其他经济体进出口21.27万亿元人民币，创历史同期新高，同比增长5.7%，占我国进出口总值的59.1%。前三季度，入境外国人2282万人，增长1.0倍。

共享发展取得新进步。守住兜牢民生底线，做好应届高校毕业生、农民工、脱贫人口、零就业家庭等重点人群就业工作，惠民生政策有力支撑了就业和民生改善。前三季度，全国居民人均可支配收入名义增长5.2%，快于GDP名义增速1.1个百分点。

二、2025年我国经济发展环境更趋复杂

展望2025年，世界经济将保持温和增长，通胀水平继续回落，主要经济体货币政策转向宽松有助于经济"软着陆"。国内宏观政策逆周期调节力度持续加码，改革开放进一步深化，新质生产力稳步发展，经济运行中积极因素增多，推动经济增长延续稳中有进态势。但同时，当今世界变乱交织，贸易壁垒、投资限制、科技围堵等因素增多；国内仍然面临需求不足、企业"内卷"、新旧动能转换阵痛、房地产市场调整等问题。

（一）世界经济延续温和增长，贸易投资科技壁垒增多

从有利因素看，一是世界经济总体延续复苏态势，发展中经济体保持较快增长，发达经济体增长趋稳。国际货币基金组织（IMF）秋季报告预计，2024年、2025年全球经济增速均为3.2%，低于3.4%的历史平均水平，也低于21世纪头20年3.7%的平均增速。二是通胀压力稳步缓解，美国、欧元区、英国、加拿大等经济体进入降息周期，全球融资环境进一步宽松，有助于支撑经济增长。IMF预计，2024年、2025年全球平均通胀率分别为5.8%和4.3%，高于21世纪头20年3.8%的平均增速。经合组织（OECD）预计，2025年多数G20经济体的通胀率将回到央行的目标水平。三是贸易复苏保持韧性，世贸组织（WTO）预计全球贸易将温和扩张，2024年、2025年世界商品贸易量将分别增长2.7%、3.0%。

表 1　世界及主要经济体 GDP 及其他指标增长率

国家或地区/其他指标	实际年均（%）		预测（%）	
	2000—2019 年	2020—2023 年	2024 年	2025 年
世界经济	3.7	2.6	3.2	3.2
发达经济体	1.9	1.6	1.8	1.8
美国	2.1	2.3	2.8	2.2
欧元区	1.4	0.9	0.8	1.2
日本	0.8	0.3	0.3	1.1
新兴经济体	5.4	3.4	4.2	4.2
中国	9.0	4.7	4.8	4.5
印度	6.4	4.6	7.0	6.5
俄罗斯	3.7	1.3	3.6	1.3
巴西	2.4	1.8	3.0	2.2
南非	2.7	0.3	1.1	1.5
世界贸易量	4.8	1.9	3.1	3.4
世界消费价格	3.8	5.8	5.8	4.3
石油价格	6.3	7.0	0.9	-10.4

资料来源：IMF，2024 年 10 月《世界经济展望》。

从不利因素看，一是特朗普再次执政带来新的不确定性和国际环境深刻变化。特朗普坚持美国优先、逆全球化，对内减税、对外加税，退出《巴黎气候协定》等都会带来重大挑战。同时，特朗普主张对自中国进口商品加征 60% 的关税，引发新一轮贸易战，对我国出口形成压力。美国对跨境投资的审查和限制日益增多，并加大对我国高科技领域的围堵打压。二是全球孤立主义、单边主义和保护主义升级，提高关税、反倾销、反补贴调查等投资贸易限制措施不断增多，导致全球投资贸易成本显著增加，降低市场效率，拖累世界投资贸易与经济增长。三是全球地缘政治冲突和民粹主义对全球治理的影响日益加大，巴以、黎以、伊以冲突复杂交织，乌克兰危机延宕，全球产业链供应链安全风险显著上升，航运费用和生产成本等增加，大宗商品和金融市场不稳定因素增多。

（二）国内经济运行积极因素增多，内需不足仍是最大掣肘

从有利因素看，一是宏观政策将会持续加力。财政货币政策将会进一步加大逆周期调节力度，宏观政策基调更为积极。财政政策更加积极有力，合理扩大赤字规模，保持必要的财政支出强度；较大规模增加债务额度，支持地方化解隐性债务，地方可以腾出更多精力和财力空间来促发展、保民生；发行特别国债支持国有大型商业银行补充核心一级资本，提升商业银行抵御风险和信贷投放能力，更好地服务实体经济发展；合理扩大地方政府专项债券支持范围，发挥专项债券对经济发展的积极作用。货币政策转向更具支持性，2025 年还有一定的降准降息空间，保持合理的货币流动性，降低实体经济融资成本；结构性政策工具将会加大制造业、科技创新、中小微企业、"三农"、房地产等重点领域的金融支持；证

券、基金、保险公司互换便利、股票回购增持专项再贷款等金融政策创新，有助于提振市场信心、激活资本市场。此外，财政、金融、消费、投资、房地产、资本市场等各领域政策协调性、一致性进一步增强，政策红利有望逐步释放，推动经济持续平稳健康发展。二是新质生产力加快形成。各地加快培育发展战略性新兴产业和未来产业，实体经济与数字经济、先进制造业与现代服务业正在融合发展，高技术产业保持较快增长，新业态和新模式展现出较强活力，持续推动新旧动能加快转换。三是改革开放进一步深化。全面落实党的二十届三中全会精神，300多项重磅改革举措将陆续落地显效，将持续激发全社会内生动力和创新活力。制度型开放逐步深化，制造业外资准入限制"清零"，服务业对外开放逐步扩大，高水平对外开放格局加速形成，为高质量发展塑造新动能新优势。四是社会预期稳步改善。在宏观调控政策加力、深化改革开放和经济增长趋稳带动下，社会投资和居民消费预期逐步改善，资本市场活力明显提升，房地产市场逐步止跌企稳。

从不利因素看，一是内需不足制约经济恢复。经济"供强需弱"矛盾仍然突出，地方政府隐性债务负担较重，财政收支压力依然较大。企业和居民面临较高的实际利率，投资、消费的意愿和能力仍然不强，内需增长动能尚不稳固。二是新旧动能转换存在阵痛。我国正处在转变发展方式、优化经济结构、转换增长动力的关键期，在传统产业增速放缓的背景下，高新技术产业等新动能虽然增长较快但规模仍较低，短期内尚难以完全弥补传统动能减少的缺口。三是部分行业内卷加剧。一些传统产业调整趋势加剧，部分行业产能过剩矛盾较突出，工业产能利用率和营业收入利润率偏低，导致微观企业内卷式竞争加剧，生产经营困难仍较大。四是房地产调整压力依然较大。居民对房价下跌预期尚未明显改善，购房有效需求难以释放。房地产投资资金受限、意愿偏低，仍是投资增长的拖累。

三、2025年经济运行将延续稳中有进态势

综合国内外发展环境研判，在政策加力、改革发力、开放助力、转型给力、增长潜力等多力协同作用下，国内经济将延续稳中有进态势，新质生产力加快形成、高质量发展扎实推进、物价水平温和回升，预计2025年我国经济将增长4.8%左右，CPI将上涨1.0%左右。

（一）生产供给稳定增长

工业生产将较快增长，新动能加快培育。各地因地制宜培育发展战略性新兴产业和未来产业，新质生产力加快形成。传统产业改造升级与绿色低碳转型稳步推进，促进产业结构不断优化升级。工业生产能力持续提升，随着宏观政策持续加力显效，在"两重""两新"政策带动作用下，企业生产景气程度有所改善，将对工业增速构成一定支撑。同时也应看到，经济"供强需弱"矛盾依然存在，工业企业效益还不佳，抑制工业生产增长。初步预计，2025年规模以上工业增加值将增长5.2%左右。

服务业将保持平稳增长，信息服务业快速壮大。我国大力推动网络、算力、人工智能等新型信息基础设施建设，5G等信息技术行业应用已融入76个国民经济大类，数字经济等服务业新兴领域加快发展。发展型、享受型服务需求旺盛，文化旅游、体育娱乐、健康养老、托育家政等生活服务业保持较快增长势头。随着不断加大科技创新、资本市场趋于回暖，以及商贸会展活跃，生产服务业将保持良好势头。当然，居民收入增长预期较弱、消费信心不足，以及房地产市场调整等因素抑制相关服务业发展。初步预计，2025年服务业增加值将增长4.8%左右。

（二）内需稳定恢复，外需面临较大压力

居民消费需求将较快恢复。从有利因素看，消费品以旧换新等促消费政策持续发力带动大宗商品消费，成为稳定消费增长的重要支撑；消费特别是服务消费业态模式持续创新、融合升级带来更多满足个性化、体验化需求的产品和服务，成为激发新需求的重要动力；资本市场向好有利于居民财富恢复，进一步巩固消费能力。从不利因素看，疤痕效应仍未完全消除，消费能力、消费意愿仍有待恢复提升，各类消费领域限制性政策和环境设施短板不利于消费意愿释放。初步预计，2025年我国社会消费品零售总额增长4.1%左右。

固定资产投资将稳定增长。一是基建投资保持较快增长。2025年是"十四五"规划收官之年，一系列重大工程项目将会加快推进，"两重"建设将持续大力推进，优化实施合理扩大地方政府专项债券支持范围，以及一揽子化债方案将减轻地方政府债务压力，有力支撑基建投资增长，但仍然存在土地出让收入增长较慢、地方政府财政收支压力较大等问题。二是房地产投资跌幅有望收窄。随着房地产需求端政策优化带来销量恢复、房企融资支持政策进一步见效，房地产市场止跌回稳态势逐步显现，房企投资积极性将有所回升，但受制于资金、预期等多方面因素，房地产投资恢复仍较缓慢。三是制造业投资保持较好增势。在"两新""两重"政策持续发力，高新技术、装备制造保持快速增长，以及企业资产负债表不断修复、融资环境进一步宽松优化等因素作用下，制造业投资意愿和能力将进一步好转，但制造业订单不足、加征关税等外需风险加大、企业效益不佳等抑制制造业投资。初步预计，2025年我国固定资产投资增长4.3%左右。

外贸出口面临较大压力。世界经济延续温和增长、外部需求保持基本稳定，我国出口商品提质升级、竞争力较强，近年来人民币走弱有助于出口，我国与共建"一带一路"国家、东盟国家等地区贸易合作进展顺畅。但美欧加征关税等贸易摩擦显著增加，"小院高墙"围堵打压，经贸问题政治化不利于我国出口。初步预计，2025年我国外贸出口增长3.0%左右。

（三）物价水平温和回升

消费价格有望温和回升。一是国内货币政策转向支持性带动物价上涨。2025年我国将有望继续实施降准、降息系列政策，持续加大货币流动性投放，国内有效需求不足问题将得到缓解，带动物价实现温和回暖。二是主要经济体货币政策进入降息周期，全球流动性将有所改善，大宗商品价格有望回升，带动输入性价格上升。三是猪肉价格步入新一轮周期的上行阶段，支撑食品价格上行。四是服务消费需求较旺将推动服务消费价格稳中有升。但是，国内需求依然不足、消费信心不强等抑制居民消费价格上涨空间。初步预计，2025年CPI将温和上涨1.0%左右。

PPI降幅有望逐步收窄。在房地产市场止跌企稳趋势下，黑色金属及建筑材料价格将有所企稳；制造业景气度回升，将带动有色金属等生产资料价格呈现上涨态势。但是，工业企业生产经营仍面临不少困难挑战，工业品需求仍然偏弱抑制价格上涨；2025年"欧佩克+"成员国结束自愿减产，特朗普政府支持石油等化石能源生产，全球石油市场面临供过于求，国际油价存在较大下行压力。初步预计，2025年PPI将下降0.5%左右。

表2　2024—2025年中国主要宏观经济指标预测表

项目	2024年1—10月 实际值	2024年 预测值	2025年 预测值
单位	%	%	%
GDP	4.8	4.9	4.8
第一产业	3.4	3.8	3.9
第二产业	5.4	5.2	5.0
第三产业	4.7	4.8	4.8
规模以上工业增加值	5.8	5.7	5.2
固定资产投资	3.4	3.5	4.3
房地产开发投资	-10.3	-10.2	-6.0
社会消费品零售总额	3.5	3.8	4.1
出口（美元计价）	5.1	5.6	3.0
进口（美元计价）	1.7	2.0	2.0
居民消费价格	0.3	0.4	1.0
工业生产者出厂价格	-2.1	-2.2	-0.5

注：2024年1—10月GDP及三次产业增速为前三季度数据。

[国家信息中心　张宇贤　牛　犁　闫　敏　邹蕴涵
　　　　　　　陈　彬　韩瑞栋　李　佳]

之三：2024年西部地区经济运行分析及2025年展望

2024年以来，面对复杂多变的世界政经形势，中国经济运行总体稳中有进。我国西部地区的经济运行态势与全国基本一致，但区域经济增长格局有所分化。预计2024年西部地区GDP增长5.2%左右，增速略高于全国平均水平。

一、2024年西部地区经济运行分析

（一）总体情况

西部各省（区、市）贯彻落实党中央推动新时代西部大开发的政策举措，聚焦形成大保护、大开放、高质量发展新格局，加强对青藏高原、黄土高原、西南丘陵山地等国家生态安全重要屏障和长江、黄河等国家重要水源涵养区的保护建设，融入国家"一带一路"倡议，共同建设西部陆海新通道、中欧班列等开放通道，加快构建西部特色现代化产业体系，培育新质生产力，推动高质量发展，持续提升整体实力和可持续发展能力。1—9月西部地区各省份GDP总和约201919亿元，同比增长4.9%，整体增速略高于全国平均水平（4.8%）；经济总量占全国GDP总量的21.3%，比上年同期约高0.1个百分点。分省份看，8个省份GDP增速高于全国，其中西藏（6.2%）、重庆（6.0%）、甘肃（6.0%）领跑全国。

表1 2024年1—9月全国及西部各省（区、市）GDP构成及增速

全国及西部各省（区、市）	地区生产总值		第一产业增加值		第二产业增加值		第三产业增加值	
	绝对量（亿元）	增速（%）	绝对量（亿元）	增速（%）	绝对量（亿元）	增速（%）	绝对量（亿元）	增速（%）
全国	949746	4.8	57733	3.4	361362	5.4	530651	4.7
内蒙古	17876	5.8	846	5.3	9013	7.5	8017	4.4
广西	20352	3.6	2628	3.9	6681	4.9	11043	2.8
重庆	23244	6.0	1487	2.9	8991	6.7	12766	5.8
四川	45442	5.3	5083	2.8	15801	5.6	24558	5.6
贵州	16053	5.2	2163	3.8	5781	6.8	8108	4.4
云南	22110	3.0	2333	2.9	7450	1.7	12327	3.7
西藏	1786	6.2	139	14.9	740	10.9	907	2.5
陕西	24781	4.6	1244	3.1	11989	6.0	11548	3.6
甘肃	9126	6.0	1220	6.0	3216	9.0	4690	4.3
青海	2741	2.5	191	4.1	1135	1.3	1415	3.2
宁夏	3860	4.9	289	6.3	1768	7.0	1803	2.8
新疆	14548	5.5	1720	4.9	6069	8.5	6759	3.5

注：数据来源于国家统计局及各省份统计信息网或各省份人民政府网。本表格绝对量数值采用取整处理。

（二）主要特点

1. 生产端持续承压，整体增长乏力

受国内外宏观环境影响，西部地区产业总体承压增长，工业生产呈恢复增长态势，农业和服务业增速比上年同期整体放缓，但部分省市产业运行态势好于全国平均水平。

工业生产加快恢复。各省（区、市）积极推动特色化传统工业发展转型，因地制宜培育新质生产力，工业增长动能正逐步恢复巩固，对经济增长拉动效应持续加大。1—9月西部8个省（区、市）的工业增加值增速比上年同期加快，除青海（-1.3%）、云南（1.7%）外，其他省（区、市）增速均高于全国平均水平（5.4%）。从主要行业以及重点产品看，能源、汽车、化工、电气机械制造等行业增长较快，能源产品稳定增长，重庆汽车、化工产业分别增长25.9%、16.8%，陕西煤炭、汽车制造业分别增长12.4%、15.3%，广西电子机械和器材制造业增长43.9%，四川化工产业增长20.3%，内蒙古原煤产量、发电量保持全国首位，新疆原油、天然气产量均居全国第二位。从新动能看，高技术制造业增加值及产品产量大幅增长，重庆新能源汽车、集成电路产量分别增长1.3倍、1.0倍，陕西新能源汽车、太阳能电池、集成电路圆片产量分别增长10.3%、53.5%、26.1%，四川电子及通信设备制造业增加值增长12.4%，单晶硅、锂电池产量增长均超过50%。

服务业承压增长。受房地产、金融市场不景气的影响，西部地区服务业增长明显承压，增加值增速同比整体放缓，对经济增长的拉动作用明显弱于工业。1—9月西部11个省（区、市）的服务业增速比上年同期下滑，除重庆（5.8%）、四川（5.6%）外，其他省（区、市）增速低于全国平均水平（4.7%）。分行业看，交通运输、仓储物流、居民服务、文化旅游保持较快增长，四川交通运输仓储和邮政业增长8.2%，甘肃接待游客、旅游消费分别增长15.6%、25%，贵州旅游接待总人数、总收入分别增长11%、14.8%，重庆文化体育和娱乐业增长27%。同时，现代服务业继续保持良好发展态势，四川、云南租赁和商务服务增加值分别增长19.8%、15.7%，信息传输、软件和信息技术服务业分别增长12.5%、14.7%；陕西租赁和商务服务营业收入增长15.9%；重庆规模以上互联网和软件行业营业收入增长21%。房地产业继续呈下滑趋势，各省（区、市）商品房销售面积、销售额仍徘徊在10%~30%的负增长区间。受资本市场不景气、金融产品创新能力不强、金融核算口径调整等因素影响，西部地区金融业增加值下滑较快。

农业生产总体稳定。各省（区、市）全力以赴抓好粮食生产、特色产业培育、高标准农田建设等乡村振兴重点任务落实，西部农业经济保持平稳发展势头。1—9月西部8个省（区、市）的增速高于全国平均水平（3.4%），西藏、甘肃、贵州增速比上年同期提高。粮食生产稳中有增，多个省（区、市）的夏粮保持增产，秋粮丰收在望。瓜果、蔬菜、畜牧等特色农产品稳定增长，新疆蔬菜、水果产量分别增长10.6%、8.2%，四川水果产量增长8.4%，宁夏肉牛出栏增长18.1%、水果产量增长16.6%、牛奶产量增长9.8%，贵州食用菌产量增长7.5%，广西禽蛋产量增长18.8%，内蒙古牛肉、禽肉产量分别增长12.7%、17.3%。

2. 需求侧依然疲软，增长出现分化

主要受地方资金紧张、居民收入放缓等因素影响，固定资产投资增速继续放缓，社会消费品零售总额增速也持续走低，进出口增长相对较好，但都出现明显分化特征。

投资增长放缓、分化。各省（区、市）推进"两重""两新"政策落地，重点领域投资活跃，但民间投资信心不足，投资增速整体放缓、增长领域分化。1—9月西部5个省（区、市）投资增速高于全国平均水平（3.4%），陕西、青海增速实现由负转正，其他省（区、市）增速均持续放缓。工业投资增长较快，新疆、四川、重庆、陕西分别增长20.3%、17.8%、16.3%、12%，其中，高技术产业、装备制

造、制造业技改和能源、材料、医药等投资保持较快增长。基础设施投资明显放缓,陕西、重庆、贵州分别增长1.3%、0.6%、1.7%。房地产投资除陕西与上年同期持平外,其他省(区、市)保持负增长态势。

消费增长类别分化。消费品以旧换新政策落实落地,但受经济增长预期偏差和当期收入增速下降等因素影响,西部消费整体乏力、增长分化。1—9月西部8个省(区、市)消费增速高于全国平均水平(3.3%),除陕西、宁夏、广西外,其他省(区、市)同比增速均明显放缓。日用品类、粮油、食品类基本生活商品消费保持较快增长,四川、陕西日用品消费分别增长15.8%、16.5%,甘肃高效能等级家电零售额实现两位数增长。餐饮消费增长相对稳定,重庆、四川、云南餐饮收入分别增长10.4%、9%、9.5%。住房相关消费降速明显,陕西家具类、建筑及装潢材料类商品零售额仍在下降。新能源汽车、通信消费加速增长,新疆限额以上单位新能源汽车、可穿戴智能设备、智能手机零售额分别增长1.2倍、61.3%、59.5%,陕西新能源汽车增长61.8%,云南通信器材类商品增长33.5%。

进出口总体保持较快增长。外贸增长形势相比投资、消费较好,各省(区、市)增长有所分化。1—9月西部9个省(区、市)货物进出口总额增速高于全国平均水平(5.3%),同比增速加快、放缓的省(区、市)各占一半。对共建"一带一路"国家贸易加快增长,新疆增长25.8%、占进出口总额的92.4%,青海增长16.3%、占进出口总额的72.1%,陕西增长22.9%、占进出口总额的56%。贸易方式多元,新疆一般贸易增长84%,青海加工贸易增长2.7倍,广西一般贸易、保税物流分别增长11.8%、25%。"新三样"等成为出口亮点,青海多晶硅、单晶硅棒、锂离子电池等新能源中间品的出口大幅增长,新疆、内蒙古"新三样"产品分别增长97.2%、57.8%。同时,高原、草原特色农产品出口保持高速增长,多类商品出口全国领先。

表2 2024年1—9月全国及西部各省(区、市)投资、消费、进出口增长情况

全国及西部各省(区、市)	固定资产投资(不含农户)	社会消费品零售总额		货物进出口总额	
	增速(%)	绝对量(亿元)	增速(%)	绝对量(亿元)	增速(%)
全国	3.4	353564	3.3	323252	5.3
内蒙古	11.0	3909.1	3.4	1536.6	11.7
广西	-7.9	6480.7	1.5	5217.7	9.1
重庆	1.8	11700	3.8	5188.5	-2.5
四川	1.9	19767.6	4.4	7510.6	10.4
贵州	0.0	—	3.4	540.3	12.5
云南	-11.4	8738.3	2.8	1868.3	-1.0
西藏	20.6	671.1	6.2	84.4	10.2
陕西	3.7	8133.0	4.4	3372.4	14.0
甘肃	2.6	3382.5	3.9	423.2	11.4
青海	0.7	—	-3.1	36.9	6.7
宁夏	5.4	1030.6	3.5	148.7	-7.4
新疆	6.2	—	0.6	3223.9	29.0

注:数据来源于国家统计局及各省份统计信息网或各省份人民政府网。

二、存在的主要问题

（一）工业生产稳中存忧，超半数省（区、市）工业企业利润仍为负增长

2024年以来，西部地区的工业生产正加快恢复，但仍面临市场有效需求不足、企业经营压力较大、利润下降等现实困难。一是部分省份工业增加值增长仍在放缓。从区域经济看，全国有20个省份的工业增加值增速较上年同期有所提升，但或受当前国内需求放缓以及盈利偏弱的影响，青海、云南、四川、内蒙古工业生产增长压力仍然较大，同比增速均出现不同程度放缓。二是不少省份工业生产存在的"增产不增利"问题值得关注。从企业盈利看，尽管西部地区的工业生产增长恢复较快，目前多数省份工业企业利润增速也高于上年同期，但仅西藏、广西、重庆、甘肃4个省份工业企业利润增速为正，内蒙古、陕西、青海、新疆、宁夏5个省份仅是利润降幅收窄，四川、贵州、云南3个省份利润降幅仍有所扩大，西部地区工业企业盈利能力仍然亟待进一步改善。

表3 2023年、2024年1—9月西部各省（区、市）工业增加值、企业利润增速

西部各省（区、市）	1—9月工业增加值增速（%）			1—9月工业企业利润累计增长率（%）		
	2023年	2024年	同比变化（个百分点）	2023年	2024年	同比变化（个百分点）
内蒙古	7.6	7.2	-0.4	-22.4	-13.3	9.1
广西	6.0	7.8	1.8	8.7	35.1	26.4
重庆	5.7	8.1	2.4	-7.9	15.0	22.9
四川	6.8	6.4	-0.4	0.2	-15.6	-15.8
贵州	7.3	8.5	1.2	-15.5	-26.8	-11.3
云南	5.7	3.4	-2.3	-9.5	-12.4	-2.9
西藏	14.7	18.8	4.1	7.1	56.4	49.3
陕西	-1.5	7.5	9.0	-26.3	-7.8	18.5
甘肃	7.5	12.0	4.5	-19.1	4.9	24.0
青海	8.2	-0.1	-8.3	-35.9	-33.5	2.4
宁夏	9.6	10.1	0.5	-25.7	-18.0	7.7
新疆	4.8	7.3	2.5	-27.6	-17.1	10.5

（二）投资增长持续放缓，房地产、基础设施投资增长短期仍面临诸多困难

目前，西部地区投资增长仍面临房地产开发投资下降、政府化债压力较大、民营企业投资信心不足等较多不利因素的挑战，固定资产投资增速整体仍在持续放缓。一是房地产开发投资下降仍是西部各省（区、市）投资增长主要拖累。主要受房地产市场下行、社会预期偏弱、内需不足等多重因素影响，1—9月西部多数省份的固定资产投资增速不及年初设定目标计划值，仅有陕西省房地产开发投资与上年同期持平，西部其他省区市的房地产开发投资仍然是负增长，投资额均有不同程度减少。二是专项债发行偏慢及化债约束掣肘部分省份基础设施建设投资增长。西部地区基础设施投资增速较低，重大项目的中央投资增长虽然较快，但地方配套投资明显力不从心，部分省份的基建投资仍在下降，如重庆、陕西仅实现小幅正增长，甘肃基础设施投资上半年甚至下降10.7%。

表4　2023年、2024年1—9月西部各省（区、市）房地产开发投资额及增速

西部各省 （区、市）	1—9月累计投资额（亿元）		1—9月累计增长率（%）	
	2023年	2024年	2023年	2024年
内蒙古	799.29	722.07	-2.4	-3.4
广西	1033.48	895.17	-33.2	-13.4
重庆	2239.95	2026.68	-15.7	-9.7
四川	4181.06	3718.45	-21.3	-11.1
贵州	913.95	893.04	-16.5	-2.5
云南	1587.30	973.87	-35.0	-38.7
西藏	67.08	35.79	42.1	-46.6
陕西	2769.37	2449.97	-14.7	0.0
甘肃	1008.04	920.18	-14.3	-8.7
青海	179.82	123.74	-36.0	-31.2
宁夏	351.00	328.00	2.8	-6.6
新疆	976.52	887.99	-5.2	-9.1

（三）消费预期总体偏弱，城乡居民消费信心不足

受居民收入增长放缓、消费需求偏弱、消费信心不足等影响，消费实现持续增长的基础尚不稳固、压力较大。一是居民绝对收入水平偏低，消费支出压力大。收入水平是消费增长的基础。从绝对收入水平看，1—9月全国城镇常住居民收入为41183元、农村常住居民收入为16740元，目前西部大多数省份的城乡居民收入水平均低于全国平均水平，同时刚性消费支出上涨，消费潜力难以释放。二是居民收入增速整体放缓或低速徘徊。近年来，受国内经济增长放缓的影响，西部地区多数省份城镇、乡村居民收入增长持续放缓，居民对收入增长预期的不确定性增强，消费信心不足，消费增长乏力。1—9月西部有8个省（区、市）的居民收入增速低于上年同期增速水平。

三、2025年经济运行环境及展望

（一）全球经济增长和贸易增长持续恢复

2025年，全球经济和贸易投资均将延续缓慢低速增长的态势。据IMF、OECD、世界银行等国际权威机构预测，2025年全球经济增速可能在2.7%~3.2%。国际地缘政治局势依然紧张，极端天气事件的强度和频率不断增加，仍将给全球经济增长带来潜在风险和较大不确定性。尽管仍然面临诸多挑战，2025年全球商品贸易量有望进一步增长至3.0%，有利于国际贸易、跨国投资恢复增长。西部地区主要面向欧盟和东盟市场，处在我国向西向南开放的战略前沿。随着全球贸易的复苏和投资增长，借力中欧班列、西部陆海新通道拓宽"一带一路"共建国家新兴经济市场、贸易投资合作、产业转移升级渠道，新机遇将会逐渐增多，为西部地区发展带来新的市场空间。

（二）中国经济仍将保持稳中有进态势

中国经济增长仍将保持稳中有进态势。近期，相关机构预计2025年中国GDP增速保持在4.5%~

5.0%。一方面，全球贸易回暖或将推动中国工业和出口持续保持较快增长，抵消国内消费偏弱和投资低迷的不利影响。另一方面，国家重大区域战略的引领带动作用进一步增强，统一大市场加快构建，扩内需战略深入实施，潜力地区新型城镇化加快推进，新质生产力加快培育，经济高质量发展的基础更加夯实，中国经济内循环潜力将加快释放。西部地区将抓住中国式现代化建设的历史机遇，高质量推动对内对外开放，持续加快重点城市功能提升、特色产业发展升级，在深度融入国内国际双循环新发展格局中谋划现代化的西部大开发新篇章，为西部地区发展带来不竭动力。

（三）西部经济将积蓄更大增长动能

西部地区在全国改革发展稳定大局中举足轻重。习近平总书记2024年在重庆主持召开新时代推动西部大开发座谈会，强调要坚持把发展特色优势产业作为主攻方向，因地制宜发展新兴产业，加快产业转型升级；坚持以大开放促进大开发，提高对内对外开放水平；坚持推进新型城镇化和乡村全面振兴有机结合，在发展中保障和改善民生。2024年8月23日，中共中央政治局审议《进一步推动西部大开发形成新格局的若干政策措施》，针对特色产业、开放型经济、新型城镇化、乡村全面振兴等领域明确支持西部地区发展的具体政策。2025年，党和国家加强国家战略腹地建设，将带动成渝地区双城经济圈为主的西部城市群优化重大生产力布局，推动开放通道优化完善、"两重"项目加快落地，将有利于西部各省区充分发挥自身较低的劳动力成本、基础设施和能源资源等优势，提高产业转移的承载能力，积蓄提升西部整体协同发展的内生动力。同时也要看到，当下和未来一段时期，西部地区面临的环境和形势更加复杂严峻，产业发展整体质量不高，对投资依赖大，创新和人才集聚动力不足等困难和挑战依然较多。

综合分析，2025年西部地区经济将保持稳定增长态势，生产端、需求端供需双向发力，特色产业加快转型升级，新质生产力加快培育，投资、消费、进出口保持较快增长。预计2025年西部地区经济增速将保持在5%左右。

四、对策建议

（一）加快培育特色优势产业

一是强化科技创新和产业创新深度融合。立足区域功能定位和产业基础，深化东中西部科技创新合作，培养、引进、用好高层次科技创新人才，攻克创新链产业链融合关键核心技术，提升科技创新能力，做强做大西部的特色优势产业。二是加快传统产业技术改造。推进重点行业设备更新改造，推动传统优势产业升级、提质、增效，提高对特色资源综合利用效率和产品精深加工度，稳步提高工业企业的利润率。三是精心打造旅游业。积极推动文化和旅游业态融合、产品融合、市场融合，不断挖掘各省（区、市）的文化资源与旅游资源，把旅游业打造成西部地区支柱产业。四是因地制宜发展新质生产力。培育发展现代制造业和战略性新兴产业，布局建设未来产业，形成地区发展新动能。

（二）稳步扩大有效投资规模

一是深入推进美丽西部建设。加大生态保护投入，统筹推进山水林田湖草沙一体化保护和系统治理，加快推进重要生态系统保护和修复重大工程。加强森林、草原防灭火能力建设，深化重点区域、重点领域的污染防治。大力推动传统产业节能降碳改造，有序推进煤炭清洁高效利用。二是加快建设新型能源基础设施。发行、用好专项债，做大做强一批国家重要能源基地。加强管网互联互通，提升"西电东送"能力。加强对矿产资源规划管控和规模化集约化开发利用，形成一批国家级矿产资源开采加工基地。三是协同推进新型城镇化和乡村全面振兴。积极培育西部特色的城市群，推进成渝地区双城经济圈建设走深走实，促进城市间基础设施联通、公共服务共享。加快有潜力地区城镇化进程，发展各具特色的县域经济，培育一批农业强县、工业大县、旅游名县等。深入实施乡村振兴战略，打造地域特色的乡村建设模式。

（三）着力提高社会消费水平

一是释放重点领域消费潜力。多渠道筹集资金，大力度实施促消费政策，全面促进新能源汽车、刚性和改善性住房、家具家装等大额消费，优化养老托育、教育医疗、文化体育等服务消费。二是丰富和创新消费业态、场景。加快消费税改革政策研究，持续改善消费条件、创新消费场景，在城市重点推进核心商圈、步行街、夜经济区、"一刻钟便民生活圈"等消费载体建设，培育国际、区域消费中心城市。三是优化农村消费环境。加快推进县域商业体系建设，补齐农村商业设施短板，健全县乡村物流、电商配送体系，增加农村消费供给，创新发展电商直播等农村消费业态，进一步释放农村消费需求。

（四）进一步提升开放水平

一是深度融入"一带一路"、西部陆海新通道建设。以国际性航空、铁路为建设重点，积极争取亚洲基础设施投资银行资金、专项资金，加快提升陆港、海港等关键物流枢纽多式联运和高效集疏运能力，加大向西向南开放力度。构建数据中心、云计算等新型算力网络体系，建立信息互联互通、共享共用的西部陆海新通道、中欧班列货运数据交换平台。二是建设内陆开放高地。加快制度型开放，以建立自贸试验区、综合保税区、国别合作园区等区域平台为重点，同时依托中国—东盟博览会、中国西部国际博览会、丝绸之路国际博览会等国际化合作平台，不断完善重要产品产业链和供应链。改善营商环境，聚焦金融服务、国际贸易等领域完善铁海联运的单证、金融、保险服务联动管理制度，创造低成本、高效率的国际化开放环境。

[重庆市综合经济研究院（重庆市经济信息中心）宏观经济研究课题组
  主研：易小光 丁 瑶 余贵玲 荀文峰 赵炜科
  执笔：赵炜科]

之四：2024年成渝地区双城经济圈建设情况及2025年展望

2024年，川渝两省市深入贯彻学习习近平总书记提出的共同唱好新时代西部"双城记"，更好发挥全国高质量发展的重要增长极和新的动力源作用等最新指示精神，着力扩大内需、优化结构、提振信心、防范化解风险，双城经济圈经济回升向好、稳中有进的态势持续巩固增强，主要经济指标好于全国、西部领先。1—9月，双城经济圈地区生产总值61891.40亿元，同比增长5.6%，较全国同期高0.8个百分点；占全国的6.52%，较上年同期提高0.04个百分点。

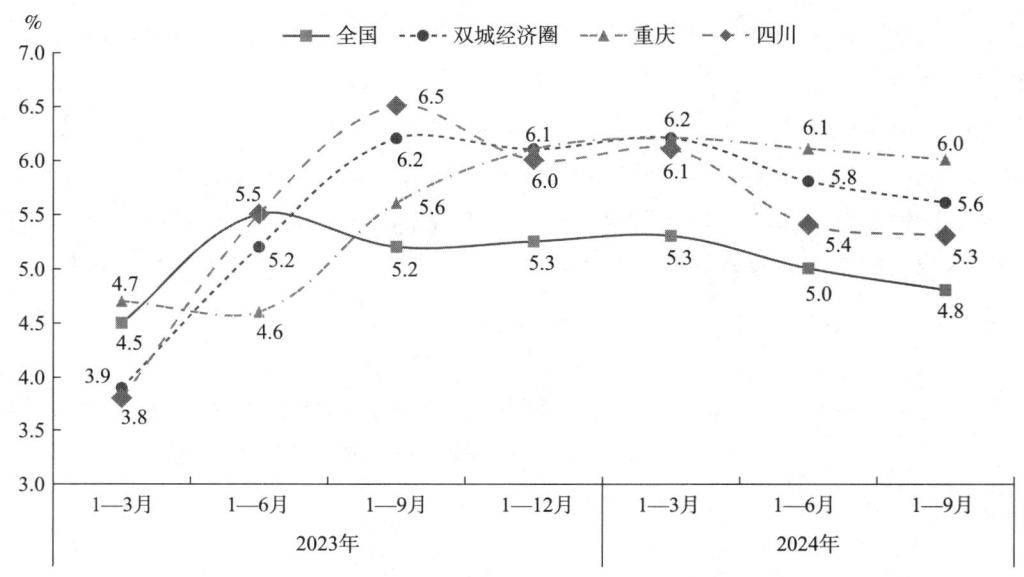

图1 2023年以来全国、双城经济圈以及重庆、四川GDP季度累计增速

一、2024年双城经济圈经济运行和建设情况

（一）区域协同发展格局加快成形

两省市以双核联动联建为引领，推动成渝中部地区加速崛起，带动两翼协同发展，区域一体化和高质量发展的势头越发强劲。一是双核联动联建持续深化。聚焦交通、产业、科技、金融和公共服务等五个重点领域深化合作，第二批50个合作项目事项累计完成22个。1—9月，重庆主城都市区、成都GDP分别达到1.83万亿元、1.67万亿元，同比分别增长5.9%、5.2%，占双城经济圈总量56.67%，较上年同期提高0.5个百分点。二是成渝中部地区崛起步伐加快。《川渝携手同心助力成渝中线科创走廊行动方案》发布，泸永江、遂潼等毗邻地区合作不断深化，重庆枢纽港产业园、宜宾—泸州川南省域经济副中心加速建设，宜宾三江新区和泸州国家高新区签订《协同发展战略合作协议》。三是两翼协同发展明显加快。围绕物流、产业加强协同联动，川—渝—沪外贸直航快班为企业平均节约物流成本10%左右；重庆—泸州—宜宾"水水中转"穿梭巴士开行密度同比增长30%以上。千能实业、川环科技、长安跨越等

万达开三地30余家企业互链配套，合作产值突破15亿元。

（二）先进制造业和现代服务业发展势头强劲

两省市持续强化产业协同，合力建设世界级现代产业集群，具有川渝特色的优势产业集群领先地位持续巩固。一是先进制造业集群不断壮大。新能源汽车、集成电路等加快发展，成为支撑双城经济圈工业高速增长的核心动力。1—9月，重庆、四川规模以上工业增加值同比分别增长8.3%、6.4%，较全国分别高2.3个、0.4个百分点，带动双城经济圈第二产业增加值达2.25万亿元，同比增长6.0%，较全国同期高0.6个百分点。二是新兴产业加快培育。人工智能、空天信息、低空经济等新兴产业快速成长，两省市累计建成国家级"千兆城市"23个，工业互联网标识解析国家顶级节点（重庆）已上线标识解析二级节点51个，接入企业节点超3.6万家，覆盖西部10个省市21个垂直行业。重庆空天信息产业国际生态大会成功举办，北斗芯片出货量累计超过800万颗，全国领跑。2024年中国（成都）国际低空经济合作伙伴大会成功举办，汇聚了近100家知名企业参展。三是现代服务业发展势头良好。两省市分别印发《重庆市加速推进现代生产性服务业高质量发展行动方案（2024—2027年）》《四川省关于加快构建优质高效服务业新体系推动服务业高质量发展的实施意见》，加快培育工业设计、检验检测、总集成总承包等新业态。1—9月，双城经济圈第三产业增加值实现3.41万亿元，同比增长5.8%，较全国同期高1.1个百分点。四是现代高效特色农业蓬勃发展。两省市深入实施"千年良田"建设工程，新建和改造提升高标准农田625万亩。1—9月，夏粮产量超过642万吨，水果产量1543.3万吨，茶叶产量49.5万吨，蔬菜产量6072.9万吨，助推双城经济圈第一产业增加值实现5241.01亿元，同比增长2.9%。

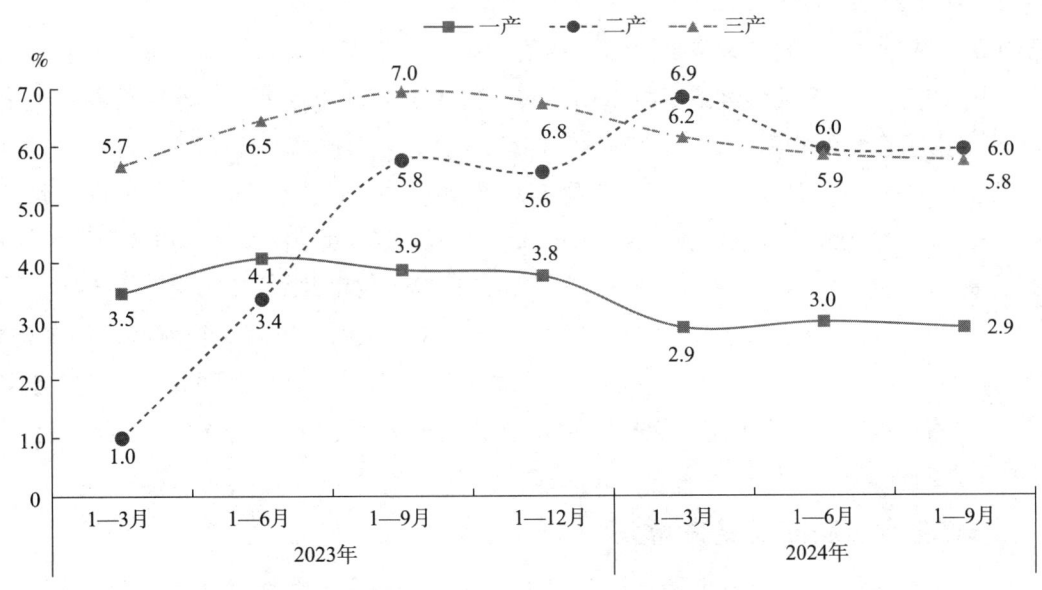

图2　2023年以来双城经济圈一二三产增加值季度累计增速

（三）投资消费保持企稳回升良好态势

两省市紧盯重大项目建设进度，实施推动大规模设备更新和消费品以旧换新行动方案，推动投资消费"双轮"驱动扩内需，发展动力和活力持续增强。一是抓项目促投资建设成效显著。1—9月，300个共建成渝地区双城经济圈重大项目完成投资3699亿元，年度投资完成率84.7%，超时序9.7个百分点，带动双城经济圈固定资产投资增长2.4%。其中，工业投资增长16.2%，较全国同期高7个百分点。二是消费拉动作用不断显现。1—9月，在消费品以旧换新等政策加持下，汽车、家电等大宗商品消费持续回暖，直播带货、短视频带货、即时零售等消费新业态发展迅速，带动双城经济圈实现社会消费品零售总额 2.84 万亿元，同比增长 4.1%，较全国同期高 0.8 个百分点。其中，重庆、四川线上商品零售额分别为 761.1 亿元、1308.4 亿元，同比分别增长 14.6%、6.8%，餐饮收入同比分别增长 10%、9.0%，体育娱乐用品零售额同比分别增长 67.6%、7.7%。

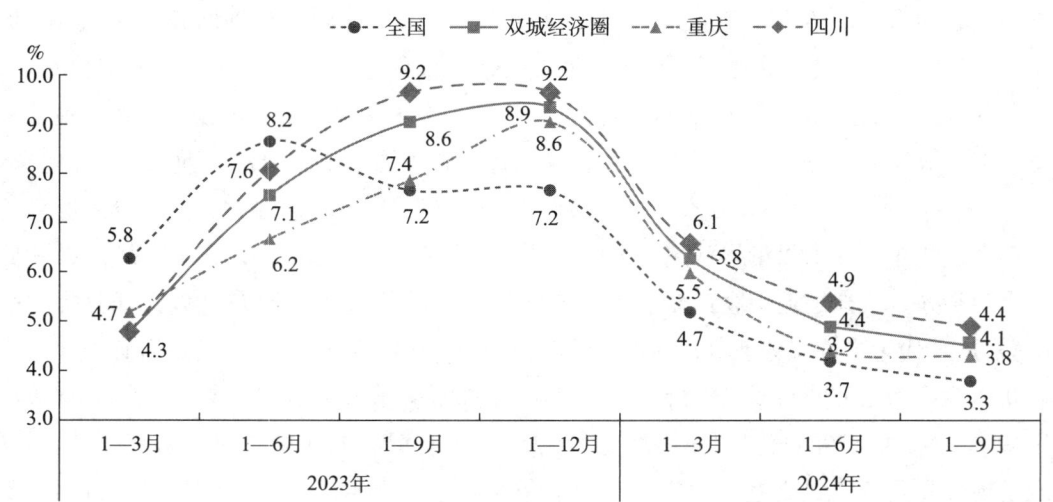

图 3　2023 年以来双城经济圈以及重庆、四川社会消费品零售总额季度累计增速

（四）改革开放活力持续迸发

两省市以高水平开放推动高质量发展，积极拓展国际合作空间，通道、平台、产业、环境等各类要素开放水平不断提升。一是开放型经济运行企稳回暖。1—9 月，在电动汽车、光伏产品、锂电池等"新三样"带动下，川渝两省市外贸进出口总值达到 1.27 万亿元，同比增长 3.3%，占西部地区的 43.5%。中欧班列（成渝）累计开行近 4520 列，运输货物 37.1 万标准箱，同比增长 6%，其中重庆运输 17.6 万标准箱，同比增长 3%。重庆经西部陆海新通道与中欧班列、长江黄金水道联运货物 10.7 万标准箱，同比增长 77%。二是重点改革持续深化。"关银—KEY 通"川渝通办集成化改革入选全国自贸试验区第五批最佳实践案例。联合印发了第四批"川渝通办"事项，累计达到 355 项。川渝高竹新区持续推进差异消融，将税费征管领域的 118 项川渝差异事项统一了 67 项，办税时间缩短约 60%。联合打造"川渝共同产权市场互联网平台"，累计成交项目 3 万宗，交易额 2111 亿元；重庆九龙坡 2 宗农村土地经营权首次在成都农交所产权交易平台实现交易。

（五）基础设施互联互通提质增效

一体化的综合交通网、多元化的能源保障网、可持续的水利安全网加快完善，现代化基础设施互联互通水平持续提升。一是交通运输体系持续完善。印发全国首个行业区域标准体系《推动成渝地区双城经济圈综合交通运输高质量发展标准体系》。重庆江北国际机场第四跑道成功试飞，双流机场飞行区改造首批工程通过验收。渝昆高铁川渝段建成通车，成达万高铁全线 133 座隧道已贯通 88 座，省际高速公路达到 16 条。二是重大水利设施加快建设。嘉陵江利泽航运枢纽工程正式通航，岷江龙溪口至宜宾段航道整治工程二期工程工可报告获批。渝西水资源配置工程已累计完成投资突破 120 亿元，占总投资约 85%。三是能源保障能力不断加强。川渝 1000 千伏特高压交流工程重庆段完成验收，"疆电入渝"特高压重庆段全面进入放线阶段，"藏电入渝"完成首笔交易。川渝天然气千亿立方米级产能基地建设稳步推进，1—9 月，累计产气 129.6 亿立方米，同比增长 5.6%。

二、需要关注的问题

（一）新旧动能转换接续仍不够

一是部分主导产业持续低迷。受市场环境影响，碳酸锂价格下行带动动力电池单价同比下降超40%，导致弗迪电池、冠宇电池等龙头企业产值下滑超30%。受苹果系供应链和订单外迁等因素影响，企业订单不足，拖累电子信息产业增长。1—9月，双城经济圈微型计算机生产8788.5万台，同比下降7.5%，较全国同期低10.4个百分点。二是新兴产业体量较小。低空经济、人工智能、生物科技、新材料等战新产业尚处在起步阶段。双城经济圈低空经济企业4227家，低于广东（11316家）；国家专精特新企业824家，低于江苏（2909家）、广东（2089家）。三是企业经营压力普遍较大。1—9月，双城经济圈企业亏损面达20%以上，仍处于高位，规模以上工业企业实现利润总额3240.88亿元，同比下降7.5%，较全国同期低11个百分点。企业资金周转压力持续加大，重庆、四川企业应收账款回收期平均分别为66.8天、65.1天，较上年同期分别增加24.5天、34.6天。

（二）投资承压前行后劲不足

一是重点领域投资持续低位运行。受财政收支压力和政府投资类项目、PPP项目清理力度加大等因素影响，投资增长前景不容乐观。1—9月，双城经济圈投资增速同比下降2%，较全国同期低6.1个百分点。受供需两端信心不足、商品房库存积压等影响，双城经济圈房地产投资同比下降9.9%。二是中长期资金发挥作用不够。部分地市区县中央预算内投资、地方政府专项债券等专项资金支付和使用进度相对较慢，部分专项资金支持项目未能及时开工建设。同时，政府投资基金也存在运作协同配合不足、重复设立、投向不合规等问题，导致未能有效支持重点产业和高新技术项目发展。三是投融资改革仍需加快。大多数平台公司市场化实体经营业务较少，自身造血能力不强，导致以以贷还贷、借新还旧等方式来维持资金链，存在较高的债务风险。很多投融资平台公司与地方政府在资产权属、债权债务的确权认定上存在模糊不清的地带，限制了平台公司的自主发展活力。

（三）国际国内两个市场挖掘不足

一是国内居民消费意愿持续低迷。在未来收入和就业的预期偏弱背景下，部分非刚性消费仍处于收缩状态，化妆品、金银珠宝等升级类消费多月持续负增长，实现消费快速回升仍有难度。1—9月，限额以上单位主要商品零售类中，重庆汽车、金银珠宝、文化办公用品零售额分别同比下降4.3%、3.5%、3.3%，四川通讯器材、金银珠宝、家用电器和音像器材零售额分别同比下降10.3%、3.1%、2.1%。二是国际市场外贸压力增大。受产业结构、外贸政策等因素影响，外贸市场总体压力增大。1—9月，重庆受笔记本电脑、集成电路、存储部件等电子产品进出口规模持续萎缩影响，进出口额同比下降2.5%。

（四）一体化改革政策制约较大

一是推进要素价格统一存在市场壁垒。水、电、气等行业实施属地经营，无跨区域经营权限，要素价格不统一，如遂宁工业用电成本每度0.4元左右，潼南电价每度0.6~0.7元，企业无法根据两地生产要素比较优势自主选择供电、供气等主体。遂潼两地投资项目在线审批监管平台分属两省市独立运行管理，尚未完全打通信息数据共享互通壁垒。二是经济区与行政区分离改革机制不健全。川渝两地税收、土地、资金等政策差异较大，尚未有效形成健全的财政协同投入和财税利益分享机制。适应经济区与行政区分离改革要求的统计分算办法尚未实现突破，合作园区、共建项目等跨区域合作产生的经济指标统计数据切分比例存在分歧。三是毗邻平台改革特色和标志性成果不多。除川渝高竹新区外，其他毗邻合作平台在招商引资、产业激励、涉企优惠、税费征收标准等方面探索首创性、差异化改革力度小、成果少。

三、2025年运行环境分析及展望

（一）国际形势依然复杂多变

世界经济延续缓慢复苏态势，增长不平衡性和分化态势愈加凸显。IMF（10月）预计2025年全球经济增长3.2%，低于7月预测的3.3%。从国际局势看，乌克兰危机、巴以冲突延宕，台海、南海局势日趋紧张，全球战略物资流通将受到严重威胁，国家建设战略腹地和关键产业备份步伐将明显加快，为双城经济圈争取更多重大生产力布局提供新机遇。从国际贸易格局看，中国—东盟自贸区3.0版协定即将实施，为双城经济圈深化与东盟在数字经济、绿色经济、供应链互联互通、海关程序和贸易便利化等重点领域合作注入强大动力。从国际产业分工看，中国—东盟之间产业链分工体系加速构建，将有助于双城经济圈发挥紧邻东南亚和国内市场的区位优势，吸引全球优质要素资源集聚，为提升其在区域产业链分工体系中的地位和作用增添了新动能。

（二）我国经济稳中向好态势持续

随着发行超长期特别国债、运用地方政府专项债等一揽子增量政策发力显效，我国经济将持续回升向好。从宏观政策看，央地联动推进"两新""两重"加快落地，将激发消费增长新动能，为双城经济圈承接国家重大生产力布局提供强大动力。从制度型开放看，金融、投资、贸易等制度型开放政策措施加速落地，有助于双城经济圈吸引外资投资先进制造业、现代服务业、高新技术等领域，实现强链补链。从产业创新看，中国正加速培育和发展新质生产力，为双城经济圈推动传统产业转型升级，加快培育生物制造、低空经济等战略性新兴产业，前瞻性布局量子、生命科学等未来产业提供新机遇。从全国统一大市场建设看，《关于规范招商引资行为促进招商引资高质量发展若干措施的通知》《公平竞争审查条例》相继出台，双城经济圈迫切需要深化要素市场化配置、"放管服"等改革，打造市场化、法治化、国际化的营商环境，从依赖政策优惠向提升综合竞争力转变。

（三）双城经济圈内生动力持续增强

2025年是"十四五"规划的收官之年，也是启动双城经济圈新一轮规划的前期研究之年。在国家区域战略叠加赋能带动下，双城经济圈产业要素集聚将进一步加速，改革集成创新持续深化。从重大项目来看，重庆枢纽港产业园、疆电入渝特高压直流输电工程等重大标志性工程加速推进，将为双城经济圈提升能源保障能力，推动产业绿色转型发展，促进人流、物流、信息流高效流动提供坚实基础。从重大政策来看，新一轮成渝地区双城经济圈建设五年规划（实施方案）、内陆开放综合枢纽国际合作示范区建设总体方案等政策文件编制工作即将启动，将为双城经济圈协同构建跨境产业链供应链经贸链体系，扩大在国际商务交流、高端资源要素汇聚、经贸规则创新等领域合作增添新动能。从重大改革看，党的二十届三中全会决策部署落实落地，将为双城经济圈积极融入全国统一大市场，探索首创性、差别化改革，健全科技创新和产业创新深度融合机制，破解制约高质量发展、高品质生活、高效能治理的深层次矛盾和体制机制弊端注入新动力。

（四）2025年经济预测及展望

随着双城经济圈建设的"四梁八柱"加快构建，经济承载和辐射带动功能、创新资源集聚和转化功能、改革集成和开放门户功能、人口吸纳和综合服务功能不断强化，双城经济圈一体化发展动能不断增强，经济实力、发展活力、国际影响力将进一步增强。预计2025年，双城经济圈经济增速保持在5.5%左右，高于全国平均水平。

四、对策建议

（一）以科技创新引领现代化产业体系建设

一是协同提升产业科技创新能力。聚焦汽车核心软件、人工智能等重点领域，共同谋划实施2025年成渝科技创新合作重大工程和项目，联合争取国家重点研发计划、"科技创新2030"重大项目等各类科技计划，争创燃料电池汽车示范城市群和智能网联新能源汽车国家先进制造业集群。协同建设成渝综合类国家技术创新中心，共同实施卫星导航、大型飞机等国家重大科技任务。二是推动数字技术与实体经济深度融合。深度融入"东数西算"工程，迭代升级国家（西部）算力调度平台，构建"渝川贵云"西南区域算力网。推动中新国际数据通道扩面提效，推动全球性国际通信业务出入口局尽快落地。共同构建成渝一体化数字资源中枢，推动两地政务网、感知网跨域联通，"数据+场景"开放共享。三是促进生产性服务业与现代制造业集群体系融合发展。实施国家级和市级工业设计中心、工业设计研究院培育工程，推广"互联网+工业设计"新型服务模式，提升智能终端、高端装备、医疗器械等领域工业设计服务能力。支持企业建设一体化试验检测技术平台，争取国家检验检测认证机构在成渝布局。

（二）形成消费和投资相互促进的良性循环

一是全力扩大有效投资。聚焦城市更新、数字化智能化转型、国家级产业园区等"两重"政策清单重点支持领域，谋划一批投资体量大的标志性项目、小而美的民生项目，争取国家专项债券、特别国债支持，撬动政策性金融机构投贷联动。聚焦高速公路、发电储能、托育养老等重点领域，建立符合民间资本投资特点的目录清单，尽快向社会推介一批条件成熟的项目。二是提升投融资平台发展质效。加大平台公司整合重组力度，明晰政府与平台公司资产权属、债权债务等，减少政府对平台公司干预。争取国家政策性银行支持平台公司发行再融资债券置换存量债务，特别是高利率、短期限债务，对平台公司债务进行资产重组盘活收益化债，以降低债务负担和缓解到期及付息压力。三是全面促进消费持续回暖。实施促进就业富民、乡村产业富民等增收行动，多渠道增加城乡居民收入，提高消费意愿和能力。迭代升级汽车、家电、家装消费品以旧换新支持政策，有序推动新增公务用车、城市公交车、出租车全部采用新能源汽车。积极谋划跨省市使用消费券、现金券等优惠政策，鼓励和引导更多精品景区参与"百万职工游巴蜀"等惠民活动。

（三）以高水平对外开放促进高质量发展

一是共同拓展外资外贸合作新空间。加强高科技产品、大宗消费品、能源物资进口贸易，扩大新能源汽车、锂电池、太阳能电池"新三样"产品出口，合力拓展南亚、中东、中亚等"一带一路"国家地区贸易市场，联合进军非洲等新兴市场。围绕重点产业搭建涵盖零部件企业、原材料供应商以及金融保险、物流运输、研发设计等生产性服务业企业的公共服务平台，探索"跨境电商+"，实现小批量定制、大规模生产、全产业链贯通、全球化配送。二是以制度型开放促进高质量发展。协同开展陆上贸易规则、贸易金融、多式联运等首创性、差异化改革探索，形成一批跨区域、跨部门、跨层级的制度创新成果。面向东盟探索"总装+配套"模式，大力发展新能源汽车、大型成套设备等KD件（散件组装）集货包装出口新模式，加大智能芯片、装配零部件等中间品进口规模。深化川渝"单一窗口"合作，推动成渝两地在铁路提单、境外节点合作共建，实现国际贸易全链条服务。

（四）加强政策协同毗邻地区平台协作建设

一是强化政策谋划和项目储备。以国家"十五五"规划编制为契机，聚焦交通物流、能源保障、产业创新、改革开放、公共服务等重点领域，携手开展重大政策前期研究，同步谋划一批重大项目，形成重大政策、重大项目、重大改革前期研究成果清单，争取纳入国家"十五五"规划纲要及专项规划，争取国家尽快启动新一轮规划纲要或实施方案编制工作。二是以改革创新赋能毗邻地区平台。通过飞地园区、产业合作园区共建方式，推进毗邻地区平台实体化运作。鼓励开展集成改革创新试点示范，探索企业生产经营高频办理的许可证件、资质资格等跨区域互认通用，逐步统一行政许可事项清单、审批举措、流程环节等。建立电力、油气等能源互济互保机制、跨区域建设用地指标协同管理机制，实现水电气要素保障业务"跨省市通办""同城同价"。同时，探索建立非毗邻地区合作机制，以产业链供应链为纽带，搭建产业联盟和创新政策引导，开展产业链、供应链配套合作，推动在项目引进、基础设施、公共服务等方面形成发展合力。

[重庆市综合经济研究院（重庆市经济信息中心）
重庆市推动成渝地区双城经济圈建设研究中心课题组
主研：易小光　丁　瑶　邓兰燕　曹　亮　李　林　贾静涛
执笔：贾静涛]

之五：2024年重庆市经济运行分析及2025年展望

2024年，全球政经形势更趋复杂严峻，国内经济强化宏观政策调控、激发市场内生动力，经济延续稳中有进态势。重庆聚焦做实"两大定位"、发挥"三个作用"新定位新使命，扎实做好经济运行调度，加快推动高质量发展，积极推动成渝地区双城经济圈建设，聚力打造"33618"现代制造业集群体系，加快发展现代生产性服务业，建设现代农业体系，大力培育新质动能，着力防范化解重大风险，经济运行稳中有进、趋稳向好势头巩固增强，景气指数在趋冷区间顶部平稳运行，预计2024年重庆GDP同比增长6.0%左右。

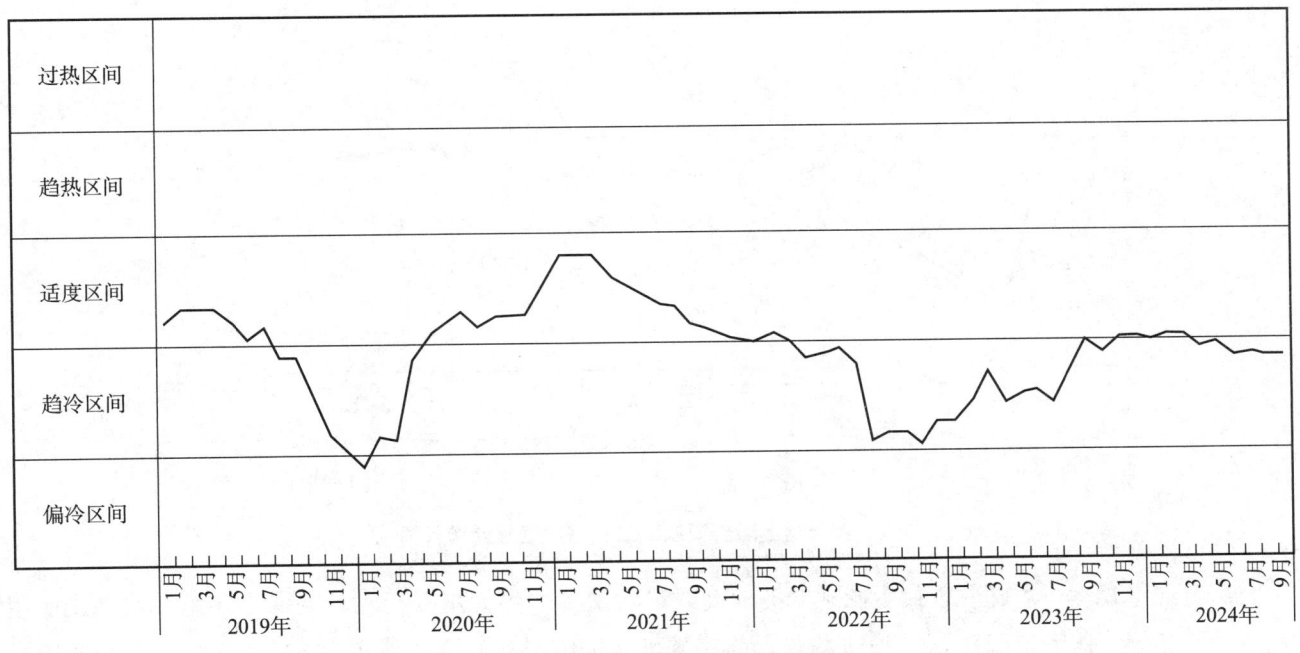

图1 重庆宏观经济景气动向监测趋势

一、2024年重庆市经济运行特征

（一）产业运行保持稳定，工业经济支撑有力

前三季度，重庆第一产业总体稳定，第二产业增势较好，服务业平稳运行，对全市经济增长的贡献率分别为3.3%、43.8%和52.9%。

农业生产总体稳定。重庆积极应对旱涝急转和连晴高温影响，全力保障粮食及重点农产品生产，农业经济运行总体平稳。前三季度，重庆第一产业增加值实现1486.8亿元，同比增长2.9%。秋粮播种面积2476.8万亩，同比增长0.04%，预计全年粮食播种面积3042.2万亩、产量110.95亿公斤，产量有望创近16年新高。蔬菜、水产品产量分别同比增长4.8%、4.3%，生猪出栏1314万头，同比下降7.5%。农产品、农资价格表现不一，粮油、蔬菜价格因高温天气分别同比上涨 4.1%、13.7%，农资价格同比下降 1.5%；受生猪产能去化明显等拉动，猪肉价格大幅上涨，猪粮比由 6 月末的 6.6∶1 上升至 7.85∶1。①

工业经济总体增势较好。重庆加快构建"33618"现代制造业集群体系，聚焦重点行业和企业稳存量、扩增量，工业经济保持较快增长。前三季度，重庆第二产业增加值实现 8991.3 亿元，同比增长 6.7%。在汽车产业快速增长带动下，重庆规模以上工业增加值同比增长 8.1%，高于全国 2.3 个百分点，增速居全国第 8 位、西部第 5 位。工业用电、用气量分别同比增长 7.5%、10.8%，分别高于上半年 1.6 个、1.9 个百分点。汽车产业增长较快，电子、材料产业增速逐步放缓。得益于赛力斯问界等新能源汽车生产放量带动，汽车产业增加值同比增长 25.9%，对规模以上工业增加值增长贡献率达 55%。受市场需求不足等因素影响，电子、材料产业增加值分别同比增长 2.9%、4.6%，分别低于上半年 0.2 个、0.9 个百分点。摩托车、装备、能源工业增加值增速较上半年均有不同程度提升，消费品产业保持稳定，医药产业延续年初以来下降趋势。工业企业效益稳步回升。在汽车等行业利润增长带动下，1—8 月重庆规模以上工业企业利润同比增长 11.2%，高于全国 10.7 个百分点。

图 2　重庆及全国规模以上工业增加值累计增长情况

服务业平稳运行。随着现代生产性服务业高质量发展和"满天星"行动计划深入实施，数字化应用场景持续拓展，服务业经济保持稳步增长。前三季度，重庆服务业增加值实现 12766.2 亿元，同比增长 5.8%，高于全国 1.1 个百分点。生产性服务业态势较好。金融业稳健运行，截至 9 月末，重庆金融业资产规模同比增长 5.4%，高质量完成国家区块链跨境金融特色领域创新应用试点，巴南、万州、两江新区、江津、涪陵入选最新一批国家产业金融合作试点城市（区）。数字服务发展态势良好，软件信息服务业营收同比增长 9%，建成华为智算中心、明月湖智算中心等智算算力基础设施。规模以上供应链管理服务、互联网数据服务、互联网生产服务平台等生产性服务行业营收②分别同比增长 2.2 倍、85%、30.8%。生活性服务业总体稳定。1—9 月重庆接待国内游客人次、游客花费分别同比增长 10.1%、15.6%；重点监测的 130 家景区接待游客同比增长 17.9%。餐饮业增长略有放缓，1—9 月餐饮收入同比增长 10.4%，低于上半年 1.5 个百分点。

---

① 数据来源：重庆市大宗农产品产销形势分析月报（2024 年第 9 期，市农业农村委）。
② 营业收入为 1—8 月数据。

（二）需求动力逐步改善，投资消费有所回升

前三季度，重庆投资低位运行，消费逐步趋稳，外贸进出口降幅收窄，资本形成、最终消费和区域净流出对重庆经济增长的贡献率分别为38.3%、61.8%和-0.1%。

投资增速低位回升。重庆深入落实"两重""两新"政策，高频次开展重大项目投资调度，投资增速呈现低位回升态势。1—9月重庆固定资产投资同比增长1.8%，增速自7月以来逐月回升。其中，市级重点项目完成投资3611.4亿元，进度超计划19.6个百分点；民间投资同比增长13.5%，高于全国13.7个百分点。基建投资低位运行，工业投资增势较好，房地产开发投资增长乏力。受政府化债和项目分级管控等因素影响，交通、城建领域投资规模缩减，基建投资增速由上半年的3.0%下降至0.6%。在安意法半导体等市级重点项目建设带动下，工业投资同比增长16.3%，拉高投资增速4.5个百分点。其中，摩托车产业投资同比增长1倍，材料、消费品、能源工业投资增速均超20%；随着设备更新加力推进，工业技改投资同比增长27.0%，较上半年提高1个百分点。房地产开发投资延续疲软态势，1—9月同比下降9.7%，降幅较上半年扩大0.9个百分点，但好于全国平均0.4个百分点。

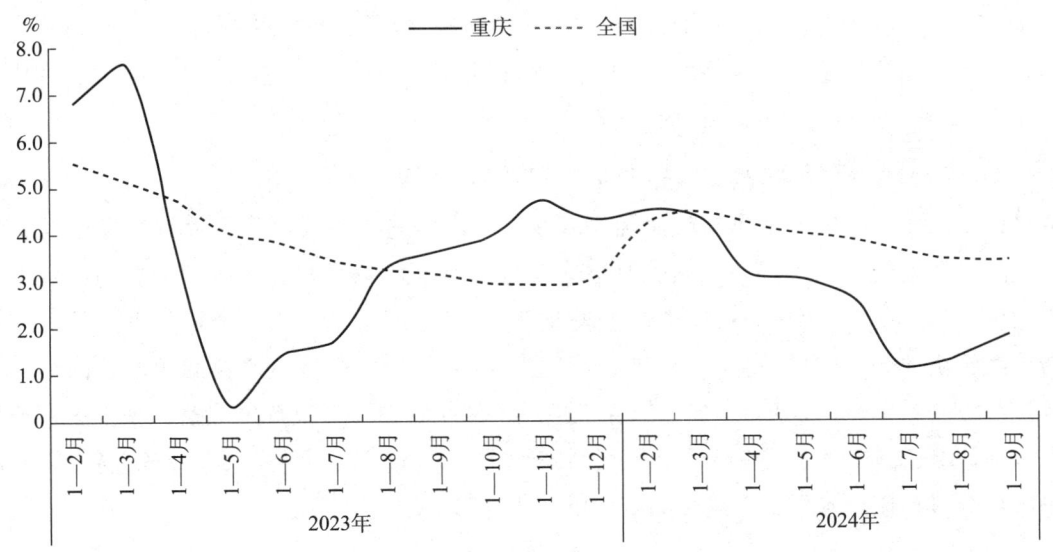

图3 重庆及全国固定资产投资累计增长情况

消费运行有所趋稳。重庆加快落实消费品"以旧换新"政策，强化"政策+活动"双轮驱动，消费市场潜力持续释放。1—9月，重庆实现社会消费品零售总额11657.5亿元，同比增长3.8%，高于全国0.5个百分点。重点商品消费走势分化。得益于消费品"以旧换新"政策加码，1—9月新能源汽车、家电和音响器材类消费分别同比增长22.4%、7.5%；在企业促消费活动带动下，体育娱乐用品、通讯器材类消费增速均超20%；粮油食品类消费同比增长8.0%，延续稳定增长态势。受消费需求不振等影响，服装鞋帽针纺织品、金银珠宝、日用品、文化办公用品类等可选消费不同程度减少。网上消费和服务消费持续活跃。1—9月实物和服务网络零售额分别同比增长12.7%和17%，分别高于全国4.2个、3.3个百分点。演出市场加速回暖，举办营业性演出3.4万场次，同比增长61.9%。

外贸进出口降幅收窄。重庆深入实施"外贸转增攻坚"行动，支持汽车企业布局海外市场，对外贸易降幅持续收窄。1—9月重庆实现外贸进出口总值5188.5亿元，同比下降2.5%，降幅较上半年收窄0.2个百分点。出口支撑作用明显。在机电产品出口较快增长带动下，出口同比增长2.4%，其中，汽车、手

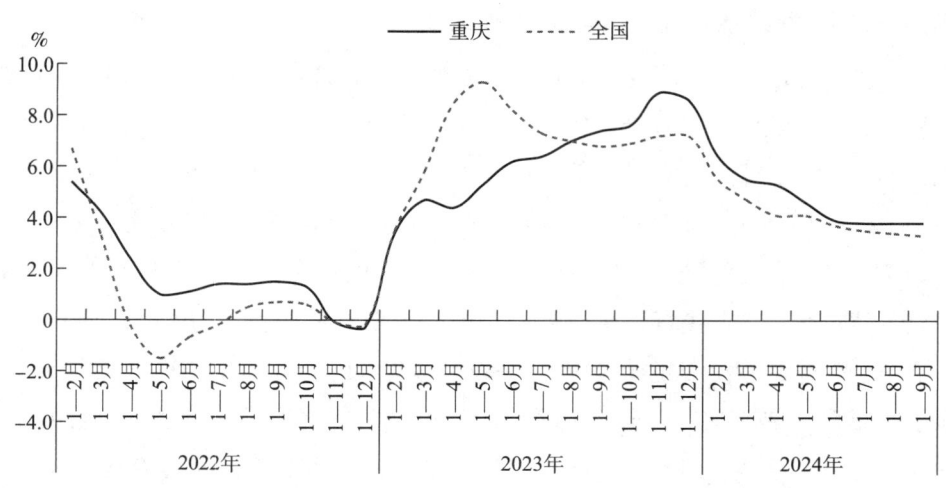

图4 重庆及全国社会消费品零售总额累计增长情况

机出口值分别同比增长34%、23.7%。进口拖累仍较突出。受集成电路、金属矿砂等进口持续下滑影响，进口同比下降12.1%，拉低进出口4.0个百分点。"一带一路"经贸合作持续深化，对墨西哥、俄罗斯进出口增速均超15%，对东盟进出口保持5.3%的较快增长；对欧盟、美国进出口持续减少。利用外资高速增长，1—9月全市预计实际使用外资6.9亿美元，同比增长62.1%。

（三）就业形势仍有较大压力，创新动能持续巩固

就业形势稳中承压。重庆大力实施就业优先战略，加快推进"满天星"行动计划促就业、现代服务业促就业、文旅产业促就业专项行动，就业形势总体稳中有压。1—9月，重庆城镇新增就业60.7万人，同比增长1.9%，提前完成全年目标；城镇调查失业率5.3%，高于全国0.2个百分点。经营主体继续多增。全市新设经营主体39万户、注（吊）销经营主体34.4万户，经营主体保持净增。创新能力不断增强。重庆迭代升级"416"科技创新布局，纵深推进科技创新和人才强市首位战略，获批国家海外人才改革专项试点，国家级科技人才达到873人，新增科技型企业8463家，嘉陵江实验室等高能级创新平台建设加快，重庆综合科技创新水平指数居全国第7位、西部第1位[①]。

（四）财政收入稳定增长，贷款增速有所企稳

财政收入平稳增长。重庆深入落实积极财政政策，切实加强财政资源统筹，强化重点领域和薄弱环节资金支持，财政运行总体平稳有序。1—9月，重庆一般公共预算收入同比增长6.7%，高于全国地方预算收入平均水平6.1个百分点；其中，在资产处置收入大幅增长带动下，非税收入同比增长17.6%，拉高一般公共预算收入增幅9个百分点，对财政增收起到明显支撑作用。税收收入同比增速由上半年的2.8%回落至0.6%，但仍高于全国地方平均4.1个百分点；其中，受政策性减税、上年同期高基数等因素影响，增值税同比下降3.9%；由于企业经营压力增大、居民收入增长总体放缓等影响，企业所得税、个人所得税同比降幅分别由上半年的0.3%、2.1%扩大至0.7%、6.0%。一般公共预算支出同比增长8.2%，高于上年同期6个百分点；其中，城乡社区、农林水等领域支出增速较快。1—9月，重庆新增专项债1007.2亿元，同比下降17.0%。

贷款增速逐步企稳。重庆全面实施"智融惠畅"工程，强化对科技创新、普惠小微等领域支持，融资总量保持平稳增长。截至9月末，全市人民币存、贷款余额分别同比增长3.8%、6.8%，分别较上半年

---

① 数据来源：中国科学技术发展战略研究院发布的《中国区域科技创新评价报告2024》（2024年9月8日）。

低 0.9 个、高 0.3 个百分点，贷存比达到 107.7%，较上半年提高 0.8 个百分点。存款方面，受企业盈利能力下降叠加贷款需求不足引致的派生存款减少、错币种融资业务①暂停导致外汇保证金存款减少等影响，非金融企业存款同比下降 2.8%，延续 5 月以来负增长趋势；住户存款保持稳定，增速由上半年的 10.2% 小幅回升至 10.3%。贷款方面，在中长期固定资产贷款和经营性贷款较快增长的带动下，中长期贷款同比增长 7.1%，高于上年同期 1.2 个百分点；受企业贸易融资大幅下降等影响，短期贷款同比增长 8.3%，增速自年初总体放缓，并低于上年同期 10.1 个百分点。

（五）区域发展因地制宜，经济运行各具亮点

重庆加快推动成渝地区双城经济圈建设，着力推动主城都市区强核提能级、渝东北三峡库区绿色发展、渝东南武陵山区文旅融合，区域经济发展各具特色。成渝地区双城经济圈建设加速推进。成渝投资合作和贸易往来不断深化，1—9月成渝地区双城经济圈重大项目完成投资3699亿元，超时序进度9.7个百分点；1—8月川渝两省市贸易金额5774.4亿元，同比增长6%。中心城区工业经济支撑较强。1—9月片区规模以上工业增加值同比增长10.2%，其中，在赛力斯及配套企业高增长带动下，渝北区、沙坪坝区规模以上工业增加值增速均超18%。在大规模设备更新等政策带动下，片区工业技改投资增速达51.3%。渝西地区投资增势较好。片区投资同比增长9.1%，高于全市7.3个百分点；其中，得益于铜梁金汇能负极材料、大足环锂新能源等一批重大项目投资放量，片区工业投资同比增长20.9%，高于全市4.6个百分点。渝东新城投资、消费增长加快。片区工业投资同比增长17.2%，高于全市0.9个百分点；涪陵工业园区获批成为全市第四个国家级经开区。在南川区、垫江县社零消费良好增势的支撑下，片区社零同比增长5.1%，居区域第1位。渝东北三峡库区绿色产业增长较好。在丰都东方希望玻璃纤维及复合材料等项目投资带动下，片区工业投资同比增长30.7%，高于全市14.4个百分点。绿色农业、三峡游亮点纷呈，巫山脆李连续六年排名全国李品类第1位，忠县加快打造亚洲最大的柑橘分选中心，"国庆"期间三峡集团营业收入和接待人次同比分别上涨34.9%、27.9%。渝东南武陵山区旅游消费亮点突出。在清凉游带动下，暑期石柱黄水接待游客总量同比增长21%；"中秋"期间酉阳旅游收入同比增长51.4%；武隆旅游知名度不断提升，1—9月接待境外游客12.4万人，同比增长1.8倍。黔江高山黄牛、彭水苗乡大米入选2024年第一批全国名特优新农产品名录。

（六）价格指数低位回升，与全国走势基本一致

重庆加大对重点民生商品的供需调节，物价水平总体平稳。1—9月，重庆CPI、PPI、PPIRM分别同比增长0.2%、-0.8%、-1.3%，分别高于上半年0.2个、0.2个、0.5个百分点。八大类商品和服务价格指数"六升二降"，其中，在猪肉价格持续回升带动下，食品烟酒类价格同比下降1.1%，降幅较上半年收窄1.2个百分点；在国际油价回落、汽车降价潮持续等因素影响下，交通通信价格指数同比下降0.7%；其余价格指数均不同程度上涨。在传统产业需求萎缩、上游原材料价格下跌等因素影响下，PPI、PPIRM仍延续下滑态势。

二、存在的问题

（一）投资增长后劲不足，项目和资金制约突出

全市投资累计增速连续3个月低于2%，基建投资、房地产开发投资下拉明显，项目和资金接续压力

---

① 以存款为质押，利用各币种间掉期价格窗口，为外贸企业提供贸易融资、信用证、购汇、福费廷等服务组合，实现较低成本融资。

较大。一是基建投资增长乏力。受政府化债和项目管控等客观因素影响，基建投资仅同比增长0.6%，分别低于2022年、2023年同期7.4个、8.7个百分点；1—9月基础设施新开工项目计划总投资同比下降25.3%，占比约40%的交通领域投资持续下滑。化债背景下，1—9月重庆新增专项债券为上年同期的83%，全年新增专项债限额市区两级比例由上年同期的1∶5.8降至1∶1.9，部分区县筹资较难。二是工业投资项目接续不足。1—9月重庆新开工工业项目计划总投资同比下降8.8%，降幅较上半年扩大8.5个百分点。随着招商引资公平竞争政策落实，由于相较于东部地区，重庆在产业生态、资金供给、人才资源、交通便利、政府服务等方面仍有较大差距，区县普遍反映项目洽谈困难、签约项目减少，三季度重庆新签约制造业招商项目合同额仅为二季度的59.1%。三是房地产投资持续疲软。信心偏弱、规模收缩、资金承压问题尚未根本改善，重庆商品房新开工、施工面积分别连续41个、36个月下降，在建项目数量同比减少近三成，房企到位资金同比下降18.5%。2024年龙湖、万科等龙头房企在渝无新增地块，投资重心已转向北京、上海、杭州、成都等地。

（二）工业增长分化明显，新动能培育手段不足

支柱产业增长不均衡性突出，基金赋能新动能培育仍缺乏抓手。一是支柱产业"多点支撑"不足。赛力斯"一企独大"态势明显，对重庆汽车行业产值、规模以上工业总产值增长贡献率分别达81.5%、56.1%；除汽车、能源产业外，其他支柱产业增加值增速均低于平均水平。受需求不足等因素影响，燃油车、笔电产量同比降幅分别由上半年的7.5%、1.4%扩大至15.4%、4.3%，电子、材料产业增加值增速自年初以来持续放缓。二是需求疲弱问题依然突出。三季度重庆工业企业产能利用率72.9%，较二季度下降2.8个百分点，PPI、PPIRM连续20个月负增长，二者差额由一季度的1.4点降至0.5点，企业盈利空间持续压缩。三是未来产业和创新培育手段不足。由于重庆科技创新型企业数量偏少、创投基金生态尚不完善等因素客观存在，基金赋能科技创新和未来产业发展力度不足，目前全市种子基金中五成资金闲置在银行托管，市场化私募基金本地投资率仅40%左右，相较于其他获批建设全国具有影响力的科技创新中心①，重庆是唯一缺乏百亿级体量科创母基金的地区。

（三）消费需求持续疲软，大宗消费不及预期

社零增速自2024年年初总体放缓，促消费政策对居民消费预期改善有限。一是居民消费预期较弱。收入就业对消费带动不足，9月重庆城镇调查失业率5.4%，连续18个月高于全国水平；1—9月重庆二手房成交量同比下降5.2%，中心城区二手住宅价格指数同比下降7.9%，跌幅在70个大中城市中居第21位②，居民财富变现难且缩水严重，"不消费、多存钱"心态更加明显。二是大宗消费不及预期。新能源车价格战持续冲击燃油车销售，1—9月燃油汽车零售额同比下降16.2%，由于当前各省市针对汽车以旧换新的补贴差异较大，重庆汽车消费仍存在外流风险。同时，实体消费明显承压，1—9月全市百强零售企业中有29家零售额负增长，较上半年增加3家。三是服务消费新增长点培育不足。重庆文旅商业模式较为传统、产品创新能力较弱，特别是沉浸式体验类消费新业态项目还不够丰富。养老、托育、家政等服务体系尚不完善，整体服务质量还待提升。

（四）外贸外资增长压力较大，开放平台功能待提升

开放经济发展压力较大，市场开拓、平台功能发挥还不充分。一是主要产品出口放缓。受发达国家脱钩断链等影响，苹果、惠普等美系笔电订单加速转移，目前苹果平板电脑订单已全部转移，主要笔电

---

① 6个获批建设全国具有影响力的科技创新中心的地区为北京、上海、粤港澳大湾区、武汉、西安、重庆。
② 国家统计局数据。

生产企业订单出现减少，1—9月平板电脑、笔记本电脑出口量分别同比下降90%、2.5%，加工贸易进出口拉低外贸进出口2.5个百分点。二是外贸外资增长受国际局势影响较大。9月13日，美国大幅上调我国电动汽车等产品进口关税，欧盟决定于10月31日起对中国电动汽车征收为期五年的最终反补贴税（重庆力帆汽车、长安汽车分别加征18.8%、20.7%的关税），俄罗斯从10月起对进口汽车提高报废税，对俄出口汽车每辆将增加税费成本约2万元，不利于重庆车企开拓海外市场。同时，10月28日美国明确在半导体、量子计算和人工智能等领域限制美国个人和公司投资中国的先进技术，重庆利用外资难度也将明显上升。三是开放平台作用发挥尚不充分。开放平台要素集聚能力不强，1—9月重庆综保区进出口同比下降3.7%，拉低进出口增速2.4个百分点；14个开放平台实际使用外资同比下降17.5%，降幅较上年同期扩大34.9个百分点。中新项目缺乏实体项目支撑，1—9月实际使用新加坡外资同比下降33%，开放带动引领力还不足。

（五）部分区域支撑减弱，龙头企业带动力不强

区县经济运行有所分化，挂牌上市企业的支撑带动尚显不足。一是中心城区投资明显放缓。受工业和房地产投资下行等因素影响，中心城区投资同比下降7.6%，拉低全市投资增速2.9个百分点；其中，服务业投资大幅下降9.9%，2个区投资降幅均超10%。二是工业经济区域分化明显。1—9月42个区县（开发区）①中仅10个区县（开发区）规模以上工业增加值增速高于全市平均水平；渝西地区工业增长放缓，工业增加值增速由上半年的6.4%降至5.7%。三是龙头企业带动不足。根据Wind整理统计，三季度全市A股78家上市企业利润总额同比下降27.7%，利润下滑企业数量42家，占比53.8%。上半年68家新三板挂牌企业中营收、利润同比下降的企业35家，占比达到51.5%。

（六）经营主体缺乏信心，社会预期依然较弱

企业和居民预期依然偏弱，社会矛盾和衍生风险需要关注。一是企业发展信心亟待提振。调查显示②，受经济下行、行业竞争加剧等因素影响，分别有38.5%、43.0%的企业前三季度营业收入、利润总额同比下降，超30%的企业表示2024年订单少于上年；仅29.8%的企业对未来发展充满信心，少于上半年调查情况（32.5%）。二是居民就业、增收压力较大。就业不充分问题凸显，2024届高校毕业生仍有3.1万人未就业，2025届高校毕业生预计有38.6万人进入求职期，农民工就业难度持续加大。前三季度全市居民人均可支配收入同比增长5.3%，低于上半年0.3个百分点，工资性收入、财产净收入均较上半年回落。三是社会矛盾和风险隐患需要关注。全市失业群体集中于家庭负担较大的"70后""80后"等人员，灵活就业主渠道吸纳能力在减弱，中心城区网约车运力已远超需求。建筑业低迷导致农民工就业和收入压力激增，需关注农村规模性返贫情况，由于城市失业人群、低收入群体缺乏缓冲地带，房贷断供、社会治安事件等社会风险需要关注。

三、2025年经济运行环境分析及预测

（一）国际环境更趋复杂严峻

全球地缘政治局势复杂多变，不稳定不确定难预料因素明显增多，世界经济下行风险增加。IMF（10月）、联合国（10月）、OECD（9月）等权威机构预计2025年全球经济增长2.7%~3.2%③，增速仍低于

---

① 含38个区县，以及两江新区、西部科学城重庆高新区、重庆经开区、万盛经开区。
② 根据重庆市综合经济研究院《2024年前三季度重庆企业经营情况调查问卷》，问卷回收697份。
③ IMF（3.2%，10月）、联合国（2.7%，10月）、OECD（3.2%，9月）。

疫情前水平。发达经济体增长总体仍较疲弱，美国经济在消费、制造业疲软等制约下呈现波动迹象，欧元区受消费及投资下降等拖累持续走弱，日本经济在扩大政府支出、低利率政策等带动下低位回升。新兴市场保持韧性，中国、印度、越南等亚洲新兴经济体稳定增长，巴西等南美地区经济稳步恢复，但受地缘政治冲突、大宗商品供应紧张等制约，中东、中亚以及南非地区经济复苏乏力。地缘政治变乱交织，乌克兰危机、巴以冲突等久拖不决，跨境资金避险情绪依然浓厚，加之美欧等经济体可能采取新一轮加征关税、投资制裁等措施，围堵我国高科技及外贸外资领域发展，将进一步导致全球产业链供应链割裂加剧，WTO 10月预测，2025年国际贸易将增长3.0%，贸易前景中期仍偏下行。主要发达经济体货币政策转向宽松，但美元流动性仍将延续紧平衡格局，新兴市场仍面临资本外流压力。各国宏观政策协调难度明显加大，全球治理协作受阻，我国将与"全球南方"深化产业、贸易、投资等领域合作，拓展经济增长空间。

（二）国内宏观政策将持续加力显效

2025年，面对复杂多变的国内外环境，我国将加快构建新发展格局，持续深化改革开放，加大宏观调控力度，强化存量政策落地，充分发挥增量政策促进作用，不断强化新动能新优势，经济将延续平稳回升态势。国内外相关机构预测2025年中国经济增速在4.1%~5%[①]。财政政策更加积极，将强化运用超长期特别国债、中央预算内资金、专项债等专项资金工具支持"两重""两新"项目建设，通过增加6万亿元地方政府债务限额、新增4万亿元专项债等方式置换存量隐性债务，地方政府化债压力将显著减轻。货币政策适度宽松，将通过实施降准降息等政策"组合拳"，进一步降低企业融资成本；社保、保险、理财等中长期资本入市，有望提振资本市场信心。产业政策聚焦构建现代化产业体系，创新链、产业链、资金链、人才链融合将加快推进，引领传统产业转型升级，因地制宜发展新质生产力，带动产业新动能不断增强。就业政策将围绕促进高质量充分就业，持续深化就业体制机制改革，在加大高校毕业生等重点群体就业保障方面细化落实。区域政策将着力强化重大生产力优化布局和战略腹地建设，助力增强中西部地区发展后劲。深层次改革和高水平开放统筹推进，将持续深化制度型开放，着力以开放促改革促发展，全国统一大市场建设提速，市场化、法治化、国际化一流营商环境加快营造，加之民营经济促进法、制造业领域外资准入、新一轮服务业扩大开放试点等改革举措加快落地实施，全社会发展活力有望得到充分激发。但也要看到，外部不稳定不确定难预料因素增多，国内有效需求不足、新旧动能转换阵痛、重点化债地区发展受限、部分企业经营困难等问题凸显，经济持续回升向好仍面临制约。

（三）重庆经济增长潜力依然较强

重庆将聚焦做实"两大定位"、发挥"三个作用"新定位新使命，以全面深化改革促进高质量发展，积极推进共建"一带一路"、长江经济带高质量发展、新时代西部大开发、成渝地区双城经济圈建设、西部陆海新通道建设、国家战略腹地建设等国家重大战略实施，聚力打造"33618"现代制造业集群体系，充分激发市场活力，经济将保持平稳增长。从支撑因素看，"十四五"规划收官之年，重庆将着力加强重大项目调度，促进投资加快放量；汽车、家电等以旧换新政策持续发力，存量房贷利率下调，将激发消费活力潜力；重庆枢纽港产业园等标志性开放项目建设加快，外商投资支持政策逐步显效，有助于外贸外资稳步发展；生产性服务业与"33618"现代制造业集群体系加快融合，农业农村现代化全面推进，有利于新质生产力培育发展，促进产业结构迭代升级；国家战略腹地建设纵深推进，成渝合作、央地联动

[①] 根据IMF（4.5%，10月）、世界银行（4.1%，10月），经合组织（4.5%，9月）、国家信息中心首席经济学家祝宝良（4.5%~5%，11月）等综合预判。

持续深化,将带动一批重大项目、重大平台布局;数字重庆建设和国资、国企、超大城市治理等重点领域改革协同推进,对民营经济发展支持力度持续加大,有助于激发市场活力。从不利因素看,重庆短期仍受市场需求不足、企业预期偏弱、财政增收乏力等多重制约,长期还面临产业转型阵痛、区域竞争加剧等挑战,经济稳步回升基础仍待筑牢。

(四) 2025年经济预测

根据《重庆市宏观经济预警系统》和《重庆市宏观经济短期预测系统》,结合国内外形势及宏观政策背景综合分析,预计2025年GDP增速达到6.0%左右,全口径工业增加值、固定资产投资、社会消费品零售总额、外贸进出口分别同比增长6.5%、5.5%、5.0%、2.0%左右,居民消费价格指数同比增长2.0%左右。

四、对策建议

(一) 着力稳定投资增长,夯实经济硬支撑

一是着力稳定基建投资。加力推进全市"两重""两新"项目建设,加快资金下达拨付进度。密切跟踪国家2025年提前下达部分"两重"建设项目、中央预算类投资项目和专项债扩容领域项目申报,争取更多项目纳入专项资金支持范围。积极争取国家置换债券政策支持,加快债务化解进度。支持融资平台"化债脱帽"和转型发展,增强投融资能力。筛选收费公路、保障性租赁住房、片区型城市更新等领域REITs试点扩面,吸引民间资本参与项目投资。二是促进工业投资稳定增长。优化落实大规模设备更新、"技改专项贷二十条"等政策,调动企业技改投资积极性。优化产业链招商、基金招商等方式,创新应用"市场+资源+应用场景"招商模式,稳定项目投资接续。三是着力促进房地产投资止跌回升。紧抓全国新增实施100万套城中村改造和危旧房改造、"白名单"项目信贷扩容等政策,争取一批城中村改造和危旧房改造项目投资。发挥房地产融资协调机制作用,推动房地产合格项目应贷尽贷。

(二) 深化延链强链补链,巩固工业增长势头

一是稳定重点产业及产业链增长。进一步强化赛力斯等新能源汽车供应链本地配套,推动车企与零部件供应商充分对接,做好新车型上市服务保障。争取AI PC、服务器等"新整机"电子订单,加快培育智能制造装备产业链。围绕汽车轻量化、节能降碳等市场,持续优化材料产品结构。二是培育壮大新兴产业。聚焦汽车软件等领域,强化"北斗星""启明星""满天星"企业培育。大力发展空天信息、集成电路、AI等新兴产业,探索"支持政策+应用场景"模式,支持一批新产业加速成势。深化生产性服务业赋能发展,着力培育壮大一批工业设计、科技研发、检验检测等优势企业。三是加快以资本赋能产业发展。借鉴合肥经验,充分发挥国有资本引领作用,建立完善种子基金、天使基金、风投基金投资衔接机制,做强做大产业投资基金集群。充分利用金融资产投资公司股权投资试点,拓宽科技型企业股权融资渠道。

(三) 优化消费供给和服务,激发消费市场活力

一是持续优化以旧换新政策。加快"换新+回收"体系建设,新增拓展线上企业参与家电补贴,提速补贴资金兑付进度,积极探索推出家装厨卫"焕新"政策,全面释放市场潜力。二是强化促消费活动赋能。推动全域举办国际精品消费节、火锅产业博览会、小面文化节等活动,办好"爱尚重庆播动四季"年度直播活动,营造良好的消费氛围。三是大力培育消费新增长点。加快培育首发经济和"伴手礼"品

牌，推动落地更多的品牌首店、旗舰店。持续推动文旅体育赛事"进商圈、进景区、进街区"，持续开发高品质、多元化的服务消费新场景。优化调整促进养老、育幼、家政服务消费的专项政策，鼓励物业服务企业与养老、托育、餐饮、家政等企业合作，满足"家门口""楼底下"优质普惠服务需求。

（四）着力稳定市场主体，促进外贸外资持续回升

一是全力稳定外贸企业订单。深化内外贸一体化试点，引导传统内贸企业开放转型，扩大新材料、生物医药、高端摩托、成套装备等出口规模。加大与品牌商对接谈判力度，争取更多笔电新订单。增加二手车出口试点企业数量，加大比亚迪仰望、问界M9等中高端二手车出口。二是帮扶企业开拓海外市场。深化"百团千企"拓市场行动，持续推广"渝贸全球"品牌，重点开拓墨西哥、俄罗斯等新兴市场。借鉴成都经验，根据目的地、订单签约等情况，对组团赴境外开拓市场的企业或商协会给予最高4万元的补贴。推动汽车摩托车配件、消费电子、通用机械、五金工具等领域优势企业以跨境电商方式拓展海外市场。三是着力稳定和引进外资外企。落实制造业领域外资准入限制"清零"要求，进一步降低医药、养老、教育等领域准入门槛，提升外商投资项目备案便利化。加快以渠道、网络赋能外资招商，争取出台相较东南亚地区具有一定比较优势的政策，提升稳存量力度。

（五）增强互补性与融合度，推动区域协调发展

一是加强国内区域产业合作。发挥重庆开放开发平台和开放通道优势，加强与"一带一路"、西部陆海新通道、长江经济带等国内沿线省市合作，促进"通道+经贸+产业"融合发展。深化川渝合作，协同推进国家战略腹地建设，谋划航空航天、智能装备等领域重大产业项目。二是推动重庆区域协同发展。加快优化全市产业空间布局、构建产业园区协同发展体系，梳理完善区县差异化招商引资指南，指导各区县因地制宜错位发展。加大主城都市区与山区库区的产业园区对口帮扶，不断深化飞地建园、项目引育、市场互通、科技赋能等方面探索，带动山区库区产业园区协同发展。三是培育壮大区县优势产业和龙头企业。支持山区库区各区县聚力发展一个优势制造业，大力培育铜基新材料、面食制品、电子信息、装配式建筑、预制菜、特色轻纺等百亿级特色优势产业集群。借鉴浙江经验，梳理龙头企业后备库，"一企一策"精准指导对接，壮大龙头企业。

（六）持续改善社会预期，提振企业和居民信心

一是全力打造西部地区营商环境排头兵。深入实施国企改革"三改一加强"专项行动，完善国企市场化经营机制。全面落实公平竞争审查制度，推动出台《重庆市民营经济促进条例》，保障民营经营主体平等使用资源、公平参与市场竞争，设身处地为企业投资营造更加安全和便利的发展环境。积极对接国际通行商事规则，及时回应外商投资企业来渝营商便利等诉求，提升营商环境国际化水平。二是着力稳就业促增收。大力发展生产性服务业，拓宽高校毕业生等青年群体就业渠道。采取社保费缓缴、稳岗返还、就业补助等举措，稳定重点群体就业。引导企业采用改善生产环境和工作条件、拓宽职业发展空间、提高薪酬待遇水平等方式，增强生产一线吸引力。挖掘乡村规划师、农业经理人等新职业，发展网络直播、夜市经济、零工市场等新业态，丰富新型就业方式。三是防范化解社会风险。持续推动根治农民工欠薪，扩面实施以工代赈，促进农民稳定增收。加强城市低收入群体、农村规模性返贫情况监测，给予针对性就业指导、技能培训和最低生活保障。

表1　2024年、2025年重庆主要经济指标预测

指标	2023年实际		2024年预测		2025年预测	
	绝对额（亿元）	增速（%）	绝对额（亿元）	增速（%）	绝对额（亿元）	增速（%）
1. 地区生产总值	30146	6.1	31640	6.0	33730	6.0
#第一产业	2075	4.6	2180	3.1	2330	4.2
第二产业	11699	6.5	11950	6.6	12440	6.1
##工业增加值	8333	5.8	8710	7.1	9090	6.5
第三产业	16372	5.9	17510	5.9	18960	6.2
2. 固定资产投资	11763	4.3	12290	4.5	12970	5.5
3. 社会消费品零售总额	15130	8.6	15765	4.2	16550	5.0
4. 外贸进出口总值	7137	-10.7	7137	0	7280	2.0
#出口	4782	-6.1	4880	2.0	5025	3.0
5. 一般公共预算收入	2441	16.0	2515	3.0	2640	5.0
6. 金融机构本外币存款余额	53563	8.0	55700	4.0	59050	6.0
金融机构本外币贷款余额	56730	9.8	60700	7.0	65680	8.2
7. 城镇常住居民人均可支配收入（元）	47435	4.2	49760	4.9	52250	5.0
农村常住居民人均可支配收入（元）	20820	7.8	22170	6.5	23720	7.0
8. 城市居民消费价格指数	—	-0.3	—	0.4	—	2.0
工业生产者出厂价格指数	—	-2.2	—	-0.8	—	1.5

注：1. 地区生产总值及增加值的绝对值为现价，增速为可比价；
　　2. 固定资产投资增幅、社会消费品零售总额增幅未扣除价格因素；
　　3. 金融机构存贷款增长与上年同期比。

[重庆市综合经济研究院（重庆市经济信息中心）宏观经济研究课题组
主研： 易小光　丁　瑶　余贵玲　苟文峰　张　超　张　佳
　　　　施小兰　郑淑媛　杨　梅　徐璐茜　陈　可　贺诗倪
　　　　赵　飞　成秋明　夏梁颖
执笔： 张　佳　施小兰　郑淑媛　杨　梅　徐璐茜]

综合卷
比较篇

之一：2024年北京市经济运行分析及2025年展望

2024年，北京经济运行总体平稳，国家加大宏观调控力度，在财政、货币、房地产等一揽子稳增长政策带动下，产业新动能支撑有力，有效投资持续扩大，消费保持稳定增长，预计全年经济增长5%左右，与国家基本保持同步。2025年是"十四五"收官之年，宏观政策有望继续加大逆周期调节力度，为信心提振、预期逆转、需求释放创造有利条件，北京大力发展新质生产力将继续释放增量，需求结构优化夯实长期动能，经济运行总体平稳，发展质量稳步提升，预计经济增长5%左右。

一、2024年北京经济运行稳中提质

（一）经济运行总体情况

2024年经济运行内外承压，全球经济下行、大国博弈、地缘政治等外部风险因素仍然较多，市场需求恢复不稳，房地产、文体娱、住宿餐饮等传统行业还处于结构深度调整阶段，但随着国家增量政策持续加力显效，先进制造业新动能厚积薄发，信息服务、金融优势服务业稳定支撑，投资靠前发力发挥稳增长关键作用，一季度首次实现单季GDP规模破万亿元，前三季度当季GDP分别增长6%、4.9%、4.7%，四季度在增量政策带动下预计能够增长5%，年内呈现"前高后稳"态势，全年延续"稳"的态势，预计增长5.1%，与国家基本保持同步。

（二）投资消费情况

消费对经济增长的支撑作用有所减弱，消费对于经济增长的拉动由2023年的3.2个百分点变为2024年前三季度的3个百分点；投资继续发挥逆周期调节作用，前三季度固投增速快于上年同期，对经济增长的拉动为2个百分点；外需可忽略不计。三大需求合计支撑GDP约5个百分点。

市场消费低位增长。上年需求集中释放消费冲高形成一定基数，市场消费增长明显回落，前三季度市场总消费额同比增长2.9%。其中，服务型消费增长较快，前三季度，居民文化旅游、体育赛事热情高涨，带动服务性消费额增长7.1%。商品消费呈现负增长，受餐饮收入下滑影响，前三季度社会消费品零售总额下降1.6%。消费品以旧换新政策效果显现，家用电器和音像器材类商品零售额增长10.2%，新能源汽车零售额增长22.4%；新兴消费模式保持良好发展势头，网上零售额增长4.6%，便利店、超市、仓储会员店等合计实现的零售额同比增长7.4%。

投资增长稳中有进。大规模设备更新政策持续显效，前三季度固定资产投资同比增长7.8%，投资靠前发力，四季度增速将呈回落态势。从构成看，有效投资规模持续扩大，建筑安装工程投资和设备工器具购置投资同比增长11.1%，合计占比达54.1%，比上年同期提高1.5个百分点；设备购置投资活力增强，同比增长34.1%。分领域看，基础设施投资和制造业投资带动作用明显，前三季度分别增长22.2%、44%；房地产开发投资延续下降态势，同比下降4.5%。分产业看，第一、第二、第三产业投资分别增长11.3%、30.5%、5.5%；高技术产业投资保持活跃，高技术制造业、高技术服务业投资分别增长66.7%、28.9%。

（三）产业运行情况

受新旧动能转换、需求恢复不稳等因素影响，产业运行分化特征明显，服务业经济增长拉动作用有所减弱但总体保持平稳，工业增量释放对经济增长贡献显著提升。工业、服务业对于经济增长的拉动分别从2023年的0.04个、5.13个百分点变为2024年前三季度的0.74个、4.36个百分点。

工业实现较快增长，前三季度规模以上工业增加值同比增长6.9%。重点行业形成多点支撑，在项目投产放量、终端需求恢复带动下，计算机、通信和其他电子设备制造业，汽车制造业，电力、热力生产和供应业分别同比增长19.5%、18.4%、9%；医药制造业稳步回升，同比增长1.6%；受上游需求不足影响，装备制造业增长相对乏力。新兴领域产品增长强劲，新能源汽车、工业机器人、风力发电机组前三季度产量分别增长5.5倍、62.8%和21.2%。

服务业保持平稳运行，前三季度同比增长5.1%。从重点行业看，优势服务业稳定增长，信息服务、金融、商务服务前三季度分别同比增长11.9%、6.6%、5%，交通运输业在居民出行热带动下实现10%的较快增长；部分传统行业受需求不足、竞争加剧、价格下滑等因素影响，面临较大下行压力，住宿餐饮、批发零售、房地产同比下降3%、0.8%、0.2%。

（四）效益情况

居民收入增长放缓。前三季度全市居民人均可支配收入64314元，同比名义增长4.2%，扣除价格因素，实际增长4.1%，慢于GDP增速1个百分点，主要是受工资薪酬增长放缓以及房租、利息等财产性收入下滑影响。

企业效益有所改善。前三季度规模以上工业企业利润总额1421.6亿元，同比增长19.1%，较上年同期由负转正。分行业看，在37个工业行业大类中，20个行业利润同比增长，1个行业由亏转盈，1个行业亏损减少。受行业竞争加剧、产品价格下滑等影响，汽车制造业、医药制造业、通用设备制造业利润总额出现两位数下滑。前三季度规模以上第三产业企业利润总额25049.6亿元，同比增长16.1%，增幅呈逐月扩大态势。分行业看，交通运输、仓储和邮政业，信息传输、软件和信息技术服务业，金融业增长较快。

财政收入稳定增长。在财源建设成果不断巩固、主导产业效益恢复的带动下，前三季度全市一般公共预算收入完成4866.2亿元，同比增长1.7%，快于全国3.9个百分点；扣除上年同期中小微企业缓税入库抬高基数、上年年中出台的减税政策翘尾减收等特殊因素影响后，可比增长2.8%左右。

二、发展中存在的问题

（一）就业市场周期性与结构性失衡并存

一方面，近年来，随着高校的大规模扩招，北京地区高校毕业生人数逐年攀升，研究生毕业人数增速达两位数，机构测算未来15年高校毕业生数量仍处于增长阶段，就业需求旺盛。而在经济增长放缓、新旧动能转换大背景下，岗位供给出现结构性调整，不少行业内卷加剧，人员变动更加频繁，人工智能等新兴技术的飞速发展，使得一些传统岗位正在被机器人取代，毕业生初次就业率出现下滑，慢就业、灵活就业、自由职业的比例上升，"95后"人才吸引力下降，年轻人向南方城市流动趋势明显。另一方面，部分领域人才短缺问题依然存在，特别是高技能人才、复合型人才、新业态人才存在较大缺口。

（二）部分传统行业处于转型阵痛期

与居民消费紧密相关的房地产、住宿、餐饮、商品零售等传统行业处于转型阵痛期，市场主体面临的供需结构失衡、低价竞争、亏损运行等问题更加凸显。以餐饮业为例，行业竞争日趋激烈，大面积店铺关闭后又有大批新店涌入市场，《2024北京餐饮业观察报告》显示，2024年上半年北京市餐饮业注册量达4842家，平均每天新开餐厅数量约为26.5家。随着价格下探、成本不减，企业利润被大幅压减，前三季度北京餐饮企业收入下滑4.3%、营业利润大幅下跌81.2%，随着消费环境更加务实理性，未来一段时间行业仍将处于加速出清、洗牌重组阶段。

（三）新业态走向成熟业态面临卡点堵点

近年来以直播电商、即时配送为代表的新业态新模式发展迅猛，行业影响力度和宽度不断加大，粗放发展的过程中各类问题也随之而来，比如，直播带货的虚假宣传、货不对板、货源垄断等问题引发消费者危机；外卖配送电动车闯红灯、逆行、超速、非法改装各类违法乱象层出不穷。为引导规范新业态健康持续发展，相关部门加大了监管措施出台的频率和力度，7月国家市场监督管理总局发布《中华人民共和国消费者权益保护法实施条例》，小杨哥、东北雨姐等头部主播受到处罚，相关平台业绩遭受较大冲击。即时配送外卖骑手的违法行为监管模式与权益保障仍需探索。

三、2025年经济增长情景分析

（一）内外部环境

从国际看，9月美联储降息开启全球宽松周期，全球贸易与通胀将明显改善，数字化转型和绿色经济有望为全球经济增长提供动力，IMF预计2025年全球经济增长3.2%，与2024年持平。但仍然可以看到外部不确定性因素较多，地缘冲突冲击全球安全秩序，产业保护主义政策盛行，加剧贸易体系碎片化，扰乱全球"去通胀"进程和"软着陆"预期；中美贸易冲突升级，9月27日美国大幅上调对华产品关税，涉及电动汽车、电池零部件和关键矿产、半导体等多个行业，特朗普政府上台后对华实施全面关税打压的风险上升；全球政府债务、财政赤字还在上升，加剧全球金融市场波动风险。

从国内看，2025年是"十四五"规划目标任务的收官之年，也是谋划"十五五"规划之年，全国经济韧性强、潜力大、空间广等有利条件依然较多，经济回升向好态势接续巩固。财政政策将更加积极有效，机构研判2025年财政赤字率可能达到3.5%，甚至更高，特别国债、新增专项债规模加大，释放数万亿级增量资金。适度宽松的货币政策更加突出对经济的支持作用，结合市场流动性情况合理把握降准降息节奏，聚焦小微企业、绿色转型等重点领域和薄弱环节，健全结构性货币政策工具体系。稳房市、稳股市一揽子增量政策落地显效，为信心提振、预期逆转、需求释放创造有利条件。

从北京看，一些有利条件和积极因素持续显现，产业新动能厚积薄发，先进制造业产业链供应链布局更加完善，新能源汽车、电子制造业竞争力有所提升；数字经济加速更新迭代，"AI+"新场景新业态逐步向现实生产力转化落地；京津冀区域在产业协同、创新协同上走深走实。与此同时，经济运行依然面临复杂挑战，一些行业处于转型阵痛期，竞争加剧、亏损运行、资产收缩等问题还没有明显好转，房地产市场正在逐步筑底，但短时间回升的可能性不大，居民部门财富缩水的情况还没得到明显缓解，消费基础修复需要更大力度的政策发挥作用。

（二）2025年经济运行展望

以外部环境影响可控、国家政策逐步加力、市场预期有所好转作为基准条件，利用模型进行多角度测算，预计2025年北京市经济增长5%左右，与国家基本保持同步。

1.需求增长总体稳定

消费恢复性增长。在收入增长放缓、物价和人口基本稳定、消费结构转型升级趋势下，预计市场总消费平稳增长。从消费渠道看，商业供给持续优化升级，各区加快建设现代化综合商圈和商业步行街，将推动线下消费活力有效释放。线上消费规模进一步扩大，直播电商与综合电商融合升级，即时零售、本地生活、社交电商等延伸渠道加速渗透。从消费品类看，以旧换新政策延续有望带来一定增量，社零额增速预计平稳回升。服务消费支撑作用将进一步增强，养老托育、家政服务等基础型消费呈现稳定增长态势，文化旅游、体育赛事、演艺活动、休闲娱乐等改善型、体验型消费持续放量，数字消费新场景将拉动信息消费创新升级，国际医疗、教育培训、绿色健康等消费新增长点不断壮大。

投资预计延续较快增长。国家加力支持"两新""两重"项目，提前下达预算内投资计划和建设项目清单，有望进一步扩大有效投资，支撑固定资产投资较快增长。分领域看，一些体量较大的城市副中心提升工程、平原新城地区造林绿化工程和灾后重建项目将形成新增量，带动基础设施增长加快。系列优化房地产调控政策刺激下，房地产市场有望回暖，开发企业预期将逐步修复，拿地建项目积极性较高，预计房地产投资增长转正。"两新"对制造业投资带动显著，2025年大规模设备更新支持规模将继续扩大，在培育发展新质生产力引领下，将进一步加大战略性新兴产业和未来产业领域的投资力度，预计制造业投资能够保持高速增长。

2. 产业运行更加稳健

工业预计平稳较快增长。新动能持续放量，重点行业将延续上行态势，预计规模以上工业增加值保持平稳较快增长。分行业看，汽车制造业保持较快增长，头部企业多点发力，市场渗透率有望进一步提升，推动生产继续扩张。电子行业在折叠屏、AI技术引领的新一轮换机周期、汽车智能化等利好因素推动下，预计呈现稳定增长走势。医药制造业积极发力靶向药、新型疫苗、医疗器械等新兴市场，预计能够带动增速有所提升。2025年大规模设备更新支撑力度有望加大，工业和信息化部发布重点行业设备更新和技术改造指南，推动大规模工业设备和软件的更新换代和绿色技术应用，有望支撑装备制造业止跌企稳。

服务业平稳运行。服务业继续发挥经济增长"稳定器"作用，总体延续稳中趋缓发展态势。分行业看：

一是金融业稳定增长。适度宽松的货币政策基调下，存贷款利率处下行通道，但一揽子增量政策有望推动信贷保持较好增长，"以价换量"空间较大，随着资本市场恢复，代销基金、托管规模有望扩大，将带动佣金手续费收入有所提高，预计银行业能够保持稳定增长。稳股市政策落地显效，资本市场交投活跃度显著提升，将有力推动证券业发展提质增效。老龄化趋势下第三支柱养老保险、健康保险和普惠保险正在成为新增长点，预计保险业将实现较快增长。

二是信息服务业增速放缓。平台经济受流量见顶影响，核心业务增速呈现逐步放缓趋势，大模型产品处于商业化初期，规模增长路径从探索走向成熟还需要一定时间，支撑相对有限。软件业在工业软件国产替代、AI软件市场快速发展的带动下，预计稳中有进。移动互联网市场接近饱和，电信业传统业务增长明显放缓，互联网数据中心、大数据、云计算、物联网等新兴业务增长较快但规模占比不大，预计电信业务保持平稳增长。

三是房地产业筑底企稳。楼市政策仍有加力空间，购房门槛和置业成本逐步下调，有望促进更多潜在需求入市，优质地块供给预计进一步增加，新盘项目带动新房集中成交。但受城市人口规模稳中有降、毕业生留京意愿降低、二手房市场分流等因素制约，房地产市场仍将以筑底企稳为主。

四是文体娱乐业、住宿餐饮业摆脱基数影响，预计将呈现止跌回升态势，但行业仍然受限于低价竞争、转型升级等发展瓶颈，预计全年保持低位增长。在增量政策显效、市场预期向好带动下，商务、货运等部分生产性服务业预计能够延续良好增长态势。

3. CPI 预计低位回升

输入性通胀压力有所减轻。2025 年国际大宗商品供需形势相对宽松，预计价格小幅下行，EIA、高盛、惠誉分别预测 2025 年布伦特原油价格为 78 美元/桶、76 美元/桶、70 美元/桶，低于 2024 年 81.4 美元/桶（1—10 月平均）的水平。总需求对物价的推升作用不强。机构预计 2025 年我国经济仍低于潜在增长水平，物价不具备明显回升的需求基础。增量政策实施有望带动物价温和上涨。货币环境稳健偏宽松，政府部门投资消费支出将进一步扩大。分类别看，食品价格涨幅提升，生猪价格受 2024 年能繁母猪补栏速度偏弱影响将进入周期性上行阶段；蔬菜水果价格呈现"大小年"运行规律，预计鲜菜价格保持涨势、鲜果价格由降转升。服务价格涨幅平稳，房租受保障性住房高位供应、房价下行预期影响涨幅显著收窄，旅游价格涨幅受需求回归常态化增长以及交通出行、住宿餐饮价格回落影响有所回调，医疗、生活、通信等服务价格呈现微幅波动态势。总体来看，2025 年 CPI 低位回升，粗略估算，翘尾因素约拉动 0.2 个百分点，新涨价因素约拉动 0.8 个百分点，CPI 全年涨幅在 1%左右。

四、政策建议

（一）以科技创新引领发展新质生产力

一是巩固提升先进制造业竞争力。聚焦锻长板、补短板，持续开展先进制造业产业链供应链关键环节技术攻关，创新完善科技成果转化机制，充分发挥政府基金耐心资本优势，引导各类创新主体、产业链上下游深度合作，支持重点产业在京津冀区域集群式发展。支持龙头企业一体化发展，通过收购并购开展强链、补链、延链，打造商业新模式新渠道，延展多元化售后服务，强化品牌效应。二是深入推动数字经济和实体经济融合发展。实施制造业技术改造升级工程，开展大规模工业装备和工业软件更新换代，提升数智技术、绿色技术渗透率。推动人工智能大模型"横向+纵向"发展提速，横向围绕开放框架、AI 平台、算力集群和硬件新品多环节协同创新，夯实通用人工智能基础底座全国产化能力，纵向通过场景开放、供需对接、大中小企业融通，推动行业大模型、垂直领域大模型产品商业化落地。三是培育积蓄未来产业新优势。推进北斗在通信领域、大众消费领域规模应用，统筹科研院校、创新平台资源，积极开展生物制造、商业航天、人形机器人、6G 等前沿技术研发和应用推广。

（二）以创新供给激发有潜能的消费

一是推动首发经济提质扩容。聚焦服饰珠宝、户外运动、次元文化等消费新风向，大力引进国际首店、亚洲首店、全国首店等高能级首店，吸引国际时装品牌中国首秀在京举办，国内外一线团队歌舞剧、舞台剧新剧在京首演。支持国潮品牌开办首秀首展，在文化街区开设综合体验馆、旗舰店，鼓励老字号品牌融合数字技术，联动非遗、博物馆等打造文化 IP，推动传统零售向创意体验空间转型升级。二是深度挖掘重点群体消费潜力。丰富 Z 世代消费需求新供给，打造国风国潮、二次元明星 IP 城市打卡新地标，联合明星 IP 打造"城市限定""城市联名"商品。迎合银发人群生活品质升级趋势，大力发展"新银发"精品旅游、运动康养、养护抗老消费新赛道，持续提升居家适老化改造、家政服务、智慧养老新业态供给水平。三是积极培育新消费热点。用好双奥之城资源优势，大力发展赛事经济，推动体育赛事与商务、文旅深度融合，以滑雪、徒步、溯溪、骑行等热门户外运动为主题，推出更具性价比的一体化京郊游场景。

（三）以高水平对外开放促进高质量发展

一是为本土企业高水平"走出去"创造有利环境。锚定培育国际领军企业，支持龙头企业协同产业链上下游实施国际化战略，鼓励跨境电商主体优化海外仓等基础设施布局。聚焦重点产业园区跨境功能提升，依托公共服务机构搭建"走出去"综合服务平台，集聚一批境内外专业服务机构，提供政策指导、项目对接、投融资服务等一体化服务支撑。二是着力提升外商投资吸引力度。以外商投资准入和跨境服务贸易两张负面清单为重要抓手，围绕产业链创新链开展外商投资专项招商计划，创新招商模式，加大金融、用地、人才落户等政策支持力度。实施自由贸易试验区提升战略，率先在新兴领域探索扩大开放试点，率先建立与国际投资和贸易通行规则相衔接的制度体系，持续推动要素流动全环节便利化改革，加强京津冀自贸试验区联动发展，在更大范围内推动特色产业开放发展和协同布局。三是深化国际经贸交流合作。以服务重大外交国事活动为牵引，提升国际交往中心"硬设施"与"软服务"能力水平，擦亮服贸会、中关村论坛、金融街论坛、北京文化论坛"金名片"，增强科技创新、文化、体育多层次国际资源要素链接能力，积极参与高质量共建"一带一路"，助力打造"投资中国"品牌。

[北京市经济信息中心　张艺秋]

之二：2024年天津市经济运行分析及2025年展望

2024年以来，天津深入贯彻党的二十大和二十届二中、三中全会精神，全面落实习近平总书记视察天津重要讲话精神，坚持稳中求进工作总基调，聚焦"四个善作善成"重要要求，以推进京津冀协同发展为战略牵引，扎实推动高质量发展"十项行动"，落实中央政策效果持续向好，新质生产力发展势头持续向好，经济运行总体平稳，高质量发展扎实推进。

一、2024年天津市经济运行特征

2024年前三季度，天津实现地区生产总值12673.87亿元，按不变价格计算，同比增长4.7%。总体来看，经济增长质效稳步提升。经济运行的主要特征如下：

（一）经济结构持续优化，生产供给稳中有增

稳增长底盘持续夯实，第一产业增加值157.19亿元，同比增长2.9%；第二产业增加值4493.31亿元，同比增长3.3%；第三产业增加值8023.37亿元，同比增长5.4%。三次产业协调发展，产业结构为1.2∶35.5∶63.3。从工业看，前三季度，规模以上工业增加值同比增长3.2%。12条重点产业链在链规模以上工业企业增加值占比达到82.6%，同比提高2.1个百分点，规模持续扩大。十大现代产业体系规模以上工业增加值占比超过九成，达到92.2%，同比提高1.3个百分点，基础性地位持续稳固。制造业高质量发展行动深入实施，装备制造业增加值占规模以上工业的比重达到33%，分别比上半年和一季度提高0.8个和1.8个百分点。从服务业看，前三季度，服务业增加值同比增长5.4%，快于全市地区生产总值增速0.7个百分点。随着《天津市促进现代服务业高质量发展实施方案》的出台，高端生产性服务业产业集群和高品质生活性服务业产业集群加力打造，现代服务业引领作用更加突出。

（二）政策效应加速释放，市场活力稳步增强

从消费看，部分升级类商品和耐用消费品零售额较快增长。前三季度，限额以上单位化妆品类零售额同比增长20.6%；家用电器和音像器材类同比增长12.3%，其中智能家电同比增长22%；新能源汽车同比增长18.5%，比上半年加快4.7个百分点；文化办公用品类零售额由降转增，同比增长12%。从投资看，固定资产投资增势较好，前三季度，固定资产投资（不含农户）同比增长4.2%。随着营商环境的持续优化和各项惠企政策的持续发力，民间投资同比增长8.6%，快于全市投资4.4个百分点，占比达到30%，同比提高1.2个百分点。分领域看，工业投资同比增长3.6%，其中设备工器具购置投资同比增长14.5%，比上半年加快1.6个百分点，快于全市投资10.3个百分点，贡献率超过60%；基础设施投资同比增长19.6%，其中交通运输和邮政投资同比增长26.2%，信息传输和信息技术服务投资同比增长15.9%；房地产开发投资同比增长1.2%。

（三）转型升级扎实推进，新兴动能加快集聚

新产业保持较快增长，前三季度，规模以上高技术制造业增加值同比增长6.7%，快于全市规模以上

工业 3.5 个百分点；工业专精特新"小巨人"企业增加值同比增长 7.2%，快于全市规模以上工业 4 个百分点；电子计算机整机、电子元件、集成电路等产量分别同比增长 3.1 倍、19.6% 和 10%，工业机器人、服务机器人产量分别同比增长 11.3% 和 7.5%。新动能投资持续增长，前三季度，战略性新兴产业投资同比增长 6.4%，快于全市投资 2.2 个百分点，其中高端装备制造产业、生物产业、新能源产业投资分别同比增长 27%、29% 和 26.9%；高技术产业投资同比增长 11.6%，快于全市投资 7.4 个百分点，其中高技术服务业投资同比增长 25.2%。

（四）民生保障持续改善，就业收入保持稳定

民生投入力度加大，前三季度，一般公共预算支出中，社会保障和就业支出同比增长 15%，住房保障支出同比增长 15.9%；固定资产投资中，社会领域投资同比增长 5.9%，快于全市投资 1.7 个百分点，其中教育投资同比增长 14.7%，文化、体育和娱乐业投资同比增长 1.2 倍。物价水平低位运行，重点民生商品保供稳价工作持续推进，前三季度，居民消费价格同比上涨 0.3%，总体保持在合理区间。就业形势保持稳定，前三季度，全市城镇新增就业 30.74 万人，完成全年计划的 87.8%，超序时进度 12.8 个百分点。居民收入稳步增加，前三季度，全市居民人均可支配收入同比增长 4.4%，其中农村居民人均可支配收入同比增长 6%，快于城镇居民人均可支配收入增速 1.9 个百分点，城乡差距持续缩小。

二、经济运行存在的问题

当前，天津经济运行总体保持向好态势，但经济恢复仍处在疫情防控平稳转段后的波浪式发展、曲折式前进过程中，企稳回升的基础仍不牢固，经济运行仍然面临一些困难和挑战。

（一）投资消费支撑乏力

投资支撑力的稳定性和可持续性有待加强，前三季度，固定资产投资增速与上半年相比回落 0.8 个百分点。其中第一产业固定资产投资增速由上半年的 -20.6% 下降为 -32.3%；制造业固定资产投资增速由上半年的 6.7% 下降为 0.4%，回落 6.3 个百分点；基础设施领域资金投入不足，增速由上半年的 25.3% 下降为 19.6%，回落 5.7 个百分点。此外，商品房销售端的活跃尚未有效传导至投资端，房企资金到位依然存在困难，房地产开发投资的增长态势基础不牢固。消费恢复不及预期，前三季度，社会消费品零售总额同比下降 3.2%，居民预防性储蓄持续增多，消费意愿不够强烈。

（二）外资外贸形势严峻

受美西方"脱钩断链"影响，外资企业订单存在转移风险。外资企业在津投资意愿不强，项目储备不足的问题较为突出。外贸逆差持续扩大，前三季度，贸易逆差为 291.5 亿元，比上半年增加 88.3 亿元，出口增速（5.4%）与深圳（19.7%）、宁波（11%）、苏州（9%）相比仍存在较大差距。此外，在国际经济普遍不景气的情况下，叠加内部激烈内卷式竞争冲击，部分外资外贸企业盈利水平有所降低，导致社会预期偏弱、市场信心不足。

（三）产业转型任务较重

传统产业占比仍较高，石化、采矿、原材料等重工业占规模以上工业增加值比重超过 80%，其中传统冶金工业约占全市工业的四成左右，且传统产业绿色化、精细化、高端化发展明显不足。新兴产业规模较小，战略性新兴产业培育支撑力不足，在行业构成、需求结构及经济总量中的占比偏低，增加值占规模以上工业比重不足 30%。前三季度，高技术产业（制造业）增加值占规模以上工业比重为 14.5%，仍有较大提升空间。

三、2025年经济运行环境分析及预测

2025年经济发展环境更趋复杂严峻,美国等西方国家贸易保护主义和逆全球化趋势持续盛行,世界经济增长前景仍不明朗。我国经济在一揽子增量政策和已出台存量政策的合力推动下,企稳回升的态势有望得到巩固,长期向好的基本面没有改变。

(一)面临的挑战和不利因素

当前,国际形势变乱交织,大国博弈愈演愈烈,贸易壁垒持续升级,脱钩断链不断加剧,地缘政治冲突持续冲击,全球经济增长前景仍不容乐观。根据IMF 2024年10月发布的《世界经济展望报告》,预计2025年全球经济增速为3.2%,与7月份发布的预测相比下调了0.1%,下行风险仍在增加。我国经济发展的外部环境未得到有效改善,经济增长仍将面临需求不足的局面。从天津面临的发展环境看,天津有效需求恢复不及预期,消费走弱态势尚未扭转;产业转型升级任务艰巨,战略性新兴产业仍难以弥补传统行业下滑的缺口;营商环境对标一流仍有差距,产业项目招商质效亟须提升;财政收支平衡困难较多,重点领域风险需要持续关注。这些问题挑战也将在一定程度上对经济运行向好发展的态势产生不利影响。

(二)面临的机遇和积极因素

从面临的发展机遇来看,2025年天津经济运行具有较为扎实的支撑基础和有利条件,党的二十届三中全会的胜利召开增强了全面深化改革的根本动力,一揽子增量政策和已出台存量政策形成的政策合力为经济增长注入了强劲活力,推动经济运行企稳回升的态势越发稳固。从天津的发展条件看,随着国家进一步支持天津滨海新区高质量发展的若干政策措施、关于金融支持天津高质量发展的意见等重磅支持政策的落地见效,天津将迎来新一轮发展的宝贵机遇。当前,围绕推进中国式现代化实践,天津正积极构建高水平社会主义市场经济体制,推动落实一批条件成熟、可感可及的改革举措,营造市场化、法治化、国际化一流营商环境,广大消费者和投资者信心得到有效增强。随着京津冀协同发展战略的深入推进、高能级创新平台体系的加快构建、先进制造业产业集群的培育壮大,天津产业结构转型升级的步伐将越发稳固,为天津经济高质量发展提供更多新动能。

(三)2025年经济预测

结合当前国内外宏观经济发展态势以及天津经济运行的基础支撑,初步预计2025年天津地区生产总值同比增长4.5%左右,规模以上工业增加值增长4%左右,社会消费品零售总额、固定资产投资有望实现正增长,一般公共预算收入增速略低于经济增速,居民消费价格涨幅在3%左右,居民人均可支配收入涨幅略高于经济增速。

四、政策调控措施建议

为做好2025年经济发展各项工作,坚持以习近平新时代中国特色社会主义思想为指导,全面贯彻落实党的二十大和二十届二中、三中全会精神,以"四个善作善成"重要要求为遵循,围绕推进中国式现代化进一步全面深化改革,紧扣高质量发展"十项行动",加快科技创新、产业焕新、城市更新,推进盘活存量、培育增量、提升质量,推动天津经济高质量发展取得新成效。

(一)深入推进京津冀协同发展,服务国家重大发展战略

一是全力服务北京非首都功能疏解和"新两翼"建设。全力争取与天津合作紧密、主营业务或上下

游产业具有明显地域特色的央企总部及二、三级子公司和新增业务板块疏解到天津,利用既有平台的承载优势,以合作共赢为目标完善园区共建共享机制,提升规模效益。二是强化协同创新和产业协作。用足用好北京创新资源,推动天开园北京基地早日运行。大力发展小试中试等科技服务业,推动更多科技成果转化和产业化。抓好"六链五群"重点产业链图谱落地,联合实施"堵点"招商、"卡点"攻关,协同培育世界级先进制造业集群。三是深入推进区域一体化和京津同城化发展。畅通"硬联通""软联通",加强交通基础设施、公共服务、社会治理、生态环境保护等领域协同。加快落实推动"通武廊"一体化高质量发展行动方案,在产业链接、交通连接、服务对接等方面形成更有深度的突破,不断拓展一体化试点示范效应。

（二）因地制宜发展新质生产力,推动产业结构转型升级

一是以科技创新提升产业发展能级。加强天开园"一核两翼多点"发展统筹,切实提升科创和金融服务能力,推动更多科研成果转化为现实生产力。锚定竞争新赛道,研究制定生物医药产业全链条支持政策,加快新一代超算、国家合成生物技术创新中心等国家级创新平台赋能产业发展,提升战略性新兴产业带动作用。二是以产业焕新促进经济发展提质。加快制造业高端化、智能化、绿色化发展,着力推动强链补链延链,推动大中小企业、产业链上下游企业融通发展。实施未来产业培育发展行动,推进未来产业场景和先导区建设。加快低空经济高质量发展顶层设计,谋划储备一批低空经济优质项目。促进数字技术与实体经济深度融合,提升算力、信创等产业发展能级。三是促进现代服务业高质量发展。坚持现代服务业面上推动与重点突破相结合、生产性服务业和生活性服务业"双轮驱动"、产业融合发展和创新发展相统一,形成品质更优、效率更高、创新动能更强、开放水平更高、市场环境更佳的服务经济体系。

（三）积极扩大有效益的投资,提高项目谋划储备成效

一是抓好重点项目调度管理。发挥好全市重大项目智慧管理平台的作用,加强重点项目监测调度,统筹调度百亿级项目和"短名单"项目,以问题解决促建设进度提速。二是用足用好项目建设资金。用好一般债、一般公共预算等财政资金,重点调度资金1亿元以上的专项债券项目和增发国债项目,充分发挥政策资金使用效益。完善"两重"建设长效工作机制,主动融入国家战略和发展规划,高质量做好项目谋划申报,形成更多有效投资。三是加大项目谋划储备力度。聚焦国家"十五五"规划等重大战略,以百亿级项目谋划"揭榜挂帅"等为抓手,在市场化、产业化项目上下功夫,谋划储备一批标志性、牵引性、示范性项目。注重引入带动作用强、科技含量高的大项目、好项目。建立重点民间投资项目库,积极开展推介对接,激发民间资本投资活力。

（四）加力激发有潜能的消费,提升消费业态经济效益

一是扎实落实以旧换新政策措施。坚持以技术、能耗、排放等为标准,以财政、税收、金融等政策为引导,以节能、环保、安全等监管为保障,推动大规模设备更新和消费品以旧换新。以中国资源循环集团有限公司成立为契机发展资源循环利用产业,畅通资源循环利用链条,提升资源循环利用水平,打造全国性、功能性的资源回收再利用平台。二是促进文商旅体展深度融合。加快建设国际消费中心城市,精心谋划各类大型展会赛事及文艺演出,围绕天津市"洋楼、河、海、山、烟火气"文旅核心IP,打造一批基于5G、元宇宙、虚拟现实等技术的热点项目,提供沉浸式、体验式消费场景,有效扩大活动收益。三是提升文旅流量的经济贡献度。充分发挥邮轮母港优势,加快壮大"邮轮+"产业,推动国际邮轮物资配送基地建设。以市场化方式与知名企业、一流机构开展合作,推动活动承办由合作分成模式向注册落地模式转变。

（五）推动全面深化改革开放，争创高质量发展新优势

一是深化重点领域和关键环节改革。围绕发展新质生产力、全面深化改革开放等方面谋划改革举措，积极融入全国统一大市场建设，着力破除各种形式的地方保护和市场分割。持续深化要素市场化配置改革，保障各种所有制经济依法平等使用生产要素、公平参与市场竞争。二是增强民营经济发展活力。落实促进民营经济发展壮大政策，抓实完善"1+3"多层次与民营企业常态化沟通交流和解决问题机制，加强对重点民营企业跟踪调研服务，组织重点民营企业参加新时代民营经济人士培训赋能计划和提升国际竞争力培训。三是塑造"五型"开放新优势。积极推进高质量共建"一带一路"，加快鲁班工坊建设，落实自贸区提升行动方案，加快提升开放平台能级。稳定外贸外资基本盘，推动跨境电商健康持续发展，鼓励有条件的企业加大海外仓布局力度，争取更多外资企业的产业链上下游企业来津布局。

[天津市经济发展研究院　解　威　丁绪晨]

之三：2024 年上海市经济运行分析及 2025 年展望

2024 年以来，上海牢牢把握高质量发展首要任务，全面加强经济稳增长工作，经济形势总体呈现出平稳运行和高质量发展的态势。上海市发展改革研究院"经济运行监测与对策跟踪研究"课题组分析观察上海前三季度经济运行情况、预判全年经济走势、梳理国内外环境变化特征，并在此基础上，提出上海 2025 年发展目标与下一步抢抓政策机遇稳增长的相关对策建议，为上海"十四五"经济目标平稳收官提供支撑，并为推动经济中长期持续增长贡献力量。

一、2024 年上海经济运行情况

2024 年前三季度，上海 GDP 同比增长 4.7%，增速较上半年回落 0.1 个百分点，与全国（4.8%）差距收窄 0.1 个百分点，经济运行呈现总体平稳、依然承压、动力分化的特点。

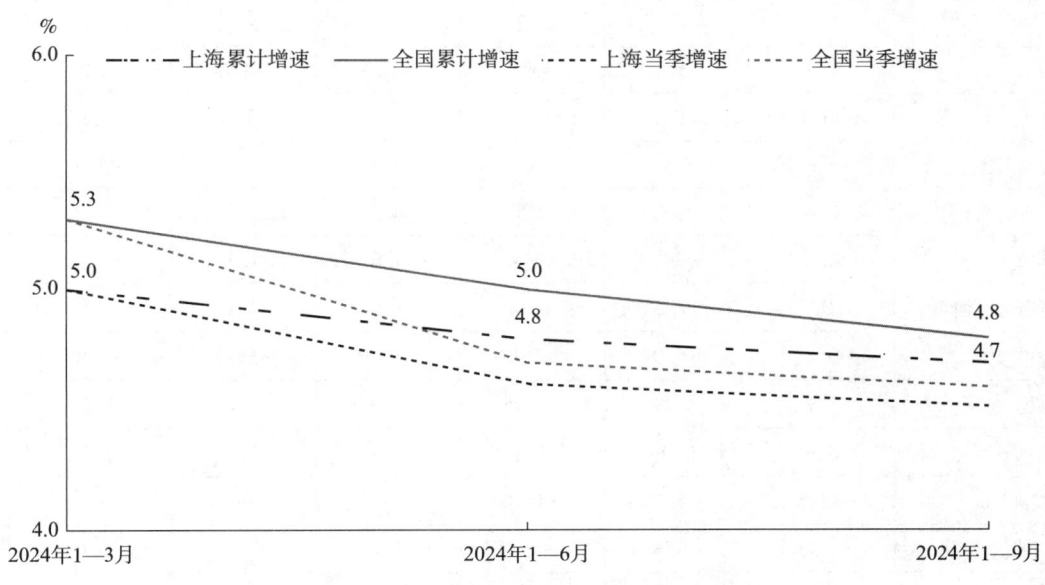

图 1　2024 年前三季度全国、上海 GDP 增长情况

数据来源：国家统计局、上海市统计局。

（一）总体平稳：金融、交通运输两大行业稳住经济大盘，投资保持较快增长

服务业总体保持韧性。受金融、交通运输业带动，前三季度第三产业增加值同比增长 5.8%，与上半年持平，增速高于全国（4.7%）1.1 个百分点。其中，金融业增加值同比增长 6.9%，增速较上半年提升 1.2 个百分点，拉动 GDP 增速 1.4 个百分点，增速高于全国 1.7 个百分点，较上半年优势扩大（高于全国 0.9 个百分点）。交通运输业增加值同比增长 19.6%，增速较上半年提升 3.6 个百分点，拉动 GDP 增速 0.9 个百分点。境内人员货物流通平稳增长，公路、水路货运周转量分别同比增长 5.2%、9.7%；跨境人员货物流通持续恢复，机场旅客吞吐量增长 33.5%，其中 8 月境外航班架次已基本恢复至 2019 年同期水

平，港口集装箱吞吐量增长8%，增速较上半年提升0.5个百分点。服务业领域动能分化加剧，信息服务业增加值同比增长11.8%，拉动GDP增速1.1个百分点，但增速较上半年回落1.6个百分点；科技服务业营业收入增长8.9%，较上半年回落2.7个百分点；租赁和商务服务业增加值同比增长5.9%，增速较上半年回落0.6个百分点，营业收入增长6.1%，较上半年回落1.4个百分点；文体娱乐业营业收入增速由正转负，从上半年的增长2.8%转为下降1.5%。

表1 2024年前三季度上海主要经济指标运行情况

指标	上海			全国		上海较全国	
	上半年	1—9月	变化	上半年	1—9月	上半年	1—9月
GDP	4.8	4.7	-0.1	5.0	4.8	-0.2	-0.1
第二产业	1.2	1.2	持平	5.8	5.4	-4.6	-4.2
工业	1.0	1.3	0.3	6.0	5.7	-5.0	-4.4
建筑业	5.6	2.4	-3.2	4.8	4.1	0.8	-1.7
第三产业	5.8	5.8	持平	4.6	4.7	1.2	1.1
批发零售业	-0.8	-1.0	-0.2	5.7	5.4	-6.5	-6.4
交通运输业	16.0	19.6	3.6	6.9	6.8	9.1	12.8
住宿餐饮业	-2.4	-3.7	-1.3	6.6	6.3	-9.0	-10.0
金融业	5.7	6.9	1.2	4.8	5.2	0.9	1.7
房地产业	2.1	-1.1	-3.2	-5.0	-4.0	7.1	2.9
信息服务业	13.4	11.8	-1.6	11.9	11.3	1.5	0.5
租赁和商务服务业	6.5	5.9	-0.6	9.8	10.1	-3.3	-4.2
规模以上工业增加值	0.8	1.3	0.5	6.0	5.8	-5.2	-4.5
建筑业总产值	4.5	-0.9	-5.4	4.6	4.4	-0.1	-5.3
规模以上服务业营收	10.7	11.3	0.6	8.5	7.7	2.2	3.6
商品房销售面积	0.8	-5.9	-6.7	-19.0	-17.1	19.8	11.2
本外币存款增速	7.2	9.8	2.6	6.0	7.1	1.2	2.7
本外币贷款增速	8.6	9.2	0.6	8.3	7.6	0.3	1.6
商品销售总额	-2.7	-3.5	-0.8	—	—	—	—
社会消费品零售总额	-2.3	-3.4	-1.1	3.7	3.4	-6.0	-6.8
固定资产投资	10.2	6.7	-3.5	3.9	3.4	6.3	3.3
工业投资	10.6	10.9	0.3	12.6	9.2	-2.0	1.7
房地产开发投资	8.4	7.8	-0.6	-10.1	-10.1	18.5	17.9
基础设施投资	2.5	-2.8	-5.3	5.4	4.1	-2.9	-6.9
进出口总额	0.6	持平	-0.6	6.1	5.3	-5.5	-5.3
进口	-0.2	-1.6	-1.4	5.2	4.1	-5.4	-5.7
出口	1.8	2.4	0.6	6.9	6.2	-5.1	-3.8

注：规模以上服务业营业收入为错月数据。上海社会消费品零售总额为限上口径。全国工业投资为制造业部分。
数据来源：国家统计局、上海市统计局。

（二）依然承压：工业、外贸仍在低位运行，房地产在供应影响下增速明显回落，建筑业、商销、消费降幅扩大

工业边际回暖但仍在低位运行。前三季度规模以上工业增加值同比增长1.3%，增速较上半年提升0.5个百分点，其中9月同比增长3.8%，总体稳中有升。工业投资增速逆势提升，同比增长10.9%，推动固定资产投资增速仍保持较快增长（6.7%），好于全国。但工业增速仍然偏低，明显低于全国（5.7%）和主要兄弟省市（北京、浙江、江苏、安徽、广东分别为6.9%、7.8%、7.9%、8.8%、4.7%）；且工业内部动力明显分化，以三大先导产业为代表的新动能较快增长，汽车、电子信息等传统动能负增长。

出口边际向好但外贸总体增速回落。前三季度进出口总额同比持平，增速较上半年回落0.6个百分点，仍低于全国（5.3%）和主要兄弟省市（北京、浙江、江苏、安徽、广东分别为0.8%、6.7%、7.7%、6.3%、11.1%）。出口在船舶、集成电路、存储部件等产品增长拉动下呈现韧性，但受汽车等消费品、半导体器件等进口回落影响，进口增长-1.6%，增速较上半年回落1.4个百分点。

房地产业增速回落。前三季度房地产业增加值增速由正转负，同比增长-1.1%，较上半年回落3.2个百分点，下拉GDP增速0.1个百分点。保障性住房销售减少，使新建商品房销售面积增速由正转负（-5.9%）；二手房交易总体平稳，成交面积同比增长10.2%。

建筑业增速快速下滑。前三季度建筑业增加值同比增长2.4%，增速较上半年回落3.2个百分点。受高温天气、台风、外地项目收入减少等影响，全市建筑业总产值同比增长-0.9%，增速较上半年回落5.4个百分点；建筑安装工程投资额同比增长2%，增速较上半年回落7.3个百分点。

批发零售业降幅扩大。前三季度批发零售业增加值同比增长-1%，降幅较上半年扩大0.2个百分点。由于大宗商品和汽车降幅扩大，限上商品销售总额同比增长-3.4%，降幅较上半年扩大0.7个百分点。消费市场仍偏弱。前三季度住宿餐饮业增加值同比增长-3.7%，降幅较上半年扩大1.3个百分点。前三季度社会消费品零售总额同比增长-3.4%，增速较上半年回落1.1个百分点。

（三）全年走势：政策力促基本面回暖，增减量因素影响下四季度保持平稳增长

从全年走势看，四季度上海经济稳增长既有增量政策释放等利好因素，也有中美博弈加剧对外贸等领域造成的较大压力。综合模型预测和相关影响因素分析，预计全年上海GDP或增长4.7%左右（大概率落在4.5%~4.9%），与前三季度持平。支撑因素主要有：降准降息、大幅松绑房地产市场、稳定就业、提振股市、稳定民企信心等增量政策效应逐渐释放可以期待；国家下达的"两个1000亿元"① 提前批次项目清单，为四季度固定资产投资增长提供支撑；装备制造等领域受益于大规模设备更新政策有望周期性回升；部分工业领域在行业复苏和项目投产等因素带动下还有增长空间。但同时也面临不少挑战：商贸领域回升乏力，外贸外资面临较大不确定性，工业下行压力仍然存在，房地产市场下跌态势仍在持续，且2023年四季度GDP占全年的33.7%，推高增长基数。

二、2025年外部形势分析

2025年是冲刺"十四五"规划目标任务的收官之年，也是全面深化改革、推进中国式现代化的突破之年，但外部发展环境依然复杂严峻，全市经济发展仍面临压力挑战。

---

① "两个1000亿元"指1000亿元中央预算内投资计划和1000亿元"两重"建设（国家重大战略实施和重点领域安全能力建设）项目。其中，"两重"建设项目121个，带动总投资约8800亿元，中央预算内投资计划项目526个，带动总投资约9300亿元。

（一）国际形势：全球经济增速总体运行平稳，但下行风险有所增加

从全球和主要经济体的 GDP 增速表现看，世界经济运行基本保持平稳。IMF 在 10 月最新预测中预计 2025 年全球经济增速为 3.2%，与 2024 年的增速水平持平，但仍低于疫情前（2000—2019 年）的平均水平 3.8%。但 2025 年国际经济不确定性和下行压力仍大，具体关注四个方面：

表2　权威机构对2024—2025年全球及主要经济体经济增长的预测（%）

项目	IMF		联合国		OECD		世界银行		实际增速
预测时间	2024年10月		2024年5月		2024年9月		2024年6月		—
预测年度	2024	2025	2024	2025	2024	2025	2024	2025	2023
世界	3.2-	3.2↓	2.7↑	2.8↑	3.2↑	3.2-	2.6↑	2.7-	2.7
美国	2.8↑	2.2↑	2.3↑	1.7-	2.6-	1.6↓	2.5↑	1.8↑	2.5
日本	0.3↓	1.1↑	1.2-	1.1-	-0.1↓	1.4↑	0.7↓	1.0↑	1.9
欧元区	0.8↓	1.2↓	0.8↓	1.4↓	0.7-	1.3-	0.7-	1.4↓	0.4
中国	4.8↓	4.5-	4.8↑	4.5↓	4.9↑	4.5-	4.8↑	4.1↓	5.2
印度	7.0-	6.5-	6.9↑	6.6↓	6.7↑	6.8↑	6.6↑	6.7↑	7.6

注：箭头为较机构上一次预测值变动情况，"-"为与上次预测持平。

数据来源：IMF 2024 年 10 月《世界经济形势与展望》；联合国 2024 年 5 月《2024 年世界经济形势与展望》；OECD 2024 年 9 月《经济展望报告》；世界银行 2024 年 6 月《全球经济展望》。

一是欧美补库周期或已阶段性告终。据美国商务部经济分析局（BEA）数据，截至 2024 年 8 月美国库存总额同比增加 2.38%，已连续 9 个月回升，从持续时间来看，主动补库存的时间已达 11 个月，接近于历史的平均值（11.7 个月），美国主动补库存阶段或已接近尾声，也预示欧美补库对未来一段时期全球贸易需求的支撑空间较为有限，可能会弱化全球经济增长。

二是美欧延续降息周期，但降息节奏仍有较大不确定性。2024 年以来，全球主要经济体的中央银行相继转向降息，美国也在 9 月宣布将联邦基金利率目标区间下调 50 个基点到 4.75% 至 5% 之间，此次降息或将开启新一轮的降息周期。降息和全球货币政策的正常化，将会为 2025 年提供相对较好的金融环境，为我国货币政策操作提供空间，但由于节奏依然存在不确定性，可能会导致全球金融市场的动荡，影响仍需持续关注。

三是全球贸易下行风险持续增加。全球价值链重构以及贸易保护主义抬头，对全球贸易和投资活动造成扭曲，引发全球经济和供应链分裂，不仅全球贸易增长受限，经济复苏力道也不如从前。根据国际货币基金组织测算，由贸易保护主义引发的全球经济和供应链分裂最高可能会使全球经济产出减少约 7%，相当于减少了日本和德国的 GDP 总和。而中美之间的贸易紧张局势仍在不断升级，国际运输成本也进入较高水平区间。

四是重大地缘政治事件的外溢影响仍然较大。一方面，俄乌冲突与中东紧张局势的热度不减，对全球能源市场和贸易运输的影响持续存在。另一方面，包括美国、俄罗斯、欧盟、印度等在内的七十余个国家和地区 2024 年的系列选举可能会导致相关国家内外政策发生重大变化，进一步加剧国际政治的不确定性，尤其是美国大选的结果将成为决定未来一段时期内国际环境的重要变量。

（二）国内形势：政策助力经济边际改善，但需求不足与结构性阵痛仍需持续关注

我国经济运行总体平稳，经济持续恢复，伴随扩张性政策进一步发力生效，经济显现企稳向好迹象，

主要宏观数据边际改善，2024年9月经济相比7月、8月，数据明显反弹，房地产、工业、服务业、消费、投资、就业等数据均有不同程度好转。展望2025年，政策有望进一步加力，推动经济继续回稳向好，但在需求不足、结构性阵痛等问题叠加下，基本面的边际变化和政策实效值得关注。

需要重点把握的机遇有：一是制造业和基建投资保持良好增长。2024年9月制造业投资同比增长9.1%，在"设备更新"政策拉动下，前三季度设备工器具购置投资同比增长16.4%，对全部投资贡献率超过60%。基建投资作为逆周期调节的重要手段，在本轮大规模经济刺激计划中扮演不可或缺的角色，各地将持续加速推进重大工程、加快形成实物工作量，可能会拉动2025年基建投资保持高增长。二是以新质生产力为代表的产业结构进一步优化。2025年芯片制造、人工智能、低空经济、商业航天、生物制造等在内的新兴产业或将迎来更多支持性政策，有望形成重要的经济增长点。三是数字经济蓬勃发展。国家多部门围绕加大政策供给、加快数据制度建设、深入推进产业数字化转型、加快数字产业创新发展等方面释放政策信号，据中国信通院预计，2025年我国数字经济规模将超60万亿元。四是消费有望扭转低迷态势。一揽子财政货币政策为财富效应和市场预期改善打下了良好基础，"以旧换新"政策推动以家电为代表的耐用品消费增速大幅反弹，有望持续提振消费信心。五是金融市场活跃。国家出台政策推动金融机构中长期资金入市，同时创设货币政策工具，为A股市场提供增量资金，9月末开始，金融市场成交活跃度大幅提升，随着政策不断加力，资本市场的活跃度有望持续发挥。

需要重点应对的风险有：一是物价水平仍然处于低位。全国GDP平减指数自2023年二季度开始已连续6个季度持续为负，显示通货紧缩压力依然存在；2024年1—9月，全国CPI同比仅小幅上涨0.3%，已经连续19个月低于1%，处于较低水平，凸显出消费动力不足；全国PPI自2022年10月起已连续24个月负增长，不仅反映了工业生产领域的价格压力，也预示着企业盈利空间的进一步压缩。二是房地产投资和民营企业投资信心不足。由于房地产开发投资持续磨底，带动投资整体增速下行，2024年前三季度固定资产投资增长3.4%，远低于疫情前（2010—2019年）的平均水平（14.8%）。且民间固定资产投资同比下降0.2%，投资信心仍然不足。三是出口增长显著承压，以价换量现象仍在。9月进出口增速出现明显下行态势，单月进出口总额仅增长0.7%，其中出口增长1.6%，进口下降0.5%。"以价换量"的特点依然存在，考虑到近期海外数据整体边际走弱，后续出口受到外部冲击的可能性将增加，尤其是2024年以来，针对中国的新能源汽车及其电池等，美国和欧盟均出台甚至落地了相关的加征关税方案。四是包括房企去库存压力、财政收入压力、地方政府债务压力在内的三大制约因素持续存在。受限于市场景气度与销售数据低迷，房企去库存难度依然较大，商品房待售面积从2022年11月开始，已经连续21个月保持两位数增长；盈利能力下降加之债券到期余额较高，使得房企债务风险加大。地方政府土地收入降幅加大持续拖累财政收入，经济下行压力加大也使全国税收收入持续走低。地方债务余额持续上升，还本付息的压力不断增长，到2024年9月，地方政府债支付的利息约1170亿元，考虑隐性债务问题，未来付息压力依然较大。

三、2025年走势预测

21世纪以来，上海经济增速经历了先升后降的过程，总体呈"L"形走势。从2007年15.2%的高速增长迅速降至2008年的个位数，2009年降至9%以下，2012年跌破8%（2008—2013年平均增速8.7%），2016年跌破7%，2019年降至6%（2014—2019年平均增速6.8%），2020—2023年剧烈波动，平均增速跌至4%以下（3.6%），明显超跌，低于趋势线。初步预计2025年增速将向趋势线（5%）回归。综合考虑长期趋势、目标实现、外部环境和自身动能等方面因素，初步预计，2025年上海GDP增速很大概率落在4.2%~4.8%，均值为4.5%。本着跳两跳的原则，建议2025年上海GDP增速目标设为5%左右。

四、稳增长对策建议

为促进上海经济在新的一年里有效应对挑战，抢抓机遇，实现稳健增长，建议加快落实一揽子增量政策，提振市场信心，扭转社会预期，形成经济正向循环。

一是落实积极的财政政策。加快财政支出进度，用好超长期特别国债、专项债券等，加快各类建设资金的拨付和使用，形成实物工作量。积极对接国家2025年提前批专项债和超长期国债，争取更多项目纳入清单。加大对创业投资引导基金等资金支持力度，支持突破关键核心技术"卡脖子"领域科技型企业上市。加强重大项目要素保障，按照国家部署，扩大专项债券用作项目资本金的领域、范围和比例，支持城中村改造、地下管网建设、五个新城建设等重点项目。争取将一批产业项目列入国家相关重大专项或"两重"清单。

二是力促房地产市场快速企稳。充分利用专项债券等用于土地储备和存量房收购，盘活存量闲置土地，加快优质土地供应和商品房项目上市，支持一批城中村改造项目和城市更新项目。密切跟踪评估"沪七条"房地产政策效应，进一步放开需求端限制，打通一二手置换链条，降低交易成本，缩减置换周期，支持改善型住房需求加快释放，并适时出台新的政策。及时优化完善普通住宅和非普通住宅标准相衔接的相关税收政策等。

三是全力扩大消费需求。精心办好各类促消费活动，持续发放服务消费券并动态优化方案，促进餐饮、住宿、电影、体育等行业指标加快回升。大力促进汽车、家电、家居、家装等大宗消费，完善汽车更新政策。支持和规范社会力量发展养老产业和普惠托育服务，推动上海"银发经济"高质量发展，促进家政服务业扩容提质。深化商旅文体展联动，促进高能级、高流量的演出、赛事、展览等活动与商业联动，互导流量、互嵌资源、互植服务，营造消费热潮。

四是支持重点产业和市场主体发展。对于市场资源不愿涉足的重大战略性功能性产业和未来产业，加大倾斜力度，整合分散在部门和各区的产业政策资源"倾囊相助"，提升产业扶持显示度。梳理长期未解决的疑难杂症。聚焦突破，快速应对产业发展中新出现的瓶颈障碍。根据国家要求，精准扶持不同经营主体发展，实施更加精准的靶向招商，集聚引育不同类型的市场主体。

[上海市发展改革研究院　马海倩　汪曾涛　常思远]

之四：2024年四川省经济运行分析及2025年展望

面对严峻复杂形势和多重困难挑战，四川省上下认真落实党中央、国务院和省委、省政府决策部署，聚焦经济建设中心工作和高质量发展首要任务，深入实施"四化同步、城乡融合、五区共兴"发展战略，全力以赴拼经济搞建设，加快推动稳增长政策落地实施，前三季度全省经济运行呈现总体平稳、稳中向好、稳中有进的态势。

一、2024年四川省经济运行分析

（一）总体情况

2024年以来，四川省经济延续高于全国的态势，总体呈现增速高于全国、三季度增速高于二季度、前三季度领先全国，幅度高于上半年的特征。前三季度实现地区生产总值45441.8亿元，同比增长5.3%，增速比全国高0.5个百分点，居前十经济大省第6位，比全国的优势由上半年的快0.4个百分点扩大为快0.5个百分点。

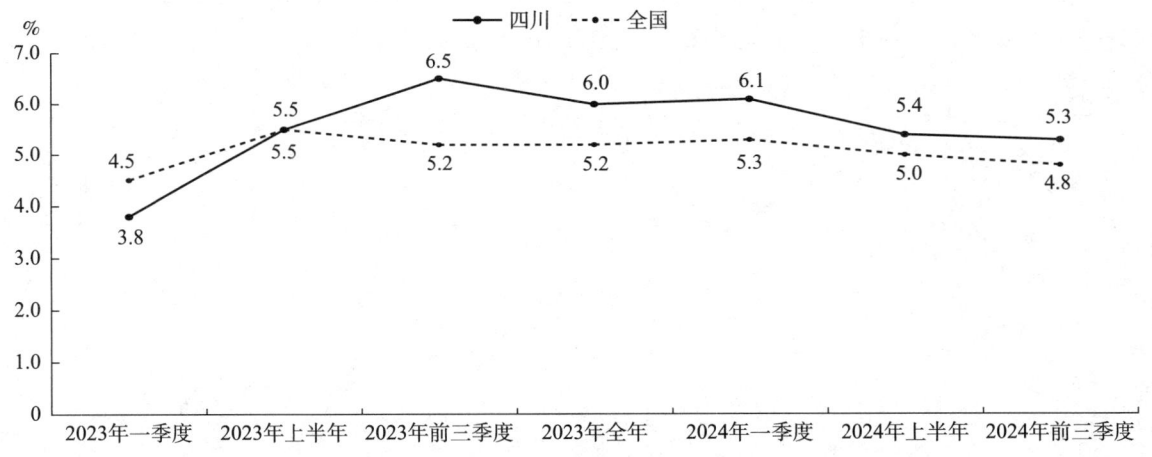

图1 2023年以来四川与全国地区生产总值分季度同比增速

（二）生产供给保持稳定增长

1. 农业稳中向好

2024年前三季度，全省实现第一产业增加值5082.6亿元，同比增长2.8%，与上半年持平。小春粮油喜获丰收，晚秋生产有序推进，生猪价格回暖、牛羊禽出栏量降幅收窄，其中生猪存栏连续8个月回升。水果、茶叶、蔬菜等经济作物增产势头强劲，其中，水果产量1166.6万吨，同比增长8.4%，茶叶产量43.9万吨，同比增长6.6%，蔬菜产量4204.5万吨，同比增长4.1%；水产品产量132.7万吨，同比增长4.7%。

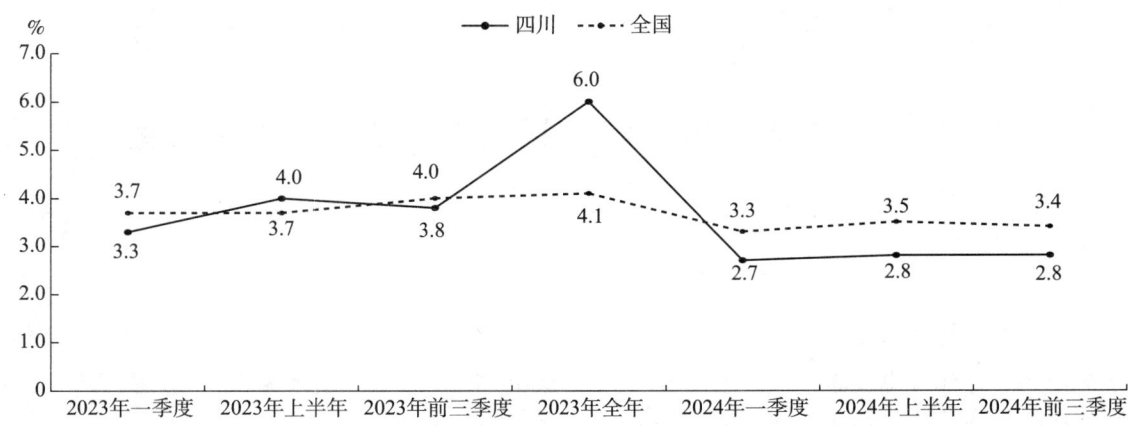

图2 2023年以来四川与全国第一产业增加值分季度同比增速

2. 工业较快增长

2024年以来，全省工业经济运行经历了从平稳开局到稳中下行，再到触底回升的过程。前三季度，全省第二产业增加值15801.1亿元，同比增长5.6%，较全国高0.2个百分点。规模以上工业增加值同比增长6.4%，较上半年加快0.2个百分点，较全国高0.6个百分点。全省41个工业大类行业中有32个行业增加值实现增长，行业增长面为78.0%，比上半年提高4.9个百分点。绿色低碳优势产业增长10.3%，增速高于规模以上工业3.9个百分点，其中动力电池、钒钛产业分别增长41.7%、18.4%，连续多月保持两位数增长，单晶硅、多晶硅等产品产量分别增长71.9%、45.7%。六大优势产业增长6.7%，其中装备制造产业、先进材料产业分别增长10.3%、9.9%，对规模以上工业增长贡献率稳定在四成以上。食品轻纺、医药健康产业增速分别比上半年提高1.1个、1.6个百分点。

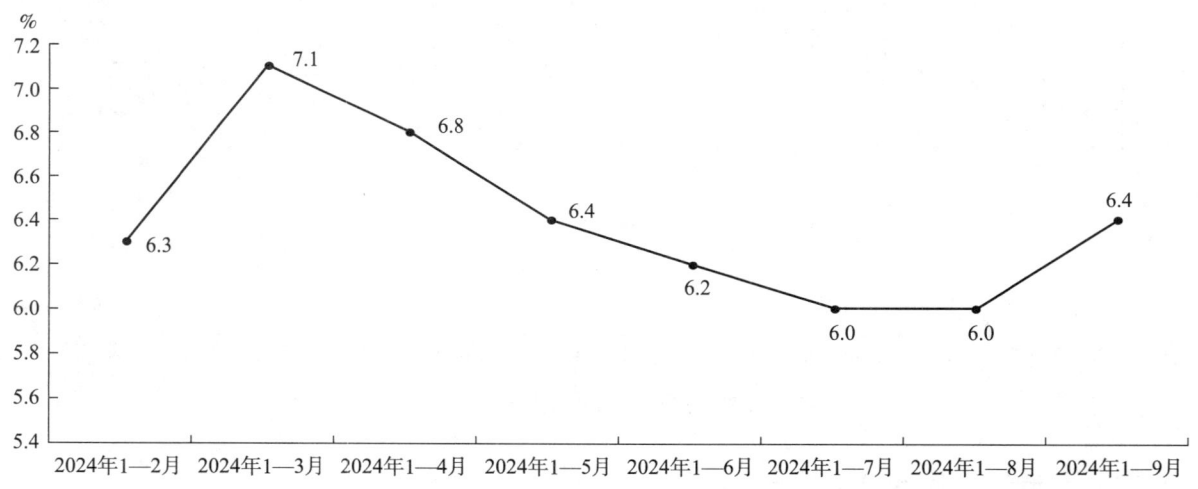

图3 2024年以来四川规模以上工业增加值增速

3. 服务业平稳运行

2024年前三季度，全省实现第三产业增加值24558.1亿元，占地区生产总值的54.0%，同比增长5.6%，高于全国0.9个百分点，增速居前十经济大省第1位。其中，租赁和商务服务业增加值1688.2亿元，同比增长19.8%，高于全国9.7个百分点。信息传输、软件和信息技术服务业增加值1704.6亿元，同比增长12.5%，比上半年快3.2个百分点。1—8月，互联网和相关服务的营业收入增长29.2%，同比增速比全国高18.4个百分点。

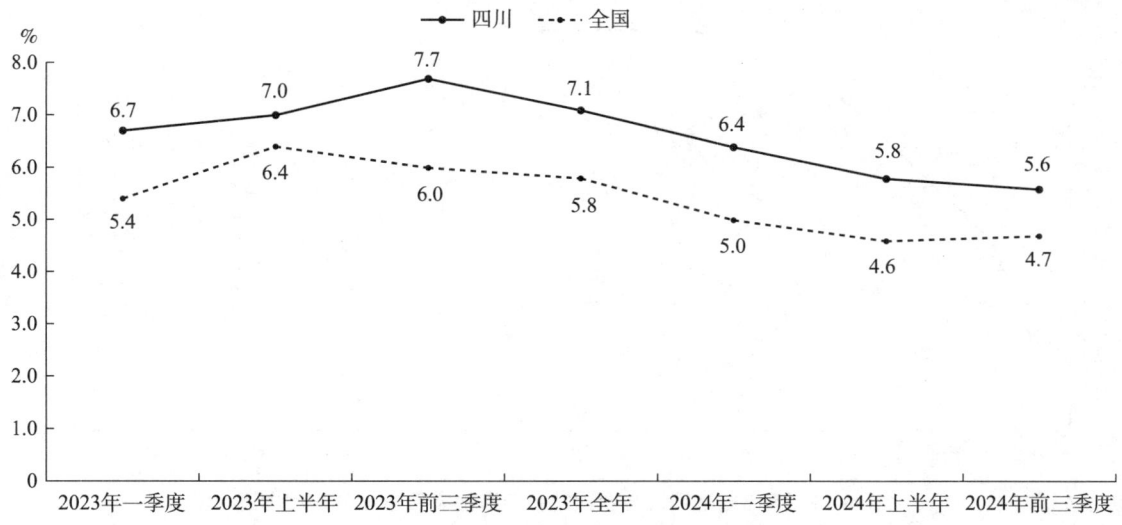

图4 2023年以来四川与全国第三产业增加值分季度同比增速

（三）市场需求稳步扩大

1. 固定资产投资企稳回升

2024年前三季度，全省固定资产投资（不含农户）同比增长1.9%，扭转连续5个月下滑态势，增速比上半年加快1.0个百分点，与全国的差距逐步缩小。制造业投资同比增长17.8%，增速比上半年加快3.8个百分点，31个制造业行业大类有24个实现增长，22个增长超过两位数。民间投资同比增长0.5%，自2023年以来首次由负转正，反超全国0.7个百分点。高技术产业投资同比增长10.0%，增速比上半年加快3.2个百分点，高于投资增速8.1个百分点。700个省重点项目年度投资完成率达94.1%。

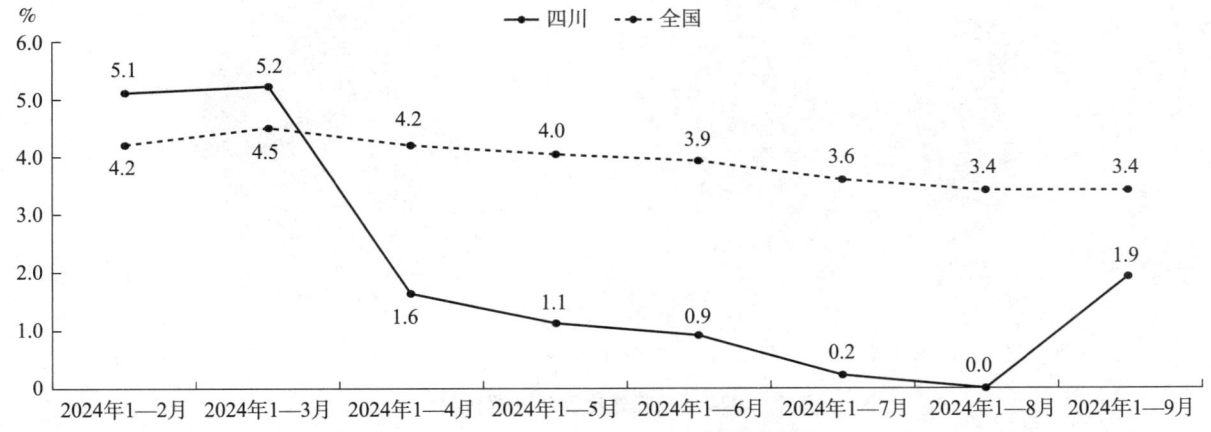

图5 2024年以来四川与全国固定资产投资（不含农户）增速

2. 消费稳步增长

2024年前三季度，全省实现社会消费品零售总额19767.6亿元，同比增长4.4%，高于全国1.1个百分点。其中，9月当月增长4.1%，较8月加快1.5个百分点。限额以上批零单位通过互联网实现的餐饮收入分别增长6.8%和22.4%，增速比限额以上单位商品零售额分别高3.5和14.4个百分点，其中餐饮收入连续14个月保持两位数增长。

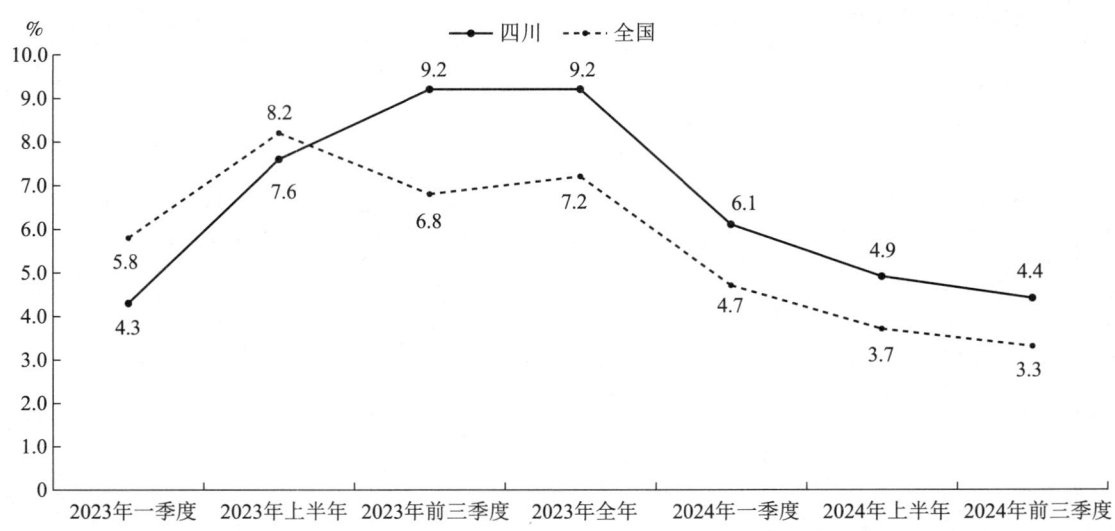

图6 2023年以来四川与全国社会消费品零售总额分季度增速

3. 外贸增势较好

2024年前三季度，全省货物贸易进出口总值7510.6亿元，规模创历史同期新高，列全国第8，同比增长10.4%，高于全国5.1个百分点，居前十经济大省第2位。其中，出口4356.4亿元，同比增长2.1%，汽车、工程机械、医疗仪器等高附加值产品出口增速均达到两位数，平板电脑、鱼油、锂镍钴锰氧化物等商品出口规模全国领先，占全国同类商品出口比重均超三成。进口3154.2亿元，同比增长24.2%，居全国第3位、前十外贸大省第1位，集成电路、电脑及其零部件、半导体制造设备、消费品分别增长29.9%、151%、836.1%、47.1%。

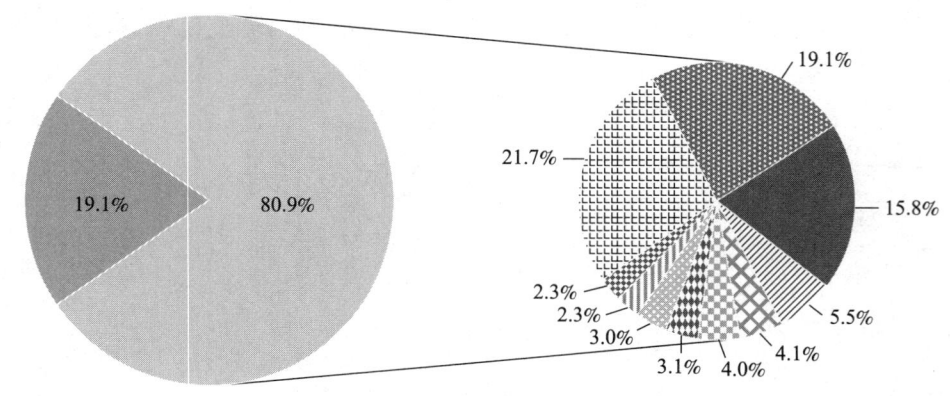

图7 2024年前三季度四川主要贸易伙伴

（四）关联指标支撑稳健

财政金融平稳运行。2024年前三季度，四川全省地方一般公共预算收入、支出分别同比增长1.6%、3.4%。9月末，本外币各项贷款余额增长11.2%，居前十经济大省第2位，增速快于全国3.6个百分点，本外币各项贷款累计增加9527亿元，稳居中西部地区首位。

税电指数处于景气区间。2024年前三季度，全省经济景气度税电指数为104.5，其中，生产指数为105.0，销售指数为104.0。企业用电开票保持增长，用电量、开票销售收入分别同比增长7.4%、3.7%。

经营主体保持增长，9月末实有经营主体912.7万户，其中涉税经营主体490万户，增长10.2%。

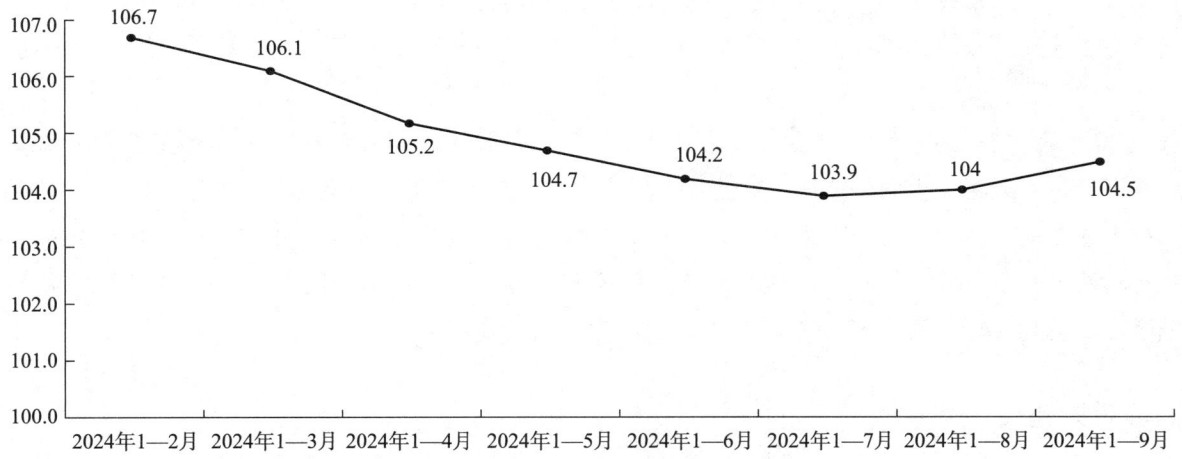

图8　2024年以来四川经济景气度税电指数

二、当前经济运行存在的主要问题

（一）工业持续回升压力较大

重点行业持续承压，农副食品、纺织、家具等消费品行业持续低迷，钢铁、水泥等建材行业下滑明显，汽车行业仍在深度调整，产量下降15.5%，增加值仅增长4.1%。工业生产者出厂价格指数（PPI）连续24个月下降，1—9月，规模以上工业企业实现利润总额2511.1亿元，同比下降15.6%。

（二）投资增长放缓趋势依旧

房地产开发投资持续低迷，2024年前三季度下降11.1%，拉低全省投资2.5个百分点。基础设施投资下降3.3%，占比超八成的道路运输业、公共设施管理业分别下降4.5%、8.3%，拉低全省投资1个百分点，短期内实现正增长压力较大。重点市（州）支撑不足，投资体量较大、前期增长较好的成都、德阳前三季度增速较1—8月分别回落0.3个、2个百分点，宜宾、泸州、广安、乐山、凉山5个市（州）仍负增长。

（三）消费市场有待提振

居民消费意愿仍然不强，防御性存款持续增加，9月末全省住户本外币存款余额增长7.4%。社会消费品零售总额增速比上半年回落0.5个百分点。商品零售增长3.7%，比消费增速低0.7个百分点，石油类、金银珠宝类零售额分别下降0.9%、6.1%，百强企业零售额下降0.1%。餐饮收入逐月放缓，9月增长4%，年内首次低于消费增速。

三、2025年四川省经济运行环境分析及展望

从国际看，当前世界经济复苏动能偏弱，全球经济碎片化程度加剧，贸易保护主义愈演愈烈，地缘政治扰动持续，不稳定不确定难预料因素增多，全球经济面临着不确定因素，IMF等国际机构最新预测，全球经济增速2024年将放缓至3.2%。从国内看，我国经济正处在结构调整转型的关键阶段，周期性矛盾和结构性矛盾相互交织，调整的阵痛正在释放。随着存量政策和增量政策协同发力，市场预期逐步改善，"稳"的态势有效延续、"进"的步伐坚定有力、"好"的因素正在累积，经济韧性强、潜力大、空间广

等有利条件依然较多，主要经济组织纷纷上调对中国经济预期。从四川省看，全省经济回升向好的发展态势在延续、积极因素在累积，随着国家一揽子增量政策和省推动经济持续回升向好16条措施落地见效，重大项目开工建设，新建产能稳步释放，市场信心逐步回暖，全省经济有望保持稳步恢复、稳中向好发展势头。

展望2025年，"一带一路"建设、长江经济带发展、新时代西部大开发、黄河流域生态保护和高质量发展等国家重大战略在川交会叠加，党的二十届三中全会提出推动成渝地区双城经济圈建设走深走实，将带来更为强劲的战略牵引力和政策带动力。四川省积极抢抓新发展机遇，大力实施新型工业化，加快布局具有新质生产力特征的新兴产业和未来产业新赛道，为工业兴省制造强省提供有力支撑，经济稳增长基础厚实、后劲十足，预计2025年经济增速仍将保持高于全国1个百分点。

四、对策建议

（一）加快推动各项政策落地见效

主动对接国家一揽子增量政策，结合新时代西部大开发、成渝地区双城经济圈建设、国家战略腹地建设等重大战略机遇，抓紧梳理一批拟争取国家支持的具体事项，提高政策落实和对接争取的针对性和有效性。落实落细稳增长"16条"、房地产"10条"等已出台的系列政策措施，尽快细化制定配套细则，推动政策终端见效。

（二）持续扩大有效投资

紧盯国家政策导向和资金投向，加强项目谋划储备，聚焦"十四五"规划投资方向和"十五五"规划前期谋划，紧盯"两重""两新"、中央预算内投资、地方政府专项债券等投向，加强项目包装策划，分级分类形成项目清单，加大向上汇报对接力度，全力争取更多项目纳入国家"大盘子"。在做好基础设施重大项目接续实施的基础上，重点围绕科技、产业、安全、民生等领域，高质量策划储备一批项目。协同联动做好要素保障，推动已落实资金的重大项目加快建设，争取引大济岷等重大项目尽早开工建设。用好重大项目分级协调、"面对面"办公等机制，高效解决难点堵点问题。强化项目全生命周期管理服务，落实"六个一批"机制，加强项目调度和要素保障，推动形成更多实物工作量。

（三）着力稳住工业向好势头

用好"建圈强链"推进机制，围绕人工智能、航空航天等15条重点产业链，聚焦关键环节和重点领域精准招大引强，推动一批重大产业项目落地建设，组建一批工程研究中心等创新平台，促进产业延链补链强链。支持航空航天、新型显示等产业发展壮大，多措并举稳住白酒、计算机、装备制造等体量大的行业，将要素向新升规入统企业、高成长性企业倾斜。以降成本为核心优化营商环境，开展违规设置市场准入门槛、拖欠企业账款等5个专项治理，推动营商环境综合性政策、"小切口"改革创新举措、交办问题"三张清单"落地。加大助企帮扶力度，探索建立融资信用服务平台，通过大数据为企业精准"画像"、增信赋能。

（四）促进服务业和消费高质量发展

开展服务业"转企升规"攻坚行动，培育壮大经营主体。推动现代物流、大数据、软件、游戏、电竞等新兴服务业加快发展，千方百计稳住住宿餐饮、批发零售等传统行业。加大以旧换新政策实施力度，强化兑付时限刚性要求，提振汽车、家电等大宗消费，培育数字消费、绿色消费等新型消费业态，持续释放政策带动效应。统筹促消费与惠民生，挖掘文旅、医疗、"一老一小"等服务消费潜力，探索房票安置等方式撬动住房需求。创新开展"消费+"活动,激活本土消费、吸引外来消费。

(五)防范化解重点领域风险

持续有效防范化解财政、金融、地方债务等重点领域风险,加快推进中小金融机构风险处置,严厉打击非法集资等非法金融活动,坚决守住不发生系统性风险底线。全力推进保交房,确保如期完成既定目标任务。持续抓好安全生产和应急救援,加大对安全风险突出、事故易发多发的重点行业、重点地区监管力度,完善灾害风险识别、评估、监控、预警、处置机制,统筹做好防汛抗旱、抗震救灾、森林草原防灭火等灾害防范应对工作,有效降低灾害风险和损失。配合做好中央生态环境保护督察各项工作,抓好反馈问题整改落实。扎实开展迎峰度冬能源电力保供工作。

[四川省县域经济研究中心 程 娟 黄 馨 于文慧 李 欢]

之五：2024 年贵州省经济运行分析及 2025 年展望

2024 年是落实"十四五"规划目标的关键时期，面对外部环境的变化、国内需求的不足以及转型过程中的挑战，全省上下持续深入贯彻落实党中央和省委经济工作会议精神，积极应对经济下行压力，全力稳增长、扩内需、化风险，推动存量政策和增量政策成效加快释放，全省经济总体保持平稳增长，积极因素不断累积，高质量发展取得积极进展。展望 2025 年，随着全面深化改革和一揽子增量政策持续落地，发展活力和动力将进一步释放，经济平稳运行的基础将不断夯实。

一、2024 年前三季度贵州省经济运行主要特征

前三季度全省地区生产总值 16052.90 亿元，按不变价格计算，比上年同期增长 5.2%。其中，第一产业增加值 2163.42 亿元，同比增长 3.8%；第二产业增加值 5781.13 亿元，同比增长 6.8%；第三产业增加值 8108.35 亿元，同比增长 4.4%。三次产业分别拉动经济增长 0.6 个、2.4 个、2.2 个百分点。

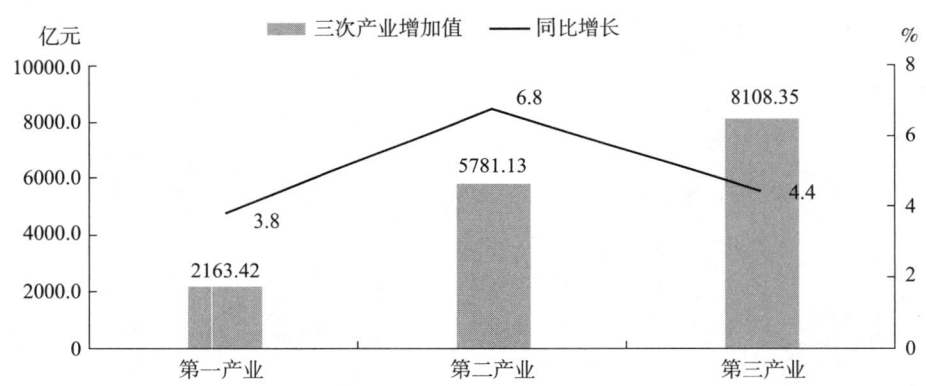

图 1　2024 年前三季度贵州三次产业增加值及其增长速度

（一）经济运行总体平稳，保持稳健态势

从经济增长看，一季度、上半年、前三季度，全省地区生产总值增速分别为 5.5%、5.3%、5.2%，季度间波动幅度并不大。从就业看，全省城镇新增就业 57.14 万人，同比增长 3.2%，增速比上半年提高 0.1 个百分点。从物价看，CPI 同比由上半年下降 0.1% 转为前三季度上涨 0.1%，扣除食品和能源价格后的核心 CPI 同比上涨 0.4%，呈现温和回升的态势。

（二）生产供给持续增长，产业发展稳中有进

农业生产平稳。茶叶、园林水果、猪肉等农产品生产稳定，农林牧渔业总产值同比增长 3.8%，拉动经济增长 0.6 个百分点。

工业生产稳中向好。全部工业增加值同比增长 8.2%，拉动经济增长 2.3 个百分点，贡献较为突出。规模以上工业有七成行业实现增长，其中，煤电烟酒传统产业增加值合计增长 7.0%，拉动规模以上工业

增长4.9个百分点；原材料制造业增长23.1%，拉动增长2.7个百分点。"六大产业基地"较快增长，"压舱石"作用更加凸显。前三季度，全省"六大产业基地"增加值同比增长9.8%，分别高于全国、全省规模以上工业增加值增速4.0个、1.3个百分点，对规模以上工业的贡献率为87.7%，拉动全省规模以上工业增长7.5个百分点。其中，全国重要的资源精深加工基地、全国重要的白酒生产基地达到两位数增长，增加值同比分别增长23.9%和10.6%。

服务业平稳增长。全省服务业增加值比上年同期增长4.4%，拉动经济增长2.2个百分点。旅游、金融存贷款等指标增势平稳；住宿和餐饮业，交通运输、仓储和邮政业提速增长，前三季度增加值增速分别比上半年加快0.6个、0.9个百分点；房地产业降幅收窄，增加值降幅比上半年收窄0.4个百分点。

（三）需求动力稳步提升，经济发展活力持续释放

消费潜力加快释放。前三季度，限额以上消费品零售额同比增长4.3%。在相关政策撬动下，家用电器和音像器材类商品零售额增长15.6%，增速比上半年加快15.4个百分点；新能源汽车供需两旺，产量、零售额同比分别增长96.8倍、18.5%。

投资结构持续优化调整。前三季度，工业投资同比增长9.6%，基础设施投资（不含电力、热力、燃气及水生产和供应业）增长1.7%，占全部投资的比重分别比上年同期提高2.9个、0.5个百分点。设备工器具购置投资同比增长32.4%，其中工业项目设备工器具购置投资增长22.2%。

进出口总额保持较快增长。全省进出口总额比上年同期增长12.5%，其中，出口总额增长9.8%，增速比上半年加快4.6个百分点；进口总额增长17.8%。

（四）积极因素持续汇聚，发展动能显著增强

转型升级态势明显。传统产业改造升级步伐加快，新能源、数字经济等战略性新兴产业不断成长，巩固了对冲下行压力、增强上行动力的基础。技改投资、高技术产业投资表现活跃。前三季度，工业技术改造投资同比增长14.4%，增速高于工业投资4.8个百分点，其中制造业技术改造投资增长17.4%。高技术产业投资同比增长5.4%，其中高技术服务业投资增长38.4%。投资对优化供给结构的关键作用得到较好发挥。

数字经济与实体经济融合日益深化。前三季度，限额以上企业单位通过公共网络实现的商品零售额同比增长57.7%，比上年同期加快17.0个百分点。1—8月，规模以上互联网和相关服务营业收入同比增长27.3%，软件和信息技术服务业增长8.7%。

能源供给得到充分保障。前三季度，全省规模以上工业发电量同比增长6.9%，有效满足了生产生活用能需要。其中，水力发电量增长45.8%，新能源发电量增长15.6%，合计占规模以上工业发电量的比重由上年同期的28.6%提高到36.2%，能源供应清洁化、低碳化持续加力。

部分行业、领域市场预期边际改善。9月，规模以上新能源汽车及电池材料产业增加值同比增长17.3%，扭转了2024年以来连续负增长的态势；非金属矿物制品业自5月以来降幅逐月收窄，前三季度降幅比上半年收窄3.7个百分点。

（五）发展质量不断提升，企业效益明显改善

财政收入保持增长。前三季度，全省一般公共预算收入1550.38亿元，比上年同期增长3.5%。企业经营效益改善。1—8月，全省规模以上工业企业实现营业收入6762.83亿元，实现利润总额631.49亿元，同比分别增长3.7%和15.2%，增速均高于全国平均水平；每百元营业收入中的成本为75.18元，同比减少0.54元；每百元营业收入中的费用为9.24元，同比减少0.40元。居民收入持续增加。前三季度，全省城镇、农村常住居民人均可支配收入分别比上年同期增长4.0%、7.1%。

二、存在的主要问题

前三季度全省经济运行总体平稳，行业结构持续优化调整。但也要看到，受市场信心尚未完全恢复、内外部有效需求仍然不足，经济下行压力依然较大等多重因素影响，经济保持平稳增长的基础仍需巩固。

（一）市场预期仍然偏弱

前三季度全省社会消费品零售总额同比增长3.4%，较上年同期回落3.4个百分点，消费增长动能有所放缓。贵州居民当前收入增长缓慢、对未来收入增长的预期偏弱，成为制约消费平稳增长的关键因素。前三季度居民人均可支配收入增长5.3%，比上年同期低0.6个百分点。截至9月末，全省住户存款余额接近3.8万亿元，较2023年增加2509亿元，居民储蓄意愿持续增强，消费的积极性相对较低，消费内生动力有待进一步激发。

（二）稳投资面临较大压力

固定资产投资整体增长放缓，特别是省级重大工程项目的投资额和数量显著下降。与2023年相比，2024年省级重大工程项目数量减少了1072个。其中，"四化"、基础设施、民生项目数量比上年分别减少22.57%、32.91%、37.46%。这一骤减的主要原因是地方政府正在严格控制并化解债务风险。

（三）营商环境仍需持续优化

营商环境需进一步优化。与经营主体的期望相比，贵州营商环境仍有较大提升空间。存在的主要问题包括：市场环境欠佳，法治化程度不高，民营企业权益保护不足；政务服务水平需提高，服务意识薄弱，运行机制不够健全，"高效办成一件事"还不能完全实现；惠企政策广度和力度不足，政策内容不够具体明确，理解和执行存在差异，政策兑现机制不够完善，影响企业受益。

三、2025年经济运行环境分析及预测

展望2025年，贵州经济将迎来多重机遇与挑战，但机遇大于挑战，经济有望保持平稳发展。

（一）环境分析

1. 全球经济步入持续低增长轨道

国际货币基金组织（IMF）发布最新一期《世界经济展望报告》，预计2024年和2025年全球经济增速将达到3.2%，并且这一平稳增长的趋势将延续至2029年，届时全球经济增长率预计为3.1%。报告称，全球通胀形势好转，全球平均通胀率从2023年的6.7%降至2024年预测的5.8%和2025年的4.3%。预计到2025年底，全球大多数经济体将达到或接近通胀目标。虽然全球通胀数据向好，但经济下行风险仍在增加。地区冲突，尤其是中东地区紧张局势的升级可能对大宗商品市场构成严重威胁。此外，2024年是世界大选之年，全球将有76个国家和地区举行大选，覆盖了全球41%的人口和42%的GDP，而新当选政府可能会对贸易和财政政策进行重大调整，这也给全球经济增加了更多的不确定性。

2. 中国经济高质量发展势头稳健推进

我国现在正处在转型升级的关键阶段，主要任务就是要推动发展方式转型，推动经济向高质量发展迈进。从创新发展上来讲，前三季度，规模以上高技术制造业增加值同比增长9.1%，比规模以上工业平均增速高3.3个百分点。从协调发展上来看，无论是产业结构、需求结构，还是区域结构，都继续在优化。制造业增加值占规模以上增加值的比重在继续提升。从需求结构来看，高技术产业投资占比继续提

高。从绿色发展上来讲，以新能源汽车、锂电池、光伏等"新三样"为代表的绿色产品产量继续保持两位数的高增长。风电、核电、光伏发电等生产和消费都保持比较快的增长速度。从开放发展上来讲，在国际形势复杂多变的情况下，经济保持6.2%的增速，且共建"一带一路"国家的进出口增速高于平均增速。从共享发展上来讲，居民收入前三季度实际增速略高于GDP增速，而且民生保障有力有效，粮食安全、能源保供取得新的成效，2024年粮食生产继续取得新的丰收。从这几个维度看到，中国经济在保持量的合理增长的前提下，经济发展的结构在优化、质量在提升，高质量发展稳中有进的大趋势没有变。

3. 贵州经济机遇挑战并存

总的来看，国内外大环境对贵州省发展总体有利，我们有党的坚强领导和中国特色社会主义制度的显著优势，特别是习近平总书记关心贵州发展、情系贵州人民，为全省加快发展注入了强大动力；中央构建新发展格局、推进新时代西部大开发、推动共同富裕，为全省后发赶超带来了重大机遇；中央大力推进"一带一路"建设、长江经济带发展、粤港澳大湾区建设、成渝地区双城经济圈建设等国家战略，为贵州省对外开放提供了有利条件；贵州省特色产业、基础设施、资源能源、生态环境等方面的优势凸显，为高质量发展奠定了坚实基础。同时，也要清醒看到，贵州省发展不平衡不充分问题仍然突出，经济总量依然偏小，城乡发展差距较大，创新能力较弱，人才支撑不足，产业链条不健全，工业化和城镇化建设滞后等短板弱项。

（二）2025年贵州经济预测

结合当前宏观经济背景、宏观政策取向，以及贵州经济运行面临的压力与动力，综合判断分析预计2025年贵州地区生产总值同比增长6%左右。第一、第二、第三产业分别增长4%、7%和5.5%左右；规模以上工业增加值增长8.8%左右；固定资产投资增长2%左右；社会消费品零售总额增长6.5%左右；城镇和农村常住居民人均可支配收入分别增长5.5%和8%左右。

表1 2024—2025年贵州主要宏观经济指标预测（%）

指标\时间	2023年实际增速	2024年一季度实际增速	2024年上半年实际增速	2024年前三季度实际增速	2024年增速预测	2025年增速预测
地区生产总值	4.9	5.5	5.3	5.2	5.5	6
第一产业	3.9	3.9	4.1	3.8	3.9	4
第二产业	4.4	7.8	6.8	6.8	6.9	7
第三产业	5.5	4.3	4.5	4.4	5	5.5
规模以上工业增加值	5.9	9.1	8.3	8.5	8.6	8.8
固定资产投资	-5.7	3.1	1.2	持平	1.1	2
社会消费品零售总额	5.9	8.2	5.5	3.4	6	6.5
城乡居民可支配收入	4.1	4.8	4.0	4.0	4.5	5.5
农村居民可支配收入	8.1	8.1	7.3	7.1	7.5	8
居民消费价格指数	-0.3	-0.3	-0.1	0.1	0.1	0.2
工业品出厂价格指数	-1.9	-2.3	-1.6	-0.9	-0.8	-0.7

四、对策建议

下阶段，将深入贯彻党的二十届三中全会及省委十三届五次全会的精神，加快推进中央与省委制定的一系列增量政策的实施，扎实推动全省经济稳定增长、结构趋优、发展态势持续向好。

（一）壮大工业经济，增强稳增长优结构的动力

大力实施产业发展提升行动，推动产业高端化、绿色化、集约化发展，提高经济质量效益和核心竞争力。一是突出重点加快推进新型工业化。着力打造"六大产业基地"，大力推进"富矿精开"和"电动贵州"建设，加快布局发展新能源电池、新材料、先进装备等新兴产业，更好推进全省新型工业化高质量发展。二是强化企业培育为经济增长注入新"增量"。继续抓好项目建设，加快推进在建项目投产达产，形成新的增量。挖掘市场潜力，努力扩大现有中小企业经营规模，优化经济结构，提高市场竞争力。三是强化企业帮扶确保稳住"存量"。加强对企业的支持帮扶，深入了解营业收入持续下降企业的困难问题，做到"一企一策""因企施策"，使政策措施与企业需求无缝衔接，依法依规解决企业现实困难。

（二）抢抓数字机遇，促进数字经济的高质量发展

抓住算力、赋能、产业三个关键，高质量建设数字经济发展创新区，建设面向全国的算力保障基地，在实施数字经济战略抢新机上实现新突破。一是加快打造全国算力高地。坚持"存算一体、智算优先"，深入实施"东数西算"工程，优化数据中心效能，推进华为云、中国电信等智算中心建设，做大智算中心集群。二是加快打造全国数字融合赋能高地。依托华为云盘古大模型，聚焦酱酒、煤矿、化工、新材料、钢铁、有色金属、电力、建材等8个重点行业，大力推动行业龙头企业改造升级，形成一批低成本、可复制的数字化转型方案，引领更多企业"上云用数赋智"。三是加快布局培育未来产业。发挥智算规模和数据要素优势，加快发展数据标注、模型训练等人工智能基础产业，着力突破旅游等行业大模型产业，大力发展北斗、元宇宙、平台经济、渲染、电竞、动漫等新产业，塑造数字经济发展新优势。

（三）拓宽投资渠道，激发消费市场潜力

坚持深化供给侧结构性改革和着力扩大有效需求协同发力，扩大有效益的投资，激发有潜能的消费，形成投资和消费相互促进的良性循环。一是全力扩大有效投资。坚持提存量与引增量并举，继续着力扩大有效益的投资，有力有序推进重大项目建设，做实项目谋划储备和要素保障，积极对接国家政策，深入谋划、储备一批高质量、有效益的项目，实现投资质的有效提升和量的合理增长。健全政府投资有效带动社会投资体制机制，发挥政府性基金的引导和带动作用，激发民间投资活力，形成市场主导的有效投资内生增长机制。二是充分释放文旅消费潜力。围绕"资源、客源、服务"三要素，以"9+2+2""特意性"资源为重点，丰富完善旅游业态。做好文旅、体旅、桥旅、商旅、酒旅等融合发展大文章，因地制宜开展特色鲜明、群众喜闻乐见的文娱活动、体育赛事，更好满足游客多层次需求。三是持续扩大重点领域消费。稳定和扩大传统消费。常态化开展酒商、酒车、酒菜联动促销。扩大新能源汽车消费，鼓励汽车"以旧换新"，长效推进成品油市场整治，持续推动绿色、智能家居家电换新，提振汽车、成品油、家庭装修等消费。培育壮大电商等新型消费。

（四）深化营商环境改革，加大产业招商力度

坚持招商、安商、稳商并重，健全以企业家获得感为导向的营商环境制度，打造市场化、法治化、国际化一流营商环境。一是大力促进民营经济发展。深入落实支持民营经济发展壮大政策措施。健全多层级的与民营企业常态化沟通交流机制，用好服务民营企业直通车，完善民营企业信息发布平台，进一

步规范涉产权强制性措施，依法保护民营企业产权和企业家权益。二是持续推动营商环境大改善。破除市场准入壁垒、提升审批办事效率、优化政务服务方式、持续营造良好氛围，提振民营企业发展信心。持续开展营商环境突出问题整治行动，畅通问题发现和处理的渠道，做好分流转办，做好跟踪、反馈、统计和报告等工作，有效解决一批企业面临的融资难融资贵、承诺不兑现等营商环境突出问题。开展企业家关怀计划，提升企业家的获得感和满意度。三是全力抓好产业大招商。依托各地能源、矿产、生态、生物、气候等比较优势，紧盯目标龙头企业，围绕已入黔"链主"企业开展补链、延链、强链招商，健全在谈重大项目和签约重大项目落地协调督办机制，以资源引投资、以市场换产业，精心谋划引进一批市场需求大、带动性强的项目。

[贵州省信息中心　段　倩]

之六：2024年云南省经济运行分析及2025年展望

2024年，云南省紧扣高质量发展首要任务，锚定"3815"战略发展目标，持续壮大"三大经济"，一体推进营商环境优化和经营主体引培，加快推进产业转型发展，重点领域向好态势进一步巩固，经济运行总体平稳、发展质效持续提升。展望2025年，国际环境依然严峻、有效需求仍然不足、经济发展面临诸多困难，需要更加努力做好经济调控措施，确保经济持续稳定发展。

一、2024年云南省经济运行情况

2024年，云南经济发展比较困难，经济增速低于全国整体水平。2024年前三季度云南省实现地区生产总值22110.0亿元，同比增长3.0%，增速比全国的4.8%低1.8个百分点，且增速呈现逐季下降的趋势，与全国的差距进一步拉大。分产业来看，第一产业实现增加值2333.2亿元，同比增长2.9%；第二产业实现增加值7449.5亿元，同比增长1.7%；第三产业实现增加值12327.4亿元，同比增长3.7%。从三次产业看，第二产业增速最低，主要受建筑业影响。

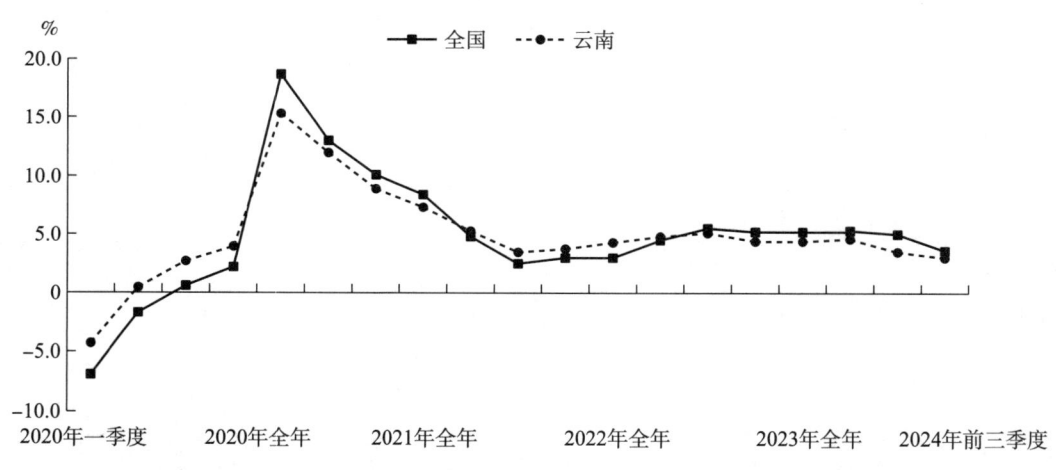

图1 2020年以来云南省与全国地区生产总值同比增速

（一）农业生产保持平稳，农业服务能力显著增强

农特产品增产增收，供应充足。一是全年粮食有望再获丰收。全省夏粮早稻产量277.2万吨，同比增长1.5%，秋粮生产有序推进，全年粮食有望再获丰收。二是特色经济作物产量稳定增长。前三季度，蔬菜产量2240.4万吨，同比增长4.6%；茶叶产量51.6万吨，同比增长5.2%；水果产量1127.8万吨，增长8.6%。三是主要畜禽生产基本稳定，供应充足。前三季度，全省猪牛羊禽肉产量365.4万吨，同比下降2.5%；全省禽蛋产量同比增长7.7%，牛奶产量同比增长9.7%。四是水产品生产保持增长，前三季度全省水产品总产量同比增长5.6%。

农林牧渔专业及辅助性活动持续增长，农业服务能力显著增强。近年来，随着新型农业经营主体的蓬勃发展，全省现代农业发展迅速，农业服务能力的不断提升带动农林牧渔专业及辅助性活动持续增长。前三季度，全省农林牧渔专业及辅助性活动产值同比增长4.7%。

（二）工业经济增速趋缓，新旧动能转换明显

受传统产业增长乏力的影响，全省规模以上工业增速放缓。前三季度，全省规模以上工业增加值同比增长3.4%，比全国增速（5.8%）低2.4个百分点。分三大门类看，采矿业增加值同比下降3.6%，制造业同比增长2.6%，电力、热力、燃气及水生产和供应业同比增长8.6%。分三大板块看，烟草制品业增加值同比增长0.9%，能源工业同比增长4.2%，非烟非能工业同比增长4.6%。

工业"新三样"支撑有力，高端制造发展迅速。硅光伏、绿色铝、新能源电池产业增加值分别增长8.8%、14.7%、14.3%，对规模以上工业增速的合计贡献率为28.7%。相关产品产量保持较好增长势头，太阳能电池（光伏电池）产量增长184.1%，太阳能工业用多晶硅产量增长119.8%，电解铝产量增长19.6%。装备制造业、高技术制造业增加值分别增长22.8%、22.0%，电子行业继续保持较好发展势头，增加值增长27.0%。

（三）服务业保持增长，生活性服务业增速较快

服务业整体保持增长，信息类服务业表现突出。前三季度，全省规模以上服务业实现营业收入2617.9亿元，同比增长6.2%，重点行业实现营业收入994.5亿元，同比增长9.7%。规模以上信息传输、软件和信息技术服务业营业收入619.0亿元，同比增长16.2%，占比达23.6%，对规模以上服务业营业收入增长贡献率达56.7%，在规模以上服务业各行业中贡献率稳居第1位。其中，互联网和相关服务业、软件和信息技术服务业营业收入同比分别增长70.6%、52.6%，分别高于全国60.6个、41.2个百分点。

居民服务需求持续释放，生活性服务业增速较高。居民服务、修理和其他服务业，租赁和商务服务业，教育业营业收入同比分别增长13.5%、10.3%、8.5%，分别高于规模以上服务业营业收入增速7.3个、4.1个、2.3个百分点。

（四）投资出现较大幅度下降，投资结构持续改善

投资出现较大幅度下降，主要受房地产、交通、水利投资下降的影响。前三季度，云南省固定资产投资（不含农户）同比下降11.4%，主要是三产投资下滑幅度较大。分产业看，第一产业投资同比增长8.5%，第二产业投资同比增长2.0%，第三产业投资同比下降19.1%。扣除房地产开发、交通、水利投资后，全省固定资产投资同比增长0.5%。

产业投资特别是产业民间投资保持较高增长，投资结构持续优化。前三季度，产业投资同比增长5.8%，占全部投资比重为53.8%。其中，工业、农业、旅游业、数字经济投资分别增长2.0%、5.9%、10.8%、13.0%。产业民间投资保持两位数增长势头，同比增长13.9%。但总体上民间投资同比下降3.9%，扣除房地产以外的民间投资同比增长12.4%。投资正在从房地产等行业流向其他产业，投资结构持续优化。

（五）消费平稳增长，促消费政策效果明显

城乡消费稳步增长。前三季度，云南省社会消费品零售总额8738.3亿元，同比增长2.8%，增速与上半年持平。城乡市场同步增长，乡村消费市场增速提升。前三季度城镇消费品零售额7579.6亿元，同比增长2.5%，乡村消费品零售额1158.8亿元，同比增长4.7%，增速比上半年加快1.4个百分点。

促消费政策效果明显。下半年以来，消费品以旧换新、置换更新各项政策深入落实，补贴申领发放

有序开展，汽车、家电、家居等商品销售回暖向好，9月限额以上单位商品零售额中，汽车类增速较8月加快11.4个百分点，其中，新能源汽车类、二手车类分别加快38.0个、5.9个百分点；计算机类增速加快17.9个百分点；家具类增速加快10.9个百分点；家用电器和建筑装潢材料类分别增长17.7%和20.6%。

（六）进出口基本稳定，主要贸易伙伴缅甸进出口额双降

前三季度，云南省外贸进出口1868.3亿元人民币，同比下降1%。其中，出口686.5亿元，同比增长3.9%；进口1181.7亿元，同比下降3.7%。同期全国进出口总值32.3万亿元，同比增长5.3%，云南进出口值居全国各省（区、市）第23位。

东盟近年来一直保持云南第一大贸易伙伴地位，2024年前7个月，云南与东盟贸易总值为659.9亿元，同比下降1.1%，占全省外贸总值的46.1%。其中，云南对东盟出口257.3亿元，同比增长1.2%，占全省出口总额的49.2%；进口402.6亿元，同比下降2.4%，占全省进口总额的44.3%。东盟十个成员国中，云南前三大贸易伙伴依次为缅甸、越南、老挝。与缅甸贸易总值为302.8亿元，同比下降17.1%，其中出口93.6亿元，同比下降18.1%；进口209.2亿元，同比下降16.6%，缅甸国内局势复杂，中央政权与多个少数民族之间存在长期的矛盾，严重影响中缅边境贸易与经济合作。

（七）居民消费价格平稳，工业品出厂价格略有下降

居民消费价格平稳。前三季度，云南省居民消费价格指数（CPI）同比上涨0.1%，涨幅与上半年持平。分类别看，食品烟酒价格下降0.5%，衣着价格上涨1.0%，居住价格上涨0.1%，生活用品及服务价格上涨1.0%，交通通信价格下降1.9%，教育文化娱乐价格上涨2.0%，医疗保健价格上涨1.6%，其他用品及服务价格上涨3.3%。在食品烟酒价格中，鲜果价格下降1.0%，粮食价格上涨1.8%，鲜菜价格下降0.6%，猪肉价格上涨2.2%。扣除食品和能源价格后的核心CPI同比上涨0.5%。

工业品出厂价格略有下降。前三季度，云南省工业生产者出厂价格指数（PPI）同比下降0.3%，降幅比上半年收窄0.5个百分点；前三季度，工业生产者购进价格指数（PPIRM）同比上涨0.8%。

二、云南经济运行存在的困难和问题

（一）投资持续下降带来经济增长乏力等系列影响

受房地产开发投资持续深度调整、工业投资增长乏力等因素影响，云南省固定资产投资自2023年4月以来连续负增长。2024年前三季度全省完成固定资产投资7800.5亿元，同比下降11.4%，较全国低14.8个百分点，其中房地产开发投资同比下降38.7%，较全国低28.6个百分点。产业投资支撑减弱，产业投资、工业投资增速自2024年5月起呈逐月回落态势，分别从21.5%回落至5.8%、从15.5%回落至2.0%，其中能源以外工业投资前三季度下降1.5%，由正转负。项目入库不足，投资接续困难，新入库项目个数、计划总投资分别从3月的1801个下降到8月的1092个、从1491.3亿元下降到389.8亿元，截至8月新入库项目个数同比减少514个，计划总投资同比下降48.0%。

投资持续下降对经济社会影响较大。在有效需求不足、国内市场竞争加剧以及硅光伏、新能源电池价格大幅下跌的情况下，企业对于当前市场行情处于观望态度，叠加部分重点产业延链补链强链效果不明显，工业投资项目减少，特别是大项目投资支撑不足，而且云南省作为12个重点化债省份之一，基建投资增长乏力，投资下行压力持续加大。投资持续回落对经济增长、就业、财税收入、居民财富、金融稳定都具有重大影响，这种持续回落需要防范对后续经济发展产生不利影响。

（二）财政收支失衡带来政府保运转和保增长的困局

一方面，财政增收困难。全省有效需求不足、市场预期偏弱等问题存在，规模以上工业企业利润和利税总额持续下降，房地产行业持续低位运行。全省增值税、企业所得税、个人所得税、城市维护建设税等主体税种均负增长，土地和房地产相关的土地增值税、契税、国有土地使用权出让收入减收明显，要实现财政收入增长非常困难。

另一方面，财政支出需求加大。一是稳经济、防风险、惠民生等补短板强弱项重点领域财政资金需求较大；二是基层财政"三保"压力较大，全省129个县（市、区）中"三保"支出占可用财力比重在70%以上的有34个；三是云南省政府法定债务进入偿债高峰期，2024年除通过发行再融资债券偿还部分本金外，仍需自筹财力偿还本息591.3亿元，部分地区因专项债券对应项目收入和国有土地使用权出让收入未达预期，偿债资金来源不足，挤占一般公共预算资金偿还专项债务本息。

（三）传统行业收缩进一步压缩了民营企业的生存空间

2024年，云南省企业经营越发困难，民营小微企业尤其突出，制造业企业景气度持续收缩。截至9月末，全省制造业采购经理指数（PMI）连续18个月处于收缩区间，创近3年来最低值，其中小型企业低至44%，低于全国4.5个百分点，长期位居大中型企业之下。传统批零住餐行业表现欠佳，这些领域基本上是民营企业的主要市场，这一领域的收缩进一步压缩了民营经济的生存空间。前三季度，云南批发、零售、住宿和餐饮业限额以上单位销售额（营业额）分别增长-3.3%、0.4%、-2.5%、10.3%，批发业自2024年以来连续负增长，住宿业、零售业增速多月下滑，餐饮业增速高位趋缓，批零住餐整体增长压力持续加大。相关行业下拉明显，前三季度，全省限额以上旅游饭店业同比下降6.8%，全省限额以上汽车新车零售业销售额同比下降6.0%。企业负增长面大，全省批发业、零售业前50企业销售额同比分别下降7.7%、0.9%，负增长面分别达52%、50%，对商贸企业稳增长产生较大影响。此外，民间投资支撑减弱，民间投资下降3.9%，自8月转负后持续下行，与全国相比，由1—7月高于全国2.6个百分点到目前低于全国3.7个百分点。

（四）被动储蓄增强和负债过高带来消费不足的问题

受经济减速和房地产下行的影响，一方面居民增加预防性被动储蓄，另一方面以房贷为主的居民高负债率挤占了消费空间，消费市场面临下行压力。

三季度全省社会消费品零售额累计增速逐月下滑。居民基本消费收紧，吃类、穿类和部分日用类商品承压下行。一是吃类商品压力不减，粮油食品仍负增长，全省限额以上单位粮油食品类零售额同比下降2.0%。二是穿类商品降幅扩大，限额以上单位服装、鞋帽、针纺织品类零售额同比下降3.2%。三是居民日用类商品不同程度下行，全省限额以上单位化妆品类、日用品类、中西药品类零售额同比分别下降10.8%、0.8%、2.6%，降幅较上半年均有扩大。四是汽车类累计降幅仍较大，限额以上单位汽车类商品同比下降7.3%，降幅较上半年扩大1.0个百分点。

三、2025年云南省经济运行环境分析及展望

（一）国际环境分析

2025年，从地缘政治角度看，美国新当选总统特朗普主张通过经济手段而非军事手段加强对世界的影响力，其扬言将尽快促成俄乌战争、巴以冲突结束，也不愿卷入中国台湾问题之中，如此全球地区冲突可能会迎来和平期。从经济的角度看，美国新当选总统特朗普扬言将大幅提高中国商品的关税，进一

步引导制造业向美国回流,如此中国面临的国际经济环境将没有改善趋势,甚至可能更加困难。

(二)国内经济展望

2024年前三个季度,全国经济增速分别为5.3%、4.7%、4.6%,累计增长4.8%,经济增速呈现逐季下降并筑底企稳态势。进入四季度,一揽子增量政策有望助力工业生产延续回暖、房地产进一步止跌回稳,投资端企稳,以旧换新有望继续刺激消费需求释放,四季度有望呈现回升态势。预计2024年GDP可能实现5.0%左右的增长,可以实现全年经济增长目标。

展望2025年,稳定的国内环境历来都是中国经济增长的基石,为迎接美元降息周期而储备的财经政策为经济的复苏铆足了劲,一系列稳经济增长的增量政策逐步实施,经济有望实现平稳增长。预计2025年中国经济增速与2024年相比保持基本稳定,增速在5%左右。

(三)云南经济展望

2024年前三个季度,全省经济增速分别为4.6%、3.5%、3.0%,呈现逐渐下滑态势,随着一系列"增量"政策的实施,四季度经济会有所回升,预计2024年度能够实现3.1%的增速,不能实现年度增长5%的目标。

展望2025年,云南省仍将面临有效需求不足、市场预期偏弱、企业生产经营困难等问题,云南省经济正处于转型升级、爬坡过坎的攻坚期,产业层次和外向度的偏低,创新支撑与发展需求不匹配,叠加外部环境变化后,云南省转型发展承受的阵痛、面临的挑战大于全国。预计云南省的经济增长速度仍然低于全国,2025年全年经济增速约在4%。

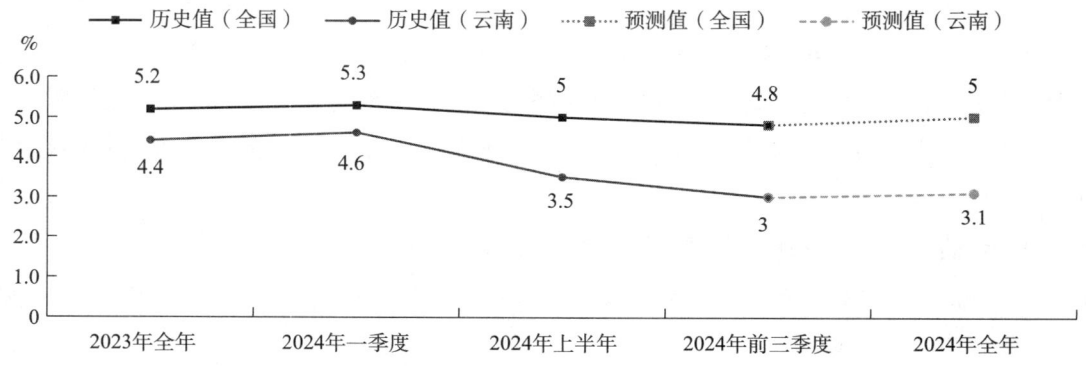

图2 全国、云南省地区生产总值增速历史值与预测值

表1 2024年云南省主要经济指标预测(%)

指标	2023年全年	2024年全年预测
地区生产总值	4.40	3.13
第一产业增加值	4.20	3.04
第二产业增加值	2.40	1.52
第三产业增加值	5.70	4.03
全体居民人均可支配收入	5.50	5.21
城镇居民人均可支配收入	3.30	3.99
农村居民人均可支配收入	8.00	6.16

四、政策调控措施建议

（一）多措并举扩大有效投资

一是密切跟踪国家政策动向和资金投向，抢抓国家增发国债和提前下达专项债券额度、启动新一轮投资等机遇，提前谋划储备一批中央预算内投资项目、地方政府专项债券项目。二是加快实施"十四五"规划重大项目，多渠道解决资金、土地、用能等要素保障，深入推进抓项目促投资行动。三是激发民间投资活力，加快落实国家和云南省促进民间投资政策措施，建立民间投资项目常态化沟通机制，拓宽民间资本参与重大项目细分领域，加大重点领域项目推介力度。四是着力稳定房地产开发投资，落实国家房地产支持政策，加大房企纾困专项再贷款等政策执行力度，提振房企投资信心，促进房地产开发投资企稳回升。

（二）多措并举优化财政收支结构

一方面优化收入结构。一是加大财政逆周期调节力度，深化落实存量政策，着力加快增发国债、超长期特别国债和地方政府专项债券使用进度。二是深入研究用好国家新出台的一揽子增量政策，分领域积极对接财政部争取中央增量政策，细化工作举措，将各项政策尽快转化为财政成效。

另一方面优化支出结构。一是围绕"过紧日子"调整缩减部分财政支出，将财政资金尽量用在"急、难、紧、迫"的方面。二是加强预算管理，督促预算执行进度，及时清理收回执行进度慢或年内无法形成支出的项目资金，调整用于急需领域，提高资金使用效益。三是积极防范化解财政运行风险，全力争取化债政策及用于置换隐性债务的额度，持续加大对下转移支付力度，坚决兜牢基层"三保"底线。

（三）多措并举帮助企业纾困

一方面加强企业纾困解难。一是加大金融支持力度，加强政银企对接协调，推动降低政策利率、"无还本续贷"政策扩围。二是深入推进清理拖欠企业账款工作，把清欠企业账款工作列入年度审计和督查重点，持续推动机关、事业单位、大型企业及时支付企业账款。三是着力解决企业在生产经营中面临的实际困难，持续加大对民营企业的分型分类精准帮扶力度。

另一方面持续优化营商环境。一是全面落实公平竞争审查制度，保障各类企业一视同仁享受市场机会和政策支持。二是提高执法监管包容性，细化"柔性执法"措施，完善市场监管部门轻微违法免罚和初次违法慎罚制度，制定完善轻微违法行为容错纠错清单。三是推行综合监管"无事不扰"白名单制度，对纳入白名单的经营主体，除被投诉举报、转办交办案件线索、专项检查及法律法规另有规定外，原则上不主动实施现场检查。

（四）多措并举稳定就业促进消费

一方面要千方百计稳定和扩大就业。一是加大扩岗政策支持力度，建立岗位收集、技能培训、送工上岗联动机制，对吸纳高校毕业生等重点群体就业的，运用"直补快办"等模式，一揽子兑现各类补贴政策。二是培育多元就业形态，加强零工市场建设，鼓励零工岗位供需较旺盛的地区推动公益性零工市场建设，完善零工求职招聘服务。三是提升就业服务信息化水平，优化云南省公共就业服务平台建设，形成覆盖到村级的就业服务信息网。四是促进农村劳动力就近就业。结合承接产业转移，着力引进劳动密集型产业项目，让更多云南农民工在云南就业。五是继续加大政策供给，尽快出台贯彻落实《中共中央 国务院关于实施就业优先战略促进高质量充分就业的意见》的实施细则。

另一方面要促进消费拉动经济循环。一是继续加强落实设备更新政策，组织实施设备更新和消费品以旧换新行动,带动消费增长。二是落实房地产金融新政,推动进一步降低房贷利率,为城市居民减负腾挪消费空间。三是推动新能源汽车消费,落实新能源汽车消费支持政策,加快城市公交、环卫、邮政快递等领域新能源汽车推广应用,优化新能源汽车消费环境。四是充分发挥文旅市场带动作用,实施文旅消费促进计划,带动住宿、餐饮、特色农产品消费。五是实施省外游客吸引计划,消费券发放目标人群转向省外游客,探索景区、高速公路经营主体奖补政策与文旅消费指标挂钩,推动"门票经济""过路费经济"转向文旅消费发展模式。

［云南省经济信息中心　阚祥伟　吴　迪　朱彦薇　龙静怡　兰一辰］

之七：2024年陕西省经济运行分析及2025年展望

2024年，面对复杂严峻的外部环境和艰巨繁重的改革发展任务，陕西省全面落实党的二十大和二十届二中、三中全会精神和陕西省委十四届六次全会精神，全省上下持续加大稳增长工作力度，积极调度高质量项目建设和稳增长稳就业情况，加快推进"两重""两新"等政策落地，陕西省前三季度经济运行总体平稳。

一、陕西省经济增长呈稳中趋升态势

2024年，陕西省前三季度地区生产总值累计增速分别为4.2%、4.3%、4.6%，较全国平均水平低1.1个、0.7个、0.2个百分点，其中，第一产业和第二产业增加值增速与国家平均水平相近，陕西省经济增速与全国均值差距呈缩小趋势。

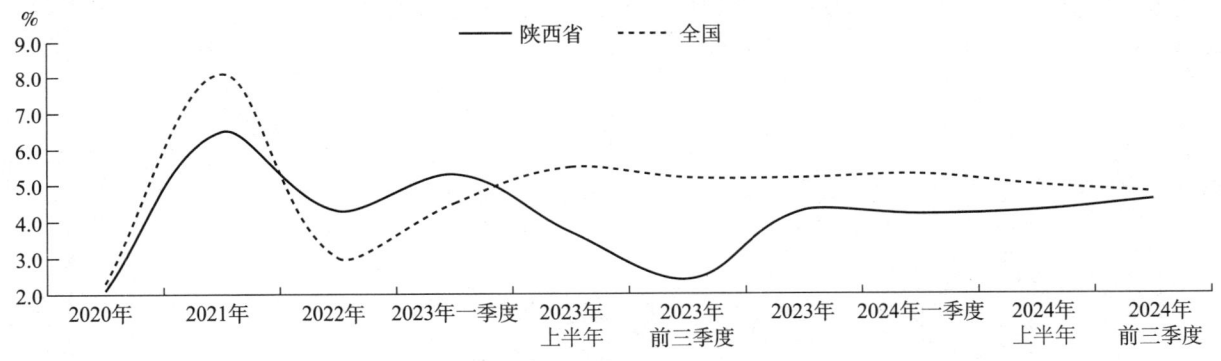

图1　陕西省和全国地区生产总值累计增速

（一）农业生产平稳有序

编制完成《陕西省逐步把永久基本农田全部建成高标准农田实施方案（2023—2035年）》。印发《关于加强高标准农田建设工程质量监管的通知》，强化全过程质量监管。持续推进农村承包地管理与改革。完成《农村土地承包法》陕西实施办法修订工作，推动开展澄城县、华阴市、渭南市高新区、麟游县、三原县、吴起县吴仓堡镇、韩城市新城街道开展第二轮土地承包到期后再延长30年试点。前三季度，农林牧渔业增加值同比增长3.1%。夏粮总产量467.4万吨，同比增长0.8%。畜牧业稳定恢复，其中禽蛋产量同比增长6.3%。

（二）实体经济提速增质

前三个季度，规模以上工业增加值增速较2023年明显走高，同比增长7.5%，恢复到高于全国平均增长水平。印发《关于建立省重点产业链"链长制"工作机制的通知》，进一步明确并强调"链长制"对产业链提升的重要作用。积极构建产业链梯度培育体系，推动产业链扩面提质，全省34条重点产业链稳步提升。累计培育产业链专精特新企业1126家、产业链制造业单项冠军企业61家、省级链主企业120

家；建立产业链"一链一清单"，确定投资1亿元以上产业链项目300个。

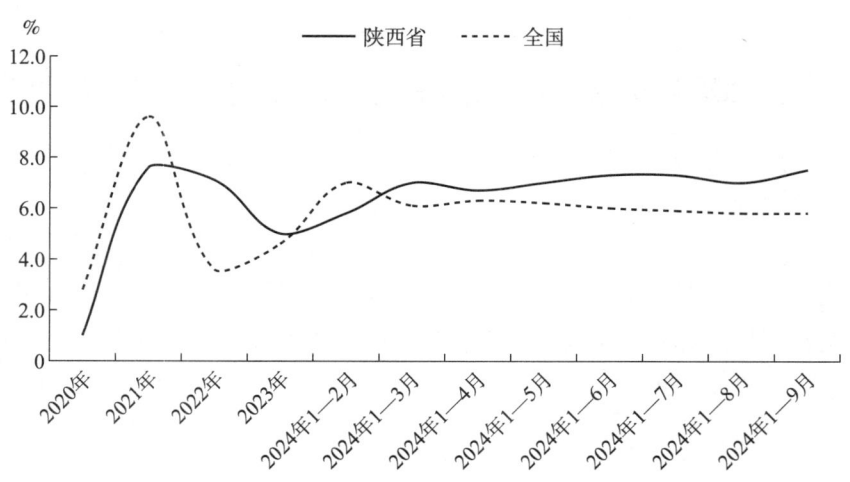

图2　陕西省和全国规模以上工业增加值累计增速

（三）服务业较快发展

前三个季度，服务业增加值增速分别为3%、3.5%和3.6%，增长相对平稳。住宿和餐饮业，交通运输、仓储和邮政业增加值分别增长5.5%、3.8%，均保持较快增长。推出"2024秦岭生态文化旅游节""三秦四季　畅旅欢歌""2024陕西省夏季暑期文旅消费季暨第八届陕西旅游消费季"等旅游主题活动，带动餐饮、交通等行业较快发展。

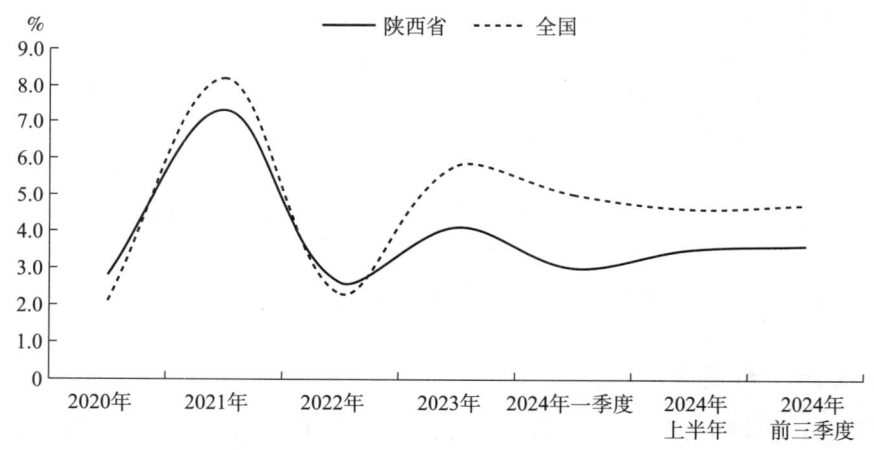

图3　陕西省和全国服务业增加值累计增速

（四）投资增速稳中趋升

前三季度，固定资产投资增速在2023年负增长的低平台上回升，增长3.7%，高于全国均值0.3个百分点。本年施工项目个数、本年新开工项目个数、全部投产项目个数分别增长5.8%、1.1%、2.1%，回升至正增长区间。600个省级重大项目累计完成投资3855.69亿元，年度投资完成率79%。继续加大民间投资支持力度，发布《关于做好2024年新开工民间投资项目贷款贴息工作的通知》，对纳入贷款贴息支持范围的民间投资项目，根据项目实际投放贷款金额，在各季度下达贴息资金，民间投资增长7.3%，高于固定资产投资增速3.6个百分点。

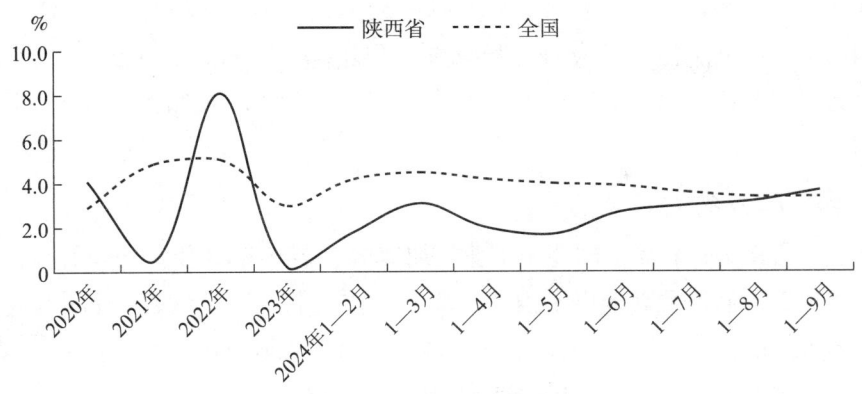

图 4 陕西省和全国固定资产投资累计增速

（五）消费市场相对平稳

前三季度，社会消费品零售总额分别增长 2.5%、4.6%、4.4%，较全国平均水平分别低 2.2 个、高 0.9 个、高 1.1 个百分点。出台《陕西省推进消费品以旧换新实施方案》《陕西省加力支持消费品以旧换新实施方案》《陕西省推动大规模设备更新和消费品以旧换新若干措施》《陕西省加力支持大规模设备更新和消费品以旧换新实施方案》等一系列政策，推动全省范围内汽车、家电以旧换新和家装厨卫"焕新"活动深入开展。截至 9 月 28 日，累计提交汽车报废更新申请 18690 份，新政策出台后，补贴申请量每天超过 600 辆，拉动消费 37.4 亿元；累计核销家电、家装厨卫消费补贴分别为 4513 万元、910 万元，拉动消费 2.5 亿元、4770 万元。限额以上消费品零售额中商品零售的 23 个大类中超六成商品零售额保持正增长。开展 2024 秦乐购"陕靓焕新"行动以及"五一""6·18"等系列促消费活动，持续加快消费升级步伐。组织实施城乡商贸流通体系建设项目，一刻钟便民生活圈试点在全国率先实现各市区全覆盖。评定 15 条"陕西商旅名街"，西安市列入全国首批建设现代商贸流通体系试点城市。

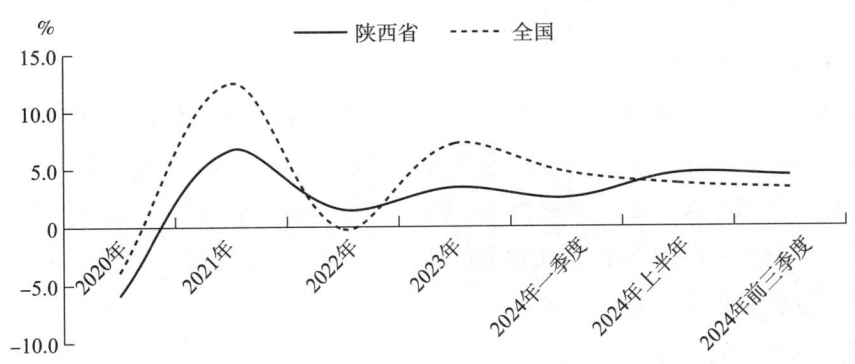

图 5 陕西和全国社会消费品零售总额累计增速

（六）改革开放水平提升

陕西以"揭榜挂帅"的方式，围绕政务服务、产权保护等 10 个领域，按照"2+3+4"的工作布局，推出 162 项"小切口"改革，打造"1+10+N"改革创新体系。深入开展营商环境突破年活动，2 项典型做法在国家营商环境专项督查中受到通报表扬，西安、宝鸡、商洛、汉中、榆林等地 7 项改革经验在全国推广。实施国企改革深化提升行动见实效，9 月底，187 项具体任务已完成 95 项，完成率达 51%。经过改革，99.8% 的企业实现外部董事占多数，95.4% 的企业制定管理人员末等调整或不胜任退出制度。陕西自贸试验区探索形成 65 个创新案例，"科技创新'五力'新模式"在全国复制推广，23 项在全省复制推广,首创"二手车出口+中欧班列+综保区集结+启运港退税"业务模式,首只合格境外有限合伙人(QFLP)基金成功落地。中欧班列(西安)已开通国际运输干线18条,实现欧亚主要货源地全覆盖,构建起成本低、效率高、服务优的国际贸易"黄金通道"。前三季度,中欧班列(西安)开行达到4041列,同比增长33.4%。

(七)经济下行压力犹存

一是非能源工业运行压力仍较大。非能源工业增加值增速走出2023年负增长低谷、回升至4.5%,但是电器机械和器材、计算机通信及其他电子设备、非金属矿物制品、化学原料和化学制品等制造业增速分别为-12.3%、1.6%、2.8%、4.2%,是影响非能源工业增加值增速进一步回升的主因。截至2024年9月底,全省实有经营主体584.61万户,同比增长2.4%,增速较2023年同期低7.85个百分点。

二是部分领域投资持续负增长。第三产业投资2024年4月以来持续负增长,房地产开发和基础设施投资分别从2023年6月和7月出现较为持续的负增长(个别月份为正增长)、降幅逐渐收窄,高技术产业投资自2023年11月开始负增长且降幅呈扩大趋势,这些领域投资增长低迷,对全省投资增长形成下拉效应。

三是汽车等消费恢复速度放缓。2024年8月以旧换新政策处于调整窗口期,汽车消费者持币观望情绪较浓,8—9月销售均有回落。化妆品类、金银珠宝类、五金电工类、电子出版物及音像制品类、家用电器和音像器材类、家具类、建筑及装潢材料类、机电产品设备类、棉麻类等商品零售额仍为负增长。

结合各大机构预计2024年中国经济4.5%~5%的增速,综合考虑陕西省前三季度主要经济指标增长情况以及近年来与全国经济增速的相关性,预计2024年陕西省生产总值增速可能在4.8%,经过努力争取达到5%。规模以上工业增加值增长8%左右,固定资产投资增长4%左右,社会消费品零售总额增速接近5%。

二、国内外环境的研判

(一)全球经济形势复杂

2025年,全球将面临地缘政治冲突易发频发,与货币政策相关的市场动荡风险加剧,多国债务高企或将影响经济的可持续性,存在全球供应链产业链碎片化趋势持续以及气候危机加剧等风险;有利因素主要是科技进步、环保意识增强和绿色经济发展、新兴产业和未来产业的快速增长等,挑战与机遇将共同影响全球经济走势,发展中国家将继续成为全球经济增长的主要动力。总的来看,全球经济增长处于复苏通道,但增速比较缓慢且不均衡。

(二)国内经济稳中有进

党的二十届三中全会部署进一步全面深化改革的重大举措,将加快破解深层次体制机制障碍和结构性矛盾,加快解放和发展生产力,为中国式现代化提供强有力的制度保障。中国超大规模市场需求的巨大潜力,因地制宜发展新质生产力,促进新型工业化和新型城镇化协调发展等因素,均能够在较长时期支撑中国经济持续保持中高速增长。国家出台的"两重""两新"政策、发行超长期特别国债等措施将为经济增长提供有力的支持。国内外需求相对疲软、全球行业增长冷热不均、国内房地产市场供大于求、要素流动仍受制约等不利因素也依然存在,需要在不断发展中逐渐破解。综合来看,中国高质量发展将继续坚定不移地稳步推进,也将持续为世界经济贡献"稳"的支撑和"进"的动能。

三、2025年主要指标预测及展望

国家出台的《进一步推动西部大开发形成新格局的若干政策措施》政策，建设国家战略腹地和关键产业备份等战略，开展宏观政策取向一致性评估等举措，将为陕西承接产业转移、推动产业建圈强链提供新一轮战略机遇，以及更加稳定、透明、可预期的政策环境。结合陕西省委、省政府深化"三个年"活动和发展"四个经济"等举措，2025年陕西经济以不低于2024年的态势增长是值得期待的，生产总值努力实现5%以上的增长，规模以上工业增加值增长9%左右，固定资产投资和社会消费品零售总额增速在5%或更高。

四、确保经济稳健发展的政策建议

（一）落实稳工业措施，强化经济发展韧性

一是抓实抓细帮扶企业。聚焦汽车及零部件、新能源、电子信息等重点行业，对省内重点企业建立稳增长、调结构"一帮一"工作机制。用足税收优惠、失业保险降费、社保补贴等减负政策，帮助企业解决实际困难。二是围绕新能源和智能网联汽车、智能电力装备、航空航天、电子信息等行业打造先进制造业集群，培育壮大战略性新兴产业。支持冶金、建材等传统产业链相关企业实施设备升级、数字化和绿色化转型及安全水平提升行动。提高光子、氢能、无人机、增材制造等未来产业链发展水平。三是聚力产销精准对接。围绕重点产业链、省级重点项目和重点企业，开展产销对接活动，促进省内大中小企业产品配套集聚发展。

（二）助推有效投资增长，夯实经济硬支撑

一是促进形成项目投资良性循环。用足用好各类招商平台、对接机制，争取签约落地更多优质项目。做深做实项目前期工作，确保项目真实开工，加速资金使用兑付。推进分子医学等大设施及山阳、佛坪等抽水蓄能电站等项目年底前开工建设，西安比亚迪新能源汽车零部件扩产（集贤）、榆林金泰化学合成树脂等项目尽快投产。二是支持民间资本投资。组织与民营企业开展交流沟通，做好诉求跟踪督办工作，切实回应企业关切并及时解决有关问题。三是强化项目动态管理。夯实工业投资项目全生命周期管理，加大项目投资调度科学性，做好在建项目偏离度监测分析，推动形成更多实物工作量。四是谋划储备重大项目。以中央大规模设备更新改造政策为契机，着手谋划储备2025年项目，推动有效投资持续扩大，为投资持续增长提供有力支撑。

（三）推动消费升级，培育经济增长主动力

一是落实加力支持消费品以旧换新实施方案，加大对汽车、智能家电等大宗商品消费焕新升级的支持力度。统筹做好政策宣传解读、补贴审核、资金兑付等工作。二是聚焦煤炭、石油、金属等重点领域，"一对一"服务好限额以上批发企业，支持国企规范开展批发业务，促进批发业降幅继续收窄。三是高水平高标准高规格办好陕西的重点展会，提升教育、医疗、家政、养老、汽车、房地产、智能家居、文旅等领域品牌展会的知名度和影响力。

（四）开拓国际市场，开展多样化招商活动

一是深挖"新三样"、成套设备的出口潜力。巩固新能源汽车、光伏、集成电路等产品出口优势，培育平板显示、智能终端、输配电设备、医药等新的出口增长点。鼓励隆基等光伏企业加快新品研发并形成新的市场竞争优势。组织地方法人银行拓展对俄结算渠道，持续探索开展对俄易货贸易，支持西安中

航汉胜航空电力有限公司、应用材料（西安）有限公司和优仪半导体设备（西安）有限公司等申请保税维修试点。二是深入实施自贸试验区提升战略，鼓励开展首创性、集成式探索。"一区一案"推动综保区建设，优化提升航空、铁路、电子三大口岸，争取榆林机场口岸正式开放。支持陕西企业深化互联互通，合作共建国际物流节点、物流园区和海外仓，提升中欧班列本地货源占比。三是开展产业链精准招商。按照全国招商新政策和新要求，落实《陕西省工业领域重点产业链招商引资工作方案》，逐链条梳理招商目录，灵活运用以商招商、展会招商、敲门招商、裂变招商、盘活招商、专班招商等方式，力争更多的链主型企业、上下游优质配套企业落户陕西。

[陕西省信息中心　田静莉　江　果]

之八：2024年甘肃省经济运行分析及2025年展望

2024年以来，甘肃省以习近平新时代中国特色社会主义思想为指导，深入贯彻党的二十大和二十届二中、三中全会精神，全面落实习近平总书记视察甘肃重要讲话重要指示精神，牢牢把握高质量发展首要任务，坚持稳中求进工作总基调，以开展党纪学习教育和"三抓三促"行动为抓手，加快构建"一核三带"区域发展格局，深入实施"四强"行动，聚力攻坚、实干争先，高质量发展取得新成效。

一、2024年甘肃省经济运行主要特征

前三季度，甘肃省主要经济指标增势强劲，地区生产总值9126.3亿元，同比增长6%，增速居全国第2位，连续11个季度高于全国平均水平。其中，第一产业增加值1219.8亿元，同比增长6%，居全国第3位；第二产业增加值3216.3亿元，同比增长9%，居全国第3位；第三产业增加值4690.2亿元，同比增长4.3%，居全国第15位。全省经济结构持续优化、发展动能不断增强、发展质效明显提升，完成全年目标任务具备坚实基础。

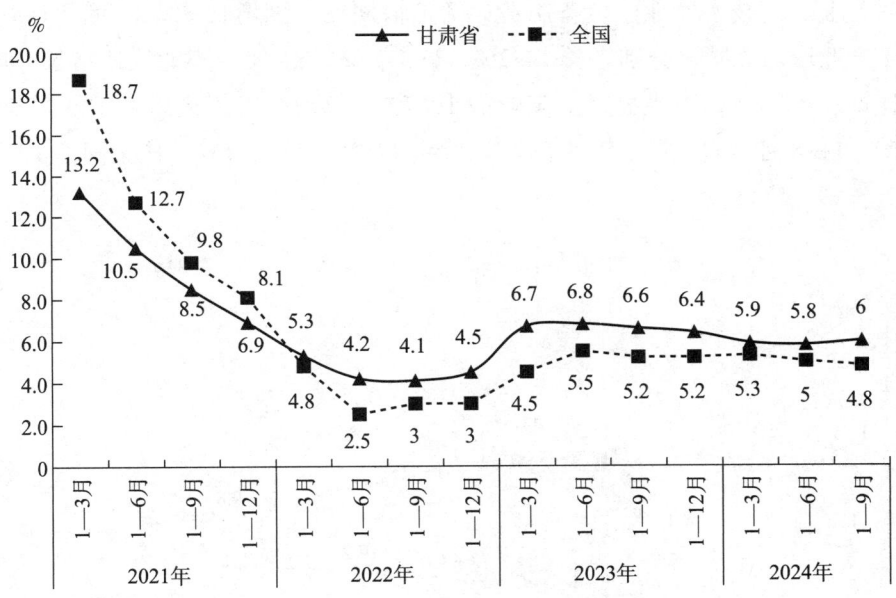

图1 2021年以来甘肃省和全国季度GDP累计同比增速

（一）农业生产形势良好

前三季度，全省农林牧渔业增加值1219.8亿元，同比增长6.1%。预计全年完成粮食播种面积4075万亩以上，其中夏粮面积1310.9万亩，产量346.2万吨，同比增产2.58万吨，单产增加4公斤，实现了总产单产"两提升"，秋粮作物田间长势为近10年同期最好。在全国率先出台高标准农田建设管理条例，284万亩任务，开工213.6万亩，建成110万亩。围绕现代寒旱特色农业，全力布局建设农业强省，实现

了经济作物面积产量双增长。获批创建国家现代农业产业园2个、产业集群2个，建成绿色标准化种植基地1750万亩、养殖场2100个。蔬菜、园林水果产量同比分别增长7.8%、9.3%，拉动第一产业增加值增长2.6个百分点。畜牧业生产稳中有升，生猪存出栏同比分别增长0.1%和0.5%，猪粮比价回升至8.08，生猪养殖进入全行业盈利期。出台稳定牛羊产业发展政策措施，牛、羊存栏同比分别下降4.7%和1.8%，出栏同比分别增长9.6%和12.1%，合计拉动全省农林牧渔业总产值增长1.7个百分点。家禽存、出栏同比分别增长4%和17.4%。牛奶、鸡蛋产量同比分别增长9.2%和12.3%。推动农产品精深加工，截至9月底，新增农产品加工规模以上企业84家，新增营业收入1000万元以上农产品加工企业106家，加工企业数量攀升对产业链条延伸、产业增值、农民增收发挥了积极作用。

（二）工业生产快速增长

2024年以来，工业经济运行呈现逆势而进、质量齐升的积极态势。前三季度，规模以上工业增加值同比增长12%，增速比全国高6.2个百分点，居全国第2位，工业持续稳定增长成为全省经济运行的最大亮点。有色、石化、煤炭等重点支柱产业增势强劲，规模以上工业有色行业增加值同比增长30%，增速自2021年以来连续44个月保持在两位数以上，拉动全省规模以上工业增加值增长5.9个百分点。石化、煤炭、电力行业增加值同比分别增长6.7%、15.9%、8.5%，分别拉动规模以上工业增长2.1个、1.6个和0.9个百分点。主要工业产品持续增量扩产，其中原煤产量连续12个月两位数增长，原油单月产量连续5个月保持在百万吨以上，天然气单月产量达1亿立方米，创历史新高，黄金产量达到105.2吨，同比增长1.4倍，铜、镍等有色金属产量均快速增长。金川集团、白银有色、长庆油田、兰州石化等10户重点企业增势良好，合计拉动全省规模以上工业增加值增长8.5个百分点。新兴产业贡献突出，全省规模以上工业战略性新兴产业、高技术产业、装备制造业增加值同比分别增长8.2%、8.7%、3.9%，新材料、新能源、生物医药产业增加值同比分别增长14.2%、11%、2.1%。民营工业快速增长，规模以上工业民营企业增加值同比增长11.2%，占规模以上工业的19.7%，拉动全省规模以上工业增长2.3个百分点。企业效益持续改善，1—8月，规模以上工业企业实现利润总额增长10.5%，比全国高10个百分点，居全国第9位、西北五省第1位。

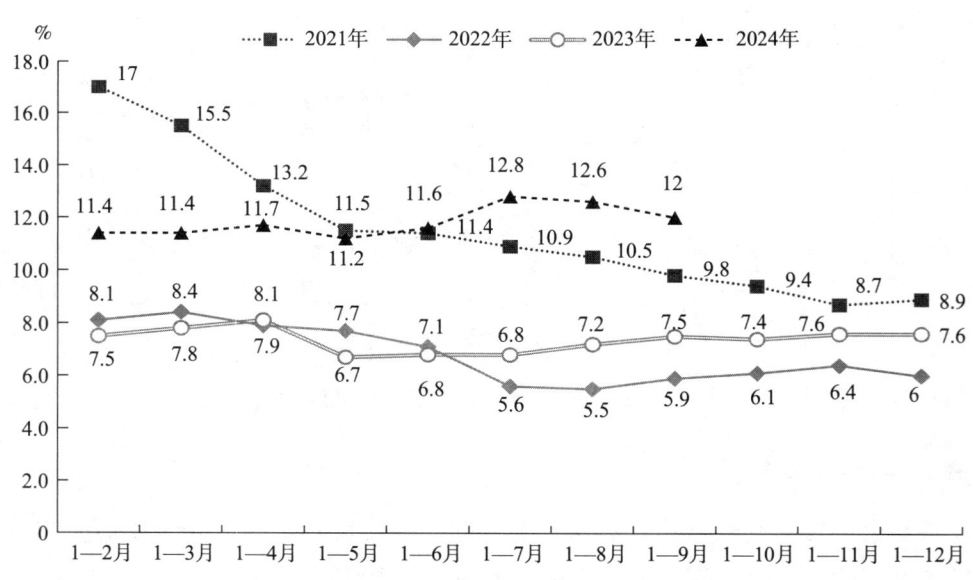

图2　2021年以来甘肃省规模以上工业增加值增速

（三）服务业运行回升向好

前三季度，全省服务业增加值同比增长4.3%，比上半年加快0.4个百分点。其中，租赁和商务服务业、住宿和餐饮业、交通运输仓储和邮政业、信息传输软件和信息技术服务业、批发和零售业增加值分别增长14%、9.2%、8.8%、6.8%、6.3%。批发业回升明显，1—9月新入库企业293户，拉动限上批发业增长4.9个百分点，其中9月新入库的42家批发业企业拉动1—9月限上批发业销售额增长0.4个百分点。1—8月，全省规模以上服务业企业实现营业收入1258.2亿元，同比增长5.3%。"如意甘肃"火爆出圈，文旅市场"热辣滚烫"，举办"玄奘之路"戈壁挑战赛、"鸣沙山·月牙泉万人星空演唱会"等主题活动，发布"交响丝路·畅游陇原"户外露营线路，接待游客3.7亿人次，旅游花费2810亿元，分别增长15.6%和25%。物流业景气指数达到58.4%，高于全国（52.4%）6个百分点，连续7个月高于全国平均水平。前三季度，铁路客运量5488.3万人次，同比增长13.4%；铁路货运量8831.3万吨，同比增长25%。公路客运量7789.3万人次，同比增长10%；公路货运量5.3亿吨，同比增长1.7%。

（四）内生动力持续增强

营商环境不断优化，在全国率先启动优化法治化营商环境问题线索"一键举报"平台，解决问题230余条，13个"高效办成一件事"全部上线运行，办事环节、时限等压减率均达70%以上，"甘快办"政务服务即办事项由24.6%提升至85.9%。加大助企纾困力度，支持科技创新和制造业发展减税降费及退税超100亿元，通过"政银企保"融资活动累计为7万户企业发放贷款1400亿元。前三季度，新设立经营主体23万户，其中新设立企业6.2万户。新能源发展增势强劲，新能源综合开发利用示范区加快建设，新能源并网装机规模5992万千瓦，占电力装机比重达63.4%，居全国第2位；新能源发电量634亿千瓦时，占比达37%，居全国第2位。陇电入鲁工程甘肃段全线贯通，陇电入浙工程开工建设，前三季度，外送电力436亿千瓦时，覆盖25个省（区、市），外送规模居全国第2位。新动能日益活跃，前三季度，技术合同成交额同比增长19.9%，高新技术产业营业收入增长17.69%。全国一体化算力网络国家枢纽（甘肃）节点加力推进，算力规模达到2.1万P。新能源及新能源装备制造、新材料、生物医药等领域项目加快建设，省属国有企业转型升级步伐加快，战略性新兴产业营业收入600.4亿元，同比增长49.9%。前三季度工业用电同比增长7.8%，新发放贷款利率下降0.72个百分点，经济发展先行指标积极向好。

（五）固定投资触底企稳

前三季度，全省固定资产投资同比增长2.6%，增速比1—8月加快0.4个百分点，居全国第20位，位次比1—8月前移2位。第一产业投资同比增长63.1%，拉动全省投资增长1.6个百分点，高标准农田项目持续发挥支撑作用。第二产业投资增长18.3%，拉动全省投资增长6.2个百分点。积石山县灾后重建项目取得阶段性成效，108个灾后重建项目合计拉动全省投资1.1个百分点。新领域投资增势良好，高技术产业投资增长29.8%，装备制造业投资增长25.5%，在大规模设备更新政策带动下，制造业技改投资增长42.1%。民间投资信心提振，民间投资增长3.5%，扣除房地产开发投资，民间投资增长14.2%，连续9个月保持两位数增长。项目储备加速推进，四季度全省拟入库项目1271个，兰州至张掖三四线铁路武威至张掖段项目年内开工。扎实开展"引大引强引头部"行动和"优化营商环境提质增效年"行动，前三季度签约招商引资项目3989个，签约金额9433.27亿元，同比增长29.84%。兰洽会、文博会、药博会成果丰硕，共新建、续建招商引资项目4648个，到位资金增长40.7%，14条重点产业链项目到位资金3477.03亿元，占总到位资金的53.27%。10月与广东、新疆、青海等地区签约25个氢能领域产业项目，签约金额达19.4亿元。30.8亿元超长期国债支持的84个大规模设备更新投资项目加快落地进度，为全省投资带来新动力。

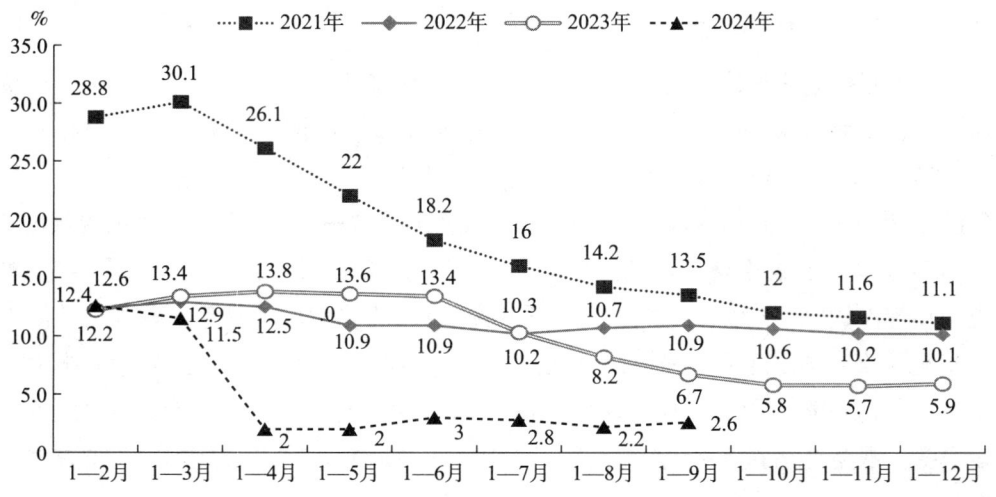

图3 2021年以来甘肃省月度累计固定资产投资增速

（六）消费市场稳定恢复

全省上下扎实推动促消费扩内需政策落实落细，消费市场稳步回升。前三季度，社会消费品零售总额3382.5亿元，同比增长3.9%，增速比全国高0.6个百分点。按经营单位所在地分，城镇消费品零售额2764.1亿元，同比增长3.7%；乡村消费品零售额618.4亿元，同比增长4.7%。线上消费需求旺盛，限上批零住餐业通过公共网络实现商品零售额同比增长41.3%。以旧换新相关商品销售持续向好，争取国家下达消费品以旧换新切块资金20亿元，支持家电、居家适老化改造、农机、汽车等领域，组织开展各类促消费活动7600余场次，截至9月末，"甘快办"办理以旧换新申请4.9万单，累计销售额6.9亿元，限额以上单位新能源汽车、高能效等级家电、通讯器材等商品零售额均实现两位数增长。文旅消费效应明显，发放消费券及消费补贴近1亿元，带动消费91亿元。着力推动"甘味"出陇，积极在结对区建设"甘味"展销馆，天津、山东和中央定点帮扶单位发挥资金、人才、技术、市场等优势，参与"甘味"农产品品牌打造，兰州百合、静宁苹果、东乡贡羊等"甘味"品牌效应显著，东部农产品销售龙头企业主动来甘采购，东部省市和中央定点帮扶单位帮助销售农特产品69.64亿元。

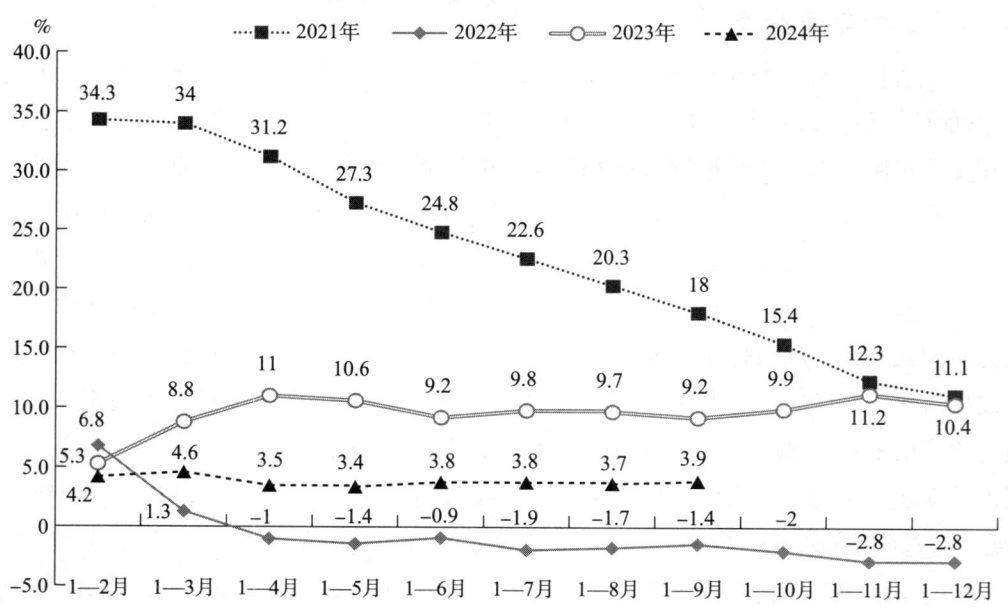

图4 2021年以来甘肃省月度累计社会消费品零售总额增速

（七）外贸进出口增速亮眼

前三季度，进出口总值423.2亿元，同比增长11.4%。大宗商品量价齐升助力进口大幅增长，主要进口产品金属矿及矿砂，9月进口增长1.5倍；新兴产品出口表现亮眼，"新三样"、新能源装备、有机化学品等产品出口均实现两位数增长。外贸经营主体显著增多，新增有进出口实绩企业116家。对共建"一带一路"国家进出口315.7亿元，同比增长12.4%，占全省进出口的74.6%。9月，进出口总值同比增长18.6%，其中出口总值增长7.6%，进口总值增长34.6%。"4向多条"国际货运班列常态化运营，发班列425列、16921标准箱，同比增长5%，进出口贸易额增长29%。获批开行中亚JSQ图定班列，新开通3条国际货运包机航线。甘肃物流集团执飞国际（地区）全货机航班124班，同比增长近3倍，发运货值约9.5亿元。金昌经开区有色金属冶炼和压延加工项目成功获批国家第三批外经贸提质增效示范项目。启动"甘味出陇出海"系列活动，授权开设"甘味"运营中心63家，开设和入驻线上平台21家，特色农产品出口远销100多个国家和地区，前三季度农产品出口值达23.8亿元，同比增长22.7%。

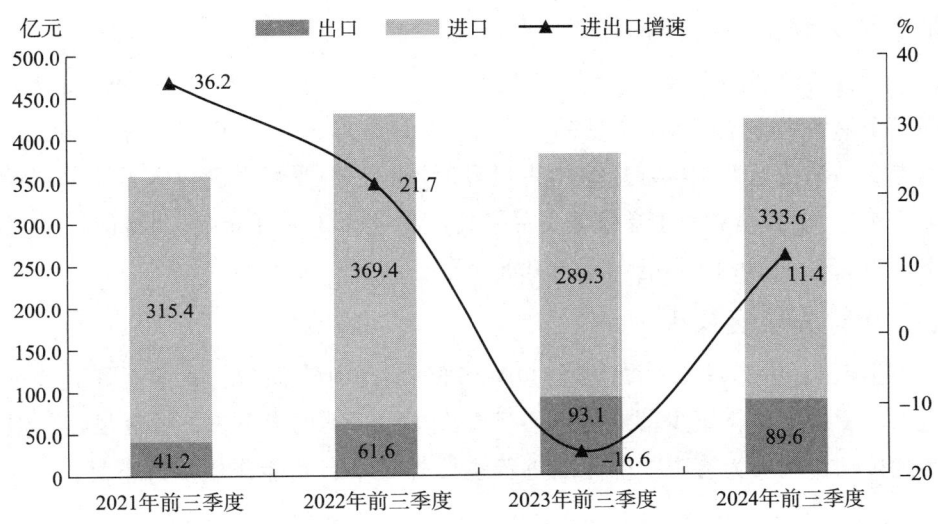

图5　2021—2024年甘肃省前三季度外贸进出口及增速

（八）民生保障加力有效

不断加大民生投入，前三季度11类民生支出占一般公共预算支出的80.3%。10件为民实事进展顺利，资助困难家庭子女入学、"两癌"免费检查、低保困难老年人白内障复明工程、重度残疾人家庭无障碍改造、残疾人日间照料中心建设项目全面完成。建成农村水利惠民工程720个、生态及地质灾害避险搬迁安置点164个、乡镇综合养老服务中心46个、村级互助幸福院244个。景电二期提质增效、"强县中增学位建宿舍扩食堂"项目加速推进。居民收入稳步增加，人均可支配收入达到19108元，同比增长6.1%，城镇、农村居民人均可支配收入增速均高于全国，城镇居民人均可支配收入31201元，同比增长4.6%，农村居民人均可支配收入9415元，同比增长7.5%。就业形势总体稳定，城镇新增就业27.3万人，完成目标任务的91%；输转城乡富余劳动力519.1万人，完成年度计划的103.8%，创劳务收入1369.3亿元。积石山地震灾后恢复重建成效显著，规划内273个项目开工221个、完工103个，14个居民集中安置点住房全部交付使用，维修加固和新建重建学校全部如期开学，基础设施、公共服务、产业扶持项目进度均超预期，部分已建成投运。"结对帮扶·爱心甘肃"工程深入实施，各级干部帮办实事15.95万件，资助资金3958.9万元。

二、存在的问题

（一）固定资产投资增长面临较多困难

重大项目支撑不足，前三季度全省亿元及以上项目完成投资仅增长0.8%，占比过半的"铁公机"投资均下降。重点市州增长乏力，兰州投资两位数下降，下拉全省投资增速3.2个百分点。投资总量居第2位的酒泉市固定资产投资持续低位运行，前三季度投资增速仅1.7%。此外，张掖受新能源项目投资减少、平凉受大型交通项目建成收尾影响，入库项目同比均减少，后续投资增长支撑不足。受化债政策等影响，市场预期不稳，企业投资信心不足，全省投资增速从2023年8月以来开始陡降，高速公路等基础设施主要依靠政府投资，民间资本参与度较低。房地产市场持续低迷，房地产开发投资虽连续5个月降幅收窄，但降幅仍较大，同比下降9.1%。从实物量看，全省房屋施工面积下降7.5%，竣工面积下降12.5%，商品房销售面积下降10.4%。

（二）消费市场增长不及预期

前三季度，全省社会消费品零售总额增速仍较低，低于全年目标4.6个百分点。消费中心城市增长乏力，兰州、庆阳两个消费中心城市社会消费品零售总额分别仅增长2%、0.3%，低于全省1.9个和3.6个百分点。部分重点商品消费乏力，尽管新车销售量有所增长，但受新车售价大幅下降影响，汽车类商品零售额同比下降4.4%，下拉全省限上单位消费品零售额增速1.3个百分点，烟酒类、金银珠宝类商品零售额同比分别下降10.5%和10.1%，合计下拉0.5个百分点。

（三）进出口贸易规模较小

"穿肠过"问题突出，大多进出口货物通过中欧班列借道甘肃而过，直接运往其他地区继续转化加工，或者直接进入内蒙古出口，很少落地省内，只看火车跑，不见货下来，过货虽多，但"两头在外"，对全省经济产生的拉动作用极为有限。国际陆港等主要外贸平台功能作用发挥不足，可出口产品少、附加值低。

（四）工业增长后劲不足

规模以上工业增加值增速比1—8月回落0.6个百分点，煤炭、有色、石化等重点行业9月增速较8月回落。重点企业支撑减弱，金风风电、远景能源等新能源装备制造企业设备订单下降，下拉前三季度规模以上工业增加值增速0.1个百分点。建材、机械行业需求减弱，受基础设施投资下降、房地产市场低迷等影响，水泥、玻璃、钢材、电缆、电工设备等重点产品需求偏弱，产量出现不同程度的下滑。企业资金运行压力较大，1—8月，全省规模以上工业企业应收账款同比增长7.7%，产成品存货增长16.2%，应收账款和产成品存货占流动资产的比重达34.8%，影响企业资金使用效率。

（五）产业结构有待优化

产业结构偏重、产业链条偏短、能效水平偏低的问题突出，重化工业占比高达88%左右，产业总体处于全球产业链价值链末端。第三产业是下拉全省经济增长的主要因素，第三产业增长仍然较慢，前三季度，全省第三产业增加值增速低于全国0.4个百分点，全省规模以上服务业、限上批零住餐业企业单位较少，2023年全省纳入第三产业核算的规模以上服务业在库企业715户，仅占全国的0.5%，限上批零住餐企业4171家，仅占全国的0.7%。

综合分析，初步预计2024年全省地区生产总值达到1.25万亿元，经济增速在6%左右，规模以上工业增加值增速10%以上，固定资产投资增速3%左右，社会消费品零售总额达到4500亿元，外贸进出口总额达到550亿元,全年CPI保持在0.5%左右。

三、2025年经济运行环境分析

(一)世界经济增长呈分化态势

2025年世界经济继续温和复苏,风险和挑战依然存在,经济动力有待增强。巴以冲突、俄乌冲突,以及美国大选等国际政治事件对国际政经环境产生复杂扰动,贸易保护主义对全球经济的负面影响更趋明显,世界经济仍面临需求不足、部分国家债务负担加重、国际金融风险攀升等不稳定不确定因素影响。联合国贸易和发展会议发布《2024贸易和发展报告》,预计2024年和2025年世界经济均增长2.7%。世界银行最新预测2024年全球经济增长将保持在2.6%,在2025年和2026年小幅上升至2.7%。IMF发布最新一期《世界经济展望报告》,预计2024年和2025年全球经济增速为3.2%。多家国际机构指出,"分化"已成为全球经济发展的基本趋势,具体表现在发展中经济体增速明显高于发达经济体,世界银行预计,2024年发达经济体总体增速约1.5%,而新兴市场国家与发展中国家总体经济增速约为4%;发达经济体呈分化态势,IMF预计美国增长前景改善,2024年将增长2.8%,欧洲经济复苏仍显疲软,欧元区20个国家2024年的经济增长率将达到0.8%;受汽车行业生产问题和旅游业放缓的影响,日本经济2024年将仅增长0.3%,到2025年将加速至1.1%。新兴市场国家和发展中国家表现也各不相同,大宗商品(尤其是石油)生产和运输的削减、冲突和内乱等因素,导致中东和中亚以及撒哈拉以南非洲地区的增长前景不明,亚洲新兴市场得益于人工智能领域大量投资推动,半导体和电子产品需求激增,预计将取得更强劲增长。

(二)我国经济基本面及市场广阔、经济韧性强、潜力大

面对更加错综复杂的国内外环境,党中央、国务院加大宏观调控力度,着力深化改革开放、扩大国内需求、优化经济结构,经济运行总体平稳、稳中有进,新质生产力稳步发展,民生保障扎实有力,防范化解重点领域风险取得积极进展,高质量发展扎实推进,社会大局保持稳定。围绕加大宏观政策逆周期调节、扩大国内有效需求、加大助企帮扶力度、推动房地产市场止跌回稳、提振资本市场等方面,加力推出一揽子增量政策,政策效应持续显现,经济发展进一步展现出韧性和潜力,社会预期和市场信心稳步回升,发展活力和动能进一步释放。国际社会对中国经济持乐观期待,瑞银集团、高盛集团、野村控股公司、荷兰国际集团等机构也纷纷上调了对中国经济增长的预期。统筹部署"政策加力"和"改革发力",不仅提升了国内消费与投资信心,也为国际合作开辟了广阔前景,为全球注入有益增量,美国彭博社基于国际货币基金组织(IMF)最新预测指出,未来五年中国仍将是全球增长的最大贡献国。实施一系列国家重大战略和重点领域安全能力建设,覆盖面广、综合性强,既利当前,又惠长远,大规模设备更新和消费品以旧换新惠企利民,既带动重点消费品销量增长,也促进相关产业高端化、智能化和绿色化转型升级。消费对我国经济的拉动作用稳步上升,最终消费支出对我国经济增长的贡献率已由2012年的55.4%提高到2023年的82.5%,2024年以来,我国社会消费品零售总额显著回升。生产端,从新能源汽车、无人驾驶技术、智能可穿戴设备,到集成电路、低空经济、虚拟现实产业……以科技创新为驱动、以绿色低碳为引领成为显著特色,新兴业态快速增长,新商业模式不断涌现。同时,经济运行也出现一些新的情况和问题,有效需求仍然不足,部分行业企业生产经营困难较多,重点领域风险隐患仍然较大,民生保障仍有短板。

(三)甘肃发展正处在赶超进位的关键期

2024年习近平总书记再次亲临甘肃视察,为新时代新征程甘肃发展精准定位、精准定向、精准定标、

精准定策，既擘画发展蓝图，又明确工作重点，给全省提供了接续奋进、再启新程的政治指引和实干争先、再谱新篇的实践指南。甘肃省委、省政府对标落实习近平总书记指示精神、国家重大决策部署、宏观经济政策，制定实施进一步全面深化改革、新时代推动西部大开发形成新格局等工作举措，全面释放一揽子增量政策红利，2024年前三季度主要指标好于预期，经济增速保持全国前列。全省上下着力构建"一核三带"区域发展格局，深入实施强科技、强工业、强省会、强县域"四强"行动。2023年甘肃省科技进步贡献率首次超过60%，综合科技创新水平指数达到51.7%，保持在全国第二梯队，增幅居全国第10位。2021—2023年，规模以上工业增加值年均增长7.5%，工业增加值占GDP比重由2020年的25.4%提高到2024年上半年的30.4%；发挥兰州市老工业基地基础优势，加快构建以都市型现代农业、先进制造业、现代服务业和数字经济、总部经济为引领的"3+2"现代产业体系，强省会行动稳步推进；立足资源禀赋、放大特色优势、加速错位发展，加快构建特色鲜明、优势互补的县域经济发展新格局，2024年上半年86个县市区完成地区生产总值5528.5亿元，同比增长5.5%，规模以上工业增加值同比增长11.7%。着力破解城乡发展、区域发展、产业发展"三个不平衡"，打造更具活力的体制机制，拓展更为广阔的发展空间，工业基础雄厚优势、风光资源富集优势、现代寒旱农业特色优势、内陆腹地产业承接优势、"一带一路"向西开放优势、文旅资源丰富优势等正在转化为经济发展优势，赶超进位势头强劲，全省上下开展"三抓三促"行动，推动形成了比学赶超、争先进位的浓厚氛围，全面建设社会主义现代化，幸福美好新甘肃前景广阔。

2025年甘肃省经济发展将持续向新而行、向绿而行、向稳而行，呈现质量齐升的良好态势，初步预测，GDP同比增长6%左右，规模以上工业增加值增长10%以上，固定资产投资增长6%以上，社会消费品零售总额增长10%左右，外贸进出口总额达到600亿元。

四、主要对策建议

（一）精准施策抓项目促投资

健全现代化基础设施建设体制机制，推进传统基础设施数字化改造，健全重大基础设施建设协调机制，深化综合交通运输体系改革，更好发挥基础设施投资稳增长的关键作用。统筹用好政府投资，发挥政府投资引导性、带动性和撬动性作用，加速推进国家一揽子政策落地落实。抓实重大项目投资进度，加快30.8亿元超长期国债支持的84个大规模设备更新投资项目落地进度，形成更多实物工作量。大力促进民间投资，持续开展妨碍统一大市场和公平竞争政策的清理工作，抓紧推进S35景泰至礼县高速公路景泰至靖远段等4个试点项目，形成民间投资示范带动效应。健全项目谋划储备机制，认真研究落实一揽子增量政策，聚焦"两重"建设和"两新"工作支持方向和重要投向，以及兰西城市群、关中平原城市群、黄河流域生态保护和高质量发展等国家重大战略，深度谋划跨区域重大项目，加大与有关部门企业的对接力度，谋划一批有重大支撑和带动作用的项目，加快项目前期工作，争取纳入国家盘子。强化项目要素保障，围绕"高效办成一件事"，优化投资项目审批流程、提高审批效率，健全全程网办服务机制，加速项目审批落地。加大入库纳统指导力度，发挥好固定资产投资项目统计监测平台白、蓝、黄、红"四类清单"项目入库调度机制，紧盯项目入库堵点、卡点问题，梳理纳统台账票据，建立常态化协调沟通机制，协助补齐入库要件，确保顺利纳统，完成投资颗粒归仓。

（二）更大力度深挖消费潜力

强化促消费政策效应，持续实施"两新"政策拉动消费，围绕百货、家电、家装、汽车、成品油等重点领域，加大促销力度，营造浓厚的消费氛围。适时做好"以旧换新"政策扩面工作，简化补贴申请流程，提高补贴资金审核、发放效率，进一步加大政策宣传、服务保障力度，做好市州和各领域间资金动态调整，推动政策红利及时高效惠及更多消费者，切实把中央 20 亿下拨资金花完花好花出效应。加快推进充电桩和城市停车设施建设，为新能源汽车消费提供基础保障。培育消费新业态、新场景，加快发展体验式消费新热点，推动文化休闲街区、艺术街区、特色书店、剧场、文化娱乐场所等发展，打造多种业态汇集、线上线下一体的新消费聚集区。加大对演唱会、会展和赛事经济支持力度，吸引青年群体会聚，推动商旅文展融合发展。加快做好企业"主辅分离"工作，强化市州推动企业"主辅分离""产销分离"工作，加快培育限额以上批零住餐企业。加强服务消费监管，强化跨部门联合监管，严厉打击虚假广告、网络欺诈，鼓励社区、商场、景点、平台企业设立消费维权服务站，促进消费纠纷源头解决，持续实施"放心消费行动"。

（三）持续巩固拓展脱贫攻坚成果同乡村振兴有效衔接

加力巩固拓展脱贫攻坚成果，聚焦国家考核评估指标开展回头看，持续推动脱贫人口义务教育、基本医疗、住房安全和饮水安全保障落实到位，进一步健全防止返贫监测机制，分类推进帮扶产业发展，大力发展新型农村集体经济，着力提高脱贫人口收入，坚决守住不发生规模性返贫底线。全力抓好春种、秋收、秋冬季农业生产，狠抓粮食、油料、蔬菜等重要农产品生产，以稳定播种面积、调整优化结构布局为目标，抓好农业技术指导服务，加大防灾减灾力度，确保农业生产各项任务如期完成，为粮食丰收奠定坚实基础。积极发展现代寒旱特色农业，大力发展设施农业、休闲农业、乡村旅游，稳步提升农产品综合加工率，在扩量、提质、延链、增效上狠下功夫，做好"农头工尾""粮头食尾""畜头肉尾"文章，促进"牛羊菜果薯药"特色优势产业增产增效增收。做好消费帮扶产销对接，深入实施"甘味出陇"行动，增设一批省外"甘味"运营中心，放大"甘味"品牌效应。加快"和美乡村"建设，创建 100 个省级"和美乡村"和 500 个左右省级乡村建设示范村，深入推进农村厕所革命、村容村貌提升等重点工作，确保完成农村人居环境整治提升五年行动工作任务。

（四）培育新质生产力实施强工业行动

着力稳定工业生产，加强重点行业、重点企业、重点市州监测分析调度，深挖生产潜能，提升产能利用率，优化生产计划，力争满产增产，确保全年规模以上工业增加值增长 10%以上。针对生产经营存在困难的中小微企业，强化产销衔接，推动企业生产经营全面提质增效。不断加大工业领域投资，聚焦钢铁、石化、化工、有色等传统行业，推动生产、用能等设备更新和技术改造项目落地实施，推动大规模设备更新发力见效。建立工业领域年度投资任务台账，挂图作战、倒排工期，力争早日投产、发挥效益。积极做好企业规模以下转规模以上，完善规模以上企业培育政策体系，加强入库企业分类指导、动态调整和精准服务，遴选培育一批成长性好、附加值高、带动性强的规模以下企业，力争有更多企业达到规模以上企业标准，为全省经济增长提供新动能。培育锻造链条韧性，坚持国家所需、甘肃所能，积极顺应产业发展大势，围绕 58 个工业主导县打造特色产业集群，实现聚链成群、集群成势。聚焦产业基础、技术优势，布局一批中试和应用验证平台。推行"揭榜挂帅""首席科学家"，实施一批延链补链强链重大科技项目攻关。积极推进新兴产业培育壮大，着力打造数字经济、生物医药、新材料产业发展高地。全力推动新能源发展，加快"沙戈荒"大型风光电基地建设，力争 2024 年全省新能源并网装机规模达到 6500 万千瓦，2025 年突破 8000 万千瓦。推动陇电入鲁、陇电入浙特高压直流外送工程加快进度，争取陇电入川直流外送工程年内核准。大力促进绿电本地消纳，加快推进共享储能电站项目，探索开展压缩空气、重力储能、飞轮储能等技术试点示范项目建设，积极争取"光热+"示范项目落地实施，着力构建多元化储能体系，努力引进绿铝、制氢、大数据等高载能产业，积极探索源网荷储一体化、零碳低碳产业园等模式。前瞻布局未来产业，聚焦商业航天、低空经济、人工智能、同位素、氢能与新型储能等领域，加大政策指导和资源投入力度，争创国家未来产业先导区。

（五）坚定信心推动第三产业持续恢复

加强规模以上服务企业培育，围绕信息传输软件和信息技术服务业、租赁和商务服务业、科学研究和技术服务业、文化体育和娱乐业等营利性服务业，加大梯次培育力度，促进一批有技术、上规模、具有较强核心竞争力的服务业企业升规入库，增强服务业发展后劲。着力提升金融服务实体经济质效，深化拓展"金融企业甘肃行"系列活动成果，积极引入全国金融市场资金支持甘肃发展。引导金融机构加大对保障性住房建设、"平急两用"公共基础设施建设、城中村改造等重点领域信贷支持力度。持续为民营经济发展提供优质金融服务，创新担保方式、拓宽融资渠道，促进企业信贷增量、扩面、降本。加快促进房地产市场回暖，推动存量个人房贷利率批量调整、优化保障性住房再贷款等利好政策落地见效，及时对接国家调整优化房地产税收政策，有力缓解房企经营压力，促进房地产市场平稳健康发展。制定实施《关于促进全省房地产市场止跌回稳的若干措施》，探索开展房地产市场止跌回稳试点，通过房价核算、公开成本等方式，推动房地产市场筑底企稳。全力以赴做好"保交楼"工作，确保"保交房"按期交付。依托"甘肃地域辽阔，自然风光优美，黄土高原、广袤草原、茫茫戈壁、洁白冰川构成了一幅雄浑壮丽的画卷，宛若一柄'玉如意'"丰富的文旅资源，打造精品旅游胜地，推动文旅强省。

（六）建设更高水平对外开放新格局

完善高水平对外开放体制机制，稳步扩大制度型开放，深度融入高质量共建"一带一路"和西部陆海新通道建设，提升国际班列运营规模和效益，强化甘肃在国家向西开放布局中的战略通道地位。扩大对外贸易，依托国家和省级外贸转型升级基地，培育壮大一批具有国际竞争力的龙头贸易公司、港口物流企业，扩大风电整机及组件、光伏产品、冶金工业制品等出口，加大能源、矿产品、粮油等进口再加工，带动优势产业加快融入全球产业链供应链。畅通开放通道，加快构建支持共建"一带一路"的立体互联互通网络，协同推进"中吉乌"公铁联运新通道建设，联合推进"中国—尼泊尔"公铁联运南亚通道建设，深度融入西部陆海新通道和向西开放大通道建设。深入推进"数字丝绸之路"建设，探索开展面向"一带一路"国家的通信枢纽、信息汇集和大数据服务。做优开放平台，全面提升综合保税区、航空口岸、铁路口岸等开放平台能级，打造国际货运班列集散分拨中心。健全中国兰州投资贸易洽谈会、丝绸之路（敦煌）国际文化博览会等节会平台，促进对外合作机制，深化特色产业国际产能合作，加强敦煌文化国际交流合作。加快区域和城乡协调发展，扎实推进兰西城市群建设，积极融入关中平原城市群和成渝双城经济圈建设，推动与东部协作，帮扶合作、提质增效、再上新台阶。

（七）持续增进民生福祉

高质量完成积石山地震灾后恢复重建任务，统筹推进道路、供水、电力、通信等基础设施和医疗、养老等公共服务项目建设，做实做细群众生活保障、搬迁入住等工作，不断增强灾区群众获得感和满意度。千方百计促进就业，坚持扩大就业促增收，优化实施稳岗扩就业政策，接续开展公共就业服务专项活动，加快政策性岗位招募进度，高频次举办线上线下招聘对接活动，建设"零工市场""零工驿站"支持多渠道灵活就业，积极把握新阶段东西部劳务协作新定位、新特点，聚焦打造"津甘技工""鲁甘人力"东西部协作金字招牌，不断提升劳务输转数量和质量，稳定农民工特别是脱贫劳动力务工规模，全力保障重点群体特别是高校毕业生就业。多措并举稳增收，落实城乡居民增收政策，稳定提升工资性收入，夯实经营性收入，开展农民工工资问题源头治理，保障农民工工资及时全额支付，拓宽渠道提高财产性增收，鼓励居民进行多样化金融投资，提高转移性收入。全面提升公共服务水平，统筹布局学校、医院、文化、体育场所等公共设施，推进普惠育幼服务体系建设，优化基本养老服务供给，加快补齐民生领域基础设施短板弱项，保障城乡居民享受到更为便捷、高效、优质的公共服务。

（八）坚定不移防风险守底线

抓实抓好安全生产，持续厘清重点领域、职能交叉和新兴行业领域安全责任，加大重点领域隐患排查治理力度，全面提升安全生产"五大体系"建设水平。防范自然灾害和次生衍生灾害风险，完善装备配备，保障人民群众生命财产安全。稳妥化解重点领域风险，加强对困难县区转移支付，兜牢"三保"底线。用好中央化债政策，紧盯高风险地区风险降级，压茬推动融资平台"两降一防"和隐债清零工作，加快推进省农村信用联社和甘肃银行改革化险进程，严防中小金融机构边化险边新增。提高能源安全供给水平，加快扩建张掖电厂200万千瓦、灵台电厂200万千瓦等1340万千瓦已开工煤电项目建设，加强煤炭日产量调度。完善应对极端天气和突发事件工作方案，扎实做好迎峰度夏、度冬工作。坚决打好污染防治攻坚战，巩固改善生态环境质量，持续推进黄河流域工业、农业、生活等重点领域污染防治，深入打好大气、柴油货车、城市黑臭水体、农业农村污染治理等标志性战役，切实守牢生态环境底线。

[甘肃省经济研究院　马红祥　张　帆　封艳楠　李　丹　梁文霞]

之九：2024年宁夏回族自治区经济运行分析及2025年展望

2024年以来，在宁夏回族自治区党委和政府的正确领导下，全区上下深入学习贯彻党的二十大和二十届三中全会、习近平总书记考察宁夏重要讲话精神，全面落实党中央、国务院决策部署，夯实"稳"的基础、激发"进"的动能、提升"好"的质效，打好打赢"百日攻坚战"，前三季度，全区经济运行呈现总体平稳、稳中有进、稳中向好的发展态势，积极因素累积增多，推动各项政策措施提速增质见效，各领域运行总体保持平稳，经济增长动能逐步增强。

一、2024年宁夏回族自治区经济运行主要特征

（一）经济运行总体平稳增长，发展态势稳中向好

一是全区生产总值保持平稳。2024年前三季度，宁夏实现生产总值3860.43亿元，按不变价格计算，同比增长4.9%，比全国高0.1个百分点。分产业看，第一产业增加值288.75亿元，增长6.3%；第二产业增加值1768.48亿元，增长7.0%；第三产业增加值1803.20亿元，增长2.8%。二是固定资产投资增长喜人。固定资产投资同比增长5.4%，比1—8月快2.9个百分点，比全国高2个百分点，比西部高4.4个百分点，居全国第9位、西部第4位。三是规模以上工业增加值持续增长。全区规模以上工业增加值同比增长10.1%，比1—8月加快0.4个百分点，比全国高4.3个百分点。其中，重工业增加值增长10.4%、轻工业增长6.2%。

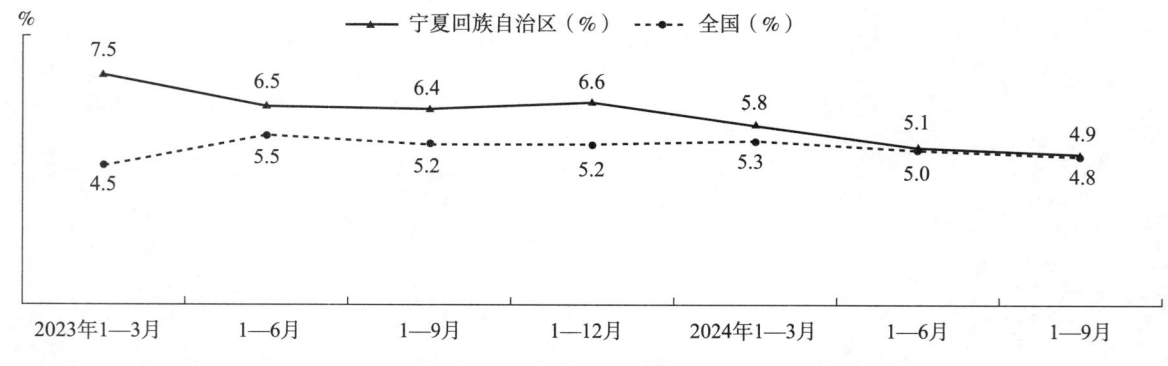

图1 2023年以来宁夏回族自治区季度累计GDP增速与全国对比

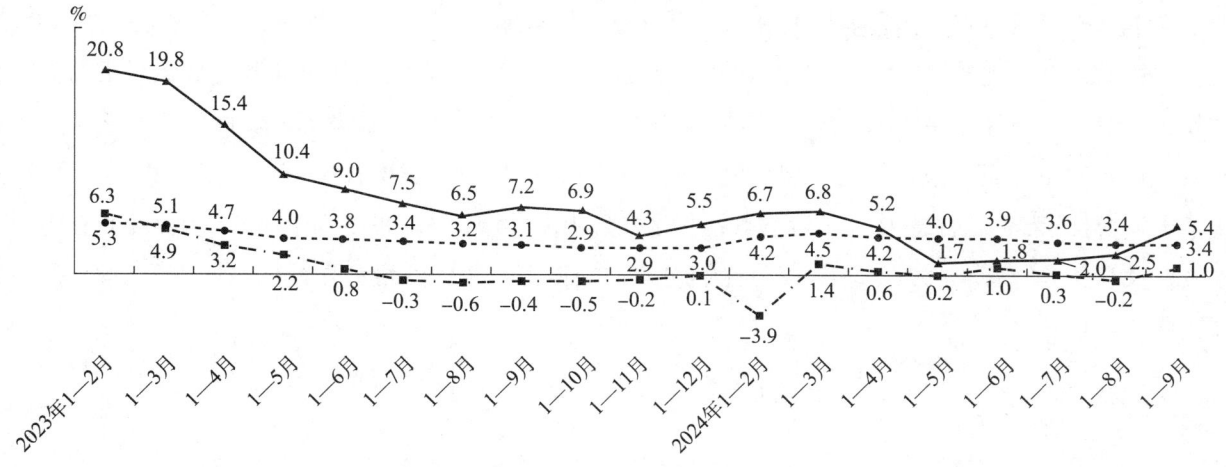

图2　2023年以来宁夏回族自治区固定资产投资增速与西部地区、全国对比变化

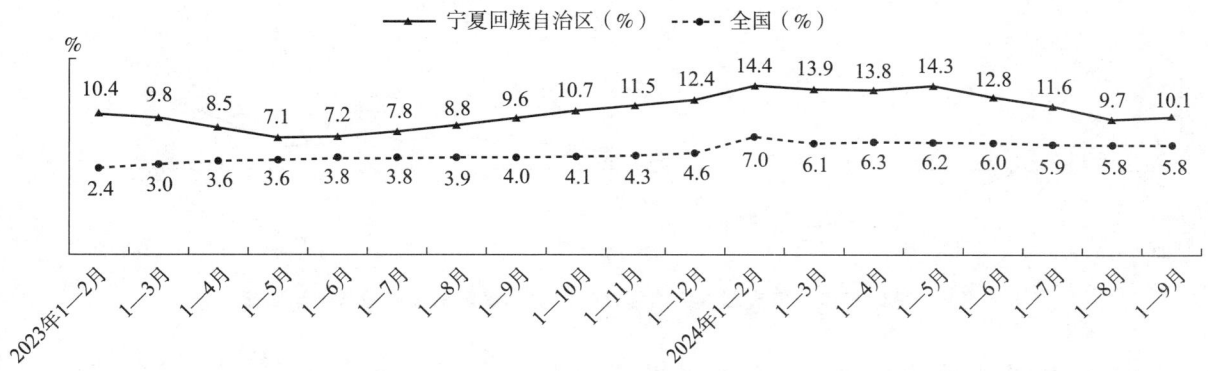

图3　2023年以来宁夏回族自治区规模以上工业月度累计增加值增速与全国对比

（二）生产形势稳步恢复，产业发展动力提升

从农业看，农业生产形势良好。前三季度，全区农林牧渔业总产值613.19亿元，同比增长6.2%。其中，"六特"产业产值452.07亿元，增长5.0%。一是全年粮食丰收在望。全区夏粮产量实现增长，秋粮收获进展顺利，全年粮食有望再获丰收。二是畜牧业生产贡献突出。全区肉牛、羊、猪、家禽出栏分别增长18.1%、5.4%、2.8%、3.9%。三是主要农产品供给稳定。全区蔬菜及食用菌产量增长5.0%，园林水果产量增长16.6%，肉产量增长10.2%，牛奶产量增长9.8%，水产品产量增长4.6%。

从工业看，工业保持较快增长。前三季度，全区规模以上工业增加值同比增长10.1%，比1—8月加快0.4个百分点。其中，重工业增加值增长10.4%，轻工业增长6.2%。一是制造业快速增长。全区制造业增加值增长12.7%，采矿业增长7.7%，电力、热力、燃气及水生产和供应业增长3.7%。二是主要行业支撑有力，其中化工、冶金行业增速喜人，煤炭、电力、电子等行业也持续增长。三是重点产品产量保持增长。其中烧碱、电石、化肥等8个重点产品增速保持在两位数以上，产品支撑有力。

（三）需求动力稳定恢复，消费市场加快回暖

2024年以来，宁夏抢抓国家消费品以旧换新、扩大服务消费等政策机遇，立足宁夏特色优势资源，强化政策供给，持续推动消费市场繁荣发展。通过"政策+活动"双轮驱动，统筹相关金融支持、企业让利等优惠措施，持续扩大政策组合包，政策执行效果不断显现。

前三季度，全区社会消费品零售总额 1030.60 亿元，同比增长 3.5%，比全国高 0.2 个百分点，比 1—8 月加快 1.7 个百分点，比上半年加快 2.2 个百分点。其中，9 月，全区社会消费品零售总额 148.77 亿元，增长 15.2%，比 8 月加快 11.6 个百分点。9 月，以旧换新涉及的家用电器和音像器材类商品零售额增长 33.9%，比 8 月加快 48.8 个百分点；通讯器材类增长 59.1%，加快 7.7 个百分点；家具类增长 39.6%，加快 39.5 个百分点。不动产契税电子消费券涉及的日用品类增长 3.4%，加快 10.6 个百分点；书报杂志类增长 4.5%，加快 33.0 个百分点；文化办公用品类增长 11.0%，加快 52.5 个百分点；电子出版物及音像制品类增长 15.6%，加快 12.9 个百分点。新能源汽车销售增势强劲，9 月，新能源汽车零售额同比增长 4.0 倍。

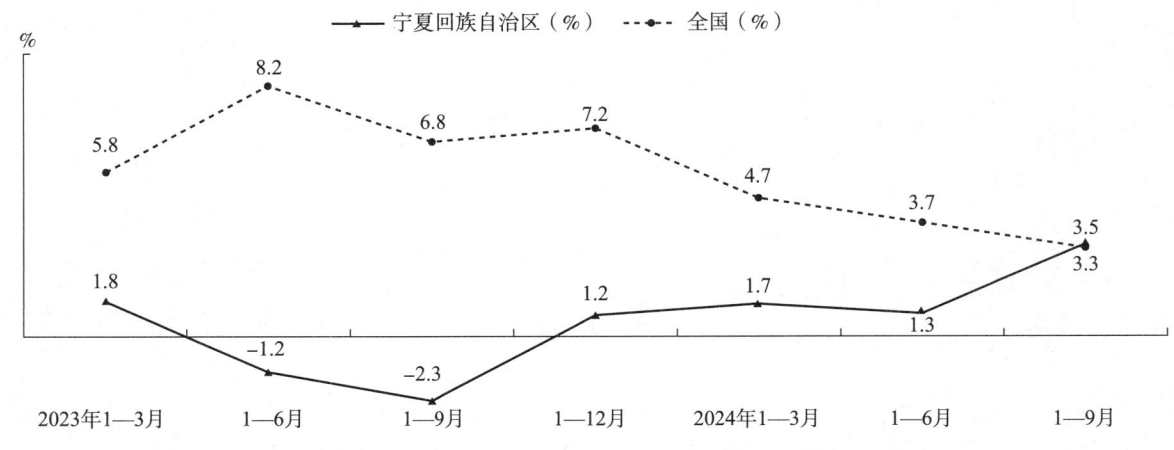

图 4　2023 年以来宁夏回族自治区社会消费品零售总额增速与全国对比

（四）发展动能持续增强，质量效益稳步提升

一是新兴动能培育成长。从工业看，前三季度，宁夏高技术制造业增加值同比增长 6.1%。从投资看，前三季度，宁夏工业技改投资同比增长 11.6%，高技术服务业投资增长 27.8%，信息传输和信息技术服务业投资增长 8.0%。从服务业看，1—8 月，宁夏规模以上高技术服务业企业营业收入同比增长 4.2%，信息传输、软件和信息技术服务业营业收入增长 4.7%。

二是绿色发展扎实推进。前三季度，宁夏水电、风电、太阳能等可再生能源发电量增长 8.4%，占工业发电量比重由上年同期的 26.5% 提高到 27.9%。据自治区生态环境厅统计，前三季度，全区优良天数比例 77.6%，细颗粒物（$PM_{2.5}$）平均浓度为 29 微克/立方米，地表水国家考核的 20 个断面水质优良比例为 95.0%，同比上升 15.0 个百分点。

三是财政收入稳定增长。据宁夏财政厅统计，前三季度，宁夏地方一般公共预算收入 392.30 亿元，同比增长 1.7%，比 1—8 月加快 0.6 个百分点。其中，税收收入 277.03 亿元，与上年同期持平。

四是金融市场运行情况良好，金融信贷增势平稳。据人民银行银川中心支行统计，9 月末，宁夏金融机构人民币各项存款余额 9873.98 亿元，同比增长 7.0%。其中，住户存款 6056.01 亿元，增长 9.8%。人民币各项贷款余额 10171.34 亿元，增长 5.5%。2024 年前三季度，宁夏金融政策的调整不仅体现在房贷利率下调上，还涵盖了信贷和社会融资规模的合理增长、重大项目和重点领域的贷款增势良好、企业融资和居民信贷成本的稳中有降等多个方面。具体来看，全区人民币贷款余额同比增长 5.5%，住户贷款余额同比增长 8.6%，企事业单位贷款余额同比增长 3.7%。在信贷总量持续增长的带动下，全区社会融资规模增量为502.53亿元，其中对实体经济发放的人民币贷款占同期社会融资规模的94.4%。

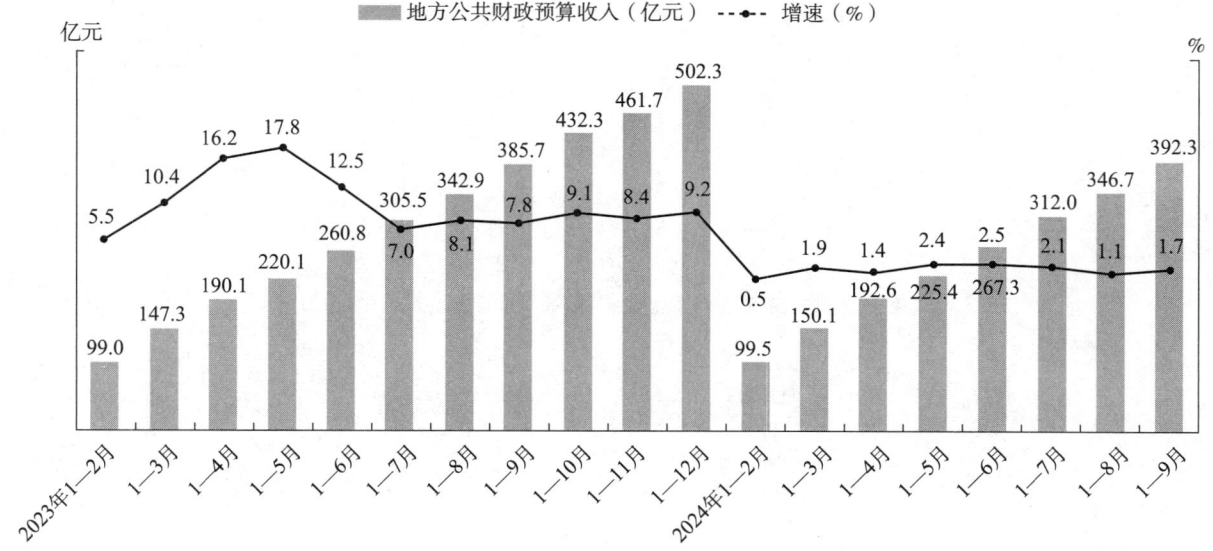

图5 2023—2024年宁夏回族自治区地方一般公共预算收入及增速

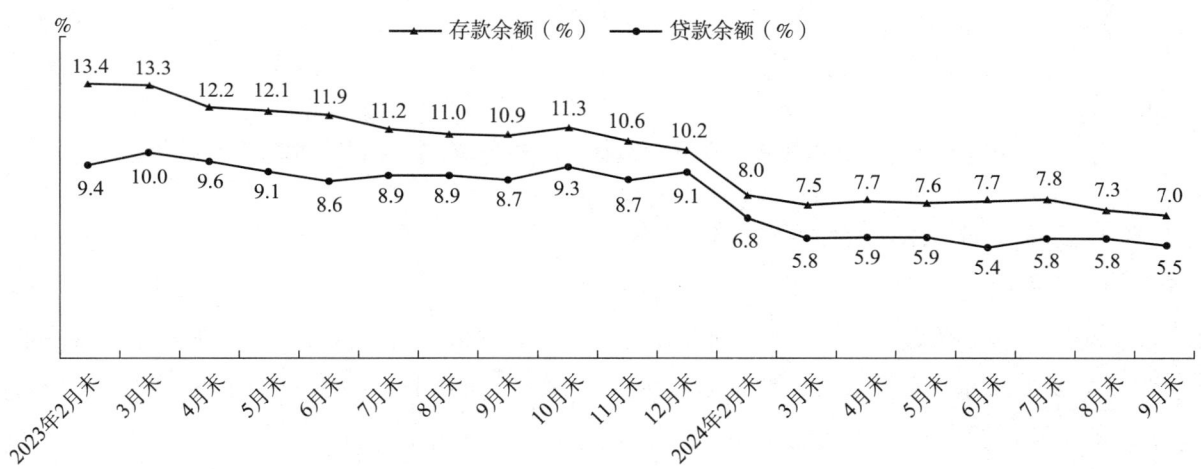

图6 2023年2月末以来宁夏回族自治区金融机构人民币存贷款余额增速

（五）民生保障稳健有序，居民收入持续提高

一是城乡就业总体稳定。据自治区人力资源和社会保障厅统计，前三季度，全区城镇新增就业7.98万人，完成全年目标任务的99.7%；农村劳动力转移就业82.97万人，完成目标任务的103.7%。二是居民收入持续提高。前三季度，常住居民人均可支配收入23421元，增长5.6%，其中城镇常住居民人均可支配收入32253元，增速4.9%，比全国高0.4个百分点，农村常住居民人均可支配收入12167元，增速7.0%，比全国高0.4个百分点。

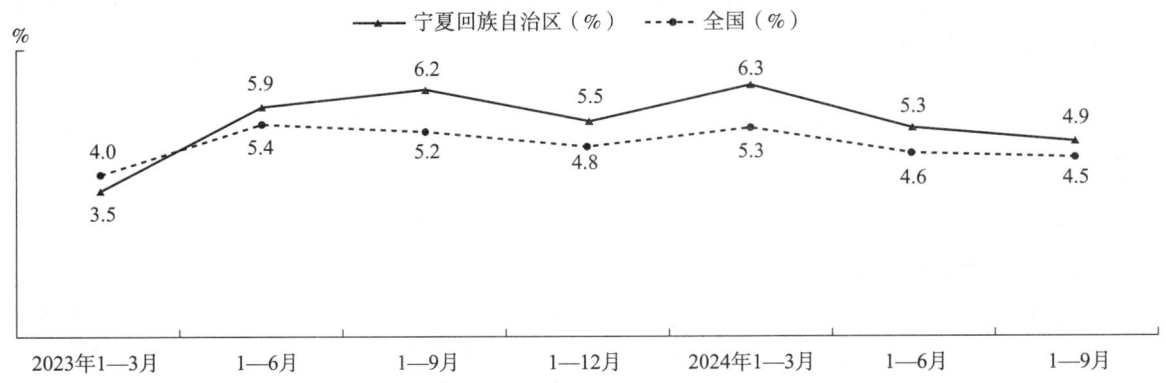

图7　2023年以来宁夏回族自治区城镇常住居民人均可支配收入季度累计增速与全国对比

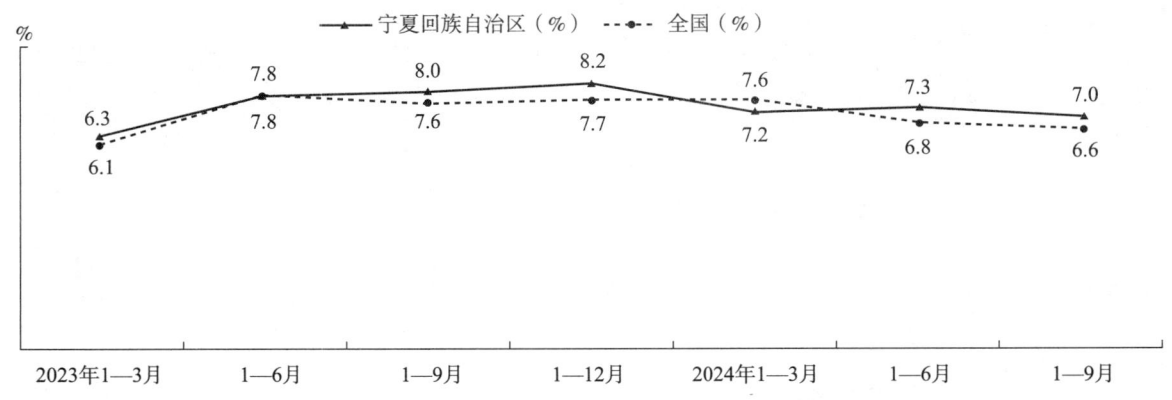

图8　2023年以来宁夏回族自治区农村常住居民人均可支配收入季度累计增速与全国对比

（六）重点项目建设提速加力，保持稳步推进良好态势

全区深入推进项目投资攻坚年行动，扎实开展"百日攻坚战"，持续实施四下基层为项目服务工作，紧抓"金九银十"施工黄金期，全力以赴推动重点项目提速增效，自治区本级重点项目建设保持稳步推进的良好态势。2024年，自治区确定实施本级重点建设项目100个，总投资3841亿元，年度计划投资651亿元。截至9月底，100个重点建设项目已开复工96个，开工率为96%，累计完成投资568.2亿元，年度投资完成率为87.3%，占1—9月全区固定资产投资总量（1613亿元）的35.3%。64个产业项目，年度计划投资437亿元，完成投资414.2亿元，投资完成率为94.9%；21个基础设施体系建设项目，年度计划投资108亿元，完成投资100.1亿元，投资完成率为92.8%；6个社会事业项目，年度计划投资94亿元，完成投资48.7亿元，投资完成率为51.8%；9个民生改善工程，年度计划投资12亿元，完成投资5.2亿元，投资完成率为43.4%。

二、经济运行存在的主要问题

受历史原因、自然地理、资源禀赋等因素影响，宁夏经济社会发展还面临一些突出矛盾和问题。

（一）发展不足仍是最大的区情实际

在农业方面，农业生产基础仍然薄弱，中低产田占比达到2/3，农产品加工转化率只有69%，新型经营主体发育不够，传统农业占比较大。特别是种子工程滞后，宁夏奶牛养殖品种以荷斯坦奶牛为主，占

99%以上；肉牛以西门塔尔及其改良为主，占75%以上；羊以滩羊及萨福克肉滩羊为主，占80%以上；中卫山羊、静原鸡、秦川牛等本地优良品种保护利用有待加强。在工业方面，产业结构资源型、重型化、初级产品比重大的特征仍然突出，产业链条不长、供应链不稳依然严重，造成全区企业受市场需求不足、价格大幅回落、成本持续上升、企业利润下降等因素影响较大，下行压力持续增加。在服务业方面，主要表现在社会投资活力不足，服务业领域民营经济占全部市场主体的85%、占服务业市场主体的98%，但服务业民间投资仅占全社会固定资产投资的30%、占服务业固定资产投资的60%。此外，企业竞争实力不足，全区累计注册服务业企业15.5万个，规上限上企业仅1496家，占注册企业的比重不到1%。

（二）投资下行压力较大

一是区级项目多、市县项目少。由自治区本级有关部门、央企和自治区国企实施的项目年度计划投资占重大项目比重超过25%，部分市县投资过度依赖区返投资。2024年以来开工的重大项目中，除固原市外，其余地区的重大项目年度计划投资均较去年大幅减少。二是小散项目多、重大项目少。已开工重大项目中，总投资亿元以下的项目个数占全部项目的58.3%，年度投资计划过亿元的项目个数仅占全部项目的23%。全区总投资过百亿项目仅有10个，其中新建项目仅1个，其余9个均为续建项目，且年度计划投资较去年减少77亿元，有效投资缺少大项目支撑。三是意向项目多、落地项目少。中东部及其他地区进一步加大招商引资力度，全区已落地企业转出意愿上升，特别是目前尚没有大的招引项目落地，新建项目中，属于招商引资项目不足30%。同时，受价格低位运行、市场需求不足、盈利水平下降等影响，企业投资信心不足，投资进度放缓，计划新开工项目总投资较去年减少784亿元，年度计划投资较去年减少153亿元。

（三）就业形势依然严峻

一是就业总量压力依然较大。第七次全国人口普查数据显示，全区15~59周岁人口476万人，同第六次全国人口普查相比增长4.8%，劳动力供给总量仍处高位。全区农民工外出务工超80万人，脱贫人口就业超30万人，叠加高校毕业生、失业待业人员等，每年需到城镇就业的劳动力近25万人，稳定就业存量、扩大就业增量面临较大压力。二是结构性就业矛盾日益凸显。劳动力供给和需求存在错位，招工难与就业难并存的结构性就业矛盾成为就业领域的主要矛盾。一方面，企业招工难问题突出，服务员、操作工等一线普工常年短缺，技能人才供给不足。另一方面，产业转型升级加快，部分劳动者技能转换需要时间，求职就业难度或将进一步加大。三是部分重点群体就业面临难题。2024年，区内高校应届毕业生总量超过6万人，预计区外高校宁夏籍离校未就业毕业生0.9万人，求职小程序登记0.2万人，合计突破7万人，总量和增幅再创新高。农村低收入人口集中享受各类优惠政策，更愿意享受公益性岗位，或就近就业、零散务工，不愿外出务工。人口老龄化加深，大龄劳动者就业竞争力偏弱，市场求人倍率偏低。

三、政策建议

（一）加强产业融合发展，不断夯实实体经济根基

实施产业振兴战略，聚焦"六新六特六优+N"产业，加快建设高端化、绿色化、智能化、融合化的现代化产业体系。一是实施产业链培优强基工程，依托全国重要新材料生产基地、新能源综合示范区、国家现代煤化工产业示范区等平台载体建设，推动短板产业补链、优势产业延链、传统产业升链、新兴产业建链。二是实施特色农业品质提升工程，高水平建设国家葡萄及葡萄酒产业开放发展综合试验区，

着力打造世界"葡萄酒之都",擦亮中国"枸杞之乡""滩羊之乡""高端奶之乡"品牌,创建国家农业绿色发展先行区。三是实施服务业扩容提质工程,加快建设国家全域旅游示范区、外贸转型升级基地、电子商务示范基地、骨干冷链物流基地,培育一批产城融合服务业集聚区。

(二)加强重点项目建设,在项目上挖存量、扩增量、强变量

项目建设是一篇大文章,抓项目就是抓机遇、促发展、谋未来。应当聚焦重大工程和重点项目,一切围绕项目转,一切为了项目干,推进项目建设提速增效,掀起大抓项目、抓大项目的新热潮,力争开工项目早建成、在建项目早竣工、投产项目早达效,统筹力量、靶向服务,极力破解项目推进过程中的堵点、难点问题,促进项目早落地、早建设、早投产。同时,加快国家支持领域的项目审批进度,推进已批未建项目尽快开工,谋划储备一批新项目。在做强做长制造产业链、继续服务业新业态新模式,完善新基建、水利、能源等重大基础设施领域和乡村建设、教育、医疗、文化等民生领域谋划储备一批对全区经济发展具有明显示范带动作用的重大项目。因地制宜探索开展人工智能、低空经济项目建设和产业发展,为夯实经济基本盘拓展广阔空间。围绕科技创新、绿色低碳等重点任务,积极布局新型电池及关键材料产业项目,加快低成本储能、新能源跨区输送、电网改造等相关项目谋划和建设。

(三)突出需求拉动消费,激发消费活力

一是加力落实存量政策和一揽子增量政策,完善汽车、家电、住房等消费补贴政策,确保真金白银的优惠直达企业和百姓。继续支持汽车报废更新和个人消费者乘用车置换更新、家电产品和电动自行车以旧换新、旧房装修、厨卫等局部改造、居家适老化改造所用物品和材料购置、智能家居消费,以及老旧营运货车报废更新、农业机械报废更新、新能源公交车及动力电池更新。引导电商企业、品牌商家、龙头商贸企业参与新业态新模式引流促销,突出线上线下融合助力和数字场景创新赋能,针对不同人群举办多样、丰富多彩的消费促进活动,激发群众品质消费热情和新型消费活力。同时做好消费服务优化,加强与新媒体平台合作,规范餐饮市场价格和市场秩序,持续巩固良好的消费环境。二是立足宁夏旅游资源禀赋,聚焦全域化提升、全产业发展、全业态融合、全季节体验、全流程服务、全媒体营销、全方位辐射、全社会参与等"八全"动力主阵地讲好宁夏故事,吸引更多游客来宁。用好"星星故乡""塞上江南"等IP,提升宁夏文旅品牌知名度和影响力,谋划文化旅游活动,从而拉动旅游消费。

(四)在城乡发展上扬优势、补短板、拓思路

健全完善促进房地产市场平稳健康发展的长效机制,优化配置土地供应,盘活存量建设用地,提高土地利用率,学习借鉴我国东部城市房地产试点政策新思路,满足居民刚性住房需求和多样化改善性住房需求,进一步激发房地产市场活力。持续完善县域基础设施,强化县域公共服务供给,以城乡融合带动县域经济高质量发展。鼓励返乡青年发挥自身优势,促成县域经营主体新技术新业态生根发芽,带动乡镇和农村在批、零、住、餐等生活服务类领域交易增长。依托以工代赈项目向灵活就业人员提供更多就业岗位,促进农民群众就近就业增收。

(五)强化民生服务,弥补民生短板

一是强化民生工作的力度。应当看到,经济建设和改善民生,二者相互促进、互为助力。新形势下,解决好民生问题,根本途径在于加快发展、加大投入,既"做大蛋糕",又"分好蛋糕"。"做大蛋糕",

关键是要始终坚持以经济建设为中心，不断解放和发展社会生产力，不断增强经济实力和综合实力，确保有能力去做改善民生的工作。二是强化民生工作的力度。近年来，全区民生不断改善、生活品质逐步提升，幸福生活持续升级。下一步，将继续加大投入力度，支持实施一批重点民生项目。全面落实就业优先战略，解决好重点群体就业问题，不断扩大中等收入群体比重，增加低收入群体收入，促进城乡居民收入与经济增长同步。改善薄弱学校办学条件，支持建设一批医疗卫生、文化教育、一老一小和全民健身项目。三是强化民生保障的底线。宁夏养老、医疗、失业、社会救助等社会保障制度不断完善，但仍有不少短板。要坚持应保尽保原则，按照兜底线、织密网、建机制的要求，做好普惠性、基础性、兜底性工作，加强养老、托育、三孩生育等配套支持措施制定和落实。

[宁夏回族自治区经济信息中心　冀　平　靳　婧　杨晓庆]

之十：2024年新疆维吾尔自治区经济运行分析及2025年展望

2024年以来，新疆维吾尔自治区上下以习近平新时代中国特色社会主义思想为指导，深入贯彻落实党的二十大精神和党的二十届三中全会精神，完整准确贯彻新时代党的治疆方略，紧紧围绕新时代国家赋予新疆发展的战略定位，在自治区党委的坚强领导下，按照自治区党委十届历次全会的工作部署，全区上下以高质量发展为目标，坚持稳中求进的发展基调，努力构建新发展格局，加快中国式现代化新疆的建设。全区经济运行呈现"经济稳定增长、产业结构优化、新能源产业增长较快、外贸快速增长、消费市场回暖、民生不断改善"的良好局面。

一、2024年新疆维吾尔自治区经济运行分析

（一）1—9月宏观经济运行特征

1. 经济运行总体稳定，稳中有进

1—9月，新疆实现地区生产总值14547.67亿元，按不变价格计算，同比增长5.5%，增速比上年同期下降0.6个百分点。其中，第一产业增加值1720.07亿元，增长4.9%；第二产业增加值6068.52亿元，增长8.5%；第三产业增加值6759.08亿元，增长3.5%。三次产业贡献率分别为11.6%、55.9%、32.5%。

2. 农业生产稳中向好，特色果蔬实现较快增长

1—9月，新疆农林牧渔业总产值3571.50亿元，按可比价计算，同比增长5.3%，增速比上半年、上年同期分别回落0.2个、1.2个百分点。其中：农业、林业、畜牧业、渔业、农林牧渔业专业及辅助性活动产值同比分别增长5.1%、5.8%、3.8%、10.3%、12.1%。

特色果蔬生产较快增长。前三季度，蔬菜播种面积443.13万亩，同比增长10.4%；蔬菜产量1625.62万吨，同比增长10.6%。食用菌产量5.86万吨，同比增长9.4%。园林水果产量802.22万吨，同比增长8.2%，其中：梨、苹果、葡萄产量分别增长17.4%、8.0%、5.1%。

猪、牛出栏量稳定。生猪、牛出栏分别为608.90万头、253.50万头，同比分别增长3.4%、9.7%，羊出栏2587.26万只，同比下降1.8%；活家禽出栏7753.72万羽，同比下降4.2%。猪牛羊禽肉产量151.95万吨，同比增长3.2%；牛奶产量150.75万吨，同比下降10.9%；禽蛋产量29.17万吨，同比增长2.3%。水产品产量较快增长。水产品产量11.88万吨，同比增长10.2%。其中：大水面生态增养殖、设施渔业产业规模同比增长23.0%，带动水产品产量大幅增长。

3. 工业生产平稳增长，能源产品保供有力

1—9月，新疆规模以上工业增加值同比增长7.3%，增速比上半年回落1.0个百分点，比上年同期提高2.5个百分点。其中：9月规模以上工业增加值增长5.9%，增速比8月提高1.8个百分点。"九大产业集群"完成工业增加值同比增长6.8%，占规模以上工业增加值的89.9%，较高地拉动了工业增长。

分三大门类看,制造业、采矿业和电力热力燃气及水的生产供应业增加值分别增长6.2%、6.4%和12.1%。分经济类型看,公有制工业企业增加值同比增长4.7%,非公有制工业企业增加值同比增长11.4%。分行业看,12个重点行业(占比超过1%的行业)呈现"10增2降"的态势,有色金属矿采选业、纺织业、燃气生产和供应业、煤炭开采和洗选业、电力热力生产和供应业、非金属矿物制品业、化学原料和化学制品制造业、食品制造业、有色金属冶炼和压延加工业、石油和天然气开采业10个行业增加值同比分别增长23.9%、23.8%、16.5%、16.2%、11.5%、9.7%、8.5%、7.8%、7.5%、0.4%,合计占规模以上工业增加值的81.9%,拉动规模以上工业增加值增长7.2个百分点;开采专业及辅助性活动、石油煤炭及其他燃料加工业2个行业增加值同比分别下降1.1%、1.2%,占规模以上工业增加值的9.2%,下拉规模以上工业增加值增速0.1个百分点。

4. 投资规模不断扩大,工业投资持续发力

1—9月,新疆全社会固定资产投资总额(不含农户)同比增长6.2%,增速比上年同期回落2.9个百分点。分产业看,第一产业投资同比下降4.5%,第二产业投资同比增长20.3%,第三产业投资同比下降6.2%。分行业看,电力热力燃气及水的生产和供应业、采矿业、制造业、建筑业分别增长35.4%、8.7%、7.5%、31.4%。工业投资同比增长20.3%,拉动固定资产投资增长9.4个百分点,风力光伏发电项目投资保持高速增长,完成投资同比增长32.6%,拉动固定资产投资增长4.5个百分点。民间投资同比增长17.2%,拉动固定资产投资增长5.8个百分点。

5. 消费市场持续回暖

1—9月,新疆实现社会消费品零售总额2779.93亿元,同比增长0.6%,增速比上半年提高0.4个百分点。按经营单位所在地分,全区城镇市场实现消费品零售总额2384.86亿元,同比增长13.1%;乡村实现消费品零售总额378.70亿元,同比增长11.8%,实现了城乡消费协同发展。按消费类型分,全区实现商品零售2398.35亿元,同比增长12.9%;实现餐饮收入365.20亿元,同比增长13.0%。

1—9月,新疆限额以上单位实现社会消费品零售总额1481.37亿元,同比下降2.2%。分种类看,限额以上商品零售中,粮油食品和中西药品类、石油及制品类零售额分别增长8.9%、4.6%、1.4%;烟酒类、服装鞋帽针织纺织品类、金银珠宝类、日用品类、家用电器和音像器材类、汽车类分别下降1.9%、17.6%、25.0%、7.6%、7.5%、3.8%。

1—9月,新疆限额以上单位通过公共网络实现的零售额为88.67亿元,同比增长57.8%。

1—9月,全区居民人均消费支出16646元,比上年同期名义增长9.0%;扣除价格因素,实际增长8.7%。居民消费增速继续快于收入,前三季度居民消费支出增长名义和实际增速均快于居民人均可支配收入增速2.2个百分点。全区居民平均消费率为88.5%,比上年同期上升1.8个百分点。

1—9月,新疆实现客运量2.23亿人,同比增长16.6%,其中民航客运量3727.07万人,同比增长18.5%。

6. 外贸快速增长,增速全国第一

1—9月,新疆货物进出口总额3223.9亿元,同比增长29.0%,高于全国(5.3%)23.7个百分点,居全国第1位。其中:出口额2727.8亿元,同比增长29.6%,高于全国(6.2%)23.4个百分点;进口额496.1亿元,同比增长26.1%,高于全国(4.1%)22.0个百分点。

7. 居民消费价格温和上涨,工业生产者价格下降

1—9月,新疆居民消费价格总指数(CPI)同比上涨0.3%,与全国水平(0.3%)持平。其中,城

市上涨0.2%，农村上涨0.4%。分类别看，食品烟酒价格同比下降2.8%，交通和通信价格同比下降1.6%，衣着价格同比上涨4.1%，教育文化和娱乐价格同比上涨1.5%，生活用品及服务价格同比上涨1.5%，医疗保健价格同比上涨2.7%，其他用品和服务价格同比上涨4.6%，居住价格同比上涨2.1%。

1—9月，新疆工业生产者出厂价格指数（PPI）同比下降1.4%，降幅较上年同期收窄6.2个百分点，降幅小于全国水平（-2.0%）0.6个百分点；工业生产者购进价格指数同比下降0.5%，降幅小于全国平均水平（-2.1%）1.6个百分点。

8. 一般公共预算收入较快增长，金融信贷运行平稳

1—9月，新疆一般公共预算收入完成1757.3亿元，同比增长9.7%。其中：税收收入完成1028.73亿元，同比增长1.0%；非税收入完成728.58亿元，同比增长24.9%。全疆一般公共预算支出完成4724.8亿元，同比增长0.8%。

9月末，新疆金融机构本外币各项存款余额3.451万亿元，同比增长5.2%，其中：住户存款1.778万亿元，同比增长9.9%。金融机构本外币各项贷款余额3.229万亿元，同比增长6.6%。

9. 居民收入稳定增长，农村居民收入增长较快

1—9月，前三季度，新疆居民人均可支配收入18811元，比上年同期名义增长6.8%，扣除价格因素，实际增长6.5%，名义和实际增速均快于全国1.6个百分点。分城乡看，城镇居民人均可支配收入32142元，比上年同期名义增长5.6%，扣除价格因素，实际增长5.2%，名义和实际增速分别快于全国城镇居民1.1个和1.0个百分点；农村居民人均可支配收入6173元，比上年同期名义增长8.8%，扣除价格因素，实际增长8.8%，名义和实际增速分别快于全国农村居民2.2个和2.5个百分点。农村居民收入名义和实际增速分别快于城镇居民3.2个和3.6个百分点。

（二）2024年新疆主要经济指标预测

2024年前三季度，新疆绝大多数经济指标增速超过全国平均水平，经济呈总体平稳、稳中有进态势，高质量发展的基础进一步巩固，新疆"能力"提升、"活力"彰显，发展"潜力"持续释放。具体表现为：一是能源、矿产保供进一步发力，粮食增产，农产品品类更加丰富，畜牧业实现降本增效。围绕"九大产业集群"建设，持续提升产业集群发展质效，加快推进新时代国家"三基地一通道"建设，能源与矿产保供能力不断提升，"矿产资源开发""疆电外送""疆煤外运"与上年同期相比均实现增长。农牧业生产持续增长，夏粮、面积、总产、单产实现"三增长"，农业农村经济总体向好。二是旅游火爆，外贸活跃。一方面积极打造全国旅游业高质量发展特色样板和世界重要旅游目的地，旅游业大幅增长，新疆文旅开启了一波强劲的增长势头；另一方面认真落实稳外贸稳外资各项政策措施，加快丝绸之路经济带核心区建设，推动外贸进出口快速增长，彰显出新疆经济发展的活力。三是项目拉动，后劲十足。充分发挥投资拉动作用，2024年以来，全区上下锚定年度投资目标任务，积极扩大有效投资，建强机制、提前谋划、强化储备、优化服务、做好保障，全力推动全区固定资产投资提质增效。聚焦基础设施的投资建设，增强投资对优化供给结构的引导作用，保障水利、交通、电力、信息化等重点领域的项目投资。全区先后组织召开4次区地县三级联动调度会议，集中力量、整合资源、查摆问题、攻坚破难。准确把握投资脉动，穿透式分析研判投资形势走势趋势，面对当前投资增长面临的阶段性困难，及时预警，针对重点地州开展"一对一"指导服务工作，下沉一线、纾困解难，抢抓工期，加快交通、水利、电力等重大基础设施和产业重大项目建设。

但也要看到，部分指标因上年基数较低，仍是补偿性、恢复性的增长，经济运行中还面临一些困难。下阶段，全区上下要忠诚捍卫"两个确立"、坚决做到"两个维护"，把思想和行动统一到以习近平同志

为核心的党中央对经济工作的部署要求，统一到自治区党委对做好全区经济工作的具体要求上来，正视困难、锚定目标、抓住重点，聚焦年度目标任务，进一步转变发展理念，稳中求进、扬长补短，解放思想、真抓实干，推动经济实现质的有效提升和量的合理增长。初步预计，2024年新疆生产总值增长5.6%左右；规模以上工业增加值增长6.5%左右；固定资产投资增长6.4%左右；居民消费价格上涨控制在1%以内。

二、2025年新疆维吾尔自治区经济运行环境分析及主要指标预测

2025年国际环境不确定性风险依然较多。目前，全球局部冲突加剧，全球经济仍处于周期性下行阶段，增长承压，地缘性、政治性冲突加大，导致全球经济形势恶化。国际安全局势存在较大变数，地区局势出现"黑天鹅"事件风险的概率较高。国内环境也面临一些困难和矛盾。从经营主体看，虽然市场交易有所恢复，但企业特别是民营企业依然处于盈利低迷阶段，投资预期尚未实现根本性扭转，疫情对中小企业的冲击影响仍需进一步消纳。从居民主体看，消费能力严重不足、未来预期不佳及收入增长缓慢等内生增长动力问题再次成为制约消费持续复苏的关键因素。但从我国经济本身的"体质素质"看，产业体系规模庞大、门类齐全、人才红利丰富以及中国制造的集群化、网络化、数字化优势都是经济稳定发展的基本盘。

另外，以习近平同志为核心的党中央高度重视新疆工作。中共中央政治局常委、全国政协主席王沪宁2024年10月21—24日在新疆和田、喀什调研。他表示，要坚持以习近平新时代中国特色社会主义思想为指导，深入贯彻落实党的二十届三中全会精神，完整准确全面贯彻新时代党的治疆方略，坚持铸牢中华民族共同体意识主线，在中国式现代化进程中更好建设美丽新疆。王沪宁指出：新疆维吾尔自治区党委深入贯彻落实习近平总书记关于新疆工作的重要讲话精神，进一步巩固了新疆社会大局稳定、人民安居乐业的良好局面。做好新疆工作，要始终把维护社会稳定摆在首位，保持新疆社会大局持续稳定。要扎实做好民族宗教工作，深入开展文化润疆，引导各族群众铸牢中华民族共同体意识、增进"五个认同"。要推动新疆迈上高质量发展轨道，夯实新疆社会稳定和长治久安的物质基础。要弘扬兵团精神，深化兵地融合发展，形成新时代兵团维稳戍边新优势。在党中央的坚强领导下，在自治区党委的团结带领下，稳中求进、绵绵用力、久久为功，扎实推进高质量发展。初步预计，2025年新疆生产总值增长5.8%左右；规模以上工业增加值增长7.8%左右；固定资产投资完成额增长9%左右；居民消费价格上涨控制在1.5%以内。

三、政策措施建议

（一）加强科技创新，推进农业信息化发展

一是推动现代农业科学化发展。注重以科技赋能，加强农业基础设施信息化建设、数字乡村建设，围绕特色优势农业产业延链、补链、强链，提升优化种植技术和品种，做大做强本地农产品品牌，促进农村一二三产业融合发展。二是推动现代农业绿色化有机化发展。孕育乡村新产业新业态，发展一批特色的绿色有机产业，注重农产品深加工，大力发展电商直播，打造一批有品牌影响力的新疆电商。做好招商引资，提高生态产业的附加值。三是推动现代农业规模化发展。持续完善共建共享的利益联结机制，打通高标准农田的建设、管理、运营等各环节，发挥村集体经济作用，调动农民种地积极性，带动产业发展，促进农民增收。

（二）立足资源禀赋，加快特色产业体系构建

立足新疆资源禀赋、区位优势和产业基础，面向国内国际市场，发展壮大传统优势产业，围绕"九大产业集群建设"，聚焦特色优势产业创新发展，大力推进科技创新，加快产业结构优化升级，积极发展新兴产业。充分发挥能源和气候优势建设数据中心，新疆作为我国重要的能源生产基地，太阳能和风能资源蕴藏量均居全国前列，在大力发展新能源产业的基础上积极参与国家"东数西算"工程建设，融入国家算力网络体系，打造国家算力枢纽节点。加快国际通信设施建设，面向中亚国家发展软件及信息技术服务业。"分产业、分类别、分重点"统筹推进制造业与服务业两业深度融合，着力推进工业化与信息化两化深度融合。深入推进延链补链强链，加快产业智能化、绿色化、高端化发展，以"九大产业集群"为主体，打造具有新疆特色和优势的现代化高质量发展产业体系。大力发展旅游产业，深入实施文化润疆、旅游兴疆战略，打造"新疆是个好地方"文旅融合品牌，新疆文旅呈现出齐头并进、多领域赶超态势，其中：冰雪旅游走在了全国前列，雪场数量和规模已是全国第一；自驾游已跻身全国"第一方阵"，成为中国自驾游的风向标；独库公路、S101线、G219线等已成为国内自驾游精品线路。这些强劲发展的新业态使新疆旅游市场的吸引力、竞争力持续增强，推动全区由旅游资源大区向旅游经济强区转变。

（三）深挖消费潜能，促进消费加快向好回升

一是持续出台消费促进政策，提振消费信心。各地（州、市）结合地方实际，出台各类促消费政策措施，全力提振消费市场信心。二是聚焦重点消费领域，稳住消费大盘。从积极稳定汽车、家电和住房等大宗消费，扩大餐饮、旅游、文娱和康养服务消费，推动农村消费提质升级，逐步完善消费设施建设，不断优化放心消费环境等五个方面，加速恢复和扩大消费。三是升级消费平台载体，改善消费条件。聚焦活跃城市消费，持续提升商圈吸引力，打造居民身边的消费圈、幸福圈。补齐乡村消费短板，推动品牌消费、品质消费进农村，促进农村商业加快发展。四是增强文旅消费动能，促进融合发展。积极落实《自治区加快推动旅游业高质量发展三年行动方案（2024—2026年）》，深入实施旅游兴疆战略，推动商旅文深度融合，不断丰富业态产品，持续增强文旅消费动能。

（四）加快丝绸之路经济带核心区建设，推进高水平对外开放

新疆是中国向西开放的重要门户，聚焦打造亚欧黄金通道和向西开放桥头堡的战略定位，深度融入共建"一带一路"，持续扩大高水平开放，全力推进丝绸之路经济带核心区高质量发展，着力提高向西开放质效。实施更加主动的开放战略，全面加快丝绸之路经济带核心区、新疆自贸试验区建设，积极培育开放型经营主体，营造开放型经济环境。以"一港""两区""口岸经济带"为抓手，稳步推进乌鲁木齐国际陆港区建设，提升乌鲁木齐在核心区建设中的引领作用；加快推动喀什、霍尔果斯经济开发区高质量发展，打造核心区的两个重要支点；推动口岸经济带联动发展，深化塔城重点开发开放试验区建设，发挥"口岸经济带"开放门户作用。聚焦"五大中心"建设，持续办好"中国—亚欧博览会"，架好与周边国家互通互贸的桥梁，推动高效安全畅通的商贸物流体系，深化科技、教育、文化、医疗、金融等领域国际交流合作。

[新疆维吾尔自治区信息中心　马天平　司　作]

之十一：2024 年内蒙古自治区经济运行分析及 2025 年展望

2024 年以来，内蒙古自治区认真贯彻落实自治区党委和政府决策部署，加快推动各项政策措施落地显效，全力办好两件大事，凝心聚力闯新路、进中游，加速加力推进"六个工程"建设，全区经济延续回升向好势头，运行总体平稳、稳中有进，新质生产力加快培育，新动能加快成长，高质量发展取得新进展。全区经济有很多亮点在持续显现，工业特别是制造业保持较快增长，固定资产投资保持高速增长，文化和旅游消费持续高涨，营商环境持续优化，进一步释放了发展潜力，实现了全区经济量的合理增长和质的有效提升。

一、2024 年内蒙古自治区经济运行分析

前三季度，全区经济运行总体平稳，实现地区生产总值 17876 亿元，同比增长 5.8%。第一产业稳中向好，实现增加值 846 亿元，同比增长 5.3%，高于全国平均增速 1.9 个百分点；第二产业发展稳定，实现增加值 9013 亿元，同比增长 7.5%，高于全国平均增速 2.1 个百分点；第三产业保持平稳，实现增加值 8017 亿元，同比增长 4.4%，三次产业结构为 4.7∶50.4∶44.8。

工业生产总体平稳，产业结构持续优化。前三季度，全区规模以上工业增加值同比增长 7.2%，三大门类中，采矿业增加值同比增长 5.2%，制造业同比增长 9.0%，电力、热力、燃气及水生产和供应业同比增长 9.9%。全区工业 37 个大类行业中，22 个行业增加值同比增长，增长面接近六成；全区统计的 255 种工业产品中，125 种产品产量实现同比增长，增长面达到 49.0%。全区规模以上装备制造业继续保持高位运行，同比增长 41.8%，对全区规模以上工业增加值增长贡献达 13.7%。全区规模以上高技术制造业增加值同比增长 31.6%，高于全区规模以上工业平均水平 24.4 个百分点，延续 2024 年以来的高位增长态势。

能源产业稳定增长，能源供应保障形势稳定。前三季度，全区规模以上工业主要能源产品生产保持增长势头，原煤产量、发电量保持全国首位。前三季度，全区规模以上工业原煤产量 9.5 亿吨，同比增长 4.6%；原煤主产区稳定增长，鄂尔多斯市原煤产量 6.52 亿吨，同比增长 5.3%；锡林郭勒盟原煤产量 1.07 亿吨，同比增长 7.8%，两个盟市原煤产量合计占全区的 79.9%。前三季度，全区规模以上工业发电量 5990.7 亿千瓦时，同比增长 9.6%，其中新能源发电量 1347.0 亿千瓦时，同比增长 23.5%，高于全部发电量增速 13.9 个百分点。

固定资产投资增速稳居全国第二位，稳投资成效显著。前三季度，全区固定资产投资同比增长 11%，其中重大项目贡献突出，截至 9 月末，全区亿元以上施工项目 2812 个，同比增加 175 个，完成投资增长 13.4%，对全区投资增长的贡献率近九成。基础设施投资较快增长，前三季度，全区基础设施投资同比增长 12.3%，拉动全部投资增长 4.7 个百分点。其中，在"温暖工程"实施带动下，全区电力、热力生产和供应业投资增长 21.1%。

消费市场持续回暖，消费信心稳步回升。前三季度，全区社会消费品零售总额 3909.1 亿元，同比增

长3.4%，自5月起连续5个月保持回升势头。商品零售增势良好，前三季度，全区商品零售额3475.8亿元，同比增长2.8%；餐饮等接触性消费保持增长，随着居民外出旅行意愿增强，文化旅游市场持续火热，带动餐饮消费稳健增长。全区餐饮收入433.3亿元，同比增长8.5%，高于商品零售额增速5.7个百分点。

居民收入平稳增长，与经济增长基本同步。前三季度，居民人均可支配收入达到29724元，同比增长5.0%。分城乡看，城镇居民人均可支配收入39070元，同比增长4.3%；农村居民人均可支配收入14753元，同比增长6.4%。其中，工资性收入持续增长，全区居民人均工资性收入16205元，同比增长5.6%，占可支配收入的比重为54.5%；转移净收入稳步增长，增速为7.5%，说明内蒙古自治区社会保障体系愈加完善。

二、2025年内蒙古自治区经济运行的环境及因素分析

从全球经济形势来看，全球经济在2025年依然面临诸多挑战，外部环境变化带来的不利影响增多。一方面，世界经济连续低迷，各国经济复苏进程不一，全球经济增长与政策分化可能会进一步加深。贸易保护主义抬头，导致全球供应链出现混乱，加大了我国的出口压力，内蒙古是能源、化工、原材料等企业的上游，出口压力有可能会传导到自治区，使区内企业承压。另一方面，地缘政治紧张局势依然严峻，为全球经济稳定带来不小的冲击，我国经济外部环境风险较大。

从国内经济形势来看，当前经济存在内需不足、经济运行出现分化、重点领域风险隐患仍然较多、新旧动能转换阵痛还在持续。当前市场预期偏弱，2024年9月底，我国出台了一系列有利于稳楼市、稳股市和改善预期的政策，若后续能够执行落地将会大幅度提高信心、提振经济。2025年，是我国经济转型升级的新阶段，更加注重从传统制造向高附加值服务和高技术制造转型，更加注重以科技创新驱动促进新兴产业崛起，更加注重绿色低碳转型，总体来看我国经济的发展将聚焦于提升质量、推动转型、科技创新、绿色发展等领域，为内蒙古经济发展提供较好的外部环境。

总体来看，2025年经济形势依然复杂多变，但也孕育着新的机遇和挑战。随着我国经济的持续恢复，内蒙古的外部发展环境总体趋好，全区应当抓住各类利好政策逐步落地、产业结构加快优化的机遇，同时也要积极应对挑战，防范化解重点领域风险，把防风险摆在突出位置，着力破解各种矛盾和问题，实现高质量发展和高水平安全良性互动。

三、2025年趋势及主要指标预测

国家出台了"两新""两重"政策、"加力支持"政策、新一轮房地产金融政策等一揽子增量政策，一套政策"组合拳"密集落地显效，对提振市场预期和信心起到了至关重要的作用。政策落实的过程，也是一个通过政策合力找到发展红利的过程，为下一年的经济社会发展奠定良好的政策基础。展望2025年，内蒙古经济将继续延续平稳增长态势，结合"闯新路、进中游"目标，全区经济将继续发力、着力推进提质增效，增速预计在5%左右。内蒙古持续优化营商环境，围绕产业集群和产业链精准开展招商引资，大力推动重大项目落地建设，随着一系列鼓励民间投资政策落地显效，民间投资也在稳定增长，因此，固定资产投资有望继续保持高增长，2025年或将继续保持两位数增长。居民消费有望进一步提高，一系列促消费政策持续发力显效，促进汽车、电子产品、家居消费的措施陆续出台，优化消费供给、改善消费条件、优化消费环境，不断稳定和扩大消费。内蒙古持续扩大就业、完善按要素分配的政策制度、多渠道增加居民收入，这些举措将进一步改善预期，预计消费有望持续恢复

提升。

四、政策调控措施建议

（一）优化产业结构，推动转型升级

一是严守耕地保护红线，加大高标准农田的建设力度，着力提高亩产、提高效益。在延伸产业链、提高附加值、做强做大企业上重点发力，尤其是乳肉薯绒产业和玉米产业。加强"蒙"字标品牌打造，将内蒙古产品做成好品牌、做出美誉度、占领大市场。二是一手抓传统能源产业的转型升级，一手抓新能源产业的发展壮大。传统能源产业既要稳定保供，更要转型升级，高载能产业要加强绿电供给与数字化转型一体推进，提高产业附加值，实现高端化发展。在新能源领域，大力发展风能、太阳能、氢能等新能源，提高新能源在能源供给结构中的比重，逐步实现向清洁能源大区的转变。三是推动产业链向下游延伸、价值链向中高端攀升，提升产业链供应链现代化水平。加快完善新型基础设施，大力推动5G技术、大数据等新一代信息技术在智慧园区、工业互联网、智能工厂、智慧矿山等方面应用，促进产业数字化转型、智能化升级。加快过剩低效产能退出，加强工业项目节能节水改造，强化园区土地集约节约利用，创建低碳零碳示范园区，促进产业绿色化转型。

（二）持续精准发力，扩大有效投资

一是精准对接国家政策投向，聚焦重大产业项目，狠抓招商引资，抓好项目筹划储备和筛选工作。二是完善投融资机制，实施好政府和社会资本合作新机制，支持社会资本参与基础设施等领域建设。在市场准入、要素获取、公平执法、权益保护等方面，进一步打通制约民间投资的堵点、难点、痛点。三是完善财政科技资金支持方式，综合运用政府采购、风险补偿等多种直接和间接投入方式，带动投资向创新链各个环节集聚。四是搭建科技创新投融资平台，加大对高技术成果产业化扶持力度，形成多元化、多层次、多渠道的科技创新投融资体系。

（三）着力扩大需求，激发消费潜能

一是贯彻落实国家"两重""两新""以旧换新"等相关政策，制定出台自治区消费促进年政策和活动计划，坚持"政策+活动"双轮驱动，突出重点品类、节庆时令等，组织开展丰富多彩的促消费活动，营造良好消费氛围。二是稳定和壮大传统消费。提高新能源汽车、新型电子数码产品、节能家电等大宗消费品的普及率，加快传统消费提质升级步伐。三是谋划更多增量政策。推出惠民惠企措施刺激消费，包括节假日期间发放消费券、景区门票减免、智能产品体验、家电换新补贴、汽车购置或换新补贴等。四是在社交媒体上加强对内蒙古的宣传和推广，提升内蒙古的知名度和影响力，积极开展文娱旅游活动或体育赛事，打造"活动+旅游+美食+文化"一体化模式，构建商旅文体融合新场景。五是深入实施"数商兴农"，城市便利产品"下乡"和优质农副产品"进城"，深度挖掘城乡消费潜力。六是资助企业的研发活动，开发区域特色文创产品加工生产线，推动创新产品尽快走入消费市场，并带动相关上下游产业共同发展。

（四）改善民营经济发展环境，提高市场活力

一是落实降本减负政策，在国家税费支持政策上做到不拖延。加强直接面向民营企业和个体工商户的政策发布和解读引导，并有针对性地向民营企业推送税费优惠政策，帮助企业用足用好优惠政策。围绕进一步加大减税降费力度，探索实施推进增值税等实质性减税、对小微企业和科技型初创企业实施普惠性税收免除等政策。二是依法保护民营企业产权和企业家权益，营造良好的法治环境。在市场准入方

面，逐渐降低投资门槛，提高民营企业对包容审慎监管、多部门联合检查的满意度。促进形成尊重和激励企业家干事创业的社会氛围，形成对民营企业家的"软鼓励"，进一步激发企业家的积极性和主动性。三是畅通人才向民营企业流动渠道，健全人事管理、档案管理、社会保障等接续的政策机制。发布民营企业急需紧缺人才目录，并加大对紧缺人才的引培力度。探索建立普通高校、职业院校和民营企业联合培养人才创新机制，为企业发展提供人才保障。四是为民营企业家搭建更多的交流沟通平台，为他们提供更多参政议政的机会，通过交流让企业家们反映情况，讲出现状，助力解决制约民营经济发展的各类问题。

（五）多渠道促进增收，改善居民收入

一是为高校毕业生、退役军人、农民工、就业困难人员等重点群体创业提供场地、政策咨询、金融信贷、技能提升、创业指导等支持，鼓励创办小微企业、个体工商户以及投资少、风险小的创业项目，符合条件的发放一次性创业扶持补贴。对招用就业困难人员、脱贫劳动力的企业，发放一次性带动就业补贴、社会保险补贴。探索在非营利性社会组织中设置公益性岗位，安置城镇困难群众就业，建立岗位补贴用人单位分担机制。挑选市场需求度高、用工量大、适合低收入群体就业的康养、家政、建筑等职业工种，开展补贴性职业技能培训，建立"培训+就业"联动机制，以就业为导向开展精准培训，增强致富本领。二是对专业人才群体，实施差别化激励政策，健全多劳多得、技高者多得的人才收入分配制度。三是发展县域经济，培育优势特色产业，促进劳动力就地就近就业，以产业和就业带动居民工资性收入稳步增长。

（六）防范化解风险，创造良好风险防控环境

一是加强财政、就业、产业、区域、科技、环保等政策协调配合，强化政策统筹，在着力推动高质量发展中保持经济增速快于债务增速，改善社会预期，开源节流并举，稀释地方债务风险的存量和增量。二是优化期限结构、降低利息负担，强化上级政府对下级政府债务的管控兜底责任。通过审计、财政部门对风险点和高危区域跟踪监管，进一步完善债务问责机制，严肃查处新增隐性债务和隐性债务化解不实等违法违规行为，坚决遏制新增隐性债务，妥善处置和化解隐性债务存量。三是建立监管责任归属认领机制和兜底监管机制，确保一切金融活动，特别是非法金融活动有人看、有人管、有人担责。在守住不发生系统性金融风险的底线下，明确地方在维护区域经济及金融稳定方面的事权责任。提高不诚信企业的违规成本，完善退市机制，对不具备持续经营能力或财务造假等严重问题的企业，及时从市场中剔除。四是积极保交楼，加快推进保障性住房建设、"平急两用"公共基础设施建设、城中村改造等"三大工程"弥补房地产市场缺口。

[内蒙古宏观经济研究中心　佟成元]

之十二：2024 年广西壮族自治区经济运行分析及 2025 年展望

2024 年以来，广西聚焦建设"一区两地一园一通道"战略任务，解放思想、创新求变，向海图强、开放发展，系统落实一揽子增量政策，全力推动经济持续健康发展。总的来看，2024 年广西经济运行总体平稳，主要指标在结构性修复中趋好，生产需求两端新动能逐步积蓄，各项政策效应持续显现。

一、2024 年广西经济运行特征

（一）宏观经济基本盘总体稳健

2024 年一季度，广西经济稳健开局，地区生产总值同比增长 3.1%。二季度，在自治区一系列强有力稳增长措施推动下，一批撬动性牵引性强的重点工作持续显效，上半年地区生产总值同比增长 3.6%，比一季度回升 0.5 个百分点；进入下半年，随着国家和自治区一揽子增量政策的加力推出，广西各领域运行加快恢复，前期积累的增长动能、投资项目、有效需求逐步释放，经济向上修复的积极因素逐渐积累，但政策落地显效尚需时日，经济短期提速仍有难度，前三季度地区生产总值同比增长 3.6%，与上半年持平，经济增速拐点初步显现。初步预计，2024 年广西地区生产总值同比增长 4% 左右。

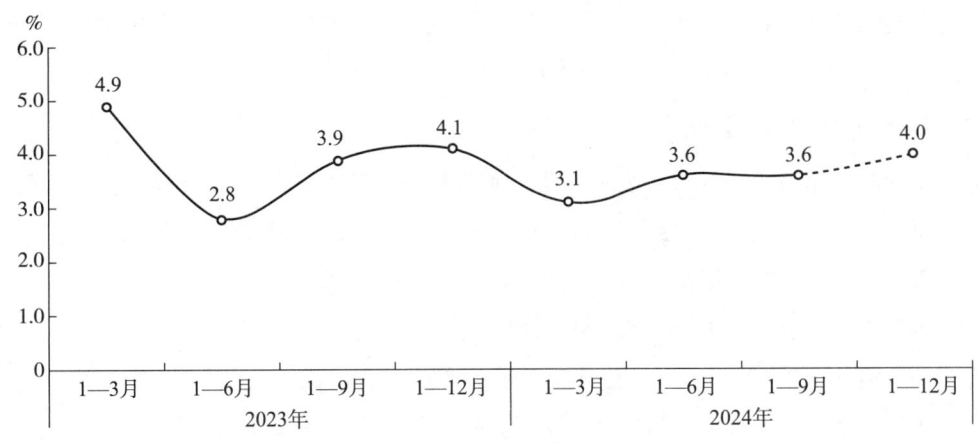

图 1　2023 年以来广西地区生产总值增速走势

（二）主要经济指标边际改善

2024 年以来，广西财政、工业、投资、消费、外贸等 5 项主要经济指标增速总体延续恢复态势，其中规模以上工业增加值、外贸进出口总额等 2 项指标增速高于全国平均。具体来看：工业方面，2024 年前三季度，广西规模以上工业增加值同比增长 6.5%，比全国（5.8%）高 0.7 个百分点，居全国第 12 位、西部第 6 位。外贸方面，前三季度，广西外贸进出口总额 5217.7 亿元，同比增长 9.1%，比全国（5.3%）高 3.8 个百分点。财政方面，前三季度，广西一般公共预算收入同比下降 3.7%，降幅分别比一季度、上半年收窄4.1个、2.4个百分点。投资方面，前三季度，广西固定资产投资同比下降7.9%，降幅分别比一季度、上半年收窄12.5个、0.2个百分点。消费方面，前三季度，广西社会消费品零售总额同比增长1.5%，分别比一季度、上半年提高0.4个、0.1个百分点。

表1　2024年广西主要经济指标增速情况（%）

指标	一季度	上半年	前三季度
GDP	3.1	3.6	3.6
一般公共预算收入	-7.8	-6.1	-3.7
规模以上工业增加值	6.7	7.8	6.5
固定资产投资	-20.4	-8.1	-7.9
社会消费品零售总额	1.1	1.4	1.5
外贸进出口总额	6.3	11.2	9.1

（三）农业经济实现稳中提质

广西全力抓好粮食和"菜篮子""果盘子""糖罐子"等重要农产品生产，多项指标排全国前列。2024年前三季度，广西第一产业增加值同比增长3.9%，比全国（3.4%）高0.5个百分点。早稻和夏粮均实现面积、单产、总产"三增长"，其中早稻播种面积同比增长0.27%，居全国第5位，单产同比增长0.16%，居全国第3位，总产量同比增长0.44%，排全国第1位，是全国唯一增产的早稻主产区；夏粮连续5年实现"三增长"。水果实现丰产丰收，前三季度，广西园林水果产量同比增长4.1%，其中杧果、火龙果、黄金百香果产量分别增长7.6%、12%、22%。糖业生产保持平稳，2023/2024年榨季，广西食糖产量约618万吨，连续20个榨季占全国的60%左右，截至2024年9月底，广西累计销糖591万吨，同比增加91.6万吨，产销率95.61%，同比提高0.85个百分点。

（四）工业新动能新引擎逐步积蓄

广西以实施新一轮工业振兴三年行动为契机，加快推动产业向高端化、智能化、绿色化转型，工业增长新动能加快积蓄。2024年前三季度，广西规模以上工业总产值同比增长6.5%；上半年规模以上工业增加值同比增长7.8%，比一季度提高1.1个百分点，对GDP增长的贡献率超过50%，2024年以来增速保持高于上年同期，高于全国及2021—2023年平均水平。产业持续向"新"发力，前三季度，广西服务机器人产量增长1.3倍，工业自动调节仪表与控制系统增长1.2倍，工业机器人增长82.5%，集成电路增长46.5%，光电子器件增长24.2%，新产业新产品对工业产值增长贡献率超过50%。重点行业加快向"绿"发展，广西太阳能电池产量增长7.3倍，汽车用锂离子动力电池增长1.5倍，新能源汽车增长1.2倍，风力发电机组增长1.1倍。

（五）重点领域投资增势良好

广西积极谋划做好"三个一万亿"工程重大项目，着力挖掘产业、基础设施等重大项目投资新增长点。重大项目牵引作用持续增强，黄桶至百色铁路、环北部湾广西水资源配置工程、防城港白龙核电等项目加快推进，2024年以来，广西争取到国家发展改革委在超长期特别国债专设西部陆海新通道投资投向，6个通道重点项目累计获得资金88.7亿元；截至9月底，西部陆海新通道重大项目完成投资616亿元，平陆运河完成投资168.5亿元。工业投资保持增长态势，前三季度，广西工业投资同比增长0.5%，

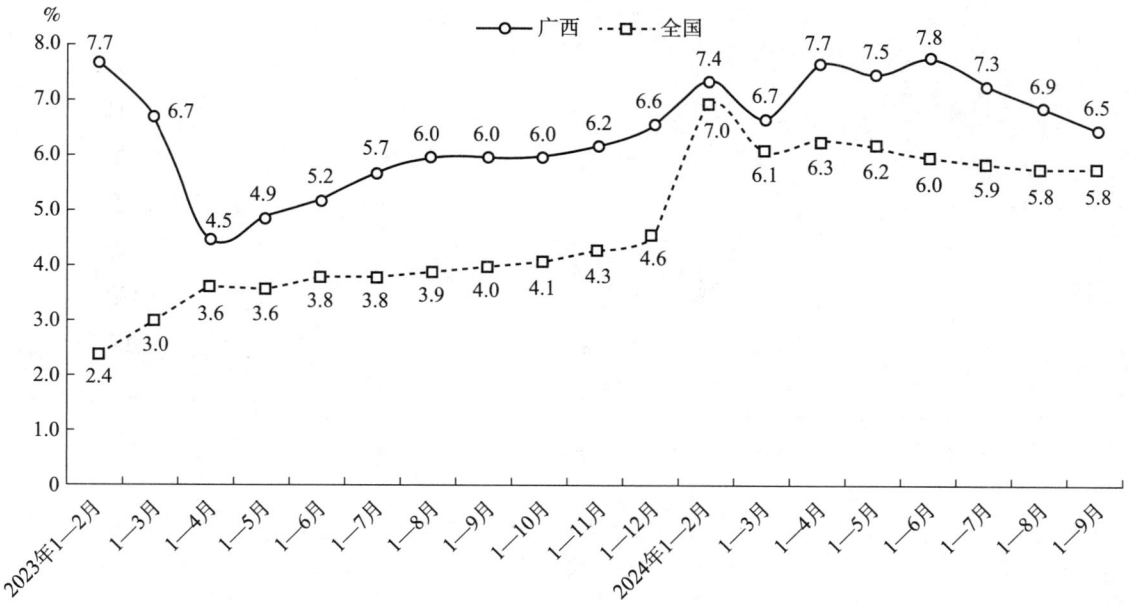

图2　2023年以来广西与全国规模以上工业增加值增速走势

其中9月增长16%，比8月（-28.3%）提高44.3个百分点。新能源项目投资拉动作用明显，前三季度，广西电力热力燃气及水生产和供应业投资同比增长36.6%，拉动工业投资增长9.8个百分点；其中，清洁能源发电项目投资持续高速增长，拉动工业投资增长6.3个百分点。

（六）升级类消费保持较快增长

广西积极抢抓消费旺季和重大节庆活动，政银企联动开展汽车、家电、百货、餐饮等各类促销活动，打造一批吃穿用游娱购相结合的消费新场景，有效释放消费潜能。2024年前三季度，广西限额以上批发业同比增长2.4%，分别比一季度、上半年提升9.5个、3.2个百分点，限额以上零售业、餐饮业分别同比增长7.3%、3.4%，均保持积极回升态势。文旅市场消费热度持续提升，广西借势"小砂糖橘"等热点，积极"引客入桂"，持续推出一批旅游热门线路、热点产品，开展"冬/春游广西""夏游广西"黄金季推广活动，前三季度，全区共接待国内外游客7.69亿人次，同比增长17.7%，实现旅游总收入（花费）8058.75亿元，同比增长16.7%；接待入境过夜游客约81.72万人次，同比增长267.1%，实现国际旅游（外汇）收入约3.09亿美元，同比增长245%。

（七）外资外贸韧性持续增强

广西围绕打造国内国际双循环市场经营便利地、粤港澳大湾区重要战略腹地，持续推动外贸扩量提质。2024年前三季度，广西外贸进出口总额5217.7亿元，同比增长9.1%，规模总量居全国第13位、西部第2位，增速居全国第12位、西部第8位。出口产品结构持续优化，前三季度，广西"新三样"产品出口同比增长16.7%，其中家用电器同比增长40.1%，电工器材、纺织品、电子元件、汽车出口同比分别增长56.6%、16.3%、49.8%、12.4%。西部陆海新通道辐射效应持续增强，2024年以来，累计开行钦州港东至重庆、成都、昆明，防城港至昆明、贵阳，湛江至贵阳等方向的图定线路共12条，开行海铁联运班列同比增长11.36%；前三季度，广西北部湾港货物吞吐量完成3.33亿吨，同比增长3.2%，其中集装箱吞吐量657万标准箱，同比增长14.2%，港口货物和集装箱吞吐量双双跻身全国前10位，北部湾港已成为我国西南地区通向海洋的重要枢纽。

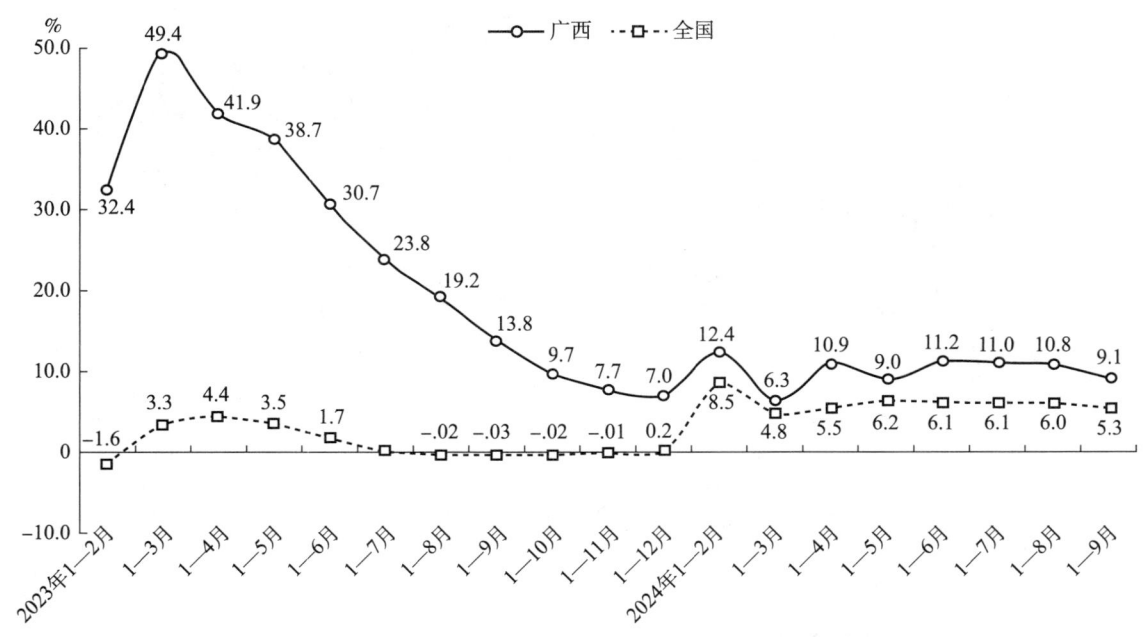

图 3　2023 年以来广西与全国外贸进出口总额增速走势

二、2025 年广西经济运行环境分析及主要经济指标预测

（一）面临挑战

国际环境方面，2025 年，预计全球发达经济体增长势头将持续走弱或延续疲弱表现，相对较高的利率水平、劳动力市场降温、收入增长放缓、地缘政治冲突、贸易保护主义等因素将影响广西的外贸、消费和投资需求，为广西经济加快回升势头带来较大压力。西方国家保护主义有望加速全球产业链供应链调整重构，加大我国供应链外迁风险，将对广西产业链和出口表现较好的"新三样"等产品造成较大冲击。国内环境方面，全国性预期信心偏弱、有效需求不足、市场持续动荡等问题仍然存在，受此传导，广西也将面临同样的困境，甚至可能面临更大的风险挑战，短期内释放需求活力仍需继续加码。

（二）发展机遇

从国家层面来看，我国经济韧性强、潜力大、活力足，下一阶段还将不断增强宏观政策取向一致性，确保各类政策有序推出、相互配合、精准发力，宏观政策将继续为经济复苏保驾护航。2024 年三季度以来，国家持续推出一揽子增量政策，将为广西抓好稳增长工作提供有力支撑。2025 年，随着一系列存量政策与增量政策叠加发力，政策效应不断累积，积极因素不断增多，广西经济有望持续恢复向好，生产供给稳步增加，市场需求持续扩大。从广西层面来看，2025 年，广西将继续聚焦建设新时代壮美广西，围绕"一区两地一园区一通道"建设，打造国内国际双循环市场经营便利地、粤港澳大湾区重要战略腹地，加快推进沿边临港产业园区、中国—东盟产业合作区建设，随着一系列区域协调、开放发展战略的推进，超长期特别国债、地方政府专项债券、中央预算内投资等领域项目加快转化为实物工作量，将为广西加快发展注入新的不竭动力。

（三）主要经济指标预测

展望 2025 年，随着一揽子增量政策和接续政策措施逐步形成组合效应、发挥聚合作用，广西经济发展的积极因素逐渐增多，有望破解制约经济中长期发展的结构性问题，经济发展内生动能持续增强，经济有望走出低增长区间，逐步恢复平稳较快发展。与此同时，外部环境依然复杂严峻，地缘政治将持续影响经济发展和市场环境，广西经济下行压力仍然较大，部分领域加快恢复的基础仍不牢固。综合考虑基数、各项积极政策和不利影响等因素，初步预计，2025年广西地区生产总值同比增长5.5%左右；其中，规模以上工业增加值增长6.5%左右，固定资产投资增长3%左右，社会消费品零售总额增长4%左右，外贸进出口总额增长8%左右。

三、政策调控措施建议

（一）抢抓用好政策窗口期

全面落实党的二十届三中全会和自治区党委十二届八次全会部署，以钉钉子精神抓好改革落实，加快健全责任明晰、链条完整、环环相扣的改革推进机制，抓紧推进一批切合实际的具体改革举措。增强政策环境的稳定性和可预期性，重点对接好"十五五"中长期国民经济与社会规划和短期宏观经济政策。用好用足国家各项政策，结合广西实际加快推出增量举措，统筹安排资金支持重大项目建设，打好"组合拳"，推动政策靠前发力、项目靠前实施、资金靠前使用，确保政策加快显效。抢抓超长期特别国债、中央预算内投资、大规模设备更新和消费品以旧换新等政策机遇，抓好项目谋划储备，全力争取各类资金支持。高质量推进"两重""两新"工作，做好项目申报、审核和资金管理工作，坚持"硬投资"和"软建设"相结合，系统谋划一批战略性、前瞻性和全局性的重点项目。

（二）培育壮大产业新质生产力

注重新动能与战略性新兴产业和未来产业的创新结合，推动形成创新主体多元化格局，打造科技、产业、金融等紧密结合的创新体系，为实现高质量发展提供强大动力和支撑。发挥国家和自治区重大科技基础设施、重点实验室体系作用，聚焦产业创新集群发展方向，高标准谋划建设一批国家级和自治区级工程研究中心、产业创新中心、技术创新中心、制造业创新中心等创新平台，实施一批创新能力建设项目，持续推动产学研用协同创新。聚焦科技创新、绿色产业、公共服务等领域，谋划新质生产力基础设施建设，扩大地方政府专项债券的规模和使用范围，确保专项债券资金的高效使用。全面融入国内大循环，积极承接产业转移，与粤港澳大湾区、长三角、京津冀等发达地区的产业合作持续深化，在智能制造、新材料、新能源等领域，打造具有区域竞争力和影响力的产业集群。

（三）加快培育完整内需体系

完善扩大消费长效机制，推动政府投资有效带动社会投资，重点抢抓平陆运河经济带建设机遇，打通服务平陆运河经济带发展大通道，创新开展运河场景招商，推进海陆产业联动、海陆空间衔接，探索打造集工业、生态、旅游、商贸、文化、娱乐、休闲为一体的经济增长极。抢抓家电补贴、家装补贴政策红利，引导房地产企业配套出台更优惠的销售政策，放大政策效应，更好推动房地产销售市场回暖。借助国家消费品以旧换新重大政策机遇，通过区市县协同、政银企联动，持续开展中国—东盟国际消费季等一批促消费活动，激活消费市场潜力。持续扩大文旅消费，积极推进"文旅+""+文旅"发展，丰富康养旅游、研学旅游、体育旅游、工业旅游等跨界融合业态，加快推出户外露营、山地越野、低空飞行等特色文旅产品。

（四）持续挖掘外贸新增长点

充分发挥区位优势，加快推动西部陆海新通道建设，持续挖掘贸易新增量，推动稳外贸稳外资，加快培育大宗商品供应链服务，积极拓展机电产品、特色农产品、锂电池等中间品，以及金属矿、矿砂、煤及褐煤等大宗商品贸易市场。全力推动外贸稳规模优结构，深入实施"工贸强基"工程，组织一批内贸工业企业参加进博会、广交会等涉外展会，帮助企业低成本高效率开拓新兴进出口市场。加快保税货物集拼分拨中心建设和保税物流仓储升级改造，推动更多保税物流企业发展集拼、分拨、换包等增值业务。

[广西壮族自治区宏观经济研究院　李美莲　韦武宏　杨丛丛　蓝荣侯]

综合卷
专题篇

之一：2024年重庆市乡村振兴发展情况及2025年展望

2024年以来，重庆以学习运用"千万工程"经验为主线，扎实推进乡村全面振兴，打赢极端干旱防御攻坚战，现代化新重庆建设的乡村振兴成色更足。预计2024年重庆第一产业增加值约2180亿元，同比增长3.1%，集体经济稳步壮大，农村常住居民人均可支配收入同比增长6.5%以上。

一、2024年重庆市乡村振兴发展分析

（一）总体情况

重庆持续深入实施"四千行动"，突出抓好巩固拓展脱贫攻坚成果、乡村产业高质量发展、统筹推进乡村建设"三大板块"的工作，农村经济平稳运行，乡村五大振兴发展蹄疾步稳。1—9月，重庆第一产业实现增加值1486.83亿元，同比增长2.9%；第一产业固定资产投资同比增长15.6%，高出全国平均水平13.3个百分点；农村常住居民人均可支配收入16790元，同比增长6.5%，城乡居民收入比由上年同期的2.37缩小至2.32。

（二）主要特点

1. 乡村产业加快集聚发展

围绕农业特色产业、食品及农产品加工业、乡村文旅产业等推动乡村产业提质增效，全市乡村产业的附加值和美誉度进一步提升。生态特色产业"集链成群"。聚焦"3+6+X"农业产业集群，在64个乡村优选培育"一主两辅"生态特色产业，成功创建荣昌猪、三峡柑橘、脆李等国家优势特色产业集群9个，以及国家级现代农业产业园10个、市级园区38个。食品及农产品加工产业势头强劲。组建重庆江大食品及农产品加工产业研究院、重庆市农产品加工业技术创新联盟，培育打造梅见青梅酒、天友百特牛奶等8大"爆品"。1—9月，全市食品及农产品加工产业规模以上工业总产值同比增长6%，增速在全市"33618"现代制造业集群体系的三大万亿级和三大五千亿级支柱产业集群中排名第2位。乡村品牌体系加快构建。培优做强涪陵榨菜百亿级和奉节脐橙、潼南柠檬、忠县忠橙、巫山脆李、荣昌猪等产值10亿级以上的重点品牌，支持"酉阳800"等新兴品牌打造，"高山生态有机"农产品名片更加明亮，累计培育认证绿色优质农产品2975个、绿色食品企业1250家，数量居西部第1位。生鲜农产品出口成效明显。在"渝货出海"带动下，1—9月农产品出口数量同比增长92.9%、金额同比增长42.3%，其中蔬菜、瓜果基本实现翻番。经西部陆海新通道出口同比增长超五成，规模创近5年历史同期新高。

2. 乡村人才队伍稳定壮大

突出外引内培、引育结合，加强乡村人才培育和集聚，重点开展脱贫人口就业培训和帮扶，乡村人力资源进一步盘活。"引育结合"壮大人才队伍。大力开展技能帮扶提素质行动，积极实施"三支一扶""西部计划"等基层服务项目，持续推动"三师入乡"，招募"三支一扶"大学毕业生752名，累计组织1036名专家深入基层开展600余次技术帮扶工作，实现市级乡村振兴重点帮扶乡镇专家服务团全覆盖。

畅通城市人才入乡通道取得突破。市公安局在人口管理系统中增设"城市人才加入乡村"申请通道，为城市人才入乡落户打开制度"窗口"。建立城市人才入乡清单和需求清单，大足区、巴南区等稳妥开展城市人才入乡封闭试点。丰都等区县全面实施"新农人"计划，不限户籍吸引和支持城乡人才入乡创业就业。就业帮扶着力稳定人才队伍。开展就业帮扶促增收行动，拓展鲁渝协作推进防止返贫就业攻坚行动，山东帮扶重庆农村劳动力转移就业1.91万人，其中脱贫人口转移就业3587人。截至2024年7月，重庆共建成就业帮扶车间629个，吸纳就业12030人。

3. 乡村文体活动精彩纷呈

全力推动全市乡村文化振兴工作落地见效，文化保护传承力度加大，乡村文化供给更加丰富。乡村特色文化深入挖掘。结合自身农业特点与巴渝人文特色，深入挖掘优秀农耕文化，截至9月末，全市已发掘出江津花椒栽培系统、石柱黄连生产系统、万州红橘栽培系统等近1000个农耕文化遗产。发布全国首张乡村文化地图。农业农村部与重庆市农业农村委共同发布"巴渝农耕文化数字一张图"，汇集了农耕文化遗产点位及周边1小时车程内吃住游购乐信息，为市民提供乡村文化体验导览服务。村字头赛事活动精彩纷呈。2024年以来，全市着力打造"村TT""村BA"等"村字头"精品赛事，启动"大地流彩"系列活动，成功举办首届巴渝和美乡村村歌大赛。文体旅融合发展新路径加快探索。推动乡村文化+体育+教培+产业+旅游融合发展。例如城口县修齐镇通过"体育+旅游""人流带客流"方式，在举办第二届和美乡村篮球联赛的同时，推出"村BA美食嘉年华"等农家菜套餐，激活乡村夜市经济、周末经济、地摊经济发展，同期全镇游客数量同比增长20%。

4. 乡村人居环境持续改善

学习运用"千万工程"经验，坚持"小组团、微景观、生态化、有特色"理念，探索打造彰显区域特色的"美丽巴蜀·宜居乡村"。启动全市农村黑臭水体清零创建行动，农村黑臭水体整治率在50%以上，治理范围内的行政村生活污水治理率在60%以上。巫溪县成功申报财政部、生态环境部2024年黑臭水体治理试点。农业废弃物综合利用深化探索。在26个区县实施畜禽粪污资源化利用整县推进项目，全市畜禽粪污综合利用率稳定在80%以上，农作物秸秆综合利用率91.44%，均处于全国中上水平。农村人居环境整治持续开展。开展污水处理、垃圾分类和示范评比，建成市级巴渝和美乡村示范村107个、示范院落1423个。截至9月末，全市农村卫生厕所普及率、生活垃圾和生活污水治理率分别达到87%、100%、65%。

5. 乡村改革创新持续发力

新政策、新制度、新技术推动新时代乡村组织变革提速，激发乡村振兴新活力。强村富民综合改革蹄疾步稳。稳妥推进农村"资源变资产、资金变股金、农民变股东"三变改革试点，探索推进农村集体经济组织市场化运营，遴选120个村开展强村富民综合改革示范，成立"强村公司"超过4000家。1—9月，全市村集体经营性收入平均达到43万元，经营性收入10万元以上的村占比达到85%。农村土地改革稳妥推进。合川区、璧山区获批开展第二轮土地承包到期后再延长30年整区试点，南岸区峡口镇、渝北区大盛镇等4镇获批开展整乡延包试点。大足区以开展农村宅基地改革为牵引，积极探索实施"五合一"综合改革①。梁平区龙印村通过农村闲置宅基地盘活利用，成功打造"万石耕春"景区，有效带动农户和集体经济增收。数字赋能乡村治理提速增效。重庆长寿、潼南、万州获批成为第二批国家数字乡村试点

---

① 即实施全域土地综合整治、高标准农田改造提升、农村宅基地腾退、土地承包经营权确权确股保利益、农村集体经营性建设用地入市。

地区，乡村振兴（重庆）数字产业研究院揭牌成立。"小院家"① 乡村治理数字平台在重庆 38 个区县的 2114 个村 11413 个小院投入使用，为全市乡村智慧治理奠定了基础。

二、值得关注的问题

（一）乡村产业发展层级普遍不高

一是乡村产业链条普遍较短。受经济基础薄弱、工业化带动能力有限、三次产业传统布局等制约，重庆农产品精深加工产业发展缓慢，产业链前端附加值普遍不高，企业抗市场风险能力弱。甚至部分区县工业园区企业年产值不足 10 亿元，产业链难以向上下游延伸。二是城乡产业融合度不够。食品及农产品加工业、农村电子商务、乡村旅游业、农业生产性服务业等作为城乡产业融合的主要业态，发展规模总体不大，尤其农业生产性服务业尚无明确统计，也未专门制定出台城乡产业融合业态发展支持政策等，产业融合发展难度较大。

（二）城乡要素配置仍待优化

一是农村土地细碎化问题有待解决。农村土地市场改革仍以封闭试点为主，由于经营权、使用权分散，集中统筹使用困难多、阻力大，抑制了城市资本下乡意愿和乡村资源价值实现。二是吸引城市人才下乡难度仍然较大。吸纳城市人才成为集体经济组织成员的制度通道尚未完全打通，城市入乡人才通常无法获取农村户籍及分享集体经济组织相关权益，人才返乡入乡意愿弱、难留住。三是乡村振兴项目缺乏投融资渠道。金融资本因缺乏抵押物而不愿进入乡村，社会资本因收益预期不稳而不愿投、不敢投，导致乡村振兴项目签约多、落地难、建设慢。

（三）集体经济组织活力不够

一是振兴主体作用发挥不够。当前推动乡村产业振兴工作更多依靠政府力量，例如派驻驻村工作队、选派驻村第一书记等，集体经济组织在组织农民开展农业生产、创业增收等方面动员能力不强、思路办法不多、未能主动作为，农村资源资产利用仍不充分，部分村集体还存在"等靠要"依赖性。二是与农户利益联结较弱。相对集体经济组织而言，农民处于弱势地位，参与利益分配话语权不足、议价能力较弱，利益联结大多停留在土地租赁收入或少数务工收入层面，盈利多寡与农民关系不大，经营项目出现风险时，农民利益难以得到保障。

三、2025 年重庆市乡村振兴发展环境及展望

（一）全球农产品贸易面临诸多挑战，我国农业对外开放合作将迈出新步伐

近年来，全球化与保护主义此消彼长、气候变化对农业生产影响加大以及我国"一带一路"建设加力显效，共同塑造了我国农业发展的国际新局势。一是全球农产品供需和国际贸易承压。IMF 10 月发布全球经济展望，预计 2025 年全球经济将实现 3.2% 的增长，并指出增长的下行风险正在加大。预计 2025 年国际多点局部冲突、贸易保护主义、厄尔尼诺影响等仍将持续，国际市场粮食和重要农产品稳定供应面临更多不确定性，国际农产品市场价格波动也更加频繁，我国保障粮食安全压力依然较大。二是"一带一路"倡议拓宽我国对外农业合作。受益于"一带一路"建设成效显现，我国农业国际合作的地域和领域将不断拓宽。尤其是与中亚五国、东盟地区等农业合作，将从农产品贸易领域更多地拓展到农产品

---

① 以农村院落为单位，结合"积分制""清单制"搭建乡村自治小场景。

加工、农业科技创新、农业金融投资等领域，企业投资合作呈现出从独立经营模式向园区集聚模式转型态势。

（二）我国加快完善城乡融合发展体制机制，改革提速将激发县域发展活力

2025年是"十四五"收官之年，也是全面实施乡村振兴战略规划（2025—2027）的开局之年，国家层面将以制度改革为抓手力促五大振兴。一是城乡融合的体制机制改革进一步深化。党的二十届三中全会明确提出加快完善城乡融合发展体制机制，预计接下来，相关部委将围绕健全推进新型城镇化体制机制、巩固和完善农村基本经营制度、完善强农惠农富农支持制度、深化土地制度改革等出台相应改革实施意见，各省市也将因地制宜配套出台相应工作方案，政策落地将加快推动城乡融合发展。二是县域经济将加快发展。县域经济作为带动乡村振兴的火车头，将成为城乡产业融合发展、城乡资源自由交换、城乡人才跨界流动的重要集聚地，获得更多政策倾斜和资源投入。但受宏观经济增长承压、社会投资信心不足等影响，县域和乡村投资兴业招引难度仍然较大。

（三）重庆着力打造城乡融合乡村振兴示范区，城乡融合发展动力将进一步增强

重庆学习贯彻党的二十届三中全会改革精神，将推进现代化国际大都市建设和大农村、大山区、大库区发展有机结合，加力探索大城市带大农村大山区大库区的乡村振兴城乡融合发展之路，着力打造城乡融合乡村振兴示范区。一是"土特产"市场化品牌化国际化加快。在"一县一策"政策助力下，火锅食材、预制菜、柑橘、中药材、榨菜、茶叶、重庆小面等特色产业加快链条化、集群化发展，品牌塑造持续加力，乘着"一带一路"、西部陆海新通道建设的东风加快走出国门、拓展品牌国际影响力。二是乡村建设治理水平不断提升。在农村基础设施和人居环境迈上新台阶后，在农村日益"空心化"趋势下，如何提高公共服务供给精准度和乡村治理水平逐渐成为乡村工作重点和难点，预计农村"软环境"有望获得更多关注进而逐步改善，重庆数字化城市运行和治理中心加快向乡村覆盖延伸，乡村"智治"能力明显提升，城乡发展水平和生活水平差距将逐步缩小。

（四）2025年趋势预测

2025年，全市将有力有效推进乡村全面振兴，加快建设巴渝和美乡村，底线红线更加牢固，农村经济平稳运行，城乡融合体制机制改革深入推进。预计2025年全市第一产业增加值同比增长4.2%左右，第一产业固定资产投资同比增长10%左右，农村常住居民人均可支配收入同比增长7%左右，城乡居民人均可支配收入比缩小到2.29∶1，城乡居民共同富裕迈出坚实步伐。

四、对策建议

（一）推动城乡产业融合发展

一是以产业链延伸为导向推动城乡产业互补。高度重视农产品仓储、加工、品牌培育等环节发展需要，合理利用城乡空间布局产业环节。适度放宽涉农项目资金和衔接资金使用范围，允许更大比例用于乡村生产服务配套设施改造提升等。二是以特色资源为基础协同推进城乡产业转型升级。将乡村生态资源、特色农产品、乡土文化等植入城市工商业，开发乡村市场，形成新产业增长点。将城市经营理念、技术手段等应用于乡村产业发展，拓展乡村的生产、生活、生态复合功能，推动"农商文旅体"由浅层叠加向深度跨界融合转变。三是以产业园区为载体推动城乡产业融合发展。增强产业园区支持政策的协同性，积极探索产业融合平台创新机制，改变传统的项目建设推进方式，更加注重产业融合发展和园区建设的质效评价。

（二）破除城市资源入乡障碍

一是扩面开展农村土地改革试点。在更大范围进行农村宅基地使用权退出改革试点，深化集体经营性建设用地入市改革，拓展推广大足区"五合一"综合改革。探索抵扣城市商品房价款、置换城市保障性住房、换取不低于县城最低生活保障标准的养老保险等多种形式推进农村土地权益退出。二是出台更加有力的人才吸引政策。以赋予集体成员资格权为核心，完善财政金融支持、就业创业指导和农村权益保障等人才引进激励政策，吸引各类人才返乡入乡广泛参与乡村振兴，鼓励城市人才"候鸟式"入乡服务，引导城市居民下乡消费和旅居。三是全面优化城乡资金流动机制。适度放宽对政策性农业信贷担保保本微利的要求，支持龙头企业牵头发展产业融资担保，鼓励同业主体成立行业融资担保机制，策划发行乡村振兴类公募REITs，对社会资本投资参与乡村振兴项目在开发性金融、贷款贴息等方面予以政策扶持。

（三）深化强村富民综合改革

一是一体推进小县大城、强镇带村、强村富民综合试点改革。加强对首批试点县、镇、村的工作指导，适时开展建设效果评估，总结相关工作和改革经验，谋划开展第二批试点工作。重点加快培育创办一批"强村公司"，示范带动农村集体经营性收入增长。二是持续壮大新型农村集体经济。鼓励集体经济组织充分盘活利用农村土地、山产和水面等各类资源，有效盘活利用农村大量的闲置宅基地和闲置农房，积极发展农村生产性服务业和生活性服务业，引进国有企事业单位以及民营资本联合开展产业经营、村庄经营。三是健全集体经济收益共享机制。探索完善土地入股、土地租金、保底收益、利润分红等组合搭配的分配方式，因地制宜推广"大基地+小单元"的统分结合经营分配模式。引导建立村集体承担有限风险制度以及资本退出资产资源保全制度，切实保障项目发生风险时村集体组织利益。

[重庆市综合经济研究院（重庆市经济信息中心）宏观经济研究课题组
主研：易小光　丁　瑶　余贵玲　苟文峰　张　超　邹於娟
执笔：邹於娟]

之二：2024年重庆市工业经济运行分析及2025年展望

2024年以来，世界政经形势复杂多变，全球经济风险挑战增多。国内加快经济结构调整转型，一批改革举措为推进新型工业化提供有力支撑。在此宏观背景下，重庆工业经济总体保持向好态势，"33618"现代制造业集群体系加快构建，工业增长新动能快速释放，工业重点企业支撑有力，智能化数字化转型成效明显。预计2024年全市规模以上工业增加值将同比增长8.0%左右。

一、2024年重庆市工业经济基本情况和主要特点

（一）总体情况

2024年以来全市工业经济总体保持向好态势，1—9月，全市规模以上工业增加值增长8.1%，分别高于上年同期、全国平均水平2.4个、2.3个百分点，增速排名全国第8、西部第5，较上年同期分别上升6位、4位。从运行趋势来看，全市规模以上工业增加值累计增速自5月达到年内最高值9.3%以后逐月回落，但持续高于全国平均水平。

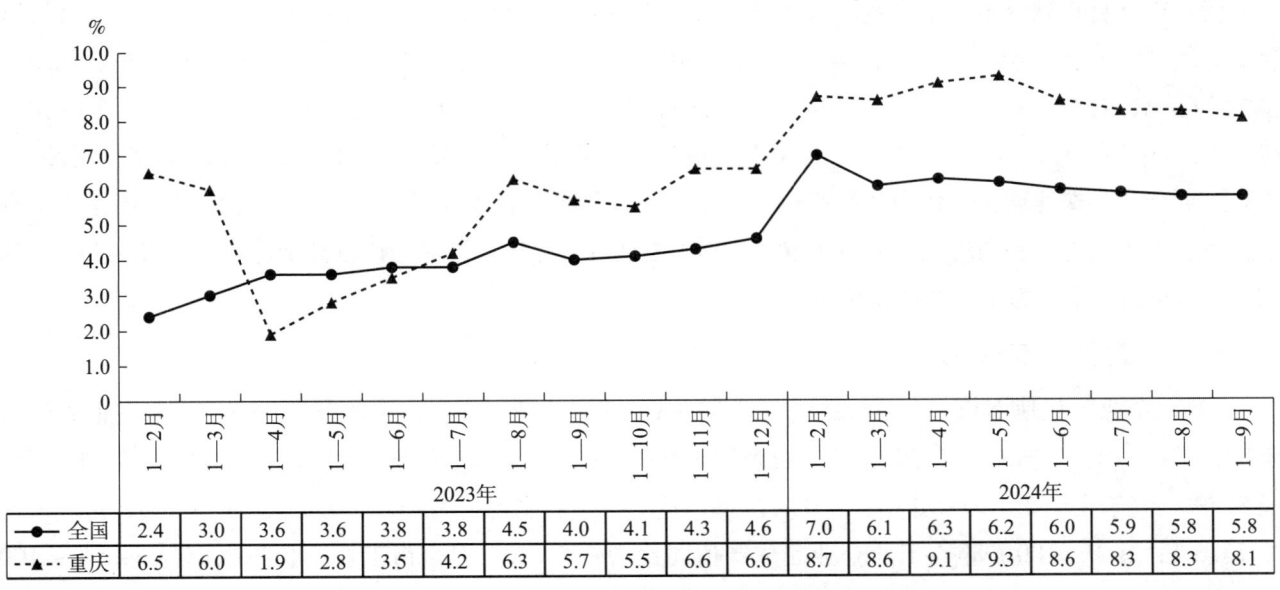

图1 全国和重庆规模以上工业增加值累计增速对比

（二）主要特点

1. 行业结构不断优化

"33618"现代制造业集群体系加快构建，八大重点行业保持良好发展态势，工业结构继续优化。一是"33618"现代制造业产业快速发展。3大主导产业贡献突出，1—9月，智能网联新能源汽车增加值增速高达21.6%；3大支柱产业恢复性发展，其中软件信息服务业收入增长9.0%；六大特色优势产业、18

个"新星"产业中多数保持较快增长。二是八大重点行业多数增势良好。新能源汽车产量同比增长130.7%，支撑汽车产业增加值同比增长25.9%，对规模以上工业增加值增长贡献率达55%，拉动GDP增长4.5个百分点；清洁能源技术装备、储能技术装备、智能电网装备等行业快速发展，带动能源行业增加值累计同比增长8.2%；隆鑫动力、宗申等企业纷纷推出新款，摩托车行业增加值增速也保持在7.9%的较高水平；"与辉同行"等专场活动激发了巴渝好物市场需求，带动消费品行业增加值同比增长6.0%。

表1 2024年重庆八大产业增加值增长情况（%）

产业	1—2月	1—3月	1—4月	1—5月	1—6月	1—7月	1—8月	1—9月
汽车	20.1	23.7	26.6	31	30.3	28.5	28	25.9
摩托车	5.4	6.3	4.9	5.9	3.5	4.8	7.1	7.9
电子	9.3	7.3	6.3	3.6	3.1	3.2	2.7	2.9
装备	-0.4	-3.4	-0.2	-0.3	-0.8	0.7	1.3	1.6
医药	-1.5	-2.2	-0.1	-2.6	-2.4	-2.3	-2.5	-3.2
材料	8.7	8	6.3	6.5	5.5	3.5	4.7	4.6
消费品	5.5	5.5	6.4	6.3	6.1	6.2	6.4	6.0
能源	6.9	7.2	8.3	8.3	7.3	6.4	7	8.2

2. 工业增长新动能快速释放

投达产项目贡献突出，工业新产品产量跃升，工业经济增长新动能加速释放。一是投达产项目持续释放新增产能。全市445个重点工业投达产项目中，投产158个、达产118个，投达产率62.0%，新增产值982亿元，对全市产值增长贡献超八成。其中，汽车行业66个已投达产项目新增产值占全市比重62.1%，贡献最突出；16个工业大区有145个项目实现投达产，新增产值占比近九成，支撑作用凸显。二是工业新产品快速增长。代表新兴产业、未来产业发展方向的新能源汽车、集成电路产品产量均实现成倍增长，太阳能用超白玻璃、光电子器件、动力电池等产品产量同比增速也分别达到97.0%、79.6%和48.5%的较高水平，为工业经济增长注入了新动能。

3. 重点工业企业支撑有力

"双百企业"快速增长，专精特新企业发展壮大，工业企业保持良好发展态势。一是"双百企业"贡献较大。1—9月，全市"双百企业"完成产值11957.1亿元，占全市规模以上工业产值比重58.0%，增长8.5%，高于全市2.1个百分点，增长贡献率高达75.5%；实现利润479.7亿元，增长8.1%，占全市比重53.6%；其中，100户重点工业企业完成产值同比增长8.2%，对全市工业增长贡献率为64.5%；100户成长型工业企业完成产值同比增长11.2%，高于全市平均4.8个百分点。二是龙头企业、创新主体发展能级提升。化医集团等10家渝企上榜"中国制造业企业500强"，其中智飞生物、博赛矿业等6家企业较上年实现名次上升。新培育国家级制造业单项冠军4家，累计达到16家。工信部公示第六批国家级专精特新"小巨人"企业名单，32家渝企上榜，全市累计已达310家；25家重点"小巨人"企业获国家支持。

4. 智改数转网联成效显著

"点上示范""链式改造""网联赋能"取得成效，全市制造业智能化数字化发展进入新阶段。一是示范项目建设成效突出。聚焦工业企业设备和软件更新，新推动实施数字化改造项目 256 个，新认定 39 个智能工厂、138 个数字化车间，累计建成智能工厂 183 个、数字化车间 1096 个，示范项目建成后生产效率平均提升 58.5%。二是链式改造有序推进。51 家汽车零部件企业完成转型升级，进入智能网联新能源汽车产业链。宗申动力、重庆机电集团等龙头企业"链网平台"功能强化，带动 3000 余家中小企业协同转型。三是网联赋能基础能力提升。培育了中冶赛迪、忽米网、广域铭岛等 3 个国家级"双跨"和 5 个特色专业型工业互联网平台，工业互联网标识解析顶级节点（重庆）累计上线二级节点 54 个，标识解析量 355 亿。迭代构建"产业大脑+未来工厂"数字经济系统，上线 5 个行业大脑。全市两化融合指数西部第一，数字赋能指数全国第七，物联网智慧工业终端用户数占比全国第一。

二、存在的主要问题

（一）工业品市场需求持续偏弱

在全球经济增长放缓、贸易保护主义加剧、房地产市场深度调整的形势下，工业品内外市场需求仍然偏弱。一是外部需求持续低迷。一方面，主要发达国家经济恢复不及预期叠加通胀水平仍然较高，制约了全球需求；另一方面，贸易保护主义加剧，2024 年 9 月美国大幅上调中国"新三样"等产品关税，欧盟对中国电动汽车加征进口关税，影响汽车及相关产品出口。1—9 月，全市货物出口额增速低于全国平均水平 3.8 个百分点。二是内部需求仍然不足。社会消费品零售总额、固定资产投资增速等均呈下滑态势，制约了工业品市场的有效需求。1—9 月，全市工业品价格指数 PPI 和 PPIRM 分别同比下降 0.8% 和 1.3%，已经连续两年负增长。工业品价格持续下滑影响了企业产能扩张，全市规模以上工业产能利用率仅为 72.9%，较一季度、上半年分别下降 1.5 个和 2.8 个百分点，规模以上工业企业亏损面达 21.3%。

（二）部分行业增长压力加大

汽车继续高速增长的压力加大，医药、装备、电子、材料等产业短期难有改善，全市工业经济"多点支撑"不足。一是汽车产业高速增长不可持续。全市燃油车产量下降 15.4%，但仍占全市汽车产量的 2/3。新能源汽车的快速增长难以对冲燃油车产量下滑影响，长安旗下深蓝、阿维塔、启源等系列新能源车市场份额均未达企业预期。二是电子产业短期难有较大改善。受到需求不足、市场竞争、订单转移等因素影响，笔电、手机产量分别下降 4.3% 和 8.2%，新增长点 AI PC 也尚处于初期阶段。三是材料、装备等受影响较大。在房地产、基建等低位运行的环境下，钢铁、建材、工程机械等市场需求严重不足，持续影响材料、装备等相关产业发展。此外，在化学药、中成药较大幅度下降以及大部分创新药仍处于研发阶段等因素共同影响下，医药产业增加值累计同比下降 3.2%。

（三）企业生产经营困难仍然较多

受运营成本高企、盈利能力偏弱等因素影响，工业企业生产经营压力仍然较大。一是运营成本上升。受用电、用水等要素价格持续较高等因素影响，全市规模以上工业企业每百元营业收入成本为 87.12 元，较上年同期提高 0.39 元，高于全国 1.73 元，且 2024 年以来始终高于全国水平。二是流动资金紧张。企业直接融资受到制约，发行企业债券和债务融资工具 2095 亿元，同比下降 7.9%。应收票据及账款增长 9.4%，高于全国 1.0 个百分点，占企业流动资产的比重达 30.8%，高于全国 2.3 个百分点。三是盈利能力较差。38 个工业大类行业中有 17 个行业利润下滑，近半数整车企业亏损，电子、医药、建材行业利润同比分别下降 27%、17.2%、18%，严重影响了企业预期和信心。1—9 月，全市新设立工业经营主体同比下降 28.4%，登记注销比连续 3 个月低于 1。

三、2025年环境分析及经济运行趋势展望

（一）国际政治经济形势复杂变化，工业经济发展面临新形势新挑战

新一轮科技革命和产业变革深入发展、全球产业链供应链加快重构、地缘政治局势更加紧张，国内工业经济发展面临新形势新挑战。一是制造业国际竞争加剧，产业转移风险仍然存在。全球科技竞争日趋激烈，围绕AI等新一代技术的研发创新及技术突破成为各国竞相押注的方向。美国联合西方盟国限制芯片、软件等对华出口，并试图切断我国在科技领域的国际合作与交流。印度、越南、墨西哥等新兴经济体工业化进程加速，大力支持承接产业转移，我国制造业面临着"前有围堵、后有追兵"的双重压力。二是全球贸易保护主义加剧，将影响新能源汽车等主要工业品出口。美国、欧盟炒作"中国产能过剩论"，扩大对我国高技术出口管制范围，相继对中国新能源汽车、锂电池、光伏电池等新能源产品加征高额关税，并可能继续对中国设置更高的贸易壁垒。一些新兴市场经济体也对中国工业产品实施贸易限制措施，将在一定程度上影响国内相关产品出口，拖累"渝车出海"进度。但人工智能、量子科技等新技术呈交叉融合、多点突破的发展态势，将带来众多产业领域的深刻变革和创新，有利于推动传统产业转型升级，催生新业态，形成新动能。

（二）国内工业稳增长力度加大，工业经济将持续恢复发展

随着一揽子增量政策的落地生效，国内需求有望不断改善，持续推动经济向好、结构向优，工业经济将延续高质量发展态势。一是宏观政策逆周期调节力度加大，有利于改善工业经济市场需求。三季度以来，党中央、国务院围绕加大宏观政策逆周期调节、扩大国内有效需求、加大助企帮扶力度、推动房地产市场止跌回稳、提振资本市场等五个方面加力推出一揽子增量政策，随着各项政策密集协同显效，相关产品市场需求将逐步改善。二是未来产业发展环境向好，有利于形成工业经济新动能。2024年以来，《关于推动未来产业创新发展的实施意见》《新产业标准化领航工程实施方案（2023—2035年）》等系列文件相继印发，对未来产业作出前瞻性部署，新一代信息技术、新能源、新材料等新兴产业，以及元宇宙、脑机接口、量子信息、人形机器人等未来产业标准的研究、制定、实施和国际化步伐将不断加快。三是专精特新中小企业支持力度加大，有利于工业企业恢复发展。工信部联合财政部启动了新一轮专精特新支持政策，将通过中央财政支持1000多家重点"小巨人"企业打造新动能、攻坚新技术、开发新产品、强化产业链的配套能力，还将在金融支持、投资带动扩内需等方面再推出一批针对性举措，有利于全面惠及各类企业。但外部环境依然严峻复杂、企业盈利水平较低等困难仍然存在，工业经济恢复向好基础仍需巩固。

（三）因地制宜发展新质生产力，着力构建以先进制造业为骨干的现代化产业体系

围绕构建以先进制造业为骨干的现代化产业体系，重庆将加快构建"33618"现代制造业集群体系，持续推动制造业集群式高质量发展。一是科技创新赋能，工业经济将积蓄新优势。《重庆市产业创新综合体建设方案（2024—2027年）》正式印发，将通过建设一批产业创新综合体，推动生产要素创新性配置、关键核心技术攻关和科技成果高效转化应用，为构建以先进制造业为骨干的现代化产业体系提供强大动力。二是智能化数字化升级，支柱产业将形成新增长点。聚焦智能网联新能源汽车、新一代电子信息制造、先进材料、智能装备及智能制造、食品及农产品加工、生物医药等重点行业，重庆正开展行业产业大脑和未来工厂"揭榜挂帅"，以"产业大脑+未来工厂"为核心场景，融通发展新质生产力。三是谋划新领域新赛道，未来产业将注入新动能。《重庆市未来产业培育行动计划（2024—2027年）》（渝府办发

〔2024〕75号）为"33618"现代制造业集群体系18个"新星"产业明确发展方向，谋划实施六大行动，未来产业发展新动能将加快积蓄。但部分重点产业增长压力较大、重大工业项目接续乏力等问题持续存在，工业经济稳增长的压力仍然较大。

（四）2025年重庆工业经济运行趋势展望

综合看来，2025年重庆工业发展仍面临较多困难和挑战，但工业稳增长的政策环境向好，工业新动能正在集聚，工业总体将继续保持良好运行态势。预计2025年全市工业增加值同比增长6.5%左右，其中规模以上工业企业增加值同比增长7.0%左右。

四、对策建议

（一）多措并举扩大有效需求

进一步优化政策体系，加快推进"两重""两新"建设，持续推动转型升级，着力扩大有效需求。一是用足用好财政金融政策。全面推动落实"一揽子"增量政策，聚焦重点产业、重点项目有针对性地完善全市增量政策，持续推动大规模设备更新和消费品以旧换新，实施新能源汽车、绿色建材、家电下乡活动，培育智能家居、国货"潮品"等新增长点。二是持续推动传统产业转型升级。强化科技创新和产业创新融合发展，鼓励支持制造业企业运用新技术、研发新产品。迭代完善"数字化车间—智能工厂—未来工厂"梯度培育体系，全面促进制造业"智改数转网联"。三是建立健全项目生成机制。锚定标志性产业链薄弱和缺失环节策划一批填平补齐类项目，面向未来产业策划一批产业化项目，积极争取纳入国家"两重"建设大盘。

（二）加快构建多点支撑的产业体系

聚焦"33618"现代制造业集群体系建设，做大做强主导产业、支柱产业，培育壮大新兴产业，加快形成多点支撑的产业体系。一是继续壮大主导产业集群。聚力打造智能网联新能源汽车之都，不断优化新能源汽车产品矩阵。培育壮大特色工艺集成电路、下一代新型显示和汽车电子等新增长点。推进先进材料产业加速补链成群，围绕汽车轻量化、节能降碳等市场调整产品结构、形成新增长点。二是推动支柱产业能级跃升。谱系化、集成化培育发展农机装备和智能制造装备，突出抓技改、造爆品、强品牌推动食品及农产品加工业迭代升级，聚焦汽车软件等领域抓好"北斗星""启明星""满天星"企业培育。三是持续提升六大特色优势产业集群"美誉度"。加快布局"6+3"未来产业体系。深化生产性服务业赋能，促进科技研发服务业增量提质，提升检验检测技术能力和服务效能，推进全球设计之都建设。

（三）加大开放型企业发展力度

全面推动稳外资各项政策措施落实，不断优化外商投资环境，加大制造业领域吸引外资力度，推动外资外商工业企业高质量发展。一是多措并举稳外资外商。全面对接国际一流标准，持续优化外商投资环境，保障外资外商企业国民待遇，提高外商投资运营便利化水平，推动"外资24条"落实落细，完善配套政策体系。充分发挥全市外资企业圆桌会议制度作用，建立与外资企业的常态化沟通联络平台，及时解决新情况新问题，增强外商投资企业信心。二是加大吸引外资外商力度。通过举办跨国公司重庆行、进博会重庆交易团等活动，推动更多跨国公司来渝投资、合作。瞄准电子、机械、医疗、航空等重点领域，有针对性招引外商投资。在德国、新加坡等重点外资来源地设立外资招商联络点，不断拓宽制造业领域外资外商招引渠道。

（四）优化工业企业发展生态

针对工业企业运营存在的困难问题，强化企业服务和要素保障，全面优化工业企业发展生态。一是优化完善惠企政策体系。研究出台中小微工业企业分类精准帮扶的具体措施，多渠道、多形式宣传各地区各部门的各类惠企政策，优化政策传导路径，强化政策"精准滴灌"。二是着力减轻企业负担。加大力度降低制度性交易成本，组织开展涉企违规收费专项检查和重点抽查，加快违规收费退费进度。切实降低企业生产要素成本，进一步降低物流成本。三是进一步优化企业服务。落细落实"服务企业专员制度+企业吹哨·部门报到"机制，上线运行"企业码上服务综合场景"。围绕拓展市场、引才育才、融资促进、管理提升等方面加强精准服务，着力化解工业企业生产经营中的痛点难点。

[重庆市综合经济研究院（重庆市经济信息中心）宏观经济研究课题组
主研：易小光　丁　瑶　余贵玲　陈　可　贺诗倪
执笔：贺诗倪]

之三：2024年重庆市投资形势分析及2025年展望

2024年以来，全球跨境投资运行疲软，国内投资增长呈现稳中趋缓态势。重庆深入实施稳投资系列政策措施，全力抓项目促投资，充分激发民间投资活力，投资"量""质"均有所提升，但受债务约束、项目分类管理以及市场预期不足等影响，投资增速承压运行。预计2024年重庆固定资产投资将完成12290亿元左右，同比增长4.5%左右。

一、2024年重庆市投资运行情况

（一）总体概况

2024年以来，全市加快推动各项稳投资政策落实，着力强化重大项目调度，激发民间投资活力，呈现投资适度增长、结构优化的运行态势。1—9月，全市固定资产投资同比增速由1—2月的4.5%跌至1—7月（1.1%）低点后，逐步回升至1.8%。其中，民间投资逆势增长，占比由2023年的43.6%提升至1—9月的48.6%。从三大投资领域看，工业投资发挥"主引擎"作用，拉动全市投资增长4.5个百分点，基建投资逐步放缓，房地产投资延续负增长态势。

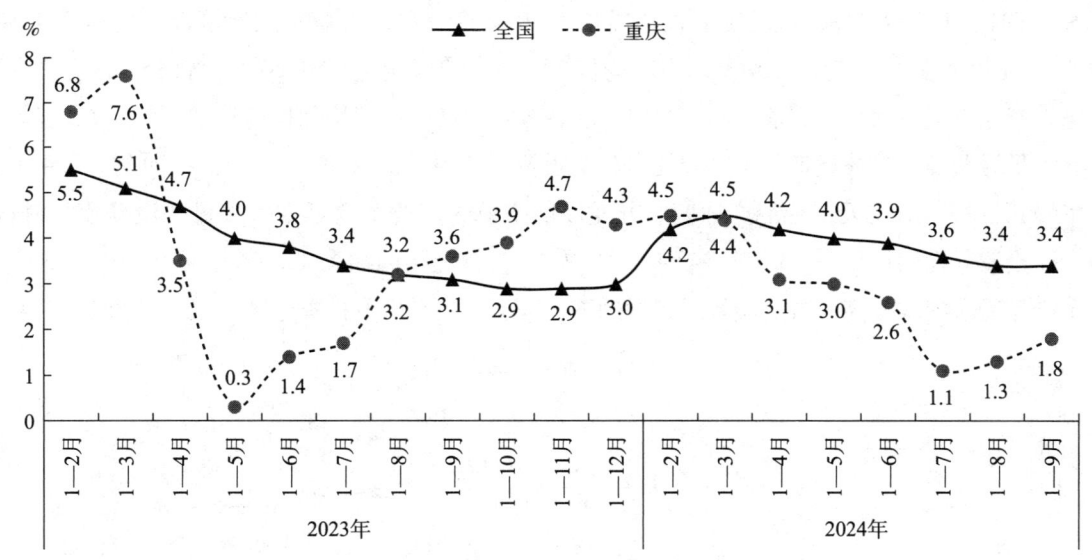

图1 2023年以来重庆及全国投资增长情况（累计同比）

（二）主要特点

1. 基建投资增速逐步放缓

在政府化债及项目分类管理双重约束下，基建投资增速逐步放缓。1—9月，全市基础设施投资同比增长0.6%，呈现逐步放缓态势，增速处于近三年低位。分领域看，交通投资同比下降10.1%，2024年以来持续负增长。其中，城市轨道交通、市域（郊）铁路、市政道路等领域项目投资放缓明显；受渣土清运困难、属地资金注入滞后等因素制约，城建项目建设进度较慢，城建投资增速跌入负增长区间（-3.1%）；在渝西水资源配置工程等重大水利项目建设带动下，农林水利投资同比增长29.2%，年内持续保持20%以上增速。

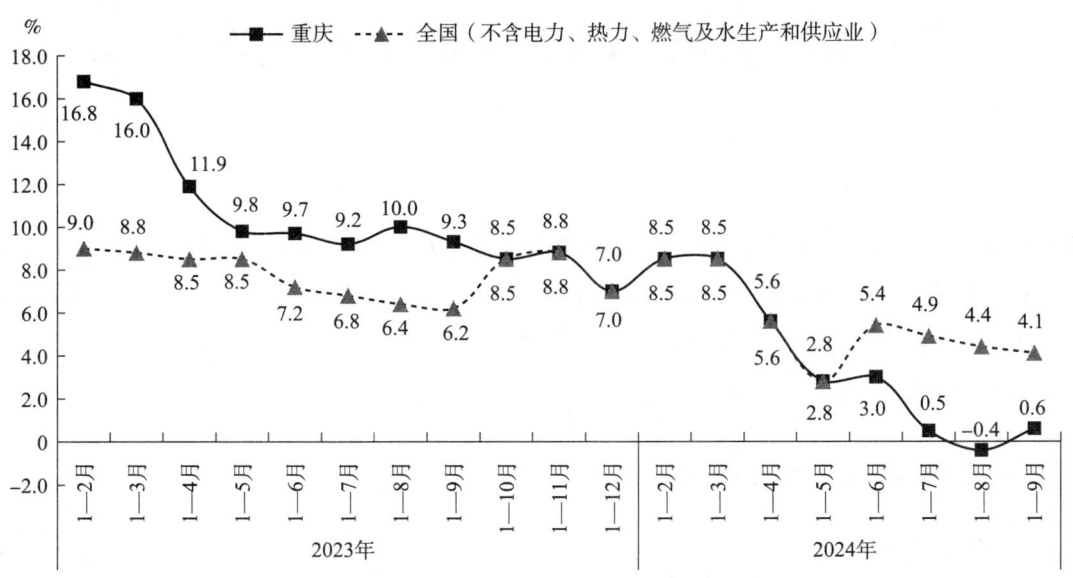

图2　2023年以来重庆及全国基建投资增长情况（月度累计）

2. 工业投资快速增长

随着工业项目开工、建设加快以及技术改造投入加大，工业投资实现较快增长。1—9月，全市工业投资同比增长16.3%，分别较全市上年同期、全国平均水平提高4.1个和4.0个百分点。其中，制造业投资贡献明显，同比增长14.2%，拉动工业投资增长11.9个百分点；得益于大规模设备更新政策和工业技改"扫街"行动深入实施，工业技改投资同比增长27.0%，高于上年同期24.4个百分点。分产业领域看，除汽车、电子产业投资负增长外，消费品、材料、装备等六大产业投资均保持两位数增势。在低基数效应及铜梁爱玛、大足绿源等项目放量带动下，摩托车产业投资同比增长100.3%，高于上年同期115.4个百分点；随着涪陵华峰新材料、渝北天友智能产业园、九龙坡航空航天产业基地等重大项目建设提速，材料、消费品、装备产业投资分别同比增长23.1%、43.9%和19.4%，较上年同期高12.0个、48.9个、3.3个百分点；在全球电子产品需求疲弱、高基数效应等因素制约下，电子、汽车产业投资分别同比下降7.4%和4.0%。

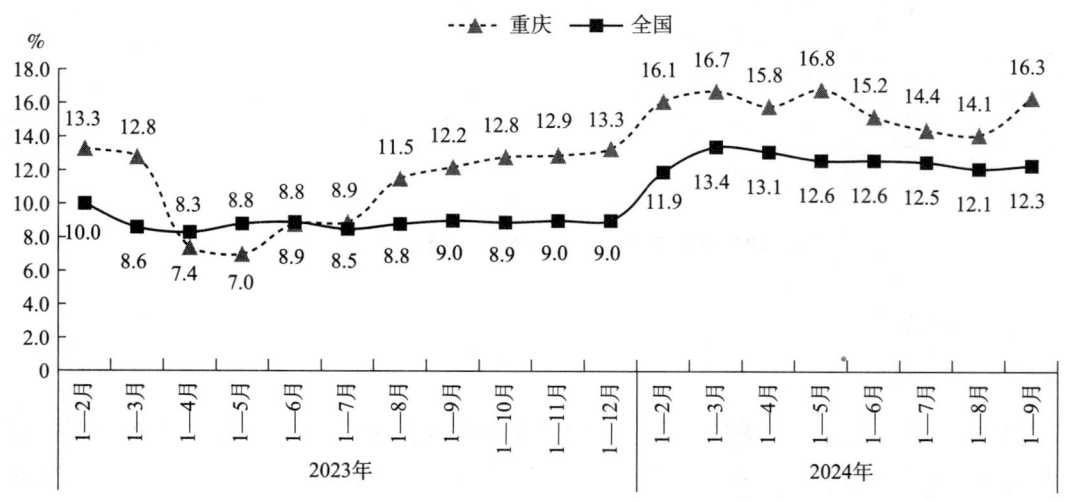

图3　2023年以来重庆及全国工业投资增长情况

3. 房地产投资持续负增长

在房地产市场需求低迷、房企资金紧张等因素影响下，房地产开发投资持续负增长。1—9月，全市房地产开发投资同比下降9.7%，自2022年5月以来持续负增长；高于全国平均水平0.4个百分点。从建设端看，商品房新开工、施工面积分别为1171.3万平方米和16945.5万平方米，同比下降27.7%、16.2%，已连续41个月和36个月负增长，影响房地产开发投资稳定运行。此外，部分房企仍面临资金流动性风险，全市房企到位资金持续34个月下降，加之偿债压力依然较大，开发投资能力较为不足。

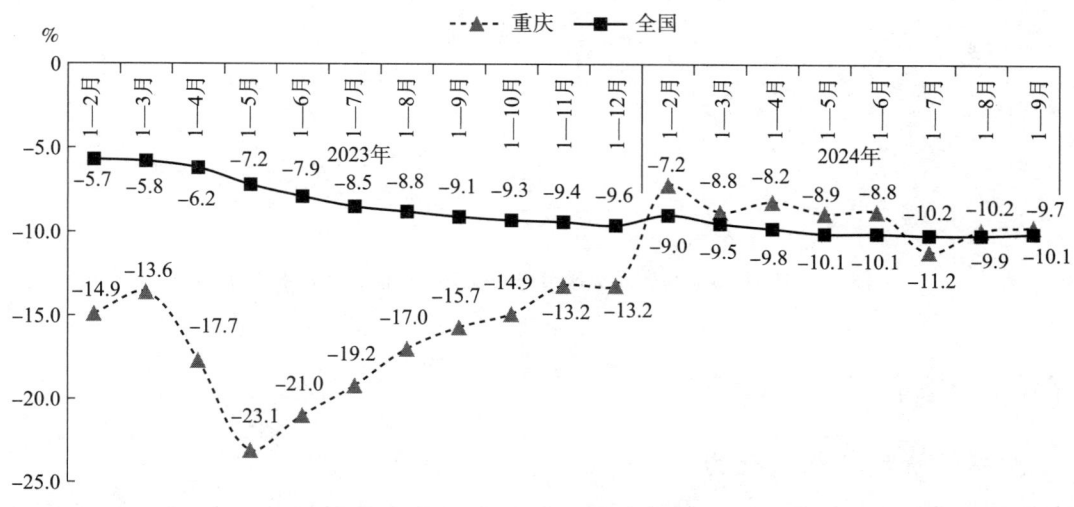

图4 2023年以来重庆及全国房地产开发投资增长情况

4. 服务业投资低位运行

受部分产业持续低迷、企业经营困难等因素制约，服务业投资持续低位运行。1—9月，重庆服务业投资同比下降4.6%，分别低于全市上年同期、全国平均水平4.5个和3.9个百分点。分产业看，生产性服务业投资运行疲弱，在电子、装备、材料、医药等制造业增长低迷影响下，部分生产性服务业投资需求不足，交通运输业、软件信息业、金融业、租赁服务业投资分别同比下降10.5%、13.2%、12.4%和12.2%，均较上年同期不同程度放缓。生活性服务业投资呈现分化走势，在文旅消费稳步恢复、低基数效应等带动下，住宿和餐饮业投资同比增长95.1%，较上年同期提高90.0个百分点；随着商品消费逐步向服务消费升级，居民服务和其他服务业投资同比增长7.3%，批发和零售业投资呈现相反走势，同比下降16.8%。

5. 民间投资逆势增长

随着民营经济支持政策逐步显效，社会资本投资信心有所改善，民间投资实现逆势增长。1—9月，重庆民间投资同比增长13.5%，较上年同期大幅提升17.5个百分点，高于全国平均水平13.7个百分点。从重点领域看，随着丰都栗子湾抽水蓄能电站、弹子石生态城市功能提升示范区等在建项目加速放量，叠加低基数效应带动，基础设施民间投资同比增长40.8%，较上年同期高45.1个百分点。在医药、消费品、摩托车等产业领域民间投资带动下，工业民间投资同比增长26.8%，高于上年同期14.8个百分点。房地产开发民间投资持续低位运行，同比下降2.4%。此外，社会资本加大高新技术领域投入，高技术制造业民间投资同比增长34.7%。

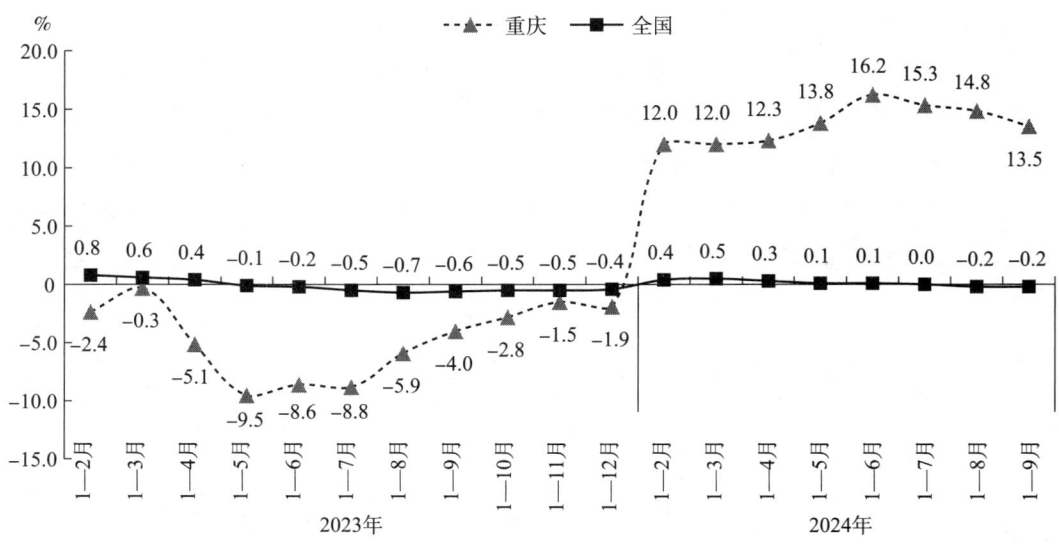

图5　2023年以来全国及重庆市民间投资运行情况（月度累计）

二、存在的主要问题

（一）基建投资增长较为乏力

受政府化债、项目分类管理等因素制约，前三季度全市基建投资仅增长0.6%，分别低于2022年、2023年同期7.4个、8.7个百分点，支撑作用明显减弱。一是资金保障问题突出。部分区县集中攻坚化债工作，有限的财政资金更倾向于债务化解，用于支持项目建设的资金减少，对国省道、农村公路、市政道路等项目的配套资金减少，影响项目开工建设进度。同时，受平台公司融资渠道收窄等影响，市城投集团、市地产集团年度投资计划分别下降42.8%、53.1%。二是增量项目支撑较弱。在政府财力紧张、PPP项目分类清理以及投融资模式创新滞后等因素制约下，基建项目新开工不足，1—9月新开工项目计划总投资额同比下降25.3%，基建投资后续增长乏力。

（二）房地产开发投资仍较低迷

房地产供需两端承压明显，开发投资低位运行态势短期内难以扭转。一是房企资金压力较大。1—9月，全市房企到位资金同比下降18.5%，自2021年12月以来持续负增长，资金流动性风险仍然存在。其中，受部分金融机构谨慎避险影响，民营房企融资短期仍然困难，全市房企国内贷款同比下降12.1%；由于商业用房及车位等存量房产沉淀资金较多，房企自身筹资能力弱，1—9月全市房企自筹资金同比下降14.5%。二是居民购房信心不强。各项房地产新政出台后，政策效果尚不显著，全市房地产市场未见明显好转，居民购房信心偏弱，全市现房、期房销售均大幅下降，进一步影响房企开发投资意愿和能力。

（三）工业投资持续放量受限

2024年以来，工业投资虽持续保持两位数增势，但增量项目支撑不足，项目接续压力凸显。一是新开工项目投资规模缩减。1—9月，全市新开工项目计划总投资同比下降8.8%，新开工项目平均投资额下降24.8%，仅为在建项目的1/3，投资放量支撑不足。其中，10余个区县新开工项目计划总投资下降超过20%。二是项目招引难度加大。随着招商引资公平竞争政策落实，重庆在能源、物流成本等方面优势不足，短期内产业项目招引存在困难，区县普遍反映项目洽谈困难、签约项目减少、落地进程减缓，不利于项目接续和投资转化。三季度新签约项目合同金额仅为二季度的59.1%，暂无新签约百亿级重大项目。

三、2025 年投资环境及展望

（一）国际投资形势仍较低迷

国际环境更趋复杂严峻，全球经济增长复苏缓慢、分化趋势明显，叠加地缘政治冲突、贸易保护主义等影响，跨境投资更趋谨慎。贸易保护主义抬头制约跨境资本流动。以美国为首的西方国家贸易保护主义崛起，经济全球化遭遇逆风，国际市场一体化进程受阻，全球外国直接投资（FDI）面临下滑风险。同时，美欧等国通过加征关税、扩大制裁圈等方式，试图重构符合其偏好的全球供应链格局，对我国高科技领域投资及吸引外资造成阻碍。地缘政治动荡加剧国际投资贸易不确定性。巴以冲突不断发酵，俄乌冲突僵持不下，红海局势持续紧张，将进一步导致全球供应链风险加剧，并引发市场避险情绪，显著影响国际投资。此外，随着主要发达经济体货币政策转向宽松，国际资本流动性将有所增强，有望带动包括我国在内的新兴市场外资引入。全球新一轮产业布局加速调整，欧洲部分制造业受制于能源危机等因素逐步向亚太地区迁移，中国部分产业在生产力优化布局背景下由沿海向内陆转移，将有利于促进我国中西部及沿海地区投资。人工智能、大数据、新能源等领域全球市场需求强劲，我国新兴产业投资空间也将进一步拓展。

（二）国内投资支撑因素较多

我国将强化扩大有效投资政策支撑，用好用足各类政策资金，健全政府投资有效带动社会投资体制机制，充分激发投资内生增长动力，投资规模将稳步增长。基建投资有望企稳。"十四五"收官之年，规划明确的 102 项重大工程建设提速，"两重"项目推进加快，在超长期特别国债和一揽子化债"组合拳"等资金保障下，基建投资将逐步企稳；国家战略腹地建设纵深推进，成渝地区双城经济圈等重大战略加快实施，将进一步带动中西部地区交通、城建、战略性产业备份等领域投资。工业投资保持较快增长。大规模设备更新深入落实，传统制造业转型升级加快推进，新质生产力培育提速，将有力带动工业投资持续较快增长；以人工智能、量子技术、空天信息等为代表的新一代信息技术产业和未来产业加速融合发展，有望形成产业投资新增长点。房地产开发投资降幅逐步收窄。降低首付比例、下调存量贷款利率、取消限购等政策逐步落地显效，"白名单"项目信贷规模增加至 4 万亿元，"三大工程"建设有序推进，将带动开发投资降幅收窄，但受制于宏观经济环境、房地产周期调整趋势等因素，开发投资回稳的持续性仍然较弱。民间投资信心有望改善。我国将持续深化制造业、服务业等领域外资准入，支持和引导民营企业参与国家重大项目建设和重大技术攻关任务，市场投资信心将得到有效提振。

（三）重庆投资有望企稳回升

重庆将持续贯彻落实国家扩大有效投资系列决策部署，紧扣"两大定位"，以高质量项目为牵引推动有效投资增长，投资运行有望企稳回升。产业投资稳进增效。生产性服务业与"33618"现代制造业集群体系加快融合，成渝联动、央地合作持续深化，产业基金引导作用不断增强，将有利于新质生产力培育发展，带动相关增量项目引进和存量投资放量。同时，在"两新"政策深入实施带动下，企业设备更新和技术改造投入将持续扩大。基建投资逐步企稳。重庆将聚焦"两重"建设以及重大交通、城市更新等重点领域，积极争取国家超长期特别国债、专项债等资金支持，持续推进投融资模式创新，基建投资将实现增量提质。房地产开发投资降幅逐步收窄。首付比例下降、存量房贷利率降低以及"白名单"项目信贷规模扩大等系列政策落地落实，保障性住房建设、城中村改造等支持力度加大，有利于激发房地产市场活力，带动房地产开发投资降幅逐步收窄。民间投资逐步活跃。随着支持民间投资若干政策措施以及规范推进政府和社会资本合作新机制、加大吸引外商投资力度等实施方案落地显效，社会资本投资信心和意愿不断增强，有望带动民间投资稳定增长。

（四）2025年重庆投资预测

展望2025年，在"两重""两新"等国家战略部署下，重庆将细化落地相关支持政策，深入推进"抓项目促投资"专项行动，投资将呈现低位回升态势，预计2025年固定资产投资同比增长5.5%左右。分领域看，在项目调度及资金保障加强等带动下，基建投资将有所企稳；围绕新质生产力发展的产业项目加速布局，传统产业技改支持力度加大，将带动工业投资稳进增效；随着房地产系列政策逐步显效以及"三大工程"建设提速，房地产开发投资降幅将持续收窄。

四、对策建议

（一）促进基建投资稳定增长

一是强化专项资金项目调度。用好用足专项债、中央预算内投资、超长期特别国债等各类资金，跟踪监测专项资金项目建设进度，建立健全重点资金定期通报机制，推动项目建设与资金拨付进度相匹配，促进项目建设提速增效。二是加强项目策划储备。全面对接"两新""两重"等激励性政策，坚持"国家所需"与"重庆所能"相结合，谋划储备一批带动能力强的重大项目，构建滚动接续的项目储备库，积极争取国家政策资金支持，增强基建投资增长后劲。三是拓展项目资金来源。规范推行PPP新机制、基础设施REITs、EOD等投融资模式，着力拓展基础设施建设资金来源，进一步盘活存量资产、带动增量投资，形成投资良性循环。

（二）促进房地产开发投资平稳运行

一是加大开发建设推进力度。全力推动保交楼、"两久"项目处置，加速推进房地产领域"三大工程"建设，着力挖掘投资存量，拓展投资增量。多措并举强化土地出让调度，促进新增房地产用地成交。完善房地产融资协调机制，滚动推送房地产项目"白名单"，加大项目融资支持力度，增强房企投资能力。二是提振居民购房信心。全面落实落细降低首付比例及存量房贷利率、住房"以旧换新"等政策措施，持续开展房交会、巡展推介、假期促销等活动，充分激发居民购房活力。鼓励房企打造高品质楼盘，增强改善型住房供给，以供给引导需求。

（三）挖掘工业投资增长潜力

一是强化增量项目招引。聚焦打造"33618"现代制造业集群体系，深入挖掘产业链薄弱缺失环节，策划一批重点招商项目。同时，迭代招商引资政策工具和策略，推行资本招商、场景招商和产业基金招商等模式，推动增量项目引进落地。持续深化央地合作，积极争取央企总部在渝布局产业项目。二是促进产业转型升级投资放量。深入实施制造业重大技术改造升级和大规模设备更新工程，迭代优化"技改专项贷"等市级技改政策体系，重点支持以先进生产线更新、绿色化转型、清洁化安全化生产、数字化智能化升级等为内容的技术改造投资，着力提升制造业能级。

（四）着力提振民间投资信心

一是拓宽民间投资空间。持续推进国企民企协同发展机制，建立民营企业参与全市重大项目和科研专项建设的长效机制，促进民间投资上量提质。发挥各级产业投资基金引导作用，整合建立"民营企业科技创新引导基金"，支持民营企业围绕"33618"现代制造业集群体系加大项目布局和投资力度。二是着力破除民间投资壁垒。打破阻碍民间投资的"卷帘门""玻璃门""旋转门"，严格执行市场准入负面清单，全面落实公平竞争审查制度，保障民营经济经营主体平等使用资源、公平参与市场竞争。搭建"政企同心·渝商渝好"等规范化机制化政企沟通桥梁，推动解决对民间投资主体设置歧视条款、设定准入障碍等问题。

[重庆市综合经济研究院（重庆市经济信息中心）宏观经济研究课题组
　主研：易小光　丁　瑶　余贵玲　荀文峰　张　超　施小兰
　执笔：施小兰]

之四：2024 年重庆市消费商贸形势分析及 2025 年展望

2024 年，全球政经格局依然复杂严峻，国内经济保持稳中有进运行态势，一揽子增量政策加速发力见效，国内消费市场总体保持平稳发展态势。重庆加快建设培育国际消费中心城市，全面营造良好消费环境，促进消费品市场止跌回稳。预计 2024 年全市社会消费品零售总额 15760 亿元左右，同比增长约 4.2%。

一、2024 年重庆市消费商贸运行分析

（一）总体情况

2024 年以来，重庆围绕商务部"消费促进年"总体安排和党中央、国务院推进消费品以旧换新等重大决策部署，积极推出扩内需、促消费举措，加快打造消费新场景、新业态、新模式，不断优化改善消费环境，社会消费品零售总额增速波动放缓态势得到有效扭转。1—9 月，全市社会消费品零售总额实现 11657.5 亿元，同比增长 3.8%，增速高于全国 0.5 个百分点，居全国第 16 位、西部第 5 位、直辖市第 1 位。从对经济增长的贡献看，批发、零售、住宿、餐饮行业增加值合计增长 8.9%，分别高于 GDP 和第三产业增加值增速 2.9 个、3.1 个百分点，拉动 GDP 增长 1.1 个百分点，与上年同期持平，消费的"稳定器"作用继续有效发挥。

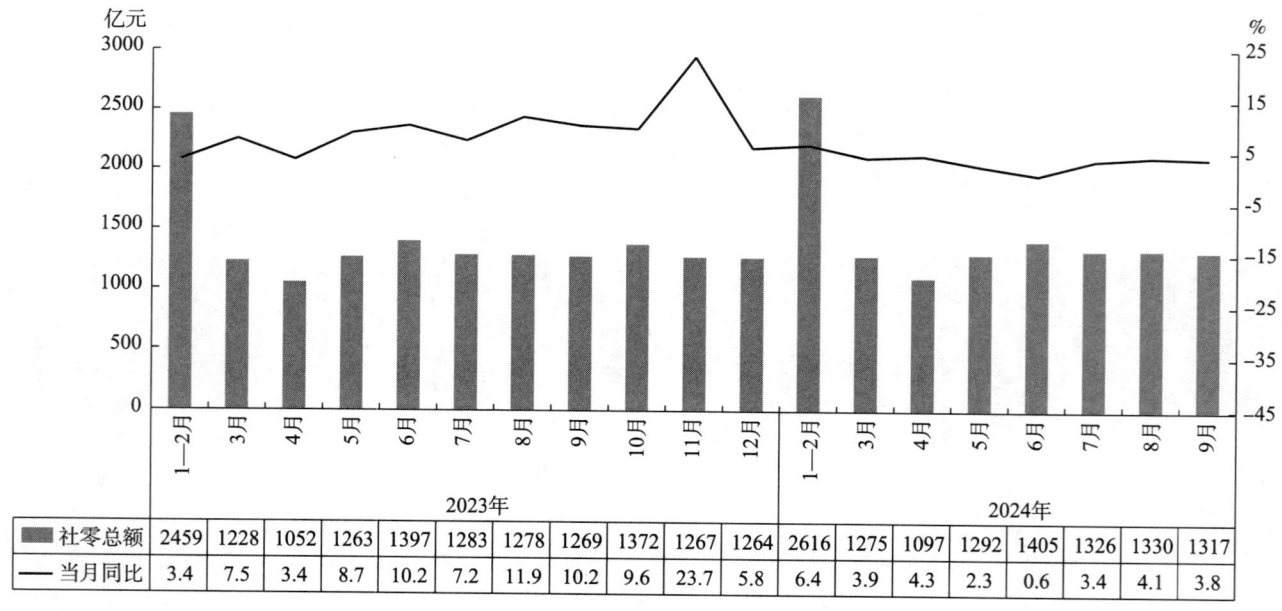

图 1　2023 年以来重庆社会消费品零售总额及增速变化情况

（二）主要特征

1. "政策+活动"双管齐下，消费活力不断增强

2024年以来，重庆在组织开展多轮消费促进活动的同时，推动出台系列扩内需、促消费政策措施，消费潜力有效释放。一是促销费活动继续创新，消费氛围更加浓厚。1—9月累计举办各类促消费活动超过900场，其中，文旅惠民消费季、国际马拉松赛事等活动推动多业态融合，成渝双城消费节、川渝老字号博览会等活动实现跨区域互动。二是全域换新政策"启动早、设计活、效果好"，相关商品消费实现快速增长。重庆实施汽车报废更新和置换更新惠民直补、家装消费贷款贴息、重点商贸企业促销激励等政策，截至9月23日，全市汽车报废和置换更新补贴申请超过6.4万辆，资金撬动比分别达到1∶6和1∶21；累计申领家电补贴资格28.3万人次，直接带动家电产品销售超10亿元，政策资金撬动比达1∶5.3。

2. 大宗消费品运行分化，服务消费增势良好

商品销售有所放缓，大宗商品消费运行态势继续分化。1—9月，全市实现商品零售额9777.66亿元，同比增长2.6%，低于上年同期2.9个百分点。其中16个大类商品零售额增长面为68.8%，低于上年同期6.2个百分点。一是必选消费保持稳定增长。粮油食品、饮料、烟酒、中西药品等生活保障类必选消费增长分别为8.0%、11.7%、7.9%和14.1%，合计拉动全市限上单位商品零售额增长2.3个百分点。二是新能源汽车继续热销。在以旧换新政策、新能源汽车促销力度空前等因素支撑下，新能源汽车零售额同比增长22.4%，拉动全市限上单位商品零售额增长2.0个百分点。三是智能化、绿色化消费趋势更加凸显。限额以上单位智能家电、智能手机、可穿戴智能设备商品零售额分别增长33.0%、27.9%和4.5%，比上年同期分别加快39.6个、22.0个和7.0个百分点，合计拉动全市限上单位商品零售额增长1.3个百分点。但新能源汽车热销持续冲击燃油车消费，金价高企推高消费者观望情绪，燃油车、金银珠宝类零售额有所走低。

服务消费潜力持续释放，助力消费市场稳步复苏。1—9月，全市实现餐饮收入1879.80亿元，同比增长10.4%，高于全市商品零售额增速7.8个百分点。全市住宿业营业额同比增长5.8%，高于全市商品零售额增速3.2个百分点。从服务消费相关匹配性指标看，1—9月全市城市轨道交通客运量10.68亿人次，同比增长9.8%；航空客运量3046.65万人，同比增长23.3%；铁路客运量8055.88万人，同比增长9.7%，有力支撑全市服务消费较快增长。

3. 城乡消费市场体系加快完善，区域消费各具特色

分城乡看，随着重庆不断健全城乡消费市场体系和商贸流通体系，城乡居民消费需求持续释放。重庆继续实施县域商业建设行动和生活必需品流通保供体系建设，支持区县加快完善以"县为中心、乡镇为重点、乡村为基础"的农村商贸流通体系，合计培育建设城乡商品交易市场1849家，年交易总额5850亿元；武隆区、忠县、云阳县、秀山土家族苗族自治县上榜全国县域商业"领跑县"典型案例；巫山、巫溪等17个区县纳入"邮运通"试点，县、乡、村三级寄递物流体系短板有望加快补齐。1—9月全市城镇、农村消费市场分别同比增长3.1%、7.8%，低基数影响下，农村消费市场增速持续快于城镇市场。

分区域看，各区域板块消费市场呈现协同发展的良好态势。1—9月，主城都市区社会消费品零售总额同比增长3.5%，其中，中心城区社会消费品零售总额同比增长2.4%，主要是受到江北区、沙坪坝区负增长影响；渝西地区和渝东新城同比分别增长4.9%、5.1%，且各区社零增速均稳居全市平均水平及以上，成为促进全市消费品市场稳定增长的"压舱石"。渝东北三峡库区社会消费品零售总额同比增长5.0%，"万开云"板块拉动强劲，其中云阳积极探索"社区服务+文化娱乐+购物休闲"镇乡现代商贸新

场景，社零增速全市第1。渝东南武陵山区积极谋划打造武陵山—乌江流域生态文化旅游协同发展区，推动"文旅+体育""文旅+教育""文旅+康养""文旅+演出"等业态融合发展，社会消费品零售总额同比增长4.8%，高于全市1个百分点。

4. 线上消费积极活跃，网络零售占比持续提升

以电商直播、即时零售等为代表的数字消费场景越发活跃，全市网上消费潜力加快释放。一是电子商务区域合作力度不断加大。重庆与四川、云南、贵州联合发布"西南四省市数商协同网销爆品行动计划"、启动"云贵川渝·品牌联盟"计划，共同对接国内头部直播电商服务机构。二是电子商务主体引育成效显著。与抖音、阿里、京东等全国重点电商平台签署战略合作协议，引进落成抖音懂车帝全国总部、美团歪马送酒等重大项目；培育壮大渝欧跨境电商、啄木鸟家庭维修等本土垂直类目的电商平台企业。全市电商企业累计超过10万家，网商总数突破73万家。三是电商促销活动蓬勃发展。先后举办百县百品助农行动重庆专场、懂车帝汽车文化数字消费节、"与辉同行"重庆专场直播等系列电商营销活动。1—9月，实现网络零售额1673.2亿元，其中农村网络零售额367亿元，同比增长17.5%；限额以上单位网上零售额占全部限上单位零售额的比重达20.1%，比上半年和上年同期分别提高0.3个、1.9个百分点。

5. 新业态新模式持续涌现，消费新动能加快形成

新型消费继续蓬勃发展，多元化、个性化消费需求得到更好满足。一是夜间消费新场景加快打造。重庆累计建成磁器口、较场口夜市等夜间经济集聚区248个，四年蝉联"中国十大夜经济影响力城市"榜首[①]，"不夜重庆"品牌影响力持续提升。二是"低空+文旅"不断创新消费场景。重庆加快培育"重庆低空飞行消费周""西部滑翔伞之都""水上经济+低空经济"品牌，已开通黔江—永川等5条市内通用航空短途运输试点航线，成为西南地区唯一在飞短途运输航线省份。三是集市经济成为特色消费新名片。重庆各景区、商圈加快布局集市经济，涵盖美食、音乐、以物换物、手账、养生等多类主题，其中，两江新区民心佳园集市、沙坪坝区学府悦园集市开业以来日均人流量超6000人次。四是二次元经济打开消费新空间。蜡笔小新、高达、哈利波特等大IP快闪店成为商场"流量包"，观音桥步行街方圆LIVE凭借丰富的二次元周边产品及Cosplay巡游、宅舞大赛等特色活动，日均客流量达到4万人次，节假日超过10万人次。

二、存在的主要问题

（一）居民消费动能依然偏弱

一是就业压力加大导致居民消费预期不足。2024年以来全市发布招聘岗位数量逐月走低，失业保险金领取人员数量快速增长，1—9月城镇调查失业率5.3%，连续18个月高于全国水平，就业压力对居民消费预期的负面影响持续存在。二是居民收入偏低制约消费信心改善。1—9月全市全体居民可支配收入为30792元，低于全国平均水平；智联招聘发布的重庆三季度平均招聘薪酬（9114元）不仅低于全国38个核心城市平均水平（10058元），也低于武汉（10144元）、长沙（9691元）、成都（9552元）、西安（9182元）等周边城市。居民预防性储蓄增加，9月末住户存款增加10.3%，高于同期居民收入增速5个百分点。在就业和收入承压、储蓄挤占消费的共同影响下，全市居民消费预期和消费能力难以得到有效改善。

---

① 资料来源：《财经国家周刊》、瞭望智库等研究机构联合发布的《中国城市夜经济影响力报告》。

（二）以旧换新政策仍有优化空间

一是新能源汽车以旧换新补贴力度偏低。重庆新能源汽车换新补贴为3000～12000元，较四川（11000～17000元）、深圳（9000～16000元）、上海（15000元）、昆明（7000～20000元）等地存在较大差距，相关消费外流现象有所增加。二是电动自行车以旧换新政策带动作用有限。重庆大部分电动自行车没有牌照、无法享受以旧换新政策，导致电动自行车以旧换新申报人数总体偏少，截至9月底，全市电动自行车以旧换新申报人数不足百人。三是家电以旧换新覆盖范围有待拓宽。家电以旧换新政策对实施门店限制较高，如要求参与店铺具备完善的消费支付、数据监测、退货退款的运营环境，具备完善的网点布局、物流配送等服务体系资质，导致小微家电企业无法参与该活动，致使企业业务流失。

（三）服务消费存在较多短板和问题

一是服务消费标准化、规范化程度偏低。部分省市已开始建立分行业的服务消费标准体系，如郑州《郑州家政服务标准化建设实施方案》、山西《旅游服务标准化试点建设规范》等，但重庆相关标准规范建设推进较滞后，在增大相关部门监管难度的同时，也加大了消费者维权难度。二是服务消费业态不够丰富。重庆服务消费以餐饮、零售、休闲娱乐、家政服务、亲子服务等传统行业为主，消费商业模式偏传统，缺乏北京环球影城、上海迪士尼、珠海长隆等同量级的大型主题乐园，难以满足消费者多样化、个性化需求。三是服务消费统计体系发展滞后制约服务消费规范发展。由于省市层面尚未建立服务消费统计制度，导致无法对服务消费发展情况建立量化监督评价机制，也在一定程度上制约了服务消费的发展。

三、2025年环境分析及展望

（一）外部环境不确定不稳定因素依然偏多，全球消费市场机遇与挑战并存

2025年全球政经格局将延续复杂多变的态势，为消费市场稳定增长带来较大不确定性。一是外需将总体趋于改善。中国出台一揽子增量政策促经济稳定增长、美国等国经济增长预期和以印度为代表的新兴经济体高速增长有望支持全球经济贸易活动延续复苏态势，WTO、IMF预测2025年全球贸易将分别增长3%、3.3%，均高于对2024年的预测，全球贸易基本盘将稳中有升，利好跨境商务、跨境旅游等消费活动开展，但战争冲突、债务风险等负面影响依然不容忽视。二是新一轮科技革命和产业变革将引领消费模式加速创新。以AI、VR等为代表的数字技术应用有助于更加精准地捕捉消费端需求及其变化趋势，通过按需定制、以销定产推动生产方式变革，创造出更多的新产品新服务，更好满足生存型、发展型和享受型等多类型多层次的消费需求。

（二）促消费扩内需政策红利将加速释放，国内消费市场有望稳步恢复

国内经济将延续回升向好态势，奠定消费品市场稳定增长的经济基础。一是政策红利将促进内需持续改善。落实消费品以旧换新、加大助企帮扶力度、提振资本市场等增量政策，有望打造消费新增长点、提振增强消费预期和消费能力，助推消费潜力加快释放。此外，2025年是"十四五"的收官之年，为促进规划目标有效完成，预计财政、货币、产业等相关政策将持续发力，对消费品市场起到有效拉动。二是党的二十届三中全会相关改革陆续落地将支持消费继续回升。随着构建全国统一大市场的重大改革举措落实落地，将增强国内良性循环、促进内需体系加快培育；同时个税改革即将启动，居民税负有望减轻，对于促消费有重要意义。但内需改善有限、居民预期偏弱等因素仍将对消费增长形成一定制约。

（三）国际消费中心城市加快培育，重庆消费品市场将稳中向好

2025年，重庆将聚焦"奋力打造新时代西部大开发重要战略支点、内陆开放综合枢纽"，紧盯"国际消费资源集聚地、国际消费创新引领地、国际特色消费目的地、国际消费环境标杆地"目标，推进国际消费中心城市建设全面走深走实。一是国际消费中心城市建设将促进消费环境持续优化。重庆正发挥"立体山城""光影江城""魅力桥都"等特色优势，着力打造一批江岸、老街、防空洞、天台等"渝悦消费"新场景，加快建设一批便捷舒适的"一刻钟便民生活圈"，同时以构建"重庆服务+全球市场"新格局为目标，营造"顺畅、安全、放心"消费环境，境内外消费者在渝消费便利化、舒适化水平将全面提升。二是内陆开放综合枢纽建设将持续丰富消费市场供给。随着西部陆海新通道、中欧班列建设的深入推进，将带动平行汽车进口、跨境电商、保税商品展示交易等贸易新业态、新模式发展，加大全球特色农产品、高端食品、奢侈品等进口，更好满足全市居民高品质、多元化消费需求。但汽车、房地产相关大类消费品对政策刺激依赖度较高，新兴消费增长动力不足，消费稳增长仍存在一定压力。

（四）2025年全市消费商贸运行趋势展望及预测

2025年，在一揽子增量政策加速落地见效、国际消费中心城市加快培育、消费新业态新模式加快发展等利好因素的带动下，重庆消费品市场将保持稳定向好增长态势。其中，新能源汽车消费将继续保持较快增长，住房相关消费有望低位回升，升级类消费也将继续趋于改善。预计2025年将实现社会消费品零售总额约16550亿元，同比增长5.0%左右。

四、对策建议

（一）加大稳就业促增收力度，不断提振消费需求

以强化就业促进增收为抓手，不断增强居民获得感幸福感安全感，稳定提高居民收入预期和消费信心。一是强化助企纾困，帮助企业稳定就业岗位。持续采取降税、贴息等多种方式，帮助中小企业恢复和扩大生产经营。对就业示范效应好的经营主体，同等条件下优先保障建设用地计划，优先提供用工支持服务。二是加大重点群体就业工作。构建高质量就业指导服务体系，重点关注脱贫家庭、低保家庭、零就业家庭、残疾等困难群体毕业生，"一对一"提供精准就业帮扶。大力挖掘基层就业空间，结合高校毕业生、退役军人等就业重点群体实际情况，开发基层教育、卫生、农业、社会保障等政策性岗位。

（二）多措并举增强消费活力，促进社会消费品零售总额稳中有升

强化政策引领、活动聚势，进一步培育和壮大消费新增长点，促进消费加快恢复。一是强化政策引领。密切跟踪以旧换新政策效果和资金使用进展，适时动态优化调整相关领域政策措施和资金额度，统筹做好今明两年促消费政策接续，防止消费市场快速退坡。二是丰富活动赋能。聚焦美食、旅游、购物、展会等领域，强化区域联动、政企联动、线上线下联动，针对不同群体设计差异化消费促进活动，全力稳住消费回稳向好势头。三是深化载体创新。加快培育首发经济和"伴手礼"品牌，积极吸引国内外具有影响力、代表性的知名品牌和原创品牌来渝开设首店，加大"伴手礼"开发力度，鼓励开发文创礼品、茶叶、酒水、休闲食品、特色调味料等"伴手礼"，丰富消费新供给。

（三）持续激发服务消费潜力，促进服务消费规范发展

把服务消费作为消费扩容提质的重要抓手，更好满足消费者个性化、多样化、品质化服务消费需求。一是创新服务消费场景。围绕贴近群众生活、需求潜力大、带动作用强的重点领域，结合重庆美食、文旅、地形等特色资源，整合国风国潮、科技元素、次元文化等新热点，强化服务消费场景开发，提升服

务供给能力。二是开展服务消费行业标准规范建设。建立健全文化、旅游、餐饮住宿、家政服务、养老托育、家居家装等领域标准,研制数字消费、绿色消费、健康消费等新型消费标准,促进服务消费更加规范发展。三是探索建立服务消费统计监测制度。加快与国家统计局对接,争取尽快发布地方服务消费统计数据。探索构建常规统计数据、第三方高频数据相结合的重庆特色服务消费统计监测体系,强化对服务消费的常态化监测。

[重庆市综合经济研究院(重庆市经济信息中心)宏观经济研究课题组
　主研:易小光　丁　瑶　余贵玲　邹於娟　陈　可
　执笔:陈　可]

之五：2024年重庆市对外开放与区域合作情况及2025年展望

2024年以来，在全球地缘危机外溢、经贸摩擦加剧、有效需求不足等影响下，国际投资贸易增长动力不足，我国对外开放和区域合作面临较大风险压力。重庆聚焦内陆开放综合枢纽建设，深化开放体制机制创新，扩大国际开放合作，着力稳外贸促外资，积极培育开放新动能，全市开放型经济加快迭代升级。预计2024年重庆外贸进出口6960亿元左右，实际利用外资10亿美元左右。

一、2024年重庆对外开放与区域合作情况

（一）对外贸易降幅收窄，出口规模稳步扩大

重庆深入实施"外贸转增攻坚"行动，着力稳存量扩增量，对外贸易总体呈现止跌回稳态势。1—9月，全市外贸进出口总值5188.5亿元，同比下降2.5%，降幅较一季度、上半年收窄2.1个、0.2个百分点。其中，出口、进口分别同比增长2.4%和下降12.1%，出口已连续9个月正增长。稳存量方面，着力稳定电子产品订单，笔记本电脑、手机、集成电路出口同比增长3.6%、23.7%、82%，分别拉动全市出口增长1.6个、1.2个、4.2个百分点。扩增量方面，深入实施"渝货出海"行动，全市汽车、摩托车、农产品等优势特色产品出口317亿元、144.1亿元、11.4亿元，分别同比增长34%、17.8%和42.3%，合计拉动出口增长3个百分点，对全市外贸"回稳"发挥了重要支撑作用。

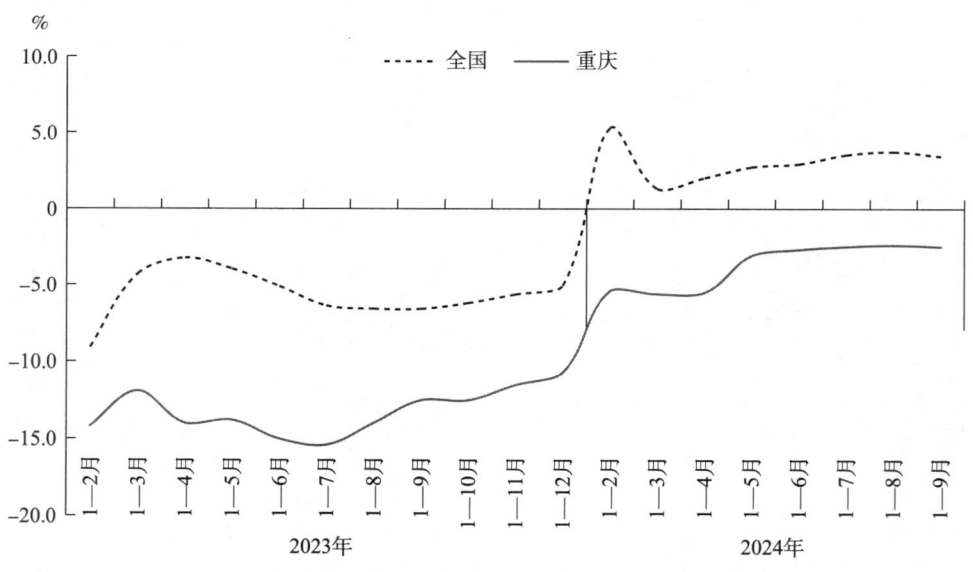

图1 2023年以来重庆及全国外贸进出口累计增长趋势

（二）新兴市场加快拓展，外贸新动能不断孕育

重庆加快新兴市场开拓、新业态培育，对外贸易增长动力不断增强。1—9月，在对欧盟、美国、韩

国等发达经济体进出口分别同比下降4.1%、14.5%和22%的情况下,对部分新兴市场出口增长势头较强。其中,在RCEP红利释放、西部陆海新通道建设等带动下,重庆对东盟出口同比增长25.3%;对巴基斯坦、塔吉克斯坦等南亚、中亚国家出口成倍增长,对俄罗斯、埃及等重点市场出口增速均超过40%。服务贸易成为对外贸易新亮点,进出口额西部领先,市场采购贸易、跨境电商、数字贸易等新业态新模式兴起。其中,随着电商产业生态的完善,跨境电商交易额同比增长12.3%,跨境电商出口汽车实现创新突破;在数字经济发展带动下,全市离岸服务外包执行金额达6亿美元,游戏、电影等知识密集型数字贸易出口态势良好。

(三)贸易方式优化升级,外贸基本面总体稳固

随着开放型经济迭代升级,重庆对外贸易方式优化调整。在开放大通道、大枢纽、大口岸建设带动下,全市物流集散能力显著增强,保税物流出口同比增长7.5%,占比较上年末提高1.4个百分点;一般贸易、加工贸易占全市进出口比重较上年末分别下降0.2个、1.3个百分点。外商投资企业仍是对外贸易"顶梁柱",出口同比增长2.4%,占全市出口总值的48%;在长安汽车加速"出海"等带动下,国有企业出口爆发式增长,同比增幅达30.2%。综保区作为对外贸易的助推器,占全市外贸总值的63.8%,其中西永综合保税区进出口2087.9亿元,同比增长2.7%。

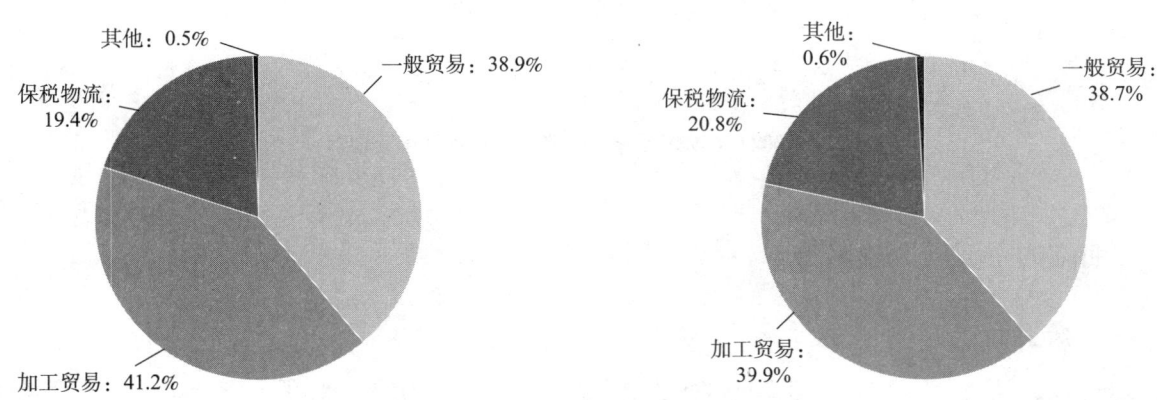

图2　2023年(左)与2024年1—9月(右)重庆贸易方式占比情况

(四)利用外资稳中有进,优势产业加速走出去

重庆积极扩大对外开放合作,充分挖掘外资潜力,利用外资成效明显。1—9月,全市实际使用外资6.9亿美元,同比增长62.1%;新设外资企业277家,同比增长13.5%。香港地区仍是重庆外资最大来源地,占全市外商投资比重达81.7%;随着服务业开放力度加大,重庆服务业利用外资同比增长92.8%,占全市利用外资总量的76.1%。国际合作"朋友圈"不断拓展,1—9月,全市非金融类对外投资备案金额2亿美元,同比增长65%,汽车、通机等领域优势企业加速走出去;与西部陆海新通道沿线国家合作更加紧密,对东盟、RCEP国家投资同比分别增长12%、11%,其中工程营业额增长超过10%。

(五)区域合作不断深化,毗邻协作更加紧密

国内区域合作持续深入,对重庆内陆开放助推作用较强。跨区域合作水平不断提升,与长三角、京津冀、粤港澳等东部地区产业、物流、贸易等合作持续深化,长江经济带、渝鲁等山海协作走向深入,产业、科创、物流、文旅等合作成效明显。其中,在香港服务业招商推介会带动下,1—9月,全市实际使用港资增长138.5%。渝鲁对口帮扶力度增强,山东在渝累计打造83个鲁渝协作农业产业园区,采销重

庆农畜牧产品超过 70 亿元。与毗邻区域协作持续深化，与西部省市在通道物流、能源保障、安全卫生等方面全方位合作，成渝地区双城经济圈一体化加快推进，川渝通办事项达 355 项，创新推出川渝互通互认居住证，中欧班列（成渝）运输 37.1 万标准箱，同比增长 6%。与四川、贵州、云南、西藏、湖北等联动实现跨省（区）无纸化动物检疫证明互联互通；1—9 月，西部陆海新通道发送集装箱 64.2 万标准箱，创历史新高；陕煤入渝超千万吨，占外购电煤比重超过 60%；重庆与新疆哈密携手打造西部算电协同创新中心，疆渝发展互补性不断提升。

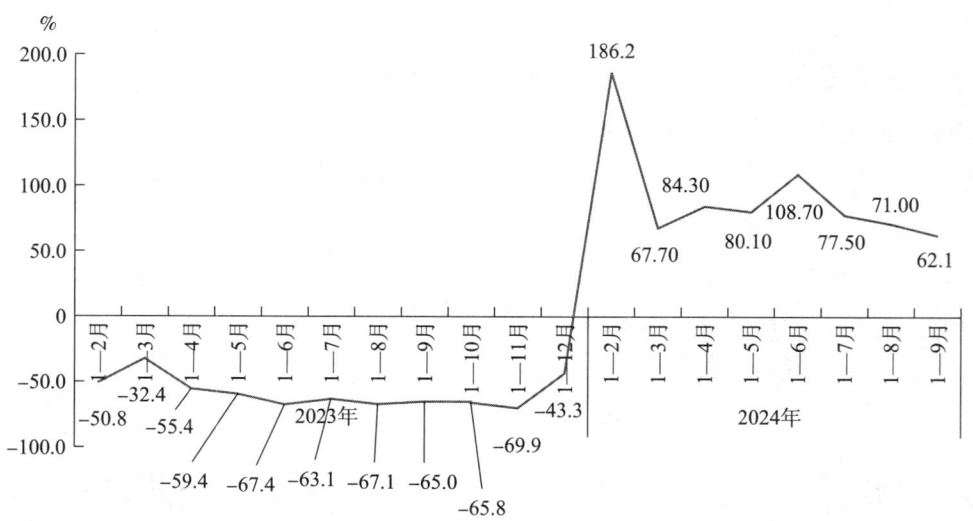

图 3　2023 年以来重庆实际使用外资累计增速情况

二、面临的主要问题及困难

（一）对外贸易持续承压

受全球需求不足、贸易壁垒、订单转移等因素影响，重庆对外贸易延续了上年低于全国的增长格局，进出口下行压力增大。一是进口负面拖累影响突出。全市进口连续 20 个月负增长，1—9 月低于出口增速 14.5 个百分点，拉低外贸整体增速 4 个百分点。其中，金属矿砂、集成电路、人用疫苗等进口转移外流，拉低全市进口 3 个百分点。二是订单转移依然存在。受发达国家"脱钩断链"和加征关税影响，苹果、惠普等美系笔电订单加速外移，目前苹果平板电脑订单已全部转移，达丰、英业达、纬创等企业笔电订单减少，前三季度全市平板电脑、笔记本电脑出口量分别下降 90%、2.5%。三是开拓市场难度加大。全球贸易壁垒更加突出，美国、欧盟、俄罗斯对我国新能源汽车等优势产品加征反补贴关税、碳关税、报废税，在一定程度上削弱了我国机电产品出口竞争力，不利于重庆汽车、光伏板等扩大出口规模。此外，受美西方对俄罗斯贸易禁令、全球汇率波动加剧等影响，外贸结汇难度和汇率波动风险增大，影响外贸企业开拓海外市场积极性。

（二）招商引资后劲不足

发达国家推动跨国投资"回岸化""友岸化""近岸化"，各国引资"逐底"竞争加剧，外商投资及项目引进难度较大。一是外资项目储备偏少。外资新项目不多，实际到资主要来源于存量企业，1—9 月，全市合同外资同比下降 92.8%，新设企业到资仅 0.1 亿美元；50 亿元级项目仅 10 个，尚未引进 100 亿元级项目，外资利用后劲乏力。二是开放平台引资效果有待提升。开放平台要素集聚能力不强，1—9 月，全市开放平台实际使用外资 2.5 亿美元，占全市实际使用外资比重超过三分之一，但同比下降 17.5%。其中，两江新区龙头带动作用不强，实际使用外资降幅达 79.1%。三是招商引资吸引力不足。相较于东部发达地区，重庆市在产业生态、资金规模、人才资源、交通便利、公共服务等方面还存在差距。2024 年以来，京津冀、长三角、粤港澳大湾区等地来渝考察投资企业数量同比下降 30%。

（三）内陆开放短板较多

受区位、产业、资源等因素影响，对外开放仍存在较多短板和不足。一是产业支撑不足。重庆市电子信息产业规模"见顶"回落，而汽车、摩托车、装备制造、医药、材料、消费品等产业外向度相对较低，对外贸增长带动有限。其中，新能源汽车产业尚未对出口形成规模支撑，电动载人汽车出口占全市出口额比重不足 2%。二是外贸主体发育不足。重庆有进出口实绩的外贸企业 4283 家，与浙江（11 万家）、四川（8250 家）等省市差距较大。缺少带动力强的外贸龙头企业，进出口超千亿的仅 1 家，对外贸易增长动力不足。三是国际化服务配套不足。外贸综合服务企业仅 4 家，国际货运代理企业仅占全国的 0.7%。涉外法律服务能力不足，涉外律所不足 10 家，精通涉外法律业务的律师不到 30 人，"两反一保"专业律师仅 1 人。

三、2025 年发展环境及展望

（一）世界经济恢复势头减弱，全球投资贸易不确定性突出

据 IMF、WTO 分别预测①，2025 年全球经济、国际贸易将分别增长 3.2% 和 3.0%，其中全球经济增速低于近 5 年平均水平，国际投资和贸易形势仍不乐观。一是全球贸易增长显现隐忧。在地缘政治冲突、贸易保护等加剧影响下，全球产业链供应链运行不畅，国际贸易增长面临更大阻力。发达经济体普遍遭受高通胀压力，消费能力和消费需求有所下滑，对全球贸易拉动作用减弱。但随着大数据智能化兴起，全球跨境电商、数字贸易等服务贸易将蓬勃发展。二是跨境产业投资机遇与阻力并存。在全球产业布局调整、科技革命产业转化加速、传统产业数字化转型等带动下，全球人工智能、生物医药、新一代信息技术、数字经济等新兴产业投资面临新机遇。同时，受全球部分产业产能过剩、发达国家技术封锁升级等影响，跨国公司对外投资更加谨慎、阻力增大。三是部分大国政策转向的外溢效应凸显。美西方可能采取新一轮加征关税政策措施，将触发新的全球性贸易摩擦，给世界经济和国际贸易带来负面影响。美国降息预期有所增强，部分新兴经济体面临热钱流入引发的物价汇率上涨和经济金融波动压力。同时，随着大国间产业、贸易、科技等博弈不断外溢，将扰动国际物流及供应链，可能会抑制全球投资和贸易活动，我国对外开放面临更多风险挑战。

（二）国内深入扩大制度型开放，加快培育壮大对外开放动能

我国将加快构建开放新格局，加大制度型开放力度，培育开放新业态新模式，国际竞争新优势不断增强。一是制度型开放深入推进。国家将深化开放体制机制改革，推动产业、财税等规则与国际接轨，有利于提升全球资本、技术、人才等要素吸引力，将为扩大对外开放注入新动力。随着外资自由汇入汇出、扩大服务业开放、免签入境国家扩容等政策深入实施，有助于更好配置全球资源要素，加速国内产业迭代升级，提升开放经济发展活力。二是国际竞争新优势加快塑造。随着我国新技术新产业、新业态新模式快速发展，以及国货出海支持力度加大，将提升我国外贸"新名片"国际影响力，扩大新能源汽

---

① 均为 2024 年 10 月预测值。

车、锂电池、光伏产品等新产品出口规模，助推对外贸易升级和国际竞争力提升。我国跨境电商、数字贸易等逐步兴起，将为传统企业开展国际贸易提供有力支撑。三是区域协调融合发展步伐加快。国内战略腹地建设、新时代西部大开发、成渝地区双城经济圈建设等战略深入推进，进一步完善经开区、自贸区、综保区等区域布局及平台功能，引导东部沿海省市产业向中西部地区转移，将促进东中西区域产业合作、开发开放和协同发展。同时，在国家下调铜铝类资源产品出口退税率、人民币升值压力增大等影响下，短期内将使我国外贸出口面临更大的压力。

（三）重庆深化内陆开放综合枢纽建设，开放型经济加快迭代升级

重庆将聚焦内陆开放综合枢纽建设，对外开放的通道、平台、产业等支撑体系持续完善，内陆开放引领辐射作用更加突出。一是内陆开放体制机制创新更加深入。积极探索创新陆上国际贸易规则，推动投资、知识产权保护等与国际经贸规则接轨，将进一步优化全市营商环境，激发内陆开放活力。服务业开放持续扩大，将提高服务业利用外资水平，助推现代物流、国际金融、健康医疗、商贸文旅等服务贸易发展。二是开放型经济加快迭代升级。全方位推进"渝货出海"行动，将带动优势工业品、老字号品牌、特色农副产品等出口，将为对外开放注入新动能。加快推动内外贸一体化发展，积极培育跨境电商、市场贸易采购、数字贸易等新模式，有助于扩大汽摩、消费品、五金工具等"重庆造"产品出口，进一步做大做强开放型经济规模。三是开放平台协同联动发展。全力推进中新项目、自贸区、综保区等开放平台一体化打造，有助于开放要素集聚和开放经济培育，夯实内陆开放基础支撑。加快推动集疏运体系建设，将放大铁公水空物流大通道叠加效应，助力重庆深度参与全球产业链供应链合作。四是区域合作提质扩面。发挥开放大通道桥梁作用，与沿线国家和地区产业、贸易和投资合作不断扩大。积极推进长江经济带、成渝地区双城经济圈等建设，毗邻、跨区域协作和对口帮扶更加紧密，与四川、新疆、山东、上海、广西等物流、能源、产业合作机制持续完善、成果更加丰富。但同时，重庆对外开放面临产业加速外移、物流成本上涨、区域竞争加剧等挑战，开放经济下行压力依然较大。

（四）2025年运行趋势及展望

2025年，全球政经形势依然复杂严峻，国际投资、贸易增长仍面临不确定性和阻力；国内将深入推进制度型开放，加快培育开放新动能、新优势，对外开放水平不断提升。重庆将加快推动内陆开放综合枢纽建设，进一步扩大国际开放合作，推动开放型经济迭代升级。预计2025年重庆外贸进出口7880亿元左右，同比增长5.0%左右；实际利用外资10亿美元左右。

四、对策建议

（一）着力外贸稳存量扩增量提质量

一是积极争取电子产品订单。加大与惠普等国际品牌商对接谈判力度，争取更多笔电、手机等新订单投向重庆，引导华为、神州等国内笔电企业在渝设立出口基地，多措并举稳住电子产品出口基本盘。二是扩大重点商品进出口规模。实施"渝货出海"行动计划，持续扩大汽车、摩托车等优势产品出口增量。推动出台进口促进专项行动计划及支持政策，支持九龙万博铝钒矿、GKE公司金属矿等进口放量。三是推动内外贸一体化发展。推动内外贸监管规则衔接，支持检验检测、认证认可等第三方评价机构发展，为内外贸企业提供一站式服务。实施"渝城名企"提质行动，加大"渝货精品"出口力度，培育一批运营模式与国际接轨的国内商品交易市场，支持内外贸企业一体化经营。

（二）加快培育对外贸易发展新动能

一是加大新兴市场开拓力度。深化"百团千企"国际市场开拓计划，持续推广"渝贸全球"品牌，

"一国一策"拓展新兴市场,重点加大俄罗斯、埃及等市场开拓力度,积极开展"俄油入渝""俄粮入渝"等探索。二是创新外贸新业态新模式。引导传统外贸企业、生产型企业拓展跨境电商业务,扩大市场采购贸易方式试点范围,加快拓展对外贸易渠道。支持新型离岸贸易发展,创新市场采购贸易方式,拓展五金、机电等市场采购贸易产业链。深化与东盟等地区产业联盟合作,推动笔电和汽车中间品扩大出口,拓宽中间品贸易链条。三是推动服务贸易创新发展。深化服务业扩大开放综合试点,积极推动"服贸+数贸"融合发展,扩大服务外包、跨境结算、旅游、文化等服务贸易规模。加快数字贸易发展,加强数字应用场景和模式创新,打造数字贸易示范区,争创国际数字服务出口基地。梳理外贸产业图谱,完善外贸生态圈,促进"通道+经贸+产业"联动发展。

(三)提升"引进来""走出去"水平

一是加大外资精准招引力度。推动在德国、中国香港、新加坡等重点外资来源地设立外资招商联络点(代表处),高效对接产业资源,以渠道、网络赋能外资招商。做好跨国公司重庆行、进博会重庆交易团等活动,推动更多跨国公司来渝合作。二是培育壮大经营主体。围绕陆海新通道、中新项目等重大战略,聚焦"33618"现代制造业集群体系,培育一批具有国际竞争力的跨国经营主体;做强跨国经营活动品牌,引导民营企业提升国际化水平。三是完善公共服务体系。建设对外开放综合服务平台,引育一批国际化会计、法律、信用、金融等国际化中介服务机构,提升企业开拓国际市场信心和能力。健全境外安全风险防控体系,为走出去企业量身定做海外保险产品,提升海外项目安全能力。

(四)持续扩大国内经贸合作水平

一是深化成渝地区双城经济圈一体化合作。加快推动金融、科技、劳动力等要素市场一体化,加强成渝汽车、电子、装备、医药等产业协作,共同开展交通、能源、水利等重大基础设施建设,提高区域医疗、教育等公共服务互联互通。二是扩大毗邻区域协作水平。全面推进与贵州、陕西、湖北等毗邻省的产业、交通、旅游合作,提升区域产业链、供应链协作水平,构建优势互补、协同发展的区域经济发展新格局。三是加大跨区域经贸合作力度。积极承接广东、浙江等沿海地区产业转移,扩大与上海、南京、武汉等长江经济带沿线城市长江生态保护、承接产业转移等合作,加快推动与新疆、甘肃、宁夏等省(区)能源互联互通,助推西部大开发和内陆开发开放。

[重庆市综合经济研究院(重庆市经济信息中心)宏观经济研究课题组
 主研:易小光 丁 瑶 余贵玲 张 超 赵 伦
 执笔:张 超]

之六：2024年重庆市财政金融运行分析及2025年展望

2024年以来，重庆深入落实各项稳经济政策举措，加大资产处置盘活力度，财政收入实现较快增长，社会融资规模稳步扩大，对全市重大任务、关键领域和薄弱环节的资金保障作用凸显。预计2024年重庆一般公共预算收、支分别同比增长3.0%、8.5%左右，金融机构本外币存、贷款余额分别同比增长4.0%、7.0%左右。

一、2024年重庆市财政金融运行分析

（一）财政运行特点和问题

2024年，重庆财政收入增长较快，财政支出保持必要强度。1—9月，重庆一般公共预算收入完成1794.2亿元，同比增长6.7%，增速高于全国地方级收入6.1个百分点，位居全国第4、西部第3。其中，税收收入低位运行，增幅高于全国4.1个百分点，居全国第6位；在资产处置收入大幅增长的带动下，非税收入完成707.5亿元，同比增长17.6%，高于上年同期11.7个百分点，对财政增收支撑明显。一般公共预算支出同比增长8.2%，高于上年同期6个百分点。

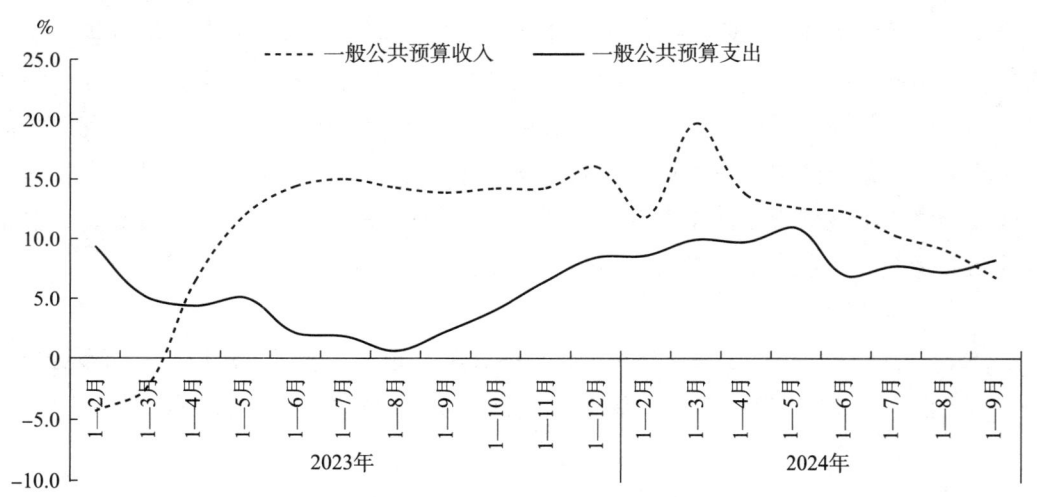

图1 2023年以来重庆一般公共预算收支同比增速

1. 税收收入低位运行，增速快于全国水平

在部分重点行业回升向好的带动下，税收收入总体保持低位平稳增长。1—9月重庆税收收入完成1086.7亿元，同比增长0.6%，高于全国平均增幅4.1个百分点；剔除政策性减收等因素后同比增长4.3%。分税种看，以新能源汽车为代表的制造业运行良好，对增值税增收形成有力支撑，若剔除政策性减收等因素后，增值税实际同比增长6.8%；受企业经营压力增大、居民收入增长总体放缓等因素影响，企业所得税、个人所得税分别同比下降0.7%、6%，降幅较上半年扩大0.4个、3.9个百分点；由于房地产市场交易持续疲软，契税同比下降5%，自5月以来持续负增长；受益于"三攻坚一盘活"资产盘活力度加大，土地增值税大幅增长64.1%。

2. 基金预算收入增长较快，划拨地收入贡献突出

划拨地出让对基金预算收入增收形成强力支撑。1—9月，重庆政府性基金预算收入完成805.9亿元，同比增长13.1%，高于上年同期34个百分点。其中，土地出让收入完成699.4亿元，同比增长14.3%，主要是受到划拨土地收入大幅增长92%的带动，其拉高土地出让收入增幅32.4个百分点。但同时，由于房地产市场仍处于深度调整期，重庆商品房施工面积、新开工面积、销售面积持续下行，受开发建设规模持续收缩、房企投资信心和能力不足等影响，1—9月重庆市场化土地出让收入同比下降28%。

3. 财政支出有所加快，地方债发行规模缩减

财政支出保持必要支出强度。1—9月，重庆一般公共预算支出完成3843.1亿元，同比增长8.2%，高于上年同期6个百分点。其中，城乡社区、农林水、交通运输、住房保障、社会保障和就业等重点支出保持较快增长，成渝地区双城经济圈、西部陆海新通道建设等国家重大战略任务、基本民生等重点领域得到有效保障。受政府化债等因素影响，1—9月重庆新增专项债券1007.2亿元，同比下降17.0%。

4. 需要关注的问题

一是税收增收压力较大。受经济税源超预期下滑影响，重庆税收增速自7月起明显回落，中心城区、渝西地区、渝东北三峡库区税收均为负增长，66%的区县（开发区）税收增速低于全市平均水平。传统支柱产业支撑减弱，以生产传统燃油车为主的长安、长城等车企税收均呈两位数下降，金融业、房地产及建筑业税收持续下滑，新兴税源体量小、产税能力弱，对地方级收入贡献依然较小。

二是非税和土地出让收入结构不优。2024年以来重庆非税收入持续保持两位数较快增长，但其中超七成收入来自资产处置收入，收入增长的可持续性不强。同时，市场化土地出让形势依然低迷，2024年以来市场化住宅用地出让受让方多为地方国有企业，龙湖、万科等龙头房企在渝均无新增地块，土地出让收入中划拨地收入占到59.2%，导致土地出让收入中可用财力（扣除成本补偿性费用后）十分有限。

（二）金融运行特点和问题

2024年以来，重庆全面实施"智融惠畅"工程，金融市场运行保持稳健，重点领域融资规模稳步增长。截至9月末，全市社会融资规模存量同比增长8.6%，高于全国0.6个百分点；其中人民币存、贷款余额分别为5.4万亿元和5.9万亿元，同比分别增长3.8%和6.8%，低于全国3.3个、1.3个百分点。

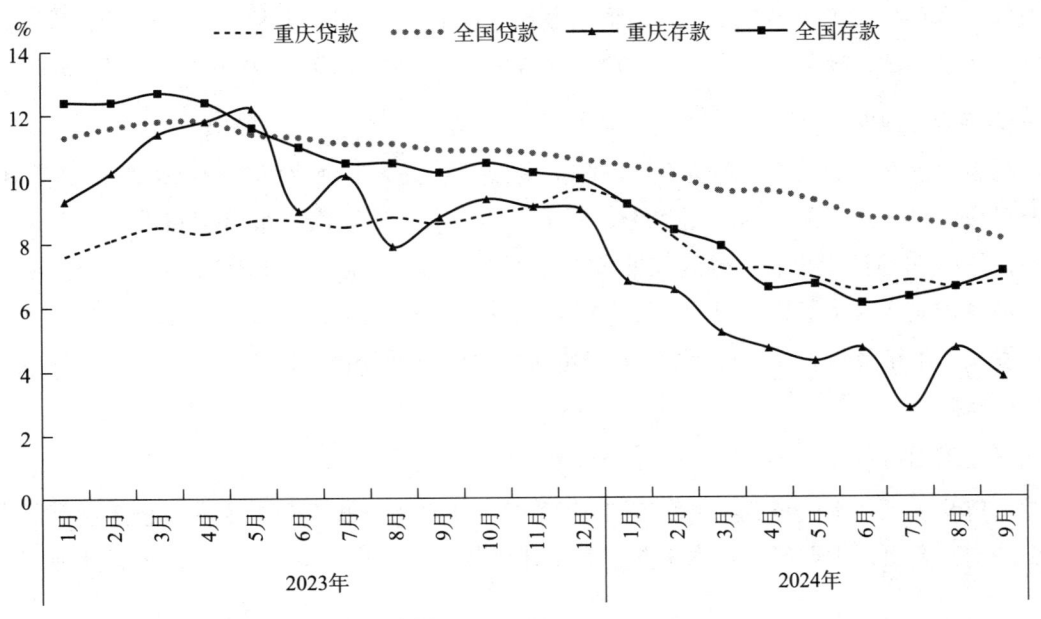

图2 2023年以来重庆和全国人民币存、贷款余额同比增速

1. 信贷增速缓中趋稳，中长期贷款余额增长较快

截至 9 月末，重庆人民币贷款余额同比增长 6.8%，虽低于上年同期 1.8 个百分点，但仍高于上半年 0.2 个百分点。从期限结构看，在中长期固定资产贷款、经营性贷款等较快增长带动下，中长期贷款余额同比增长 7.1%，高于上年同期 1.2 个百分点；其中，企业中长期经营贷款、中长期固定资产贷款同比增速均超 10%，是贷款增长主力。受贸易融资大幅下降等影响，短期贷款余额同比增长 8.3%，增速自年初以来总体放缓，并低于上年同期 10.1 个百分点。

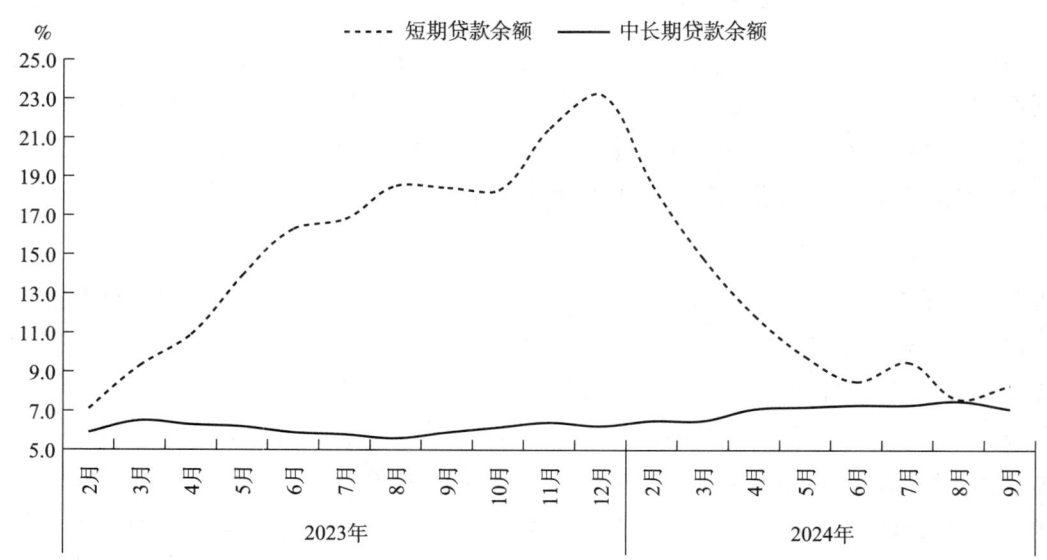

图 3　2023 年以来重庆人民币短期贷款和中长期贷款余额同比增速

2. 存款增速波动下行，企业存款降幅较大

截至 9 月末，重庆人民币存款余额同比增长 3.8%，增速自年初逐季放缓，并低于上年同期和全国 5 个、3.3 个百分点。分部门看，除居民存款保持正增长外，非金融企业、非银行业金融机构、政府部门存款均有所下降。其中，受企业盈利能力下降叠加贷款需求不足引致的派生存款减少、错币种融资业务①暂停导致外汇保证金存款减少等影响，非金融企业存款同比下降 2.8%，延续 5 月以来负增长态势；由于存款利率走低，居民存款定期化趋势明显，住户存款增速由上半年的 10.2% 小幅回升至 10.3%。

3. 资本市场明显回暖，金融开放创新步伐加快

资本市场表现活跃。受益于各项资本市场政策提振，重庆上市企业市值明显提高，截至 10 月底，重庆上市企业总市值较 6 月末上涨幅度超 20%，其中，赛力斯、长安汽车市值均超千亿。上市公司经营质量不断提高，1—9 月重庆上市企业分红数量 58 家，创历史新高。金融开放创新取得积极进展。全国首笔铁路提单质押融资业务在渝落地，成为中西部唯一的跨境贸易高水平开放试点城市，1—9 月经常项目和直接投资跨境人民币结算量稳居中西部第 1。渝港金融合作不断深化，建立"双中心"金融专项机制，签署 14 个重点金融合作项目。

4. 需要关注的问题

贷款增长持续承压。重庆贷款余额增速自 2022 年 2 月起持续低于全国水平，企业融资需求低、合格贷款主体少等制约突出，据调研，年内工业企业累计新授信额同比下降 8% 左右。民营企业仍面临融资难

---

① 以存款为质押，利用各币种间掉期价格窗口，为外贸企业提供贸易融资、信用证、购汇、福费廷等服务组合，实现较低成本融资。

融资贵问题，9月末贷款余额增速低于企业贷款0.4个百分点，小微企业、普惠小微贷款利率分别为3.9%和4.3%，分别高于企业平均贷款利率0.3个、0.7个百分点，特别是部分调研企业综合融资成本仍高达12%以上，企业融资获得感不强问题需要关注。

资本市场利用尚不充分。直接融资规模有所收缩，1—9月重庆直接融资规模占比12.6%，低于上年同期8.4个百分点，其中，由于债券发行受到化债政策限制，债券净融资额较上年同期大幅下滑。创投基金发育不足，目前重庆创业投资企业平均资产规模不足2亿元，政府主导的种子基金有52%的资金闲置在银行托管，市场化私募基金本地投资率仅40%左右，对高新技术、初创科技企业的投资力度仍不够。

二、2025年运行环境及展望

（一）世界政经形势更趋复杂，金融市场波动加剧

地缘政治紧张局势对全球经济金融的影响更为突出，叠加全球货币流动性宽松幅度有限，金融市场将面临较大波动风险。发达经济体增长总体仍较疲弱，美欧经济面临消费和投资活动下降拖累、银行业经营形势仍不容乐观，日本经济在扩大政府支出、低利率政策等带动下低位回升；中国、印度、越南等亚太新兴市场增长保持韧性。美欧等主要发达经济体货币政策转向宽松，但美元流动性仍将延续紧平衡格局，新兴市场仍面临一定的资本外流压力。全球地缘政治局势更趋复杂，俄乌冲突、巴以冲突等久拖未决，美西方国家可能进一步采取加征关税、投资制裁等方式，加剧全球产业链供应链割裂局面，将抬升跨境资本避险情绪、加剧全球金融脆弱性，对全球跨境贸易投资、跨境资本流动、金融市场稳定造成冲击，加剧股市、债市、汇市、大宗商品市场震荡。

（二）我国财政货币政策加力显效，金融改革深入推进

我国经济运行将延续回升向好态势，但经济内生动能尚不稳固，需要进一步强化财政政策和货币政策协同促进作用，纵深推进金融体制改革，助力推动经济高质量发展。财政政策更加积极，财政赤字率将适度提高，强化运用超长期特别国债、中央预算内资金、专项债等专项资金工具支持"两重""两新"项目建设，地方政府债务置换将获得大力支持，助力化解地方债务风险。货币政策适度宽松，将综合运用各类货币政策工具维持流动性合理充裕，通过持续优化利率调控机制等方式，引导金融机构强化存量资金使用效率、稳定服务实体经济能力，针对重大战略、重点领域、薄弱环节的金融服务将持续加强，房地产项目融资有望改善。金融市场改革纵深推进，围绕提振资本市场，将大力引导社保、保险、理财等中长期资金入市，权益类公募基金改革、上市公司并购重组等将加快落实。金融领域制度型开放稳步扩大，将进一步提升跨境投融资便利化水平，吸引外资金融机构和长期资本投资。

（三）重庆加快推动高质量发展，资金需求仍较旺盛

重庆聚焦做实"两大定位"、发挥"三个作用"新定位新使命，以全面深化改革促进高质量发展，在"十四五"规划收官之年，重点领域资金保障需求依然较大。产业升级方面，围绕"33618"现代制造业集群体系建设、现代生产性服务业发展等重大任务，高新技术企业、专精特新企业培育发展，重大牵引性产业项目招商、工业企业设备更新改造投资等，均需要财政金融资金给予支持。科技创新方面，聚焦新质生产力培育发展，国家战略科技力量、高能级创新平台等引进集聚，均需要财政资金发挥引导作用，强化科技金融支持。提振需求方面，"两重"和"两新"项目、市级重大项目建设，均需要加强资金配套保障；各项助企纾困政策细化落地，需要财政和金融资本给予大力支持。随着成渝地区双城经济圈、西部陆海新通道、数字重庆建设走深走实，重大战略实施、重大改革事项，均需要财政金融加强资金保障。

同时，随着中央财政资金保障加强、政府债务化解稳步推进、金融"智融惠畅"工程深入实施，重庆资金保供潜力将充分激发。

（四）2025年运行趋势及展望

财政收入低位运行，财政支出保持必要强度。2025年，受经济恢复基础不稳、政策性减收等因素影响，全市一般公共预算收入仍将保持低位增长态势。房地产市场在政策有力带动下有望逐步筑底修复，开发企业资金压力缓解和投资意愿增强，将带动土地出让收入稳定增长。财政支出方面，教育、医疗、卫生等民生领域支出仍将保持刚性增长，助企纾困、"三保"等领域支持将继续强化，超长期特别国债、中央预算内资金、专项债券等财政政策工具仍将发挥积极作用，全力保障全市重大项目投资建设。预计2025年重庆一般公共预算收、支分别同比增长5.0%、8.0%左右。

金融运行保持稳健，融资规模稳步扩大。2025年，重庆将做深做实金融五篇大文章，全面推进"智融惠畅"工程，引导金融资源向普惠、科创、绿色等重点领域集聚。将继续用好结构性货币融资工具，建立支持小微企业融资协调工作机制，实现重点领域和薄弱环节融资精准投放。将进一步强化产业链供应链金融服务，持续优化投资基金发展环境，推动政府引导基金、私募基金等加快发展，助力科技型企业股权融资。金融高水平对外开放持续推进，在渝港、渝新金融合作方面加快形成标志性成果。将牢牢守住金融风险底线，持续化解重点领域金融风险。预计2025年重庆金融机构本外币存贷款余额分别同比增长6.0%和8.2%左右。

三、对策建议

（一）着力推动财政增收优结构

一是强化经济税源掌控，持续抓好财源培育，围绕"33618"现代制造业集群体系和"416"科技创新布局，着力涵养扩大优质税源，稳住房地产、汽车等重点税源基本盘。二是深入落实组织收入责任共担机制，依法依规抓好组织收入。积极探索消费税等中央税种下划地方改革举措，梳理谋划征收范围和品目，深挖潜在税源空间。三是着力推动国家和重庆系列房地产优化政策落地落实，积极改善房地产市场预期，动态完善土地供应调节机制和出让计划，加大市场化土地出让收入组织力度。督促引导区县科学规划资产处置时序和性质，促进非税收入合理增长。

（二）不断提高财政资金使用效益

一是加快超长期特别国债、专项债等专项资金项目拨付进度，完善市区两级债券分配机制，做好"资金池"和"项目池"统筹对接，提高项目资金使用效益。二是全面加强预算管理，持续压减非必要非急需不合理支出，严格执行"三公"经费限额管控，加强财政资金资源统筹配置，集中财力优先保障重大战略落地落实。三是深化推进国有资产盘活，积极争取国家置换债券政策支持，在额度分配方面向存量隐债规模较大的区县适度倾斜，加快政府债务化解进度。

（三）加快提升实体经济融资服务效能

一是大力发展科技金融，深入实施金融支持"双倍增"专项行动，持续优化知识价值信用贷款、投贷联动等融资产品，充分利用金融资产投资公司股权投资试点，拓宽科技型企业股权债权融资渠道。二是构建普惠金融发展长效机制，健全金融服务民营和小微企业政策体系，支持商业银行加快完善普惠信贷尽职免责制度，优化落实国家无还本续贷政策，提升小微企业金融服务水平。三是积极发挥房地产融资协调机制作用，切实支持房地产企业合格项目融资，确保"白名单"项目应贷尽贷。

（四）大力培育发展资本市场

一是深化开展企业上市"千里马"行动，加强上市后备企业梯次培育，做实做细拟上市企业合规性辅导，支持存量上市企业通过增发、配股等方式扩大直接融资规模。二是持续优化股权投资基金成长环境，建立完善种子基金、天使基金、风投基金投资衔接机制，做强做大产业投资基金集群，引导各类投资基金支持重庆科创型企业发展，通过资本市场实现价值增值。三是深化区域性股权市场改革，高质量建设"专精特新"专板，进一步丰富科技型企业股债融资工具。充分利用多层次资本市场，帮扶企业开展并购重组。

[重庆市综合经济研究院（重庆市经济信息中心）宏观经济研究课题组
主研：易小光　丁　瑶　余贵玲　苟文峰　赵　伦　张　佳
执笔：张　佳]

之七：2024年重庆市社会事业发展情况及2025年展望

2024年以来，重庆坚持以"中国式现代化，民生为大"引领社会事业各方面建设，聚焦提高人民生活品质，围绕支持稳岗就业、服务"一老一小"、加强困难群众帮扶等重点环节，持续增进民生福祉，基本公共服务的均衡性可及性不断增强，惠民便民的感受度认可度稳步提升，一批社会民生领域的关键性改革和标志性项目有序推进，在经济稳进增效改革突破中较好推进了社会事业稳步发展。

一、2024年重庆市社会事业发展现状

（一）教育事业发展持续向优向好

教育领域投入总体稳定，1—9月全市一般公共预算支出中教育支出同比略降1.8%，各学段教育质量稳步提升。一是学前教育积极应对学龄人口规模缩减趋势，学位富集片区有序推进资源优化整合，普惠性幼儿园覆盖水平和办学质量稳步提高。二是义务教育"双减"工作扎实推进，校外培训领域非法集资风险预警治理成效显现。巴蜀、八中、南开、西附等多所学校新增（扩建）校区覆盖两江新区、科学城、璧山、大渡口等多个区域，义务教育阶段集团化办学、学区制管理占比超80%。三是职业教育与区域产业布局发展衔接更加精准，14个产教联合体持续对接现代制造业集群建设需求。四是"双一流"建设体系持续优化，截至9月底12所在渝高校的78个学科进入ESI世界学科排名前1%，其中7个学科进入排名前千分之一、1个学科进入排名前万分之一。在渝高校积极围绕重大战略组织科技攻关，上半年签订技术转让合同数位列西部第1、全国第5，科技成果转化效率不断提升。本科高校"一校一案""一校一表"深入推进学科专业调整，"把应用学科专业建在产业链上"等经验做法彰显全国示范意义。

（二）医疗卫生惠民便民水平提升

医疗资源配置更趋集约，1—9月全市一般公共预算支出中卫生健康支出同比下降9.9%，医疗服务体系不断完善。一是区域医疗中心建设稳步推进。江苏省中医院、重庆医院等4个国家区域医疗中心输入医院项目建设顺利，将新增床位4500张。二是医养结合高质量发展。"医办养""医康养"以及智慧康养、社区医养等新模式有效助推医养资源与老年人健康养老服务需求更好衔接，"潮汐式"医疗援助更好满足了"一老一小"群体纳凉避暑的就医需求。三是医改惠民便民成效加快显现。新生儿出生"一件事"2.0版本上线运行，可"一站式"联办10个新生儿关联事项，1—9月共办理5.55万件，服务全市54.8%的新出生人口。"全院一张床"改革试点有效盘活综合性公立医院紧张短缺的床位资源，通过缓解"住院难"矛盾有效缩短了患者平均住院日期。药品耗材集采试点提质扩面，川渝联盟超声刀头医用耗材带量联动采购促进相关产品价格平均降低74%，预计每年可减轻全市群众费用负担1.5亿元。全市医保移动支付应用落地全面推开，上半年已有102家定点医疗机构上线医保移动支付功能，惠及群众超过120万人次。

（三）文化体育综合效益持续显现

文体旅融合发展便民惠民态势良好，1—9月全市一般公共预算支出中文化旅游体育与传媒支出同比下降7.8%，社会化市场化参与水平稳步提升。一是历史文化资源活化利用成效明显。大田湾—文化宫—大礼堂、山城巷、十八梯等重点项目的经济效益与社会效益日益深度融合，164个中国传统村落数字博物馆单馆开启建设，有效提升传统村落沉浸式体验魅力。二是文旅联动激活演唱会经济。1—9月5000人以上大型营业性演出实现票房收入超7亿元，明星演唱会在华熙LIVE鱼洞场馆、重庆奥体中心等相继举办，极大提升了住餐、旅游等消费人气。三是文博经济蓬勃发展。第五批全国博物馆定级评估后，重庆市国家等级博物馆数量由24家增加到39家，国家等级博物馆占比从2023年的18%提升到28%，借助声、光、电等高科技手段和互联网平台，"全息动物园""印象博物馆"等"博物馆+旅游"新体验带动"文博热"持续升温。四是群众体育积极发展，重庆市第七届运动会和第七届残疾人运动会成功举办，马拉松、龙舟公开赛、城市定向赛等引领全民健身赛事活动实现多元化供给，"全民健身月"期间2000场次赛事活动吸引150万人次参与。五是巴渝和美乡村的文化味不断提升，重庆市乡村艺术节、巴渝和美乡村村歌大赛等文艺展演活动有序开展，"巴渝农耕文化数字一张图"正式上线，汇聚全市农耕文化遗产点位近1000个，有效助力农耕文化开发利用。

（四）就业创业环境更趋公平友好

就业创业服务保障更加精准，1—9月全市一般公共预算支出中社保和就业支出同比增长5.6%，稳就业促增收支撑有力。前三季度全市城镇新增就业60.67万人。已提前完成年度目标，就业形势基本稳定。一是就业服务精细化水平不断提升，面向大学生群体"一对一"的职业指导专业性、温情度持续增强，"进家门"面对面的就业政策宣讲和咨询服务助力全市120余名求职青年进入职场。九龙坡等区县积极探索"就业超市""巧手梦工坊""创业苗圃""创业大市场"等服务新平台新方式，稳步推进高质量充分就业区县和社区（村）建设。二是低收入群体和家庭就业帮扶成效持续巩固，截至9月底，全市"雨露计划+"就业促进行动已带动9500余人就业上岗，632个就业帮扶车间实现1.2万余名村民在家门口就近就业，全市脱贫人口务工规模稳定在81万人以上，提前完成年度目标。三是灵活就业群体权益保障不断增强，全市灵活就业人员公积金自愿缴存试点深入推进，从事个体经营、快递外卖、网约车驾驶等基本公共服务人员占比超80%；沙坪坝区落地全国首个"骑手友好街区"并持续拓展"骑手友好小区""骑手友好校园"等友好场景试点建设，骑手从业环境持续改善。四是多元化创业载体不断显效，全市6个环大学创新创业生态圈有效拓展了青年群体低成本的创新创业空间，"地摊经济"规范化水平不断提升，众多"烟火集市"引领夜间经济与夜市创业协同发展。

（五）基本民生保障更加精准有力

重点群体与关键领域的民生福祉持续增进。一是城乡低保等社会救助保障标准稳步提高，自9月起全市城市居民、农村居民最低生活保障标准和特困人员救助供养标准每人每月分别提高750元、610元、975元，分别同比增长2%、1.6%、2.6%，困难群众兜底保障水平持续巩固。二是养老保险待遇提升机制持续健全，全市计划按照每人每月20元的标准再次提高城乡居民全国基础养老金，预计将惠及377万名领取待遇人员。三是"一老一小"服务保障不断优化，2023年全市"一老一小"个税专项附加扣除减税近40亿元，相关家庭对婴幼儿照护、子女教育、赡养老人的投入保障得以增强；截至9月底，全市长期护理保险参保约800万人，累计享受待遇超4.5万人，失能老人的基本护理服务得到合理保障。四是慈善事业稳步发展，社区慈善基金累计帮助解决群众"小急难"问题1万余个。学生资助体系不断完善，

2024年以来已筹集学生资助资金84亿元，惠及学生664万人次，初步实现精准资助数字化。五是中低收入群体住房保障体系持续完善，两江新区民心佳园、沙坪坝区美丽阳光家园公租房转配售型保障性住房开始试点，平均售价分别为5800元、4500元左右，更好满足了工薪收入群体的购房需求。六是社会民生领域政策制度体系更加健全，《重庆市实施〈中华人民共和国反家庭暴力法〉办法》《重庆市公共租赁住房管理办法》等一批民生类新办法新政策加快落地实施。《第四批川渝通办事项清单》包含城乡居民养老保险待遇申请等51项川渝通办事项，将更好地便利两地企业群众生产生活。

二、存在的问题

（一）经济面支撑不足致稳就业压力依然较大

全市经济总体延续稳中有进态势，但仍未形成支撑就业市场整体改善的局面，就业端呈现出不充分、低水平特征，结构性矛盾较为突出。从行业看，房地产开发、建筑业等行业劳动力闲置较多、工人工时量不足，材料、机械配件等传统加工制造行业企业利润增长缓慢、员工薪酬降多升少，网约车司机、外卖骑手等灵活就业群体规模增长较快并已出现就业饱和迹象，至2024年9月底，中心城区已集聚起21.8万名网约车驾驶员，行业竞争不断加剧。从群体看，2024届高校毕业生至今仍有10%左右尚未就业，2025届近39万名毕业季大学生已进入求职期，但就业市场对专科及以上学历的岗位需求占比仅为23%，有学历难就业现象突出。初代农民工老龄化加剧，回流后再次进入正规就业面临较大困难，区县域产业发展就近吸纳就业容量拓展空间有限。

（二）学龄人口缩减对各学段的冲击初显苗头

人口是教育发展的基本要素，学龄人口规模变化、空间变动对教育资源配置及其供需平衡有直接影响。与全国趋势相似，重庆各学段的学龄人口正相继迎来高峰拐点并进入缩量发展阶段，对各学段、各区域教育资源布局的冲击正渐次显现。2020年以来随着入学生源逐步减少，部分区域的幼儿园已率先出现从"生源不愁"到"难以满员"的落差。部分人口流失明显的区县，乡镇小学招生难的压力已经较为普遍，"老师充足、学生不足"的现象将在越来越多的乡镇甚至是区县城学校出现。一方面，市民对优质教育资源的向往依然迫切，入学"好不好"的焦虑仍未缓解。另一方面，不少学校争夺生源的竞争压力明显增大，招生时面临"足不足"甚至"有没有"的困境。顺应学龄人口趋势性结构性变化，推动教育资源优化整合已较为迫切。

（三）基层医疗康养资源难以应对老龄化需求

通常老龄群体对医疗资源及服务的需求更为旺盛和迫切。随着全市老龄化进程加快，基层医疗康养资源配置不足、服务品质不高、供给模式单一等问题日益凸显，难以满足老年群体的多元化需求。基层医疗机构在老年病防治方面缺乏专业科室力量，面向老年群体的康复性治疗技术力量薄弱，不少老龄群体面临着"就近看病难、难以看好病"的忧愁。社区医养资源供给偏少，社区医院因医疗实力薄弱，难以与优质康养资源充分对接，嵌入社区贴近群众的医养共同体发展不足。社区、家庭适老化改造推进缓慢，居家养老服务配套仍不完善，灵活性强嵌入式的助餐、助浴、帮助如厕等日常生活护理服务总量供给跟不上、专业性也不强，难以满足群众现实需求。

（四）文体住房领域保民生促发展融通性不强

推进中国式现代化，需要在发展中保障和改善民生，也需要在保障和改善民生中更好促进经济高质量发展。重庆在文化、体育、住房保障等领域亟须提高民生建设与经济建设的融通性，提高相互促进水平。文化和科技融合探索滞后，相关配套支持政策体系不健全，以科技为依托加快发展沉浸式、科幻型新型文化业态进程缓慢，科技赋能文化发展的红利挖掘不足，文化产业类科技企业成长慢、集聚少。民生体育、体育赛事与体育经济联动发展水平不高，体育服务与体育产品协同供给机制不优，健身运动与健身经济发展融合性不强，群众对冰雪运动的喜爱未能向冰雪经济充分转化。住房保障未能与吸引青年留渝来渝、支撑青年群体家庭发展精准对接，人才房、保障性住房配置仍需提高与招引创新创业人才、保障企业用工有效衔接。

三、2025年发展环境及展望

（一）社会事业发展环境稳定趋好

2025年是深入贯彻落实党的二十大精神和二十届三中全会关于进一步全面深化改革战略部署的重要一年，是"十四五"规划的收官之年，也将是国内外不确定难预料因素较为频发的一年，人民群众在努力拼搏、辛勤劳动、艰苦奋斗中对美好生活的向往尤为迫切，对关乎切身利益的民生领域重要改革更加关注，在发展中保障和改善民生的任务将依然艰巨，对平衡好经济建设与民生建设的要求也将更高。

从国际看，世界经济增长乏力复苏缓慢，地缘政治角力加剧，大国博弈风险上升，俄乌、中东等冲突延宕，粮食、能源、油料、化肥等生产生计类产品面临的限制性举措与贸易争端易发多发。美欧国家经济问题与社会问题交织影响，将进一步导致其国内民意撕裂、社会抗议不断。诸多"全球南方"国家受国际金融波动以及产业供应链不稳冲击，难以集聚起更多资源投入民生改善领域。重庆企业"走出去"投资布局海外，需更加注重提升当地民众的获得感和社会认同度，扩大开放引进国际化教育医疗资源也面临更多挑战。

从国内看，支持经济向上向好的一揽子存量政策落地、增量政策发力，将持续为加强普惠性基础性兜底性民生建设汇聚更多资源。完善就业优先政策、加大保障性住房供给、健全人口发展支持和服务体系等领域改革将持续深化推进，保基本、惠民生领域的改革红利有望进一步释放。数字化、智能化技术手段全面深入渗透民生领域并加快推广应用，将赋能社会事业提质增效和促进便民利民服务水平提升。随着社会民生领域新一轮改革窗口期和政策红利期的开启，将有利于重庆协调整合各层级各方面资源扎实推进城乡居民养老保障等薄弱环节以及山区库区等欠发达区域的民生建设。

从市内看，重庆将紧扣做实"两大定位"、发挥"三个作用"、重点打造"六个区"，强化惠民有感工作导向，着力以全面深化改革协同推进经济产业高质量发展和社会事业高质量建设。经济保持平稳运行将更好支撑民生领域补短板建设，有利于促进高质量充分就业和中低收入群体收入稳定。超大城市现代化治理加快探索，将以数字化手段助推完善"一老一小"服务体系和加强社区治理创新。城乡融合发展、区域联动发展深入推进，一批民生事项川渝通办更加便捷高效，社会事业发展的温情度和便民性将不断提升。

（二）2025年重庆社会事业发展展望

2025年，全市将更多以改革的办法调动各方积极性并筹集多方资源，更大力度更加精准推进实施一批群众可感可及的民生实事，切实守住民生底线，不断增强基本公共服务均衡性和可及性，在经济稳健发展中进一步保障和改善民生。

分领域看：就业领域，就业优先政策体系将加快完善，"稳岗扩岗""就业帮扶"等系列举措将有效带动就业容量拓展，高校毕业生、农民工等重点群体就业支持力度和服务精准性持续提升，城镇调查失业率将稳中有降。教育领域，教育强市建设稳步推进，各学段教育资源配置与人口变动适配性有所改善，学前教育普惠性、义务教育均衡性持续提升，产教融合进一步加深。医疗领域，医药卫生体制改革持续深化，紧密型城市医疗集团和县域医共体建设稳步推进，国家医学中心和国家区域医疗中心创建渐显成效，优质医疗资源加快向基层扩容下沉。文化体育领域，文化服务和文化产品供给方式更趋多元，演唱会经济、赛事经济、文博经济、健身经济发展活力持续释放，科技赋能文体旅融合发展推动新业态新体验迭代升级。社会保障领域，多层次多支柱养老保险体系持续发展，老年友好型、生育友好型、青年发展型城市建设扎实推进，特困人员、特殊群体的社会救助及照护体系将进一步优化完善。

四、对策建议

（一）统筹打好促发展稳就业组合拳

一是促进就业与产业有效协同，完善保市场主体稳就业政策体系，用好用足社保补贴、扩岗补贴、税收优惠等稳岗减负政策，有力支持制造业、建筑业、餐饮业等劳动密集型行业发展。二是发挥好民营经济和中小企业吸纳就业主力军作用，从金融支持、土地利用、人才招引、住房保障等方面加大对民营经济和中小微企业的倾斜支持力度。三是有效拓展软件信息、大数据开发、研发设计等领域就业，提升现代生产性服务业对高校毕业生等高知识群体就业的吸纳规模。四是提升技能培训、就业帮扶和创业扶持精准性，瞄准农民工群体、再就业困难群体、脱贫家庭、零就业家庭等重点群体，"一群一策"加强帮扶引导。

（二）促进人口与教育资源动态适配

一是分学段、分区域、分城乡系统做好人口变动与教育资源优化配置的前瞻性全域性设计，加强中心城区、渝东北、渝东南以及渝西、渝东新城等片区学龄人口变动演化的分析监测。二是积极应对好当下学龄人口变动对学前教育的系统性冲击，把学龄人口持续缩减与提升普惠性高质量办学水平统筹起来，更好顺应各区域学前教育供求关系变动。三是长短结合处理好义务教育阶段城乡学校的合理分布与优化组合，既要防止农村孩子上学难，又要防止乡镇学校招生难。四是积极推动职业教育、高等教育学科专业优化设置，强化产教融合，提高人才培育与产业创新、科技创新的对接适配水平。

（三）提高医疗卫生适老化服务水平

一是有效促进医疗卫生改革与老龄化进程相协同，注重提升医疗、医药、医保等领域改革政策设计与老龄化群体不断扩大、服务需求不断增多的对接水平。二是在紧密型城市医疗集团和县域医共体建设中有针对性地加强对老年病科室的有效支持，配足配优老年病专业科室医师力量、医疗设备，有效提升基层医疗机构老年病医治能力。三是进一步推动社区医养资源有效结合，提高社区医院对针灸、按摩、艾灸、食疗等康养资源的吸附力，提升贴近老人就近供给优质康养服务的整体水平。四是加强嵌入式养老助老资源植入，完善社区、家庭适老化改造支持政策体系，推动更多养老机构、社会组织提供规范化专业化的助餐、助浴、帮助如厕等日常生活护理服务。

（四）增强民生建设和经济建设融通性

一是处理好改善民生与促进发展的内在关系，在推进中国式现代化进程中深刻认识和把握两者的辩证统一性，在改革谋划、资源配置、项目布局上更好做到统筹兼顾。二是推进文化体育产业、事业和科技融合发展，利用新技术新模式增强社会效益和经济效益的统一性，畅通服务"流量"、消费"人气"向社会效益、经济效益、企业收益的转化渠道。三是增强民生建设与经济建设政策导向的内在一致性，一体制定实施促进文化事业与文化经济、体育事业与体育经济、住房保障与住房经济相协同发展的政策举措。四是充分激发社会组织、企业主体、群团组织等多方积极性，在提升社会效益中更加注重采用市场化办法发挥市场的作用，在增进经济效益基础上更好促进社会公平，兼顾弱势群体利益。

[重庆市综合经济研究院（重庆市经济信息中心）社会发展研究课题组
主研：易小光　丁　瑶　余贵玲　赵炜科　邹於娟　赵　伦
　　　曲　燕　孙茂曦　杨琇涵
执笔：赵　伦]

之八：2024年重庆市就业创业发展情况及2025年展望

2024年，重庆始终坚持就业优先，健全高质量充分就业促进机制，强化促就业政策落实，高质量推进就业创业，全市就业形势总体保持稳定。预计2024年全市城镇新增就业人数将达到70万人左右，城镇调查失业率将低于年度控制目标。

一、2024年重庆市就业创业发展情况

（一）总体情况

2024年以来，全市不断强化就业优先导向，把高质量充分就业作为经济社会发展的优先目标，1—9月，城镇新增就业60.67万人，提前完成60万人的全年预期目标任务，同比增长1.9%，城镇调查失业率平均值为5.3%，同比下降0.1个百分点，就业形势总体平稳有序，各项就业任务推进情况良好。

表1　2023—2024年1—9月主要就业指标

分类	2023年				2024年		
	一季度	二季度	三季度	四季度	一季度	二季度	三季度
城镇新增就业人员（万人）	16.14	40.98	59.56	73.86	16.49	42.4	60.67
城镇新增就业人员同比增长（%）	-17.1	2.3	-1.5	4.5	2.2	3.5	1.9
城镇调查失业率（%）	5.6	5.5	5.4	5.4	5.4	5.3	5.3

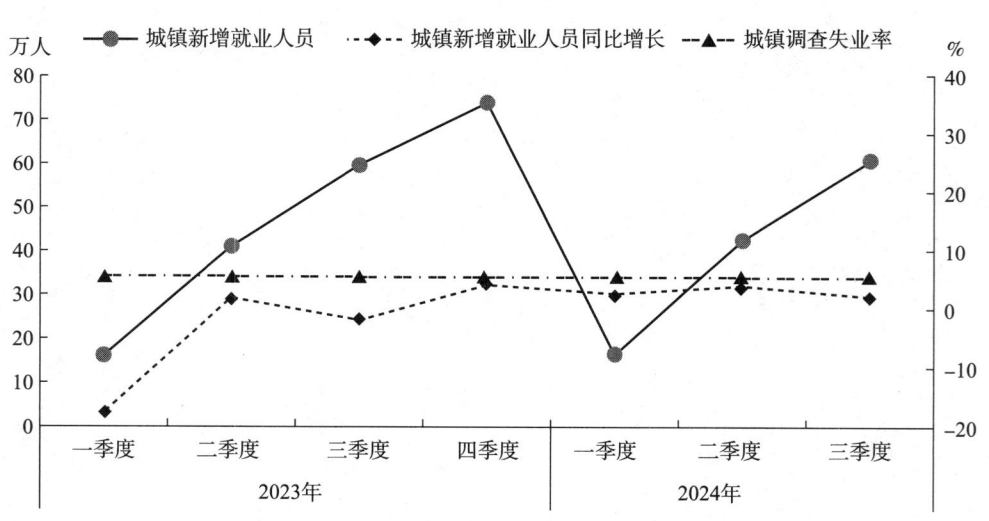

图1　2023年至2024年1—9月主要就业指标

（二）主要特点

1. 经济发展就业导向更加突出

坚持降成本保用工稳岗位，帮助各类经营主体减轻压力提振信心。一是惠企强企政策落实有力。制定出台支持企业高质量发展30条政策措施、加速推进现代生产性服务业高质量发展行动方案等惠企强企政策措施。1—9月，全市延续实施阶段性降低失业保险费率政策，为30余万户企业降低失业保险费26.6亿元，向6386家用人单位发放社保补贴等就业补助11.3亿元；提供"稳岗贷"230.6亿元，稳定就业岗位635万个。二是市场化就业空间支撑稳定。实施助企用工保障专项行动，为智能终端产业招工6.6万人，制造业、批发零售业、建筑业、居民服务业位居城镇新增就业前4位。1—9月，民营经济吸纳新增就业55.38万人，同比增长1.15%，占城镇新增就业总人数的91.28%，民营经济经营主体吸纳就业的主渠道作用进一步凸显。开展"先进制造业—职业院校"线下交流活动，打通中高职院校学生"实习—见习—就业"一条龙路径，促进人才培养和岗位需求实现精准对接。

2. 重点群体就业态势保持稳定

针对高校毕业生、农民工、城乡就业困难人员等重点群体加强就业指导帮扶。一是高校毕业生促就业扎实推进。1—9月，全市实施"百万高校毕业生等青年留渝来渝就业创业行动计划"，创新制定出台15项政策举措，组织公共就业服务进校园活动400余场次，累计提供优质岗位20余万个，促进大学生留渝来渝就业29.3万人，完成年度目标的97.7%。举办安居服务校园推介活动，切实解决留渝大学生最关心的租房问题。7月以来，离校未就业高校毕业生已实现就业3.77万人。二是就业帮扶成效显著。就业帮扶车间和农民工返乡创业园区等平台已累计吸纳城乡劳动力就业超过7万人，建立包括1184个工程项目在内的以工代赈方式项目清单，带动6万余名群众务工就业。全市农民工外出务工793.6万人，农村富余劳动力基本实现愿出尽出。开展就业援助月等活动，帮扶困难人员就业9.07万人，全市零就业家庭保持动态清零。

3. 创新创业带动就业成效明显

注重发挥创业带动就业的倍增效应，营造更加积极健康的就业创业生态。一是创业创新动能持续释放。2024年，全市加速推进首批6个环大学创新创业生态圈建设，集中打造低成本、便利化、全要素、开放式的创新创业孵化空间，已提供免费创业工位1万个，发放创业担保贷款18.9亿元，直接扶持创业9000余人。二是就业创业活动更趋丰富。持续举办中国国际大学生创新大赛、"优创优帮"、"双百双进"等品牌赛事活动，组织开展第四届成渝地区双城经济圈就业创业活动周，提供创业导师指导、免费夜市摊位等支持，成功助力7.5万人就业创业。举办第十六届"重庆·台湾周"，发布重庆引导支持台湾地区青年来渝学习实习就业创业的具体办法，提升了台湾地区青年来渝发展意愿。

4. 就业公共服务能力持续增强

以促进供需对接、人岗匹配为重点，持续健全精准高效的就业公共服务体系。一是职业技能培训效果良好。2024年，全市成功争取中央资金8000万元新建永川区、北碚区公共实训基地，中国（重庆）职业技能公共实训中心等基地累计开展竞赛活动50余场次，培训人数达到2.4万人，全市开展补贴性职业培训10万余人次，与重点产业匹配度达到87.7%。二是公共就业服务供给持续优化。举办线上线下招聘会近2000场，发布招聘岗位80余万个，升级打造零工市场108个，提供就业服务263万人次，培育劳务经纪人2.3万人。在全市范围内建设高质量充分就业区县和社区（村），推动家门口就业创业平台、数字化应用场景等要素在社区充分集成，不断充实基层公共服务力量。三是数智赋能逐步提升。深化"大数据+铁脚板"模式，依托"数治就业""渝职聘"等平台，运用大数据手段开展用工监测，加强市场供求关系分析监测，缩短供需匹配周期，提高供需对接效能。

二、存在的问题

（一）高端人才流动势态值得关注

根据智联招聘与泽平宏观近日联合发布的《中国城市人才吸引力排名：2024》，成都排名第6位，重庆仅排名第27位，比上年下降3位。2024年上半年招聘市场上人工智能相关的岗位，成都在全国的占比（4.5%）也远高于重庆（1.7%）。重庆为成都人才流入和流出的首位地区，重庆流入人才占成都人才流入比重为9.8%，成都人才流向重庆占比仅为7.4%，流入量大于流出量，重庆高端人才呈净流向成都状态。重庆人力资源市场优质岗位少、低端岗位多现象较为突出，前三季度要求专科以下学历的岗位占比高达78.3%。调研中不少高学历人才反映，成都软件、生物医药等产业较为发达，引才留才生态构建较好，职业发展、薪酬待遇等方面相对较优，高质量岗位不足为在渝人才流失首要因素。

（二）部分行业招聘扩容难度较大

1—9月，全市发布招聘岗位429.82万个，求职人数422.70万人，求人倍率仅为1.02，远低于高峰年的1.5左右。特别是房地产业、文化体育和娱乐业、软件和信息技术服务业等行业招聘岗位降幅较大，上半年分别下降86.9%、72.9%、39.4%。市人社局对9898家企业开展用工监测显示，反馈9月经营困难的企业有1460户，占比为14.75%。1—9月，全市新设立经营主体38.96万户，同比减少21.53%；注（吊）销经营主体34.44万户，同比增长35.73%。部分从业者反映，网约车司机、外卖骑手等新就业岗位也接近饱和，后续就业岗位扩容不容乐观。

（三）青年群体就业压力较为突出

2024年，全市应届高校毕业生数量同比增长6%，达到36.7万人，增幅高于全国平均水平4.2个百分点。2025届高校毕业生预计有38.5万人已经进入求职期。7月全国城镇不包含在校生的16～24岁劳动力失业率达到17.1%，创2024年以来新高。随着我国整体受教育水平的提升，研究生毕业生的大量输出也将持续抬高就业门槛，以重庆大学为例，2024年硕士博士生招生人数已经大于本科生人数。此外，青年群体"自我实现"与"佛系安逸"的双元观念更增大了青年群体就业期望与现实的落差，"全职儿女"、二战三战考编考研等"慢就业"现象日益普遍，进一步加剧了青年群体就业不确定性和难度。

三、2025年就业创业发展环境及趋势展望

（一）需求端：全球经济依然复杂严峻，就业形势有望承压向好

2025年国内外环境将延续复杂多变态势。一是全球经济预期相对稳定，劳动力市场走势持续稳健。世界经济和贸易活动将有所巩固，通胀回落速度快于预期，私人部门的消费投资信心有所增强。据IMF最新预测，2025年全球经济增长为3.2%，与2024年持平。美国劳工部发布的数据显示，美国2024年10月失业率仍维持在4.1%的低位，劳动力市场供求不平衡状况持续改善将显著提高市场就业信心和预期。二是国内经济形势稳中向好，将对就业市场产生积极影响。得益于宏观经济政策效应持续显现等多因素，我国三季度经济增长好于预期，瑞银也将对2025年中国GDP增长的预测由4.0%上调为4.5%。1—9月，全国城镇调查失业率比上年同期下降0.2个百分点。预计2025年经济延续平稳回升的积极变化将对就业市场产生正面影响。三是市内经济发展有利因素累积增多，就业带动力将持续增强。以汽车、化工为代

表的工业生产保持较快增长，批发和零售业、住宿和餐饮业等就业相对集中的服务业发展态势良好，全市经济恢复向好发展态势将持续增强。叠加2025年政策效应持续显现，全市高校毕业生就业状况有望进一步改善。

（二）技术端：人工智能加速普及应用，职业技能提升面临挑战

随着人工智能（AI）技术的迅猛发展，其在各个领域的应用日益广泛，对就业市场产生了深远的影响。一是从短期来看，AI对就业的替代效应将逐步显现。AI技术的应用极大地提高了生产效率，传统的重复性和低技能工作极易被AI技术取代。如已在武汉市开展商业化运营的"萝卜快跑"减少了对出租车司机、网约车司机等岗位的需求。从全市来看，目前人工智能在无人驾驶、智能工厂等领域的应用还不普及，但是随着AI技术广泛应用于劳动密集型等传统产业，将对低技能劳动者产生较大冲击。二是从长期来看，AI也将创造出更多的新兴岗位。世界经济论坛发布的《2023年未来就业报告》测算，未来5年全球企业预计创造约6900万个新的工作岗位，增长最快的工作类型绝大多数由人工智能和数字化驱动。智联招聘数据显示，2024年上半年，招聘市场上对自然语言处理、深度学习等人工智能相关的岗位需求火爆，招聘数量同比增长超过50%。随着全市构建"33618"现代制造业集群体系和"416"科技创新布局加快推进，智能制造、智慧城市等重点领域加强技术集成和应用示范，全市人工智能及相关岗位将迎来爆发增长空间，劳动者提高就业竞争力面临的挑战更大。

（三）政策端：多项宏观政策持续加码，就业扩容提质逐渐显效

2024年，从中央到地方密集出台了一系列包括财政、产业、就业等领域的增量政策举措，有利于推动经济回升向好，带动就业形势持续好转。一是财政政策。根据财政部新闻发布会，下阶段加大财政政策逆周期调节力度，叠加运用专项债、专项资金、税收政策等工具，支持推动房地产市场止跌回稳，市内农民工就业相对集中的建筑等行业将充分受益。二是产业政策。中央层面已印发《关于加快经济社会发展全面绿色转型的意见》，明确提出要大力推广新能源汽车，推动城市公共服务车辆电动化替代。市级层面发布未来产业培育行动计划，加快培育发展新质生产力，助推优质企业和人才队伍发展壮大，为全市稳就业提供坚实支撑。三是涉企政策。中央财政将支持1000多家重点"小巨人"企业，市场监管总局将出台扶持中小微经营主体发展的意见。市政府印发《构建分型分类精准培育机制促进个体工商户高质量发展实施方案》，明确提出个体工商户梯次培育和就业带动目标。"二十四条"促就业举措的出台进一步提振市场预期，各项政策持续加码、协调发力将有效释放稳就业积极信号。

（四）2025年重庆就业创业发展趋势及展望

2025年，全市将牢牢把握新时代新征程就业工作的新定位、新使命，坚持以人民为中心的发展思想，全面贯彻劳动者自主就业、市场调节就业、政府促进就业和鼓励创业的方针，以推动高质量发展为基础，以实施就业优先战略为引领，以强化就业优先政策为抓手，以深化就业体制机制改革为动力，持续促进就业质的有效提升和量的合理增长，确保全市就业大局总体稳定。预计2025年将全面完成城镇新增就业65万人，城镇调查失业率低于5.5%的年度目标任务。

四、对策建议

（一）着力稳定经济增长，拓展多层次就业空间

要进一步稳定经济增长的基本盘，实现就业结构、人才引育与发展新质生产力的同频共振。一是大力发展新质生产力提供更多高质量就业机会。引导和支持全市聚焦战略性新兴产业和类脑智能、量子信

息、基因技术、空天开发、氢能与储能等未来产业领域，积极创建各类产业创新中心、技术创新中心、制造业创新中心等重大科技创新基地，大力培育自然语言处理、深度学习等人工智能相关的岗位，为高端人才施展才华提供更多空间。二是加大对吸纳就业能力强的行业和企业的扶持力度。大力支持以保洁代厨、保姆照护、上门维修、清洗保养等为代表的家庭服务业"上门经济"发展，提升行业发展的规范化、规模化水平。推动出台支持市内网络文学、网络短剧、网络游戏"文化新三样"发展的政策措施，创造更多的就业机会。三是鼓励灵活就业、远程工作、兼职就业等多元化就业模式的发展。深入调研市场需求、准确把握新兴产业的发展趋势，加强新就业模式和职业认证的制定与推广，提高灵活就业的认可度和专业度。

（二）营造良好就业环境，建设人才友好型城市

进一步健全公共就业服务体系，建设安居乐业的人才友好型城市。一是建设人才友好型城市。推进人才创新创业全周期服务机制改革，升级推出留学人员管理服务"一件事"2.0版，打造人才创新创业服务示范港，强化"渝才荟"平台推广运用。实现从简单依靠优惠政策吸引人才向依靠优良城市环境集聚人才转变，提高城市对人才的综合吸引力。二是健全人才工作机制。深入调研当前全市人才发展中的新情况新问题，综合研判城市人才发展趋势，建议市级层面推动出台人才友好型城市发展规划及实施机制，精准打通人才政策落实"最后一公里"。三是健全就业公共服务体系。健全及时发现、优先服务、精准帮扶、动态管理的就业援助制度，加强对大龄、残疾、较长时间失业等就业困难人员的帮扶。通过就业信息服务、职业培训和创业指导等，为劳动者提供更加全面、及时的就业信息和服务支持。

（三）提升青年就业能力，打造新型劳动者队伍

聚焦青年群体，加大就业支持和援助力度，拓宽就业渠道。一是优化人才培养模式。要打破过去单一以学校为主的人才培养模式，构建产教融合的创新人才培养机制，从政策上加强对产教融合工作的引领和指导，打通企业与高校间的沟通渠道。升级打造环大学创新创业生态圈，实施大学生创业"加速计划"。二是鼓励高校毕业生到基层就业。借鉴广东给予毕业生在粤基层就业一次性现金补贴的经验，出台支持大学毕业生到"山区库区"的县城、乡镇就业的专项补贴政策。三是密切关注科技创新对就业者的负面冲击。加强对劳动力市场的供求监测，正确引导劳动者向新兴岗位有序流动，使就业结构在新质生产力引领下实现平稳转型。四是加强宣传教育。引导全社会牢固树立正确就业观，营造"职业无贵贱，劳动受尊重""三百六十行，行行出状元"等有利于就业创业的良好舆论氛围和包容的社会环境，以择业新观念打开就业新天地。

[重庆市综合经济研究院（重庆市经济信息中心）宏观经济研究课题组
  主研：易小光 丁 瑶 余贵玲 赵炜科 邹於娟 曲 燕
     孙茂曦 杨琇涵
  执笔：曲燕]

之九：2024年重庆市数字经济发展情况及2025年展望

2024年，重庆市以数字重庆建设为引领，加快培育壮大数字经济，推进数字产业化和产业数字化发展，数字政府、数字社会建设持续深化，以促进数字经济与实体经济深度融合为目标，持续打造全国数字经济发展高地，全市数字经济发展跃上新台阶。预计2024年全市数字经济核心产业增加值达到2500亿元，占GDP比重达8%左右。

一、2024年发展情况

（一）数字产业化取得大幅提升

一是集成电路发展能级持续提升。创新平台高标准建设，助力联合微电子中心持续发展壮大，联合北京大学院士团队建设8英寸硅碳融合工艺平台，国内率先开展碳基晶体管应用研制，张江国家实验室重庆基地项目平稳推进，北理工重庆微电子研究院微纳制造工艺线顺利通线，毫米波多通道相控阵前端芯片等产品顺利产业化。前三季度，全市集成电路原材料板块迎来高速增长，集成电路产量达53.23亿片，同比增长1倍，有效带动全市电子产业产值增长2.9%。

二是新型显示综合实力不断加强。顺应柔性显示、超高清显示发展趋势，全市基本建成"基板玻璃—显示面板—显示模组"产业链条和"硬件+内容"产业体系，京东方、惠科等新型显示头部企业在渝发展，推动全市显示面板制造加快由TFT-LCD液晶显示向AMOLED柔性显示转型升级。前三季度，在AMOLED柔性显示面板产量大幅上涨带动下，全市液晶显示屏产量达2.88亿片，同比增长25.6%。预计全年，京东方柔性OLED面板出货量将达1.6亿片，相比上年实现超过30%的显著增长。

三是智能终端产业优势持续巩固。微型计算机、手机产量均突破1亿台，智能手机产量全国排名第四，连续10年成为全球产量最大的笔电生产基地。前三季度，全市智能家用电器和音像器材零售额增长33%；智能手机零售额增长27.9%；可穿戴智能设备零售额增长4.5%。

四是核心器件支撑能力逐步增强。建成国内首条自主可控压力传感器后端腔体工艺生产线，"重庆造"比亚迪刀片电池实现量产，智能网联新能源汽车核心关键零部件配套初步成形，赛力斯超级工厂扩建项目、中国长安线控底盘等重点项目加快建设。

（二）产业数字化取得重大进展

一是制造业数字化转型取得新进展。制定实施《2024年重庆市制造业数字化转型行动工作要点》，加快建设产业大脑能力中心和一批行业产业大脑，累计实施6725个智能化改造项目，建设183个智能工厂和1096个数字化车间，示范项目建成后示范项目生产效率平均提升56.8%，单位生产能耗平均降低20.4%。支持链主企业建设行业工业互联网平台，遴选赛力斯汽车、传音科技、宗申动力等龙头企业打造"一链一网一平台"项目试点示范，建成后预计将带动超过2000余家产业链上下游中小企业实现数字化协同转型。龙易购等5家平台企业获批中央财政支持中小企业数字化转型试点，在中西部省份中排名第一。强化数字化转型能力供给，发布"小快轻准"等数字化转型产品182个、解决方案144个，开展

2024年制造业数字化转型服务商资源池申报，遴选聚集222家优质数字化转型服务商。建成投用制造业数字化转型赋能中心，作为"中国西部数谷"重要核心支撑平台，吸引中国电信、阿里云、腾讯云等58家优质数商入驻。

二是农业数字化转型取得新成效。实施"智慧农业·数字乡村"建设工程，截至9月底，全市累计建成数字种业、数字种植业、数字畜牧业等市级智慧农业试验示范基地290个。启动中国一乡一品数字经济创新基地建设。启动2024"千万流量·数字乡村"聚力行动，2024年首批价值600万元手机流量"红包"，将面向全市乡村振兴重点区县的65岁以上老年人群体捐赠，让"数字化"为"老龄化"铺路。

三是服务业数字化转型取得新突破。制定实施《加快重庆市工业和信息化领域现代生产性服务业发展行动方案（2024—2027年）》，聚焦"33618"现代制造业集群体系建设需求，重点发展工业设计、软件信息、服务型制造等领域。市商务部门陆续与抖音、阿里、京东等全国重点电商平台签署战略合作协议，引进落成抖音懂车帝全国总部、美团歪马送酒、京东成渝地区双城经济圈电商产业基地等重大项目。截至8月底，全市共有电商企业10.37万家，各类主体开设网络店铺71.4万家。

（三）数字化治理效能达到更高水平

一是持续构建三级贯通的数字化城市运行和治理体系。"城市大脑"链接了41个区县治理中心"实战枢纽"、1031个镇街基层治理中心"联勤联动"作战平台，"神经网络"延伸到1.1万个村社，有6.5万个网格，汇聚1000余万个感知设备，初步形成"实时、快速、精准、有效"的多跨协同处置能力，实现全局"一屏掌控"、政令"一键智达"、服务"一网通办"、监督"一览无余"。二是基本公共服务均等化兜底保障能力不断提升。新上线"教师入职服务"等4个"一件事"场景，累计上线"救助通办"等13个"一件事"场景，打造"养老待遇资格认证"等14个事件，保障教育、医疗卫生等领域基本民生需求。

（四）数字经济开放水平显著提高

中新（重庆）战略性互联互通示范项目联合实施委员会第九次会议在新加坡集中签约，重庆纸融云链与新加坡TradeGo公司深化跨境电子提单应用合作。举办"渝品出海·电商赋能"东盟专场交流会、"进博会走进地方"2024年首场活动。举办"香港通道连接全球"渝港科创合作论坛，重庆6家科技创新企业在香港地区举办的第二届香港国际创科展取得丰硕合作成果。

二、存在的主要问题

（一）数字技术创新能力有待提高

全市集成电路、智能终端、新型显示企业主要集中在生产制造领域，产业链条较短，处于全价值链的中低端环节，研发、设计等高附加值环节拓展不足。基础研究、软件研发设计、数据处理分析等核心业务企业较少，整体产品技术含量不高，市场占有率、行业利润低。缺乏成熟完善的创新创业环境和成果转化机制，存在科研成果转化进程慢、成果外流问题。研发投入强度相对不足，2023年全市研究与试验发展（R&D）经费投入强度为2.48%，低于全国平均水平0.17个百分点，全国排位比上年下降2个位次，居全国第12位，再次被湖北、陕西反超。

（二）基础设施建用不匹配

5G、数据中心建设经营主体参与不够，已建算力利用率仅30%左右。全市数据中心年平均电价普遍在0.74元/千瓦时左右，为四川、贵州等周边省份的2~3倍，运行成本偏高。由于公共区域及公共设施资源开放不够、意愿不强、协调较难等问题仍未彻底改善，5G进小区落地难。

（三）数字产业整体能级不高

"芯屏端核网"产业核心部件对外依存度较高，2024年集成电路进口额占同期进口总值40%左右。产业能级不高，2023年数字经济核心产业规模同比增长4.7%，达到2296.7亿元，但占GDP比重仅为7.6%，低于全国水平2.4个百分点。领军企业、龙头企业匮乏，"独角兽""瞪羚"等创新企业较少。

（四）产业数字化转型进程较为缓慢

数字化转型发展不平衡，制造业数字化转型水平相对较高，重庆两化融合发展水平为61.5，继续位居西部第一，但农业、服务业各环节数字技术应用不足。由于数字化转型投入成本压力大，中小企业数字化转型不想转、不会转、不敢转表现仍然突出，多数企业生产、经营、销售、供应等前后端系统尚未打通，数据挖掘利用水平较低。数字社会体系化建设综合场景还不够，数字社会三级贯通实战效果还不够好。

（五）数据资源价值潜力仍未充分释放

重庆市已发布《重庆市数据条例》《重庆市数据要素市场化配置改革行动方案》，但数据定价体系、公共数据资产登记等具体办法、细则、机制暂未完善。确权、定价、流通等交易流通机制不健全，数源部门顾虑于数据泄露承担责任，责任不清不敢共享、利益难分不愿共享，数据协调难度较大。

三、2025年发展环境及趋势、展望

（一）发展环境

一是政策支持力度持续加大。各国政府日益重视数字经济，将不断推出相关政策以促进其发展。国家将陆续推出数据产权、数据流通、收益分配、安全治理、数据基础设施建设指引等制度文件，为数字经济的规范发展提供政策保障。地方政府也在积极制定数字经济发展规划，加大对数字经济领域的投资和扶持力度，包括对数字企业的补贴、税收优惠，以及对数字基础设施建设的支持等。

二是技术创新加速推动。人工智能、大数据、云计算、物联网、区块链等数字技术不断取得新突破，为数字经济发展提供了强大的技术支撑。量子计算、6G通信等前沿技术的研发也在积极推进，未来将进一步拓展数字经济的发展空间。同时，技术创新也将推动数字技术与实体经济的深度融合，加速产业数字化转型。

三是数据安全和隐私保护日益加强。随着数字经济的快速发展，数据安全和隐私保护问题越发突出。各国政府和企业将加强合作，共同推动数据安全和隐私保护技术的研发和应用，完善相关法律法规和监管制度，保障数字经济的健康发展。例如，欧盟的《通用数据保护条例》（GDPR）对数据保护提出了严格要求，中国也在不断加强数据安全立法和监管。同时，数字经济具有全球性特征，国际合作与竞争并存，纷纷争夺数字经济的主导权和话语权。

（二）发展趋势

一是数字产业化规模持续增长。数字经济的核心产业，如电子信息制造业、软件和信息技术服务业、通信业等将继续保持快速增长。人工智能、大数据、云计算等新兴产业将不断涌现，成为数字经济的新增长点。例如，人工智能技术将广泛应用于医疗、金融、交通等领域，推动各行业的智能化发展。

二是产业数字化深入推进。传统产业的数字化转型将进一步加速，制造业、农业、服务业等各个领域将不断深化与数字技术的融合。企业将加大对数字化技术的投入，提高生产效率、产品质量和服务水

平，实现降本增效。例如，智能工厂、数字化供应链、数字农业等新模式将不断涌现。

三是数据要素价值不断凸显。数据将成为数字经济时代的关键生产要素，数据的收集、存储、处理、分析和应用能力将成为企业的核心竞争力。数据要素市场将不断完善，数据交易、数据共享等模式将日益成熟，数据的价值将得到充分释放。

四是数字经济与绿色发展深度融合。数字技术将在推动绿色发展方面发挥重要作用，助力实现碳达峰碳中和目标。例如，通过数字技术对能源消耗进行监测和管理，优化能源配置，提高能源利用效率；发展数字农业，减少农业生产中的资源浪费和环境污染。

（三）2025年展望

2025年，全市将持续以促进数字经济与实体经济深度融合为目标，通过推动数字经济核心产业集群持续壮大、深化产业数字化转型升级，推动全市数字经济发展跃上新台阶。预计2025年全市数字经济核心产业增加值实现近3000亿元左右，占GDP比重有望达到8.5%以上。

四、对策建议

（一）加强数字关键核心技术攻关，抢占未来经济发展制高点

一是加强前沿技术领域布局。推动人工智能、人形机器人、下一代互联网、量子信息等前沿技术研发和应用推广，支持高校、科研院所加大对边缘计算、AI、VR、区块链等新技术布局研究；聚焦重庆重点培育的大数据、云计算、人工智能、软件服务等产业链，集中部署一批突破高端装备、高端芯片、核心零部件等瓶颈制约的关键技术攻关项目；深入实施工业强基工程，研发高性能专用伺服电机和驱动器、高精度减速器等核心零部件。二是优化关键核心技术攻关路径。强化企业在技术创新中的主体作用，支持企业牵头整合高校院所等创新资源，加快构建优势资源互补、攻关力量完备的创新联合体；在基础软件、工业软件、人工智能等领域，鼓励采用开源社区的形式，联合各方力量快速攻关市场、生态和人才难题。

（二）优化数字基础设施建设，夯实数字经济发展底座

一是加快完善信息基础设施体系。推进全市行政村5G网络全覆盖和轻量化5G基站建设，前瞻布局6G网络技术储备；加快建设全国一体化算力网络国家枢纽节点，推动西部算力调度中心建设；积极融入国家量子通信骨干网建设，加快推进全球低轨卫星移动通信与空间互联网建设，加强北斗系统和遥感卫星行业应用。二是全面深化融合基础设施建设。发挥工业互联网标识解析国家顶级节点（重庆）优势，加快跨行业跨领域工业互联网平台和面向行业、区域和特定技术领域的特色工业互联网平台建设。三是统筹推进创新基础设施建设。积极创建智能感知与认知计算、金融科技、山地城镇建设安全与智能化等国家重点实验室，力争在先进制造、新材料、信息科学与生命科学等领域布局大科学装置。

（三）推动数字经济和实体经济融合发展，引领经济社会高质量发展

一是推动工业智能化发展。实施制造业技术升级改造工程，广泛应用数智技术、绿色技术，推动大规模技术改造和设备更新；持续开展智能制造试点示范行动，打造一批领先的智能工厂和智慧供应链；鼓励龙头企业共享解决方案和工具包，开展协同设计、众包众创、共享制造、分布式制造等网络化协同制造。二是推进农业数字化转型。围绕粮猪菜保供产业和山地特色高效农业建设一批智慧农业生产示范基地，推进"三农"大数据中心和重要农产品全产业链大数据建设。三是加快服务业数字化提升。打造场景化、智能化、国际化的高品质旅游景点、城市核心商圈，大力发展电商直播、泛娱乐直播等直播经

济，鼓励发展平台经济、共享经济。

（四）加速布局重点领域数字产业，打造数字经济强劲动能

一是做强数字产品制造业。面向工业互联网、新能源汽车、智能电网、高铁、超高清视频等重点场景，加快打造芯片供应链体系生态；加强新一代模块化高性能整车平台、新型电子电气架构、复杂环境感知、碰撞安全等整车集成技术研发，加快推进智能网联汽车整车研发生产；引进培育光学材料、玻璃基板、液晶面板、显示模组和显示终端全产业链，提升新型显示产业发展水平。二是做优新兴数字产业。大力开展GPU、FPGA（现场可编程门阵列）、深度学习定制芯片、类脑计算芯片等人工智能产品开发，积极培育云计算服务、云计算制造、高性能计算、边缘计算等先进计算业态。

（五）完善数字经济治理体系，提高数字经济治理水平

一是健全法律法规和政策制度。研究制定重庆市数字经济促进条例、数据交易管理办法等基础性制度规范。二是完善数据治理体系。推进《重庆市数据条例》施行，加快制定配套规定，健全政务数据共享协调机制；持续完善"国家—市—区（县）"三级数据共享交换体系建设。三是建立数字化监管体系。加快构建数字技术辅助政府决策机制，强化数字技术在公共卫生、自然灾害、社会安全等突发公共事件应对中的应用。四是提升数据安全管理水平。建立健全数据分级分类保护、风险评估、报告、信息共享、监测预警、安全审查等机制，研究制定跨境数据流动分级分类安全评估规则。

（六）融入发展新格局，扩大数字经济开放合作能级

一是持续扩大数字经济国际合作。深化中新（重庆）国际互联网数据专用通道合作，打造区域性国际数据交换中心，促进与东盟国家及地区数据跨境安全有序流动。二是深入推动成渝共建国家数字经济创新发展试验区。组建川渝数字经济发展联盟，共同举办川渝数字经济发展论坛，高水平打造一批川渝数字产业合作示范园区，共建共享数字化公共服务。三是统筹推进"一区两群"数字经济协调发展。中心城区聚焦创新链顶端、产业链前端和价值链高端，主城新区承接中心城区产业外溢和创新孵化成果，打造新型工业生产制造和服务体系，渝东北三峡库区、渝东南武陵山区重点推动数字技术与特色产业、特色生态要素的高度融合。

[重庆市综合经济研究院（重庆市经济信息中心）宏观经济研究课题组
　　主研：易小光　丁　瑶　黄利军
　　执笔：黄利军]

之十：2024年重庆市信息化发展情况及2025年展望

2024年作为"十四五"规划的关键实施年，重庆积极响应国家战略，不断夯实信息基础设施建设，全面推进数字重庆基础能力建设，加快城市全域数字化转型，有力助推经济社会高质量发展。

一、2024年重庆市信息化发展情况

（一）信息基础设施建设提速推进

2024年，重庆在信息基础设施建设方面持续发力，紧紧围绕国家相关战略部署以及全市经济社会发展需求，加快推进通信网络、算力枢纽、感知设备等领域建设工作，取得了较为显著的成效，为重庆信息化发展奠定了更为坚实的基础。

一是通信网络提速建设。持续开展"信号升格"和"追光行动"，5G和"双千兆"网络覆盖广度和深度不断提升，实现"双千兆"网络覆盖全市产业园，乡镇以上5G网络全覆盖，全市行政村均具备"双千兆"网络开通能力。截至7月末，全市累计建成宽带近2200万线，10G-PON端口20.9万个，千兆宽带接入能力超960万户；5G移动电话用户达2236.20万户，同比增长33.38%，移动电话基站数达30.34万个，同比增长5.23%。

二是算力能力加快提升。全国一体化算力网络成渝国家枢纽节点建设加快，算网融合、算电融合探索力度加大。建成3个智算中心和1个高性能计算中心，通用数据中心建成机架数达10.8万个。国家级互联网骨干直联点能力持续优化，算力设施间网络传输效率持续提升，互联网省际直联带宽规模近51TB，直联29省47个城市。重庆市算力互联互通平台正式上线，并汇聚了基础电信运营商和云从科技、京东科技等算力资源企业，建成后将聚集区域算力资源服务商超1000PFLOPs算力资源，成为西部首个算力互联互通平台。工业互联网顶级节点（重庆）接入西部10个省（区、市）、47个二级节点、3.56万个企业节点，累计标识解析量超266亿个，标识解析量增速全国第一。

三是新型感知基础设施发展加速。城市感知设备接入持续增长，截至7月末，重庆物联网终端用户数达4797.49万户，同比增长25.19%。其中，围绕数字重庆建设，构建起一体化感知监测体系，建成国内首个"松耦式、分布式、多层级"感知系统架构，接入摄像头、火灾报警器等感知设备1000多万个，接入量居全国前列。同时，感知设备产业化应用加快推进，依托全息数智化技术融合物联网、激光点云、图像识别与数字孪生技术，开通首条全息数智化高压输电示范线路（220千伏屏微南北防外破智慧线路），打造高压输电通道"空天地"立体防控体系；工业和信息化部等四部门明确将在重庆等7个城市开展智能网联汽车准入和上路通行试点，助力智能网联汽车发展。

（二）数字重庆建设按下"快进键"

数字重庆在数字中国的战略指引下，自2023年实施以来，在平台体系建设、治理体系构建、社会服务优化、基层智治重塑等领域全面推进实施，正不断为重庆的高质量发展、高效能治理和高品质生活注入强大数字动能，逐渐成为引领重庆全面深化改革、推动经济社会发展的重要驱动力。

一是数字重庆底座成果显现。按照"1361"整体构架,通过一体化打造数据底座、安全网络、统一终端等能力,推动数据流整合决策流、执行流、业务流,为超大城市现代化治理提供了基础支撑,构建形成了数据资源、安全网络体系、感知监测系统、能力组件体系等多个"一体化"。其中,在一体化办事窗口方面,全市建成"渝快办"一窗综办系统,联通"一件事一次办"业务审批政务服务事项管理等13个业务系统,实现全市41个区县(开发区)、1500多个办事窗口全覆盖,让市民办事的平均用时减少78%,减少办事环节85%,减少办事材料73%。截至9月,"渝快政"日活用户43万,"渝快办"服务2637万人,办件量达2.7亿件。

二是"三级数字化城市运行和治理中心"有序贯通。通过建设"城市大脑""实战枢纽""联勤联动"三级贯通,市数字化城市运行和治理中心、区县数字化城市运行和治理中心、乡镇(街道)基层治理指挥中心已初步形成"市带区县、区县带镇街"工作格局。2024年底,全市将全面实现三级治理中心的感知、预警、决策等8项重要职能,包括推动7000项高频业务事项数字化、3000项体征指标在线实时监测、100项应急高频事件线上处置、30个六大系统典型应用三级贯通、23个综合场景上线应用。

三是形成一批实战实效标志性成果。重庆在数字党建、数字政务、数字经济、数字社会、数字文化、数字法治等六大领域取得了积极进展且成效显著,呈现出良好的发展态势。数字党建方面,持续迭代"885"机制,"渝巡在线""公权力大数据监督"等应用覆盖行权事项3748项,"人大代表全渝通""重庆数字政协"支撑全过程人民民主。数字政务方面,上线经济运行监测、国资智管、危岩地灾风险管控、数字应急等应用,动态呈现3000余个主要经济指标,协同处置1.5万件预警事件。数字经济方面,聚焦"33618"现代制造业集群,上线"数智经信""企业码上服务""瓶装燃气智慧管理",构建起"产业大脑+未来工厂"数字经济新模式。数字社会方面,针对市民关心的糟心事、烦心事,上线公积金、欠薪、医检互认、入学、养老、救助、交通出行、信用融资等系列应用,构建数字社会为民利民惠民高效精准服务体系。数字文化方面,构建"三情"(媒情、网情、社情)和"双网格"联动机制,建立15分钟高品质文化生活圈,打造逛场馆、学才艺等10个"一件事"的"高品质文化生活"综合场景,构建起新时代文化强市建设新方式。数字法治方面,加快建设"警快办"等应用,迭代建设"情指行""社会矛盾纠纷多元化解"等应用,开发建设"执法+监督""一案一码·刑事案件查询"等应用,拓展平安法治一体推进新路径。

(三)信息化市场应用不断深入

重庆信息化市场应用正全面铺开,重点围绕产业转型升级、电子商务、赋能高品质生活等领域开展数字化实践,不断提升企业生产效率和竞争力,促进国际贸易发展,创新智能生活方式,为经济社会高质量发展注入新动力。

一是信息化助推产业转型升级步伐。重庆通过加速制造业智能化改造、推动产业深度融合、聚焦前沿产业和技术创新等举措,加快助推产业转型升级。按照"数字化车间—智能工厂—未来工厂"梯度转型体系思路,全市持续推动新一代信息技术和制造业深度融合,纵深推进全市制造业数字化转型升级。2024年新增智能工厂39个、数字化车间138个、工业互联网新模式示范项目6个。聚焦智算芯片、AI模型、具身智能机器人等人工智能(AI)产业发展,组建全国首个大模型联盟,云从科技研发的DataGPT成为国内首款AI原生数据分析产品,惠普在渝设立AI一体机智创中心。区块链创新应用走在全国前列,国家(渝中区)区块链创新应用试点排名全国第1。

二是电子商务蓬勃发展。重庆电子商务平台的汇聚效应日益凸显,市场主体不断壮大。京东成渝地区双城经济圈电商产业基地在重庆开园,中国最大的跨境零售电商平台全球速卖通落户西永跨境电商产业园，建成直播电商基地30余个，全市电商企业总数突破10.37万家，跨境电商主体超过3000家，网络店铺71.4万家。上半年，全市限额以上实物网上零售额496.04亿元，同比增长12.1%，全市直播网络零售额实现139.8亿元，同比增长36.23%，累计直播场次达到48.3万场，同比增长51.9%。

三是信息化赋能高品质生活。在教育、医疗、生态、对外合作等领域推出多项举措，通过信息化变革不断提升全市居民的生活品质。中小学校宽带网络接入率、拥有多媒体教室学校占比均达100%。建成智慧医院67家、互联网医院97家，远程医疗服务覆盖所有区县85%公立二级及以上医疗机构。"巴渝治水"整合共享数据1.5亿条，水生态问题发现效率提高80%。启动社保卡"一卡通"社区建设，实现"一卡通办、一卡通游、一卡通行、一卡通阅、一卡通购"等多场景应用。建设数字合作"成渝圈"，打造成渝"5毫秒"城市圈，共建成渝数字生活服务体系。

（四）信息化治理体系快速完善

2024年以来，重庆信息化治理体系正在快速发展和完善，积极出台多项政策举措，不断推进安全保障建设，重点探索实践数据资产化，为全市经济社会高质量发展夯实基础。

一是政策措施加紧出台。聚焦智慧政务、低空经济、软信产业、智慧农业、空天信息和营商环境等领域，先后出台《重庆市政务服务"一网通办"管理办法》《通用航空装备创新应用实施方案（2024—2030年）》《重庆市工业软件高质量发展行动计划（2024—2027）》《2024年"智慧农业气象+"赋能巴渝和美乡村建设和乡村全面振兴行动方案》《重庆市以卫星互联网为引领的空天信息产业高质量发展行动计划》《重庆市推动农村电商高质量发展实施方案》等政策文件，构建完备的产业制度体系。

二是安全保障能力有效巩固。重点围绕攻防演练、安全专项检查、水网安全、网络监测等方面，多举措提升安全保障能力。重庆与四川绵阳、西藏昌都等城市开展为期3天的"川渝藏七地"网络安全实战攻防演练。重庆市通信管理局组织了18家基础电信企业、互联网企业共同开展网络安全实网攻防演练。市通信管理局对各通信企业进行安全生产和网络运行安全专项检查，以提升其网络运行安全能力。市经济信息委组织开展2024年长江重庆段水上无线电通信安全保障工作。市工业信息安全发展中心依托市工业互联网安全态势感知平台对恶意网络行为实施动态监测。

三是数据资产化探索取得积极成效。重庆积极推进数据资产化，探索多元业务模式，多起典型案例已取得突破。首创数盾合规、数度寻源等服务，上线全国首个汽车数据交易专区，西部数据交易中心数据产品超5000款，交易金额突破5亿元。两江智慧城投公司组织盘点的V2X信息安全感知数据资产在西部数据交易中心首先完成了该数据资产的确权登记，并获得银行贷款。重庆轨道交通乘车二维码基础数据资产获得西部数据交易中心颁发的数据资产登记证书，拥有数据资源持有权、数据产品经营权、数据加工使用权，是对重庆企业数据资产确权实施路径的积极探索。西部数据交易中心与长寿区大数据发展局等签署合作协议，共建重庆数据资产服务运营试点，推动数据资产盘点、产权保护、价值评估、入表咨询和质押贷款等企业数据资产化服务。

二、存在的主要问题

（一）数字基础设施城乡发展不平衡

重庆数字基础设施建设中存在的城乡发展不平衡情况，在一定程度上制约了数字经济的全面发展。一是网络发展水平城乡差异有待缩小。重庆城区的网络覆盖较为完善，5G网络基本全覆盖，农村地区的网络覆盖还存在不足，一些偏远的山区、乡村，网络信号仍然较弱，网速不能完全满足农村居民在线教育、远程医疗、电商等应用需求。二是数字基础设施建设与城乡发展需求的匹配度不高。重庆城区人口对数字化应用需求强烈，全市城区数字基础设施建设能够与之较好匹配，比如在城区积极建设数据中心、云计算平台、大数据平台和智能工厂。相反，农村地区人口同样对数字化应用具有较强需求，例如农村地区的农业、水利、电网、交通等设备也需要进行数字化升级和智能化改造，但全市在农村地区的数字基础设施建设投入相对不足，有待进一步提升。

（二）标准和安全问题制约信息化全面应用

重庆在数字政务、电子商务、智慧交通、智慧文旅、智慧农业等应用领域取得了显著成效，但进一步深度融合却面临标准和安全的制约。一是缺乏统一标准。目前，重庆在中小企业信息化、医疗健康、传统商贸、物流等领域的数据标准方面有待统一，不利于数字化和智能化全面融合，阻碍技术发展和产业创新。二是数据和隐私泄露成为数字化应用的重大挑战。随着数字化应用的广泛普及，数据价值不断提升，而法律法规和监管相对滞后，导致公众对数字化应用产生恐惧和抵触情绪，从而阻碍重庆数字化应用的进一步发展。

（三）企业数字化转型升级有待进一步提升

重庆企业数字化转型升级相对经济发达地区还有较大差距。一是企业数字化转型路径不清晰。重庆企业数字化转型目前仅停留在点状探索阶段和某些特定的生产环节上，缺乏企业全生命周期的数字化解决方案，导致企业数字化转型深度不足。二是部分企业核心竞争力不足。企业核心竞争力不足主要表现为技术研发、应用和创新方面的能力较弱。同时，企业数字化转型也需要企业具备一定的信息技术，包括网络基础设施、数据存储和处理能力、信息安全保障等。部分企业缺乏上述核心技术能力，需要花费更多的时间和精力去弥补，增加了数字化转型的难度和成本。

三、2025年重庆信息化发展环境及展望

（一）人工智能成为全球竞争力的关键因素

一是人工智能成为全球重点布局的关键赛道和战略领域。美国在顶级人工智能模型领域保持着领先地位，其GPT系列模型在语言理解和生成方面表现出了极高的能力。中国在人工智能专利方面位居前列，世界知识产权组织《生成式人工智能专利态势报告》显示，2014年至2023年，中国的生成式人工智能发明专利超过3.8万件，居世界第一。此外，欧洲和日本等地区也在加强人工智能技术的研发和应用。2023年至2024年一季度，全球AI独角兽企业增加37家，达到234家，占新增独角兽企业总量的40%。二是人工智能成为推动经济增长和产业升级的核心驱动力。据麦肯锡报告估计，生成式人工智能每年可为全球经济增加4.4万亿美元，体现了人工智能技术对全球经济增长的巨大推动潜力。特斯拉人形机器人预计2025年投产，未来年产量达10亿台，人工智能在相关产业中的深度应用将彻底改变生产模式和产业格局，成为其升级的核心。三是人工智能成为企业提升创新能力的关键。近两年全球新增人工智能企业数开始增加，目前全球人工智能核心企业近3万家，表明越来越多的企业认识到人工智能对于创新的重要性。美国发布"AI政策路线图"，要求政府每年投入320亿美元用于非国防人工智能创新。2024年欧盟启动人工智能工厂建设，以提升人工智能在企业创新中的关键作用。

（二）数字化成为我国培育和发展新质生产力的重要引擎

一是数字化将不断加深我国产业融合。工业互联网、5G等技术将会进一步与制造业深度融合，关键工序数字化率和数字化研发工具使用率将持续提升，金融、物流、医疗、教育、旅游等服务业领域的数字化进程将不断加快，各类应用边界逐渐模糊，催生新型业务模式。二是数字化将提供更广阔的市场空

间和丰富的应用场景。制造业数字化转型升级，将推动企业生产方式向智能化转变，为制造业开拓新的业务模式和市场机遇。电商、直播、大数据分析和数字服务等数字化应用将改善消费者购物体验，扩大消费市场。同时，数字化打破了地域限制，为企业拓展全球市场提供了便利，使企业能够吸引更多国际客户和合作伙伴。

（三）重庆信息化发展环境将得到进一步改善

一是相关政策出台将产生积极影响。重庆在智慧政务、低空经济、软信产业、智慧农业、空天信息和营商环境等领域纷纷出台政策措施，将有力推动全市的数字化转型、产业升级、经济发展、民生改善，以及全面提升城市综合竞争力。例如重庆将不断提高政务服务数字化转型水平，各类政务事项的办理流程将进一步简化、审批时间缩短；重庆营商环境将持续改善，吸引更多的企业来渝投资兴业，促进市场主体的快速增长，激发市场的活力和创造力。二是重庆数字政府建设更加成熟。全市政府部门将进一步深化政务数据的共享和应用，实现更多政务事项的网上办理、掌上办理，让企业和群众办事更加便捷。三是数据要素市场将日益活跃。随着重庆数据要素市场逐步建立和规范，尤其是两江新区、江北区、长寿区、南岸区拟定的相关行动计划和数据要素市场化配置改革行动方案，重庆的数据交易平台将更加完善，企业和机构将更加积极地参与数据交易，释放数据的价值，推动数据产业的发展。

（四）2025年重庆市信息化发展展望

2025年，重庆将进一步提升信息化水平，加快数字化转型。一是加快建设移动通信网络、新型感知基础设施、算力网络等数字基础设施，在全市信息产业发展、数字经济转型、多场景应用等方面发挥赋能效应。二是重庆聚力推动数字重庆建设，探索超大城市现代化治理新路子，更好赋能推动高质量发展、创造高品质生活、实现高效能治理。三是数字化与工业、商务协同发展，数字化转型将应用到更多场景，并带动上下游产业协同发展。四是信息化治理效率进一步提升，重庆将出台更多紧跟国家战略的政策，围绕"成渝地区双城经济圈"加强川渝两地数据共享和安全联动，探索更多对外合作。预计2025年重庆市新一代电子信息制造业产值规模超过7500亿元，全市网络零售额2500亿元以上。

四、对策建议

（一）进一步缩小数字基础设施城乡发展差距

一是切实贯彻政策要求。根据2024年中央一号文件，缩小城乡"数字鸿沟"的要求，加快推进重庆数字乡村发展行动，出台针对农村数字化发展的专项政策，加强乡村数字基建，推动乡村数字经济发展，并制定激励政策，鼓励电信运营商、互联网企业等市场主体加大对农村地区数字基础设施的投资力度。二是深度拓展农村地区网络覆盖水平。深入推进农村地区宽带网络建设，提高农村地区宽带网络的接入速度和稳定性。加强农村地区4G/5G网络建设，提高农村地区移动通信网络的覆盖范围和信号质量。三是加快涉农数字设施及装备的建设与应用。加大农村地区数字化设施需求旺盛领域的升级改造，对急需改造的设备进行数字化升级、智能化改造，夯实农业、水利、电网、交通等多位一体的智慧乡村建设基础。在农村人口相对集中的地区，适当建设与其规模相匹配的数据中心，匹配当地农业生产数字化改造、农村电商、"互联网+现代农业"等方面的需求。

（二）制定统一标准并加强信息安全

一是分领域逐步推进重庆地方标准制定。如在算力基础设施方面，可以先明确数据中心的建设标准、能耗标准、服务器配置标准等，提高算力资源的利用效率；在制造业中，制定工业互联网的本地应用标准、智能制造的流程标准、设备联网标准等，推动制造业的数字化转型。二是加强标准的宣传与推广。重庆地方标准制定后，应通过举办信息化标准培训、研讨会、讲座等活动，向企业和社会公众宣传信息化标准的重要性和具体内容，提高企业和公众对标准的认识和理解。三是完善重庆地方信息安全法规政策，根据国家的信息安全法律法规，结合本地实际情况，制定和完善《重庆市信息安全管理条例》，对企业的信息安全保护义务、政府的监管职责等进行明确规定。

（三）加速推进企业数字化转型

一是整合现有政策，加快规划全市企业数字化转型蓝图。在《重庆市中小企业数字化转型工作方案（2024—2027年）》《重庆市工业企业以数字化为引领深化技术改造促进产业高端化智能化绿色化转型升级行动方案（2023—2027年）》《重庆市加快推动食品及农产品加工产业数字化转型实施方案》等政策文件基础上，深入调研评估重庆各领域相关企业现状和数字化转型目标，研究规划全市各领域企业数字化转型的整体蓝图。二是按照"人才队伍建设+技术应用创新+合作交流"的路径推进数字化转型。首先加强人才队伍建设，通过引进专业人才和内部培训，打造一支具备数字化专业知识和技能的团队。同时，大力推动技术应用与创新，试点前沿数字化技术，营造鼓励创新的氛围，为企业数字化转型提供技术支撑。此外，强化合作与交流，与同行业企业开展行业合作，分享经验与最佳实践，还应与数字化技术供应商、科研院校等跨领域机构合作，借助外部力量加速企业数字化转型进程。三是增强企业核心竞争力，促进数字化转型。围绕"416"科技创新布局，制定专项政策，设立专项基金，选择一批具有代表性的企业，引入和研发人工智能、机器人技术等数字化技术，提高生产过程的自动化和智能化水平，实现应用创新，再通过企业间的交流合作，共同提高全市企业数字化转型的水平。

（四）推动数字重庆基本能力建设实现突破性进展

一是聚焦基本能力建设。围绕设施运行、社会治理、应急动员、生产生活服务等重点领域，持续推进"1361"数字重庆体系建设，全面推进数字重庆基本能力建设。二是聚焦新技术应用。全面加快AI智能体和数字孪生系统建设，探索AI赋能管网安全运行、民呼我为、"信用+执法"、数字应急等城市治理综合场景应用，提升超大城市治理多跨协同能力。三是加快数据开放应用。完善公共数据开放政策体系和授权运营管理办法，提高公共数据资源配置效率和使用效益，充分发挥数据要素放大、叠加、倍增效应。四是构建数字重庆建设协同工作机制。建立城市治理共性问题发现、线上线下一体处置、治理效能评估机制，更好推动超大城市治理体系重构、能力重塑。

[重庆市综合经济研究院（重庆市经济信息中心）宏观经济研究课题组
  主研：易小光 丁 瑶 张 峰 裴 多
  执笔：裴 多]

之十一：2024年重庆市生态绿色发展情况及2025年展望

2024年以来，重庆市围绕"高水平建设美丽重庆，打造人与自然和谐共生现代化市域范例"目标，坚持"在发展中保护，在保护中发展"，积极应对气候变化，打造美丽中国建设先行区，全面筑牢长江上游重要生态屏障，持续提升生态绿色发展能力，美丽重庆建设取得积极成效。

一、2024年重庆生态绿色发展情况

（一）生态文明制度体系不断完善

全市加快深化生态文明体制改革，迭代构建美丽重庆建设支撑体系和体制机制，夯实了绿色发展根基。截至9月底，全市累计命名生态文明建设示范区县15个（其中国家命名6个）、"绿水青山就是金山银山"实践创新基地24个（其中国家命名6个）、生态文明建设示范乡镇（街道）321个。

治理体系现代化持续推进。着力实施《美丽重庆建设行动计划》等一系列政策，在全国率先调整推进"三线一单"生态环境分区管控，晾晒比拼生态报表、生态环保督察问题清单，以数字生态环保重大应用、"九治"体系①为主要支撑的整体智治格局全面构建。数字生态环保提速建设，生态环境治理"一件事"系统基本集成，"巴渝治水""巴渝治气""巴渝治废"等数字化应用已形成集群化实战能力。

协同推进机制不断强化。市政府与生态环境部签署《共同推进重庆在长江经济带绿色发展中发挥示范作用战略合作协议》，启动实施"污水零直排区"建设、成渝地区生态环境联建联治等行动，降碳、减污、扩绿、增长协同推进，实时、快速、精准、有效，多跨协同处置能力基本形成。截至9月底，川渝两地已累计签订落实生态合作协议130项。

"惠企便民"行动全国领先。实施环评服务"惠企便民"行动，在全国首次以名录形式对规划环评类别进行细分，实行豁免环评管理、环评审批告知承诺制管理的行业类别数量排全国第1。截至9月底，全市高效审批项目环评1136个，涉及投资3136亿元。

（二）生态环境治理成效更加显著

随着"九治"体系的持续迭代升级，全市城乡环境质量不断提升，绿色网络持续织密，山清水秀、天蓝地绿的大美风貌进一步彰显。

持续深入打好蓝天保卫战，大气环境持续改善。前三季度，全市空气质量优良天数247天，同比增加2天；$PM_{2.5}$浓度31微克/立方米，同比下降9.4%。优良天数和$PM_{2.5}$浓度在全国168个重点城市中分别排第31位和第55位，在31个省会城市中分别排第10位和第12位。

持续深入打好碧水保卫战，流域水生态环境质量持续向好。前三季度，长江干流重庆段水质保持Ⅱ类；74个国控断面水质优良比例98.6%，高于国家考核目标1.3个百分点，城市集中式饮用水水源地水质达标率100%。长江、嘉陵江、乌江干流4012个入河排污口整治率达95%，累计发布22个市级美丽河

---

① "九治"体系，是指重庆一体推进治水、治气、治土、治废、治塑、治山、治岸、治城、治乡等生态环境治理体系。

湖优秀案例。长江干流重庆段鱼类资源量总体明显增长，较禁捕前增加47种，达到93种。

持续深入打好净土保卫战，全域"无废城市"建设驶入"快车道"。截至9月底，土壤修复质效双提升，重点建设用地安全利用率连续保持100%。推进全域"无废城市"建设，累计建成覆盖"衣食住行娱教医"等日用场景24个类别的"无废城市细胞"2500余个，全市一般工业固体废物综合利用率近80%，比全国平均水平高20个百分点，中心城区原生生活垃圾"零填埋"，城市生活垃圾无害化处理率保持100%，污泥无害化处置率提前3年达到国家目标。国网重庆市电力公司开展报废物资绿色拆解分拣，建成全国首个电力行业固废循环利用中心。

（三）生态绿色经济体系逐步构建

探索实现发展和保护协同共生的新路径，打通"绿水青山"向"金山银山"转化的通道，构建起以产业生态化和生态产业化为主体的生态经济体系，激发了绿色发展活力。

制造业绿色低碳转型全面推进。"十四五"以来，全市单位GDP能耗累计下降8.9%。截至9月底，累计建成国家级绿色工厂133家、绿色园区12个、绿色供应链17条，建成市级绿色工厂400家、绿色园区33个、市级近零碳园区9个。前三季度，全市新能源汽车产量59.43万辆，同比增长1.3倍，对全市工业增长的贡献率达59.7%；液晶显示屏2.88亿片，同比增长25.6%；集成电路53.23亿块，同比增长1倍。

城乡建设领域绿色低碳转型加快发展。"十四五"以来，累计建成绿色建筑2.78亿平方米，绿色生态住宅小区10600余万平方米。其中，组织实施了以广阳岛国际会议中心等为代表的高星级绿色建筑项目1543万平方米，将悦来生态海绵城市展示中心培育成为西南地区首个近零能耗示范建筑，打造了陆军军医大学、重百新世纪商场等一批既有居住建筑节能改造典型示范工程。

生态农业稳定发展。近年来，全市加快特色优势农业发展，积极培育生态农产品品牌。截至10月底，全市累计3年有效期内绿色食品获证企业1092家，获证产品2672个，数量居西部第一；全国农产品地理标志产品70个，黔江高山黄牛、铜梁黑鸡、垫江晚柚、彭水苗乡大米、南川蓝莓5个农产品入选2024年第一批全国名特优新农产品名录。

绿色消费和生态旅游快速增长。受益于扩内需消费刺激政策影响，全市绿色消费保持较快增长。前三季度，全市新能源汽车零售额同比增长22.4%，占全市汽车类零售额的比重达39.4%，同比提高8.6个百分点。全市限额以上单位智能家电、智能手机、可穿戴智能设备商品零售额同比分别增长39.6%、22.0%和7.0%。线上消费保持活跃，全市限额以上单位网上零售额占全部限上单位零售额的比重达20.1%，拉动全市限额以上单位商品零售额增长2.8个百分点。同时，生态旅游蓬勃发展，前三季度全市接待国内游客数量与相关收入分别同比增长10.1%、15.6%，重点监测的130家景区接待游客1.33亿人次，同比增长17.9%。

绿色金融改革创新试验区建设成效明显。2024年以来，全市围绕绿色制造、绿色建筑、绿色交通、绿色能源、生态农业等领域，大力发展绿色金融。截至9月底，重庆气候投融资项目库平台已注册企业14949家，筛选入库项目541个，意向融资金额3983亿元，促成融资项目51个、177亿元。全市绿色债务融资工具和绿色金融债分别新增20亿元、50亿元。林权抵押贷款规模位居全国前列。

碳排放交易规模全国领先。近年来，重庆作为西部地区唯一碳市场加快发展，交易品种从碳配额拓展到"碳惠通"自愿减排量，全市场交易主体超过1120户，是全国试点碳市场中唯一管控国家规定管控的全部（7种）温室气体的省市。截至9月底，重庆碳排放权交易市场累计成交碳排放权5130万吨，成交金额12.1亿元，"碳惠通"平台自2021年10月上线以来，累计交易"碳惠通"核证自愿减排量483

万吨，交易金额 1.31 亿元。

二、值得关注的问题

（一）环境治理问题依然突出

近年来，重庆持续推进环境污染防治，取得了显著成绩，但部分领域问题仍然较为突出。一是生活污水处理能力不足。全市污水收集管网和污水处理厂建设不同步的"重厂轻网"现象仍较为突出，老城区、城乡接合部、建制镇等区域污水收集支线管和出户管覆盖面不足，污水管网建设总体滞后，目前重庆城市生活污水集中收集率仅 65%，比全国平均水平低 5 个百分点。二是中心城区噪声和大气污染治理亟须加强。中央第六生态环保督察组接到群众举报的环境问题中，两江新区、渝北区、沙坪坝区、江北区环境问题最为突出，主要涉及噪声、大气、土壤等问题，亟须高度重视，强化相关污染问题治理。三是碳减排工作难度加大。由于能源消费总量超预期增长，导致煤炭消费节节攀升。受极端高温等影响，9 月全市主力火电厂发电量同比增长 104.1%。传统产业节能降碳改造的边际收益逐步收窄，在经济下行压力持续加剧的背景下，企业不愿改、不敢改问题突出。

（二）生态产品价值实现机制有待完善

重庆积极践行绿水青山就是金山银山，但也面临一些困难和挑战。一是生态产品价值体系建设有待完善。全国已有 10 个省市建立了生态产品信息云平台，重庆榜上无名。全市生态产品价值调查监测制度还不健全，尚未建立市级层面的考核机制，"经济—生态"双考核探索处于起步阶段。二是生态产品价值底数有待进一步夯实。虽然出台了《重庆市建立健全生态产品价值实现机制实施方案》，但生态产品总值核算系数过于宽泛，影响可行度和实用性。三是试点示范创新有待加强。全国 10 个国家首批生态产品价值实现机制试点地区，涉及湖北（1 个）、安徽（1 个）、浙江（2 个）等长江经济带省市，重庆未有区县入选。以横向生态保护补偿为例，作为政府发挥主要作用的生态产品价值实现路径，生态保护补偿方式相对单一等问题仍较为突出。

（三）绿色金融发展有待增强

当前，重庆传统产业占比仍然较高，其绿色转型需要大量资金投入，但绿色金融的支持方式与力度仍有待提升。一是绿色金融工具单一。目前重庆主要是绿色贷款、绿色债券等常规的绿色金融工具，绿色融资租赁、绿色指数产品等多元化的产品尚不普及，与高碳行业转型升级需求匹配性不高。二是绿色金融支持领域和环节有待拓展。虽然目前重庆金融机构围绕全市绿色制造、绿色建筑、绿色交通、绿色能源、生态农业等领域项目建设提供了绿色金融支持，但总体来看，绿色金融的支持基本集中在项目建设阶段，由于碳排放核算等相关标准的缺失，运营阶段的支持力度较为有限。

三、2025 年发展环境及预测

（一）全球气候合作形势依然复杂多变

在全球政治经济冲突日益加剧的背景下，全球气候合作面临着诸多挑战与机遇。一是全球气候合作的趋势没有改变。在"2024 零碳使命国际气候峰会"共识下，各国将积极响应《联合国气候变化框架公约》第 29 次缔约方会议精神，围绕全球碳中和目标，加强国际绿色低碳战略合作，促进绿色科技与创新，积极应对气候变化带来的挑战。二是各国积极部署绿色低碳国家发展战略。美国、德国、英国等西方国家大力推动以太阳能、风能、氢能为核心的能源革命，加快完善碳捕集、利用与封存等技术体系与商业化利用，加快能源、工业、采矿、交通等领域脱碳，实施构建适应气候的供应链等一系列气候适应计划。巴西、印度等发展中国家加强国际合作，促进国家绿色经济、低碳产业体系建设。三是绿色贸易壁垒形势依然严峻。气候议题日益成为全球经贸竞合的关键，欧美发达经济体正加快构建以碳排放为核心的新型绿色贸易壁垒以主导新一轮国际经贸规则制定。欧盟碳边境调节机制（CBAM）（碳关税）已于2023年10月试运行对进入欧盟市场的产品设置碳足迹准入门槛。英国、美国、加拿大、日本都在考虑推出自己的"碳边境税"，以"碳贸易壁垒"为主的新型绿色贸易壁垒将对发展中国家和新兴市场经济体出口和绿色转型产生较大冲击。

（二）我国全面绿色转型将持续深化

我国正全面深化生态文明体制改革，大力发展新质生产力，积极推动经济社会发展全面绿色转型。一是加快完善落实绿水青山就是金山银山理念的体制机制。推进精准管控的生态环境管理制度，完善精准治污制度机制，健全重要流域上下游、山水林田湖草沙一体化生态环境治理体系机制，完善生态综合补偿机制等，建立能耗双控向碳排放双控全面转型新机制，着力营造经济社会发展全面绿色转型的制度氛围。二是进一步夯实高质量发展的绿色本底。以长江流域、黄河流域为重点，大力培育绿色生产力，加快美丽中国先行区建设，积极推进经济、能源、产业结构转型升级，强化绿色低碳科技创新，大力发展绿色低碳产业，促进生态环境保护和高质量发展。三是我国将积极与"一带一路"国家共同践行绿色发展行动。与沿线国家和地区倡导绿色、低碳、循环、可持续的生产生活方式，致力于加强生态环保国际合作，开展更多的能源、交通、采矿、工业等绿色项目。同时应当看到，我国与美国在主导全球绿色发展规则时的竞争与合作，特别是在新能源、碳新兴产业、碳减排等战略科技领域的竞争将更加激烈。

（三）重庆绿色发展动力将显著增强

重庆将以深化生态文明体制机制改革为动力，加快打造美丽重庆建设先行区，努力建设长江上游重要生态屏障。一是加快完善生态文明制度体系。围绕生态治理体系建设和新兴产业，建立健全生态系统生产总值核算制度体系，完善长江重要流域上下游一体化生态治理体系和生态补偿机制，建立健全绿电认证和交易制度，建立新能源汽车、动力电池等产品碳足迹管理制度和碳标识，加快完善绿色发展的制度机制。二是聚力推进美丽重庆建设。共同推进重庆在长江经济带绿色发展中发挥示范作用，推进成渝地区双城经济圈生态环境保护，完善生态环境系统治理体系，不断厚植生态优先、绿色发展新优势，促进现代化新重庆建设。三是更加有力加快生态经济体系建设。进一步提升智能网联新能源汽车、可再生资源循环利用等环境友好型产业和数智经济的带动力，加快生态旅游、生态农业等生态产业发展壮大，带动全市生态经济快速发展。同时应当看到，在推进全市经济社会发展全面绿色转型过程中，培育发展绿色生产力、环保督察整改与人民群众对优美生态环境的期盼等，仍然有不少的差距。

（四）2025年生态绿色发展展望

2025年，全市将深入贯彻落实"生态优先、绿色发展"理念，围绕"高水平建设美丽重庆，打造人与自然和谐共生现代化市域范例"目标，积极应对气候变化，进一步完善生态文明制度体系，持续提升生态绿色发展能力；一体推进以"九治"为核心的生态环境治理，降碳、减污、扩绿、增长协同发展；绿色制造、绿色建筑、绿色能源、绿色交通、生态农业和生态旅游、绿色消费和绿色金融全产业全链条、"量""质"协同发展的生态经济体系全面建立，进一步完善生态产品价值实现机制，全面筑牢长江上游重要生态屏障，美丽重庆建设取得新进展。

四、对策建议

（一）进一步补齐环境治理短板

一是加快补齐环境基础设施短板。继续落实上游责任，加强规划设计，明确排水管网建设应与城市开发同步推进，加快消除城市生活污水直排口和污水收集空白区。结合城市再生水利用三年行动，用好中央资金，带动污水管网建设。推动将厂网一体项目纳入基础设施领域不动产投资信托基金（REITs）。二是全面加强生态环保督察问题整改。高标准高质量办理督察工作组转交的信访举报件，多部门联动开展现场督办督导，积极回应群众诉求。强化追责问责，加强部门常态化联合执法，科学制定整改方案，积极化解一批历史遗留问题。三是稳妥有序推进"双碳"工作。稳步推进"十四五"清洁能源市级重点项目建设，积极谋划"十五五"清洁能源市级重点项目，构建新型能源体系。坚决遏制"两高一低"项目盲目上马，结合大规模设备更新行动，大力推进重点行业节能降碳改造。

（二）加快完善生态产品价值实现机制

一是加快生态产品价值体系建设。落实党的二十届三中全会"健全生态产品价值实现机制"要求。重点构建适合重庆的生态产品价值评价体系和市级层面的"经济—生态"双考核机制，并鼓励区县根据实际情况创新推广。二是破解生态产品"度量难"问题。借鉴先进地区经验，推动重庆生态产品信息云平台建设。对接国家相关制度标准，深化调整《重庆市建立健全生态产品价值实现机制实施方案》，推动生态产品价值核算结果应用等探索实践。三是强化生态产品价值实现试点示范工作。支持彭水、酉阳、石柱等生态资源丰富的区县入选国家生态产品价值实现机制试点，积极争取国家各类资金支持。围绕破解重庆地区生态产品价值转化难点进行探索实践，为长江经济带绿色发展提供有益经验。

（三）推进绿色金融产品和服务创新

一是深化绿色金融产品创新和供给。深入推进重庆市绿色金融改革创新试验区建设，鼓励在渝金融机构创新与碳足迹挂钩的绿色信贷、绿色理财产品，推动将碳排放权、碳汇作为有效抵质押品。加大绿色制造、绿色建筑、绿色交通、绿色能源、生态农业、生态旅游等领域项目运营阶段的绿色金融支持力度。推出更多支持减碳、零碳的产品，满足各类经营主体绿色投资需求。二是加快推动金融生态融合发展。推动绿色金融与普惠金融、科技金融、供应链金融、数字金融融合发展，引导各类金融工具与发展目标、重点任务之间的有效融合。特别是加强绿色金融和普惠金融的融合发展，引导小微企业、农户等普惠对象践行绿色低碳生产生活方式。三是加强激励性财税政策支持。推广绿色贷款、绿色债券和绿色保险的贴息、资金奖补等措施，提升经营主体应用和推广绿色金融产品积极性。

[重庆市综合经济研究院（重庆市经济信息中心）宏观经济研究课题组
　　主研：易小光　丁　瑶　余贵玲　李　权　苟文峰　蒲昌权　黎　慧
　　执笔：蒲昌权　黎　慧]

之十二：2024年重庆市社会信用体系建设情况及2025年展望

2024年，重庆紧紧围绕党和国家对社会信用体系建设做出的新部署和新要求，积极探索发挥社会信用制度作为社会主义市场经济体制的基础作用，赋能政务、商务和社会领域高质量发展，社会信用体系建设为促进重庆积极融入新发展格局，发挥了独特作用。

一、2024年重庆市社会信用体系建设情况

（一）信用基础能力不断夯实

信用平台"数智化"水平进一步提升。遵循数字重庆"1361"整体架构，依托全市一体化智能化公共数据平台，建成信用基础数据库、信用专题数据库、"信易贷"特色数据库。上线"渝悦·信用"应用，完善市公共信用平台、"信用重庆"网站和微信公众号服务功能，以《〈全国公共信用信息基础目录〉市内分工（2024版）》为依据，形成11个大类、4971项的公共信用信息归集共享目录体系，截至9月，归集各类主体注册登记、生产经营、行政管理和公共服务信用数据超8.6亿条，数据需求满足率保持在90%以上，行政许可与行政处罚数据合规率、及时率、完整率均在98%以上。

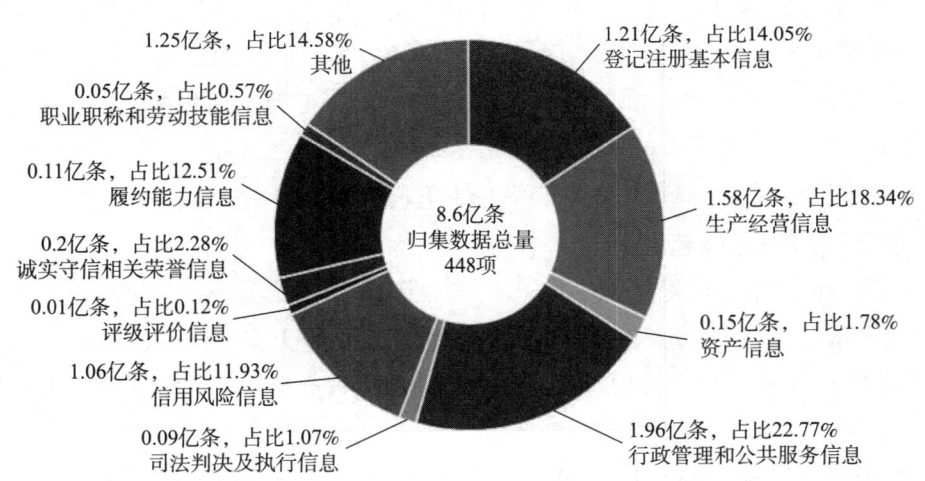

图1 信用信息类型及其占比

信用服务能力进一步增强。一是开放的信用信息"一屏尽览"。"信用中国（重庆）"网站、"信用重庆"微信公众号，向社会公众开放，提供信用查询300余万次，公示行政处罚等失信信息4.8万条，失信被执行人、拖欠农民工工资、税收、海关、安全生产等9个领域严重失信主体信息1.86万条。二是规范的公共信用报告实现"一键下载"。以统一社会信用代码为索引，将同一经营主体的所有信用信息全面归拢，形成"一企一档"信用报告，客观记录经营主体的登记注册、生产经营、资产状况、行政管理、司法判决、资质资格、信用评价等多维信用数据，截至9月，信用报告实现全市120万存续企业和243万个体工商户全覆盖。三是统一的企业公共信用评价结果"一见了然"。从遵纪守法、经营管理、社会责

任、诚实守信、员工关爱等维度设计企业公共信用综合评价指标，形成信用评价模型，并对全市120万户企业开展评价，截至9月，全市A级占比22.4%，B级占比60%，C级占比14.6%，D级占比3%，企业信用状况良好。四是便捷的行政审批实现"一诺即办"。深入推进告知承诺制，截至9月，通过"渝快办"及部门业务系统累计办理告知承诺事项81万余件，其中，涉企经营许可事项3.6万余件，证明事项77万余件，最短单个办结时长仅5分钟，当天办结率高达70%以上，累计减少证明材料近200万件，推动营商环境持续优化。

（二）信用促进营商环境不断改善

政府诚信表率作用进一步增强。市政府按照"发现一起、清零一起"的原则，保持政府机构失信被执行人动态清零，对政府未履行法院生效判决行为进行督导，累计推动政府机构执行判决31起。持续开展公职人员诚信管理，截至9月，全市公务员录用、晋升、调动等事项信用查询达到3.91万人次，其中，24人被限制录用资格。市经信部门组织开展清理拖欠企业账款专项行动，截至9月，全市清偿化解拖欠企业账款106.27亿元。

信用建设提升城市软实力。市发展改革部门对全市41个区县持续开展区县信用状况监测和风险预警，按季度形成《重庆市区县信用状况监测报告》，并将监测情况纳入全市文化报表、改革报表和经济报表，推动各区县营造诚信氛围，优化营商环境，为创建全国信用示范城市打下坚实基础。巴南、铜梁等9个区县大力推进信用建设规范化、信用监管精准化、信用融资规模化、信用应用场景化，顺利入选全国社会信用体系建设示范区。

（三）信用优化资源配置的作用进一步提升

信用分级分类监管提升行政效能。一是按照《重庆市全面推进信用分级分类监管工作方案》，推动食品药品、工程建设、节能等超40个行业（领域）主管部门，建立起信用分级分类监管体系，对AB级企业少打扰、CD级企业严监管。二是根据《重庆市失信惩戒措施清单（2023版）》，对行政审批、招标投标、政府采购、政府资金补助等290个事项实施信用惩戒，截至9月，信用奖惩查询超过5400万次，实施信用惩戒超75.8万次。三是在基层治理中实施信用监管，1—9月，全市一体化治理智治平台，调用信用评价组件超90万次，支撑基层单位了解辖区企业信用状态、防范预判风险；支撑"巴渝治废""智慧河长"等16个应用调用信用数据超1500万次。

信用促进金融资源配置进一步优化。截至9月，全国融资信用服务平台（重庆站）联通全市1239家银行分支机构，实名认证用户39万家，提供信用信息查询超3600万次，授信金额146.8亿元，银企信息满足率从43%提升至74.47%，以"三农"为突破口创新信用融资产品，农户融资获贷率从不足10%提升至33%。

信用助力社会资源分配的应用范围逐步扩大。全市制定出台《重庆市"信易+"应用场景创建指南》《2024年度重点信用应用场景培育方案》，举办重庆信用应用场景大赛，加快建设培育具有重庆辨识度的信用便民惠企场景。江北区"信用+商务楼宇"、两江新区"政企双向履约监管"等20个场景入选2024年度信用应用场景试点名单，3个案例入选国家"信易+"应用典型案例。

（四）诚信意识深入人心

全市加强诚信宣传和治理，弘扬核心价值观。市场监管、交通领域持续开展"3·15"、"6·14"、诚信交通宣传月等宣传活动。根据2024消费维权年主题——"信用让消费更放心"开展"2024年3·15消费口碑榜"活动，举行"重庆最受信赖旅游企业（景区）"推选活动，发布"3·15重庆信用旅企宣言"。"信用重庆"网站打造"诚信建设万里行"专区，多角度发挥诚信典型示范引领作用。

主动服务失信主体重塑良好形象。建立针对失信主体的智能发送提示短信机制，引导存在失信记录的企业主动修复失信信息。截至9月，全市累计完成信用修复1.5万余次，平均办理时间1.5个工作日。

二、存在的主要问题

（一）信用基础设施还需进一步完善

"数字重庆"深入推进对信用平台"融跨"能力提出了更高的要求。原有的条块化、烟囱化发展模式限制了市信用平台在数据存储、清洗、整合、分析等方面的处理能力，进而影响了信用信息的应用深度和广度，急需快速启动"渝悦·信用"应用对各类信用信息进行有效整合和共享，打破信息孤岛，提高信息的透明度和可信度，为政府决策提供更加全面、准确的信用数据支持。

（二）信用促进政府治理效能有待提升

有为政府和有效市场还需深化应用信用的手段。政府监管对象不准确、奖惩措施不明确，守信市场主体受到频检查、乱干扰的现象长期存在，信用承诺、信用调查、信用评价、信用奖惩等手段还未深度嵌入"事前、事中、事后"全过程政府治理。

（三）市场主体的守信"获得感"不强

信用激励场景不多，守信者"一路绿灯"的感受不强。目前，政府层面信用的激励场景主要是针对企业，而且集中在行政审批领域，激励措施不多、力度不够、普惠不广。市场层面主要针对个人，集中体现在支付宝、微信等互联网平台公司，守信个人的评价维度不准确，导致应用范围受限，还需政府和市场共同发掘信用激励场景，让守信意识深入人心。

三、2025年社会信用发展环境及展望

（一）国际信用发展环境形势严峻

当前世界动荡变革愈演愈烈，全球信用发展环境形势不容乐观。主权信用方面，美国政府操纵穆迪、标准普尔、惠誉等信用评级机构下调他国主权信用评级，以贬低主权信用为手段，削弱其国际竞争力，扰乱国际主权债市场，对我国双循环新格局形成带来不利影响。货币信用方面，美联储通过肆意印钞或不断加息等方式引导美元回流，对外国输出通胀，对各国主权货币和汇率影响深远。企业信用方面，受"芯片法案""技术封锁"及地域文化、国家经济衰退等因素影响，我国企业多次遭遇欧洲、印度、阿根廷、委内瑞拉等国家和地区国际贸易失信，损失大、影响广、维权难，不利于对外出口稳定增长。

（二）我国信用体系建设迈入新发展阶段

党的二十届三中全会提出要健全社会信用体系和监管制度，信用体系建设将为构建高水平社会主义市场经济体制提供更加坚强的支撑。一是信用体系建设更加法治化、规范化、一体化。截至2024年7月，全国31个省级行政区（港澳台除外）已有27个省市出台29部地方信用法规，地方社会信用体系建设有法可依迈出实质性步伐，公共信用信息目录、失信行为认定、信用惩戒措施等规范的制定避免了"信用是个筐，啥都可以装"的尴尬局面，为破除区域保护、畅通国内大循环奠定了制度基础。二是信用理念更加深入人心。计量、标准、认证认可、检验检测等领域诚信水平不断提高，国内市场优质产品和服务供给，产业链供应链安全可控水平进一步提升。中国品牌创建、中华老字号、地理标志保护和重要产品追溯体系等行动陆续开展，培育一大批诚信经营、守信践诺的标杆企业。

（三）2025年重庆社会信用体系建设展望

2025年，重庆将充分发挥信用在供需衔接、资源配置和营商环境优化方面的基础作用，在"数字重庆"建设整体框架下，以"渝悦·信用"应用建设为抓手，促进社会信用体系建设深入发展。一是信用基础服务能力将进一步提升，更加智能化的信用信息管理促进信用查询、信用修复、信用异议处理等信用服务快捷便利。二是信用监管机制进一步支撑"放管服"改革，在工程建设、商务外贸、市场准入等与民生和经济发展密切相关的领域深化信用承诺制应用，各行业、各领域建立健全以市场主体信用评价为基础的分级分类监管机制，促进"放管服"改革"放得全面、管得精准、服得高效"。三是信用助力金融资源配置将更加优化，"信易贷·渝惠融""商业价值信用贷""渝快融"等平台促进中小微企业、涉农经营主体等融资渠道更加畅通，预计2025年，融资金额超5000亿元。

四、对策建议

（一）进一步强化信用基础设施建设

一是强化数据基础，让记录更加全面。依托全市一体化智能化公共数据平台，对照《全国公共信用信息基础目录》，全面、准确、及时归集信用信息，重点解决数据共享字段不全、数据更新频次不够、接口调用容量不足、查询反馈成功率不高、部分公共事业信息共享不充分等问题。对各单位信用信息共享质效开展评估通报，进一步提升信用信息归集共享效率。

二是强化平台基础，让应用更加智能。迭代"渝悦·信用"应用，升级"信用中国（重庆）"网站，上线"渝快办"信用服务专窗，全面提升信用信息的公示广度、查询速度，加大曝光力度，力争信用信息查询量年均提升50%以上。完善信用评价、信用奖惩、信用报告等组件功能，进一步推广使用组件。在三级治理中心生产生活服务板块，设立"信用"子跑道，梳理一批"信用+"体征指标，推进信用相关事件贯通三级治理中心。

三是强化评价基础，让画像更加清晰。对标国家新要求，迭代升级全市公共信用综合评价指标体系，适时开展民营企业信用状况综合评价。建立政府诚信综合评价指标体系，形成行政复议信息、行政诉讼信息、司法执行信息、违约拖欠中小企业账款信息、投诉举报信息、政府债务逾期信息6个维度的评价标准，进行量化评估。探索建立个体工商户信用风险评价指标体系，为识别防范个体工商户经营风险提供判断支撑。指导各部门规范用信、应用尽用，鼓励各单位将信用评价嵌入行业应用场景中，推动信用评价组件调用超100万次/年。

（二）深化运用信用理念提升行政效能

一是拓展告知承诺覆盖领域，让办事更加便捷。研究制定重庆市政务服务信用承诺管理系列措施，针对与企业和群众生产生活密切相关、使用频次高、获取难度大的证明事项，以及通过事中事后监管能够纠正和有效防范风险的涉企经营许可事项，落实告知承诺制。动态更新证明事项和涉企经营许可事项告知承诺制清单，逐渐扩面覆盖。逐步将信用承诺制度扩展至容缺受理、审批替代、行业自律等领域，让办事更加便捷。

二是以信用风险为导向优化配置监管资源，让监管更加精准。持续推动各行业（领域）依据公共信用评价结果，以信用风险为导向优化配置监管资源，在"双随机、一公开"监管中，逐步统一差异化监管对象抽取规则，构建全市统一、部门联动的信用分级分类监管体系，实现信用分级分类监管全覆盖。迭代升级工程建设招标投标领域信用管理，推动将信用管理纳入《重庆市招标投标条例（修订）》内容。

开展重点行业信用监管效能评估，持续优化信用监管效能。

三是建立好差评政策挂钩机制，让奖惩更加管用。出台信用领域"好"企业政策惠享名单和"差"企业出清预警名单。梳理各级各部门行政管理和政务服务事项，迭代失信惩戒措施清单，通过信用奖惩组件，推动全市各级各部门依法依规落实限制市场（行业）准入、限制任职、限制消费、限制出境、限制升学复学等惩戒措施。通过信用奖惩组件，推动全市各级各部门对清单内企业分类落实优惠政策和失信惩戒措施。

（三）不断创新拓展信用应用范围

一是探索建立信用价值转换机制，让信用更加有价。依托全市一体化智能化公共数据平台和全国融资信用服务平台（重庆站），建设重庆市信用大数据实验室，创新市场化开发运维新模式，引导金融机构、软信企业、信用公司、场景开发企业等各类主体入驻，通过数据挖掘与联合建模，按照"数据不出域、可用不可见"原则，创新训练模型、探索场景、开发产品。试点开展公共信用数据授权运营，将信用资源转化为信用资产，量化信用价值。培育和发展信用服务机构，积极争取个人征信牌照在渝落地。

二是以坚实的信用基础促进金融服务实体经济，让贷款更加便利。全面贯彻落实国家文件要求，以全国融资信用服务平台（重庆站）为基础，整合市级同类平台融资信用服务功能，形成"唯一、三全、四有"（唯一数据出口，主体全覆盖、银行全通达、数据全联通，申请有额度、办理有时效、拒单有原因、流程有监管）的"134"融资信用服务体系。以川渝地区油气行业融资创新全国试点为契机，在抓好油气行业"信易贷"产品创新基础上，逐步向新能源汽车、新材料等"33618"重点产业延伸拓展，融合产业链、资金链、技术链、人才链四链信用数据，开发定制化"信易贷"产品，强化对民营企业的金融支持，为行业主体融资增信。

三是持续丰富经营主体信用应用场景，让守信更加有感。持续升级"信用中国（重庆）"网站和"信用重庆"微信公众号信用信息公示查询功能，发挥集中公示各类信用信息的"主渠道"作用，提升信用报告查询使用体验。引导各类经营主体在市场交易、招标投标、招聘应聘、并购重组等多元化场景中使用信用信息，识别、防范交易风险。推动重庆与成都两地信用报告互认，降低区域间制度性交易成本，共创具有全国影响力的双核信用品牌。

[重庆市综合经济研究院（重庆市经济信息中心）宏观经济研究课题组
主研：易小光　丁　瑶　黄利军　张　峰　李雪梅　张　锐
　　　张　睿　莫　平
执笔：张　锐　张　睿]

之十三：2024 年重庆市物价形势分析及 2025 年展望

2024 年，受内外需求总体偏弱、输入性通胀压力偏小、消费品供给充裕等因素影响，全国 CPI、PPI 持续低迷。在此背景下，重庆消费品、工业品价格均保持在较低水平。预计 2024 年全年重庆城市居民消费价格指数（CPI）同比上涨 0.4%左右，工业生产者出厂价格指数（PPI）同比下降 0.5%左右。

一、2024 年重庆市物价运行情况

2024 年以来，重庆价格指数整体呈现低位运行、温和回升态势，与全国基本一致。其中，CPI 同比涨幅实现止跌回正，PPI 和 PPIRM 同比跌幅逐季收窄，经济恢复向好态势在价格领域有所显现，但 CPI 与 PPI 走势持续分化，结构性通缩隐忧仍值得关注。

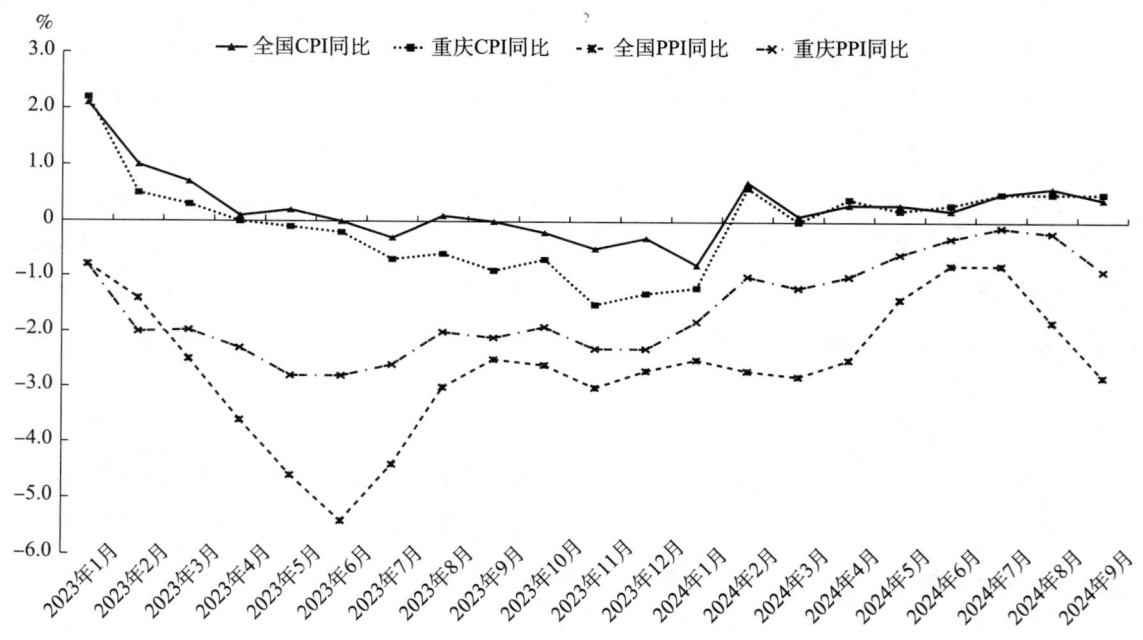

图 1　2023 年以来全国与重庆 CPI、PPI 指数同比变化趋势

（一）居民消费价格低位运行

受消费需求改善有限、上游工业品价格低迷、输入性通胀压力偏低等因素影响，2024 年以来全市 CPI 同比、环比均保持低位运行态势。1—9 月，CPI 同比上涨 0.2%，高于上年同期 0.2 个百分点，低于全国平均 0.1 个百分点，居全国第 16 位、西部第 6 位，较上年同期分别提高 11 个、4 个位次。从价格指数技术分析来看，翘尾因素影响为-0.2 个百分点，较上年同期低 1.3 个百分点；新涨价因素影响为 0.4 个百分点，较上年同期高 1.5 个百分点，新涨价因素是推动 CPI 同比正增长的主要因素。

1. CPI 同比指数温和回升

随着稳定经济运行的系列政策举措持续落地，带动价格整体温和上行，2024 年以来全市 CPI 同比涨幅实现止跌回正。分季度看，一、二、三季度 CPI 当季同比涨幅分别为-0.2%、0.3%和 0.5%，实现逐季回升，与全国趋势一致。其中，在春节、开学等因素带动下，一季度 CPI 同比跌幅较上年全年收窄 0.1 个百分点；在生猪产能削减推高猪价叠加清明、五一等节日消费需求提振服务类消费品价格带动下，二季度新涨价因素较上年同期提高 1.5 个百分点，支撑当季 CPI 同比涨幅较上年同期扩大 0.4 个百分点；三季度以来，受猪肉价格继续上行、高温天气推动果蔬价格等因素拉动，CPI 同比指数继续走高，涨幅较上年同期扩大 1.2 个百分点。

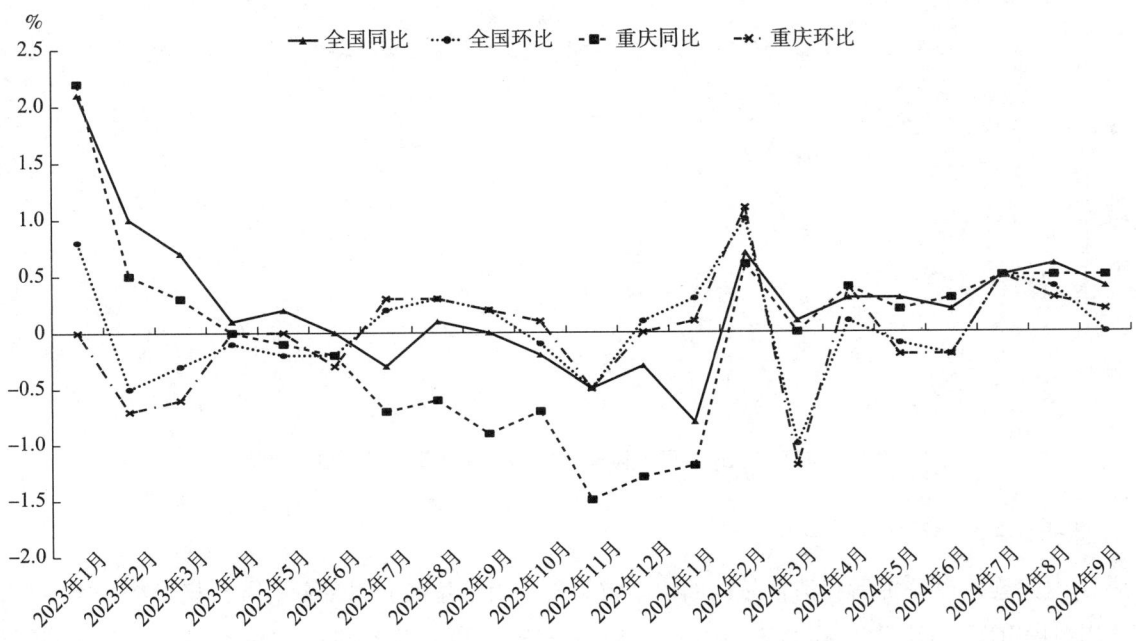

图 2　2023 年以来全国与重庆 CPI 指数同比、环比变化趋势

2. 八大类商品和服务价格走势分化

从 CPI 内部结构看，八大类商品和服务价格同比指数呈"六涨二降"格局，延续分化趋势。衣着类、居住类、教育文化娱乐类、医疗保健类、生活用品及服务类、其他用品及服务类价格同比上行，食品烟酒、交通通信类价格同比走低。具体看，受棉花等衣物原材料价格上涨等因素影响，衣着类消费品价格同比上涨 3.1%，涨幅最高；养老服务、金融保险等商品和服务价格走高，拉动其他用品及服务价格同比上涨 2.8%；大型演唱会等演艺活动增多，带动教育文化娱乐类价格同比上涨 1.3%。此外，生活用品及服务类、医疗保健类、居住类消费和服务价格分别同比上涨 0.6%、0.6%和 0.2%。受蔬菜、水果以及牛羊肉等食品普遍供应充裕影响，食品价格下跌 1.8%，导致食品烟酒价格下滑 1.0%；新能源汽车技术加快迭代、市场竞争越发激烈，带动燃油车"降价保量"，汽车销售价格整体下行，影响交通和通信类价格同比下降 0.7%。

（二）工业生产者价格继续负增长

受国际环境不确定性和部分行业产能过剩、价格战力度加大、房地产领域相关工业品价格低位等多种因素影响，全市工业生产者价格持续负增长。1—9 月，全市工业生产者出厂价格（PPI）、工业生产者购进价格（PPIRM）累计同比分别下降 0.8%和 1.3%，均连续 21 个月负增长；跌幅分别低于全国水平

1.9个和0.8个百分点，在全国31个省（区、市）中分别排在第5位和第7位。其中，PPI、PPIRM翘尾因素影响分别为-0.8个和-1.4个百分点，新涨价因素影响分别为0和0.2个百分点，翘尾因素持续为负是影响工业生产者价格低位的主要原因。

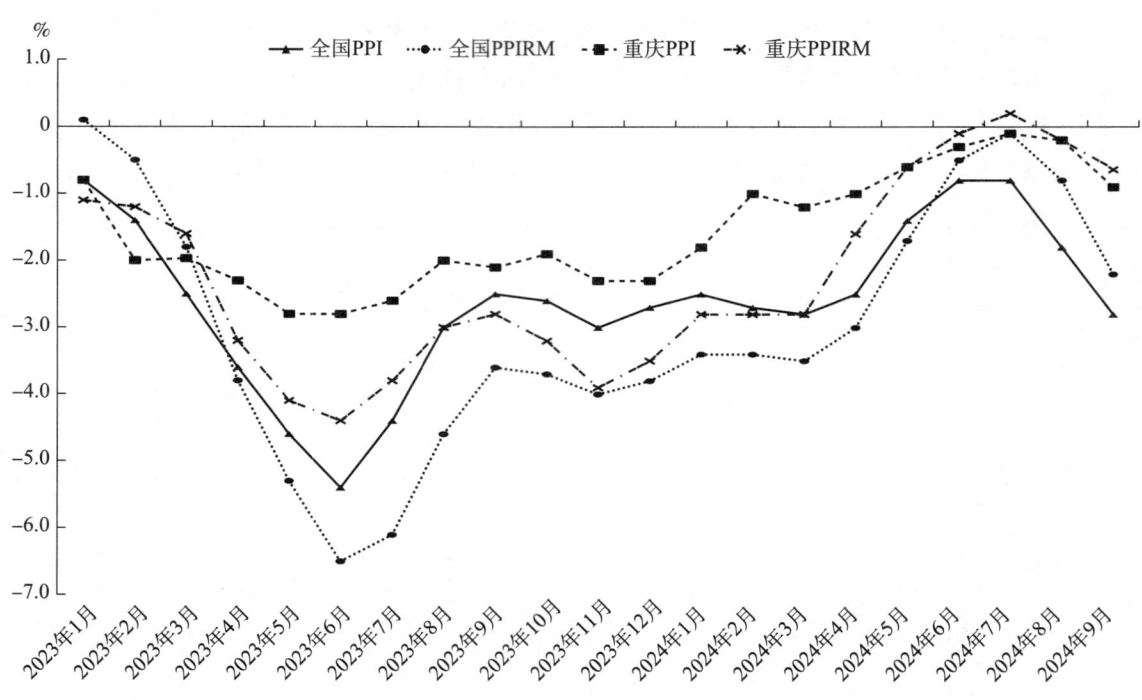

图3　2023年以来全国与重庆PPI、PPIRM指数同比变化趋势

1. 工业品价格同比跌幅有所收窄

随着国内大规模设备更新和消费品以旧换新政策逐步落地生效，对部分行业价格形成一定支撑，2024年以来PPI、PPIRM同比跌幅逐季收窄，一、二、三季度PPI当季同比增速分别为-0.8%、-0.6%、-0.4%，PPIRM当季同比增速分别为-2.8%、-0.8%、-0.2%。具体来看，由于翘尾因素负增长影响持续减少、有色金属等部分原材料价格上涨，1—8月PPI、PPIRM跌幅逐月收窄，但在9月极端高温影响下，工商业限电制约生产需求，当月PPI、PPIRM分别同比下行0.9%、0.6%，跌幅有所扩大，工业品价格回升基础仍不稳固。

2. 生产资料、生活资料行业走势分化

行业需求变化推动生产资料、生活资料行业价格走势分化。1—9月，生产资料价格同比下降1.6%，生活资料价格同比上涨0.4%，延续了年初以来的分化格局。生产资料方面，采掘、加工价格持续负增长，分别同比下行2.9%、1.5%；原材料同比微涨0.5%。其中，采掘业价格跌幅有所加深创下年内新低，主要是受煤炭开采和洗选业、非金属矿采选业价格下行拖累；终端消费疲软，影响农副食品加工业、黑色金属冶炼和压延加工业等加工业价格低迷。生活资料方面，延续"一涨三降"格局，受电子信息行业国产替代等需求增加影响，计算机、通信和其他电子设备制造业出厂价格同比上涨2.6%，带动耐用消费品价格同比上涨1.9%；食品、衣着、一般日用品价格连续11个月下跌，显示终端消费需求依然不振。

二、需关注的主要问题

（一）供强需弱影响价格指数持续低位

在部分行业工业品产能过剩、消费品供给充裕等因素影响下，全市CPI、PPI持续低位，回升仍有压力。一是部分行业工业品有效需求不足。受前期投资热情较高、产能扩展较快等带动，化工原料、新能源电池等部分行业产能超出市场需求，前3季度磷酸铁锂电芯、氨纶、醋酸乙烯、己二酸、聚乙烯等主要化工产品价格较上年同期分别下降34.0%、22.0%、21.6%、16.5%和2.1%；房地产市场持续低迷，与地产相关的黑色系、非金属矿物价格延续低位，均对工业品价格形成有效压制。二是部分消费品价格上涨乏力。国内农业生产延续平稳向好态势，食用油、鲜瓜果、鸡蛋、水产品等主要农产品普遍供应充足，支撑粮油等生活必需品价格继续平稳运行；汽车领域价格战愈演愈烈，新能源汽车、燃油车均开启降价促销模式，同时以旧换新政策带动家电、家具类耐用消费品价格下行，对PPI和CPI形成同步负面影响。从未来趋势看，尽管一揽子增量政策加速落地见效，但受居民收入增速放缓和住户存款增长较快并存、重要资产价格缩水与投资收益预期减弱同在等因素影响，居民和企业对未来预期依然谨慎，消费、投资意愿短期内难以得到较大改善，需关注物价持续低位带来的通缩风险。

（二）工业品价格持续负增长增大企业经营压力

受市场需求明显不足、部分行业产能过剩等因素影响，2024年以来全市PPI、PPIRM持续下行，累计同比增速已连续21个月为负，工业品价格持续下滑对企业利润造成较大挤压，企业经营压力有所增加。由于市场需求低迷，20mm螺纹钢较上年同期下降330元/吨，降幅约9%，平板玻璃价格下降44.8%。虽然新能源车销量持续上涨，但电池价格持续下行，全市磷酸铁锂电芯价格较上年同期下降0.2元/瓦时，跌幅达34%。生产价格持续下滑影响企业产能扩张和经营效益，部分企业选择调产减亏、生产积极性不高，三季度全市规模以上工业产能利用率为72.9%，较一季度和二季度分别回落1.5个和2.8个百分点。

三、2025年形势及展望

（一）国际输入性通胀压力总体不大

2025年，全球经济增长前景面临挑战，不确定不稳定因素增多，将影响原油、有色等大宗商品价格延续震荡幅度态势，但外需改善有限将继续制约大宗商品价格上涨幅度，输入性通胀压力总体不大。一是外部需求恢复缓慢。全球经济增速温和复苏和贸易保护主义压力将制约外需改善幅度，对中国的出口增速产生负面影响，或将持续目前供应偏过剩的局面，外需对国内物价的提振动力有限。二是外部输入性通胀压力可控。欧佩克连续第四个月下调全球石油需求增长预测并推迟减产措施，美国原油产量维持在最高水平，原油供需格局将依然宽松；国际粮农组织食品价格指数整体低于前3年，粮农组织预测2025年全球谷物库存量将进一步增长，国际粮价将延续低位；智利、秘鲁等国将继续扩大铜矿产能，预计2025年全球新增铜矿产量超60万吨①，但受避险情绪影响，高盛、瑞银等机构普遍预计金价将继续上行，将对CPI中的其他用品及服务价格形成一定推动。

（二）国内政策性因素将对价格指数形成有效支撑

随着国内经济延续平稳回升态势，经济基本面将对价格指数形成一定提振。一是支撑价格平稳运行

---

① 数据来源：中粮期货研究中心。

的经济基本面较为稳固。我国稳居全球第二大经济体，外汇储备充足，工农业生产体系完备，抵御市场风险能力强，在物价的宏观调控方面积累了丰富经验，拥有应对外部环境变化的较为健全的政策体系。同时，国家多项扩内需政策持续发力，"两重""两新"等重大举措有序推进，超长期特别国债、存量隐性债务置换等将有效增强地方政府财力，降准降息有利于降低融资成本、提振市场信心，国内经济有望企稳，带动需求进一步改善，推动相关产品和产业价格上行，价格低位运行态势有望缓解。二是货币环境宽松对物价上涨有一定助推作用。为进一步支持经济稳定增长，预计货币政策将保持宽松基调，充裕的货币流动性将在一定程度上助推物价上行。

（三）全市价格指数将保持稳中有升态势

在需求提振、政策性因素支撑等多方综合影响下，预计全市通缩压力有望得到明显改善，价格指数将回归合理运行趋势。一是需求改善将支撑价格上行。国家一揽子增量政策持续发力，加之2025年是"十四五"最后一年，重庆将提速规划项目收官建设，推动各项原材料及工业品需求加快恢复，有利于全市物价重新回到合理运行区间。二是食品价格对物价上涨的拉动作用仍存。生猪产能调降将继续支撑猪价稳定运行，牛、羊、禽肉价格下行导致养殖户削减产能、出栏量大幅走低，预计2025年供给端有所承压，相关肉类价格将低位回升，季节性因素也将对果菜等生鲜食品价格形成阶段性涨价压力。三是政策性调价因素影响将逐渐显现。按国家统一部署，水电气、轨道交通等公共服务价格机制改革持续进行，将一定程度上对物价上升起到助推作用。四是翘尾因素影响增大。2025年全市CPI、PPI翘尾因素影响分别为1.3%、1.1%，分别高于2024年1.3个、1.7个百分点。但2025年"疆电入渝"投用后工商业用电价格有望下调、上游工业品持续负增长对CPI的传导压力较低等因素将有效制约价格上涨幅度。

（四）2025年重庆物价走势预测

2025年，在新时代西部大开发、成渝地区双城经济圈、西部陆海新通道等战略加持下，重庆加快推动"两重""两新"等各项增量政策落地落实，经济发展韧性依然较强，但仍面临实体经济发展信心偏弱、内需增长动力不足、化债影响资金要素保障等问题。在此背景下，重庆价格运行将保持总体稳定，消费品价格方面，主要需关注食品价格的季节性波动以及推动轨道交通等部分公共服务价格调整带来舆情影响；工业生产者价格方面，需持续关注国际大宗商品价格走势以及市场需求改善状况。综合以上分析，在不发生较大灾害或重大冲击事件情况下，受猪肉等食品价格支撑和一揽子增量政策助推，2025年全市CPI将有所回升，全年同比上涨2.0%左右；PPI全年同比增长1.5%左右。

四、对策建议

（一）加强价格监测预警，有效稳定市场预期

一是加强市场监管和价格监测预警。加强对粮食、食用油、蔬菜、水果等重点食品价格监测，出现价格异常波动情况和价格舆情信息，确保迅速开展调查核实，积极组织和对接市、内外货源，及时做好市场供应，降低物价上涨预期。二是做好重点食品保供稳价工作。取消不合理禁养限养规定，促进猪牛羊禽等产能保持平稳，做好进口和储备调节等工作，保障节假日等重要时段食品市场供应及价格稳定，密切关注部分关联产品价格变化，防止物价联动上涨。三是加强基本公共服务价格改革政策宣传。在科学论证基础上，积极回应公众关切，直面人民群众关心关注的焦点问题，强化沟通互动，及时消除误解和疑虑，避免引发舆情。

（二）积极扩大有效需求，提高消费能力

一是加强国际合作。实施多元化市场战略，为产品出口创造更多便利条件。落实惠民惠企政策，持

续推动大规模设备更新和消费品以旧换新、支持刚性和改善性购房需求等政策落地，激发市场活力，助推各类工业品、消费品价格回升。二是加大稳岗扩岗工作力度。对吸纳就业能力强的企业，给予税收减免、社保补贴等政策支持，缓解其经营压力。实施更加精准的就业帮扶政策，为就业困难人员提供岗位信息、技能培训等帮助。完善社会保障体系，适当提高劳动者工资水平，改善居民收入预期，提振消费信心。三是提升居民财产性收入水平。重庆居民财产性收入大多与房地产市场相关，应采取有力举措扭转全市房地产市场持续下行的不利局面，同时鼓励引导居民拓宽多元化的投资渠道，有效提高财产性收入水平，从提高居民收入预期角度激发消费意愿。

[重庆市综合经济研究院（重庆市经济信息中心）宏观经济研究课题组
主研：易小光　丁　瑶　余贵玲　苟文峰　陈　可　赵　飞
执笔：赵　飞]

之十四：2024 年重庆市民营经济发展情况及 2025 年展望

2024 年以来，国际环境更趋严峻复杂，我国经济延续稳中有进态势，民营经济发展环境不断改善。重庆创新实践内陆地区民营经济高质量发展新机制，强化超常规培育壮大民营经济举措，全市民营经济延续稳进增效发展态势。预计 2024 年重庆民营经济增加值同比增长 6%左右，民间投资同比增长 10%左右。

一、2024 年重庆市民营经济运行情况及特征

（一）民营经济保持平稳增长，重点行业运行稳中加固

在制造业稳增长稳预期"22 条"、金融支持民营经济发展"14 条"等政策效应持续释放下，重庆民营经济保持较快增长。1—9 月，重庆民营经济实现增加值 13912.4 亿元，同比增长 7.0%，高于全市 GDP 增速 1.0 个百分点，占全市经济比重为 59.9%，较上年同期提高 0.7 个百分点。全市规模以上民营工业实现总产值 11876.1 亿元，同比增长 10.5%，高于全市规模以上工业产值增速 4.1 个百分点，较上半年增长 1.4 个百分点，占规模以上工业总产值比重为 57.6%。其中，民营工业支柱产业"五增两降一平"，增速均高于上半年水平，特别是民营汽车产业在新能源汽车产销两旺带动下同比增长 57.4%，高于全市规模以上民营工业增速 46.9 个百分点。1—8 月，重庆规模以上民营服务业实现营业收入 1801.15 亿元[①]，同比增长 5.4%，增速较 1—5 月下降 2.9 个百分点。

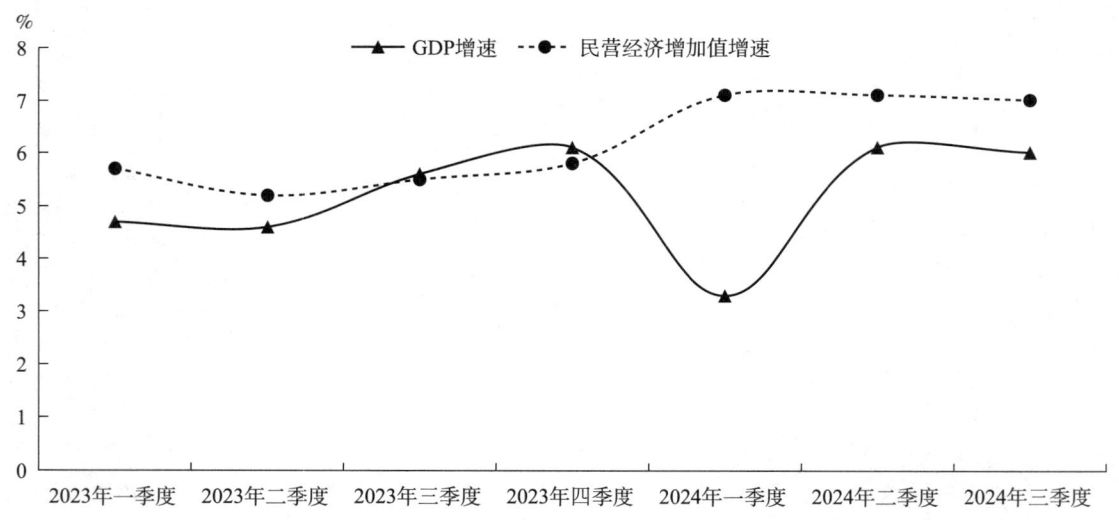

图 1　2023 年以来重庆 GDP 及民营经济增加值增速

---

① 为错月数据。

(二)民间投资活力增强,稳增长支撑更加有力

围绕国家重大工程、重点产业链供应链等领域,建立面向民间资本推介的项目储备清单,强化重大项目要素保障,民间投资潜力不断释放。1—9月,重庆民间投资同比增长13.5%,分别较上年同期、同期全市平均水平、同期全国民间投资高17.5个、11.7个、13.7个百分点,拉动全市固定资产投资增长5.9个百分点。其中,摩托车、消费品、医药、材料、装备等产业领域民间投资增势向好,带动工业民间投资同比增长26.8%,分别较上年同期、同期全市工业投资增速高14.8个、10.5个百分点;在加快续建一批、加速新开工一批房地产项目等带动下,房地产开发民间投资同比下降2.4%,降幅较上年同期、同期全市房地产开发投资收窄19.5个、7.3个百分点。随着丰都栗子湾抽水蓄能电站、弹子石生态城市功能提升示范区等在建项目加速放量,基础设施民间投资同比增长40.8%,分别较上年同期、同期全市基础设施投资增速高45.1个、40.2个百分点。

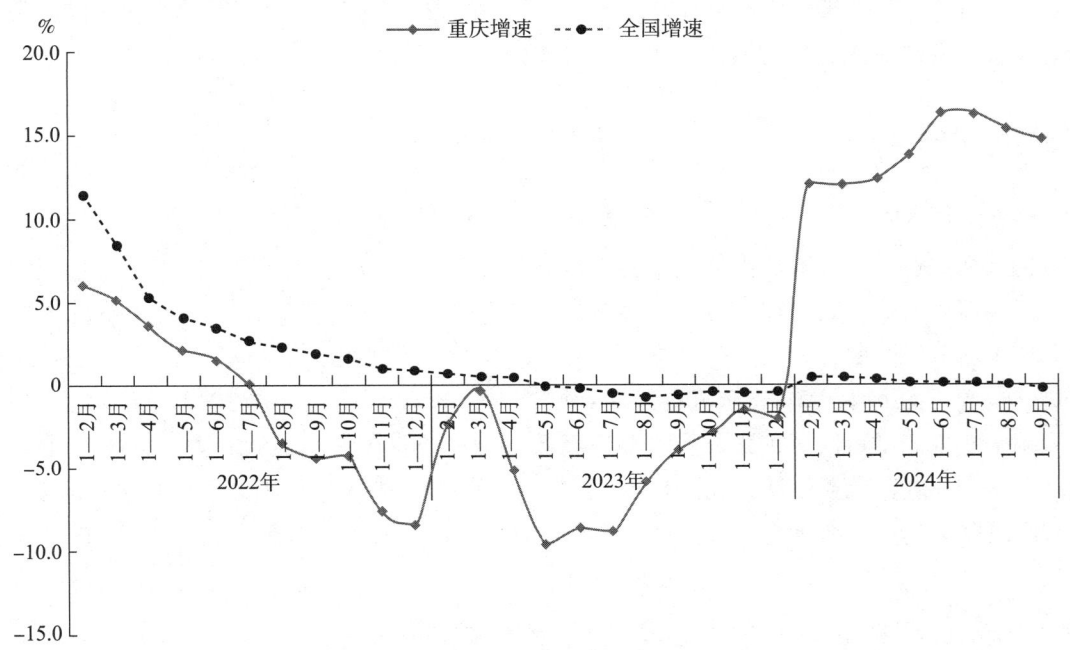

图2 2022年到2024年9月全市与全国民间投资增速走势

(三)民企进出口贸易降幅收窄,外贸发展企稳向好

在"外贸转增攻坚"行动走深走实、"渝贸全球 跨电赋能"系列活动大力开展等带动下,民营企业外贸进出口降幅持续收窄。1—9月,重庆民营企业进出口总额2240.3亿元,同比下降7.3%,较上年同期收窄2.2个百分点。其中,在手机、电子元件、汽车等机电产品市场需求回暖的带动下,出口同比下降1.1%,降幅较上年同期收窄10.9个百分点。受集成电路、金属矿砂等进口持续减少影响,进口同比下降20.1%,延续上半年下滑态势,降幅较上年同期增加8.9个百分点。从贸易伙伴看,民营企业对美国、欧盟进出口持续回落,分别下降41.2%、7.6%;对东盟、韩国进出口出现下降新情况,分别下降3.9%、53.9%。

(四)民营经济经营主体扩容增量,发展活力不断增强

在失业保险降费、社保补贴、扩岗补助、税收优惠等稳岗减负政策带动下,民营经济经营主体持续快速发展,创业密度稳中有增。1—9月,重庆新增民营经济经营主体38.47万户,累计达到365.72万户,同比增长2.28%,占全市经营主体总数的97.8%,较上年同期提高0.08个百分点,总量居西部第6位、全国第20位。有效期内民营高新技术企业累计达7033家,占全市高新技术企业比重为92.3%;民营

科技型企业累计达66685家，同比增长22.6%，占全市比重为99.6%。民营企业专利授权2.7万件，占全市企业授权量的92.3%。从创业密度看，全市每万人拥有民营经济经营主体1146户，较上年同期提高33户；每万人拥有民营企业356户，较上年同期提高16户。民营企业登记注销比为1.75，高于全市企业登记注销比平均水平（1.3）。

（五）重点领域提质增效，民营企业发展加力提速

在小微企业综合融资成本稳中有降专项行动等普惠金融服务工作深入推进下，民营经济信贷规模稳步提升。1—9月，重庆民营经济贷款余额同比增长8.5%，增速连续3个月环比提升。从上市融资看，境内上市民营企业总量、总市值分别达49家、4719.5亿元，分别占全市境内上市企业的59.7%、47.6%。在结构性减税降费、小微企业"六税两费"减免等税费优惠政策，以及推动大规模设备更新及消费品以旧换新行动等因素带动下，1—9月，重庆民营经济实现入库税收1020.2亿元，同比增长1.0%，增幅较上半年低0.1个百分点。在青年留渝来渝行动计划、"百城千校万企"促就业行动等政策措施带动下，民营经济吸纳城镇新增就业55.4万人，同比增长1.2%。

二、需要关注的问题

（一）市场预期信心不足，需求恢复基础仍需巩固

一是市场预期不稳。需求不足仍是企业生产经营面临的首要问题。调研数据显示[①]，1—9月，58.2%的企业反映市场需求不足，订单量减少，市场恢复情况仍未达预期。"四上"民营企业景气即期指数为97.5，较上半年、上年同期分别回落2.6个、1.9个百分点，反映民企信心不足。二是终端消费复苏偏弱。个人贷款余额同比下降1.5%，个人存款同比增长10.3%，居民"不愿消费，更愿储备"心态明显，消费不足影响企业生产供给恢复扩张。受以旧换新政策标准条件限制，民营企业参与度受限，落地效果不及预期。三是企业经营效益不佳。调研显示[②]，40.4%的民营中小微企业经营处于亏损状态，37.6%的企业反映利润下降。受上下游企业"三角债"影响，20.6%的企业应收账款增加，27.7%的企业反映流动资金紧张。

（二）部分行业增长压力加大，新动能培育增量不足

一是民营工业"多点支撑"不足。汽车产业对全市规模以上工业产值增长贡献率达69.8%，特别是赛力斯汽车贡献率达53.2%，"一业独大""一企独大"明显。消费电子、建材、药品等市场需求乏力，电子、装备、材料等行业产值增速尚未转正，消费品、医药等增势趋缓，仁宝电脑、博腾制药等重点企业产值下滑明显，民营工业保持快速增长压力加大。二是新动能培育增量减弱。民间投资更趋谨慎，新一代信息技术、人工智能、新材料等新兴领域超前布局不足。民间工业投资优质项目储备不够、接续不足，新质生产力重大项目引进难，10亿元规模以上项目相对较少。三是部分民营服务业增长承压。商贸消费恢复性增长不及预期，民营商贸企业运行压力加大，永辉超市、苏宁易购等重点企业零售额出现下滑。民营房地产业、金融业、租赁和商务服务业等重点行业税收指标走弱，同比分别下降25.9%、9.4%和13.2%，延续负增长趋势。

（三）民间投资增长后劲不足，项目接续仍显乏力

一是基础设施民间投资面临较多掣肘。在政府财力减弱、化债压力加大等背景下，1—9月，全市基建投资增长0.6%，增速较2022年、2023年同期分别低7.4个、8.7个百分点，政府投资撬动社会资本参

[①] 国家统计局重庆调查总队对24个区县166家中小微民营企业的调研数据。
[②] 市经济信息委9月对1000余家工业企业问卷调查数据。

与基础设施项目建设力度减弱。受政府和社会资本合作机制重塑影响，基础设施民间投资放量减缓。二是工业民间投资项目接续不力。1—9月，新签约制造业项目仅增长1.6%，低于上半年3.1个百分点，新开工工业项目计划总投资下降8.8%，13个区县新开工项目计划总投资降幅超过20%，增量工业项目投资接续不足，进一步影响民间工业投资持续稳定放量。三是房地产开发投资低位运行。房地产民间投资同比下降2.4%，较上半年降低7.2个百分点。在建规模持续收缩，商品房新开工、施工面积分别连续41个、36个月下降，龙湖、万科等7家头部房企2024年在渝计划投资同比减少30%以上。

（四）企业生产经营持续承压，发展环境有待优化

一是融资难融资贵问题仍然存在。中小民营企业普遍反映受限于企业规模，获取资金主要渠道仍为自有资金和银行借款，部分企业融资成本年利率高达12%以上。1—9月，重庆市民营企业贷款不良率为3.8%，高于企业类贷款不良率2.53个百分点，部分银行惜贷慎贷。二是水电气等刚性要素成本较高。全市工业平均电价高于四川、云南、贵州、陕西等省市20%~40%。用气长期处于"紧平衡"状态，近两年天然气价格涨幅20%左右。工业用水单价高于贵阳、西安、武汉等城市0.85~1.4元/立方米。全市单位运输费用约0.61元/吨公里，高出全国水平0.2元/吨公里，红海危机造成到欧洲的集装箱运价上涨三倍以上。三是用工成本上涨较快。调研显示①，29.1%的企业希望降低用工成本，助力企业稳岗拓岗。江北、永川、璧山、铜梁等地民营企业普遍反映社平工资每年增长、社保缴费基数较高，企业人均月缴纳社保支出同比增长约5.8%。

三、2025年发展环境及展望

（一）国际环境更趋严峻复杂，民企拓展海外市场风险挑战增多

地缘政治局势和贸易关系持续紧张，外部环境变化带来的不利影响增多，民营企业海外市场发展预期的不确定性上升。一是贸易保护强化进一步影响民营企业拓展海外市场。美西方通过推动"在岸化""近岸化""友岸化"，联合盟国对我国进行隔离、分割、打压，全球贸易格局日趋阵营化、集团化、碎片化，对全球贸易和投资流动造成极大阻碍，重庆民营企业"走出去"开展国际产能合作、拓展国际市场难度将有所增大。同时，美西方主导的"脱钩断链""小院高墙""去风险"将深刻影响世界产业分工，影响民营企业开展国外先进适用技术、项目等合作和外资利用，对民营经济健康发展和民营企业转型升级造成冲击。二是世界经济形势持续低迷对民营经济负面影响加深。全球经济仍处于"三高一低"②的健康调整期，地缘政治冲突不断凸显，乌克兰危机、新一轮巴以冲突等局势动荡的示范效应和外溢效应在全球范围内产生了连锁反应，使得全球粮食、能源资源、产业链供应链面临更大挑战，将导致民企在大宗原材料进口成本、出口汇率风险损失等方面挑战增多。

（二）我国持续加大民营经济发展支持力度，发展空间加快拓展

民营经济是推进中国式现代化的生力军，我国将加快构建新发展格局，加大宏观调控力度，强化存量政策和增量政策协同发力，进一步优化民营经济发展环境。一是新质生产力培育将激发民营经济发展新动能。我国高质量发展扎实推进，新质生产力加快培育发展，将不断催生新产业、新模式、新动能，推动传统产业高端化、智能化、绿色化发展，进一步增强民营经济发展动能。二是建设全国统一大市场将拓展民营经济发展空间。我国深化实施扩大内需战略，加快建设全国统一大市场，深入破除市场准入壁垒，推动区域一体化发展，推进基础设施竞争性领域向经营主体公平开放，鼓励和吸引更多民间资本

---

① 市工商联对1691家民营企业的调查数据。
② "三高一低"，即"较高的通胀、较高的利率、更高的债务，更低的增长"。

参与重大工程项目建设，将进一步拓展民营经济发展空间。三是国家支持民营经济发展的政策效能将加快释放。国家相继出台《关于建立促进民间投资资金和要素保障工作机制的通知》《关于进一步支持专精特新中小企业高质量发展的通知》等顶层设计文件，一揽子增量政策加力推出，对提振民营企业信心和扩大民间投资的带动作用将进一步强化。同时，我国将全面深化重点领域改革，推动民营经济促进法等改革举措落地实施，重庆民间投资活力将得到有效激发。

（三）重庆持续优化发展环境，将有力提振民营经济发展信心

重庆加快打造西部地区营商环境排头兵、内陆地区民营经济健康发展新高地、全国民营企业家健康成长的示范城市，将推动民营经济政策效应加快显现、发展环境持续优化，促进民营经济高质量发展。一是民营经济新增长点不断涌现。重庆加快推进国家战略腹地建设，央企重大生产力布局、产业招商项目陆续落地，生产性服务业与"33618"现代制造业集群体系加快融合，将有力推动产业结构优化升级，新能源汽车、电子核心部件等领域将得到大力支持，高新技术企业、"专精特新"企业将获得更多政策倾斜。重庆枢纽港产业园等标志性项目建设加快，汽车、家电等以旧换新政策持续发力，将对民间投资形成一定带动。二是民营经济发展环境更加优化。《重庆市民营经济促进条例》有望出台，民营经济发展支持政策将持续细化实施，在拓宽民间资本参与重大项目、优化民营企业发展环境等方面着重发力，民营经济发展活力将得到有效激发和释放。同时，科技创新生态加快构建，将助力优质产业招商项目、高能级创新平台引进集聚，促进创新链与供应链、产业链、人才链融合发展，助推民营经济转型升级。数字重庆建设和超大城市治理等重点领域改革协同推进，将推动数字经济和实体经济深度融合，引导汽车、电子、装备制造、消费品等产业向价值链中高端延伸，更好赋能重庆民营经济转型和提质增效。

（四）2025年重庆民营经济发展趋势及预测

展望2025年，重庆聚力落实"两大定位"、发挥"三个作用"、建设"六个区"，适应加快构建新发展格局要求，加快推动成渝地区双城经济圈建设走深走实，推动西部陆海新通道建设，打造内陆地区民营经济健康发展新高地。随着民营经济发展政策支持力度不断加大，民营经济将保持稳定增长态势。预计2025年全市民营经济实现增加值同比增长6.5%左右，民间投资同比增长10%左右。

四、对策建议

（一）强化优质主体培育，赋能民营经济发展新质生产力

一是加快打造优质企业梯度培育体系。完善民营优质企业梯度培育体系，壮大创新型中小企业、"专精特新"中小企业、专精特新"小巨人"企业、制造业单项冠军、上市企业等创新型民营企业。大力引育民营总部企业，引导国内外知名企业入渝设立全国性总部、区域性总部。二是大力推动民营企业创新发展。聚焦智能科技、绿色低碳、生命健康等重点领域，发挥民营企业在落实"揭榜挂帅""赛马"等制度中的重要作用，支持民营企业参与和承担国家级、市级重大科技专项和国际科研活动。健全产学研融合推进体系，发挥民营企业创新主体作用，打造大企业带小企业协同创新综合体。三是支持民营企业抢抓新领域新赛道。实施产业跨界融合示范工程，鼓励民营企业参与人工智能+、低空经济等前沿领域应用场景建设。加强国家战略腹地建设，鼓励民营企业在战略性原材料、特色工艺集成电路、重大技术装备等领域加快研发生产布局。支持民企建设行业大脑、未来工厂，提升民企智能制造水平。

（二）聚焦支持"两重"建设，着力激发民间投资新活力

一是引导民间资本参与重大项目建设。支持有能力的民营企业牵头承担国家重大技术攻关任务，向民营企业进一步开放国家重大科研基础设施。健全民间投资项目储备推介工作机制，围绕重大工程和补

短板、重点产业链供应链等领域，滚动储备面向民间投资的项目，建立健全覆盖全市38个区县重点行业领域的基础项目库。支持民企积极参与大规模设备更新和消费品以旧换新行动。二是支持重点民间投资项目参与REITs试点。健全政府投资有效带动社会投资体制机制，完善激发社会资本投资活力和促进投资落地机制，创新运用PPP、REITs等合作方式，引导社会资本积极投资产业发展、科技创新、基础设施等领域重大项目。加强民间投资REITs项目策划储备，支持符合条件的项目加快发行REITs产品。三是建立完善多层次服务机制，及时回应民营企业关切。建立促进民营经济高质量发展联席会议制度，完善与民营企业常态化沟通交流机制，通过各种调度会、座谈会、数字化平台等形式听取意见建议和问题诉求，建立台账并跟踪督办。探索通过投贷联动、重大项目用地保障等机制，加强民间投资项目融资和用地等要素保障，促进更多民间投资项目落地实施。

（三）推动稳企助企惠企，着力增强民营经济发展新动能

一是支持民营企业市场开拓。深化"百团千企"国际市场开拓计划，搭建"渝贸全球"平台，积极组织民营企业参加广交会、进博会、西洽会、智博会、中俄对接会等重要展会平台。指导民营企业用好RCEP和其他自贸协定优惠政策，帮助企业降低出口成本，提高通关效率。二是破解生产经营成本难题。提升货物通关效率，推动物流运作方式、管理模式革新，助力物流降本增效。积极争取国家部委、国家电网公司等支持，谋划推进重庆特高压电网建设，抓紧足额外购电力资源，支持园区企业"打捆"参与电力市场交易，降低电网环节收费和输配电价格，保障民营制造业企业用电。三是破解融资难融资贵困境。加快建立民营中小微企业信贷"白名单"制度，推动无形数据资源转为有形信贷证明，为民营经营主体融资增信。畅通银政企对接渠道，健全支持民营企业发展的信贷政策，加大对民营企业上市辅导和支持力度，用好债券、股权融资等方式，拓宽企业融资渠道。四是破解民企用工需求难题。加强用工对接，健全用工余缺调剂机制，共享用工信息撮合平台，帮助企业调剂本地用工，缓解企业临时性、季节性用工困难。着力稳岗拓岗，采取社保费缓缴、稳岗返还、就业补助等举措，引导支持民营企业吸纳高校毕业生、农民工等重点群体就业。

（四）持续优化营商环境，为民营企业发展提信心稳预期

一是加快出台《重庆市民营经济促进条例》。推动出台民营经济地方性法规，从平等准入、保障措施、权益保护、行政行为规范等方面，依法保障民营企业公平参与市场竞争，实现民营企业与其他所有制企业的权利、机会、规则平等。二是全面落实公平竞争政策制度。支持民营企业平等使用生产要素、公平参与市场竞争、同等受到法律保护。深入破除市场准入壁垒，推进基础设施竞争性领域向经营主体公平开放，完善民营企业参与国家重大项目建设长效机制。加快建立民营企业信用状况综合评价体系，健全民营中小企业增信制度。三是构建亲清统一的新型政商关系。加快出台《构建亲清政商关系公职人员交往清单》，进一步明晰政商交往的界限和禁区、红线和底线。建好用好"政企同心·渝商渝好"系列品牌，常态化开展大走访、大服务活动，主动为民营企业排忧解难，形成政府服务企业、企业依法纳税的良性循环。

[重庆市综合经济研究院（重庆市经济信息中心）宏观经济研究课题组
  主研：易小光 丁 瑶 余贵玲 苟文峰 张 佳 李 霞
  执笔：李 霞]

之十五：2024年重庆市市场监管环境形势分析及2025年展望

2024年是新中国成立75周年，也是实现"十四五"规划目标任务的关键一年。重庆市市场监管系统深入学习贯彻习近平总书记关于市场监管重要论述和视察重庆重要讲话重要指示精神，全面贯彻党的二十大和二十届二中、三中全会精神，以及市委六届历次全会精神，以党纪学习教育为契机，以全面深化改革为动力，真抓实干奋力交出市场监管高分报表，为奋力谱写中国式现代化重庆篇章贡献更多力量。

一、2024年市场监管环境形势

（一）成渝地区双城经济圈市场一体化全面提速

1. 合作机制持续健全

联合四川围绕质量、计量、标准、知识产权等领域签订合作协议，联合广安推动成立重庆都市圈消费维权大联盟，目标同向、措施一体、协作共赢的新局面加快形成。拓展运用市场一体化合作经验，建立云贵川渝特种设备安全区域合作联席会议机制，召开西南五省认可与检验检测联席会议，建立西南五省餐饮食品安全监管省际联系工作交流机制。

2. 制度规则互信互认

川渝两地企业名称审核标准和申报规则实现统一，互认川渝大型连锁餐饮企业、成渝连锁食品销售企业食品经营许可"申请人告知承诺制"，市场准入异地同标、公平竞争互查互认获全国推广。推动制定"同事同标"区域地方标准12项、互认地方计量技术规范8项。构建川渝通用型企业信用风险分类指标体系，率先探索跨省域市场监管领域违法行为依法不予处罚清单。

3. 监管协作深化拓展

深化落实川渝消费维权合作投诉举报转办、消费环节经营者首问、线下实体店跨区域无理由退货"三项机制"，发展首批承诺跨区域无理由退货线下实体店73家。探索打造"成渝有信"、特种设备智慧监管联动联建、"双随机、一公开"监管平台"川渝联查"等跨区域数字化应用场景，开展跨区域执法协作57次、联合执法50次。

（二）数字化变革牵引重点改革攻坚突破

1. 改革整体架构迭代完善

深入学习贯彻落实党的二十届三中全会和市委六届六次全会精神，聚焦改革激活力、护公平、提质量、保安全、强监管，谋划实施市场监管领域重点改革项目15项，量化建立2027年、2029年改革目标和预期成果，市场监管领域进一步全面深化改革的"四梁八柱"更加完善。

2. 重大改革项目创新突破

以机构改革重塑体制机制，市场监管履职更加顺畅高效。市政府办公厅制定印发《重庆市构建分型分类精准培育机制促进个体工商户高质量发展实施方案》，实施降本减负、要素供给、数字变革、优化环境、党建统领5项赋能行动，"三型""四类"个体工商户培育体系初步构建，累计精准指导"个转企"8795户。

3. 数字市场监管提速完善

4个应用纳入全市重大应用"一本账"，5个事件完全接入三级治理中心，构建"渝食安"全链条智管综合场景，业务事项数字化率达到86%，建立重点食品溯源系统，入驻主体13.59万家，赋码53.26万批次，实现在渝制造或登记的45.4万台特种设备以及293.8万只气瓶安全码"全赋码"监管，"校园食安"智慧监管经验获全国推广。

（三）市场环境持续优化提升

1. 经营主体扩容提质

构建"渝悦易企办"全生命周期服务体系，企业开办一日办结、准入即准营、自由迁移和简易注销成为新常态。截至9月底，全市新设经营主体38.47万户，经营主体总量达373.96万户，新发展率10.55%，高于预期目标1.17个百分点。全市经营主体总量中企业与个体工商户数量比为0.47，同比增长2.53%，连续4个季度环比提升，高于西部平均水平（0.38），居西部第1位。

2. 竞争环境不断优化

强化反垄断和反不正当竞争，率先以省级政府名义印发实施公平竞争审查制度实施办法，会同重庆大学建立西部首个企业合规服务指导中心，动态清理妨碍统一市场和公平竞争的政策措施184件，社会公众对公平竞争市场环境的满意度从2022年的72.2%上升到目前的88.0%。

3. 涉企监管减负赋能

建立专项整治（行动）事前统筹机制，实施"沙盒监管"6项措施，减少企业重复检查5600户次。推行"多报合一"改革，分支机构批量年报办理时间由最长1周以上压减至最快1天。完善信用修复"不见面"和结果互认机制，"不见面"信用修复经营主体32.8万户，结果互认信用修复信息10.54万条。推行挂牌督办通知书、约谈通知书、整改通知书和提醒敦促函制度，依法对1237件轻微违法案件不予处罚、285件不予实施强制措施。

4. 市场秩序更加规范

扎实开展民生领域案件查办"铁拳"行动，综合施策整治假国企假央企，全面深入推进"长江禁捕打非断链"专项行动与医药领域商业贿赂、加油机作弊治理等专项行动，累计立案查办2.29万件，同比增长14.54%。持续净化网络市场环境，全链条全环节监测网络交易主体56.01万个次，督促平台删除违法商品信息281条。强化消费者权益保护，登记处理投诉举报20.36万件，同比增长16.47%，为消费者挽回经济损失5139.45万元。

（四）质量创新发展扎实推进

1. 质量水平稳步提高

实施首批产业链供应链质量联动提升试点项目44个，智能网联新能源汽车、电线电缆、己二酸等3个项目入选全国百个质量强链重点项目。全市制造业质量竞争力指数90.6，步入"竞争力很强"行列，公共服务质量满意度达到84.28分，连续两年居全国第三位，全市制造业产品质量合格率为93.47%，扭转连续五年下滑趋势。

2. 质量基础设施得到夯实

主导或参与制修订国际标准1项、国家和行业标准260项，发布地方标准114项。建立社会公用计量标准22项，发布地方计量技术规范19项。新获批建设1个重点实验室和1个科技创新中心。联合10部门制定出台重庆市推动检验检测服务业发展十条措施，目前全市规模以上检验检测机构158家，同比增加22家，收入超过1亿元的机构15家，同比增加4家。

3. 知识产权保护持续深化

一体推进知识产权创造、运用、保护、管理和服务，全市每万人口发明专利拥有量22.13件，同比增长17.59%，有效注册商标总量91.24万件，居西部第2位，同比增长10.75%，地理标志商标总量298件，居全国第8位。加快《重庆市知识产权保护和促进条例》地方立法，获批建设西部首个国家级知识产权保护中心，严厉查处侵犯商标、专利等违法案件870件，统一销毁侵权假冒商品60吨，货值1500万元。

（五）市场安全形势稳中向好

1. 风险防控体系日益完善

深化落实食品安全属地管理责任工作机制，推动市政府印发食品药品安全工作评议考核办法，全市农批市场食品准入查验覆盖率、食用农产品无质量合格证快检率、食品安全总监和安全员配备与履职率均达100%。出台特种设备安全跨部门综合监管机制，联合京津沪开展可靠性赋能产品质量创新实践工作。

2. 风险隐患有效化解

开展食品抽检8.6万批次，不合格率为2.79%，保持相对平稳，药品抽检合格率稳步提升，达到99.72%，食品安全群众满意度由2017年的70.18提升至目前的85.26。完成工业产品监督抽查6059批次，问题发现率达9.02%。特种设备事故数和死亡人数实现"双零"和"双下降"。稳妥有效处置燃气领域群众反映问题，举一反三推动出台加强市政民生领域收费服务监管15条措施。

3. 安全水平加快提升

统筹发展和安全，深入开展食品及农产品加工产业高质量发展七大行动、"百企千坊万家"帮扶活动，榨菜国际标准成功立项，全市89个药品获批上市，同比增长134%，首个1类创新生物药获批上市，招引4家全球电梯十强企业来渝设DC物流中心，产值近100亿元，"渝派电梯"品牌首次亮相中国品牌博览会。

二、2025年市场监管形势分析

（一）始终牢记习近平总书记的殷殷嘱托

习近平总书记视察重庆时，对积极推动成渝地区双城经济圈建设、积极融入全国统一大市场建设、营造市场化法治化国际化一流营商环境等作出重要指示，为我们立足西部服务大局提供了根本指引。市场监管在上述领域承担着重要职责，担负着重要任务。2025年是总书记视察重庆一周年的重要节点，时间紧、任务重、责任大，这就要求我们把握政治主动、战略主动和历史主动，更加自觉把市场监管放在中国式现代化的宏大场景中谋划推进，随着形势任务的变化创造性贯彻落实，持续迭代完善市场监管"四梁八柱"，加快打造更多具有重庆市场监管辨识度和全国影响力的标志性成果，全力推动总书记殷殷嘱托在市场监管领域落地生根、开花结果。

（二）深刻把握进一步全面深化改革的实践要求

党的二十届三中全会对市场监管领域作出了一系列重大改革部署，这些任务部署既是经营主体诉求极为迫切、人民群众极为关注的重点领域，也是市场监管当前最需要集中攻坚、最需要下大气力推进的重点难点。我们必须将进一步全面深化改革这条主线贯穿到市场监管全过程各方面，以改革激活力、护公平、提质量、保安全、促监管、强党建，统筹处理好"效率和公平、活力和秩序、发展和安全"的关系，直面问题攻坚克难，敢为人先大胆探索，项目化清单化责任化落实市场监管领域改革任务，促进市场循环充分畅通，筑牢统一大市场公平竞争基础，释放超大规模市场潜力，深化市场秩序综合治理，提升经营主体发展质量，提高突发事件应急处置能力，以一域改革服务重庆市加快打造全面深化改革先行区，奋力交出市场监管改革高分报表。

（三）统筹做好战略规划的有效衔接

当前，市场监管领域安全形势仍然复杂严峻，经营主体活力有待释放，涉民生领域监管效能仍显不足，监管基础存在薄弱环节，既有长期制约发展的老难题，也有新时代产生的新课题。2025年是市场监管现代化"十四五"规划的收官之年，也是"十四五"与"十五五"政策衔接的重要一年。我们要加强规划引领支撑，聚焦区域战略、市场监管、质量监管、安全监管等领域，强化重点问题研究，做好"十四五"规划总结评估，面向"十五五"前瞻谋划一批重大项目、创新平台载体，加快形成更加系统科学、清晰明确的路线图、施工图，充分释放政策叠加效应，推动市场监管事业行稳致远。

三、2025年市场监管工作展望

（一）推动打造内陆地区民营经济健康发展新高地

完善市场准入制度，打造"渝悦易企办"全生命周期服务体系，落实注册资本认缴登记制度改革，健全全链条强制退市模式和多元化退出机制，经营主体总量预计达到385万户，每千人拥有企业数量40户。构建"无事不扰、有需必应"市场监管机制，持续深化"四新经济"沙盒监管模式改革，打造市场监管领域服务型执法新模式。充分发挥个体工商户联席会议制度的统筹协调作用，深化个体工商户分型分类精准帮扶，构建"免申即享"政策智配机制，优化经营主体高质量发展评价指标体系，深化评价结果运用。

（二）积极融入全国统一大市场

加快成渝地区市场一体化建设，开展川渝经营主体跨区域"云迁移"试点，常态化开展公平竞争交叉互评互认，持续加强跨区域联合监管执法，推动行政执法"异地同标、同案同罚"。强化公平竞争审查刚性约束，出台公平竞争审查抽查规则，持续清理和废除妨碍全国统一市场和公平竞争的各种规定和做法。加强反垄断和反不正当竞争，聚焦医药、自然垄断、互联网平台等重点领域，持续开展整治地方保护市场分割突出问题、民生领域反垄断、网络市场监管专项行动，依法严厉打击限定交易、不公平高价、虚假宣传等垄断和不正当竞争行为，打造"渝竞护企"品牌。

（三）夯实经济发展质量基础

贯彻落实《质量强市建设实施方案》，深入推进产业链供应链质量联动提升，加快实施优质企业培育"春笋"计划，组建一批质量强链联盟，培育一批质量强县、强区、强镇，制造业质量竞争力指数保持在90以上。着眼健全食品及农产品加工全链条生态，进一步完善地方特色食品及农产品标准体系。深化检

验检测市场化改革,推动建立千亿级检验检测产业集群。

(四)牢牢守住安全发展底线

健全食品药品安全全链条监管体系,全力推动"渝食安""渝药安"应用,食品评价性抽检合格率98%以上。深化特种设备风险隐患"双预防"机制,推进特种设备质量安全信息全生命周期"一码追溯"。深化民生行业价格监管改革,打造"水电气收费智管在线"。加强对新实施工业产品生产许可证管理的6种产品的审批管理,深入推进重点消费品排险除患。加强消费者权益保护,强化市场监管领域舆情闭环管控,消费投诉按期办结率95%以上。

(五)提升市场综合监管能力和水平

加强市场监管标准化规范化建设,建立完善市场监管制度规则,强化涉平台经济等新业态新经济的监管制度供给。加快推动数字市场监管从重点能力向基本能力深化拓展,加快构建市场监管事项全覆盖、过程全记录、数据可共享、结果可追溯的智慧监管体系。持续推进深化信用提升三年行动,推广运用经营主体全生命周期信用合规指引。深化"大综合一体化"行政执法改革,推进严格规范公正文明执法,全面提升市场监管综合执法效能。

[重庆市市场监督管理局 周家鹏]

之十六：2024年重庆市自然资源开发利用分析及2025年展望

2024年以来，重庆市规划自然资源系统坚持以习近平新时代中国特色社会主义思想为指导，一体贯彻落实党的二十届三中全会精神和习近平总书记视察重庆重要讲话重要指示精神，深入贯彻落实市委六届五次、六次全会精神，牢牢把握高质量发展首要任务，突出稳进增效、除险固安、改革突破、惠民强企工作导向，主动把各项工作放到全市大局中谋划推进，充分发挥规划统筹引领作用，全力做好自然资源要素保障，进一步全面深化改革，切实提升国土空间治理现代化水平，各项重点工作推进有力有序有效，较好服务保障了全市经济社会发展。

一、2024年重点工作情况

（一）加快构建优势互补高质量发展国土空间格局

全面落实"两大定位"，细化形成10个专项62项重点工作，优化国土空间布局，强化自然资源支撑。重庆市国土空间总体规划获国务院批复，成为国土空间规划改革以来第一个获国务院批准的城市。市委办公厅、市政府办公厅印发全市国土空间总体规划实施工作要点，市政府批准41个区县国土空间总体（分区）规划，市委常委会审议通过渝西地区国土空间规划。自然资源部出台政策支持重庆市构建优势互补高质量发展国土空间格局。强化规划统筹引领作用，筹备召开市规划委员会4次，审议通过22项议题。统筹优化全市综合交通体系、城中村改造、中心城区15分钟生活圈等重要专项规划，着力提升城市宜居宜业和高品质生活水平。

（二）提质推进重点领域改革创新

贯彻落实二十届三中全会和市委六届六次全会关于改革工作部署，细化39项重点工作，系统推进"1+7+N"重点改革项目，以"1"国土空间规划和土地制度综合改革方案为统筹，近期规划、全域土地综合整治等"7"项改革作为重点任务，谋划推进N个改革项目，工作成效在全国自然资源综合改革工作会上作交流发言。持续优化营商环境，优化调整规划审批、监管、核实等职责，实现"谁审批、谁监管、谁验收"全链条闭环管理。建立建设工程规划许可"一窗受理、并联审批、限时办结"机制，实现"一件事一次办"，520个项目快速落地开工。涪陵区全域土地综合整治试点，九龙坡区低效用地再开发试点，巴南区、南川区农村集体经营性建设用地入市入选全国典型案例。

（三）积极助推成渝地区双城经济圈建设

围绕落实成渝地区双城经济圈建设"一号工程"，项目化推进市委、市政府任务分工方案涉及牵头及配合事项，主动谋划推进全局系统6大专项行动、150项具体任务。成渝地区双城经济圈国土空间规划已联合四川省按程序上报审批，突出构建整体统筹协调的国土空间格局，为重大发展战略提供空间保障。推进印发实施成渝地区双城经济圈"六江"生态廊道建设规划，牵头制定任务分工方案，坚决筑牢长江上游重要生态屏障。与四川省厅就川渝国土空间共治应用系统建设、新一轮找矿突破战略、地质灾害防治等8个重点领域签订战略合作协议，加快打造标志性成果。

（四）迭代优化国土空间数字化治理体系

在全国率先实现省域治理体系整体重构，初步建成国土空间数据综合信息系统，归集716类空间数据，发布1038个空间图层，上架50个空间治理能力组件，成功试点基础五库融合，为重大应用提供空间数据要素保障。提前完成1031个镇（乡）街城市级国土空间三维实景图，实现镇街实景化呈现。实景三维赋能超大城市现代化治理等4个案例入选全国典型案例。完成耕地粮食、交通规划等16个专题图，归集专题数据740类、发布专题图层459个、提炼382个图数联动指标、上架能力组件35个、形成37个关键绩效指标。推进测绘地理信息事业转型发展，永川区被授予"测绘地理信息创新高地"。

（五）切实加强耕地保护各项工作

全面压实耕地保护责任，提请市委印发耕地保护和粮食安全目标任务清单、党政同责工作要点，联合市级有关部门和区县签订责任书，逐级下达年度目标任务，2023年度国家耕地保护和粮食安全"首考"全面达标。深化耕地占补平衡改革，启动耕地保护专项规划编制，稳妥处置林耕空间矛盾，保障补充耕地空间。采用"项目示范+乡镇恢复"模式连片恢复补充耕地15.5万亩。建立健全耕地保护奖补激励机制，奖补近300个乡镇，工作成效得到《人民日报》宣传推广。创新编制耕地一本账，实行"两张清单"闭环管理，通过党建统领"八张问题清单"机制，从严管控"非粮化"风险图斑。耕地保有量、永久基本农田保护面积均超国家目标任务。

（六）系统提升地质灾害防治能力

牢固树立"地质灾害可防、人员伤亡可免"的正确认识，细化地灾风险预警管控颗粒度，成功预警和处置地灾险情36起，避免848人因灾伤亡，武隆等3个成功避险案例入选全国典型案例，获市委、市政府主要领导肯定。建立全国首个数字化地灾风险管控应用，全覆盖全市4208个小流域场景，已与41个区县治理中心及基层智治平台实现贯通，三峡库区431处存量危岩清患率提升至79.8%，分类处置新排查发现危岩隐患点573处，危岩地灾风险管控应用获评数字重庆建设优秀应用。

（七）多措并举打造美丽中国先行区

优化城乡风貌整体大美规划，构建城乡风貌整体大美4个风貌体系、48个风貌场景，规划1个美丽都市、30个美丽县城、100个美丽城镇，获市委主要领导肯定。自然资源部在渝召开全国全域土地综合整治大会，重庆市在会上作经验交流，九龙坡区、涪陵区等2个项目入选全国典型案例。铜锣山等2个项目入选联合国"生态修复十年"优秀案例，为全国入选第一、第二例。累计完成历史遗留和关闭矿山生态修复面积6425公顷，完成率68%。《重庆市历史文化名城保护规划（2021—2035年）》获市政府批准。将村庄优化为重点规划、特色规划、稳定发展、自然收缩四类，服务巴渝和美乡村建设。建成绿色矿山140个、国家级绿色矿山11个。

（八）持续优化自然资源要素保障

优化完善28条用地保障政策措施，94个重大项目用地实现"应保尽保"，建设用地审批质效排名全国前列，获国家计划指标奖励，在全国用途管制工作会议上交流经验做法。加强政策供给，研究制定深化审批保障改革等42条政策措施，加快批而未供、闲置土地处置，中心城区处置"久供未建"住宅项目完成率96%。全面实现工业项目标准地出让，企业手续办理减少15项以上，开工时间可提前60天。持续调整住宅用地供需结构，有效促进存量住宅消化。强化矿产资源保障，天然气、页岩气产量超100亿立方米，产值超1000亿元。完成第一个煤层气探矿权出让登记，实现油气矿权审批零的突破。

二、工作存在的问题

新时代新形势新要求下，对照市委、市政府工作要求和人民群众关切期盼，规划自然资源工作还存在一些短板弱项：一是规划质量水平有待提高，重要城市功能空间布局不够优化，城乡风貌整体大美不够彰显，对城市空间价值实现考虑不够深入。二是政策供给还不够优，通过改革创新针对性研究出台政策措施，解决制约高质量发展的实际问题还不够多。三是耕地保护形势依然严峻，山区库区个别区县防控耕地流出形势严峻，永久基本农田中的现状耕地面积低于保护任务底线目标。四是地质灾害防治工作能力水平有待提高。对危岩地灾成灾及破坏性规律认识还不充分，精准预警预报还难以有效实现，防汛监测预报预警颗粒度还不够细化，非地灾隐患点的避险还做得不够好。

三、2025年工作展望

（一）深化优化国土空间开发保护格局

优化完善城乡融合空间规划布局，坚持以主城都市区为龙头，深化推进"一体化""同城化"，加快实现渝西地区与中心城区同城化发展的以区县城和中心镇为重要载体的新型城镇化空间布局，构建形成优势互补高质量发展的国土空间格局。加强近期规划统筹，增强建设用地空间资源利用质效和规划实施的调控能力，推动各类规划落地落实，加快把规划蓝图转化为美好现实。树立城市经营理念，打造功能混合、产城融合、职住平衡的产业新城，提升城市土地和空间资源价值。抓牢抓实国土空间规划中期评估前期工作。

（二）加快打造重点领域改革标志性成果

迭代完善"1+7+N"改革任务体系，综合集成国土空间规划和土地制度改革，统筹推进"1+7"重点改革项目，深入指导实现"N"项改革项目扩量提质，加快打造行政审批改革、闲置土地盘活等区县试点"微改革"样板。深化土地管理制度改革政策文件，落实耕地占补平衡重大改革，全力保障主导产业、重大项目合理用地，探索构建城乡统一的建设用地市场，打造15分钟高品质生活服务圈，实现土地资源配置效率最优化和效益最大化。

（三）迭代提升国土空间数字治理体系

深化完善国土空间数据综合信息系统，优化空间数据、空间图层、能力组件建设，实现中心城区基础五库融合，更好支撑突发快响、缓堵保畅等超大城市运行和治理典型应用，赋能"大综合一体化"城市综合治理。加快推进"多规合一"专题图建设，完成现状呈现、未来规划、空间协同、挂图作战等基本能力建设，支撑相关领域业务工作，实现各类空间治理场景"一图呈现、动态协同"。制定二级实景图更新规则，迭代更新计划，完成变化重点区域治理更新。面向人员特别密集、历史文化保护及核心旅游区域等重点区域开展三级实景图示范建设。

（四）系统提升地灾防治体系能力

树牢"地灾可防、伤亡可免"的正确认识，大力推进分段分层分级分类地质灾害防治体系建设，完善市—区县—镇街—村社四级联动和分级预警响应的地灾工作机制。深化小流域地质灾害风险预警管控，"一流域一阈值"构建覆盖全市的避险转移"一张图"。扎实做好三峡库区危岩地灾防治攻坚战收官工作，全面完成存量危岩分类综合治理，实现清患率达100%。持续优化完善超大城市地质灾害数字化治理体系，进一步系统提升危岩地灾风险管控应用体系化实战实效能力。

（五）全力筑牢耕地保护和粮食安全防线

持续强化耕地保护专班统筹，逐级分解落实年度目标任务，压实主体责任和监督管理责任，进一步强化耕地保护工作合力。稳妥推进耕地占补平衡制度改革，加快耕地保护专项规划编制，加强补充耕地空间保障，协同建立完善符合重庆市实际的补充耕地质量验收工作体系。采取"长牙齿"的硬措施严格督察执法，推动违法违规占用耕地和永久基本农田问题整改处置，共同遏制耕地"非农化"、有效防止耕地"非粮化"。加强耕地保护奖补激励，强化宣传教育，营造良好社会氛围。

（六）多措并举厚植美丽重庆生态本底

分类指导支持开展城乡风貌优化工作，更加突出色彩、高度、风格整体性，加强建筑高度、风貌造型、立面色彩以及城市天际线管控。加快推进三峡库区腹心地带山水林田湖草沙一体化保护和修复工程，一体推进全域土地综合整治国家试点和矿山生态修复项目建设，坚决筑牢长江上游重要生态屏障。深化乡村规划和土地管理综合改革，因地制宜提升村庄规划编制质量和实效，打造一批村庄规划统筹引领巴渝和美乡村建设典型案例。

（七）科学合理优化自然资源要素配置

围绕国家战略项目落地，探索要素高效保障新路径，优化细化安排近期集中建设重点区域、重大项目国土空间规模和布局，力争实现各级重大项目应保尽保。突出规划赋能，统筹做好土地出让和土地划拨，指引新开发地区生活圈先行，更好满足居民多样化改善性住房需求。强化土地供应监管，督促加快批而未供处置进度，严防闲置土地新增，加强存量土地盘活利用。

[重庆市规划和自然资源局　吴长飞]

之十七：2024年重庆市城乡居民收入状况分析及2025年展望

2024年前三季度，重庆坚决贯彻落实党中央、国务院决策部署，坚持在发展中保障和改善民生，经济运行回升向好，城乡居民收入实现稳定增长，农村消费恢复快于城镇。

一、2024年重庆城乡居民收入增长特点

（一）居民收入稳定增长，农村居民收入增速持续快于城镇居民

前三季度，重庆居民人均可支配收入30792元，比上年同期增加1551元，同比增长5.3%。其中，城镇居民人均可支配收入39007元，比上年同期增加1709元，同比增长4.6%；农村居民人均可支配收入16790元，比上年同期增加1022元，同比增长6.5%。农村居民人均可支配收入增长快于城镇居民1.9个百分点。

（二）重庆居民收入水平居全国中上游

前三季度，全国全体居民人均可支配收入30941元。重庆全体居民人均可支配收入绝对额在全国31个省（市、区）中排第9位，在西部12个省（市、区）中排第1位。

前三季度，全国城镇居民人均可支配收入41183元。重庆城镇居民人均可支配收入绝对额在全国31个省（市、区）中排第11位，在西部12个省（市、区）中排第3位。全国农村居民人均可支配收入16740元。重庆农村居民人均可支配收入绝对额在全国31个省（市、区）中排第11位，在西部12个省（市、区）中排第1位。

（三）四项收入均保持增长

1. 工资性收入稳定增长是居民增收的主要支撑因素

前三季度，重庆工业生产继续较快增长，服务业持续恢复，规模以上工业生产保持较快增长态势，各部门、各区县多渠道稳岗扩岗，筑牢重点群体就业底线。居民人均工资性收入16812元，同比增长5.3%。分城乡看，城镇、农村居民人均工资性收入同比分别增长4.6%、6.3%。

2. 经营净收入保持较快增长

随着旅游市场客流增长，交通运输、住宿餐饮等行业经营形势向好，农产品线上销售增势良好，带动居民经营净收入增长较快。居民人均经营净收入4862元，同比增长6.6%，高于居民收入增速1.3个百分点。分城乡看，城镇、农村居民人均经营净收入同比分别增长6.2%、7.2%。受农产品线上销售持续发力等因素带动，农村居民第三产业经营净收入同比增长9.9%。

3. 财产净收入保持增长

重庆居民人均财产净收入1808元，同比增长1.7%。分城乡看，城镇、农村居民人均财产净收入同比分别增长1.0%、2.8%。农村改革红利持续释放。农村集体经济经营性收入同比增长68%，村均经营性收入同比增长68%。

4. 转移净收入稳定增长是居民增收的重要补充

在提高退休人员基本养老金、提高城乡最低生活保障等各类保民生政策支持下，重庆居民人均转移净收入 7311 元，同比增长 5.3%。分城乡看，城镇、农村居民人均转移净收入同比分别增长 4.7%、6.3%。

（四）收入结构总体稳定，城乡收入比继续缩小

前三季度，重庆全体居民工资性收入、经营净收入、财产净收入和转移净收入占可支配收入的比重分别为 54.6%、15.8%、5.9% 和 23.7%，收入结构总体稳定。工资性收入占比超过五成，是居民收入的重要组成部分。城乡居民人均可支配收入比为 2.32，比上年同期缩小 0.05，城乡居民收入相对差距继续缩小。

分城乡看，城镇居民工资性收入、经营净收入、财产净收入和转移净收入占可支配收入的比重分别为 58.0%、12.9%、6.7% 和 22.4%；农村居民工资性收入、经营净收入、财产净收入和转移净收入占可支配收入的比重分别为 41.2%、27.3%、2.5% 和 29.0%。

表 1　2024 年前三季度重庆全体居民人均可支配收入

单位：元、%

指标名称	本年	上年	增加额	同比增速	占比
人均可支配收入	30792	29241	1551	5.3	100.0
工资性收入	16812	15961	851	5.3	54.6
经营净收入	4862	4561	301	6.6	15.8
财产净收入	1808	1778	30	1.7	5.9
转移净收入	7311	6940	371	5.3	23.7

表 2　2024 年前三季度重庆城镇居民人均可支配收入

单位：元、%

指标名称	本年	上年	增加额	同比增速	占比
人均可支配收入	39007	37298	1709	4.6	100.0
工资性收入	22621	21621	1000	4.6	58.0
经营净收入	5024	4732	292	6.2	12.9
财产净收入	2619	2593	26	1.0	6.7
转移净收入	8743	8352	391	4.7	22.4

表 3　2024 年前三季度重庆农村居民人均可支配收入

单位：元、%

指标名称	本年	上年	增加额	同比增速	占比
人均可支配收入	16790	15768	1022	6.5	100.0
工资性收入	6909	6498	411	6.3	41.2
经营净收入	4585	4275	310	7.2	27.3
财产净收入	426	414	12	2.8	2.5
转移净收入	4870	4580	290	6.3	29.0

二、2024 年重庆城乡居民收入增长原因分析

（一）工资性收入增收基础稳固

一是规模以上工业生产继续较快增长。1—9 月，重庆规模以上工业增加值同比增长 8.1%，高于全国

平均水平2.3个百分点。1—8月，规模以上工业实现利润总额895.43亿元，同比增长11.2%，高于全国10.7个百分点。二是多渠道稳岗扩岗，兜牢重点群体就业底线。1—8月，重庆城镇新增就业54.86万人。延续实施阶段性降低失业保险费率政策，实施"百万高校毕业生等青年留渝来渝就业创业行动计划"，组织开展第四届成渝地区双城经济圈就业创业活动周，举办线上线下招聘会近2000场，发布招聘岗位80余万个，提供就业服务263万人次。

（二）经营净收入增长较快

一是旅游市场客流收入双增长。1—8月，重庆接待国内游客2.9亿人次，同比增长9.8%，实现国内游客花费3147亿元，同比增长16.6%；重点监测的130家景区接待游客8946.2万人次，同比增长27.4%；主城"两江游"累计完成游客接待量262.6万人，同比增长10.6%。二是举办不夜重庆生活节促消费。7月启动2024不夜重庆生活节，各区县开展了超300场特色活动，超150个综合体、街区、平台开展夜间消费主题活动，超10万商家参与线上线下消费促进活动。三是农产品线上销售持续发力。举办乡村振兴特色农产品线下展销活动、"渝见好礼新春甄品"2024年新春巴味渝珍精品伴手礼推介直播活动。据行业统计，重庆1—8月农产品网络零售额达147.1亿元，同比增长14.7%。

（三）转移净收入增长有保障

一是退休待遇水平稳步提升。调整退休人员基本养老金，上调比例为2023年退休人员月人均基本养老金的3%，惠及468.8万人。二是乡外从业农村转移劳动力收入水平有所提高。三季度，重庆市农民工监测调查监测样本中，乡外从业农村转移劳动力平均月收入同比增长3.3%。三是发放消费品以旧换新补贴。印发《重庆市加力促进消费品以旧换新实施方案》，提高汽车报废更新补贴标准、加力推进汽车置换更新、实施电动自行车以旧换新补贴、实施绿色智能家电以旧换新购置补贴、提高家装消费贷款贴息标准。截至9月8日，已兑付补贴4671.6万元。

三、需关注的问题

（一）居民就业压力依然存在，工作时间缩短影响工资性收入

一是城镇调查失业率高于全国。1—9月，重庆城镇调查失业率均值为5.3%，高于全国0.2个百分点。二是劳动参与率处于较低水平。前三季度重庆城镇劳动参与率为60.2%，较2021年、2022年、2023年同期水平分别低3.5个、0.9个、0.1个百分点。三是农民工就业压力加大。受房地产市场持续调整影响，房地产、建筑业等农民工主要从业行业用工需求减弱，农民工就业难度持续加大。2024年三季度，重庆市农民工监测调查监测样本中，乡外从业农村转移劳动力从事建筑业的人数比重约为28.2%，较上年同期下降3.6个百分点。四是居民失业时间有所延长，农村转移劳动力务工时间减少。重庆劳动力调查样本数据显示，前三季度失业人口人均失业时间为4.4个月，比上年同期增加0.3个月。三季度，农村转移劳动力本地非农务工人均从业时间为59.8天，同比减少4.8%；本地非农自营人均从业时间为72.1天，同比减少3.1%。外出务工人均从业时间为73.6天，同比减少2.1%。城镇、农村住户工作时间同比均有所下降。

（二）市场主体经营压力较大，猪牛羊禽等出栏量和牛羊价格下降影响经营净收入

一是新设立经营主体同比下降。1—9月，重庆新设38.96万户，同比减少21.5%。其中：企业11.65万户（内资11.59万户、外资599户）；个体工商户27.25万户；农民专业合作社589户。退出34.44万户，同比增长35.7%。其中：企业9.4万户（内资9.35万户、外资436户）；个体工商户24.71万户；农

民专业合作社 0.33 万户。二是农民经营净收入增收承压。前三季度，尽管重庆农产品生产者价格同比上涨 1.4%，但牛、羊价格同比分别下降 14.2%、6.4%。特别是受养殖规模扩大、进口牛肉冲击、消费预期减弱等因素影响，8 月底，重庆 CPI 中牛肉价格比上年同期下降 16.1%，1—8 月同比下降 11.6%。同时，生猪、牛羊和家禽出栏量均有不同程度下降，不利于养殖户增收。前三季度，全市生猪出栏 1313.9 万头，同比下降 7.5%；牛出栏 28.78 万头，同比下降 6.2%；羊出栏 201.99 万只，同比下降 13.3%；家禽出栏 16435.34 万只，同比下降 5.1%。

（三）财产净收入增长乏力

一是房屋出租价格承压下行，拖累居民财产净收入增长。重庆新建商品住宅、二手住宅销售价格同比分别下降 2.3%、7.9%。受此影响，居民出租房屋财产性收入同比下降。二是各大银行存款利率接连下调，加大居民利息增收难度。以中国银行为例，最新一年期定期存款利率为 1.35%，比上年同期下调 0.3 个百分点。

（四）转移净收入增长面临挑战

一是养老金等转移支付增长面临较大压力。2024 年养老金上调比例为 3.0%，低于上年 0.8 个百分点。二是带回收入增长受限。受建筑业和房地产业调整影响，农村转移劳动力就业压力增大，农民工就业稳定性减弱，寄带回收入增长空间压缩。三是政策红利增收效果逐渐减弱。各项惠农补贴政策力度有所减弱，实际种粮农民一次性补贴取消，耕地地力补贴标准、种粮大户补贴标准等下调，政策红利对农村居民增收的拉动作用逐步减弱。四是社保缴费基础提高，转移性支出增加。2024 年社保缴费基数的上下限分别增加 1206 元、241 元，分别增长 5.9%、5.9%；2024 年医保缴费标准为 380 元，增长 8.6%。

四、相关建议

（一）继续完善就业优先政策

大力实施"稳岗扩岗"就业容量拓展工程，积极构建就业友好型发展方式。健全高质量充分就业促进机制，坚持把高质量充分就业作为经济社会发展的优先目标，强化财政、投资、产业等政策支持就业导向。继续用好失业保险降费、就业补贴、税收优惠等政策，加大对就业容量大的民营经济、中小微企业等各类经营主体的支持。围绕成渝地区双城经济圈建设，深度挖掘岗位资源，强化供需对接。

（二）继续挖掘财产性收入增长潜能

进一步拓宽居民增收渠道，促进居民财产积累。建立健全居民收入风险应对机制，包括完善最低生活保障制度和救灾救济制度等，提高收入稳定性和安全性。健全社会保障体系，有效降低家庭医疗、养老负担。提高金融支持服务水平。持续改善金融服务，着力提升金融服务覆盖广度和深度，为居民提供更多、更安全的投资渠道。

五、2025 年重庆城乡居民增收展望

当前就业总量压力和结构性矛盾仍存，市场主体经营压力持续存在，需求不足等问题还未解决，城乡居民增收仍面临较大压力。

[国家统计局重庆调查总队　刘　航]

之十八：2024年重庆市创新发展情况及2025年展望

2024年，重庆市科技创新工作坚持以习近平新时代中国特色社会主义思想为指导，深入学习贯彻党的二十届三中全会精神和习近平总书记视察重庆重要讲话重要指示精神，全面贯彻落实全国科技大会精神，坚持创新制胜、人才引领、改革突破协同发力，纵深推进科技创新和人才强市首位战略，建设具有全国影响力的科技创新中心实现新突破。2023年R&D经费投入746.7亿元，同比增长8.8%；R&D经费投入强度2.48%，与全国平均水平差距为历史最低。2024年综合科技创新水平排名全国第7位，较上年提升1位，全球百强科技创新集群排名第39位，较上年提升5位。

一、主要工作及成效

（一）高位推动多方协同，科技创新核心地位进一步增强

一是市委、市政府高度重视。召开市委六届五次、六次全会，提出建设高能聚合的科技创新成果转化枢纽，部署强化科技创新和产业创新深度融合，强调一体推进教育科技人才改革。召开全市科技创新大会，迭代升级"416"科技创新布局。组建市委科技委并召开2次科技委会议。二是市域科技创新势头强劲。市级部门协同推进，市教委、市经济信息委、市农业农村委、市卫生健康委、市国资委等部门积极推动高校原始创新、产业创新等各项任务落实。三大科创核心承载区加快发展，西部（重庆）科学城科学谷二期完工，43个重大科创平台有序推进，培育市级以上研发机构342个；两江协同创新区引进设立新型研发机构50家，引育产业化项目271个；广阳湾智创生态城高标准打造迎龙创新港，入驻重庆脑与智能科学中心等创新平台。三是区县科技创新多点发力。迭代升级创新报表指标体系，研究制定《市区（县）联合攻关计划实施细则》，进一步形成市区（县）协同攻关合力。安排激励引导专项资金1.5亿元，布局建设巴南国际生物城、荣昌畜牧科技城、涪长新材料产业协同创新区等"一区县一平台"，奉节、丰都、石柱全国创新型县建设加快推进，九龙坡、巴南、涪陵、大足、綦江5个产业获批国家创新型产业集群。

（二）着力提升体系化创新能力，四大科创高地建设取得积极进展

一是重塑实验室体系。加快建设金凤、嘉陵江、明月湖、广阳湾四大重庆实验室，金凤实验室建成投用华大时空组学、单细胞多组学等具有世界领先水平的科研平台，嘉陵江实验室启动筹建重庆实验室，明月湖实验室获单个产业化项目投资4亿元。重组形成全国重点实验室10个，省部共建新增2个全国重点实验室。二是完善重大科创平台体系。布局建设国家级、市级科技创新基地627家。重庆大学前沿技术交叉研究院启动建设，市健康资源创新研究院搭建细胞智能制造平台，引进北理工重庆创新中心等各类研发机构38家。三是构建重大科技基础设施集群体系。超瞬态实验装置、大规模分布孔径深空探测雷达等重大科技基础设施加快推进，谋划建设超高流强稳态氚氚中子源、精密位移测量科学装置等大科学装置。

（三）强化科技创新和产业创新深度融合，新质生产力发展动能集聚成势

一是强化关键核心技术攻关。全面梳理重庆市未来5~10年科技创新突破点，组织实施市级自然科

基金项目，持续推进人工智能、先进制造等重大（重点）科技专项，建立企业主导的产学研协同创新机制，开展产业技术创新，布局解决关键技术问题693个。超级智能汽车平台SDA、全球首款18MW级全集成式中速海上风电机组等一批重大关键技术攻关和成果产业化实现突破。二是强化企业科技创新主体地位。提质实施高新技术企业和科技型企业"双倍增"行动计划，进一步出台"双倍增"持续促进方案，全年新入库科技型企业超9000家，累计超过6.7万家；全年开展3批次高新技术企业申报认定，评审通过超3000家，有效期内高新技术企业将超8800家，全年目标任务提前完成。三是强化科技成果转化应用。重庆技术转移研究院正式运营，重组提升重庆高新技术产业研究院，提质发展6个环大学创新创业生态圈，加快建设明月湖科创基地等大型孵化载体。制定出台种子基金管理办法，聚集重点区域、重点领域、重点平台、重点团队，支持科技成果验证和中试验证。全面梳理"存量"高水平科技成果251项，2024年前三季度全市技术合同成交额744.2亿元，同比增长41.2%。

（四）一体推进教育科技人才发展，高素质科技人才加快会聚

一是加快高层次人才引进。深入实施"一行动一计划"，全球顶尖人才、海外领军人才和优秀青年人才引进取得成效，阿秒激光顶尖科学家弗伦茨·克劳斯在渝设立中国首个诺贝尔奖工作站。二是加强人才自主培养。构建科教协同育人机制，优化高校学科设置，认定市级"尖峰"学科、一流学科、一流建设学科56个，国家杰青项目和青年人才项目创历史新高。三是优化人才发展环境。实施人才创新创业全周期服务机制改革，完善科技激励机制，开展科研人员减负专项行动，实施企业、农业科技特派员计划。

（五）纵深推进科技体制改革，创新创造活力竞相迸发

一是稳步推进机构改革。明确《中共重庆市委科技委员会工作规则》和《中共重庆市委科技委员会办公室工作细则》，建立健全多跨协同、上下贯通工作体系，强化战略规划、政策措施、重大任务、科研力量、资源平台、区域创新等方面统筹。二是深化科技体制改革。"探索成渝地区双城经济圈重大科创载体共建共享机制"等4项纳入"三个一批"重大改革，3项进入"加快实施"。实施企业出题、政府领题、联合破题的有组织科技攻关模式，企业提出技术需求、牵头实施科研项目、获得财政资金支持、研发资金投入均超过70%。出台推动高校科技成果转化与产业化措施21条，升级实行职务科技成果单列管理，开展科技成果"以权代股"改革试点，赋权转化科技成果391项。三是加快建设"数智科创"。形成"数智科创"总体构架、部门核心业务构架、科创大脑构架"三张图"，着力打造"智汇攻关""成果快转"等一件事场景应用。全面梳理人才团队、机构平台、代表成果、重大任务和资源条件等5个板块科创资源，初步完成34类科创资源数据规范标准制定。截至目前，"数智科创"向"数据底座"归集数据391类、8455万余条，向IRS推送高频数据53类、177.3万条。

（六）持续拓展科技交流合作，区域创新新格局成形见势

一是持续扩大国际科技合作。获批建设全国首个"一带一路"科技创新合作区和国际技术转移中心，布局建成国家"一带一路"联合实验室2个、国际科技合作基地19个、引才引智基地3家、海智工作站74家，与63个国家建立科技合作网络，中匈食品科学联合实验室入选两国科技部门优先支持合作事项。二是深化拓展成渝协同创新。川渝党政联席会议专题研究川渝相互赋能发展新质生产力重点合作事项清单，共同起草《关于新时期进一步加强成渝地区区域科技创新中心建设的实施意见》，把成渝中线科创走廊、川渝毗邻地区融合创新发展带纳入国家区域创新体系建设布局，联合实施关键核心技术攻关项目超过200项，新建川渝共建重点实验室等创新平台6个，开放共享大型科研仪器设备突破1.4万台（套）。

（七）持续优化创新生态，创新创造活力竞相迸发

一是科技创新氛围更加浓厚。组织实施弘扬科学家精神宣讲活动、科学道德和学风建设辩论赛、"科

学精神榜样引领"短视频大赛等系列活动,实施中国创新创业大赛(重庆赛区)、科技成果进区县、科技企业进高校等赛事活动,牵头举办2024"一带一路"大学校长论坛等国际科技论坛、学术会议等人文交流活动300余场。二是构建公平健康学术环境。制定《重庆市科研诚信管理实施细则》《重庆市关于加强科技伦理治理的实施方案》等政策文件,进一步扩大科研诚信管理适用范围、规范评价流程、规范科技伦理审查。持续开展绩效评价和诚信抽查,全年向市委组织部、市人力社保局等提供21家单位和1767人次科研诚信状况查询结果,实施信息共享、联合惩戒。三是开展科技安全风险预警体系建设。从科技创新主体、关键核心技术、科技成果、科技人才等8个方面,构建科技安全风险监测预警三级指标体系,明确预警标准,科学赋予预警阈值,重庆市科技安全风险监测预警体系初步建成。

二、下一步工作打算

2025年,全市科技创新系统将深入贯彻党的二十届三中全会精神和习近平总书记视察重庆重要讲话重要指示精神,认真落实全市科技创新大会精神,凝心聚力打造四大科创高地,推动科技创新和产业创新深度融合,不断培育壮大新质生产力,推动具有全国影响力的科创中心建设取得更大成效。

(一)构建全市"一盘棋"的科技统筹与领导体系

一是强化对科技工作重点环节的统筹指导。加强全市科技资金、人才队伍、科研基础设施的统筹,建立覆盖科技工作全领域、科技创新全链条、科技资源全要素的资源统筹配置机制,提升市域创新整体效能。二是打造前沿技术交叉研究特区。加强经费预算、实施主体和承担单位的统筹把关,调动各类创新力量开放合作、集中攻坚,形成共同推进重大项目、共同攻克重大科技难题的合力。三是强化科技创新全链条统筹管理。推动科技创新力量、要素配置、人才队伍体系化、建制化、协同化,加快建设以企业为主体、市场为导向、产学研用深度融合的科技创新体系。四是强化科技管理工作的统筹联动。建立健全市区之间、部门之间协同联动的常态化工作会商机制、科技投入共担机制、激励考核机制,统筹做好任务部署、制度建设、组织实施、汇总报告等工作,加快形成全市科技创新"一盘棋"。

(二)构建前瞻性、引领性的原始创新体系

一是加快布局实验室体系。建设金凤、明月湖、嘉陵江、广阳湾四大重庆实验室,加快推进国家实验室重庆基地落地,积极创建精密位移测量等全国重点实验室。二是加快建设前沿技术交叉研究院。支持重庆大学、西南大学、重庆医科大学、重庆邮电大学、重庆交通大学5个高校建设前沿技术交叉研究院。三是加快推动重大科技基础设施。大力推进超瞬态实验装置、大规模分布孔径深空探测雷达、超高流强稳态氘氚中子源等重大科技基础设施建设。四是加快深化一流大学、院所改革。优化高等学校学科设置,加强基础学科、新兴学科、交叉学科建设。分类分层推进科研院所改革。推进市科技研究院改革,形成"应用基础研究+产业技术攻关+成果转移转化"的创新体系。

(三)构建科技创新与产业创新深度融合的技术攻坚体系

一是实施基础研究引领计划。集聚力量进行原创性引领性科技攻关,力争突破一批"卡脖子"技术的基础理论和技术原理。二是实施颠覆性技术突破计划。聚焦重庆市未来5~10年科技创新突破点,启动实施颠覆性技术突破计划,探索完善项目发现和培育机制,形成一批颠覆性创新成果。三是实施关键核心技术攻坚计划。面向重庆市产业发展需求,持续实施关键核心技术攻坚计划,深化实施人工智能、新能源等"5+8"重大(重点)科技专项,加快形成一批重大战略产品。四是实施市区(县)联合攻关计划。聚焦区县特色和产业优势,加快实施市区(县)联合攻关计划,重点支持一批有条件有能力有基础

的高新技术企业，深入推进产业技术创新。

（四）构建全周期全链条的企业培育体系

一是实施科技领军企业培育行动。建立培育壮大科技领军企业机制，支持领军企业牵头组建创新综合体，在牵头重大（重点）科技专项、打造高能级研发平台、集聚高水平创新团队等方面差异化给予政策支持，打造一批"渝字号"科技领军企业。二是实施"双倍增"持续促进行动。着力构建梯度培育体系、科技服务体系、政策支撑体系和工作推进体系，大力推动"双倍增"行动持续走深走实。力争2025年高新技术企业、科技型企业分别突破1万家和7万家。三是实施小微科技企业孵化培育行动。以打造"卓越工程师学院+明月湖科创园"为统领，提质发展环大学创新创业生态圈，加快建设大型科技企业孵化器，布局建设一批概念验证中心、中试孵化平台，设立2亿元规模的种子基金，构建"教育+人才+科创+产业"的创新生态，建设国家科技成果转移转化示范区，赋能小微科技企业"铺天盖地"。

（五）构建特色鲜明、高效优质的区域创新体系

一是着力打造科创核心承载区。推动西部（重庆）科学城以成渝（金凤）综合性科学中心为牵引，建设高水平实验室体系，深化大学城科学城融合，培育新兴产业未来产业，加快打造全国重要的战略科技力量聚集区、战略性产品开发策源地。全面推动两江协同创新区科产融合创新，构建全链条科技成果转化服务体系，加快打造产业创新高地和新质生产力策源地。二是推进中心城区建设具有全国影响力的创新型城区。突出发挥人才、资本、资源等优势，加快集聚一批科创大平台、大机构、大团队，提速发展高端整车、集成电路、软件信息服务等高端产业与价值链高端环节，打造具有全国影响力的创新型城区。三是提升主城新区产业创新能级。以产业园区为主阵地，围绕电子信息、汽车、高端装备等产业发展需求，加速集聚创新资源，提升产业创新能力。四是深化山区库区协同创新赋能产业。依托特色园区，加强与主城都市区协同创新，聚焦乡村振兴和绿色发展，实施一批技术创新和应用示范项目，加快形成以生态工业、山地农业、文化旅游为主导的绿色产业体系。

（六）构建多元、开放、互惠的科技合作体系

一是全面启动"一带一路"科技创新合作区建设。推动"一带一路"科技交流大会成果落地，加快建设"一带一路"国际技术转移中心，高标准建设中匈食品科学等"一带一路"联合实验室，大力拓展国际科技合作网络。与四川省共同举办第二届"一带一路"科技交流大会。二是打造成渝创新联合体。协同推进川渝毗邻地区融合创新发展带建设，加快推进成渝中线科创走廊建设，联合开展创新要素跨区域自由流动试点，构建跨区域技术交易市场，协同打造一批国家级创新平台和成果转化中试基地，推进大型科研仪器资源共享共用、高层次人才互认共享，增强科技创新区域产业联动、资源集聚、环境支撑能力。三是深化东中西部科技合作。深化与京津冀、长三角、粤港澳大湾区合作，加强与长江经济带省市科技合作，积极推进鲁渝科技协作。

（七）构建数字赋能的科技治理与服务体系

一是深入实施"掘金"行动。全面摸清全市科技创新资源，绘制全市科技创新资源图谱，形成创新资源力量"一张图"。二是深入推进"数智科创"建设。以"数智科创"建设为载体，推动"智汇攻关""科企智服""成果快转"等"一件事"应用建设，深化数智科创改革"一件事"，推动"科创大脑"和数字驾驶舱建设，打造创新资源力量管理"一条链"。

[重庆生产力促进中心　杨　艳]

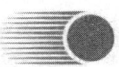

之十九：2024 年重庆市知识产权发展情况及 2025 年展望

2024 年以来，重庆市知识产权系统坚持以习近平新时代中国特色社会主义思想为指导，按照党中央、国务院关于知识产权工作的决策部署和市委要求，全面强化对知识产权工作的统筹协调和系统谋划，全力推进知识产权强市建设。全市上下以打造"具有全国影响力的知识产权强市"为总目标，以实施知识产权强市建设纲要和"十四五"规划为总抓手，以服务"416"科技创新布局、"33618"现代制造业集群体系为主攻方向，着力提升知识产权创造、运用、保护、管理和服务水平，为全市经济高质量发展提供强有力支撑。

一、2024 年知识产权工作成效

（一）体系建设取得新突破

目标体系初步构建。强化目标导向，"十四五"以来，首次以市委、市政府名义印发实施《重庆市知识产权强市建设纲要》，首次将《重庆市知识产权保护和运用"十四五"规划》列为全市重点专项规划，提出了未来 15 年和"十四五"知识产权工作的总体目标。政策体系日臻完善。强化法治保障，2023 年下半年，市人大常委会颁布实施《重庆市专利促进与保护条例》，将《重庆市知识产权保护和促进条例》《重庆市地理标志条例》纳入地方立法计划。强化政策支持，"十四五"以来，相继出台《关于强化知识产权保护的具体措施》《重庆市高价值发明专利质量提升行动方案》《重庆市实施专利转化专项计划工作方案》等文件。工作体系不断健全。强化工作统筹，建立由 25 个市级部门组成的知识产权保护联席会议制度，形成高效协同工作体系。28 个区县市场监管局加挂了知识产权局牌子，所有区县市场监管局设置知识产权管理内设机构，行政管理体制进一步优化完善。评价体系基本建立。强化考核引导，市委、市政府批准设立重庆市知识产权保护和应用贡献奖，开展首届专利奖评选表彰。将专利质量和知识产权指标纳入全市"885"创新报表、营商环境和开发区绩效考核评价体系，开展知识产权保护工作检查考核。

（二）创造质量获得新进展

创造活力充分激发。将知识产权强市与科技创新、产业发展、文化强市、人才强市等各方面工作深度融合，齐抓共管合力基本形成。主动对接走访深化改革、科技创新、产业发展、对外开放、人才引育、金融服务等与知识产权强相关的 15 个市级部门。围绕推动科技自立自强和高新技术企业培育等方面，分别与市科技局、市经济信息委、市科协签订战略合作协议。聚焦新一代信息技术、新能源汽车、生物医药等战略性新兴产业，支持企业、高校、科研院所实施高价值专利培育工程，提供专利预审、专利优先审查、商标加快审查等服务。创造水平大幅提升。截至 2024 年 10 月，全市每万人口发明专利拥有量 22.66 件，较 2023 年底增长 13.41%；每万人口高价值发明专利拥有量 7.76 件，较 2023 年底增长 8.53%；发明专利占专利总数的 24.36%；有效商标注册量 92.7 万件，较 2023 年底增长 6.92%。全市有效发明专利总量、地理标志总量分别达到 7.2 万件、312 件。创造质量显著提高。全市知识产权贯标达标企业达到 2700 家，认定国家知识产权优势示范企业 414 家，知识产权试点示范高校 3 家。累计获得中国专利奖 162 项，其中金奖 7 项、银奖 7 项、优秀奖 148 项。首届重庆专利奖评选出金奖 5 项、银奖 10 项、优秀奖 20 项。长安、赛力斯、忠县忠橙、华森制药等商标品牌入选中国 500 最具价值品牌。奉节脐橙、涪陵榨菜、荣昌猪、潼南柠檬、巫山脆李品牌价值分列相应品类全国第一。

（三）保护环境得到新优化

保护体系更加健全。完善大保护格局，统筹推进知识产权严保护、大保护、快保护、同保护。市知识产权局建立专利侵权纠纷行政裁决综合办公室，打造"快调+速裁+精审"行政裁决模式。市高级人民法院建立完善"全域管辖、三级联动、三审合一"的专门化审判体系，创新知识产权小额诉讼审判模式。市检察院全面实行知识产权刑事、民事、行政、公益诉讼检察职能集中统一履行试点。保护平台更加完善。建成重庆知识产权法庭，累计受理各类知识产权案件 1.41 万件，民事涉诉标的额达 253 亿元。国家级知识产权保护中心于 2024 年 4 月正式获批建设，有望年底面向全市新一代信息技术和生物产业领域开展专利预审服务，届时将大幅缩短专利授权周期，为重庆市创新主体加快专利布局、参与全球竞争赢得宝贵时间。设立知识产权纠纷人民调解委员会 21 家，累计调解知识产权纠纷 1.6 万件。建立企业知识产权综合保护联系点 426 家。保护效果更加显现。严厉打击各种知识产权侵权违法行为，查处的侵犯"超级飞侠"注册商标专用权案和侵犯"第 31 届世界大学生夏季运动会会徽"特殊标志专有权案 2 个案例入选全国知识产权行政保护典型案例。推进"江津花椒""酉阳茶油"国家地理标志保护示范区建设。"城口老腊肉"入选国家地理标志保护工程。川渝知识产权重点保护名录新增 40 项地理标志产品。持续完善知识产权维权援助体系，大力建设国家海外知识产权纠纷应对指导中心重庆分中心，全市 8 家海外知识产权纠纷应对指导工作站累计服务企业 856 家。市高级人民法院与世界知识产权组织仲裁与调解中心建立知识产权领域替代性争议解决机制。继北京之后，重庆与上海共同入选世界知识产权组织"WIPO GREEN 城市加速项目"试点城市。

（四）运用效益实现新提升

运营体系加快完善。争取重点产业知识产权运营机制改革纳入市级重点改革事项目录。积极构建"1+2+N"知识产权运营服务体系，建成西部首家综合性知识产权运营中心，启动建设明月湖数字科技产业知识产权运营中心、生物医药产业知识产权运营中心。运用效益日渐凸显。率先制定出台中西部地区首个专利公开实施办法，首次从制度层面明确专利"一对多"开放许可的实施范围、实施方式、实施程序，率先在西部地区制定印发《重庆市专利申请前评估工作指引》。2024 年以来，新增专利转让许可 9255 次，知识产权质押融资 22 亿元，备案专利密集型产品 3380 个。推行专利开放许可、专利保险、专利证券化等制度创新，实现"一对多"开放许可声明 280 件，数量位居西部前列。转化成效更加明显。认真落实国务院《专利转化专项行动方案》，开展高校、科研机构存量专利盘活行动，全市 53 家高校完成存量专利盘点 3.2 万件，入库 2.75 万件，实现高校专利盘点盘活全覆盖。服务产业卓有成效。累计备案专利密集型产品 4800 个，实施产业专利导航项目 10 个。围绕产业规划、区域布局、企业创新开展并推广专利导航成果 166 项。推动构建产业知识产权协同发展机制，建立重点产业专利池 5 个、重点产业知识产权联盟 10 个。

（五）服务水平迈上新台阶

数字化改革深入推进。"政务·知识产权在线"应用"三张清单"纳入数字重庆建设重大应用"一本账"，应用系统开发基本完成。市民通过"渝快办""渝才荟"即可"一站式"办理知识产权事项，知识产权服务效率显著提升，群众满意度达到 100%。服务体系基本形成。建成世界知识产权组织技术与创新支持中心（Technology and Innovation Support Center，TISC）4家，建成国家知识产权局重庆业务受理窗口，实现专利、商标等业务"一窗通办"。设立国家知识产权局商标业务受理窗口5个，知识产权综合服务中心20个。指导大渡口、奉节等区县建设商标品牌指导站22家，支持"渝味360碗""酉阳800""渝面侠"等商标注册，助力打造区域公共品牌，助推地方特色产业发展。全市专利代理机构、商标代理机构分别达到245家、1024家。两江新区入选国家知识产权服务业高质量集聚发展试验区。人才队伍不断壮大。重庆理工大学、西南政法大学等高校设立知识产权学院和专业。建成国家级知识产权培训基地1家、市级知识产权培训基地4家。全市专利工程师和知识产权师达672人，执业专利代理师突破675人。文化氛围日渐浓厚。成功承办全国知识产权宣传周分会场系列活动，联合重庆科技馆举办知识产权转化运用成果展，召开重庆市知识产权保护状况新闻发布会。培育市级知识产权文化教育传播工作站31家，制作知识产权公益宣传片，启动实施市区两级"局长谈"，打造"知姐来啦"微视频品牌，覆盖超过1000万人次。知识产权赋能地区发展等经验获央视新闻频道朝闻天下栏目等中央媒体报道。

二、下一步工作展望

（一）吹响改革"冲锋号"

聚焦党的二十届三中全会提出的"建立高效的知识产权综合管理体制"改革要求，按照重庆市委六届六次全会部署要求，围绕知识产权更好激励创新、促进高水平对外开放和促进高标准市场体系建设谋划推进重点改革。聚焦知识产权领域数字化改革，系统谋划应用场景，尽早实现"政务·知识产权在线"上线运行。聚焦重点产业知识产权运营机制改革，加快建设国际知识产权交易中心。聚焦数据知识产权改革试点，构建数据知识产权登记、保护、交易等制度规范和服务体系，服务数字经济发展。

（二）奏好创造"协作曲"

围绕"33618"现代制造业集群体系构建、"416"科技创新布局、传统产业转型升级和区域经济发展，与相关产业主管部门协调联动，深入实施重点产业专利导航工程、高价值专利培育工程、商标品牌培育行动、地理标志促进乡村振兴计划，协助攻克一批"卡脖子"技术，构建一批高价值专利池组合，培育一批专利密集型产品，打造一批知名商标和地理标志品牌，充分发挥知识产权制度和技术双重供给作用，助力培育和发展新质生产力。到2027年，专利密集型产业增加值占GDP比重达到14%，全市每万人口发明专利拥有量达到31.2件，每万人口高价值发明专利拥有量达到11.6件，PCT国际专利年申请量和马德里商标国际注册累计申请量均突破800件。

（三）做优运营"生态链"

深入实施专利转化专项计划，重点聚焦高校、科研院所存量专利，大力实施专利转化运用专项行动。持续完善知识产权市场化定价和交易机制，加快推进重庆知识产权运营中心、重庆科技要素交易中心市场化运作，引进和培育知识产权运营服务机构，支持发行知识产权证券化产品，积极构建集转化运营平台、供需信息对接、金融支持政策、专业支撑服务于一体的知识产权运营生态体系，推动知识产权价值实现。到2027年，高校专利盘点率达到100%，发行知识产权证券化产品1只以上，知识产权质押融资额突破150亿元。

（四）增强保护"硬举措"

力争在国家知识产权保护工作检查考核中争先进位。加快出台《重庆市知识产权保护和促进条例》《重庆市地理标志条例》，全面贯彻落实《重庆市专利促进与保护条例》。深入落实《关于强化知识产权保护的意见》《知识产权保护体系建设工程实施方案》，实施知识产权保护能力提升工程。推进完善行政保护与司法保护的衔接机制，加强协同保护力度。聚焦"渝企出海"，实施海外知识产权风险预警和护航行动，助力企业"走出去"开拓国际市场。到2027年，全社会知识产权保护满意度达到西部领先水平。

（五）提升服务"软实力"

健全市与区县两级知识产权工作和服务体系，高标准建成运行国家级知识产权保护中心，支持有条件的区县布局建设区域性知识产权保护中心和商标业务受理窗口，推进知识产权公共服务标准化、规范化、便民化。大力引进和培育高端知识产权服务机构，支持引进和培养知识产权高层次人才，建立重庆知识产权智库，支持高校加强知识产权人才培养。到2027年，力争知识产权公共服务事项上线率100%、服务满意度100%。全市知识产权服务机构突破1500家，专利工程师、知识产权师和专利代理师突破1800人。

（六）深化合作"新模式"

充分发挥成渝地区知识产权领域的优势和特色，以共建、共享、共推等方式深化成渝地区双城经济圈知识产权合作，共同争取国家重大政策、重大项目、重大平台在成渝地区布局落地。加强长江经济带11个省市知识产权保护协作，深入推进西部地区知识产权合作交流。统筹推进与西部陆海新通道沿线地区、共建"一带一路"国家的知识产权交流合作。

［重庆市知识产权局　周建超］

之二十：2024年重庆两江新区经济运行分析及2025年展望

2024年以来，两江新区深入学习贯彻党的二十届三中全会精神，全面落实市委六届六次全会部署，突出稳进增效、除险固安、改革突破、惠民强企工作导向，全力以赴拼经济、顶压前行稳增长、铆足干劲促发展，前三季度经济延续了上半年总体平稳、回升向好的态势。两江新区全域GDP3607.6亿元，增长5.1%；直管区GDP1934.04亿元，增长7.2%，超过全年目标0.7个百分点，高于全市1.2个百分点。规模以上工业增加值725.3亿元，增长16.4%，高于全市8.3个百分点，较上半年回落0.5个百分点，拉动GDP增长5.4个百分点。社会消费品零售总额663.12亿元，增长7.2%，居全市第1位，较上半年提高2个百分点。

一、2024年两江新区经济运行情况

（一）加快构建现代产业体系

围绕全市"33618"现代制造业集群体系，强化传统产业基底，加快促进新兴产业发展，1—9月，规模以上工业总产值3410.46亿元，增长16.1%，推动增加值增长16.4%，稳居中心城区前三。推动深蓝S03、S07，阿维塔11、12，问界M5、M9等车型热产热销，阿维塔07，深蓝G318、S7，启源E07陆续上市，单车价格覆盖10万元级至50万元以上。1—9月，直管区汽车产业产值增长35.8%，拉动产值增长15.1个百分点。电子产业稳步提升，产值增长2.7%，较上半年提高0.2个百分点，拉动产值增长1.1个百分点。软信规模不断壮大。深入落实软件"满天星"行动计划，1—9月规模以上软件和信息技术服务业营业收入394.24亿元，增长24.1%。

（二）持续推动科产融合

持续实施"双倍增"行动，前三季度科技型企业数量新增533家，完成年度目标任务的78%，总量达5863家。启动线上线下高新技术企业入库培训。联动各产业链办，征集技术创新与应用重点需求141项。认定启动12个科技资源共享服务平台。建立孵化载体周走访机制，举办7期明月湖"金种子"项目路演活动，遴选推荐21个优质项目。举办两江天府科技交流大会，发布智能装备产业科技成果100项、技术重点需求10项。技术合同登记完成848项，登记成交额320亿元，占全市比重为41%。

（三）纵深推进改革开放

以经济体制改革为牵引，全面深化改革。聚焦"三攻坚一盘活"改革突破，专班推动33家国企止损治亏全部完成，政企分离提前完成全年改革目标。盘活资产价值379.32亿元，回收资金77.39亿元。前三季度化解剩余隐债13.08亿元，提前5年完成目标任务，率先在全市实现首个区县隐债全面"清零"。推出"江江好"营商环境品牌，首开个体工商户高质量发展大会，构建"12345"工作架构。1—9月，新区新设经营主体2.22万户，同比增长8.1%，较当期注销主体多0.96万户，其中企业1.04万户，同比增长约6.9%；个体工商户1.18万户，同比增长9.2%。

（四）不断激发消费活力

全面布局消费活动，指导金山意库、光环、金科中心、聚信美、京东超体等参与"2024第三届中国（重庆）国际消费节"，持续开展系列促销活动，1—9月，直管区社会消费品零售总额663.12亿元，增长7.2%，居全市第一。开展新区首届文体旅商消费季活动，联动千余家企业发放200万元消费券，拉动7倍以上消费。创新开展"约惠两江·打卡迎新"社保卡惠民服务消费节品牌活动，新激活社保卡金融功能约10万人次。全市首个公园式婚登机构办理结婚登记8082件，稳居全市第1位，带动周边酒店、餐饮消费同比增长40%。

（五）优化服务助力企业效益改善

深入实施服务企业"双专员"制度，推动1—9月两江新区规模以上工业企业实现营业收入3791.23亿元，同比增长12.2%；实现利润总额115.94亿元，同比增长75.6%。规模以上工业亏损企业118家，同比下降11.7%，亏损面为29.5%，同比缩小5.2个百分点；企业亏损总额74.82亿元，同比下降22.6%。

（六）民生实事保障有力

举办各类招聘活动63场，发布招聘专栏29期，达成就业意向6000余人。审核发放各类就业补贴6129万元，惠及企业999家次、1.2万余人次。城镇调查失业率连续两季度排名A档（并列第一），城镇新增就业28744人，登记失业人员就业4566人，就业困难人员就业2337人，分别完成全年目标任务的106%、139%、168%。坚决打赢污染防治攻坚战，两江新区空气质量优良天数225天，同比增加20天。$PM_{2.5}$累计平均浓度为28微克/立方米，中心城区排名第2位。御临镇与梁沱（左岸）国控断面水质优良率、重点建设用地安全利用率、声环境功能区夜间达标率均实现100%。

二、困难问题

（一）项目接续仍然乏力

1—9月，直管区投资预计下降13%左右。新入库项目同比下降6.4%。大项目入库不足，亿元以上项目71个，总投资下降52.5%。项目放缓严重制约施工放量，前三季度建筑业总产值预计完成500.84亿元，仅增长0.4%，较上半年回落6.2个百分点。

（二）工业产值增长点单一

工业产值增长依靠"一业一企"，主要依靠新能源汽车尤其是赛力斯拉动，其对产值增长贡献在80%以上，而电子产业产值小幅增长，装备、医药产业产值占比小且持续下滑，均未形成新支撑点。

（三）外贸受国际形势影响仍未转正

1—9月，进出口总额1879.4亿元，同比下降4.3%，较上半年下滑2.7个百分点。加工贸易企业苹果订单转移约300亿元和总部贸易企业佰骏、托克、圣悉等贸易额减少的缺口，短期内难以填补。

三、下一步工作安排

（一）聚焦重点，全力加强调度

一是分类推动重点行业稳产放量。全力支持汽车行业保持高增长，协调保障赛力斯超级工厂扩能。稳住电子、装备、医药等行业生产运行，积极开展产业上下游对接活动，帮助企业稳订单、拓市场。

二是强化固定资产调度。对存量项目，健全固定资产投资项目精准调度机制；对重大项目，逐一开展调度，推动项目投资上量。三是强力做好房地产市场的止跌企稳。中央连续出台了降低房贷利率等利好政策，新区要加快实施支持刚性和改善性购房需求购房补贴政策，支持房地产项目营销推广，加大力度消化存量。四是切实扭转外贸下滑态势。持续实施"渝车出海"行动，助力长安、赛力斯等重点企业，加大国际市场开拓力度，扩大整车及零部件出口。

（二）加大储备，积极扩大有效投资

一是全力推动专项债和中央资金项目建设。全面提速523个专项债资金项目建设，确保全年资金使用率达到100%。二是切实推动抓紧谋划储备2025年重大项目。根据2025年中央预算内投资和超长期国债等资金支持方向，按照"四个一批"机制，谋划储备战略性、前瞻性、全局性的重大项目300个以上，加快形成新区2025年重大储备项目清单，储备项目开工转化率不低于20%。三是扎实做好招商引资。持续优化营商环境，做靓"江江好"营商环境品牌、迭代完善"1361"园区服务体系、提质企业服务"三件事"。紧盯航天九院、国网科技创新产业园等项目签约，力推超硅12英寸集成电路、奕斯伟碳化硅模组基地等招商项目在四季度开工入统。

（三）拓展场景，深挖消费潜力

一是优化消费品以旧换新政策。梳理总结前期政策实施经验，及时调整扩大以旧换新政策支持的消费品品类，深挖消费增长潜力。二是强化活动赋能促消费。加强产供销、政银企、线上下等多方资源整合，组织引导各商场卖场广泛开展金秋惠民消费季等活动。三是推动服务消费扩容升级。全面落实全市促进养老、育幼、家政服务消费专项政策，鼓励有条件的物业服务企业与养老、托育、餐饮、家政等企业合作，满足"家门口""楼底下"优质普惠服务需求。

（四）守住底线，切实改善民生

对标新区年度民生实事，对34项事项和项目要加强调度，切实履行好承诺。强化就业保障，实施应届高校毕业生、农民工、零就业家庭等重点人群就业攻坚行动，在政策落实、招聘对接、能力提升等方面持续发力，优化公共就业服务，落实各类就业创业扶持政策，鼓励企业开发岗位。

[重庆两江新区管委会　欧阳建明]

之二十一：2024年西部科学城重庆高新区经济运行分析及2025年展望

2024年前三季度，科学城高新区经济运行总体平稳、稳中有进，GDP增长7.6%、连续6个季度居全市第1位，增速高于全市1.6个百分点；固定资产投资增长8.4%、居中心城区第1位；规上工业增加值增长9.2%、连续6个季度提升；社会消费品零售总额增长1.2%；外贸进出口额增长0.5%。

一、2024年西部科学城重庆高新区经济运行情况

（一）投资领域：固投增速持续位居中心城区前列，工业和基础设施投资延续良好增长态势

固定资产投资473.8亿元，同比增长8.4%，增速高于全市6.6个百分点。工业投资119.8亿元，同比增长15.7%，其中，工业技改投资18.3亿元，同比增长240.7%，安意法半导体8英寸碳化硅项目预计11月底前点亮试生产，三安半导体碳化硅衬底项目建成点亮并试生产拉出首条晶棒；基础设施投资137.1亿元，同比增长10.7%，科学会堂、重大科学中心主体完工，科学谷二期、科创示范一期完成总工程量的90%以上；房地产投资127.5亿元，同比下降10.0%。管委会牵头推进的5个市级百项重点关注项目完成投资78.2亿元，投资进度107.6%、超时序进度32个百分点；成渝地区双城经济圈8个重大项目投资完成率达125%。

（二）工业领域：先进制造业质效有所提升，智能网联新能源汽车产业发展态势强劲

克服连晴高温影响，妥善做好迎峰度夏工作，规上工业总产值1978.5亿元，同比增长1.6%；规上工业增加值增长9.2%，高于全市1.1个百分点。智能终端产值1455.0亿元，同比下降3.0%；智能网联新能源汽车及核心器件产值122.4亿元，同比增长65.7%；集成电路产值67.5亿元，同比增长6.4%。

（三）建筑领域：建筑业产值增速放缓，房地产销售降幅扩大

注册地建筑业总产值216.3亿元，同比增长13.1%，增速较上半年、一季度分别下降5.4个、16.8个百分点。房地产销售面积109.4万平方米，同比下降15.9%，降幅较上半年、一季度分别扩大8.1个、15.8个百分点。

（四）商贸领域：社零总额增速转正，批零住餐整体需求仍显不足

社零总额同比增长1.2%，较上半年提升5.1个百分点，实现转正。印发实施《重庆高新区镇街激励资金管理办法（试行）》，镇街抓商贸促发展积极性进一步提升，三季度协同区级部门、平台公司推动鹭岛酒店、凤翎酒店等9家企业入统，开展"爱尚重庆·惠聚高新"2024年科学城金秋消费季活动，拉动消费约2.5亿元，有力支撑了社零总额转正。

（五）服务业领域：规上服务业增长迅速，金融业增加值增速高于全市

规模以上服务业企业营业收入147.5亿元，同比增长40.5%，高于全市30.6个百分点。金融业增加

值同比增长10.1%，高于全市6.5个百分点，本外币存贷款余额2116.0亿元，同比增长8.0%。其他服务业方面，规上信息传输、软件和信息技术服务业营业收入18.8亿元，同比增长0.8%；租赁和商务服务业营业收入55.6亿元，同比增长120.0%；科学研究和技术服务业营业收入5.2亿元，同比增长5.3%。

（六）对外贸易领域：进出口总额增速高于全市，有力支撑重庆内陆开放综合枢纽建设

外贸进出口总额2224.8亿元，同比增长0.5%，在全市占比42.9%，增速高于全市3个百分点，其中，西永综合保税区进出口额2087.9亿元，同比增长2.7%，是全市两个正增长综合保税区之一。成功引进全国首个阿里巴巴淘天集团跨境进口保税仓和京东国际跨境进口协同仓，全球速卖通落户西永跨境电商产业园。落实"渝车出海"行动，西永综合保税区整车进出口13303台，较上年同比增长150%、货值36.2亿元，保税整车进出口排名全市第1位。

（七）先行指标方面：态势持续向好，经济发展动能较足

三季度末，市场主体总数75483户，同比增长4.0%，其中，新增各类市场主体8629户、新增市场主体发展率11.64%、高于全市1.09个百分点。全社会用电量32.74亿千瓦时，同比增长15.0%，其中，工业用电量14.34亿千瓦时，同比增长9.2%。基本养老保险参保人数较2023年底增加10076人，同比增长2.4%。

二、下一步工作打算

（一）项目建设再提速

加快金凤城市中心一期、三安意法半导体等项目竣工投用，推动城中村改造、芯联12英寸等在建项目提速建设，加速用好专项债、超长期特别国债、中央预算内资金，加力推动一批项目抓紧开工，有效支撑四季度投资放量。迭代"四个一批"重点项目机制，推行重点项目分类分级调度服务和要素保障机制，强化数字化调度。做好重大项目储备，围绕国家一揽子增量政策，加快谋划储备一批重大项目，提前开展前期工作，积极争取上级资金支持。

（二）工业增长再发力

稳住笔电基本盘，帮助达丰、英业达等重点企业抢订单、促生产，积极引育AIPC、高端电竞笔电、服务器等产品，促进笔电行业止滑稳产。抓好企业服务，迭合重点工业企业用电、产值等数据，精准研判难点、卡点和企业发展潜在增长点，推动集成电路、智能网联新能源汽车等重点工业项目在四季度尽快释放产能、形成新增产值。做好项目招商，持续优化营商环境，升级"链长挂帅、链主牵引、链条发力"招商模式，健全招商项目"引、投、建、育"全链条机制，推动新招引项目加快落地。

（三）消费驱动再提级

抓消费刺激，用好用活汽车、家电等"消费品以旧换新"政策利好，持续开展"爱尚重庆·惠聚高新"消费活动，充分释放消费活力。抓存量挖潜和增量培育，围绕盒马等限上重点企业，强化专班跟踪服务，做好企业升规入统工作，挖掘四季度商贸经济增长点，加快引入大型零售商业项目，做大做强商贸服务业体量规模。

（四）服务业发展再加力

做强软信产业，加快金凤软件园二期建设，推动普华软件注册办公、赛力斯凤凰智创科技等企业升规入统，力争四季度"满天星"行动计划评价排名保持全市前三。壮大检验检测产业，依托招商车研、

赛宝研究院等重点平台项目，加快建设以车辆检测、电子检测认证为主的国家检验检测高技术服务集聚区。培育科技服务业，加力推动高企、科企"双倍增"，发挥"科学城+大学城"平台优势，打造工业设计、研发服务、科技金融等为特色的科技服务业集聚区。发展会展服务业，发挥科学会堂全市标志性项目示范作用，带动会展和商贸服务业发展，形成产业特色优势和新的经济增长点。做大跨境电商，持续优化服务监管和物流体系，推动亚马逊、速卖通等项目落地放量，支撑进出口总额继续保持正增长。

[西部科学城重庆高新区管委会　杨凯维]

之二十二：2024年重庆市推进西部陆海新通道建设情况及2025年展望

2024年以来，重庆市坚持把加快建设西部陆海新通道作为重中之重的战略任务，实施通道建设"领头雁"行动，与沿线省（区、市）协同共建不断深化，基础设施网络逐步健全，物流运输能力显著提升，通道经贸产业融合发展加速推进，规则、监管等改革创新持续深入，西部陆海新通道高质量发展迈上新台阶。

一、2024年重庆市推进西部陆海新通道建设情况

（一）协同共建持续深化

西部陆海新通道协同共建机制持续深化，共商共建共享合力日益汇聚。一是统筹协调能力不断提升，共商共建取得新进展。市西部陆海新通道建设领导小组协调机制作用不断强化，区县差异化评价机制加快建立健全，陕西省、青海省、云南省经协调已加入跨区域综合运营平台，跨区域综合运营平台实现"13+2"省（区、市）全覆盖，协调联动水平持续提升。二是跨区域协同合作力度持续增强。联合"13+2"省（区、市）税务机关共同签署《高水平服务西部陆海新通道建设跨区域税务合作框架协议》，跨区域税务合作机制稳步建立，政策执行协同、税收管理协作水平不断提升。三是国际合作共建不断深化。中国（重庆）—越南（胡志明市）、中国（重庆）—印度尼西亚（雅加达）国际陆海贸易新通道合作交流会成功举办，重庆与越南、印度尼西亚等沿线国家在经贸、产业、科技、文化等领域的交流与合作持续深化。陆海新通道国际工商会"重庆行"等交流活动顺利举行，带动共建西部陆海新通道国际工商力量有效汇聚。

（二）基础设施稳步推进

铁路、物流枢纽网络、开放平台等通道基础设施建设加快推进，通道发展支撑能力持续提升。一是通道骨干铁路建设加快推进。中通道渝贵高铁项目、东通道黔江至吉首高铁项目纳入全国2024年重点推进铁路项目清单，西通道黄桶至百色铁路已开工建设。渝西高铁安康至重庆段、成渝中线高铁、渝万高铁、成达万高铁建设加快推进，渝昆高铁渝宜段启动联调联试，渝黔高铁建设有望年底完成。二是物流枢纽设施持续完善。重庆港口型、陆港型、空港型、生产服务型、商贸服务型"五型"国家物流枢纽建设有序推进，果园港、新田港、龙头港、珞璜港等主要枢纽港全部实现铁路接入，枢纽集散效应持续显现。团结村铁路集装箱中心站功能持续提升，涪陵龙头港铁路集疏运中心完成综合货场建设。重庆机场T3B航站楼钢结构工程全部完成，第四跑道主体已全线贯通。三是开放平台建设实现突破。万州新田港区、涪陵龙头港区、江津珞璜港区纳入重庆港口岸开放范围，扩围增效作用明显。重庆国际铁路港综合保税区获国家批复，重庆开放口岸、综保区数量均达到7个。

（三）运行效能明显提升

货物运输规模稳步提升，服务网络不断拓展，经贸产业融合发展成效显著，通道运行全面提质增效。

一是通道运输规模持续扩大。1—9月，重庆经西部陆海新通道3种主要运输组织方式运输货物18.3万标准箱，同比增长45%；货值349亿元，同比增长80%；重庆经西部陆海新通道与中欧班列、长江黄金水道联运货物10.7万标准箱，同比增长77%。二是通道服务网络不断织密。西部陆海新通道"中老泰马"跨境铁路双向班列顺利开行，重庆至深圳的"渝深港"图定班列顺利首发，中老铁路中国境内段图定班列实现每周开行，西部首个海外仓服务联盟组织成立。三是通道经贸产业融合发展持续增效。重庆枢纽港产业园加快建设，签约开工一批重点项目，总投资超过400亿元。"渝车出海"计划全面实施，1—9月服务汽车整车出口35万辆，同比增长30.3%，通道发运汽车整车及KD件（散件组装）超2500标准箱，已提前达到2023年全年运量水平[①]。惠普、宏碁等笔电产品在西部陆海新通道实现常态化运输，1—9月国际铁路联运、铁海联运班列运输笔电及配件742标准箱，货值8.3亿元，笔电及配件铁路、铁海联运实现"零的突破"[②]。

（四）改革创新更趋深入

国际陆上贸易规则、运输模式、海关监管等领域服务创新能力不断增强。一是国际陆上贸易规则创新应用持续增强。铁海联运"一单制"扎实推进，全国首笔西部陆海新通道多式联运"一单制"数字提单动产质押融资业务、信用证业务和铁路提单质押融资业务持续落地。1—9月，重庆西部陆海新通道"一单制"累计签发纸质提单5625单，同比增长158.1%；数字提单3911票，同比增长735.7%[③]。二是绿色运输模式加快创新。通道"氢走廊"建设稳步推进，布局建设加氢站9座，推广氢燃料电池货车377辆，测试贯通"成渝'氢走廊'+西部陆海新通道跨境公路班车"线路，重庆至成都段实现氢能重卡全程运输。三是多式联运海关监管模式不断优化。智慧海关和数字重庆建设横向协同水平稳步提升，"船边放行、智能分流"的监管创新场景作业模式加快开展。西部陆海新通道铁海联运集装箱矿产品检验监管模式持续优化，试点企业从1家扩大到4家，产品由铬矿扩展至锂矿，示范作用和规模效应加快显现。

二、存在的主要问题

（一）基础设施"硬联通"支撑不足

通道铁路干线、多式联运设施等基础设施建设仍存在短板。一是铁路干线运能不足。中线川黔铁路为单线铁路，运能利用率超90%，渝贵铁路客货混行，渝贵高铁亟待启动。西线未完全贯通，黄百铁路尚未建成，重庆至毕节、重庆至宜宾铁路尚未纳入规划。东线焦柳铁路怀化至柳州段运能利用率约98%，运能"瓶颈"突出。二是"空铁水公"多式联运设施建设存在短板。国际物流枢纽园区与珞璜港间的渝黔铁路为单线铁路且承担主线客运功能，线路拥堵，效能低下，无法实现铁水联运高效运作。枢纽西环线、重庆都市圈货运铁路环线等建设滞后，制约珞璜港、枢纽港产业园、重庆公路物流基地等的多式联运衔接。洛碛港、朱沱港等无进港铁路专用线，铁路进港"最后一公里"尚未打通。三是物流枢纽与重要产业园区衔接不畅。果园港与茶园工业园、国际生物城等产业园区需要通过绕城高速进行接驳，珞璜港、小南垭站与珞璜工业园、西彭工业园、建桥工业园等暂未通过桥梁、隧道实现高效直连，枢纽与产业园"最后一公里"短途接驳问题突出。

（二）制度规则"软联通"衔接不够

铁路与海运货物品名、分类标准、安全规范等存在较大差异，"一单制"管理机制不健全，制约通道

---

① 数据来自陆海新通道运营重庆有限公司。
② 数据来自陆海新通道运营重庆有限公司。
③ 数据来自陆海新通道运营重庆有限公司。

铁海联运的高效衔接。一是运输规则标准差异较大。目前我国水路运输货物分类采用 JT/T19-2001 标准，铁路运输采用 TB/T2690-1996 标准，铁路与水路运输的货品名、分类标准不一致，且铁路与水路的安全运输规范不一致。2022 年新版《铁路危险货物运输安全监督管理规定》出台后，重庆于 2024 年 11 月试运首发动力锂电池班列，但目前锂电池专用集装箱造价极高（约 10 万元/箱），距离常态化运输仍有较大距离。二是物流设施设备技术标准不一致。集装化装载机具、大型转运吊装设备、半挂车、托盘、集装箱、拴固设备等铁海联运转运设备技术标准不统一，如托盘标准不一致、铁路 20 英尺 35 吨敞顶箱与船舶设计装箱卡槽不匹配等制约多式联运效率提升。三是多式联运"一单制"管理机制还不完善。国内法律法规尚未明确多式联运提单及签发人管理要求，运单效力、经营人法律责任尚不清晰，导致操作流程统一标准、运输数据集成共享等目标均无法实现。

（三）数字服务"智联通"水平不高

西部陆海新通道对内辐射 18 个省（区、市）72 个城市的 153 个铁路站点，对外通达全球 124 个国家和地区的 523 个港口，货源订单信息等数据共享需求巨大，但目前在信息共享、数据互传、单据互认等方面仍有较多障碍和壁垒。一是存在"系统壁垒"问题。通道各类主体的信息系统多数没有实现互联互通，主体交互存在业务断点，存在"信息化"转化为"纸质化"现象。如在铁路请车环节，通道运营平台需将内部系统中的订舱数据手动录入或导入铁路货运系统，需花费半天时间。二是"数据孤岛"现象严重。通道运营平台与铁路、场站、港口等各类主体间面临数据标准不统一、数据接口不开放、数据共享机制不健全等问题，难以实现数据的高效流通和共享，数据要素价值没能充分释放。三是公共服务平台支撑能力不足。西部陆海新通道公共信息平台建设滞后，尚未构建覆盖通道跨境物流业务全生命周期的贯通体系，无法提供认证许可、口岸通关、物流联动、监管协同等一站式服务。

三、2025 年发展环境及展望

（一）全球政治经济形势复杂多变，共建西部陆海新通道机遇和挑战并存

世界经贸格局加快调整，全球规则秩序加快演进，大国竞争角逐波及国际经贸领域合作，共建西部陆海新通道机遇和挑战并存。一是世界经济下行风险加大，通道经贸产业合作不确定性增多。美国、欧盟、日本等发达经济体增长总体仍较疲弱；新兴国家经济增长分化趋势明显，中国、印度、东南亚国家保持较好增长态势，巴西等南美地区国家经济逐步恢复，中东、中亚以及南非地区国家经济复苏乏力。国际市场需求不足制约通道经贸产业合作发展。二是地缘政治、军事冲突更加频繁，通道合作共建面临较大安全威胁。乌克兰危机长期化、巴以冲突持续、朝韩对峙升温，全球地缘政治、军事冲突更加频繁，中美两国在贸易、科技、军事和意识形态等领域的竞争与博弈更趋复杂，国际运输安全风险加剧，通道合作共建的不确定性明显提升。三是全球产业链供应链深度调整，通道辐射影响力显著增强。逆全球化、贸易保护主义加剧，产业链全球化布局的显性和隐性壁垒陡增，全球化逐渐向多元化、区域化、本土化趋势发展。特别是以区域全面经济伙伴关系协定（RCEP）为代表的区域一体化深入发展，中国与东盟的贸易投资规模将不断扩大，推动西部陆海新通道成为串接超大规模国内市场和巨大东南亚市场的重要桥梁纽带，为稳定产业链供应链发展提供了重要支撑。

（二）国家重大开放和区域发展战略叠加有效赋能，通道建设在国内国际双循环中的作用持续增强

我国对外开放新格局加快构建，区域协调发展战略大力推进，将推动西部陆海新通道更好联动全球

市场、畅通国内国际双循环。一是我国制度型开放加速推进，促进通道服务全国更高水平对外开放。我国加快建设更高水平开放型经济新体制，持续对标国际高标准经贸规则推进自贸试验区高质量发展，深化共建"一带一路"国际合作，着力以西南、西北地区为依托持续扩大向西向南开放水平，将助推西部陆海新通道更加深入畅联全球市场。二是新时代西部大开发深入推进，助推通道带动西部地区走向开放前沿。我国区域协调发展战略更加深入实施，在新一轮高水平对外开放中，西部地区加快走向开放前沿，助推西部陆海新通道加快实现内畅外联、带动沿线地区开发开放。国家优先在中西部地区推进建设战略腹地和关键产业备份，为通道经贸产业融合发展带来新的机遇。三是成渝地区双城经济圈建设、长江经济带高质量发展等国家战略高效衔接，将持续增强通道对资源要素的集聚能力。成渝地区双城经济圈建设、长江经济带发展等国家重大战略叠加，加快释放区域经济发展潜力，将促进西部陆海新通道增强对资源要素的跨区域集聚辐射能力。

（三）内陆开放综合枢纽加快打造，通道引领高水平开放的功能更强

谱写中国式现代化重庆篇章，打造内陆开放综合枢纽，对建设西部陆海新通道提出新要求。一是内陆开放国际合作引领区启动建设，通道高质量建设驶入"快车道"。重庆将聚力打造完善内陆高水平对外开放新体制标志性成果，加快推进西部陆海新通道高质量建设，构建现代化多式联运集疏运体系，探索陆海并进的内陆制度型开放，打造支撑"双循环"的国际经贸合作中心，形成"通道带物流、物流带经贸、经贸带产业"的融合发展格局。二是新质生产力赋能现代化产业体系建设，通道经济发展迎来新契机。重庆将加快推动科技创新和产业创新融合发展，因地制宜发展新质生产力，做大做强新一代电子信息、智能网联新能源汽车等外向度更高的现代化产业集群，有利于更好带动西部陆海新通道周边新质生产力优化布局，为通道经济发展注入新动能。三是现代流通体系加快构建，通道内畅外联水平持续提升。重庆将加快完善开放通道网络、国家物流枢纽和制度规则体系，以西部陆海新通道建设为牵引，推动西部陆海新通道与中欧班列、长江黄金水道等高效联动，全面构建"通道+枢纽+网络"的现代流通体系，通道互联互通、协同联动水平显著提高。

（四）2025年发展趋势及展望

2025年，重庆将充分发挥多重国家发展战略叠加优势，进一步发挥通道物流和运营组织中心作用，协同推进体制机制创新，加快基础设施建设，深化制度集成创新，大力培育通道经济体系，激发多领域协同合作活力，着力补齐运营组织、基础设施、制度规则等突出短板，西部陆海新通道在全国开放战略中的地位和竞争力以及重庆在西部陆海新通道建设中的战略地位和竞争力将稳步提升。

四、对策建议

（一）完善基础设施，提升通道支撑"新能级"

加快完善主通道铁路干线、多式联运设施等基础设施网络，释放通道服务势能。一是加快推进主通道建设。加快推动渝贵高铁、黔江至吉首、广涪柳、黄桶至百色等线路建设，优化改造东线焦柳铁路怀化至柳州段等铁路线路，推动重庆至毕节、重庆至宜宾铁路纳入国家铁路建设规划，提升重要干线货运能力。二是完善多式联运基础设施网络。加快推动渝黔铁路改造升级，畅通国际物流枢纽园区与珞璜港铁水联运衔接。加快建设枢纽西环线、重庆都市圈货运铁路环线，高效衔接兰渝、渝昆等铁路。谋划建设洛碛港、朱沱港、黄磏港、新生港、渭沱港等进港铁路专用线，促进港口与铁路干线顺畅衔接。三是推动物流枢纽与产业园区高效衔接。推动支坪长江大桥、果园大桥、白水溪长江大桥等通道建设，实现

珞璜港与九龙工业园、果园港与茶园工业园、新田港与万州经开区的直连直通，打通枢纽与产业园直连"最后一公里"。

（二）强化脉络辐射，密织运营服务"新网络"

聚焦班列班车运行、货源组织集结、多式联运发展等重点领域，提升通道运营组织服务水平。一是实施班列班车倍增计划。加密重庆开行至北部湾港、湛江港、洋浦港等铁海联运图定班列和中老、中老泰（马）、中越、中缅等国际联运班列、铁公联运班车、公海联运班车。稳定开行沪渝直达快线时刻表班轮，打造统一的数字化订舱平台。探索开行重庆与通道沿线及周边城市直达班列、班车、班轮。二是强化市内外货源组织集结。完善在渝东南、渝东北等市内区县布局，促进在通道沿线如甘肃、宁夏、陕西等建立物流集散中心，打造区域分拨网络。支持通道运营平台与沿线地区各类物流、货代、配送、储运等企业深化合作，拓展中转集散、区域分拨等多元化业务。三是打造多式联运创新示范。加快推动国家、市级多式联运示范工程建设，培育多式联运经营人，持续开展多式联运"一单制"应用推广和金融服务试点，加快形成创新示范成果。大力发展"水水中转""铁水联运"等模式，推进通道与中欧班列、长江黄金水道高效衔接。

（三）聚焦产业发展，赋能通道经济"新动力"

加强通道与工业园区、产业集群联动发展，培育壮大通道经济。一是高标准建设重庆枢纽港产业园。以中老泰"三国三园"建设为牵引，大力发展陆港枢纽经济、成套装备集成制造、国际多式联运等产业，探索"总部+基地""研发+生产""生产+服务"跨境产业合作新模式，形成面向东盟的国际产业基地和国际贸易物流集散中心。二是加强产业链供应链国际融通协作。深化中新互联互通项目衔接互促，加强交通物流、航空产业、金融服务、信息通信等领域合作。深化产业链供应链国际合作，协同构建智能网联新能源汽车、智能终端、农机通机、绿色食品等标志性跨境合作产业链，打造西部陆海新通道"氢走廊"。三是创新通道产业贸易模式。围绕新能源智能网联汽车、高端装备制造等重点领域，支持长城汽车、中冶赛迪等领军"链主"企业延链部署产业互联网平台，探索智能装备、专用制造设备等大型成套装备KD件集货包装出口新模式，提升通道贸易水平。

（四）深化规则创新，健全联运对接"新机制"

加快推动规则标准高效衔接，提升铁海联运接驳转换能力。一是统一铁路海运货物运输标准。加快推动多式联运货物分类和编码方法的应用，建立铁路和海运货物品名相互认可、便捷转化的规则标准体系。加快推进锂电池专用集装箱研发和迭代升级，优化集装箱锂电池运输条件和装运方案，常态化开展对含锂电池等危化产品的运输，丰富铁路运输货物品类。二是完善物流设施规则标准，推动装载设备和运载工具创新。完善半挂车、托盘、集装箱等基本单元的设施设备技术标准化体系，支持叉车、货架、月台、运输车辆等物流设施设备的标准化改造。推进铁路罐式集装箱、开顶集装箱等特种装载设备创新，加快推动冷链、特种集装箱标准化。三是加快数字陆海新通道建设，促进铁海联运数据信息衔接共享。完善"铁海联运一码通"功能，有序推进实货运行测试工作。推广使用"单一窗口"西部陆海新通道平台，促进沿线数据互联互通，提升信息共享、数据互传、单据互认等功能。

[重庆市综合经济研究院（重庆市经济信息中心）宏观经济研究课题组
主研：易小光　丁　瑶　余贵玲　赵　伦　王春宇
执笔：王春宇]

之二十三：2024年中新（重庆）战略性互联互通示范项目建设情况及2025年展望

2024年以来，重庆高标准实施中新（重庆）战略性互联互通示范项目（以下简称"中新互联互通项目"），金融服务、航空产业、交通物流、信息通信重点领域合作取得新成效，人文交流、科技创新、医疗健康等领域合作实现新突破，枢纽港产业园和生命科技城等产业平台建设加快，推动中新互联互通项目合作走深走实。随着高水平对外开放加快推进，渝新合作将持续深化，中新互联互通项目将在重点领域形成更多标志性成果，助力重庆内陆开放综合枢纽建设迈上新台阶。

一、2024年中新互联互通项目运行分析

渝新持续强化互动交流，深化重点领域合作，寻求新的合作领域，中新互联互通项目示范引领作用不断增强。1—9月，双方新签署政府和商业合作项目29个，金额达3.1亿美元，新增新资企业14家，落地跨境融资项目22个，金额达10.9亿美元。项目实施至今，已累计签约政府和商业合作项目320个，金额达257亿美元，新增在渝新资企业165家，累计达406家，新加坡成为全市外资最大来源国，重庆辐射中国西部、融入东盟、链接全球的作用更加凸显。

（一）项目合作体制机制更趋完善，引领示范作用显著

渝新加强政府高层互动交流，促进发展战略和经贸规则紧密对接，推动合作提质升级。一是加密互访形成更多合作共识。5月，市政府主要领导率队出访新加坡，推动双方达成拓展金融合作、建设航空枢纽等27项合作成果。6月，在中新互联互通项目联合实施委员会第九次会议上，双方就加强项目顶层设计、深化拓展重点合作领域、推动数字化和绿色化建设等达成14项共识，集中签约16个合作项目。二是以标准国际化推动"引进来""走出去"。充分利用RCEP等双边多边经贸规则以及服务业扩大开放试点政策，促成重庆首家外商独资综合性医院、重庆首家外商独资文化旅游公司等首创性项目落地。深入实施中新（重庆）农业合作计划，对接国际农产品进出口标准，打通重庆特色农产品出口新通道，渝新农产品贸易额累计超1.9亿元。引导庆铃、赛力斯等企业与新加坡企业在标准对接、技术研发等方面深化合作，带动新能源汽车出口新加坡2000余辆，服务"渝车出海"计划走深走实。

（二）重点领域合作亮点纷呈，项目辐射效应持续释放

渝新深耕重点领域合作，积极拓展合作空间，推动中新互联互通项目合作持续深化。一是探索试点深化金融领域合作。渝新首笔跨境绿色债券落地，渝新跨境发行数字存托凭证（DR）试点获证监会支持，中新（重庆）国际金融数据港稳定运营，重庆跨境电商数字金融服务平台建设加快。中新跨境投融资通道持续拓展，累计帮助渝企融资146亿美元，辐射带动四川、陕西等西部9个省区跨境融资61亿美元。二是建圈强链促进航空产业合作。1—9月，渝新航线航班起降1450架次，同比增长2.4倍，旅客吞吐量18.3万人次，同比增长2.7倍，极大便利两地经贸往来、人文交流。中新航空产业园加快建设，新航保税航材分拨中心全国分拨点增至6个，航材运营成本下降20%以上。幻影国际直升机全产业链基地

签约落地璧山。三是数字赋能交通物流领域合作。渝新国际贸易"单一窗口"推动贸易便利水平显著提升，与新加坡港务集团（PSA）累计共享集装箱、船舶动态数据超90万票。通道运输质效明显改善，1—9月陆海新通道铁海联运经重庆通过陆海新通道到发新加坡运输5995标准箱，货值约9.14亿元，分别同比增长约98%、92%。中新（重庆）多式联运示范基地业务开展顺利，核心区仓储使用率达100%。四是务实推动信息通信领域合作。中新（重庆）国际互联网数据专用通道建设稳步推进。中国星火链网新加坡超级节点形成技术合作，将推动搭建可信的跨境电子提单应用场景。中新信息通信媒体联合创新发展资金（JIDF）已累计支持国际物流、智能制造等领域的24个创新应用项目。五是交流互鉴拓展多元合作。新加坡国立大学重庆研究院生物材料科研创新中心落户两江新区，将深化骨科、口腔医学及医疗美容等领域产学研合作，研究院已建成4个研发中心和11个专业实验室。新加坡国立大学长安汽车技术实验室和重庆研究院明月湖园区等重点项目顺利推进，新加坡楷新国际集团在渝设立重庆首家外商投资旅行社。

（三）产业平台建设提速，助力项目合作走深走实

重庆加快推动生命科技城、枢纽港产业园两个产业园区建设，以产业平台为依托，推动中新互联互通项目合作迈上新台阶。生命科技城聚焦生命科技创新、国际医学合作、现代生物制造、智慧康复疗养等功能，实施基础设施建设项目31个，计划总投资261亿元，已完成投资43亿元；累计签约中新合作（璧山）肿瘤治疗与研究中心、Vocata中国医学研究中心等项目28个，投资额达156.5亿元。重庆枢纽港产业园聚焦成套装备、先进材料、现代物流及供应链服务重点产业发展，1—9月集中签约开工67个项目，总投资金额484亿元，其中新加坡盛裕集团正制作相关产业图谱，新加坡GKE物流和世天威已落地并常态化开展业务。

二、存在的主要问题

（一）体制机制有待完善，制度型开放创新亟须突破

一是缺乏国家层面系统指导意见。国务院曾先后出台6个文件支持苏州工业园区（3个）、天津生态城（1个）和广州知识城（2个）建设，但中新互联互通项目在国家层面尚未出台专项指导性文件，导致国家部委或地方政府在制定出台支持创新政策时缺乏上位指导，赋予先行先试的政策不多。二是运行机制有待进一步完善。市中新项目管理局与专委会主任单位存在职能交叉、业务重复等问题，管委会与专委会运行机制存在"双重统筹"的情况，导致政策创新和具体项目"多头"推动或者"无头"推动情况比较突出。同时，缺乏有效的督查考核机制，有关市级部门和区县参与共建积极性不高。三是创新举措争取难、落地难。国家部委对给予项目新的创新举措更加谨慎，特别是在金融、数据、教育等领域赋予项目"先行先试"的权限不够，有的创新举措仅有国家部委的原则性表态，无法真正落地实施，中新"理财通"政策、渝新专业人才资质互认等尚未获得国家部委支持。

（二）项目引进建设力度不够，标志性成果培育不足

一是实体合作平台建设滞后。苏州工业园区、天津生态城和广州知识城三个项目均以实体合作平台为载体，并设有平台公司负责项目建设，但中新互联互通项目缺乏实体化运营平台。虽然布局了朝天门来福士广场、中新航空产业园、中新多式联运示范基地等8个项目实体展示区，但建成项目分散、建设成效参差不齐，而正在推进的枢纽港产业园、生命科技城难以大量招引新加坡企业，目前新方仅参与4个项目，观望情绪较重。二是项目的示范带动作用未能充分发挥。由于缺乏企业平台，渝新双方利益捆绑不

深，叠加政策、市场环境不优导致在渝新资企业发展不理想甚至严重亏损，新方参与项目投资积极性不高。同时，现有项目主要局限在重庆与新加坡两地，且以重庆主导推动，吸引欧美、日韩等其他地区项目落地效果不佳。

（三）重点领域"瓶颈"制约明显，合作广度深度仍待拓展

一是金融领域创新突破存在"瓶颈"制约。目前，国家金融监管政策整体趋严，审批权限主要在中央部委，中新金融合作创新制约因素多，争取的陆海新通道银行、中新合资证券公司等获国家审批难度较大。同时，重庆对跨境投资的审批时间较长，导致资金出境不够便捷，例如，由于流程不够优化，重庆市参与QDLP试点企业反映ODI境外投资审批及备案耗时约9个月，而深圳仅需2个月左右。二是中新国际数据通道效能发挥不够。跨境数据流动监管缺乏明确可行标准，影响潜在用户企业利用中新国际数据通道进行业务创新的积极性，加之应用场景偏少、通道租用价格过高（是普通国际互联网的2~10倍），导致中新国际数据通道使用率极低，不足总带宽的3%。

三、2025年环境分析及展望

（一）国际形势依然复杂严峻，战略机遇和风险挑战并存

国际形势深刻变化，全球政经关系不确定性、不稳定性加大，合作机遇与挑战并存。从挑战方面看，俄乌冲突长期化，中东持续动荡，以及朝鲜半岛危机、台海问题等，导致地缘政治风险复杂性和不确定性加大，将加剧全球供应链风险并引发市场避险情绪升温。同时，美欧等国通过加征关税、扩大制裁圈等方式，试图重构符合其偏好的全球供应链格局，对我国外贸外资领域发展造成阻碍，不利于中新互联互通项目合作的进一步深化。从机遇方面看，随着美国等发达经济体开启降息周期，全球投资、贸易活跃度有望提升，联合国、世界银行等国际机构均预测2025年全球经济增速将略高于2024年水平，将为中新合作带来更多的外部机遇；RCEP各领域合作持续深化、中国—东盟自贸区3.0版建设加快推进，有利于释放中新互联互通项目发展潜能。

（二）推动高水平对外开放，拓展中国式现代化发展空间

我国将建设更高水平开放型经济新体制，更加主动对接高标准国际经贸规则，推动开放合作提质增效。一是开放政策环境更加优化，面对错综复杂的外部环境，国家将继续在拓展对外开放范围、扩大外商投资范围、提升投资经营便利化水平等方面加大支持力度，叠加前期稳外资稳外贸政策逐步落地见效，将为中新互联互通项目提供更多政策利好。二是国际合作将持续深化，共建"一带一路"将继续高质量推进，澜沧江—湄公河合作走深走实，金砖国家将深化在政治、经济、人文交流等领域的合作，中国加入DEPA进程加快，将推动中新合作持续深化。三是开放型制度体系将更加完善，自贸试验区、服务业扩大开放综合试点等将继续推动高水平制度型开放，外商投资促进制度、境外人员生活便利制度等将持续完善，有望进一步提高中新互联互通项目开展便利度。

（三）重庆对外开放能级不断提升，开放发展动能加快释放

重庆将聚力打造内陆开放国际合作引领区，持续推动高水平对外开放，开放引领作用将持续凸显。一是制度型开放创新持续深化，重庆将持续向国家部委争取项目发展创新政策和支持举措，利用中新自贸协定、RCEP等双边多边经贸规则以及服务业扩大开放试点政策，深入推动中新理财通、中新基金互认、多式联运数字化单证机制等探索创新，促进中新互联互通项目深化提质。二是高能级开放平台加快打造，西部陆海新通道建设、自贸试验区、综合保税区、西部金融中心等建设加快，高标准建设枢纽港

产业园、生命科技城，将为中新互联互通项目提供关键抓手，吸引集聚实体化产业项目和贸易投资。三是试点示范效应持续释放，服务业扩大开放综合试点、跨境电商综合试验区等加快建设，生产性服务业高质量发展加速推进，跨境电商、数字贸易等新业态新模式将进一步培育壮大，将推动渝新在更宽领域、更大范围、更多项目开展合作。

（四）2025年发展趋势及展望

2025年，地缘政治风险依然复杂严峻，美对华投资限制、欧盟对华"去风险"、南海局势紧张等将深刻影响国际政经格局。中国仍将推动高水平对外开放，建设更高水平开放型经济新体制，推动贸易和投资自由化便利化，促进开放型经济高质量发展。重庆将锚定打造新时代西部大开发重要战略支点、内陆开放综合枢纽"两大定位"，高效联动成渝地区双城经济圈建设、西部陆海新通道建设等重大战略，聚焦"现代互联互通和现代服务经济"主题，进一步发挥重庆和新加坡的"双枢纽"作用，继续深耕金融服务、航空产业、交通物流、信息通信等重点领域合作，持续拓展其他领域合作，加快推动项目建设向实体化、多元化、制度化发展转型，打造带动西部、服务全国、链接东盟、融入全球的陆海联动大走廊、通道枢纽经济带。

四、对策建议

（一）系统重塑合作机制，统领中新项目合作深化

一是进一步加强顶层设计。积极争取国家出台中新项目指导性文件，强化国家顶层支撑。充实中新联合协调理事会职责，强化部委协调，进一步明确重大事项的推进机制。借鉴由国家发展改革委牵头的陆海新通道部际工作机制，在中新联合协调理事会的领导下加强解决具体事项的体制机制创新。加快推动中新互联互通项目总体发展规划（2026—2030年）及重点领域专项规划编制，以高水平规划引领中新互联互通项目高质量发展。二是优化项目管理委员会运行机制。增加金融服务、航空产业、交通物流、信息通信等领域分管市领导作为管委会副主任，分别牵头组织四个专委会推动各领域合作，更好发挥管委会总揽全局、统筹协调的作用。同时，在中新互联互通项目管理委员会框架下，适时增加旅游、教育、医疗、绿色发展等专业委员会。三是健全完善多元化国际合作机制。推动陆海新通道与国际、国内共建机制有效衔接，有序开展陆海新通道与澜湄合作机制、东盟"10+1""10+3"机制对接。建立中新互联互通项目与中欧班列、新加坡—四川贸易与投资委员会、综合保税区、自贸试验区协调联动发展机制，形成发展合力，推动政策共用、举措共商、资源共享，努力实现政策效用最大化。

（二）加大招商引资力度，打造更多标志性成果

一是加大优质项目引进和培育力度。找准渝新双方利益契合点，发挥重庆产业优势，以枢纽港产业园和生命科技城为依托，吸引新加坡深度融入重庆产业发展。充分发挥保税航材中心、中新（重庆）多式联运示范基地等的作用，加快集聚一批保税航材、冷链物流、跨境电商、信息技术等产业链上下游企业，吸引跨国公司总部机构在重庆设立分支机构。加快推动渝新在陆海新通道沿线国家共建货物分拨中心、加工基地等三方合作项目。二是强化项目投融资服务。建立健全项目招商引资保障机制，积极探索创新跨境金融服务，引导金融机构提高跨境金融服务水平，加大对通道、物流、贸易和产业的资金支持，降低企业跨境金融服务成本。充分发挥中新互联互通项目母基金引导作用，加大对数字经济、高端制造、新能源等产业的支持力度。建立项目一体化推进工作机制，强化沟通协调和政策保障，完善项目建设配套服务，统筹协调资源配置，促进项目加快落实落地。

（三）深化重点领域合作，发挥项目辐射带动作用

一是奋力向上争取赋能金融领域合作。争取国家支持在重庆开展小微企业数字征信实验区、央行金融科技创新监管、央行数字货币等金融科技试点工作，建设一流的数字金融中心和国家级数字金融产业集聚区。创新企业外债管理模式，争取国家发展改革委支持重庆外债规模切块管理，便利科技创新企业在一定额度内自主借用外债。二是加快打造多式联运集疏运体系。依托出海出境物流大通道网络和铁公水空立体交通体系，突出铁路在多式联运体系的主干作用和长江水运的独特优势，以重庆国际物流枢纽园区、果园港、鱼嘴站、航空物流园、公路物流基地以及珞璜港、龙头港、新田港等为枢纽节点，以提升多式联运发展水平、优化调整运输结构、促进物流降本增效为核心，着力推进基础设施无缝化衔接、运输装备标准化升级、信息资源交互化共享、市场主体多元化发展、联运模式多样化创新。此外，持续深化双方在数字经济、绿色发展、教育医疗、智慧城市等领域的交流互鉴，促进优势互补、资源互享、市场互动。

（四）持续优化开放环境，提高外商投资吸引力

一是加大外资投资促进和服务力度。进一步优化外资企业服务，加强重点外资项目调度保障，做到外资企业对相关开放政策应知尽知、应享尽享，持续协调解决项目推进实施过程中的堵点难点问题。参考广州中新知识城政策，探索支持国外知识产权服务机构依法设立办事机构，支持建设中新服务业发展示范区、中新合作国际化走廊。二是建立健全人才政策。借鉴浦东、深圳、海南人才政策，争取国家支持中新互联互通项目开展国际人才服务管理改革试验，探索设立外籍高层次人才申请在华永久居留直报试点，建立外籍人才申请永居评估制度，赋权顶尖人才自主推荐团队外籍核心成员申请在华永久居留，支持开展便利外国高端人才个人外汇结售汇和跨境收支试点。

[重庆市综合经济研究院（重庆市经济信息中心）宏观经济研究课题组
　主研：易小光　丁　瑶　余贵玲　陈　可　杨　梅
　执笔：杨　梅]

之二十四：2024年中国（重庆）自由贸易试验区建设情况及2025年展望

2024年以来，中国（重庆）自由贸易试验区（以下简称"重庆自贸试验区"）以制度型开放为核心，积极开展首创性、集成化、差异化探索，较好地发挥了改革发展排头兵、开放发展制高点、创新发展先行者作用。随着我国加快完善高水平对外开放体制机制，深入实施自由贸易试验区提升战略，重庆自贸试验区制度型开放水平、系统性改革成效、开放型经济质量全面提升，以全市1.46‰的面积贡献了全市超60%的外贸进出口总额、50%的实际使用外资，成为全市开放型经济的主力军和"动力源"。

一、2024年重庆自贸试验区建设推进情况

重庆自贸试验区充分发挥推进规则、规制、管理、标准等制度型开放试验田作用，着力提升创新引领度、改革集成度、开放显示度，对重庆内陆开放综合枢纽建设的支撑带动作用持续增强。

（一）制度型开放取得积极进展

2024年以来，重庆自贸试验区重点制度创新与先行先试政策探索协同推进。一是先行先试政策实施加快。积极争做国家制度创新试验田，围绕国际快递业务、数据跨境流动、境外个人从事证券投资及期货交易咨询资质等方面，新争取到8项先行先试政策，其中，国际快递业务经营许可审批权限下放已实质性落地，为2家自贸区内企业颁发国际快递业务经营许可证。二是创新成果培育推广加快。在全国复制推广制度创新成果1项[①]，新培育形成12项制度创新成果上报商务部，铁海联运海事一体化监管服务新模式、"一业一证"跨省通办改革有望在全国复制推广。

（二）投融资和贸易便利度明显提升

聚焦金融创新、海关监管模式优化、物流降本增效等方面，重庆自贸试验区开放能级不断跃升。一是跨境融资便利水平有效提升。重庆4家金融机构[②]围绕数字提单融资模式、"一单制"进口信用证等领域开展的试点业务入选川渝金融创新案例。新获批资本项目支持重庆高质量发展试点[③]，截至9月末，已成功落地试点业务26笔，企业"脚底成本"[④]大幅降低。二是通关便利度稳步提高。成渝两地海关首创"关银—KEY通"川渝一体化模式，在全国首次实现了"电子口岸卡"业务跨关区通办。"综保区设备零配件便捷监管创新"使整体通关时间压缩25%，通关费用节约30%。随着"铁路原箱下海、一箱到底"模式进一步推广，整体通关时间压缩40%以上。三是物流成本有效降低。创新实施"西部陆海新通道海铁联运境内铁路运费扣减"措施，单个集装箱可扣减境内运费2900~3500元。在全国率先试点海铁联运

[①] "关银—KEY通"川渝通办集成化改革。
[②] 包括工商银行重庆市分行、建设银行重庆市分行、重庆银行、太平洋财险重庆分公司。
[③] 资本项目支持重庆高质量发展试点：将符合条件的非金融企业的外债、境外上市业务登记调整为银行直接办理，外商投资企业境内再投资的被投资企业无须办理接收境内再投资登记手续。
[④] 脚底成本：企业在跨境贸易和投融资过程中，由于地理距离、交通成本、时间成本等因素导致的额外支出和不便。

集装箱铬矿检验监管优化模式，单箱成本节约 1700 余元。

（三）多方合作协同持续发力

2024 年以来，川渝自贸试验区合作对接更加顺畅，重庆自贸试验区板块特色愈加鲜明，联动创新区运行成效渐显。一是川渝自贸试验区合作稳步推进。成功召开川渝自贸试验区协同开放示范区建设工作推进会，《川渝自贸试验区协同开放示范区深化改革创新行动方案》加快落实，川渝在自贸区顶层设计、改革创新、开放引领、联动协作等方面合作持续深化。二是联动创新区制度创新探索成效初显。围绕服务业扩大开放、金融创新、产业高质量发展、贸易便利化、政府职能转变等方面，重庆自贸试验区联动创新区推出 15 个优秀实践案例，为全市相关领域深化改革、扩大开放提供了有益借鉴。三是板块差异化发展取得新进展。各板块结合区域特点积极开展差异化改革探索，如西永板块成功引进全国第一个淘天集团（阿里巴巴集团旗下）跨境进口保税仓和京东国际跨境进口协同仓，在全市率先开展跨境电子商务特殊区域出口海外仓零售模式（1210）业务。渝北板块依托仙桃国际大数据谷，在工业软件、汽车软件等软信行业发力。

（四）营商环境进一步优化

通过优化政务服务效能、打造标志性特色服务，重庆自贸试验区营商环境吸引力不断提升。一是政务服务效率大幅提升。推动自贸试验区"高效办成一件事"改革，企业信息变更、开办、注销时间大幅缩减，事项办理时限从 11 天压减至 1 天，需提交材料从 14 份缩减至 4 份。二是具有"自贸辨识度"的服务体系加快构建。重庆自贸试验区首个企业服务中心①运行良好，引入了中国信息通信研究院西部分院、中德证券、重庆股份转让中心等 20 余家优质服务机构，形成了线上有网、线下有窗的高效便捷服务体系。知识产权纠纷"行政调解"与"司法确认"无缝衔接机制持续完善，行政执法和司法衔接的数据链接和共享逐步实现。

二、存在的主要问题

（一）制度创新水平仍待提高

重庆自贸试验区制度创新仍处于"微创新"状态，在服务贸易、金融等领域创新较为有限。一是制度创新同质化、碎片化现象仍存。国务院先后推出的七批（截至 2023 年底）向全国复制推广的 302 项制度创新经验中，上海自贸试验区首创或同步先行先试的制度占据半壁江山，重庆自贸试验区在此基础上创新难度更大、创新效应不断减弱，多为程序性、便利性、配套性创新，缺少关键领域的集成式创新，在国际贸易"单一窗口"、负面清单管理模式等方面的高水平创新成果较少。二是对服务贸易探索创新较为不足。全市尚未建立服务贸易联席会议制度，在审批、监管、协调等方面难以形成合力。同时，服务外包创新研发能力较弱，多数企业没有自主知识产权，服务贸易与货物贸易协同发展效应发挥不够。三是金融领域创新有待深化。2024 年以来，重庆自贸试验区的重点制度创新与先行先试政策共有 21 项，但涉及金融领域的仅为 3 项。受国家政策限制，境外公司在渝设立资金运营中心、QDII、RQDII 等金融试点推进困难，针对自贸区金融创新的上下联动机制尚未完全发挥效能。

（二）协同发展水平仍需提升

重庆自贸试验区运行机制、区域联动创新等方面问题仍较突出。一是管理体制机制运行不畅。当前

---

① 重庆自贸试验区（两路果园港综保区）企业服务中心。

自贸试验区牵头机构是商务部门,与现有的经济开发区、高新区、综合保税区等经济功能区存在交叉和重叠,在管理上存在"多头管理",且跨部门联动、上下联动不足,在协同创新、改革突破上难度较大。二是与国家战略、市外其他开放平台融合发展不够。与共建"一带一路"、长江经济带高质量发展、成渝地区双城经济圈建设、西部陆海新通道建设等国家战略的融合度还不足,具有重庆自贸辨识度的标志性创新成果还不多。川渝自贸试验区在投资、贸易、金融、科技和数字经济等重点领域需进一步加大协同开放力度。重庆与长江经济带其他自贸试验区未建立常态化联动发展机制,创新成果共享、产业共育、科技共创等合作还处于起步阶段。

(三)引领开放作用亟待增强

重庆产业优势不强、规则对接不足、国际化服务不优等短板制约明显,影响自贸试验区开放示范作用发挥。一是产业竞争力不强。重庆自贸试验区内以电子信息为主的制造业占主导地位,多为"两头在外"的加工贸易,且处于全球产业链、价值链末端,缺乏研发、设计等高附加值环节,对全市经济示范和带动作用发挥不充分。二是对标国际高标准经贸规则仍有差距。目前国家仅在上海、广东、天津、福建、北京等5个自贸试验区和海南自贸港试点对接国际高标准经贸规则,重庆自贸试验区缺乏相应政策支持开展先行先试,对标《全面与进步跨太平洋伙伴关系协定》等高标准国际经贸规则的研究不够及时。三是国际化服务功能较弱。全市国际化教育发展不足,现有外籍人员子女学校2所,低于西安(3所)、成都(6所)、武汉(5所)。涉外律所不足10家,尚无国际组织区域总部或分支机构落户。

三、2025年发展环境及展望

(一)国际政经形势复杂多变,全球经贸格局加快重构

全球政经形势不稳定性不确定性明显增加,国际贸易、跨境投资挑战与机遇并存。一是外部环境复杂性严峻性上升影响自贸试验区对外贸易及跨国投资。国际贸易和投资环境更趋复杂严峻,保护主义、单边主义抬头,资源民族主义依然盛行,俄乌冲突、巴以冲突等地缘政治冲突久拖不决,全球贸易、国际投资不确定性增强,自贸试验区扩大投资贸易规模充满挑战。二是全球经贸规则重塑倒逼自贸试验区加快制度改革。当前,全球处于新的经济治理体系变革期与国际经贸规则重构关键期,也是以中国为代表的发展中国家由规则跟随者转变为规则制定者的重要机遇期,有助于以自贸试验区为主的高能级开放平台引领推动规则改革。三是区域经贸合作伙伴持续拓展为自贸试验区高质量发展注入新动力。中国—东盟自贸区3.0版谈判提速推进,将推动重庆自贸试验区参与供应链互联互通、技术标准等领域合作。我国与尼加拉瓜、厄瓜多尔、塞尔维亚的3个自贸协定推进实施,正式启动与萨尔瓦多的自贸协定谈判和与新西兰的自贸协定负面清单谈判,有助于扩大面向全球的高标准自贸区网络。

(二)我国推进高水平对外开放,自贸试验区示范引领作用将稳步增强

我国实施自贸试验区提升战略,首创性、集成式探索将持续加快。一是顶层设计不断完善助力自贸试验区发展能级提升。《关于实施自由贸易试验区提升战略的意见》(2024年)[①] 对自贸试验区提升能级进行了全面部署,有助于重庆自贸试验区对标对表推动自贸试验区提升战略落地实施,稳步扩大规则、规制、管理、标准等制度型开放。二是放宽市场准入将提升自贸试验区投资贸易便利度。随着《自由贸易试验区跨境服务贸易特别管理措施(负面清单)》(2024年版)落地实施,制造业领域外资准入限制

---

① 中央全面深化改革委员会第六次会议审议通过。

措施"清零",自贸试验区将进一步扩大服务贸易、制造业等领域开放水平,深入开展贸易和投资自由化便利化改革创新。三是试点经验复制推广将推动政策红利持续释放。首批自贸试验区[①]对接国际高标准规则试点全面落地,为扩大制度型开放提供了"自贸方案",我国将加强总结评估和经验复制推广,在产权保护、环境、政府采购、电子商务、金融等领域开展新的试点试验,有利于重庆自贸试验区充分借鉴试点经验争取相关领域先行先试。

(三)重庆加快建设内陆开放合作先行区,自贸试验区制度创新探索持续深化

重庆以更大力度谋划和推进自贸试验区高质量发展,更多标志性、引领性的改革创新成果将不断涌现。一是新定位为重庆自贸试验区制度创新赋能。习近平总书记考察重庆赋予其奋力打造新时代西部大开发重要战略支点、内陆开放综合枢纽两大新定位,重庆将聚力打造完善内陆高水平对外开放新体制标志性成果,推动自贸试验区对接高标准国际经贸规则创新试点,自主培育更多重点制度创新硕果。二是重庆自贸试验区发展合力将持续增强。随着川渝两地自贸试验区金融创新优秀案例发布,为跨境金融服务优化、金融产品创新、铁路运输单证物权化探索等提供了样本,将推进川渝两地在政策互通、产业配套、通道共建、资源分享、项目协作、利益联结等方面深化务实探索,推动先行先试成果在重庆自贸试验区联动创新区复制推广。三是国际经贸合作机制完善将提升重庆自贸试验区开放能级。全市将出台国际经贸合作中心建设条例,打造数字贸易示范区,完善中国、老挝、泰国"三国三园"合作机制,有助于重庆自贸试验区按照片区特点发展特色产业,加强国际产业链供应链合作。

(四)2025年重庆自贸试验区发展展望

2025年,全球政经环境更加复杂严峻,我国将深入实施自贸试验区提升战略,继续鼓励首创性、集成式探索。重庆紧扣"两大定位",重点打造"六个区",加快推进内陆开放合作。重庆自贸试验区坚持以服务国家战略为导向,以制度型开放为核心,聚焦深化制度型开放、构建国际物流枢纽、推动现代产业集聚、打造一流营商环境等方面,提升领航能力,着力提高制度创新力、资源配置力、产业竞争力、开放带动力、环境吸引力。

四、对策建议

(一)增强集成创新能力,稳步扩大制度型开放

一是深化重大平台制度集成创新。结合内陆综合枢纽国际开放引领区和中新枢纽港产业园、中新生命科技城等重大平台建设,在投资、贸易、数字经济等重点领域开展集成创新,分类做好自主探索和争取国家赋权。二是推动服务贸易增效提质。落实自贸试验区跨境服务贸易负面清单,加强专业人才、资金等跨境流动。探索建立分行业、分场景的可控数据开放机制,促进数字游戏、文化贸易等新兴服务贸易发展。三是加强金融创新突破。聚焦西部陆海新通道、中欧班列等金融需求,深化铁路提单、运单、仓单等融资探索。研究本外币合一银行账户体系试点方案,建立与重庆自贸试验区相适应的本外币账户管理体系,探索重庆自贸试验区内资本自由流入流出和自由兑换。

(二)提高协同联动水平,增强自贸试验区发展活力

一是推动管理体制机制改革。借鉴上海自贸试验区管理经验,设立中国(重庆)自由贸易试验区管委会实体化管理机构,增强自贸片区建设统筹能力。完善重大项目推进、考核激励、评估推广、信息发

---

① 首批自贸试验区:上海、广东、天津、福建、北京5个自贸试验区和海南自由贸易港。

布等机制，进一步明确自贸试验区与所在行政区在基础设施建设、社会公共服务、市政管理等方面的职能职责。二是深入推进川渝自贸试验区协同开放示范区建设。围绕多式联运"一单制"、海关通关便利化、投资贸易等领域开展对比试验、互补试验，争取更多国家创新政策在川渝自贸试验区协同开放示范区先行先试。三是强化与沿江自贸试验区联动发展。加强与沿江自贸试验区在产业发展、政务服务、商事制度改革、司法服务等制度创新经验分享应用，建立市场准入异地同标机制，破除资源要素跨区域流动体制机制阻碍。

（三）突出产业支撑力，优化国际化服务能力，引领高水平对外开放

一是推动加工贸易转型和新兴产业集聚齐头并进。提升电子产业和汽车产业融合发展水平，促进加工贸易向高附加值领域延伸。借鉴郑州自贸试验区经验，打造一批特色跨境电商产业园，积极发展药品、医疗器械等跨境电商业务。加快"保税+检测维修"融合发展，创新进境维修、绿色再制造和进境药品试剂监管模式。二是积极对接国际标准经贸规则。以推进加入《全面与进步跨太平洋伙伴关系协定》《数字经济伙伴关系协定》为契机，持续推进跨境贸易、投资等相关领域改革创新。积极复制推广自由贸易试验区对接国际高标准推进制度型开放试点措施，在货物贸易、服务贸易、人员入境等领域争取更大力度开放。三是优化国际化综合服务能力。围绕学科专业建设和优质教育资源引进，开展渝新、渝港合作办学项目。积极向国家争取扩大医疗领域开放试点，允许在渝设立外商独资医院。

[重庆市综合经济研究院（重庆市经济信息中心）宏观经济研究课题组
主研：易小光　丁　瑶　余贵玲　张　超　郑淑媛
执笔：郑淑媛]

产业卷
第一产业篇

之一：2024 年重庆市农业发展及 2025 年展望

2024年以来，重庆市以学习运用"千万工程"① 经验为主线，深入实施"四千行动"②，聚焦巩固拓展脱贫攻坚成果、推动乡村产业高质量发展，稳定粮油生产，大力推动科技兴农，现代山地特色高效农业加快发展。预计 2024 年重庆农业增加值增长 3.1%左右，粮食产量 1086 万吨左右。

一、2024 年农业经济运行情况

（一）总体情况

重庆立足发展现代山地特色高效农业，全面稳定粮食生产，着力推动"菜篮子"产品量足质升，大力发展食品及农产品加工业，加快打造柑橘、柠檬、榨菜等十大产业集群，持续促进农业与二、三产业加快融合发展。1—9 月，全市第一产业增加值 1486.83 亿元，同比增长 2.9%。

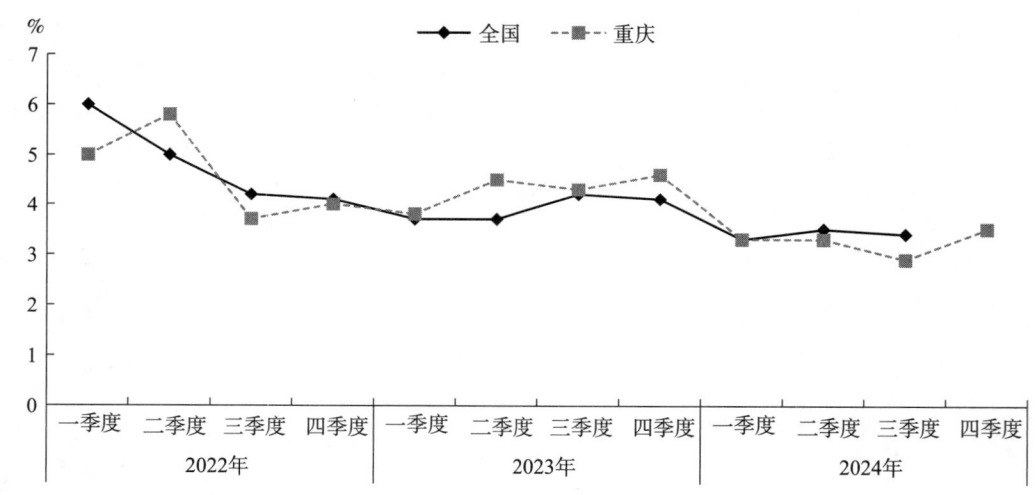

图 1　2022—2024 年重庆与全国农业增加值增速对比

（二）主要特点

1. 粮食生产稳定运行

重庆实施"稳粮扩油"工程和大面积粮食单产提升行动，扎实推动"三稳"（稳口粮、稳玉米、稳大豆）、"一扩"（扩大油菜面积）、"一提"（提高单产），全年粮食有望再获丰收。其中，小春粮食播种面积 565.4 万亩、同比增长 0.4%，产量 125.2 万吨、同比增长 1.0%；油菜播种面积 454.8 万亩、同比增长

---

① "千万工程"即"千村示范、万村整治"工程，从农村环境整治入手，由点及面、迭代升级，20 年持续努力造就了万千美丽乡村，造福了万千农民群众，创造了推进乡村全面振兴的成功经验和实践范例。
② "四千行动"即千万亩高标准农田改造提升行动、千亿级生态特色产业培育行动、千万农民增收致富促进行动、千个宜居宜业和美乡村示范创建行动。

1.8%，油菜籽产量62.8万吨、同比增长3.6%，实现"17连增"。大春粮食意向播种面积2371.4万亩，增加1.06万亩。当前，玉米收获接近尾声，水稻收获进度超过70%。随着持续实施高标准农田建设和改造提升行动，全市980多万亩水稻中有800余万亩水稻能实现机收，机械化率有望提高至80%。预计2024年粮食播种面积为3042.2万亩，产量达1086万吨；油菜播种面积454.8万亩，扩种8.08万亩。

表1 近五年来重庆粮食生产情况

年份	粮食产量（万吨）	增幅（%）	播种面积（万亩）	增幅（%）	每亩产量（公斤/亩）	增幅（%）
2020	1081.0	0.56	3004.5	0.20	359.8	0.40
2021	1092.8	1.11	3020.7	0.54	361.8	0.53
2022	1072.8	-1.83	3070.1	1.66	349.4	-3.44
2023	1095.9	2.15	3038.9	-1.01	360.6	3.19
2024	1086（预计）	-0.90	3042.2	0.11	357	-0.99

2. 主要农产品供给能力稳步提高

重庆积极应对连晴高温干旱等不利天气影响，全力稳定农业生产，除畜禽产品外，蔬菜、水果、中药材等农产品供给总量持续增加。一是蔬菜生产持续向好。蔬菜产业结构调整优化，"菜篮子"供给能力和质量持续提高。1—9月，产量累计实现1868.4万吨，同比增长3.0%。8月、9月全市蔬菜逐渐进入"换茬"期，秋季蔬菜育苗移栽工作有序推进，地产蔬菜供应仍以瓜类、茄果类、绿叶菜类、豆类等为主。二是畜禽生产有所下降。加强重大动物疫病防控，推进标准化规模养殖场建设，畜禽产业调整发展。1—9月，生猪出栏1313.90万头，同比减少7.5%；猪肉产量108.35万吨，同比减少1.9%；牛出栏28.78万头，同比减少6.2%；羊出栏201.99万只，同比减少13.3%；家禽出栏16435.34万只，同比减少5.1%。三是园林水果、中药材等特色经济作物增长较快。1—9月，园林水果产量376.7万吨，同比增长8.0%；茶叶产量5.6万吨，同比增长3.4%；中草药材收获面积158万亩，同比增长3.0%。

3. 农产品市场价格稳中有涨跌

重庆积极推动农业生产绿色高效发展，着力完善农产品购销网络，持续畅通农产品"出村进城"渠道，促进农产品"流通畅、总量足"，价格稳中有涨有跌。一是粮油价格保持稳定。粮油市场供给充足，需求相对稳定，价格表现总体以稳为主，各品种"优质优价"现象明显。1—9月，全市粮油月平均价格环比波动幅度保持在（-1%，1%）区间。二是猪肉价格持续上涨。由于全市生猪出栏量持续减少，推动猪肉价格从5月开始上涨，全市猪肉价格由4月的25.3元/公斤涨至9月的31.58元/公斤，涨幅达24.8%。猪粮比回升至7.85∶1，养猪继续盈利。三是蔬菜价格整体上涨。暴雨、连晴高温天气及蔬菜"换茬"对产量及上市量影响明显，蔬菜价格持续上涨。9月，全市38个区县农贸市场22个蔬菜品种零售均价8.39元/公斤，环比上涨6.88%、同比上涨13.69%。四是水果价格先涨后跌。由于地产柑橘上市量逐步下降，水果价格从1月的8.94元/公斤涨至4月的10.48元/公斤，涨幅达17.23%。5—7月，枇杷、樱桃等小水果和李子、葡萄、西瓜等时令水果上市，供给增加推动水果价格下行。8—9月，受高温干旱天气影响，水果上市量减少，9月全市水果均价10.02元/公斤，环比上涨5.36%、同比下跌6.09%。

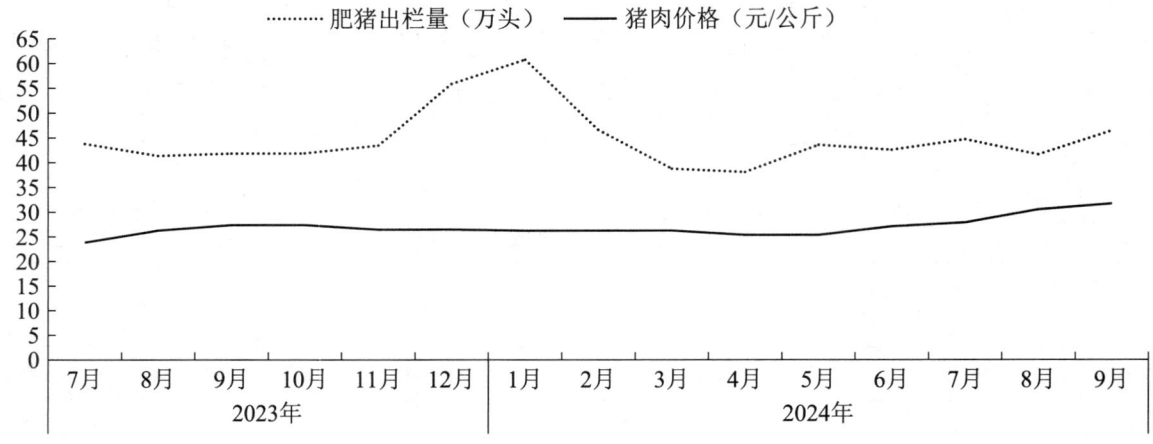

图2 2023年7月以来重庆肥猪出栏和猪肉价格走势对比

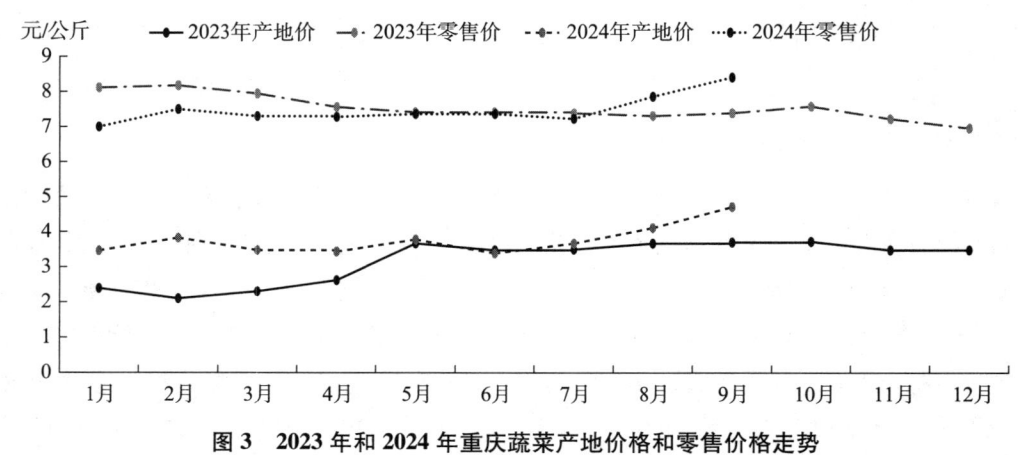

图3 2023年和2024年重庆蔬菜产地价格和零售价格走势

4. 农业与二、三产业加快融合发展

重庆聚焦农产品加工业产值增速与工业经济同步目标，立足山地特色农业，深入实施"四千行动"，着力培育乡村新产业新业态，一、二、三产业融合发展步伐加快。一是食品及农产品加工业提速发展。1—9月，全市规模以上食品及农产品加工业产值同比增长6%，在全市"33618"现代制造业集群体系的三大万亿级和三大五千亿级支柱产业集群中排第2名。研究提升农产品产量与产值、品质与价格的路径和措施，举办涪陵榨菜、重庆小面、天友百特牛奶等系列"爆品"发布活动。截至9月，国家级农业产业化龙头企业数量增加至7家，重庆梅香园公司获评国家级龙头企业。二是新产业新业态加快培育。农产品电商加快发展，特色农产品加速向市外流动。1—8月，全市农产品网络零售额93.5亿元，同比增长17.9%。乡村休闲旅游提速发展，累计推出乡村休闲旅游精品景点线路59条。其中，涪陵金秋采摘休闲游、巴南都市近郊休闲旅游、城口彩叶观光游3条线路入选全国美丽乡村秋季旅游精品线路。

5. 农业数字经济取得明显突破

"智慧农业·数字乡村"建设工程加快推进，数字技术与农业产业体系、生产体系、经营体系加快融合，农业数字经济占比显著提升。一是智慧农业公共服务能力明显提升。建成市级智慧农业试验示范基地290个，农业农村信息化发展总体水平突破50%。建成农业产业数字化地图和区域性单品种大数据管理平台，汇聚全市涉农数据超过4亿条。多个国家数字农业创新应用基地项目获批建设，建成市级智慧农业试验示范基地。积极探索"品牌引领+标准支撑+直播带货+数据赋能"农产品电商发展模式，农产品网络零售额持续保持15%以上增长。二是数字技术在农业重点领域加快应用拓展。结合特色农业资源，加快数字技术应用，如荣昌立足生猪产业链全生命周期，形成全国生猪"产能、价格、屠宰、指标、期货、进口、头部企业"七大特色数据库，接入非结构化数据超过7TB，结构化数据5.6亿条；开发"生猪产业大脑"平台，在2024世界智能产业博览会正式上线。

二、值得关注的问题

（一）食品及农产品加工业发展短板仍较明显

一是产业发展水平有待提升。农产品加工业总产值与农业总产值比为1.5∶1，低于全国2.5∶1的平均水平，年加工产值不足100亿元的区县有25个。二是区域发展差距较大。受交通区位、市场订单减少、原材料成本上升等影响，全市38个涉农区县中，产值增速10%以上的区县仅13个，仍有15个区县的食品及农产品加工产值呈负增长。三是企业竞争力不强。目前，国家级、市级重点龙头企业数量少、规模偏小，发展动力和后劲不足，对行业带动辐射作用有限，难以形成加工业产业集群，产生规模效应。如合川区18家农产品加工头部企业产值规模占全行业的84.46%，但对行业产值增长贡献率仅为17.3%。

（二）生猪出栏下降对第一产业增长影响明显

因2023年9月以来全国生猪价格持续低迷和猪肉消费需求下降，2024年重庆贯彻落实农业农村部部署，调整优化生猪产能，生猪出栏量持续下降，能繁母猪存栏量连续12个月较低。从全市看，1—9月生猪出栏量同比下降5.2%，畜牧业产值下降，拉低第一产业增加值增速0.5个百分点。从区县看，各区县特别是渝东南、渝东北受生猪产能调控的影响大，畜牧业产值均呈不同程度下降，如武隆区农业产业中畜牧业产值占农业总产值的40%以上，2024年前三个季度持续呈负增长。

表2　2024年1—9月重庆市生猪存出栏变化情况

月份	肥猪出栏量（万头）	能繁母猪存栏量（万头）	生猪存栏量（万头）
1月	60.67	31.24	276.76
2月	46.53	30.8	275.1
3月	38.67	30.41	281.79
4月	37.99	30.38	285.02
5月	43.47	30.31	285.09
6月	42.44	30.43	286.47
7月	44.54	30.77	289.83
8月	41.46	30.91	303.39
9月	46.28	31.5	302.9

（三）自然灾害偏重发生对农业生产影响明显

2024年以来，重庆农业生产受自然灾害影响明显。其中，1—6月全市平均降水量较上年同期偏多两成，土壤墒情过高，直接影响在土农作物生长及产量，导致农作物受灾面积8.03万亩、成灾5.29万亩、绝收2.36万亩。同时，不利的阴雨天气也加重全市病虫害发生，主要农作物病虫草害发生9300万亩（次）左右，较常年高3.3%。7月、8月以来持续高温伏旱，累计降雨同期减少八成，土壤退墒明显，水果、蔬菜、甘薯、大豆等作物普遍受到影响。如忠县种植业累计受灾面积近7000亩，合川区农作物受灾面积 5.1 万亩、成灾面积 1.86 万亩、农业经济损失 1999 万元，巫山县农作物的直接经济损失 2037 万元，巫溪县粮食受旱面积达 6 万亩。

三、2025 年农业经济发展展望

（一）全球谷物供应宽松，对国际大宗农产品价格平稳运行支撑明显

根据联合国粮农组织（FAO）最新的《谷物供求简报》，2024—2025 年度世界谷物产量达到 28.54 亿吨，较上年增长 1.39%，创历史新高。世界谷物消费量 28.56 亿吨，同比增长 0.5%，全球谷物库存量与消费量之比将保持在 30.8%，表明全球谷物供给较为宽松，对大宗农产品价格平稳运行形成了良好支撑。但同时，全球谷物贸易量 4.81 亿吨，较上年减少 3.0%，主要由于俄乌战争、巴以冲突、黎以冲突等地缘政治风险频发，加之各国谷物贸易禁令的时限与适用范围仍存在较大不确定性，一定程度上影响谷物产品跨区域流通，进而对价格产生一定影响。

（二）国家培育发展新质生产力，中国农业高质量发展迎来新机遇

农业新质生产力是新质生产力在农业领域的具体体现，是推动我国农业现代化发展的重要方向指引和动力引擎。一是农业科技成果将加快转化应用。2025 年，中国将锚定新一轮千亿斤粮食产能提升目标，坚持稳面积、提单产，重点围绕耕地、种子、农机、农艺、耕作技术、农药化肥、水利设施等，全面开展农业技术集成创新和应用推广，实施农作物的良田良种良机良法良策"五良"协同模式，以科技创新助力粮食丰产丰收，夯实粮食安全的根基，守牢粮食安全的底线。二是数字经济与农业加快融合发展。国家将紧盯世界农业科技前沿和"无人区"领域探索研究，加快推进生物技术、新一代传感器技术、人工智能、LEO 卫星等颠覆性技术攻关及其与农业深度融合发展，在"生物+"现代农业、"人工智能+"现代农业、"信息技术+"现代农业等方面挖掘农业发展新动能，开辟农业发展新赛道，深化农业科技创新驱动农业强国建设。

（三）重庆加快建设城乡融合乡村振兴示范区，有助于农业现代化步伐持续加快

2025 年，重庆将加快建设城乡融合乡村振兴示范区，持续完善强农惠农富农支持制度，深入实施"四千行动"，以科技创新和数字赋能为核心驱动力推动农业农村现代化迈出坚实步伐。一是强农惠农支持力度将持续加大。重点聚焦农业科技创新、产业体系构建等领域，持续完善强农惠农政策，提高社会资本投入农业领域的积极性；同时，以财政补贴、税收优惠等方式加大农村数智基础设施建设的资金投入，减轻农户和企业负担。二是科技和人才对农业现代化的支撑作用将不断显现。继续建设成渝现代高效特色农业带和国家农业科技园区，加大种业等关键核心技术攻关力度，加快推进农业科技成果转化运用，提升农业领域关键核心技术创新和应用能力，将为农业高质量发展注入动力。大力实施"四进三回"行动，有助于健全完善联农带农富农机制，打造综合素质高和创新能力强的现代农业人才队伍。

（四）2025 年趋势预测

综上分析，随着强农惠农力度持续加大、农业科技支撑作用持续强化，重庆将持续深入实施千亿级生态特色产业培育行动，发展壮大生态特色产业，加快推动食品及农产品加工集群化发展，预计 2025 年全市农业增加值同比增长 4.2% 左右，粮食播种面积和产量稳定在 3012 万亩以上、217.2 亿斤以上，农业科技进步贡献率在 64% 以上，农作物耕种收综合机械化率超过 60%，高标准农田改造提升持续推进，特色优势产业规模进一步扩大，强村富民带动作用更加显现。

四、对策建议

（一）大力发展食品及农产品加工业

持续有力实施千亿级生态特色产业培育行动，大力发展食品及农产品加工业，使其成为联城带乡的现代化大产业。一是优化食品及农产品加工产业发展布局。积极引导主城都市区加工企业到"两群"区县建立原料基地、开办加工企业，探索创新"大带小、强带弱""一区多园"等农产品加工园区协同发展机制。二是打造食品及农产品加工产业发展高地。深入实施"头羊计划"，开展"爆品"打造专项行动，市级重点打造年销售收入10亿元以上、区县打造年销售收入5000万元以上的"爆品"。打造农产品集散分拨中心。三是提升食品及农产品加工企业的引领带动能力。引导食品及农产品加工企业与农业经营主体构建结构松散、利益紧密的发展共同体，推动"农产品加工企业+标准化原料基地"联动发展，辐射带动农民工就业增收。

（二）着力稳定种植养殖业生产

持续落实好各项惠农政策，着力抓好粮食和重要农产品稳产保供。一是稳定粮食生产。加强秋粮田间管理，有序推进小春粮油播栽及晚秋粮食中后期生产管理，加强作物病虫害的综合防治，加强极端天气灾害防范，增强农户防范意识，最大限度减少灾害损失，确保全年粮食增产增收。二是稳定畜禽生产和市场供应。引导畜禽市场有序供应，加快生猪产业转型升级，高度关注家禽生产，加大家禽养殖政策扶持力度。加强对畜禽生产、流通、销售各环节的监测，及时发布畜禽产销变化和价格波动信息，加强预期管理和调节，防止生产供应和价格大起大落。三是调优蔬菜和水产品生产。优化蔬菜种植品种，提高蔬菜品质。推进高标准蔬菜生产示范基地建设，提高设施化水平和蔬菜生产能力。推广稻渔综合种养模式，推动水产品养殖绿色转型。

（三）持续改善农业基础设施条件

围绕城乡融合乡村振兴示范区打造，积极推进农业基础设施建设，持续改善农业生产基础条件，稳步提高防灾减灾能力。一是持续推进高标准农田建设。深入实施高标准农田改造提升行动，围绕"一带三区五流域"总体布局，以永久基本农田保护区、粮食生产功能区等为重点，以改大、改水、改路、改土和农业机械化为主有序推进高标准农田改造提升项目建设，加强高标准农田管护利用，打造高标准农田西南示范区。二是加强农田水利设施建设。研究制定相关规划，布局建设现代设施种植业、畜牧业、渔业示范基地。以构建现代化重庆水网为目标，加快渝西水资源配置工程和藻渡、跳蹬、向阳水库等国家重大工程建设，实施好中型灌区续建配套与现代化改造，加强小型农田水利设施建设和管护。

[重庆市综合经济研究院（重庆市经济信息中心）产业经济研究课题组
　　主研：易小光　丁　瑶　余贵玲　赵炜科　邓吉敏
　　执笔：邓吉敏]

产业卷
第二产业篇

之一：2024年重庆市第二产业发展及2025年展望

2024年以来，重庆市围绕构建"33618"现代制造业集群体系和"416"科技创新布局，稳定建筑业运行，促进产业转型升级，着力培育发展新质生产力，全市工业和建筑业总体实现平稳增长。预计2024年全市第二产业增加值将在11950亿元左右，同比增长6.6%左右；其中，工业增加值有望实现8710亿元左右，同比增长7.1%左右。

一、2024年重庆市第二产业运行情况

（一）总体运行情况

2024年以来，重庆深入实施制造业专项产业行动计划，加大产业创新支持力度，积极培育发展新质生产力，持续推动建筑业健康发展，全市第二产业总体保持平稳运行态势。1—9月，全市第二产业实现增加值8991.33亿元，同比增长6.7%，占地区生产总值的比重为38.7%。其中，工业、建筑业分别实现增加值6547.2亿元、2444.1亿元，同比分别增长7.2%、5.2%，占地区生产总值比重分别为28.2%、10.5%。第二产业固定资产投资同比增长16.3%，比上年同期提高4.3个百分点。

（二）主要运行特点

1. 工业经济运行平稳

工业生产稳定增长。在汽车等产业高速增长带动下，全市规模以上工业增加值增速持续保持大幅高于上年同期水平态势，在5月攀升到最高点（9.3%）之后虽有所放缓，但整体运行趋稳，1—9月全市规模以上工业增加值同比增长8.1%，高于全国2.3个百分点，较上年同期快2.4个百分点，比上半年回落0.5个百分点，增速居全国第8位、西部地区第5位。

重点产业支撑有力。汽车、材料、消费品等产业实现不同程度增长，有力支撑全市工业经济发展。汽车产业高速增长。在赛力斯等新能源车企快速发展带动下，1—9月全市汽车产业增加值同比增长25.9%，增速较上半年放缓4.4个百分点，但仍保持高速增长，拉动全市规模以上工业增长4.5个百分点。材料、消费品产业平稳增长。在华峰6期、华峰化学苯精项目等项目持续放量带动下，1—9月全市化工行业增加值同比增长16.8%，支撑全市材料产业增加值同比增长4.6%；在酒、饮料和精制茶制造业、纺织、食品等细分行业保持增长支撑下，1—9月全市消费品产业增加值同比增长6.0%。此外，电子、摩托车、能源、装备四大产业也均保持增长，产业增加值分别增长2.7%、7.9%、8.2%和1.6%。

重点产品产量走势分化。受国内外市场需求变化影响，全市工业重点产品产量有升有降、分化运行。新能源汽车产量倍增，燃油汽车产量大幅下滑。1—9月，全市汽车产量达到173.46万辆，同比增长8.0%，其中新能源汽车在赛力斯强势带动下，呈现逆势成倍增长，产量为59.43万辆，同比增长1.3倍；燃油汽车则受新能源汽车市场渗透率提升影响大幅下降，产量114.03万辆，同比下降15.4%。电子器件

产量高速增长，智能终端产量持续下降。液晶显示屏、集成电路保持高速增长，产量分别为2.88亿片、53.23亿片，同比分别增长25.6%、1倍；笔记本电脑、手机受国内外市场需求下滑和订单转移等影响呈下滑趋势，产量分别为5128.25万台、5970.12万台，同比分别下降4.3%、8.2%。有色金属产量快速增长，建材产量大幅下滑。铝材实现较快增长，产量167.34万吨，同比增长15.8%；钢材、水泥受房地产、基建等下滑影响均呈大幅下降态势，产量分别为1395.95万吨、3366.72万吨，同比分别下降13.7%、16.4%。

2. 新质生产力持续加快培育

战略性新兴产业增长迅速。全市围绕培育新质生产力要求，推动战略性新兴产业聚链成群，新兴动能加快培育积蓄。1—9月，战略性新兴制造业增加值同比增长13.8%，高于规模以上工业5.7个百分点，占规模以上工业增加值比重达34.5%，较上半年提高2.3个百分点。新兴产品增势强劲，以新能源汽车、集成电路、液晶显示屏等为代表的新兴产品产量高速增长，1—9月同比分别增长1.3倍、1.0倍、25.6%，成为支撑全市工业高速增长的重要引擎。

产业创新发展活力持续增强。全市积极推动科技创新与产业创新深度融合，产业发展动能不断增强。1—9月，科技创新市级重点项目完成投资48.5亿元，投资进度81%，两江新区协同创新区五期、重庆大学科学中心等项目主体完工，精密机械检测技术与装备工程研究中心等项目有序推进。关键技术取得突破，我国测时栅超高精度直线及圆时栅精度水平达到国际领先水平，涵盖生命健康等领域的6个重庆项目获国家科学技术奖。产业创新平台持续完善，重庆首个边缘计算实验室挂牌，全球汽车信息通信测评技术创新基地（一期）建成投用，填补我国智能网联汽车测试领域空白。科技型企业不断涌现，新培育国家级制造业单项冠军企业4家、国家级专精特新"小巨人"企业32家。

数字经济保持稳定发展。全市深入实施软件产业"满天星"行动计划，积极促进制造业数字化转型，数字经济整体保持稳定发展。软件产业规模持续壮大，1—8月全市实现信息传输、软件和信息技术服务业务收入2229亿元，规模居全国第8位，同比增长11.4%，高于全国0.2个百分点；累计培育国家级优质软件企业31家，市级首批"启明星""北斗星"企业39家。制造业数字化转型加快推进，新增市级智能工厂39个、数字化车间138个、工业互联网新模式示范项目6个，"上云上平台"企业数量超过13万户。算力服务取得突破，全国首个算力互联公共服务平台在渝发布，重庆市算力互联互通平台正式上线。

3. 建筑业稳定运行

建筑业实现平稳增长。在一系列稳增长政策加力提效、重点建设项目加速推进带动下，全市建筑业整体保持稳定发展态势。1—9月，全市建筑业实现总产值7230.2亿元，同比增长4.0%，产值排名全国第12位、西部第2位，较2023年分别提升3个、1个位次；实现增加值2444.1亿元，同比增长5.2%。分行业看，1—9月，建筑工程、土木工程建筑业产值分别达4653.9亿元、2044.5亿元，同比分别增长3.4%、4.9%；建筑安装、装饰及其他建筑业产值531.8亿元，同比增长5.6%。外埠市场竞争力有所增强，1—9月，本地企业出渝承揽工程实现产值2024.6亿元，同比增长8.2%，比2023年水平提高1.3个百分点。

建筑业转型升级加快。在大力培育高资质企业、加快建筑产业现代化、推广智能建造等带动下，全市建筑业工业化、智能化、绿色化转型发展步伐持续加快。经营主体规模稳步扩大，建筑业企业总量达到2.14万家，特级建筑资质企业数量达到14家。智能建造加快推进，累计培育智能建造试点项目45个、示范企业10家、试点区县5个。建筑工业化持续深入推进，发布第二批现代建筑产业基地名单，累计培育现代建筑产业基地20家，认定推广住宅部品19项。

4. 行业投资稳定增长

工业投资带动作用明显。在部分工业企业盈利改善和促进大规模设备更新等因素带动下，工业投资持续保持较快增长。1—9月，全市工业投资同比增长16.3%，高于全市固定资产投资增速14.5个百分点，拉动整体投资增长4.5个百分点。其中，摩托车、装备、材料、消费品、能源、医药投资分别增长100.3%、19.4%、23.1%、43.9%、27.1%、16.4%，工业技改投资同比增长27.0%，占工业投资的比重达到32.9%。重点项目推进有力，1—9月，全市制造业市级重点项目完成投资697.1亿元，投资进度93.7%，同比增长23.3%，长安汽车渝北工厂置换及绿色智能升级建设项目、九龙坡汽车及摩托车铝合金零部件生产线项目等项目建成投产。

建筑业投资平稳增长。全市积极发挥工业和基础设施投资驱动作用，加快交通、城建、水利、能源和产业基础配套等重大项目建设，全市建筑业投资保持稳定增长。1—9月，全市建筑安装工程投资额同比增长6.3%，增速较上年同期提高0.5个百分点，总体保持稳定增长。虽然受部分新建基建项目暂停影响，但在铁路、轨道交通、交通枢纽、机场、公路、港口航运等内陆开放高地以及城市路桥隧、城市有机更新、能源保障、水安全等新型城镇化重点项目支撑下，全市基础设施投资保持略微增长，1—9月全市基础设施投资同比增长0.6%。

二、存在的主要问题

（一）重点工业行业稳增长压力大

一是电子产业增长缓慢。受消费电子市场未大幅恢复、中美贸易摩擦、地缘冲突频发等因素影响，全球电子产业订单竞争激烈，加上重庆部分订单转移、新兴产品比例小、重大项目引进难，1—9月全市电子产业增加值同比仅增长2.7%。二是汽车产业难以保持高速增长。传统燃油车企转型偏慢，产品竞争力不强，1—9月全市燃油车产量同比下降15.4%。同时，欧美对中国新能源汽车加征关税，叠加赛力斯等车企高基数效应逐渐显现，全市汽车产业接续高增态势压力增大。三是材料产业增长乏力。受房地产、基础设施建设等需求端疲软影响，钢铁、建材行业大幅回落，材料产业增长动力不足、短期难以改善。四是医药产业负增长。受医保控费和带量采购等影响，加上全市医药品种集采中标竞争力不强，又缺乏医保采购的创新药物上市，1—9月重庆医药产业增加值同比下降3.2%。

（二）工业投资和外需增长承压

一是部分工业大区工业投资低迷。受新增工业项目不足，加之企业投资能力有所减弱、投资意愿普遍不强、投资行为更加谨慎等影响，部分区域及区县工业投资收缩明显，1—9月中心城区工业投资增长仅2%，低于全市工业投资14.3个百分点，其中两江直辖区、江北区工业投资同比下降17%、30.7%。二是优质新项目储备不足。涉及新质生产力的重大项目引进难度较大，10亿元规模以上的大项目较少，后续工业新增长点缺乏支撑。三是招商引资困难。随着招商引资公平竞争政策落实，招商引资项目洽谈困难、签约项目减少、落地进程缓慢，短期内产业项目招引难度加大，工业投资接续压力进一步增大。四是优势工业产品出口增压。受全球经济消费需求不足影响，叠加地缘政治不稳定、美欧土耳其等国对中国出口产品加征关税，重庆市笔电、新能源汽车等优势工业品外贸出口受到较大影响，1—9月全市笔电出口数量、金额同比分别增长-2.5%、3.6%。

（三）建筑企业生存经营困难

受房地产市场回暖不及预期、固定资产投资增速持续走低等影响，重庆乃至全国建筑业"总盘子"

持续缩小，企业生存经营压力加大。一是市场竞争加速低资质企业出清。由于建筑市场竞争更加激烈，建筑企业市场拓展更加困难，规模小、资质等级低的民营建筑企业生存空间受到挤压，加速低资质企业出清进程。二是资金压力倒逼部分企业退出市场。由于上游房企资金紧张，加上地方债务压力大，部分建设项目推进缓慢，工程款支付滞后，叠加企业成本持续攀升，建筑企业承压生存态势加剧，部分资金实力不足的企业被迫退出市场。

三、2025年发展环境及展望

（一）全球经济曲折复苏，制造业和建筑业持续增长将受到较大影响

2024年以来，全球经济和世界贸易有所回暖，但更长期的高利率、债务困境和不断升级的地缘政治、大国博弈等风险将继续挑战全球经济增长的持续稳定。制造业方面，2024年以来全球制造业PMI持续回升，美国制造业投资迅速上升，日韩等国制造业活动加速扩张，全球进入新一轮制造业扩张周期。但地缘政治动荡加剧，全球主要国家加速制造业修复、扩张和供应链重构，欧美等国制造业持续回流，再工业化步伐仍将持续。同时贸易保护主义、科技竞争进一步加剧，欧美将加大对发展中国家"卡脖子"技术限制，产业"脱钩断链"风险将会增加。建筑业方面，智能化、绿色化、工业化仍是建筑业未来发展的方向，多样化、个性化建筑需求将进一步增加，随着全球宏观经济条件的改善，新建筑项目的需求增加，全球建筑业市场规模增长将会有所加快。

（二）中国宏观政策加力显效，第二产业发展动能将不断积蓄

中国持续加大促进经济增长的宏观调控力度，经济将延续平稳回升态势，工业、建筑业发展将得到更多支撑。工业方面，2024年以来实施的"两新""两重"政策正带动汽车、家电等工业品生产制造加快发展，一批产业项目得到支持发展，工业发展基本面会进一步巩固。同时，近期国家持续加大宏观政策逆周期调节力度，工业经济市场需求将会有所改善。当前及未来一段时间，全国将深入贯彻党的二十届三中全会精神，建立健全因地制宜发展新质生产力体制机制，推动新兴产业发展壮大，前瞻布局未来产业，更加强调关键核心技术攻关，推动国家战略腹地和关键产业备份建设，提高产业链供应链韧性和安全水平。建筑业方面，围绕新型城镇化建设，城市更新、老旧小区改造、保障性住房建设等将加力提速，市政基础设施将加快更新步伐，"平急两用"公共基础设施将加快建设，我国建筑业稳定发展仍有较强的支撑。同时，装配式建筑、智能建造、绿色建筑仍将持续引领我国建筑业转型升级，实现高质量发展。但内外市场需求依然偏弱，工业经济恢复向好基础尚不牢固；房地产止跌回稳尚需时日，建筑业短期难以实现较快增长。

（三）重庆经济增长动力依然较强，第二产业发展韧劲将持续增强

重庆聚力做实"两大定位"、发挥"三个作用"、建设"六个区"，着力以全面深化改革促进高质量发展，经济将保持平稳增长。制造业方面，在智能网联新能源汽车产业加快发展带动下，全市持续深化出台系列产业专项行动，制造业产业链将进一步完善，"33618"现代制造业集群体系将加快构建，国家重要先进制造业中心地位将更加凸显。同时，随着央地联动更加深入，"416"科技创新布局、园区开发区改革、关键产业备份等深入推进，全市产业发展的内生动力将更加强劲。特别是，全市将持续营造更加有利于制造业高质量发展的政策环境，将采取更多措施积极培育发展新质生产力，全市产业发展新增长点将会不断涌现。建筑业方面，随着枢纽港产业园、中新生命科技城等一批重大产业项目加快建设，叠加城市更新改造、保障性住房建设、在建高速铁路、高速公路、轨道交通、城市道路等重大基础设施

等支撑,全市建筑业仍将保持稳定发展。但同时,产业转型阵痛、地方化债压力等将给全市第二产业发展带来较大挑战和制约。

(四) 2025 年主要指标预测

2025 年,在全球制造业有所回暖和中国制造业稳步回升的背景下,重庆将持续构建"33618"现代制造业集群体系,加快培育发展新质生产力,一体推动工业和建筑业高质量发展,全市第二产业仍将保持平稳增长趋势。预计 2025 年重庆第二产业增加值 12440 亿元左右,同比增长 6.1%左右,其中工业增加值 9090 亿元左右,同比增长 6.5%左右。

四、对策建议

(一) 聚力培育新质生产力

一是持续强化产业创新。加强关键核心技术攻关,突破更多"卡脖子"技术,加大中试中心建设支持力度,持续优化"产业研究院+产业基金+产业园区"发展模式,促进前沿科研成果转变为现实生产力。二是持续培育新兴产业。瞄准汽车电子、新型显示、轻量化材料等产业链关键环节,持续引进培育生产制造企业,不断壮大新兴产业集群。加快实施未来产业培育行动计划,选择有条件的区县打造未来产业先导区,尽快形成产业新动能。三是积极争取关键产业备份。积极向国家、央企争取将集成电路、先进材料等关键产业环节在重庆备份建设,进一步夯实全市产业链供应链韧性。

(二) 着力帮助企业纾困解难

一是帮助企业积极拓展市场。利用好国家以旧换新等消费政策,优化市级增量支持政策,适时扩大消费品以旧换新补贴范围。积极帮助赛力斯、深蓝、阿维塔、启源等汽车产品加速拓展海外市场。持续打造"渝企零距离平台",强化上下游企业产需对接,争取笔电、手机、汽车电子、服务器、智能家居等产品拓市场、稳订单。二是持续优化企业服务。落细落实"服务企业专员制度+企业吹哨·部门报到"机制,着力化解工业企业生产经营中的痛点难点。持续降低能源、物流等企业生产成本,帮助企业降本增效。三是支持企业发展壮大。引导本地汽车、航空航天等领域企业开放供应链,支持笔电、手机等优势产业链企业积极融入发展新产品。深入实施制造业领军(链主)企业培育行动,积极培育"独角兽""瞪羚"企业和一批专精特新中小企业,持续壮大市场主体。

(三) 积极挖掘工业新增长点

一是强化工业调度。持续完善工业运行调度机制,紧盯工业大区开展工业经济运行调度,推动在建项目尽快投产达产形成增量,推动签约项目尽快实施建设。二是支持企业更新改造。深入实施国家大力推进设备更新改造政策,用好超长期特别国债、专项再贷款、财政贷款贴息、中央预算内投资等国家政策,支持企业开展设备更新改造,通过技改进一步挖掘企业发展潜力。三是积极招引优质项目。结合国家招商引资政策调整,持续优化营商环境,围绕战略腹地和产业备份建设,积极策划招引一批优质项目,锚定重点产业链薄弱和缺失环节靶向招商,增强全市工业发展接续动力。

(四) 多措并举促进建筑业健康发展

一是支持企业拓展市场。帮助落户建筑央企和本土建筑企业"走出去"开拓全国建筑市场,支持本地建筑企业深度参与全市城中村改造、旧城改造、棚户区改造、基础设施建设等领域工程建设,进一步做大行业规模总量。二是鼓励企业发展壮大。以"一对一"服务、"包片"指导等方式鼓励扶持市内建筑企业提升资质等级,支持建筑业龙头骨干企业发展壮大,做强产业头部企业。全面落实民营建筑业企业市场准入政策措施，支持民营企业、中小企业同在渝央企、国有企业、省内优势企业建立结对联合机制，大力开拓市场业务。三是优化服务效能。逐步推行施工资质告知承诺制审批，提高审批效率，规范工程款结算，合理降低建设工程质量保证金预留比例，激发中小建筑企业活力。

〔重庆市综合经济研究院（重庆市经济信息中心）产业经济研究课题组
　主研：易小光　丁　瑶　余贵玲　李　权　简华球
　执笔：李　权〕

之二：2024年重庆市高技术、战略性新兴产业发展及2025年展望

2024年以来，重庆市聚力打造"33618"现代制造业集群体系，加快新质生产力培育，高技术制造业和战略性新兴制造业分化发展，软件及检验检测等高技术服务业进入发展快车道。预计2024年全市高技术制造业增加值同比增长1.5%左右、战略性新兴制造业增加值同比增长14%左右。

一、2024年重庆市高技术、战略性新兴产业运行情况

2024年，重庆高技术产业增速逐月放缓，但在新能源汽车爆发式增长、空天信息产业全面发力的强势带动下，战略性新兴产业持续保持较高增长态势。1—9月，全市高技术制造业增加值同比增长1%，低于全市规上工业7.1个百分点；战略性新兴制造业增加值同比增长13.8%，高于全市规模以上工业5.7个百分点。

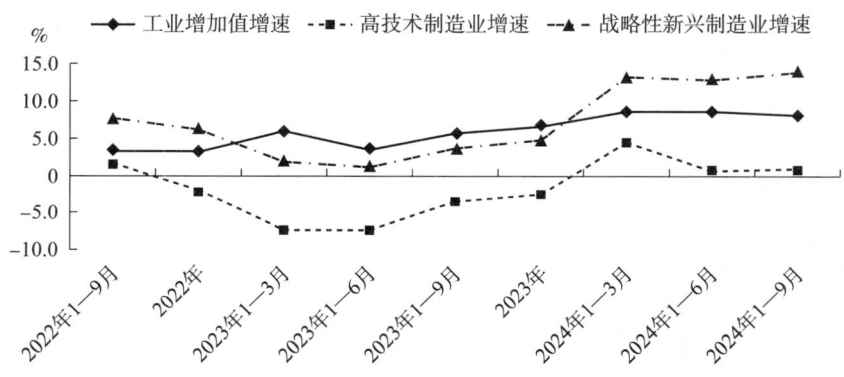

图1　2022年以来重庆市高技术制造业、战略性新兴制造业与工业增速比较

（一）高技术、战略性新兴制造业分化明显

受全球产业链供应链格局变化、需求减弱、产品产销差异等国内外因素影响，全市高技术、战略性新兴制造业运行复杂程度加剧，细分行业走势分化明显。

智能网联新能源汽车实现爆发式增长。赛力斯问界、长安深蓝等系列新能源汽车产品持续产销两旺，1—9月，全市新能源汽车产量达到59.43万辆，同比增长1.3倍。建成百亿级长安新能源工厂，助力建设全国"汽车第一城"。便捷超充之城建设持续提速，充电桩累计超32万个，全市车桩比约2∶1，超全国（7月底为3∶1）平均水平。渝北区获评市级汽车电子重点关键产业园、智能网联新能源汽车热管理系统中小企业特色产业集群。

以空天信息产业为代表的未来产业快速崛起。空天信息产业集聚中国星网、零壹空间等龙头企业在内的上下游企业100多家，初步形成涵盖"芯片模组—终端制造—系统集成及运营服务"的空天信息企业主体矩阵及产业链，产业关联产值约300亿元，年均增速超15%，并成功举办2024年空天信息产业国际生态大会。新能源及新型储能、轻合金材料、纤维及复合材料发展速度提速。

电子产业内部结构调整加快。受全球终端消费品电子需求减弱的持续不利影响，电子制造业增长继续承压，增速逐月降低，1—9月，电子制造业增加值增速为2.9%，较年初增速下降6.4个百分点。其中，出口导向为主的产品出现下滑，笔记本计算机产量5128.25万台，同比下降4.3%；手机产量5970.12万台，同比下降8.2%。但液晶显示屏、集成电路等电子核心部件发展亮眼，增速分别为25.6%、101.3%，呈逆势高速增长态势。

生物医药产业持续下行。受医保控费需求减弱及医药龙头企业销售收入下滑影响，2024年以来全市医药制造业累计月度增速均处于下行状态，1—9月，重庆医药产业增加值同比下降3.2%，降幅环比扩大0.7个百分点。可喜的是，生物医药产业投资增速较快，同比增长16.4%。巴南区生物医药产业集群全力推进核心产品上市，创新药赛立奇单抗注射液实现全市1类创新药"零的突破"；大渡口区生物医学工程产业加快集聚发展。

（二）高技术服务业保持良好发展态势

在现代生产性服务业高质量发展、"满天星"等行动计划推进下，高技术服务业稳步提升。

软件及信息服务业进入全国"第一梯队"。软件产业成为数字经济发展主要支撑，1—9月，规模以上软件和信息技术服务业实现营业收入2531亿元，同比增长11.3%，比全国平均水平高0.5个百分点，规模居全国第9位。从业人员超过39.8万人，企业数量突破4万家。评选认定的"埃克斯数字孪生应用交付平台"等20款首版次软件产品①创新性强、应用范围广。

检验检测服务业快速布局。加快落实检验检测服务业发展十条措施，签约落户5G通信产品质量检验检测中心等10余个覆盖5G通信、机器人等高端检验检测平台项目，总投资超10亿元。

知识产权服务发展再上台阶。获批新建国家级知识产权保护中心，将缩短专利审查周期，打造知识产权保护"一站式"综合服务平台，推动创新资源集聚。

平台算力服务加快推进。H-IIP工业互联网平台等国家级"双跨"工业互联网平台有序建设，工业互联网累计标识注册量、累计标识解析量双双突破300亿个大关。持续深入实施"算力山城 强算赋能"行动，加快推进全国一体化算力网络成渝国家枢纽节点（重庆）建设，累计建成3个智算中心和1个高性能计算中心，云边端协同供给能力不断提升。

（三）自主创新能力建设持续发力

继续坚持科技创新和人才强市首位战略，着力构建"416"科技创新布局，加快打造具有全国影响力的科技创新中心。

科技基础设施建设加快。推进科技资源共建共享，累计整合和共享川渝两地大型科研仪器设备1.3万余台（套）。强力打造高能级科创平台，金凤、嘉陵江、明月湖、广阳湾四大重庆实验室建设有力推进，沪渝人工智能研究院的"兆言"大模型在SuperCLUE中文大模型智能体评测基准中位列全球第三、国内第二。新建致灾降水领域重点实验室。

科技成果研发及转化成效明显。全市涵盖生命健康、土木建筑等领域的6个项目获得国家科学技术奖。制定《重庆市未来5—10年科技创新重点突破图谱》为研发创新定向导航。打通"研发—中试—生产"的完整产品技术创新链，推进高价值专利技术成果转化超过700项，建成制造业中试平台30个。

（四）高新技术产品进出口呈分化发展态势

在稳外贸政策及精准开展"外贸转增攻坚"行动推动下，全市高新技术产品出口呈恢复性增长态势，

---

① 首版次软件产品，是指产品功能或性能有较大突破，在该领域具有技术优势或者打破市场垄断，产品质量可满足行业使用需求，具有自主知识产权且首次发布销售并处于市场推广初期的软件产品。

但高新技术产品进口总额连续两年处于下滑态势。1—9月，全市高新技术产品进出口总额3364.67亿元，同比增长5.1%。其中，高新技术产品出口总额2326.03亿元，同比增长9.5%，增速比上年同期提高21.9个百分点，其中重点产品笔记本电脑、手机出口同比增长分别为3.6%和23.7%；全市高新技术产品进口总额1038.64亿元，同比下降3.0%，增速虽比上年同期提高23.5个百分点，但已延续20个月处于负增长状态，其中，因头部企业海力士业务调整，集成电路进口同比下降2.4%。

二、当前值得关注的问题

（一）高技术产业投资不足

从行业看，2024年以来全市电子产业项目签约、新项目开工等后劲明显减弱，电子产业固定资产投资增速持续在低位徘徊，1—9月，全市电子产业因项目签约、新项目开工较少，固定资产投资同比下降7.4%，低于全市工业投资增速23.7个百分点。从区域看，受整体市场环境差、企业流动资金少等因素影响，两江新区高技术领域投资下滑较大，直管区高技术领域投资下滑严重，长寿经开区1亿元以上高技术领域投资项目缺乏。

（二）招商引资难度增大

受宏观经济下行压力加大影响，加上受国家招商引资政策调整，企业投资普遍比较谨慎，招商引资项目的洽谈周期大幅拉长。同时，财政资金压力大，存量政策难落实。如国家级战略性新兴产业集群政策《支持重庆国际生物城建设生物科技成果转移转化示范地若干措施》落地存在困难，即使在政策补贴范围内，因财政处于紧平衡状态，无法承担细则落地配套资金，影响科技成果落地转化效率。

（三）科技创新能力不足

受国家级科研院所及"双一流"高等院校偏少，传统产业比重大等因素影响，重庆具有竞争力的创新型企业数量少，科技创新产出能力与经济体量不相匹配。"2024中国战略性新兴产业领军企业100强""2024民营企业发明专利500家"榜单中，重庆分别仅有1家和11家企业上榜。重庆孵化器数量虽与四川和陕西相当，但在孵高新技术企业数量明显偏低。1—9月，全市专利授权量共41658件，同比增长1.1%，占全国比重仅1.49%，其中发展专利占全国占比更低，为1.41%，占比均大大低于重庆GDP占全国（约7%）的比重。

（四）脱钩断链影响逐渐显现

受以美国为首的部分西方国家对有关国家外汇管制，以及对华高精尖技术及设备打压等因素影响，已有企业反映新建生产线装备购买、出口企业收汇存在困难。受美国《生物安全法案》影响，医药外包（CXO）企业或将遭遇"寒冬"。以海外客户为主的中国大型CXO企业将面临美国客户存量订单逐步消耗，亟需新订单补充缺口的"自救"，导致国内相关医药制造及服务业内卷加剧，重庆已有医药外包龙头企业受此影响，海外订单锐减近九成。

三、2025年发展环境及趋势展望

（一）美国等发达国家加大高技术产业贸易保护和技术封锁力度

全球经济增长动能偏弱，产业链供应链受到冲击，单边贸易保护主义推升贸易成本和风险，对中国的技术及设备封锁加剧。一是以美为首的多国联手阻止中国高端芯片发展。2024年，美国再次修订《对华半导体出口管制最终规则》，并联合日本、荷兰加大力度阻止中国获取美国人工智能（AI）芯片和芯片制造设备，涉及量子技术研究、无人机等37家中国企业被新列入出口管制。二是国际贸易保护升级。美国、欧盟通过提高关税、反补贴调查等措施，对中国电动汽车等新三样产品设置出口壁垒，增加中国出口成本。三是生物医药产业脱钩"全链推进"。2024年，美国通过的《生物安全法案》要求美国相关企业在2032年前结束与我国CXO龙头企业药明康德等5家中资企业结束合作，强行脱钩。

（二）中国加大培育发展新质生产力政策力度

中国正加大政策支持力度，持续突破关键核心技术，助推高技术和战略性新兴产业加快发展，不断增强新质生产力发展动能。一是更加重视国家战略科技力量建设。中央科技支出增幅加大，超长期特别国债重点用于科技重大战略实施和重点领域安全能力建设，着力优化国家实验室体系，突破集成电路、工业母机等瓶颈制约。二是新兴产业和未来产业支持政策持续发力。《关于推动未来产业创新发展的实施意见》进一步明确了未来制造、未来信息等六大未来产业的细分发展新赛道。2024—2026年期间实施"百县千站万桩"试点工程以及《支持专精特新中小企业高质量发展》等政策促进产业生态优化。三是新兴产业生态进一步完善。数据要素正快速融入生产、分配、流通、消费和社会服务管理等各环节，成为赋能经济社会发展的重要动力。新产业标准化领航工程的实施促进产业高质量发展、推动产品质量提升。但同时应当看到，中国与发达国家之间的科技合作空间不断收窄，创新成本、产业链升级难度显著增加，高技术领域招引外资难度加大。

（三）重庆积极推动新兴产业发展

重庆聚焦"416"科技创新布局和"33618"现代制造业集群体系，推动创新链、产业链、资金链、人才链"四链"融合。一是高增长行业动力强劲。长安、赛力斯整车企业以及北斗智联等智能车载终端配套企业可望继续保持高速增长态势，推动新能源汽车产业的进一步发展。二是空天信息、新材料等产业前景可期。空天产业科技成果快速转化，新材料产业充满发展前景，化工新材料、航空新材料进入快速发展期，西南铝、鑫景特种玻璃进入C919大飞机供货商，增长潜力可期。三是新兴产业支持力度加大。《重庆市未来产业集群培育行动计划（2024—2027年）》《重庆市加速推进现代生产性服务业高质量发展行动方案（2024—2027年）》等系列政策文件的实施，对支持突破未来产业核心技术和培育重点产品、增强工业软件自主创新能力等具有重要推动作用，有利于带动全市新兴产业加快发展。但同时应当看到，全市高技术领域存在投资带动和支撑能力不足、高新技术产品进出口持续承压、招商引资困难影响投资增长空间等困境。

（四）2025年重庆高技术产业、战略性新兴产业发展展望

综上所述，2025年，在政策支持和市场需求的双重驱动下，重庆通过积极培育市级战略性新兴产业集群，推进高水平研发平台建设，拓展延伸新兴产业应用场景，产业结构不断优化。预计2025年新能源汽车、集成电路、新材料等新兴产业将保持快速增长态势，高技术制造业增加值增速约为3%，战略性新兴制造业增加值增速约为13%。

四、对策建议

（一）大力推进新兴产业投资

一是加快推进在建项目投资稳定增长。继续加大新能源汽车、生物医药、新材料、空天信息等重点领域的新增投资。加快推进三安意法半导体项目、高新区12英寸集成电路特色工艺线一期、璧山甲醇重

整氢燃料电堆项目等在建重大项目投资放量。二是接续稳定项目投资。加大招商引资力度，瞄准大数据、人工智能、智能制造等行业头部企业，创新应用"市场+资源+应用场景"招商模式，实现新兴产业"储备一批、签约一批、开工一批、建设一批、投产一批"滚动发展格局。三是挖掘未来产业投资潜能。加快推进"疆算入渝"，联手共建西部算电协同创新中心。构建以"产业大脑+未来工厂"为核心的高端制造体系，构建产业链、供应链深度互联和协同响应的高效率未来工厂。加速培育低空经济、空天信息、工业软件等一批新业态，着力培育发展新动能。

（二）创新培育战略性新兴产业集群

一是创建更多市级战略性新兴产业集群。在已有的8大市级战略性新兴产业集群基础上，支持在新型显示、空天信息、新能源及新型储能等领域发展基础较好的区县打造市级战略性新兴产业集群。积极争创国家级战略性新兴产业集群。二是创新新兴产业集群培育方式。构建"产业研究院+产业基金+产业园区"的"四链融合"新兴产业集群发展路径，建设区域综合性中试中心，吸引更多科技成果来渝中试熟化、二次开发。推进川渝毗邻地区深入合作，加强川渝合作打造智能网联新能源汽车产业集群，加快打造成渝氢走廊。三是加大国家级战略性新兴产业集群支持力度。支持在重庆国际生物城布局生物安全三级实验室和高峰湖实验室等高能级生物医药创新平台。支持落地临床实验室，促进医药销售与医药制造融通，提高药品上市审批效率。

（三）强力推进科技创新

一是加快创新主体培育。加快完善以企业为主体、市场为导向、产学研相结合的技术创新体系。加快壮大高新技术企业，积极培育独角兽及瞪羚企业，打造更多科技型企业孵化器，加快培育一批小微科技型企业。二是加快推进科技成果形成新质生产力。加快知识产权强市建设，实施高价值专利培育和专利转化专项计划，支持高校建立专业化技术转移机构，开展重点高校院所存量专利盘活与评估，向企业精准推送可转化专利数据。三是推动科技创新和产业创新深度融合。围绕产业链部署创新链，支持链主企业联合上下游企业构建体系化、任务型的产业创新综合体。围绕创新链布局产业链，推动更多前沿科研成果实现产业化。

（四）完善新兴产业发展生态

一是加大国外市场开拓力度。进一步优化进出口结构，积极拓展"一带一路"等新兴市场，稳定电子信息、医药外包等产品外贸规模，扩大新能源汽车等新兴产品外贸规模。支持企业参加境外重点展会，支持企业扩大先进技术设备和零部件进口。二是多渠道增加金融投资资金。加快落实支持创业投资高质量发展的20条举措，引导创业投资聚焦构建"416"科技创新布局和打造"33618"现代制造业集群体系，鼓励市场化资本参与新兴项目"投早、投小、投硬科技、投长期"。三是增强产业园区体制机制改革活力。聚焦重点区县（开发区），深入实施制造业亩均论英雄。推进资源要素高效配置，培育发展新质生产力。

[重庆市综合经济研究院（重庆市经济信息中心）产业经济研究课题组
主研：易小光　丁　瑶　余贵玲　李　权　张　峰　蒋安玲
执笔：蒋安玲]

之三：2024 年重庆市汽车摩托车产业发展及 2025 年展望

2024 年以来，重庆以培育发展新质生产力为牵引，做大做强"33618"现代制造业集群体系，推动汽摩产业向新能源化、智能网联化、高端化转型升级，全市汽摩产业保持良好增势。预计 2024 年汽车产业、摩托车产业增加值同比分别增长 24%、8.5% 左右。

一、2024 年重庆市汽车摩托车产业运行分析

2024 年以来，重庆深入推动汽车摩托车产业（以下简称"汽摩产业"）链上下游、产供销、大中小企业融通联动、协同发力，促进汽摩产业迭代升级、扩量增效，汽摩产业保持良好发展态势。1—9 月，全市汽车产业、摩托车产业增加值同比分别增长 25.9%、7.9%。

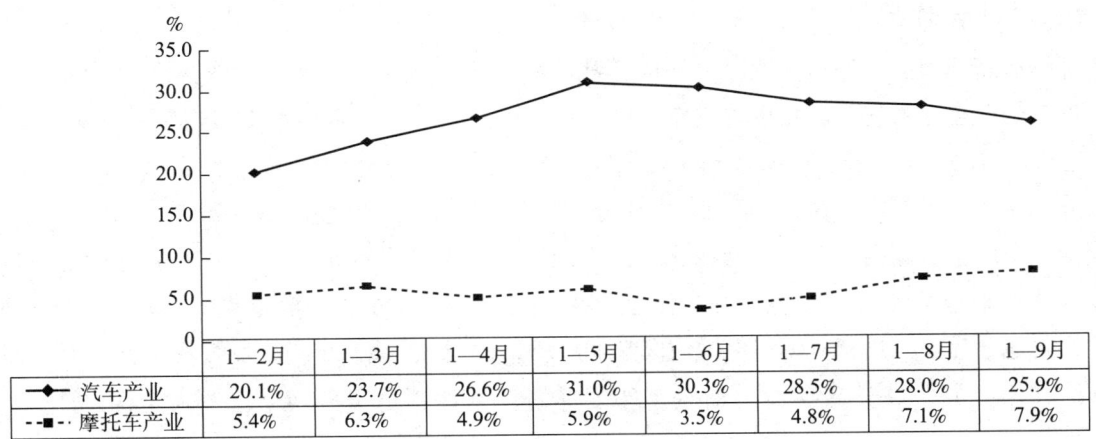

图 1　2024 年重庆汽车、摩托车产业增加值增速走势

（一）集群能级持续"向上"

在整零协同、产销联动、龙头车企强势拉动等共同作用下，汽摩产业集群不断壮大。汽车产业增势强劲。1—9 月，全市汽车产业增加值同比增长 25.9%，分别快于全市规上工业增加值、全国汽车产业增加值增速 17.8 个、17.9 个百分点，对全市工业增长的贡献达 55%，拉动工业增长 4.5 个百分点。汽车产量达 173.5 万辆，占全国的 8.1%、居全国各省市第 3 位；同比增长 8%，快于全国 5.3 个百分点。摩托车产业快速增长。1—9 月，全市摩托车增加值同比增长 7.9%，较上半年提高 4.4 个百分点。产量达 497 万辆，占全国的 33%，同比增长 15.5%，较上半年快 0.8 百分点，高于全国 18.4 个百分点。摩托车投资同比增长 1 倍，较上半年提高 41.4 个百分点。隆鑫、宗申、重庆银翔燃油车销量分别稳居全国第 2 位、第 3 位、第 8 位。

（二）产业结构持续"向优"

在新能源化加速迈进、产品持续更新迭代、中高端产品矩阵不断丰富等带动下，汽摩产业结构不断

优化。新动能加快培育壮大。1—9月，全市新能源汽车产量达59.4万辆、同比增长1.3倍，产量占汽车总产量比重达34.1%，较上半年提高2个百分点，增速远高于全国平均水平（33.8%）。赛力斯、长安汽车自主品牌新能源汽车销量同比分别增长3.6倍、46%，宗申、隆鑫电动摩托车销量均跻身全国前十。高端品牌加速突围。赛力斯问界M9上市10个月大定累计超过16万辆、连续6个月蝉联国内50万元以上豪华车型销量冠军；阿维塔07上市17天内大订超2.5万台。无极DS525X、CU525和赛科龙复古四缸跑车RC700R、首款自动挡巡航车型AQS401等高端新车型相继推出，备受市场瞩目。

（三）制造应用持续"向智"

在技术创新、数字赋能、场景牵引等共同作用下，产业数智水平不断提升。智能化赋能加快发力。截至9月，全市汽车行业累计建成数字化车间349个、智能工厂52个、创新示范工厂11个、5G+工业互联网先导应用和5G全连接工厂12个。赛力斯汽车超级工厂、长安汽车全域5G数智化工厂智能化水平全球领先，阿维塔11和12、赛力斯问界M7和M9等车型搭载的L3级自动驾驶技术行业领先。网联化应用持续深入。两江新区、西部科学城重庆高新区、永川区3个区智能网联汽车示范应用持续深化，累计选择自动驾驶开放测试示范道路超过2100公里（双向）。成功入围全国首批智能网联汽车"车路云一体化"应用、智能网联汽车准入和上路通行等试点城市，首批采用"车路云网图"协同技术智能驾驶小车正式投用。

（四）对外合作持续"向广"

在西部陆海新通道、成渝地区双城经济圈等战略建设走深走实，以及"渝车出海"计划深入推进等带动下，汽摩产业合作市场不断拓展。汽摩出口增长迅速。1—9月，全市汽车出口量、总额分别达35万辆、317亿元，同比分别增长30.3%、34%，长安汽车自主品牌海外销量同比增长65.5%。摩托车出口量、总额分别达353.1万辆、144.1亿元，同比分别增长14%、17.8%，隆鑫、银翔、宗申、力帆出口量均跻身全国摩企前十。国内外合作不断深化。成渝地区双城经济圈汽车产业链供需信息对接平台已汇聚整车及零部件企业超5700家，促成相互合作企业400余家，累计配套资金超400亿元。成渝"氢走廊"加快建设，两地累计投入运营氢燃料电池汽车超900辆，建成加氢站26座。长安汽车首个海外新能源汽车生产基地（泰国）加快建设，赛力斯汽车印度尼西亚基地销售服务网络已覆盖全球70余个国家和地区。

二、当前值得关注的问题

（一）燃油汽车下滑明显，新能源汽车规模仍不大

全市燃油汽车产量占比约2/3，2024年以来受长安燃油车库存积压抬升等拖累出现大幅滑落，新能源汽车规模尚小，现有增量难以冲抵燃油车减量影响。1—9月，全市燃油汽车产量同比下降15.5%，新能源汽车产量（59.4万辆）仅占广东（227.9万辆）的1/4左右，与上海（87.7万辆）、陕西（79.8万辆）等省市差距明显；占全市汽车总产量比重（34.2%），低于全国4.7个百分点，落后于上海（69.8%）、陕西（67%）、广东（60.3%）、浙江（42.3%）等省市。

（二）汽车投资与消费疲软，整车企业盈利能力堪忧

受新增项目开工不足等影响，1—9月，汽车产业投资同比下降4%，降幅较上半年扩大2.8个百分点，低于工业投资5.8个百分点。受居民收入预期减弱、价格内卷加剧、汽车换新政策刺激时效较短，加之新能源车市场渗透率不及燃油车，乘用车市场"增量不增收"现象突出，1—9月，汽车零售额同比下

降4.3%，其中燃油汽车零售额同比下降16.2%。受市场竞争激烈、经营成本攀升、产品价格下降等影响，前三季度整车企业利润仅占汽车产业的1/3，近半数整车企业为亏损，长安系新能源汽车业务尚未实现盈利。

（三）品牌竞争力仍不强，产品高端化迭代不足

企业品牌竞争力和渗透力不够强，1—9月，长安自主品牌汽车、赛力斯新能源汽车合计销量不足比亚迪的1/4，宗申电动摩托车销量仅占江苏雅迪的1/3左右。入围全国轿车系列汽车销量排行榜20强的重庆品牌仅长安逸动且排在末位，入选2024中国汽车供应链企业百强的重庆企业仅青山工业1家。全市20万元以上车型占比仅约1/4，汽车单车均价（约13万/辆）低于全国（15万元/辆），"弯梁车""小排量"等摩托车低端产品占比仍高。

（四）核心零部件配套能力较弱，车规芯片对外依赖度大

重庆本土新能源车企多是从传统车企转型而来，对电驱、电控等关键零部件开发不足，全市新能源汽车本地化配套率仅30%左右。汽车"缺芯"（车规芯片）"少魂"（汽车软件）仍待破局，全球超90%份额的汽车芯片市场被瑞萨、恩智浦、英飞凌等国外供应商占据，国产芯片自给率还不足10%，国产化替代尚需时日，赛力斯、阿维塔等车企车载芯片供应链潜在风险仍大。

三、2025年重庆汽车摩托车产业运行环境及展望

（一）全球汽摩产业发展进入格局版图重塑"提速期"

当前世界百年未有之大变局加速演进，新一轮科技革命和产业变革正重构全球创新和经济版图，加速推动全球汽摩产业技术、产品、市场、生态深度重塑，全球汽摩产业正迈向新纪元。从技术驱动看，大数据、云计算、物联网、人工智能等新一代信息技术快速发展和应用，动力电池技术、智能驾驶及车联网等技术日益成熟，正加速全球汽摩产业电动化、网联化、智能化进程，赋能其从单纯交通工具向移动智能终端、储能单元和数字空间转变，进而带动全球汽摩产业形态和竞争版图重构。从市场演进看，随着全球公众对环境保护意识不断增强，多国政府和车企已将燃油车禁售提上日程，发展新能源智能汽车以促进全球零碳变革正成为世界共识，将带动全球新能源汽车市场快速扩张；据国际能源署（IEA）预计2025年全球电动汽车销量占比将超过1/5，未来十年需求的激增将重塑全球汽车产业格局。但同时，当前世界进入新的动荡变革期，国际环境日趋复杂，经济全球化遭遇逆流，地缘政治紧张局势延宕，美西方大搞"脱钩断链"，肆意对我国电动汽车实施反补贴调查、加征高额关税（如美国加征100%、欧盟最高加征35.3%），俄罗斯自2024年10月起对进口汽车提高报废税，严重冲击全球产业链供应链，将对我国及重庆参与全球汽摩产业合作形成较大扰动。

（二）我国汽摩产业发展进入动能转换施策"加力期"

我国经济持续保持稳中有进态势，宏观和微观同向施策持续加力，将加速我国汽摩产业新质动能释放、锻造竞争新优势。从改革和战略方面看，党的二十届三中全会对"健全因地制宜发展新质生产力体制机制"作出重要部署，我国正加快培育发展新质生产力，以科技创新推动产业创新，大力推进新型工业化，着力构建现代化产业体系，将加速推动汽摩产业传统动能改造提升、新兴动能培育壮大，进而带动汽摩产业技术革命性突破、生产要素创新性配置、产业深度转型升级。从政策方面看，我国正加快推进超长国债、政府专项债等发行和落地，深入实施推动大规模设备更新和消费品以旧换新行动，相继推出延长车辆购置税减免措施、开展汽车以旧换新补贴、发放新能源汽车消费券、启动公共领域车辆全面

电动化试点等一揽子增量政策，将进一步刺激汽车产销潜能释放。但同时，当前国内有效需求依然不足，居民收入预期减弱，购车意愿和能力有所下降，加之新能源汽车高昂的研发成本和技术壁垒制约（如电池成本占整车成本比重约40%），对我国及重庆汽车产业发展潜能释放形成一定掣肘。

（三）重庆汽摩产业发展进入蓄势跃升突围"窗口期"

重庆经济运行延续平稳向好势头，国家战略加持、产业生态培优等不断发力，汽摩产业集群体系迭代升级利好因素积蓄增多。从战略利好看，习近平总书记视察重庆时赋予重庆奋力打造新时代西部大开发重要战略支点、内陆开放综合枢纽的"两大定位"，重庆正积极融入国家战略腹地建设，全力构建"33618"现代制造业集群体系，聚力建设国家重要先进制造业中心，汽摩产业领域一批重大项目、重大改革、重大政策、重大平台不断集成显效，多重战略红利叠加共振为重庆汽摩产业集群跃升将带来前所未有的发展机遇。从产业生态看，全市已形成长安、赛力斯、隆鑫、宗申等为龙头、数十家整车企业为骨干、上千家配套企业为支撑的汽摩产业集群体系，智能网联新能源汽车3大系统、12大总成、56种部件实现全覆盖和集群式发展，集聚了汽摩领域科技型企业及高新技术企业超3000家，中国科学院重庆汽车软件创新研究平台、国际新能源汽车品牌中心等高能级平台提质建设，将为汽摩产业从"链条型"线性发展加速向"生态型"体系发展升级打下坚实基础。此外，随着汽车置换更新补贴、"渝车出海"行动、新能源汽车便捷超充行动计划等一揽子政策持续加力，将带动汽车产销提质扩容。但同时，当前车市竞争空前激烈，行业"卷价格、卷配置、卷速度、卷流量"等进入白热化阶段，加之美国正在研究将长安汽车等车企列入制裁清单，重庆汽车产业面临"内卷外压"的严峻考验。

（四）2025年重庆汽摩产业发展趋势预测

充分考虑国际环境复杂严峻新形势、国内外及市内宏观经济和汽摩产业发展环境，以及基于2024年高基数效应影响，2025年汽车产业高增态势或有所回调，但随着汽摩领域新技术突破、新产品开发、新项目放量、新市场拓展、新政策加持等持续发力，全市汽车、摩托车产业有望仍会保持稳健发展态势。预计2025年汽车、摩托车产业增加值同比分别增长15%、8%左右。

四、对策建议

（一）共抓"新兴+传统"动能，提升集群质效

一是加快壮大新兴动能。坚持整零协同、软硬结合、生态共建，加快发展纯电动、插电式、增程式、氢燃料等新能源汽车，积极引育车规级芯片、传感器、汽车电子等核心零部件企业，推动新能源汽车产业集群成势。深入开展智能网联汽车示范应用，加快建设5G自动驾驶开放道路示范基地。积极开发电动踏板摩托车、电动轻便摩托车等长续航、高性能产品，推动爱玛、雅迪等电动摩托车生产基地扩能。二是改造升级传统动能。推动传统整车企业向高端化、智能化、绿色化转型，加快产品升级迭代、新车型导入和市场投放，做强高性能发动机、自动变速器等关键零部件，不断扩大轻量化材料、高强度车身等应用比例，促进燃油汽车止滑回稳。丰富摩托车车型产品谱系，做大250毫升及以上中大排量街车、巡航车等高档摩托车规模。此外，加强工贸联动、大中小协同、上下游对接，帮助整车企业拓市场、抢订单、增产量、增效益。

（二）共挖"投资+消费"潜能，促进内需释放

一是全力抓项目促投资。统筹新开工、续建、竣工、预备等汽摩产业重点项目，加快推进一批汽摩产业重大项目建成投产达效，稳住投资基本盘。聚焦新能源整车制造、动力电池与管理系统、驱动电机

与电子系统等产业链缺项和薄弱环节，研究制定"补空白、强弱项、国产自主"三张清单，按图索骥开展产业链精准招商，精准引进补链、强链、延链项目，做大投资增量。用好用足超长期特别国债和政府专项债，加大汽摩产业科技创新项目投入。二是大力激发消费潜力。深化实施汽车摩托车以旧换新行动，持续完善汽摩以旧换新、置换更新等补贴政策举措，引导有条件的汽车摩托车生产商、经销商联动出台配套资金补贴、优惠打折等政策，提振汽摩消费。由政府牵头，联合行业协会、商会、汽车企业等持续开展汽车摩托车以旧换新推广、新能源车下乡等促销活动，拓展消费市场。引导银行金融机构联手车企推出购车分期、零首付、低利率等优惠政策，加大汽摩消费信贷支持。

（三）共促"技术+品牌"创新，增强竞争优势

一是大力提升技术创新能力。聚焦车用芯片、关键电池材料、高密度电驱电控系统、车用操作系统、智能驾驶等先进共性技术及核心部件，通过"揭榜挂帅""赛马制"等方式，实施一批重大关键技术攻关项目，引导产业链上下游企业组建创新联合体，协同攻关突破一批"卡脖子"技术。引导本土企业联合国内外知名高校、科研院所、高新科技巨头等建设汽摩领域联合实验室、企业技术中心、创新中心等研发机构，提升自主创新和协同创新能力。二是加强品牌质量建设。高标准建设国际新能源汽车品牌中心，引导车企加强品牌研究、品牌设计和品牌创建，大力开发高附加值、高性能、高配置、高性价比产品，提升"重庆造"汽车摩托车的美誉度和影响力。建立健全以企业为主体、市场为导向、产学研相结合的质量技术创新体系，推动产品设计、生产制造、测试验证等环节全流程可靠性技术的开发与应用，完善产品全生命周期质量溯源机制。

（四）共拓"国内+国际"市场，深化开放合作

一是深化国内市场合作。强化川渝汽摩产业链协作，优化升级供需对接平台功能，推动毗邻地区联合打造汽车产业协作示范园区，加快推进川渝"氢、电、智行"三走廊建设，联合申报国家燃料电池汽车示范城市群。加强渝长江经济带、西部陆海新通道沿线省市合作，联合共建长江经济带、西部陆海新通道氢走廊，扩大氢燃料汽车应用场景。积极对接沿海发达地区，积极承接东部地区汽摩关键零部件产业转移，共建汽摩产业"科创飞地"。二是大力拓展国际市场。紧盯重点国家及"一带一路"沿线国家和地区市场，深化实施"渝车出海"行动，针对不同的海外市场政策法规、环境差异、细分特点与用户需求，开发适销对路产品，扩大汽摩产品出口规模。推动汽摩出口从单一的整车出口贸易模式向"整车+散件组装+本地化运营"等多种模式转变，带动全产业链上下游"走出去"。引导龙头车企建立海外工厂、境外营销网络、研发中心，深度参与国际产能合作。

[重庆市综合经济研究院（重庆市经济信息中心）产业经济研究课题组
主研：易小光　丁　瑶　余贵玲　蒋安玲　简华球
执笔：简华球]

之四：2024年重庆市电子信息产业发展及2025年展望

2024年以来，重庆市大力克服消费需求不足、市场竞争激烈等不利影响，在稳订单、稳出口、培育新动能上持续发力，积极推动电子信息制造业高质量发展，全市电子信息制造业总体保持平稳发展。预计2024年全市电子信息制造业增加值同比增长约4%。

一、2024年重庆市电子信息制造业运行情况

（一）总体运行情况

面对国内外市场需求放缓和产业投资低迷的不利影响，重庆加大电子信息制造企业纾困力度，努力保持行业发展态势总体平稳。从月度运行走势看，重庆电子信息制造业增加值累计增速从年初最高值9.3%逐月回落至9月的2.9%，低于全市规模以上工业增加值5.2个百分点。

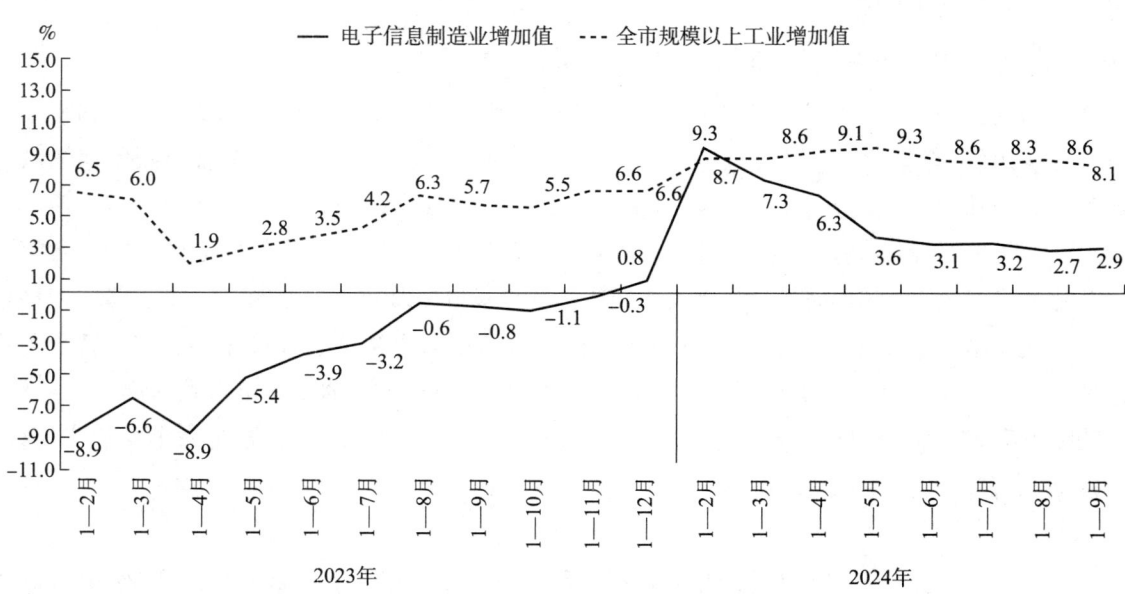

图1 2023—2024年重庆电子信息制造业增加值累计增速

（二）主要特点

1. 生产总体保持稳定，电子核心部件放量增产

一是在国家消费品以旧换新、企业生产订单奖励等政策扶持下，重庆消费电子行业克服需求不足、订单转移等不利影响，主要产品产量止住了大幅下滑态势。1—9月，全市笔记本电脑产量5128.3万台，继续蝉联全球第一，同比减少4.3%；智能手机产量5816.8万台，同比减少0.2%。二是在进口替代、新产品开发投放等因素带动下，电子核心零部件产品大幅增长。1—9月，全市集成电路、液晶显示屏产量

分别为53.2亿块、2.88亿块，同比分别增长101.3%、25.6%。三是在家电以旧换新政策刺激下，绿色智能家电产销两旺。1—9月，全市冰箱、洗衣机产量分别为122万台、397万台，同比分别增长10.9%、5.6%。截至9月27日，全市家电以旧换新超过20万台（件），重点家电零售企业销售额超10亿元，同比增长159%。

2. 外贸保持稳定增长，出口新动能加快培育

重庆着力提升电子产品出口竞争力，积极稳定出口订单，外贸进出口总体实现稳定增长。前三季度，全市主要电子产品①进出口总额实现3327.7亿元，同比增长5.2%，逐季分别实现环比增长3.6%、7.8%。出口方面，在出口奖励等政策扶持下，1—9月全市主要电子产品累计实现出口2311.9亿元，同比增长7.3%。优势产品出口增势良好，笔记本电脑、手机、集成电路三类产品累计出口额分别为1233.1亿元、303.0亿元、326.2亿元，同比分别增长3.6%、23.7%、82.0%。进口方面，1—9月全市主要电子产品累计实现进口1015.8亿元，同比增长0.8%。受美国制裁、国产化替代等因素影响，电子装备及集成电路进口额降幅明显，1—9月，全市集成电路进口额749.7亿元，同比减少2.4%，半导体制造设备进口额仅24.0亿元，同比减少23.2%。

表1 2024年分季度重庆主要电子产品外贸额

项目	一季度	二季度	三季度
出口额（亿元）	703.6	784.7	823.6
进口额（亿元）	337.7	338.1	340.0
贸易总额（亿元）	1041.3	1122.8	1163.6

数据来源：重庆海关。

3. 关键环节加快补链强链，产业链持续完善

全市围绕打造万亿级新一代电子信息制造业集群，加快推进一批重点项目建设，着力完善重点电子产业链关键环节，助推产业链高级化升级。集成电路领域，在现有设计、制造、封测、材料设备产业链基础上，加快补齐先进制程车规级功率芯片制造、大尺寸晶圆制造、核心设备耗材等短板，安意法半导体、芯联晶圆制造、高新区12英寸集成电路特色工艺线一期等项目加快推进，欣晖硅及碳化硅部件项目建成投用。新型显示领域，在现有上游核心材料、中游组装制造、下游应用产业链基础上，持续强化车载智能显示屏、柔性显示屏等制造、应用环节，仁宝新一代智能屏显终端产业链一体化、嘉源电子超低功耗柔性薄膜显示屏等项目顺利推进。算力产业链领域，正在积极培育制造、存储、应用产业链，芯鸿数智国产化智能计算智造基地、顺维、紫光华智等项目于2024年底形成服务器制造规模，填补了算力产业链制造环节空白。

4. 产业科技创新持续推进，智能化和绿色化加速升级

重庆把电子信息制造业作为壮大新质生产力的主阵地，持续加大创新投入，加快产业智能化、绿色化转型升级。一是信息技术创新力度不断加大。实施《重庆市集成电路设计产业发展行动计划（2023—2027年）》《重庆两江新区新一代电子信息制造业提质升级行动计划（2024—2027年）》等政策，在集成电路、智能终端等领域加大财政科技资金投入，市级科技和经济信息部门2024年度列支"科技重大项

---

① 根据重庆海关月度进出口主要商品量值表分类，出口主要电子产品包括自动数据处理设备及其零部件、手机、平板显示模组、电子元件、家用电器、音视频设备及其零件、电工器材；进口主要电子产品包括电子元件、自动数据处理设备及其零部件、平板显示模组、半导体制造设备、电工器材、家用电器。

目""制造业"预算支出约 13 亿元,进一步提升电子信息制造业创新能力。技术工程化应用取得新成果,联合微电子中心研发的高性能计算机芯片芯粒硅桥产品实现量产,重庆成为西部地区拥有最先进芯粒集成技术的地区;台晶电子 1.2 毫米×1.0 毫米规格、80 兆频点石英振荡器实现量产,推动电子通讯零部件实现 5G 等更高频信号传送技术突破。二是产业智能化、绿色化改造步伐加快。按照"产业大脑+未来工厂+绿色制造"升级路径,推动广达等近百家电子企业实施 200 多项智能化改造,建成 20 多个市级智能工厂、50 多个市级数字化车间,重庆超硅半导体等 9 家电子企业被评为市级绿色制造示范标杆,带动智能终端、集成电路、新型显示等产业链加快升级。

二、存在的主要问题

（一）电子产业投资下滑幅度较大

2024 年以来,受投资预期偏弱、招商引资政策调整等因素影响,重庆电子产业外商直接投资、项目签约、新项目开工等数量明显减少,电子产业投资增速持续负增长。1—9 月,全市电子产业累计投资增速-7.4%,落后全市工业投资增速 23.7 个百分点,已连续 9 个月负增长。重点地区电子产业重大项目投资接续动力不足,2024 年重庆市级重点项目中,作为全市电子产业发展主战场的两江新区、西部科学城重庆高新区两地仅有 1 项新开工电子制造项目。

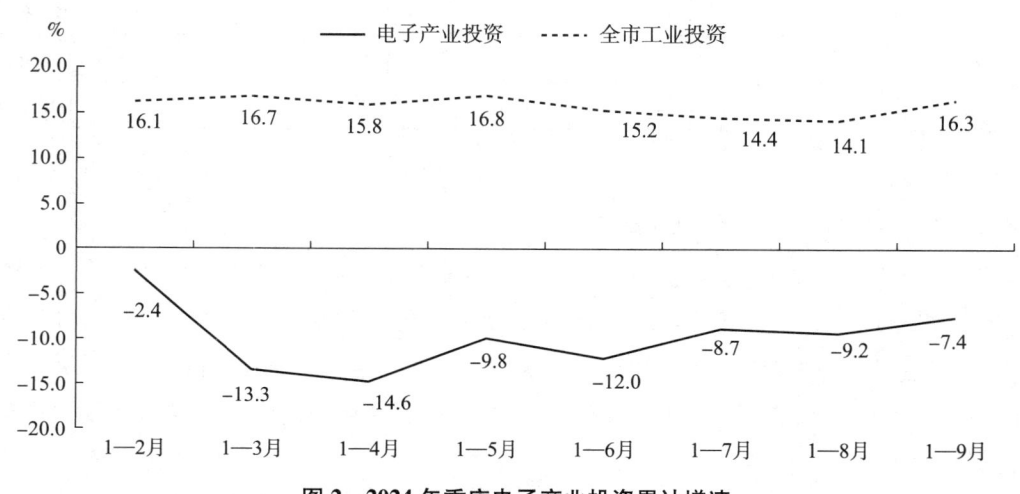

图 2　2024 年重庆电子产业投资累计增速

（二）产业链供应链安全风险依然很高

一是中高端价值链环节发展滞后。重庆智能终端、集成电路、新型显示等产业链主要集中在加工总装、封装等中低端价值链环节,半导体制造设备、电子专用材料、检验检测等中高端价值环节发展滞后,尚无高价值的 28 纳米制程晶圆代工生产线,全市电子信息制造业产业链市场竞争力不强。二是电子信息制造业关键环节仍有"断链""断供"风险。目前,重庆硅晶圆、光刻胶、抛光液等高纯电子专用材料严重依赖进口,国内仍无替代品。受欧美制裁打压影响,市内部分电子信息制造企业遭遇上游供应商断供、国内海关难以保全出口设备等经营新困难。

（三）台资配套企业订单转移仍在继续

受美国对华制裁升级影响,重庆市智能终端制造及配套的台资企业向东南亚国家转移出口订单的现象仍在持续。重点电子企业产量降幅较深,2024 年以来,翊宝、旭硕等企业产值同比减少 30%,"惠普"

笔记本电脑出口订单持续减少，翊宝的"苹果"品牌订单已全部从重庆转出。1—9月，全市笔记本电脑出口数量同比减少2.5%，平板电脑出口数量同比大幅减少80.7%，两类产品预计全年出口数量将分别减少约40万台、245万台。

表2 重庆笔记本电脑和平板电脑出口情况 单位：万台

时间	2024年1—9月	2023年	2022年	2021年
笔记本电脑	3853.7	5246	5545	7802
平板电脑	53.9	329	973	1121

数据来源：重庆海关统计数据。

三、2025年发展环境及趋势展望

（一）全球电子制造业处于深度调整期

在地缘政治冲突和国际贸易摩擦加剧的背景下，全球电子制造产业链供应链不断遭受冲击，电子制造业分工体系正面临深度调整。一是发达经济体以产业链供应链"泛安全"威胁为借口，将加快调整布局电子制造业高端产业链。美国将加快人工智能计算机、人工智能芯片、先进制程半导体产业链建设。日本、韩国和中国台湾地区将强化芯片联盟，加大投资合作力度，控制大尺寸晶圆和先进制程半导体芯片全产业链。欧盟、中东等国家将加快提升芯片制造能力，在新能源汽车电子和能源电子等领域加大产业布局力度。二是在美元降息周期背景下，全球电子制造业产业链重构和国际分工体系加快演进。美国、日韩等国际电子产业资本正加快退出中国大陆；印度、越南、墨西哥将发挥劳动力成本低廉和汇率优势，吸引消费电子类跨国企业投资；摩洛哥、阿联酋等国家将发挥原产地保护和区域制造中心优势，吸引新能源汽车电子等产业资本投资。三是新一轮科技创新驱动新兴电子行业快速成长。在算力需求大幅增长和人工智能技术创新持续突破的带动下，高算力芯片、人工智能服务器、能源电子正成为电子制造业增长的新动力。

（二）我国电子信息制造业将迎来新发展周期

我国加大宏观经济逆周期调节力度，加速出台系列增量政策稳定优势产业发展，加快培育发展新质生产力，电子信息制造业发展机遇大于挑战。一是全行业将呈现较快增长态势。需求端看，电子产品4年新冠疫情消费透支期结束，笔记本电脑、智能手机等智能终端产品将迎来换机周期；中东地区冲突升级将刺激交战国加大对我国军工、军民两用电子产品需求。投资端看，12英寸和28纳米制程集成电路制造设备、28纳米以下先进制程芯片制造、高算力芯片制造等重大关键环节加速突破，将带动高端电子制造业投资。二是电子产业领域新质生产力将积极培育壮大。我国将大力支持先进制程半导体集成电路、新型显示、6G等关键核心技术突破和创新，加速推进电子制造业高端化、智能化、绿色化升级，纵深推进集成电路、智能终端、能源电子等区域优势产业集群和领军企业壮大。三是产业政策效能将加速释放。我国将全力推进"两重"工作，大力落实好"两新"政策，加力推出增量政策，加大5G、人工智能、量子信息等新一代信息技术在融合场景中的应用政策支持力度，国内电子信息产业将进一步加快发展。四是产业链供应链安全保障能力将持续提升。在保持鼓励外商投资政策连续性、稳定性基础上，我国将进一步放宽电子制造业投资合作领域，更大力度吸引和利用外资，积极支持我国电子信息制造龙头企业深化与欧盟、东盟、日本和韩国等电子制造企业开展合作，进一步稳定产业链供应链。同时应当看到，美欧等西方国家严格限制与我国投资合作，强化电子等产业领域的"脱钩断链"，国内电子产业的投资、外贸进出口将受到较大影响，产业链供应链稳定和升级难度将进一步增加。

（三）重庆新一代电子信息制造业集群建设将加力提速

重庆将加快培育发展新质生产力，推动产业智能化、绿色化升级，全市新一代电子信息制造业将保持总体稳定向好趋势。一是电子信息产业扶持政策将持续巩固增强。全市将持续出台增量扶持政策措施，加大新一代电子信息制造业关键核心技术的创新布局，扩大电子制造业智能工厂、数字车间、绿色低碳改造支持力度，借助"鲲鹏"行动壮大电子制造规模以上企业和"专精特新"中小企业规模，产业发展支撑动力更加强劲。二是电子制造业优化升级步伐将持续加快。全市将着力巩固笔记本电脑产量全球领先地位和智能手机制造基地优势，培育壮大服务器、特色工艺集成电路、下一代新型显示、能源电子等产业新增长点，投资布局空天信息等未来产业，全市电子产业链将更加稳定。三是产业开放合作水平将进一步深化。全市将与四川共同争取国家在电子制造业领域的重大生产力布局和关键产业备份，持续完善成渝地区电子制造业配套体系，深化与中国台湾地区等地产业合作，积极承接电子制造中高端产业环节转移。同时应当看到，美国进一步收紧对我国电子等高科技投资限制政策，加上国内经济预期增速下调、消费降级等因素影响，全市电子产业投资、产销等难以实现较快增长。

（四）2025年重庆市电子信息制造业展望

综合来看，2025年重庆电子产业面临环境复杂多变，但产业创新发展的政策环境向好，新赛道、新产业、新动能将持续推进产业升级，电子信息制造业将继续保持稳定增长态势。预计2025年全市电子信息制造业增加值同比增长6%左右。

四、对策建议

（一）持续扩大电子制造业有效投资

一是强化新投资项目储备。以28纳米制程集成电路制造、算力设备、汽车电子等为重点，吸引国家重大生产力布局和产业资本投资。二是积极承接产业转移。瞄准电子制造业关键环节，着力打造智能终端、新型显示、电子元器件、能源电子等产业生态圈，吸引东部地区产业资本投资。三是大力推进在建项目加快建设。积极推进集成电路、服务器、新型显示等制造领域重点在建项目建设，争取早日竣工投产，进一步壮大全市电子制造业规模。

（二）加快培育电子信息制造业新质生产力

一是加强电子产业关键技术攻关。围绕新一代电子信息制造业重点技术创新方向，强化智能传感、高端半导体器件与芯片、集成电路专业材料等技术攻关，积极推动空天信息、人工智能、未来芯片等未来产业技术创新。二是大力推进企业智能化、绿色化改造。充分利用国家大规模设备更新政策，大力支持电子制造企业开展大规模设备更新，加快智能工厂、数字车间、绿色工厂的建设，争取年度支持100家智能工厂建设，打造一批绿色制造企业。三是优化产业创新生态。加快建设新一代电子信息制造业创新综合体，增加高质量科技和人才供给，沿产业链部署中试平台和应用场景，加快孵化"硬核"企业，提升电子信息产业创新动力。

（三）着力提升产业链供应链安全韧性

一是深化国内产业链合作。围绕中高端电子元器件、高纯度电子专用材料等产业链薄弱环节，强化与东部地区的产业链合作，提升与四川产业链协作水平，提高国内电子信息产业链供应链保障能力。二是争取国家重要电子制造业备份。深化央地战略合作，争取央企加大军工航空电子、先进制程集成电路代工、能源电子、高性能电路板等领域投资。争取国家集成电路产业投资基金投资全市相关产业项目，拓展重庆集成电路全产业链融资渠道。三是强化与境外国家产业链合作。吸引欧盟国家产业资本，争取在汽车电子、电子元器件等领域加大对渝投资建厂。稳定与日本、韩国在电子产品领域的贸易，确保电子信息制造业供应链稳定。利用国际产业资本在东南亚布局电子制造业的机会，强化与东南亚国家和地区供应链合作，建立紧密的上下游合作配套关系。

（四）持续深化电子制造领域渝台融合发展

一是支持台资制造企业升级改造。支持智能终端配套台资制造企业申请重庆市工业和信息化专项资金，开展智能工厂、数字车间、绿色制造、节能减排等改造升级。二是稳定台资制造企业生产和出口订单。继续实施笔记本电脑等消费电子生产奖励和出口奖励政策，努力争取国内外订单。三是支持台资企业融入全市电子信息产业链供应链。支持台资企业拓展大陆市场，提高与国内智能终端、能源电子、汽车电子等产业链供应链合作水平。鼓励西永、璧山、渝北等台商工业园区内台资企业发挥"以台引台"作用，吸引台商投资电子产业，增强台商立足重庆发展的信心。

[重庆市综合经济研究院（重庆市经济信息中心）产业经济研究课题组
主研：易小光　丁　瑶　余贵玲　李　权　罗宇航
执笔：罗宇航]

之五：2024年重庆市装备制造业发展及2025年展望

一、2024年重庆市装备制造业经济运行分析

（一）总体情况

按照《国民经济行业分类》（GB/T 4754—2017），重庆市装备制造业主要分布在金属制品业、通用设备制造业、专用设备制造业、铁路船舶航空航天和其他运输设备制造业、电气机械和器材制造业、金属制品及机械设备修理业、其他制造业7个大类32个中类行业中，不包括汽车摩托车制造、电线电缆光缆及电工器材制造、电池制造、仪器仪表制造等行业和军工单位。

1. 生产发展情况

2024年1—9月，装备制造行业1293户规上企业工业增加值同比增长1.6%；完成工业总产值1532.7亿元，同比下降1.1%；实现出口交货值110亿元，同比增长2.6%。实现利润102.4亿元，同比增长7.4%；亏损企业283户，亏损面为22%，同比降低4.4个百分点。实现营业收入1537亿元，同比下降3.2%。资产2530亿元，同比增长0.6%；负债1490亿元，同比增长1.7%；应收账款、产成品同比分别增长5.7%、-8.9%；全年平均用工15.7万人，同比下降3.9%。

2. 主要行业情况

金属制品业（不含建筑安全用金属制品、搪瓷制品、金属制日用品制造）完成产值331亿元，占重庆市装备工业产值的21.6%，同比下降6.5%，其中结构性金属制品制造子行业190亿元，同比下降6.4%。

通用设备制造业（不含文化办公用机械制造）完成产值636.1亿元，占重庆市装备工业产值的41.5%，同比增长2.7%，其中锅炉及原动设备制造子行业177亿元，同比增长17.9%。

专用设备制造业（不含电子和电工机械专用设备、医疗仪器设备及器械制造）完成产值320.3亿元，占重庆市装备工业产值的20.9%，同比下降2.5%，其中采矿冶金建筑专用设备制造子行业132亿元，同比持平。

铁路船舶航空航天和其他运输设备制造业（不含摩托车、自行车和残疾人座车、助动车、非公路休闲车及零配件制造）完成产值33亿元，占重庆市装备工业产值的2.2%，同比下降20.7%。

电气机械和器材制造业（不含电线电缆光缆及电工器材、电池、家用电力器具、非电力家用器具、照明器具制造）完成产值203.3亿元，占重庆市装备工业产值的13.3%，同比增长3.5%。

金属制品及机械设备修理业7.2亿元，同比下降0.4%；其他制造业完成产值1.3亿元，同比增长1.9%。这两个行业共占重庆市装备工业产值比重0.5%。

3. 产品产量

生产上升的主要有：钢结构376万吨，同比增长0.7%；金属切削机床3820台，同比增长30.7%

（其中数控金属切削机床 3331 台，增长 19.5%）；金属成形机床 879 台，同比增长 14.1%；铸造机械 1762 台，同比增长 84.4%；泵 26 万台，同比增长 45.7%；气体压缩机 420 万台，同比增长 5.9%；风机 8.7 万台，同比增长 25.4%；机械化农业及园艺机具 50.5 万台，同比增长 22%；环境污染防治专用设备 3875 台（套），同比增长 34.8%（其中大气污染防治设备 2864 台（套），增长 41.1%）；发电机组 29 万千瓦，同比增长 43.3%。

生产下降的主要有：齿轮 21 万吨，同比下降 13.5%；起重机 1.3 万吨，同比下降 60%；塑料加工专用设备 1.6 万台，同比下降 9.6%；电梯及升降机 1.4 万台，同比下降 28%；阀门 3.5 万吨，同比下降 28%；矿山专用设备 4.9 万吨，同比下降 31%；建筑工程用机械（不含三一重机）701 台，同比下降 5%（其中装载机 584 台，下降 2.4%）；农产品初加工机械 9881 台，同比下降 100%；工业机器人 7308 套，同比下降 51%；电动机 548 万千瓦，同比下降 11.5%。

（二）存在问题

1. 龙头企业带动不强

缺乏类似长安汽车等百亿级能带动整个产业链发展的龙头企业，行业集聚度低，缺乏规模效应。

2. 企业创新能力薄弱

企业普遍存在研发经费投入不足、高级科技人员缺乏等问题，关键材料和核心零部件对外依存度高。传统机械行业占比高，大型成套装备缺乏，新兴装备规模普遍较小，新产业新产品培育乏力。

3. 产业链延伸不足

目前重庆市装备企业仍主要以产品销售为主，后期维保等产业链延伸的配套服务业有待提升。检验检测验证平台缺乏，首台（套）装备推广乏力，本地市场占有率偏低。

（三）2024 年预测

预计 2024 年实现产值 2158 亿元，下降 0.5%。

二、2025 年重庆市装备制造业经济运行的环境及因素分析

（一）从国际分工看，"东升西降"是时代大势

虽然"西强东弱"格局一段时间内仍将存在，但"东升西降"已是大势所趋。美国的先进制造伙伴战略、欧盟的数字化欧洲工业计划、德国的工业 4.0 战略计划、英国的高价值制造战略、法国的新工业法国计划、日本的超智能社会 5.0 战略、韩国的制造业创新 3.0 计划等都将发展智能装备及智能制造作为构筑制造业竞争新优势的关键举措。目前，我国智能制造装备产业规模在 3.2 万亿元以上并保持中高速增长，造船工业国际市场份额连续 14 年居世界第一，工业机器人年产量超过 40 万台，风电装备生产量和装机量全球最大，工程机械国内市场满足率 96% 以上，国产高档数控系统从无到有，飞机结构件等制造装备自主可控，发电装备由进口为主向出口为主转变，C919、"蛟龙"、"华龙一号"三代核电机组等一批大国重器横空出世。

（二）从技术演进看，融合创新是重中之重

智能装备不仅是精密复杂的机电一体化系统，还具备自感知、自适应、自诊断、自决策等智能功能，是"两化"融合、数实融合的重要结合点，是技术融合能力、产品创新能力、"四链"协同能力的综合性体现。智能装备涵盖机械工程、智能制造、先进材料、信息通信、大数据、物联网、人工智能等数十个

学科领域，高度依赖基础理论和应用技术的共同进步，复合型创新人才需求较大，对原始创新、融合创新、体系化创新的要求很高。技术研发难度较大，资金投入大、研发周期长、失败风险高，技术开发、试验与验证既需要整合多方力量，也需要长期的经验积累、技术迭代，一款关键产品的研发失败或者技术路线选择错误，都可能直接导致企业破产。

（三）从产业布局看，链群发展是主要形态

智能装备作为基础性产业，既是国家重大生产力布局优化调整的重要领域，也是市场化程度较高的行业，单靠一家企业或一个地区难以实现产业门类、产品谱系的全覆盖。就国内装备产业布局来看，主要形成了环渤海、长三角、珠三角、中西部四大板块。环渤海地区，以京津冀地区为核心，依托高校院所优势，在航空、卫星、工业互联网及智能制造服务等领域优势突出；以山东半岛和辽东半岛为两翼，积极承接北京优质企业转移，智能制造装备产业规模持续扩大。长三角地区，经济活跃创新能力强，智能制造硬件优势明显，上海在机器人、民用航空装备、新能源汽车等方面领先，南京形成了以轨道交通、汽车零部件、新型电力装备为特色的智能装备集群。珠三角地区，以行业应用驱动智能装备发展，逐步成为"中国智造"主阵地，形成符合各自产业特色的智能制造应用示范。比如，广州重点打造机器人及智能装备产业核心区，深圳重点打造机器人、可穿戴设备产业制造基地、国际合作基地及创新服务基地。中西部地区，起步较晚，总体仍处于自动化阶段，无论是数字化研发设计工具普及率还是关键工序数控化率均低于国家平均水平，正依托政策环境优势，加速集聚智能装备产业，打造航空、卫星、轨道交通和机床等产业集聚区。

三、2025 年趋势展望及主要指标预测

2025 年，预计实现产值 2200 亿元，增长 1.9%。

四、政策调控措施建议

（一）抓紧组建重点产业链创新联合体

依托重庆机床、川仪股份、重庆中车长客、华数机器人等龙头企业，联合上下游专精特新企业、重点实验室、科创中心、工程技术中心以及相关科技服务机构，尽快组建创新联合体或技术创新联盟。

（二）加快关键核心和系统集成技术攻关

动态编制重大智能装备和"卡脖子"技术攻关清单，按照"急用先行、成熟一个、启动一个"，滚动实施重大技术装备攻关工程和重大科技专项，尽快实现"卡脖子"技术产品"从无到有、从能用到好用"。

（三）尽快打通工程化产业化商业化链条

针对性布局不同装备产业的中试和应用验证平台，完善技术集成、样机试制、熟化和工程化试验、检验检测等服务，探索整机与配套、装备与用户协同开发模式，加快推动研发成果转化为工程设计和实体项目。

（四）集中力量引育龙头企业

聚焦内燃机、工业机器人、数控机床、轨道交通、输变电设备、清洁能源装备等优势产业链，在每个细分领域有针对性地打造 2~3 家具有核心竞争力、生态主导力的"链主"领军企业，选育 10 家以上专

精特新"小巨人"、"单项冠军"、"隐形冠军"企业,促进政策、资金、技术、数据、土地、人才等要素资源向优势企业集聚,尽快实现100亿级企业、1000亿级集群的突破。瞄准重大技术装备、大型成套装备以及智能装备短板弱项和关键环节,持续迭代升级产业链图谱、招商地图和重大项目库,紧盯长三角、珠三角、京津冀等地产业转移和产能扩张新动向,开展产业链精准招商,引进一批具备引领性、前瞻性、标志性的重大整机及关键零部件项目。

（五）集中资源做靓整机品牌

支持重点企业对标国际领先巨头,迭代探索新技术、新产品、新场景,布局前瞻性、战略性、创新性产品线,抓紧在齿轮磨削、工业机器人、体外诊断等国家标志性产品攻关领域,打造市场知名度、美誉度、认可度高的"名品""名款",不断提高市场占有率和行业领导力。引导重点企业做好品牌定位,强化自主品牌建设,培育智能装备细分领域名园、名企、名牌,打造一批具有市场影响力的"重庆智造"装备品牌。

（六）实施首台（套）政策"升级版"

结合产业发展需要,抓紧完善首台（套）认定管理办法,建设一批首台（套）试验验证平台,动态更新首台（套）推广应用指导目录,有序推动首台（套）奖补政策提标扩面和刚性兑付。定期召开首台（套）新产品发布会、推介会,鼓励机关事业单位、国有企业率先采购首台（套）重大技术装备,给市内智能装备企业创造"机会"。建立首台（套）重大技术装备技术评价、替换认证、风险分担机制,鼓励金融租赁公司为首台（套）装备研制企业提供融资服务,引导银行提供低息贷款,鼓励保险机构为提供低息贷款的银行承包兜底。

（七）打造场景应用示范项目

围绕优势装备,每年实施1~2项重点场景建设,通过"政府采购""揭榜挂帅""委托攻关""场景竞赛"等形式,打造智能装备典型应用"样板间"。抓紧建立国产替代产品评价认证体系,定期举办应用场景发布会和新产品新技术对接会,及时总结推广场景应用典型案例。积极协调帮助本地智能装备进入智能网联新能源汽车制造、3C电子装配、智能终端主机厂、半导体制造等高端领域和央企、市属国企、重点民企等重点领域,打造"重庆造重庆用"标杆场景。

（八）扩大国际智能装备产能合作

用好西部陆海新通道、中欧班列等出海出境大通道,做好相关国别政治政策、商事法律、境外参展等贸易投资服务,支持工业机器人、数控机床、电气装备、通机、特色农机等优势产品开拓沿线国际市场,推动跨座式单轨、风电机组、钢铁冶炼等整套智能装备、软件、标准和解决方案"抱团出海"。支持国际装备巨头、高端科研机构等来渝设立区域总部、智能制造研发中心、示范工厂,参与市内智能装备企业的重组优化。支持川仪股份、海装风电等实力装备企业"走出去",开展技术、人才和品牌为重点的跨国并购,实施全球化研发设计、生产制造、资源配置、融资服务和市场营销。

（九）深化央地智能装备产业合作

把智能装备作为央地合作的"重头戏",综合运用产业基金合作、业务重组整合、应用场景打造、央地国企混改等方式,推动兵器工业、航天科技、航天科工、中国中车、国家电投、中国五矿、星网集团等央企集团,扩大国防装备、航空航天、能源装备、工程机械、轨道交通、卫星互联网等重点领域在渝布局,将更多的总装总成、核心配套、研发中心、中试基地、公共平台、区域总部放在重庆,力争实施一个项目、集聚一群企业、带动一项装备。

（十）推动产业向重点区域布局

立足产业基础、突出比较优势、坚持特色发展，重点打造以两江新区、重庆高新区、九龙坡区、南岸、永川区为核心的智能制造装备基地，以江津区、重庆高新区、巴南区、九龙坡区为核心的山地农机装备基地，以两江新区、沙坪坝区、南岸区、巴南区、江津区为核心的先进动力装备基地，以两江新区、巴南区、江津区为核心打造无人机及通航装备基地，以大足区、两江新区、铜梁区为核心打造智能电梯装备基地，以两江新区、重庆高新区、北碚区为核心打造传感器及仪器仪表基地，以两江新区、长寿区、涪陵区为核心的智能输变电装备基地，以涪陵区、万州区、云阳县为核心的内河船舶产业带。今后引进的装备项目要有计划地在相关区域布局，提高细分装备的行业集中度和亩均产出水平。

（十一）建设共性技术服务平台

以智能装备产业需求为牵引，深入开展"政产学研用金"合作，积极争取国家在渝立装备技术评价、认证认可、试验验证等权威机构，布局建设一批共性技术服务平台，促进研发、工艺、仿真、测试、试验验证等设备及能力开放共享，完善科研指导、提升设计、革新材料、改进工艺、联合试验、小批量产品试制等公共服务。

（十二）发挥协会商会作用

依托龙头企业、行业领军企业，整合装备领域细分行业协会资源，构建更为泛在、更有实力、更加专业的协会商会、产业联盟，开展行业分析研究、发布行业动态、促进行业自律，更好发挥行业协会在政企沟通联络、推进"双招双引"、搭建行业发展平台、促进开放合作等方面的桥梁纽带作用。

（十三）营造良好发展氛围

适时举行重大装备项目集中签约和开竣工活动，加强政策环境、拳头产品、典型场景等宣传推介，发挥智博会、西洽会等重大展会平台作用，支持立嘉国际智能装备展览会、通用航空装备发展论坛、旅游装备博览会等特色专业展会活动品牌化、国际化，进一步提升行业影响力和品牌美誉度。

[重庆市经济和信息化委员会　樊志鑫]

之六：2024年重庆市生物医药产业发展及2025年展望

生物医药产业是关系国计民生、经济发展和国家安全的战略性产业，是健康中国建设的重要基础。新一轮生物技术正在驱动医药产业全面提速，产业发展迎来爆发式增长的窗口期。重庆生物医药产业要抓住发展机遇，以产业平台为载体，打造产业发展新生态，加快创新驱动发展、推动产业链现代化，实现产业转型升级。

一、2024年生物医药产业运行基本情况与特征

（一）创新药实现"零的突破"

8月27日，由重庆智翔金泰生物制药股份有限公司自主研发的赛立奇单抗注射液，正式获得国家药品监督管理局（NMPA）核准签发的《药品注册证书》，获批上市。赛立奇单抗注射液是自2002年国家药品监督管理局通过首部《药品注册管理办法》以来，重庆市首个获批1类创新药，也是重庆市首个生物创新药。智翔金泰的预防破伤风单抗药物和治疗多发性骨髓瘤单抗药物以及精准生物的儿童白血病治疗CART产品等多个产品被国家药监局药品审评中心纳入突破性治疗品种。

（二）产业链生态体系不断完善

一是组建重庆生物医药产业联盟。6月13日，重庆生物医药产业联盟正式成立，联盟已围绕促进"政产学研医融"协同发展，推进联盟内开展临床转化、产业对接、政策研讨与专业交流等工作。二是开展重庆市创新医疗器械应用示范项目评选工作。旨在构建医企协同、产学研用广泛参与的创新体系，促进重庆市创新医疗器械产业链创新研发和应用转化。目前正在有序实施。

（三）专业交流持续深化

成功举办2024年中国医学装备大会暨2024医学装备展览会、第二十一届中国国际检验医学暨输血仪器试剂博览会（CACLP）和第二届青蒿产业高质量发展大会等专业大会，促进行业交流。

二、2024年经济运行的环境及因素分析

（一）产业政策密集发布，促进行业提质增效

一是促进消费和投资。国家和地方实施一系列刺激经济增长政策、金融货币政策，推动大规模设备更新和消费，促进投资增长，吸引外商投资，推动产业提质增效。二是行业政策促进产业创新转型。国务院常务会议审议通过《全链条支持创新药发展实施方案》，上海、北京、广东积极跟进。重庆产业政策也在谋划中。

（二）医改政策持续深化，医药产品价格下降明显

一是集采提质扩面。从国家集采到地方联盟集采，药品和高值医用耗材集采范围持续扩大、种类增

多，新进品种和续约品种都出现不同程度价格下降。根据医药魔方的医院药品市场数据，上半年样本医院药品销量实现了10%左右的增长，但整体药品销售额基本持平，显示了价格因素的负面影响。二是药品价格治理加重药价下行压力。重庆市传统药企受四类药品价格治理、新化学药首发价格形成机制征求意见、全面药品价格形成机制文件及措施的影响冲击较大。

（三）行业面临紧缩风险

企业普遍实施降本增效，减少资本性支出，控制人工成本，很多研发型公司压缩研发投入，也导致了CXO、制药设备等领域营收下滑严重。此外，一些医院端的资金压力传导到了企业，影响行业整体运行效率和质量。投融资环境不容乐观，严重影响研发型生物技术公司发展。很多研发型生物技术公司面临资金不足、融资困难的问题，需要通过降薪裁员、压缩在研项目维持运营，对医药创新产生不利影响。

三、2025年趋势展望及主要指标预测

国际贸易逆流、医药创新正在经历去泡沫化过程等不确定因素在2025年会仍然存在，情况甚至会更加严峻，创新环境的不断改善和产业链的持续补强转化为产业的持续增长仍然需要时间，重庆市生物医药产业发展仍然处于转型升级的爬坡阶段，实现产业稳定增长依然是目前最为重要的任务。随着在研创新项目逐步进入上市阶段，重庆市发展后劲有望逐渐显现。

四、政策调控措施建议

（一）推动生物药产业前沿化、科技化发展

重点布局抗体、重组蛋白及多肽药物、疫苗、细胞治疗等领域，加大创新投入，推动一批重点产品获批上市，实现重庆市生物药产业跨越式发展。鼓励企业布局合成生物学、脑科学、柔性数字医学、再生医学、纳米抗体、新型佐剂和给药系统等精准医疗前沿细分领域，为产业发展持续提供创新动能。依托关键产业园区，加快建设大分子药物全流程技术平台、工艺验证平台，商业化规模生产设施，在全市构建生物反应器规模超5万升的大分子药物产能体系。

（二）推动化学药产业一体化、绿色化发展

巩固化学原料药产业基础优势，增加特色原料药品种数量，发展专利原料药及所需中间体合同生产业务，大力推广化学原料药绿色生产技术，推动化学原料药产业附加值提升。在化学药制剂领域，依托化学原料药基础，鼓励企业围绕重点品种进行产能升级，结合化工等上游产业，建设"化工原料+中间体+原料药+制剂"一体化生产体系，发展满足全国及海外市场需求的智能化大规模生产能力，形成市场成本竞争优势。支持特殊剂型制剂产品产业化项目建设，针对性引进和培育高质量纤维素、功能性辅料等专用辅料和中硼硅玻璃产品、粉雾吸入装置、预灌封注射器等高端药用包材产业化项目，提升供应链配套能力。

（三）推动中药产业标准化、现代化发展

建立从中药材种植到临床应用全流程的质量标准管控体系，支持企业布局中药材生产基地，以信息技术完善中药材生产流通全过程质量管理并构建质量可追溯体系；支持企业参与行业国家标准制定，推动中药配方颗粒和传统饮片的规范化、标准化生产；支持企业加强数字化技术、智能制造在中药制药领域的应用。支持企业与中医机构合作发掘中药处方资源潜力，加强中药新药研发和经典名方产品开发；支持企业开展重点中药品种临床价值研究，推进中成药二次开发。鼓励药食同源药材在大健康领域应用，

支持特殊医学配方食品产品的开发。

（四）推动医疗器械产业数字化、规模化发展

重点推动体外诊断试剂产业链发展，大力支持植（介）入耗材、数字医疗、保健康复装备产业建设，鼓励智慧医疗设备、应急医疗设备等高端诊疗设备产业发展。积极推进医工融合发展，构建设计、研发、临床试验、工程转化、市场应用于一体的医疗器械创新发展支撑体系。建设全国一流的医疗器械检测审评平台，提升产品注册审批效率。

（五）推动创新平台体系化、商业化发展

全面加大监管部门检验检测、审评监测等技术支撑机构建设力度，打造药品、医疗器械国家重点实验室，重点推进疫苗批签发、国家食品药品检测基地、A类医疗器械检验检测机构等项目建设；争取国家级审评检查、技术咨询等医药产业服务资源平台落户重庆市。依托重点单位对接国家生物医药科技创新战略型平台，加强前沿领域高水平基础研究，争取国家重大科技基础平台落地。持续引进培育模式动物培养平台、药物分析检测服务平台、新一代溶瘤病毒技术开发、高通量药物筛选平台、药效学评价平台、分子病理研究、药物非临床安全性评价、药物临床试验、高级别生物安全实验室等公共服务平台。支持龙头企业牵头整合优势研究力量，建设若干有行业带动力的基础研究机构。健全配套资金保障体系，组建MAH基金等金融平台，拓展创新项目投融资渠道。

[重庆市经济和信息化委员会　马改妮]

之七：2024年重庆市材料产业发展及2025年展望

2024年，重庆市努力推进传统材料产业升级和新材料产业培育，出台材料工业碳达峰实施方案，加速行业企业数智化和节能降碳改造，推动新材料企业、技术中心和服务平台培育，着力发展新质生产力，全国原材料工业座谈会在渝成功举办。继续与四川协同部署区域水泥错峰生产，开展水泥、钢铁行业迎峰度夏削峰生产，粗钢压减产量和锰污染整治等专项工作完成预定目标。

一、2024年材料产业经济运行分析

受制造业拉动，铜、铝等有色金属和己二酸、MDI等化工产品订单增多、价格上涨，但由于房地产市场疲软，水泥、螺纹钢等建筑用材料需求不足、价格下跌，建材企业普遍调产减亏，材料产业总体呈现"工业材强、建筑材弱"的特征，2024年1—9月，重庆市材料产业实现规模以上产值3997.9亿元，同比下降0.9%，增加值增长4.6%。

（一）行业运行出现分化

材料产业冶金、建材、化工三大板块产值分别下降1.6%、下降9.3%、增长11.1%，增加值分别下降1.3%、增长0.9%、增长16.8%。冶金板块，有色金属产业铜、铝价格高位运行，产品产销两旺，重点企业产能释放较好，产值同比增长9.9%，增加值同比增长5.6%；钢铁产业需求不足、粗钢限产、价格下跌，重庆钢铁、足航钢铁等重点企业控产减亏，产值下降14.9%，增加值下降11.6%。建材板块，传统建材产业走势较弱，产值同比下降9.3%，但受光伏玻璃、玻璃纤维等产品产量增长带动，叠加部分产品价格下跌影响，增加值不降反升，同比增长0.9%。化工板块，以基础化学原料产品、高端合成材料为主导的化工产业运行总体平稳，产值增长11.1%，增加值同比增长16.8%。

（二）项目投资序时推进

1—9月，材料产业市级重点工业建设项目36个，总投资734.8亿元，年度计划投资107.1亿元，1—9月累计完成投资78.6亿元，完成年度投资进度73.4%。化工行业市级重点工业建设项目17个，总投资319.8亿元，年度计划投资33.9亿元，1—9月累计完成投资30.6亿元，完成年度投资进度的90.4%。西南铝产能倍增项目、东方希望丰都玻璃纤维及复合材料产业基地项目已开工建设，长寿中润新材料产业园项目正在设备安装，万州湘渝盐化联碱装置绿色固碳升级改造项目进入设备调试阶段，神龙腾达75万吨钢材精深加工项目基本建成试生产。

（三）招商项目加快签约

1—9月，共计签约材料产业项目150个，投资额875.1亿元，其中五十亿级项目3个（博赛矿业铝材综合利用项目52亿元等），十亿级项目25个（华峰年产16万吨尼龙丝项目40亿元、国际复合电子级细纱智能制造生产线项目23亿元、川维2.4万吨/年EVOH二期项目12亿元等）。其中，博赛矿业铝材综合利用项目场评已完成70%，正在加紧办理环评、能评手续。

（四）产业结构逐步完善

推进重庆高新技术产业研究院、材料研究院、国创轻合金研究院、新型储能材料与装备研究院、三航新材料技术研究院、理工清科 MOFs 材料研究院等一批高效促进新材料科技成果转化和产业化的科创平台建设，推动实施西南铝产能提升、玻纤及高性能复材智能制造产业基地等一批重大材料项目，聚焦关键产品补链延链，合成材料产业重点环节取得突破。打通产业链关键节点，打造合成材料产业优势。目前，PMMA/MS 项目一期一条生产线已投产，聚甲基丙烯酸甲酯产业链打通单体生产到聚合物环节；EVOH 示范装置建成投产、填补国内空白，高端聚烯烃产品品类增多。

（五）传统产业绿色低碳转型

出台重庆市材料工业碳达峰实施方案，积极稳妥推进材料工业碳达峰。督促钢铁、水泥等重点行业推进超低排放改造和能效水平提升，钢铁、水泥、平板玻璃、电解铝等重点领域企业已全部达到基准水平以上，华新地维大比例燃料替代技术达到国际先进水平、水泥熟料单位产品综合能耗低于标杆值 50% 以上。继续会同四川省创新开展跨省市制度化协同错峰生产，开展水泥等行业迎峰度夏错峰用电工作。做好中央生态环境保护督察有关工作，对标对表、立行立改，完成垫江金富源公司平板玻璃产能置换公示公告；加快科尔科克项目跨省产能置换；印发《重庆市钢铁、水泥熟料、平板玻璃、电解铝、焦化行业产能核实工作指南》（试行），进一步规范重点行业产能核实工作，防止出现企业违规新增产能问题。

（六）新质生产力加速构建

立足现有产业基础和资源禀赋，"专项方案+专班推进"推动轻合金、合成材料、纤维及复合材料补链成群。以新材料研发、生产、应用、推广等环节为重点，召开新材料应用推广对接会，推动本地化应用，加快先进材料成果转化和应用场景建设。聚焦国家战略所需，推动铝锂合金、高端钛材、航空风挡玻璃、微晶纳米电子玻璃、晶态多孔聚合物（MOFs）、航发用高温合金、核级测温材料等关键材料实现国产替代、扩大生产应用范围，聚焦下游场景绿色低碳转型需求推动轻量化铝合金（镁合金）车身结构件、风电用玻璃纤维、气凝胶绝热毡等产品规模化应用。2024 年至今，通过专项资金支持新材料中试平台等先进材料产业新质生产力培育项目 2191 万元。

二、材料产业发展存在的问题和不足

（一）产业规模偏小

与重庆市汽车、电子等其他主导产业相比，重庆市材料产业规模在全国占比较低、居全国各省市中下位次，发展的质量效益有待提高，高端和高质量供给不足，一定程度上制约了下游制造业的发展。从重点领域看，2023 年重庆市粗钢产量仅 889.7 万吨，占全国的 0.87%，人均粗钢产量不及全国平均水平的 40%，在全国各产钢省市中排名倒数第四，相对优势的铝、镁、钛等轻合金产业规模仅排名全国第九；建材产业整体规模偏小，水泥产量在全国 31 个省（区、市）中排名第 17 位，相对优势的玻璃纤维及复合材料行业规模排名全国第五；天然气化工和合成材料部分企业、产品有相对优势，但重庆市化工原料受限，化工产业整体规模在全国各省（区、市）中居中下位次。

（二）产业结构不优

全市材料产业中，直接用于城乡建设部分产值占比约 2/3、用于工业部分占比约 1/3。目前，汽车、电子、装备等工业用材成为材料需求增长最快领域，但重庆市汽车钢、不锈钢、特殊钢等工业用钢生产能力和技术水平较为薄弱。铜材也以家电、开关柜等传统领域为主，无引线框架、电子铜箔等电子用铜产品。建材产业水泥、建筑玻璃、建筑及卫生陶瓷、砂石等传统建材占比较高，无机非金属新材料发展不足。

（三）前端发展不足

重庆市材料产业主要集中在中后端，前端基础原材料难以满足后端需求。钢铁方面，全市不锈钢、特殊钢冶炼能力不足，影响下游项目落地，也无法为重庆市汽车、装备等产业提供必要钢材保障。铝及轻合金方面，电解铝产能不足（目前仅能满足下游需求的1/4、每年外购量超过150万吨），无法满足下游铝加工以及铝合金压铸件发展需求。铜及铜合金方面，重庆市无阴极铜、再生铜等前端铜冶炼能力，制约下游铜材精深加工产业发展。

（四）创新能力不强

一是研发成果不足。重庆市企业普遍建立了研发机构，但新材料成果数量不多，企业的实用新型专利多，发明专利少。二是缺乏创新人才。除中铝高端、西南铝、重庆材料院、国际复材、金龙铜管、再升科技等企业外，其他企业普遍缺乏研发人才，大多采取与外地院校合作开发，或购买专利进行生产运营。三是国家级新材料创新平台处于空白，本地生产示范、测试评价资源分散，没有形成合力。

三、2025年产业发展展望

材料产业处于产业链供应链上游，增加值占全市规模以上工业的比重超过20%，是支柱性、基础性产业，是全市工业稳增长的"压舱石"和重要引擎。当前行业发展虽然面临不少困难挑战，由于房地产市场疲软，建筑用料下降明显，材料企业普遍调产减亏，钢铁行业因产能、设备工艺、技术受限，向汽车钢、特殊钢、不锈钢等领域转型存在困难，叠加新增产能释放、市场需求不足，水泥、建筑钢材、平板玻璃、建筑陶瓷、聚四氢呋喃醚、醋酸乙烯等产品"量""价"齐跌，材料产业稳增长受到不利影响。但也要看到有利因素和发展机遇，重庆市材料产业体系相对完整、重点领域国内领先，发展基础较好，发展韧性较强，有条件、有能力实现平稳增长、提质增效，随着国家一揽子稳市场促消费增量政策措施出台，加之重庆市材料企业积极转型和一批重大项目建成投产，将明显提振材料产业发展势头，2025年，材料产业将把握两大机遇，着力培育重点产业链新质生产力，系统推进、加快形成行业增长新动能。

（一）把握国家战略腹地和关键产业备份建设的重大机遇，抓紧增量项目补链强链

二十届三中全会提出"建设国家战略腹地和关键产业备份"，但重庆市关键战略材料板块仍存在明显短板，在重庆布局打造精炼铜、特殊钢、不锈钢、铝镁钛以及玻璃纤维、航空航天和电子用玻璃、特种橡胶、特种塑料、气凝胶等关键战略材料产业备份基地，不但高度契合重庆市产业基础，弥补重庆市产业链供应链短板，而且对建设国家战略腹地和关键产业备份有较大意义，符合国家战略布局。需根据产业发展所需，立足新赛道、新需求，分重点子行业策划推动一批发展有前景、重庆市有比较优势的高质量材料招商项目，会同涪陵、长寿、九龙坡等重点区县，盯紧、贴住目标招商企业，加快重大项目招引落地。

（二）把握国家"两重""两新"政策部署的重大机遇，抓紧实施存量企业综合技改

材料产业是国家产业政策调控重点领域，行业发展必须紧跟国家政策走，近期，国家出台一系列重磅政策，促技改、促投资。需落实专人跟踪服务，运用能效、排放、鼓励类工艺装备等综合标准，督促企业技改更新，打表推进重大材料产业技改项目建设，加快钢铁、水泥、电解铝等行业企业超低排放和节能降碳改造、兼并整合重组、固废综合利用等项目进度，加快化工老旧装置改造。同时，聚焦人民群

众所需和汽车轻量化、新能源装备、节能降碳等市场，引导企业开发个性化消费用材和工业用材新产品，增品种、提品质、创品牌。通过大规模集约化综合技改，推动行业同步实现产能集中、设备更新、工艺改进、产品升级、能耗排放降低，提高综合质效，提升材料产业整体竞争力。

四、政策调控措施建议

（一）争取国家支持重庆建设关键战略材料产业备份基地

当前，重庆市正全力推动国家战略腹地建设，争当"排头兵"，但在关键战略材料板块仍存在原铝产能不足、钢铁产业结构不合理程度严重、无前端铜冶炼能力、轻合金发展尚需强化等明显短板。建议积极争取国家政策支持，在优化全国重大生产力布局时，引导先进合金、特种橡胶、特种塑料等关键战略材料产业向重庆等战略腹地转移。

（二）争取国家支持重庆发展天然气化工特色产业

随着天然气/页岩气开采技术的进步，川渝、新疆、海南、青海等地每年都开采出大量天然气，具备精深加工利用的条件。建议积极争取国家政策支持，从全国层面加强对天然气化工的规划引领，支持川渝等资源禀赋优、产业基础好、环境承载能力好的地区发展天然气化工产业。

[重庆市经济和信息化委员会　赵俊远]

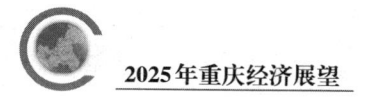

之八：2024年重庆市消费品工业发展及2025年展望

消费品工业是重庆市重要民生产业和传统支柱产业，在惠民生、扩内需、稳增长、促消费等方面具有重要作用。2024年，面对错综复杂的国际环境和艰巨繁重的国内改革发展稳定任务，重庆市经济信息委始终坚持以习近平新时代中国特色社会主义思想为指引，严格贯彻落实市委、市政府工作部署，审时度势、迎难而上，全面研判风险挑战，有效应对一切困难和挑战，加快推进新型工业化、积极培育和发展新质生产力，行业总体运行平稳，发展质量稳步提升。

一、2024年重庆市消费品工业经济运行情况

（一）运行特征

行业经济保持稳中有进发展态势。1—9月，全市规模以上消费品工业实现产值同比增长4.2%，食品、轻工、纺织三大板块分别同比增长4.5%、4.1%、2.9%，工业增加值同比增长6.0%，对全市工业增加值增长贡献率15.8%；完成工业投资544.2亿元，同比增长43.9%；其中完成技改投资199.7亿元，同比增长51.7%；全行业新招引项目319个，协议引资714.5亿元。

（二）存在问题

1. 部分产品市场需求不振

1—9月，全市乳制品、罐头、冷冻饮品等产品产量分别同比下降7.4%、15.4%、6.7%；生猪行业相对饱和，导致饲料产量下降7.4%；包装市场整体需求疲软，包装用纸及纸板下降8.2%。消费市场萎缩、消费者购买能力降低，倒逼企业不得不通过打折等各种方式下调价格、稳定销量。比如，1—9月乳制品制造产值下降10.5%。

2. 区域竞争激烈

传统产业的大宗产品大多围绕市场半径布局项目，且市场容量相对饱和，如粮油，目前在重庆已经汇集益海嘉里、中粮、鲁花等行业头部企业，销售半径300公里左右，过去10年，城镇居民全年人均食用油消费量从10.9千克减少到9.4千克，有限市场内存量竞争加剧，有带动力的标志性招商项目不多。

3. 部分原料价格持续下降

大豆等原材料价格持续下降（据国家统计局公布的每旬流通领域产品市场价格计算得出，2024年9月全国大豆价格为4389.6元/吨，环比下跌0.36%，连续4个月环比下跌）等多方因素影响，导致企业单品价格下降。1—9月，全市精制植物油产量同比增长8.2%，但受产品价格影响，产值仅增长5%。

（三）全年预测

从宏观经济角度来看，2024年10月中国人民银行公布最新金融数据，9月份M1与M2的剪刀差继续扩大（-14.2%），为自1996年4月以来负差值最大的月份，表明制造业企业对未来经济前景的谨慎态

度。从社融数据来看，9月全国新增社融3.76万亿元，同比少增3722亿元，人民币贷款新增15910亿元，同比少增7200亿元。而9月新增居民贷款5000亿元，其中中长期贷款主要是房贷，同比少增3170亿元。与此同时，国家出台"一揽子"增量政策，加大逆周期调节力度，充分调动各方积极性，推动经济向上结构向优。全市上下克服粮油原料价格波动、市场需求下降等不利因素，通过精准调度、深度调度、精准服务、务实服务，最大限度盘活存量、扩大增量，全力以赴完成全年经济发展目标。预计2024年全市规模以上消费品工业企业实现产值同比增长4%左右。

二、2025年重庆市消费品工业经济运行的环境及因素分析

（一）局部地区热点问题频发，全球经济复苏持续疲软

当前，世界之变、历史之变、时代之变正以前所未有的方式展开，地区安全热点问题此起彼伏，局部冲突和动荡频发，单边主义、保护主义明显上升，世界又一次站在历史的十字路口。国际货币基金组织（IMF）在2024年10月22日发布的《世界经济展望报告》中预计，2024年和2025年全球经济增速为3.2%。这一预测与2023年持平，显示出全球经济增长的稳定性。世界贸易组织（WTO）在最新更新的《全球贸易展望与统计报告》中预测，全球商品贸易将逐步复苏，2025年预计实现3%增长。

（二）国内供需两端偏紧格局趋于改善，消费品工业企业利润增长态势明显

国家统计局数据显示，2024年9月，中国制造业采购经理指数（PMI）为49.8%，比上月上升0.7个百分点。1—9月，社会消费品零售总额320305亿元，同比增长0.7%，其中9月当月社会消费品零售总额37745亿元，同比增长2.5%。1—8月，消费品制造业利润同比增长8.4%。其中，农副食品、纺织、文教工美等7个行业利润均实现两位数增长。

（三）"两新"政策激发市场消费活力，全市消费品工业招商投资势头强劲

2024年3月，国务院正式印发《国务院关于印发〈推动大规模设备更新和消费品以旧换新行动方案〉的通知》（以下简称《行动方案》），《行动方案》聚焦工业、农业、建筑、交通、教育、文旅、医疗7个领域，提出实施设备更新、消费品以旧换新、回收循环利用、标准提升四大行动，明确了5个方面20项重点任务，并明确安排超3000亿元左右超长期特别国债资金，加力支持重点领域设备更新，进一步提升地方消费品以旧换新的能力。

三、2025年趋势展望及主要经济指标预测

2025年，全市消费品工业将以习近平新时代中国特色社会主义思想为指导，深入学习贯彻党的二十大、二十届三中全会精神以及市委六届五次、六次全会精神，完整、准确、全面贯彻新发展理念，服务和融入新发展格局，以新型工业化为方向，坚持问题导向目标导向，加强重点板块运行调度，千方百计服务企业拓展市场渠道，全力以赴稳增长，围绕大宗农产品加工、美食产业化、服装订单、特色轻工等，搭平台、引龙头、推爆品、育产业，提升产业创新和数字赋能水平，推进特色产业集聚集群，因地制宜培育发展新质生产力，推动全行业持续健康发展。预计2025年全市规模以上消费品工业产值同比增长5%左右。

（一）产业结构不断优化

食品、轻工、纺织服装产业协调发展的格局初步形成。一方面，传统优势产业提质增效，食品工业特色化、服装服饰品牌化、家居制造智能化、塑料制品绿色化、造纸及纸制品中高端化趋势更加明显。

另一方面，加快培育市场潜力大、生态环境友好的新兴消费品产业，如美食工业化、个护美妆、产业用纺织品、健康消费品和文创消费品等，不断丰富和完善产业链结构。

（二）数字化转型步伐加快

消费品工业企业实施技术改造和数字化转型的积极性进一步提高，更加注重应用智能制造技术，在关键工序、关键环节逐步推动智能化改造，提升生产效率和产品质量，降低运营成本。个性化生产、柔性生产、数字营销、产品质量追溯等一批数字化转型应用场景加快建立。工业互联网、大数据、人工智能等技术在消费品工业领域的应用更加广泛，企业的市场响应速度和竞争力有效提升。

（三）创新能力不断提高

以企业为主体的产业创新机制不断健全，产学研用机制和科技成果转化应用机制不断完善，建成一批国家级研发平台、国家重点实验室和产业创新综合体，攻关一批行业核心关键技术；部分科技型企业开始布局合成生物学、细胞和基因治疗等未来领域，加快人工智能、大数据分析、分子诊断等底层技术转化应用。

（四）品牌建设持续推进

全市消费品工业企业品牌建设意识不断提升，品牌推广渠道更加多元化，重庆火锅、重庆小面等区域品牌推广力度进一步加强，具有地方特色的消费品工业品牌集群加快成型。"爆品"打造计划加快推进，支持企业推出更多具有创新性和市场竞争力的产品，形成从"爆品"打造到品牌整体发展的良性循环。

（五）产业生态不断完善

全市更加注重产业生态的构建和完善。在传统的食品、服装、鞋业及新兴培育的美妆、日用消费品等领域，聚焦研发设计、成果转化、订单承接、品牌孵化、市场拓展、检验检测、生产中试等产业关键环节，聚合资源搭建一批具有重要支撑力的平台，集聚一批行业关键人才和团队，为推动消费品工业高质量发展营造良好生态环境。

四、政策调控措施建议

对标国际标准，加快通道硬件设施建设，完善和增强通道"软实力"，吸引国际龙头加工贸易企业来渝搭建大宗原料及特色消费品交易集散中心，为更多国际大宗物资来渝集散分拨和西部特色消费品出口提供便利化服务。

[重庆市经济和信息化委员会　余　菲　范志飞]

之九：2024 年重庆市能源工业发展及 2025 年展望

2024 年以来，全球能源发展形势受地缘政治影响进一步加深，国际能源供需格局加速演变。我国能源市场供需保持稳定，能源结构持续优化。重庆市加快落实各项能源保障措施，清洁能源消纳规模持续扩大。预计 2024 年重庆市电力装机容量约 3450 万千瓦，同比增长 7.1%左右；发电量约 1230 亿千瓦时，同比增长 6.1%左右；天然气产量约 104 亿立方米，同比增长 8.5%左右。

一、2024 年重庆市能源工业运行情况

（一）总体概况

2024 年，重庆市加快推动绿色高效的新型能源算力枢纽建设，绿色安全的新型能源体系和电力保障体系不断完善。1—9 月，全市能源工业增加值增速达 8.2%，占全市工业增加值比重为 10.8%。在"川电入渝""疆电入渝""川气东送二线"等国家重点项目及市级多项新能源、新型储能项目的带动下，1—9 月能源重点项目投资增长 33.5%，行业技改投资增速高于全市（27.0%）6.5 个百分点。能源安全保障体系更加完善，电网调峰储能和智能化调度能力持续提升。

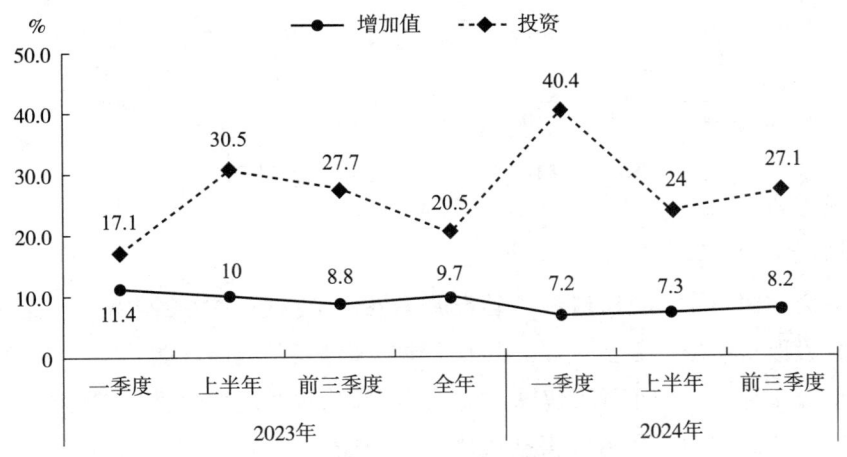

图 1　2023 年以来重庆能源工业增加值和投资同比增长情况

（二）主要特点

1. 能源生产能力持续增强

立足重庆能源资源禀赋，积极推动全市能源供应保障能力持续增强。一是市内发电能力不断提升。华电潼南燃机等项目顺利开工，两江燃机二期等约 500 万千瓦天然气发电项目提速建设，1—9 月市内电力总装机容量达 3440 万千瓦，其中，火电 1925 万千瓦，占比 56%；水电 917 万千瓦，占比 26.7%；新能源 457 万千瓦，占比 13.3%。1—9 月，累计发电 884.2 亿千瓦时，同比增长 9.5%。二是天然气产量持续增长。随着川渝地区天然气千亿方生产基地建设加快推进，綦江、万盛页岩气田等深层页岩气井商业化

开发取得新突破，为天然气产量增长打下坚实基础。1—9月，全市累计天然气产量75.8亿立方米，同比增长7.9%。

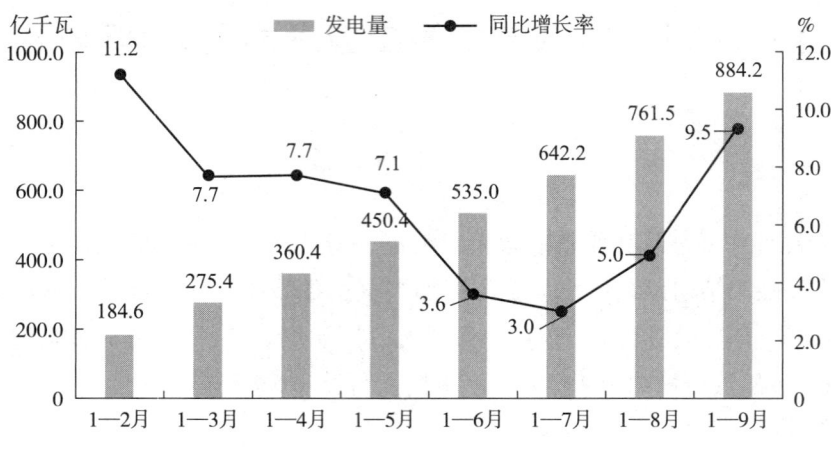

图2　2024年1—9月重庆发电量情况

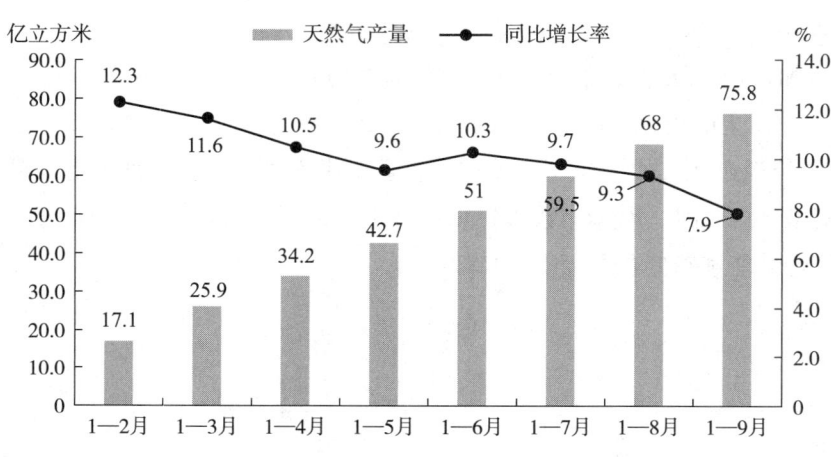

图3　2024年1—9月重庆天然气产量情况

2. 能源基础设施建设加快推进

围绕新型能源算力枢纽建设，全市能源基础设施建设逐步提速，能源网络互联互通程度得到显著提升。一是储煤基地建设取得突破。截至9月，全市已建成的储煤基地储煤能力约700万吨，且均配套有储煤场。涪陵、奉节储煤基地已于今年开工建设，实现了在渝中央政府储煤基地"零的突破"，有力提升了全市煤炭储备能力。二是跨省油气通道取得新进展。多条输气管道建成投用，江津—南川、南川—两江新区天然气输气管道完工投用，新增输气能力分别达48亿立方米/年、10亿立方米/年；万源—城口输气管道建成通气，输气能力达0.8亿立方米/年，城口县正式结束了无管道燃气历史；川气东送二线（川渝鄂段）正开展建设，累计完成焊接约50公里。三是"外电入渝"工程接续推进。川渝1000千伏特高压交流工程重庆段线路工程已全线贯通，年底即将建成投产。川渝特高压交流北环网（川北—涪陵—铜梁段）与疆电（南疆）送电川渝工程实现同步规划、同步建设。四是市内网络互联互通程度不断提高。坚强电网加速构建，分层分区供电格局更加完备，"双环两射"主网架建设有序推进，累计建成500千伏线路159.5公里。油气管网体系更加完善，天然气管道已实现"县县通"，基本建成"四环二射"市域干网，干网总里程达4676公里，年输气能力280亿立方米；市内成品油管道总里程486公里，年输送能力600

万吨。

3. 能源绿色低碳转型步伐加快

因地制宜加快能源供给清洁化，有序推进抽水蓄能建设，大力发展页岩气、风电、光伏、氢能等清洁能源，能源工业绿色转型发展"绿意渐浓"。一是可再生能源发电装机规模进一步扩大。綦江蟠龙抽水蓄能电站全面投产发电，建成投用巫山红椿风电二期、长安汽车渝北工厂屋顶分布式光伏等项目，截至2024年9月，市内可再生能源装机规模1440万千瓦，占全市总装机规模的41.9%。二是页岩气资源开发利用加快。1—9月，重庆涪陵页岩气田累计产气42.3亿立方米，同比增长0.78%。永川、綦江、万盛页岩气田等深层页岩气井商业化开发加快推进，为有序推动资源接替奠定了坚实基础。三是氢能产业有序推进。九龙坡区持续打造集氢能科技园、氢能产业园、氢能产业示范应用基地"三位一体"的"西部氢谷"，国家级氢能商用车生产基地、国家级燃料电池系统研发制造基地、国家级氢能产业示范应用基地建设取得显著成效。南岸区加快开展氢能物流车示范应用，推进氢能物流车的商业化进程，氢能汽车产业生态持续营造。截至目前，全市累计推广氢燃料电池汽车377辆，建成加氢站9座。

4. 能源合作持续深化

持续深化国内能源合作，电力、天然气等基础设施投资、建设和运营协同发展态势持续巩固。一是央地合作持续走深走实。持续推动与国家电投集团等7家能源央企中长期能源保障战略合作，抽水蓄能、新型储能、新能源、智慧电网等能源项目加速落地。6月中国移动重庆公司与重庆能投集团签署战略合作协议，共同探索数字化与能源产业深度融合的新路径，全市能源基础设施投资后劲不断增强。二是川渝能源合作纵深推进。共同推动川渝特高压工程和"新疆（南疆）送电川渝工程"前期工作，推动特高压交流环网工程论证工作；共同打造天然气千亿方产能基地，共同谋划以"成渝氢走廊"为立足点推动长江经济带沿线省市共建"长江经济带氢走廊"。三是疆渝、渝黔能源合作进一步深入。重庆市与新疆维吾尔自治区、新疆生产建设兵团分别签署全面深化战略合作框架协议，"疆电入渝"哈密—重庆±800千伏特高压直流输电工程、"疆煤入渝"500万吨煤炭产能置换工作加快推进。渝黔直流背靠背联网工程顺利纳入国家规划，丁山页岩气配套管网按期推进，1—9月黔煤入渝215.15万吨，同比增长17.0%。

二、存在的主要问题

（一）外煤外电入渝保供压力增大

重庆煤炭供应只能靠外地购入，从电煤采购情况看，购自陕西、山西、新疆、甘肃等省份的电煤占电煤总量比重达78%，北煤入渝保供面临运输距离远、外购半径大的问题。市内提升煤炭储备需进一步降低运输成本，加之入渝通道主要为襄渝铁路和兰渝铁路两条线路，在用电高峰期、极端天气等特殊时段运力调配面临较大压力。同时，为有力支撑"西电东送"工程，新疆、四川、贵州等省份及三峡电站均需为中东部地区提供电力保障，重庆加快拓展外电入渝渠道面临日渐激烈的通道竞争。

（二）页岩气开发利用遭遇多重考验

市内新老气田接续后劲不足，涪陵页岩气田已推广应用国际领先的立体开发技术，但增产规模不足1%。全市境内超深层天然气、深层页岩气资源丰富，但自2022年中国石化提交綦江页岩气田首期探明地质储量1459.68亿立方米以来，市内深层页岩气资源新增探明储量缺少突破性进展。同时，页岩气本地气量留存空间不足，涪陵页岩气、南川页岩气均已接入川气东送管网，涪陵页岩气田仅按年产量6%作为优惠气量留存地方自用，年产量近半数销往市外，以保障中东部地区用气需求。川气东送二线投产后，渝西页岩气亦将进一步纳入川气东送气源调度，进而挤占页岩气本地留存空间。

（三）新能源开发利用难度加大

全市常规水电资源开发增长有限，已有水电设施受自然环境影响发电规模不稳定。风电等可再生能源受自然禀赋影响已达开发瓶颈，市内风光资源有限，且均为最低资源丰度的Ⅳ类地区，适宜开发的区域均处于高海拔、大坡度地区，开发成本高、利用难度大，山区风电、光伏剩余技术可开发量有限。同时，屋顶分布式光伏发电虽然具有分布灵活、就近利用等优势，但受房屋产权责任不明晰、建设场地空间有限、发供用结构性错位等多种因素制约，部分屋顶分布式光伏发电项目缺乏技术可行性和经济可行性，项目业主较为分散，缺乏系统性管理。

（四）新型储能设施运行不饱和

市内已投产新型储能项目主要通过日"两充两放"模式，利用充放电价差保障项目运营。受新型储能项目与抽水蓄能项目存在竞争的影响，2024年以来，合川、南川等区县的新型储能项目充放电频次较低，平均日充放电次数不满两次，尤其在二季度用电淡季，市内多个新型储能项目平均日充放电次数不足一次，大多处于不饱和状态。同时，按照国家发展改革委《关于建立煤电容量电价机制的通知》要求，2024年市内煤电价格由单一制电价调整为两部制电价，煤电多出165元/千瓦年的容量电价部分以回收煤电机组固定成本，且煤电容量电费纳入系统运行费用，每月由工商业用户按当月用电量比例分摊。造成已建成投用的新型储能项目用电成本增加，充放电利润空间缩减，市场竞争力不足，投资回报率不及预期。

三、2025年发展环境及趋势展望

（一）全球能源绿色低碳转型加快演变，重庆开展国际能源绿色合作面临多重机遇

一是地缘冲突扰动国际能源市场。俄乌冲突、巴以冲突等地缘事件持续冲击世界能源格局，特朗普倾向支持传统能源的开发，在调控国际油价方面采取相对宽松的政策，将进一步放大国际油价呈过山车式波动，欧盟进一步限制俄罗斯经欧盟港口的LNG中转出口，将进一步影响欧洲、亚太、北美地区能源贸易格局。二是国际新能源市场发展迅速。中国、欧洲、北美地区在全球范围内致力推广应用可再生能源与储能设施，风能和太阳能及新型储能装机规模将持续扩大。2025年，全球能源供给有望迎来一个重要里程碑，可再生能源发电量将占全球电力供应总量的35%，发电量有望超过燃煤发电。同时，联合国气候变化框架公约各成员国开始履行"转型脱离化石燃料"的路线图，积极构建二氧化碳捕集、运输、地质封存全链条标准体系，为重庆有序推动能源绿色低碳转型，提高能源利用效率提供了更多国内外合作机会。

（二）我国统筹抓好能源安全保供与绿色低碳发展，为重庆能源发展指明了方向

一是国内能源安全供应能力稳步提升。我国能源供应保障基础不断夯实，资源配置能力明显提升。煤炭战略储备基地建设加快推进，煤炭安全托底保障能力不断增强。石油消费大幅恢复性反弹阶段已经结束，石油特别是成品油供应将进入达峰窗口期，石油供应链稳定性和安全性将保持平稳发展。国内天然气需求仍将保持增长趋势，但地下储气库、沿海液化天然气接收站储罐工程建设将提升国内天然气储备与调节能力。二是新能源产业领域将成为能源工业持续增长的主要动力。按照国家《2024—2025年节能降碳行动方案》要求，稳步推进碳达峰碳中和目标，太阳能发电、风电等领域将成为可再生能源主要增长动力。同时，全国碳市场步入第三个履约周期，地方碳交易试点、多地区碳普惠机制不断完善，国

内碳市场加快升级扩容，以风电、水电、光电、生物质等清洁能源为重点，持续推动能源结构绿色低碳转型，降低煤炭等传统能源的结构性占比，为重庆高质量发展提供支撑。

（三）重庆经济量增质升态势加速巩固，能源工业发展基础进一步夯实

一是清洁能源建设上升到更加重要的地位。国内能源转型进入重要窗口期，全市风能、光伏、氢能、生物能和储能等新能源产业也进入快速发展机遇期，为重庆能源工业高质量发展带来诸多政策利好、投资利好、项目利好，极大提振市场预期。二是城市实力和竞争力不断提升为能源工业发展提供了有力支撑。重庆已成为我国中西部地区首个GDP超3万亿元的城市，腹地市场广阔，辐射服务西部近4亿人口，"33618"现代制造业集群体系加速构建，为全市进一步拓展能源工业应用场景、创新发展模式提供了有力支撑。三是国家能源战略储备战略实施提升全市能源保障能力。重庆是国家战略腹地重要承载区，涪陵、合川、綦江储煤基地建设、川气东送二线天然气管网和黄草峡、铜锣峡储气库加快建设，将进一步完善市域能源战略储备布局，夯实全市煤炭、石油、天然气等一次能源保供基础，显著提升全市能源保障能力。

（四）2025年发展趋势及展望

2025年，全市能源发展内外部动能持续增强，能源基础设施建设进一步夯实，多元安全的能源供给体系将进一步夯实，可再生能源利用有效推动能源结构绿色转型，清洁能源消纳、氢能推广应用等领域持续发力，极大激活重庆能源发展潜力。预计全年重庆电煤、成品油供需规模持续收紧。预计2025年天然气生产量达114亿立方米左右；供电规模达1600亿千瓦时以上，发电量稳定在1200亿千瓦时左右，可再生能源发电量占市内发电量比重约27%。

四、对策建议

（一）加大能源安全保供力度

全面提升煤炭战略储备能力，持续深化与陕西、新疆、山西、贵州等省（区）煤炭主力生产区产能置换合作，推动已签约电煤中长期合同加快兑现，持续紧跟全国煤炭市场价格走低趋势，优化拓展煤炭采购渠道。加快推进涪陵、奉节中央政府煤炭储备基地建设，力争中煤綦江煤炭储备基地尽早开工建设，争取全市中央政府煤炭储备基地建设煤炭静态储备能力在3003吨以上。深化与四川、西藏、新疆、贵州等省（区）合作，协同推进川电、藏电、疆电等"外电入渝"工程，共同争取国家层面在疆电（南疆）送电川渝、渝黔电力灵活互济工程等重点项目资金支持和政策保障，加快推动项目工程进度，稳步拓展市内外购电力输送渠道。

（二）优化页岩气开发利用措施

聚力打造川渝地区天然气千亿方产能基地，鼓励涪陵页岩气田持续创新立体开发关键技术，加强老井综合治理，推动气田老区块稳产上产，加快推进复兴区块页岩油产能建设，争取打造国家级页岩油气勘探开发示范区，探索在邻近区县布局页岩油下游产业。大力支持深层页岩气勘探开发技术创新，促进铜梁、大足、永川等多个深层页岩气开发区实现连片开发，打造渝西整装页岩气田，加快扩大綦江深层页岩气田开发规模。依托市内黄草峡、铜锣峡储气库建设，争取加大页岩气在渝储备。争取扩大页岩气原地留存规模，鼓励两江燃机二期、江津燃机、永川热电联产等项目加大页岩气利用，拓展本地页岩气消纳渠道。

（三）完善新能源设施布局配套

加快推进新能源开发"源网荷储"一体化，完善水风光互补性开发、消纳模式。优化屋顶光伏项目设计，围绕工业园区、公共建筑和高速公路"光伏走廊"等重点应用场景因地制宜发展光伏项目，加强发供用结构性互补。优化布局新能源汽车超充站、超充桩等基础设施，加快提升周边配电网大功率承载力。加快推动虚拟电厂平台电力调度管控，优化全市电力智慧管控能力，提升已有新型储能项目调度运用水平和运营效率。持续升级成渝氢走廊，推动城区与两地公路交通廊道布局加氢站，促进氢燃料电池汽车在城市配送、环卫、港口运输等领域拓展应用场景。

（四）加强储能设施协同调度

加快健全新型储能市场机制和价格机制，落实新型储能项目补贴政策，保障峰谷差价盈利空间，促进储能设施市场租赁。加强煤电机组灵活性改造、水电扩机、抽水蓄能和新型储能项目建设协同力度，优化储能设施与发电设施、电网设施衔接配套，系统增强电力调峰能力和灵活性。协同推动储煤基地建设，将全市煤炭储备能力提高到 900 万吨；加快云阳建全、丰都栗子湾、奉节菜籽坝抽水蓄能电站建设，开工武隆银盘、长寿狮子滩等抽水蓄能电站，力争到 2025 年、2030 年抽水蓄能电站装机规模分别达到 120 万千瓦、360 万千瓦；打造西南地区百亿立方米储气库群，加快铜锣峡、黄草峡储气库建设，启动万顺场储气库建设，开展沙坪场储气库项目前期论证工作。

[重庆市综合经济研究院（重庆市经济信息中心）产业经济研究课题组
主研：易小光　丁　瑶　余贵玲　李　林　陈　殊　戴方尧
执笔：陈　殊　戴方尧]

之十：2024 年重庆市建筑业发展及 2025 年展望

2024 年，重庆市建筑业积极应对外部环境变化带来的影响和冲击，聚焦高质量发展的总体目标，持续深化建筑业供给侧结构性改革，不断推动建筑业规模扩大、结构优化、实力提升，行业运行总体平稳，预计 2024 年重庆建筑业增加值同比增长 5.4% 左右。

一、2024 年重庆市建筑业运行情况

（一）总体情况

2024 年，在稳增长政策加力提效、重大建设项目加速推进等带动下，重庆建筑业总体保持稳健发展态势。1—9 月，全市建筑业实现总产值 7230.2 亿元，同比增长 4.0%，产值居全国第 12 位、西部第 2 位（四川省为第 1 位），较 2023 年分别提升 3 位、1 位，其中在市外完成产值 2024.58 亿元，同比增长 8.2%；实现增加值 2444.1 亿元，同比增长 5.2%，增速高于全国平均水平 1.1 个百分点，占全市 GDP 的比重为 10.5%，全市支柱产业地位依然稳固。

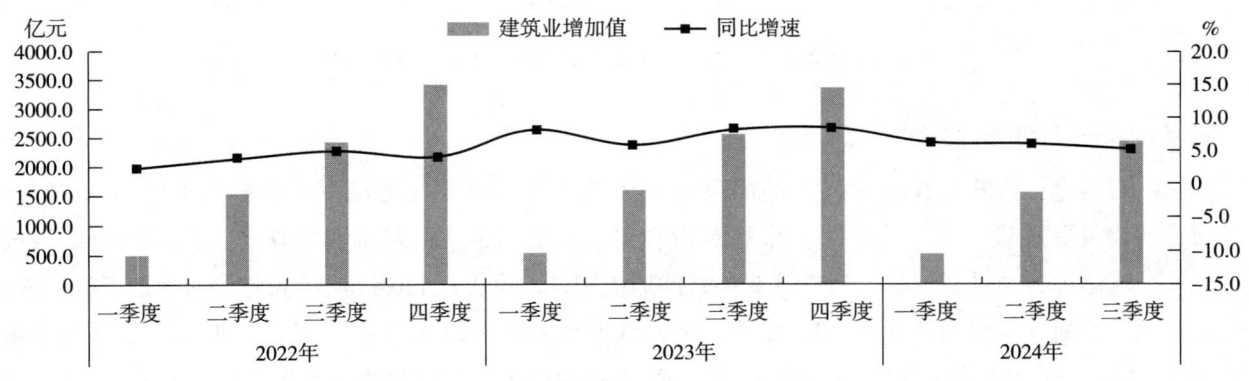

图 1　2022 年以来重庆建筑业增加值及增速（季度累计）

（二）主要特点

1. 主要行业增长稳健

在保交楼项目持续有力推进，以及保障性住房建设、平急两用公共基础设施建设、城中村改造等"三大工程"深入实施带动下，重庆建筑业主要行业实现稳健增长。1—9 月，房屋建筑业实现产值 4653.9 亿元，同比增长 3.4%，占比达 64.4%；土木工程建筑业完成产值 2044.5 亿元，同比增长 4.9%，占比 28.3%，较上年同期提高 0.3 个百分点；建筑安装、装饰及其他建筑业完成产值 531.8 亿元，同比增长 5.6%，增速较上年同期提高 9.1 个百分点，实现较快回升。

表1 2024年前三季度重庆建筑业分行业类别产值

行业类别	产值（亿元）	产值占比（%）	同比增长（%）
房屋建筑业	4653.9	64.4	3.4
土木工程建筑业	2044.5	28.3	4.9
建筑安装、装饰及其他建筑业	531.8	7.4	5.6
合计	7230.2	100	4.0

2. 建筑投资平稳增长

2024年以来，重庆积极应对房地产市场持续调整的影响，加快推动交通、城建、水利、能源、产业基础配套等领域建筑工程项目开工建设，带动建筑投资稳步增长。1—9月，全市建筑安装工程投资同比增速为6.3%，高于全市固定资产投资增速4.5个百分点，虽较上半年回落2.5个百分点，但仍高于上年同期0.5个百分点，总体保持平稳增长。

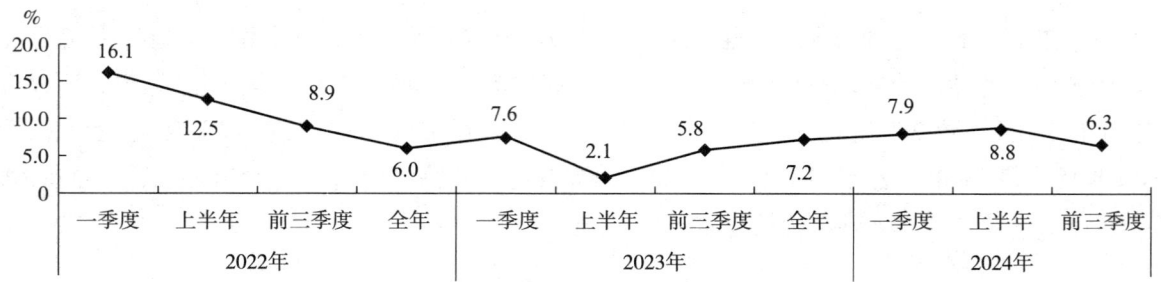

图2 2022年以来重庆建筑安装工程投资季度累计增速变化

3. 重大建设项目加速推进

前三季度，全市内陆开放高地、新型城镇化、现代化产业体系、生态环保等领域的1192个市级重点建设项目加快投资放量，有力促进了全市建筑市场需求释放。其中，基础设施在建重点项目持续推进，渝昆高铁、成渝中线高铁、成达万高铁等6条高铁加快建设；重庆江北国际机场新建第四跑道工程完成竣工验收；轨道交通4号线西延伸段、15号线、18号线北延伸段、24号线一期工程等重点项目加快建设；10个桥梁隧道、19个快速路网及专用通道、33个城市路网市级重点项目快速推进。此外，城市有机更新深入推进，1835个城镇老旧小区改造工程全部开工实施，完成城市危旧房改造5282户，为全市房屋建筑、装饰装修等行业发展持续注入新的动力。

4. 建筑业发展转型加快

2024年以来，重庆加快转变建造方式和发展路径，建筑工业化、智能化、绿色化融合发展提速。建筑工业化深入推进，累计培育现代建筑产业基地24家，新开工装配式建筑占新建建筑比例超过35%，居西部地区前列。智能建造加力实施，累计培育智能建造试点项目45个、示范企业10家、试点区县5个，建筑机器人、智能施工装备等新兴产业聚能起势。绿色建筑发展提速，截至2024年9月，城镇新建民用建筑设计阶段已全面执行绿色建筑标准，累计建成绿色建筑2.78亿平方米，处于西部领先水平，组织实施了高星级绿色建筑项目1543万平方米。

二、存在的主要问题

（一）建筑业持续增长动力不足

一是建筑投资稳定增长承压。作为建筑投资的重要动力，全市房地产投资持续下行，1—9月重庆房地产开发投资同比下降9.7%，降幅较上半年扩大0.9个百分点。同时，全市基础设施投资相对低迷，前三季度同比增速仅0.6%，较上半年下降2.4个百分点，冲抵房地产行业下行的作用逐渐减弱。在上述因素综合影响下，全市建筑投资增长较为乏力。二是建筑开工量减少。受市场需求不足影响，前三季度，全市建筑业新开工面积同比下降18.4%，建筑业稳定增长动能偏弱。其中，房屋建筑施工面积为23631.58万平方米，同比下降14.1%，降幅较上年同期扩大8.1个百分点，呈持续下降态势。

（二）建筑业企业经营压力较大

一是市场竞争加剧。在重庆乃至全国建筑业"总盘子"持续缩小的大背景下，全市建筑企业市场拓展压力大幅上升，特别是民营建筑企业大多规模小、资质等级偏低，直接承揽重大项目能力弱，生存空间受到严重挤压，尾部弱资质企业加速出清，重庆中科建设（集团）有限公司等特级资质民营企业也宣布破产。二是资金压力增大。受上游房企资金紧张、地方政府债务压力大等影响，全市建设项目推进缓慢、工程款支付滞后等现象仍较突出，外加劳务成本上涨及材料价格持续攀升，工程建设行业利润空间大幅压缩，企业承压生存态势逐步加剧。

（三）建筑业综合竞争力依旧偏弱

一是规模总量存在差距。同建筑大省相比，重庆建筑业规模依旧偏小，前三季度，重庆建筑业总产值仅为江苏（2.73万亿元）、广东（1.77万亿元）、浙江（1.75万亿元）的27%、40%、42%，与四川（居西部地区建筑业产值第1位）的差距进一步扩大至5300亿元以上。二是优质企业数量偏少。重庆建筑业领域"专精特新"企业数量偏少，高资质建筑企业不多，现有特级资质企业14家，数量大幅落后于浙江（>90家）、江苏（>90家）等东部建筑大省，在西部地区也不具优势（陕西>40家、四川>30家），且特级资质领域仍以传统房屋、土建等为主，市政、安装、智能化等高附加值产业拓展能力不强。

（四）建筑业新动能成长较慢

一是装配式建筑产业发展放缓。由于新开工建筑项目减少，外加建筑企业严格控制成本增量、产品运输辐射范围受限，全市装配式建筑新增规模有所下滑，部分企业经营困难。据调查，30余家市级装配式建筑产业基地中有10家左右难以维持正常生产。二是智能建造基础仍较薄弱。受建筑项目减少影响，全市建筑机器人及智能施工设备实施载体减少，智能建造产业加快发展受到一定制约。同时，智能建造的技术更新迭代及产业化发展仍面临较强的资金、人才约束，建筑机器人等智能工程设备的智能化水平以及普适度还需进一步提升。

三、2025年发展环境与展望

（一）建筑业面临的投资环境总体将有所改善

随着我国一揽子增量政策加力推出和系统落实，经济将延续平稳回升态势，建筑业发展的宏观环境将有所改善，机遇与挑战并存。国家持续加大财政货币政策逆周期调控力度，超长期特别国债、专项债等加快发行使用，"两重"项目建设实施力度加大，将有力推动建筑业稳定发展。同时，国家采取综合性政策措施促进房地产市场止跌回稳，房地产项目合理融资支持力度加大，叠加"一揽子化债方案"深入落实，将有利于提振建筑投资需求，建筑业企业的资金压力也将得到传导疏解。此外，PPP 新机制出台，基础设施 REITs 常态化发行，建筑业投融资模式更加多元。但房地产市场尚未完全回暖、地方财政承压、产业转型阵痛等不利因素犹存，建筑业稳定增长仍面临一定挑战。

（二）建筑业智能化绿色化趋势将更加明显

国家持续深化建筑业供给侧结构性改革，大力推进建筑业工业化、数字化、绿色化转型升级，积极推进绿色、低碳、智能、安全的好房子建设，将推动建筑业加快向更高质量、更环保、更智能化的方向发展。当前，人工智能正加速以多种方式改变建筑全产业链运行模式，深度融入设计、生产、施工、质量控制、安全管理及运维等各环节，智能建造技术将得到更广泛的应用，特别是 BIM 和 CIM 的结合与应用，将为建筑业带来新的发展机遇。同时，《完善碳排放统计核算体系工作方案》《数字化绿色化协同转型发展实施指南》等绿色低碳领域的政策措施不断完善，先进建筑节能技术、低碳建筑材料等应用空间将得到进一步拓展，有利于推动绿色低碳建筑产业加快发展。

（三）建筑业稳健发展的支撑依旧有力

在推动成渝地区双城经济圈建设走深走实、重庆"两大定位"稳步推进背景下，一批现代基础设施网络以及国家物流枢纽、产业园区等重大建设项目有望加快落地，重庆建筑业增长仍有较强支撑。以人为本的新型城镇化建设加速推进，重庆成为中央财政首批支持的城市更新行动实施城市之一，城市基础设施更新升级、老旧小区改造、保障性住房建设等实施将更加有力，存量提质改造和增量结构调整将为全市建筑业带来新的增长空间。此外，国家智能建造试点城市建设的深入开展，建筑领域节能降碳工作的有力落实，有利于加快智能建造、工业化建造、绿色建造等新型建造技术规模化推广应用，带动建筑机器人、装配式建筑等新兴产业发展，为重庆建筑业高质量发展注入新的动力。

（四）2025 年发展趋势

展望 2025 年，重庆建筑业将继续紧扣高质量发展目标，加快发展方式转型步伐。总体看来，建筑业发展的宏观经济与政策环境向好，房地产止跌回稳预期增强，基建稳增长持续发力，新增建筑需求仍有保障；但同时也将面临建筑业增长后劲不足、产业转型阵痛等挑战。预计 2025 年全市建筑业将保持稳中承压发展态势，增加值将达到 3350 亿元，同比增长 5.0%左右。

四、对策建议

（一）积极拓展建筑业市场空间

一是拓宽建筑业发展领域。支持本地建筑业企业在满足相关资质要求基础上，以联合体方式参与桥梁隧道、综合管廊、港口航道、地方铁路、高速公路、水利工程、轨道交通、电力能源等大型基础设施工程建设。引导企业积极向 5G 基站、新能源汽车充电桩、大数据中心、人工智能、工业互联网等新型基础设施建设领域拓展。二是支持参与重大项目建设。健全重大建设项目精准推送机制，创新"平台+合伙人"等项目合作模式，支持本地建筑企业深度参与全市城中村改造、旧城改造、棚户区改造、基础设施建设等领域工程建设。三是大力开拓外埠市场。加强与四川等重点省份交流与战略合作，完善驻外服务机构布局，积极搭建同属地建设主管部门、业主单位、行业协会等的沟通平台，组织召开市外推介会及交流活动，支持本地建筑企业加快"走出去"。对企业承接的市外、境外工程项目及业绩，在企业信用评价、工程招投标、创优评选等方面予以认可和支持。四是积极发展工程总承包和全过程咨询。加快完善工程总承包管理办法、技术标准和相关配套政策，培育一批具备工程设计、采购、施工、运维等一体化能力的集成服务商。鼓励市内国有投资项目、城市品质提升项目、智能建造试点项目等优先采用设计牵头的 EPC 模式和基于 BIM 技术的全过程咨询模式。

（二）着力减轻企业经营负担

一是完善工程建设领域保证金制度。鼓励针对信用良好、具有相关专业技术能力的建筑业企业，合理降低建设工程质量保证金预留比例。鼓励银行保险机构在工程建设、招投标等领域为符合条件的建筑业企业提供保函、保证保险等产品，持续推行差异化存储工资保证金，切实减轻企业保证金占款压力。二是规范工程款结算。在市内国有投资的房屋建筑和市政基础设施新建工程项目中全面推行施工过程结算，探索适度提高工程进度款支付比例要求。加大账款拖欠清理力度，不断完善拖欠账款定期披露、劝告指导、主动执法等制度，重点清理机关、事业单位、国有企业拖欠民营建筑企业账款。三是加大金融支持力度。探索建立助企纾困基金，对生产经营困难且风险可控的建筑业企业提供精准支持。鼓励银行业金融机构加大建筑业专属信贷产品开发力度，推广建筑业供应链金融服务。鼓励对生产经营正常、资金流动性暂时遇到困难的优质建筑业企业不盲目抽贷、压贷，不额外增加担保要求。依托国家级绿色金融改革创新试验区建设，探索绿色金融与绿色建筑产业协同发展新模式。

（三）增强建筑业企业综合竞争力

一是培育龙头骨干建筑企业。持续外引内育优质建筑企业，推动更多建筑业总部型央企落户重庆，积极培育具有大型工程总承包承建能力的设计和施工单位。引导企业聚焦主业打造核心竞争力，并通过产权置换、兼并重组、体制创新等方式加快转型升级。健全重点企业日常联系服务制度，协助解决发展难题，在资质申报、资金筹措、工程担保、科技创新、项目创优等方面给予帮助和支持。二是支持中小建筑企业和民营建筑企业发展。完善符合建筑业特点的"专精特新"企业培育措施，聚焦科技创新、城市更新、应急抢险、智能建造等细分领域，培育一批特色鲜明、实力强劲的"专精特新"建筑业企业。全面落实民营建筑业企业市场准入政策措施，支持民营企业、中小企业同在渝央企、国有企业、市内优势企业建立协同发展新机制。三是支持企业资质升级扩项。建立高等级资质企业梯度培育体系，总结扶持川九建司晋升西南地区独家矿山特级资质的成功经验，完善"一对一"服务、"包片"指导等资质升级帮扶机制，孵化更多特级资质企业。深化"放管服"改革，逐步推行施工资质告知承诺制审批，创新推行告知承诺制和常规方式相结合的"双轨制"资质申请模式。

（四）培育建筑领域新质生产力

一是大力发展智能建造。以永川区、两江新区、西部科学城重庆高新区、涪陵区、巴南区等 5 个市级智能建造试点区县为重点，聚焦工业化建造、建筑机器人及智能装备、工程全周期数智管理平台等领域，深入开展智能建造企业和项目示范试点，打造更多具有全国影响力的技术产品体系。大力发展建筑机器人与智能施工装备产业，丰富应用场景，搭建连接试点区县、国有投资平台、大型施工企业、建筑机器人企业等主体的协同发展平台。积极发展建筑互联网与大数据产业，升级打造"渝建业"平台，打通建筑全生命周期数据通道，推进建筑业互联网平台在工程建造、行业监管、企业孵育等领域深度应用。二是加快建筑业绿色低碳转型。推进绿色建筑规模化发展，严格落实公共建筑、超高层建筑执行高星级绿色建筑标准有关要求，完善居住建筑、公共建筑节能标准及技术体系，提升新建建筑中星级绿色建筑比例。加大专项资金支持力度，总结推广金凤实验室、江北国际机场 T3B 航站楼等绿色建筑项目经验，创新推动既有建筑节能改造与运行管理，以政府投资工程为引领，打造一批超低能耗、近零能耗建筑示范工程。

[重庆市综合经济研究院（重庆市经济信息中心）产业经济研究课题组
主研：易小光　丁　瑶　余贵玲　李　权　李　俊
执笔：李　俊]

产业卷
第三产业篇

之一：2024年重庆市第三产业发展及2025年展望

2024年，全球政经形势更趋严峻复杂，我国经济延续稳中有进态势，重庆聚焦做实"两大定位"、发挥"三个作用"新定位新使命，加速推进生产性服务业高质量发展、生活性服务业品质化提升，科技服务、软信服务、文化旅游等服务业新动能持续发力，服务业保持稳步增长态势，前三季度增加值增速排名并列全国第一[①]。预计2024年重庆第三产业将实现增加值约17510亿元，同比增长约5.9%。

一、2024年重庆市第三产业运行情况

（一）服务经济稳健运行，增速全国领先

2024年以来，全市聚力推动金融、物流、软信服务、科技服务等生产性服务高质量发展，商文旅等生活性服务业融合创新升级，服务经济展现较强活力。1—9月，全市第三产业实现增加值12766.15亿元，同比增长5.8%，比上年同期加快0.4个百分点，增速、排名并列全国第一；占全市GDP比重为54.9%，对全市经济增长的贡献率达到52.9%，拉动全市GDP增长3.2个百分点。企业生产经营稳中有进，1—8月规模以上服务业企业营业收入同比增长9.9%，分别高于上年同期和全国增速2.8个、2.2个百分点；十大行业门类实现"9升1降"，其中信息传输、软件和信息技术服务业，文化、体育和娱乐业，居民服务、修理和其他服务业等行业营业收入分别实现同比15.3%、27.0%、17.7%的较快增长。

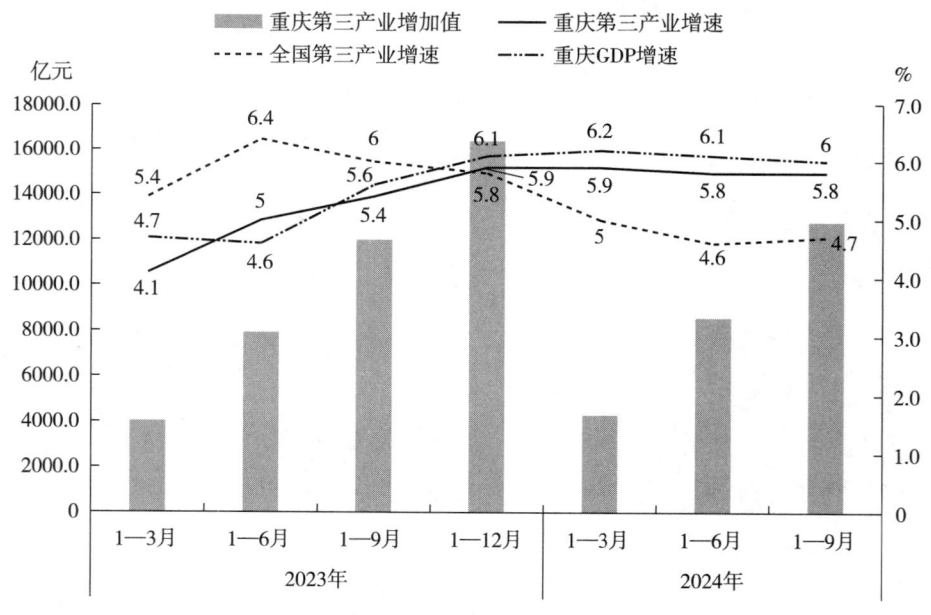

图1 2023年以来重庆第三产业增加值情况

---

① 与上海并列。

（二）服务业扩大开放综合试点成效明显，服务业开放创新居全国前列

在服务业扩大开放综合试点、中新互联互通项目等带动下，重庆服务业对外开放水平不断提升，前三季度全市服务业外资主体同比增长33.71%，服务进出口同比增长13.2%[①]，居全国第12位、西部第2位。服务业扩大开放综合试点取得明显成效，累计落地1700余个现代服务业项目，探索"科技跨境贷"、铁海联运"一单制"等180项创新举措，20余项入选国家最佳实践案例，多项成绩位居商务部开展的11个地区服务业扩大开放综合试点工作评估前列。渝新、渝港合作持续深化，中新互联互通项目累计签约合作项目金额超256亿美元，在渝新资企业增至150余家，金融、通信、工业设计等服务领域项目持续增多；重庆赴港举行现代生产性服务业推介会，推动德勤中国数智中心等多个项目落户，签署14个重点金融合作项目，渝港金融"双中心"加快联动，服务业开放合作提质增效。

（三）生产性服务业加快发力，服务质效稳步提升

金融业服务实体经济功能增强。在西部金融中心提速建设带动下，金融业整体实现平稳运行，9月末全市本外币存贷款余额分别同比增长3.1%、6.4%。直接融资市场持续扩容，境内上市公司新增再融资57.6亿元，居全国第8位、西部第2位。金融创新持续深化，金融机构创新推出供应链"脱核链贷"、养老院经营质押贷、"整村授信贷"、科创主题小微金融债券等多样化金融产品，科技创新和技术改造再贷款签订贷款合同超7亿元，金融服务实体经济功能稳步提升。1—9月，全市普惠小微贷款同比增长12.75%，科技型企业贷款同比增长超40%。

国内外物流运输体系稳步建设。2024年以来，全市加快建设"4655"现代化集疏运体系，物流市场规模稳步提升，1—9月社会物流总额2.96万亿元，同比增长6.2%，增速高于全国0.6个百分点。国际物流持续发力，西部陆海新通道运输货物箱量达18.33万标准箱、同比增长45%，货值348.75亿元、同比增长80%；中欧班列（成渝）运输货值96亿元，同比增长12%。"新疆—重庆—东盟"跨境联运班列、"东盟快班"等完成首发，中老泰马跨境铁路班列、重庆至杜伊斯堡全程时刻表班列等实现双向开行，国际物流线路持续丰富。城乡物流服务体系不断优化，"舟山—重庆"江海直达航线、重庆新生港国内集装箱班轮、2024年"邮运通"极速鲜邮航专机等完成首发，全市物流运输服务业态进一步丰富。

数字服务保持较强增长势头。"满天星"行动计划加快实施，软信服务增势突出，1—8月，全市规模以上互联网和软件行业营业收入同比增长21.0%，拉动全市规模以上服务业企业营收增长3.3个百分点，贡献率达33.3%。数字应用基础设施建设稳步推进，物联网零售服务终端用户增速居全国第1位，全国首个算力互联公共服务平台上线，算力服务加快布局。数实融合成效显著，智能工厂和数字化车间累计分别达183个、1096个，"上云上平台"企业数量超过13万户，两化融合指数居西部第1位，数字赋能指数居全国第7位。

科技服务加快赋能新质生产力。围绕"416"科技创新布局，全市加快科技研发服务主体和载体平台建设，建成中试平台36个，沿链部署创新平台114个，重庆高新技术产业研究院、重庆市科技成果汇交平台、"码上科服"平台等服务载体加快建设，科技研发服务质效稳步提升，1—8月规模以上科技中介服务营业收入同比增长1.9倍。工业设计加快培育，颁布全国首部工业设计促进条例，"中新设计共创计划"等推动"全球设计之都"提速建设，当前全市已建成设计产业园区、众创空间等载体300多个，培育11家国家级工业设计中心、207家市级中心和418家设计驱动型企业，工业设计总产值超2000亿元。

---

① 上半年数据。

（四）生活性服务业平稳运行，品质化升级步伐加快

商贸消费稳步增长。2024年以来中央和地方促消费系列政策措施显效发力，全市商贸消费平稳增长。1—9月全市社会消费品零售总额同比增长3.8%，高于全国增速0.5个百分点，增速居首批试点培育的五大国际消费中心城市首位。以旧换新政策效应加速释放，截至9月末，汽车、家电等申领补贴资金15.3亿元，拉动消费超过140亿元。新兴消费增势强劲，1—9月限额以上批零单位互联网商品零售额同比增长14.5%，高于全市限上单位商品零售额增速11.2个百分点，网商总数突破73.3万家，直播网络零售额增长19.4%。夜间经济、首发经济等新业态持续发力，集聚落地品牌首店892个，消费供给品质升级。

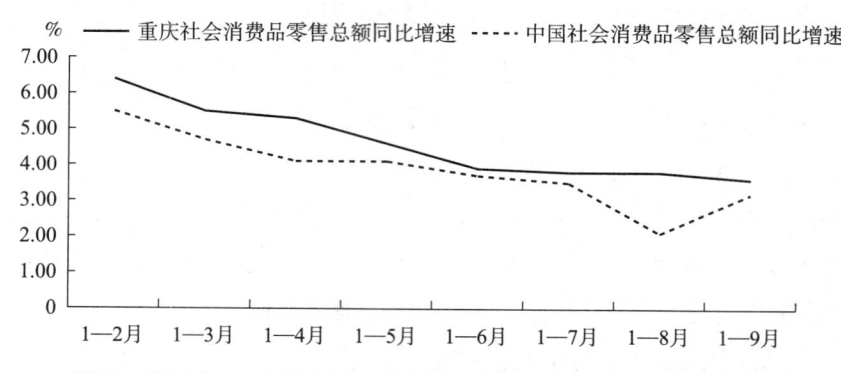

图2　2024年1—9月全国、重庆社会消费品零售总额同比增速走势

文旅产业实现较快增长。2024年以来，重庆积极打造"重庆辨识度"文旅精品，加快旅游强市建设，文旅产业保持较高热度。1—9月，全市接待国内游客人次、游客花费分别同比增长10.1%、15.6%，飞猪、携程等发布的暑期、国庆等旅游市场报告均显示重庆排名全国热门旅游城市前列。文旅新增长点持续增多，文博游、研学游、低空经济游等新业态热度高涨，互免签证等利好政策推动入境游客人次同比增长2.2倍。影视创作蓬勃兴起，1—8月全市文艺创作与表演行业营业收入同比增长25.6%，西部科技影视城初现集群效应。

房地产业整体仍较低迷。2024年以来，房地产支持政策不断加码，但市场信心严重不足导致产业运行仍较低迷，商品房供需均呈两位数负增长。1—9月，全市房地产开发投资、商品房新开工面积、施工面积、商品房销售面积、销售额分别同比下降9.7%、27.7%、16.2%、17.3%、19%。但在9月末国家一揽子增量政策重磅刺激下，国庆期间中心城区商品房网签成交面积、成交金额分别同比增长55.7%、47.1%，房地产市场初现止跌回稳迹象。保障性住房建设加快推进，重庆嘉寓房屋租赁公司等企业加大已建成存量商品房收购力度，租购并举的房地产发展新模式加快形成。

二、存在的主要问题

（一）服务业稳增长压力较大

一是服务业投资持续低迷。在服务业重大项目接续不力、企业扩产信心不足等因素作用下，2024年以来服务业投资连续负增长，且降幅逐月扩大。1—9月，第三产业固投同比下降4.6%，分别低于全市固投和全国第三产业固投增速6.4个和3.9个百分点。2024年以来50亿元级服务业招商项目仅10个，远低于往年同期水平。二是规模以上企业营业利润负增长。虽然规模以上企业营业收入稳步增长，但受生产经营成本上涨、市场竞争加剧等因素影响，企业多增收不增利，1—8月全市规模以上服务业企业营业利润仅295.9亿元，同比下降6.1%，企业盈利能力和预期偏弱，进一步制约了生产经营扩张。

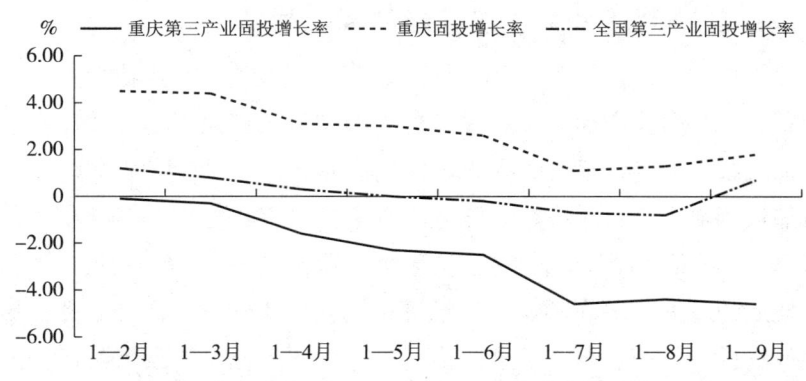

图3 2024年1—9月全国、重庆市第三产业固定资产投资走势

（二）部分支柱产业增长乏力

一是金融业活力不足。受市场融资需求不足影响，1—9月全市金融业税收同比下降3.9%，10月金融类企业登记注销比（0.48）跌至各行业最低，金融市场业务活跃度较低。二是物流货运量持续走低。受货运需求不足、物流成本上升等因素作用，全市物流货运量连续7个月负增长，截至9月同比下降3.1%，降幅较上半年、一季度分别扩大1.3个、2.4个百分点。三是商贸消费增长不及预期。受就业压力增大、收入预期减弱、消费场景培育不足等因素影响，2024年以来全市社会消费品零售总额累计增速逐月下滑，明显低于年初制定的7.5%目标和上年同期水平。截至9月末，全市百强零售企业中有29家零售额负增长，王府井百货、华润万家等传统零售龙头企业陆续关停闭店，商贸企业经营压力加大。

（三）服务业结构体系有待优化

一是生产性服务业占比偏低。全市生产性服务业占服务业比重仅为42%，远低于北京、上海等发达地区70%的水平，也低于成都地区（52%）。专业化服务能力不强，缺乏高水平会计师事务所，目前155家中有100家为市外来渝设立分支机构，注册会计师数仅约为成都的50%；无上市会展企业；电子信息、先进材料、生物医药等高端检验检测服务供给不足，缺乏大型综合性检验检测机构和公共服务平台。二是民生相关的生活性服务发展质量待提升。养老、家政、教育、医疗等产业仍存在服务体系不健全、服务标准不统一、服务供给数量不足、品质良莠不齐、服务监管不到位等突出问题，制约产业持续健康发展。

三、2025年发展环境分析及预测

（一）全球经济低位运行，服务业增长承压

由于全球贸易壁垒加剧、地缘政治风险上升，全球经济下行态势仍在持续。10月22日，国际货币基金组织（IMF）下调2025年全球经济增速至3.2%，保持低增长预期。在此背景下，区域经贸合作面临更多挑战，跨境商贸、跨境金融、国际物流、国际旅游等服务业增长承压。10月以来，波罗的海干散货指数①（BDI）快速走低，反映了国际货运市场需求疲弱，也释放了全球经济增长放缓信号。但同时，AI技术、生物计算、脑机接口、量子计算等前沿技术正处于爆发阶段，多元化的技术路线和商业模式探索持续开展，为全球服务经济增长创造出新动能。

---

① BDI指数反映散装原材料的运费价格，包括钢材、纸浆、谷物、煤、矿砂、磷矿石、铝矾土等民生物资及工业原料。其中BCI指数、BPI指数、BSI指数权重分别为40%、30%、30%。

（二）国内加码一揽子增量政策，服务经济韧性增强

我国一揽子增量政策加力出台，服务业高质量建设获得更多关注，产业发展韧性增强。一是服务业稳增长政策效应加快释放。我国围绕加大宏观政策逆周期调节、扩大国内有效需求、推动房地产市场止跌回稳等方面，持续加大政策力度，超长期特别国债、降准降息、"两重"建设、"两新"工作、资本市场培育等重点工作将加快落地推进，对稳定服务业投资、扩大市场需求等起到积极作用。二是服务业高质量建设提速。2025年，各部门将围绕《国务院关于促进服务消费高质量发展的意见》《以高水平开放推动服务贸易高质量发展的意见》等专项文件，推进扩大服务业开放、提升服务品质、优化消费环境等重点工作，引导更多外资投向服务业领域，进一步促进现代服务业升级发展。但同时，国内有效需求不足、投资消费预期偏弱等问题短期难以明显缓解，服务经济稳增长仍面临制约。

（三）重庆加力培育生产性服务，服务经济加快创新升级

重庆强化服务业发展顶层设计，积极打造细分特色产业集群，服务业结构向优、发展态势向好。一是生产性服务业提速发展。《重庆市加速推进现代生产性服务业高质量发展行动方案（2024—2027年）》加快落地实施，围绕服务"33618"现代制造业集群体系，科技研发、工业设计、金融、物流、软信等具有重庆辨识度的特色产业集群加快建设，西部金融中心、"五型"国家物流枢纽、全球设计之都等建设任务持续发力，服务经济新动能增强。二是生活性服务业加快品质化建设。2025年全市将以打造"15分钟高品质生活服务圈"为抓手，加快部署养老、托幼、家政、文体娱乐等高品质服务供给，持续推进生活性服务业升级发展。三是重大改革任务持续激发服务业发展活力。重庆明确将积极推进打造内陆地区民营经济健康发展新高地、健全西部金融中心建设体制机制、建成贯通实战的三级数字化城市运行和治理中心、加快建设现代化多式联运集疏运体系等具有辨识度的重大改革，更加突出数字重庆建设，为现代服务业发展拓展新空间。但同时，重庆服务经济仍面临市场需求不足、财政增收乏力、区域竞争加剧等多重压力，或将制约产业整体较快增长。

（四）2025年重庆第三产业发展展望及主要指标预测

积极应对复杂严峻的国际环境，紧扣稳增长政策加快发力的宏观政策机遇，重庆将紧扣"两大定位"，加快构建现代化产业体系，服务业发展水平和质量将稳步提升。预计2025年全市第三产业增加值将在18960亿元左右，同比增长6.2%左右。

四、对策建议

（一）强化项目策划招引，扩大服务业有效投资

一是强化重点领域项目策划与储备。围绕西部金融中心、数字重庆、科创中心、国际消费中心城市、物流枢纽等重点领域，加大前瞻性项目包装策划和招商引资，联动东盟以及我国港澳、川渝及周边省（区、市）共谋共建一批跨区域现代服务产业设施。紧抓大规模设备更新契机，积极谋划金融、物流、科教文卫等领域设备更新和智能化改造项目。二是多渠道加强投资建设资金保障。用足用好中央预算内资金、专项债资金、国债等政策窗口，策划推动更多智能算力基础设施、国家物流枢纽设施、重点景区提档升级设施等基础设施项目纳入资金池。引导金融机构加大服务业项目投资，积极做好现代服务业民间投资项目融资推介，大力推广投贷联动新模式。着力培育耐心资本，积极引育股权投资基金、天使投资行业组织、企业风险投资基金（CVC）等投资主体，探索"股贷债保"联动、"中试险+研发贷"等创新模式，助力高技术服务业提质升级。

（二）优化服务业结构，构建具有竞争力的现代产业体系

一是全面提升生产性服务能级。围绕"33618"现代制造业集群体系建设需求，坚持内育外引、梯度培育，重点突出打造供应链金融、供应链物流、数字服务、工业设计、研发设计、检验检测等生产制造密切关联行业，布局建设具有竞争力的生产性服务业集聚区。加大同中国香港、新加坡在现代金融、科技创新、商务咨询等多领域战略合作，加快弥补重庆生产性服务突出短板。二是加大品质化生活性服务布局。瞄准养老、托育、家政等生活性服务业缺口、短板，加快高品质业态布局，加强行业规范化、标准化制度建设，鼓励行业协会和企业间建立自律机制，打造产业发展良性循环生态。三是强化服务业企业规模化、品牌化培育。发展壮大总部经济，扩大产业链招商、科技招商规模，吸引更多国内外龙头企业在渝布局地区总部、采购中心、研发中心等组织机构。甄选建立本土现代服务业高成长性企业培育名录，培育一批细分领域"专精特新"企业。推广实施优质服务承诺标识和管理制度，培育一批知名服务品牌企业。

（三）强化消费新场景建设，提振商贸消费活力

一是推动换新政策迭代升级。加快推动"消费品以旧换新"前期政策效果评估，新增拓展线上、线下企业参与家电补贴，积极论证升级家装厨卫"焕新"政策，策划扩大政策支持的消费品品类，深挖消费增长潜力。加大政策宣传推广，加强市场促销价格监管和扰乱市场行为查处力度。二是加快消费新场景建设。深度挖掘老旧厂房、名人故居、历史遗迹等特色文化资源，嫁接餐饮、博物馆、美术馆、潮流运动、体验娱乐等多维业态，打造都市消费新场景、新地标。加快培育首发经济和"伴手礼"品牌，推动落地更多的品牌首店、旗舰店。开发高品质、多元化、复合式的服务消费场景，提升服务供给能力和消费能级。持续推动文旅体育赛事"进商圈、进景区、进街区"，丰富消费新供给。持续繁荣夜间经济，积极培育共享经济、自助经济等新模式。

[重庆市综合经济研究院（重庆市经济信息中心）产业经济研究课题组
主研：易小光　丁　瑶　余贵玲　苟文峰　李　霞　夏　月
执笔：夏　月　苟文峰]

之二：2024 年重庆市金融业发展及 2025 年展望

2024年，世界主要国家央行货币政策转向降息，我国加大财政货币政策逆周期调节力度，促进经济稳中有进。重庆努力建设西部金融中心，大力实施"智融惠畅"工程，金融产业综合实力显著增强，金融服务实体经济能力进一步提升。预计 2024 年重庆金融业增加值同比增长 3.8% 左右。

一、2024 年重庆金融业发展基本情况

（一）总体情况

2024 年以来，重庆"智融惠畅"工程成效明显，对重大战略、重点领域和薄弱环节服务质效不断提高，行业运行保持稳定。1—9 月，金融业增加值同比增长 3.6%，占 GDP 比重为 8.6%，持续高于全国平均水平；金融资产规模达 8.9 万亿元，同比增长 5.4%，保持稳中有进态势。9 月末，本外币存贷款余额分别达到 5.5 万亿元和 5.9 万亿元；社会融资规模存量同比增长 8.6%，增速高于全国 0.6 个百分点，全市融资总量稳步扩大，金融业持续助力重庆产业升级和经济高质量发展。

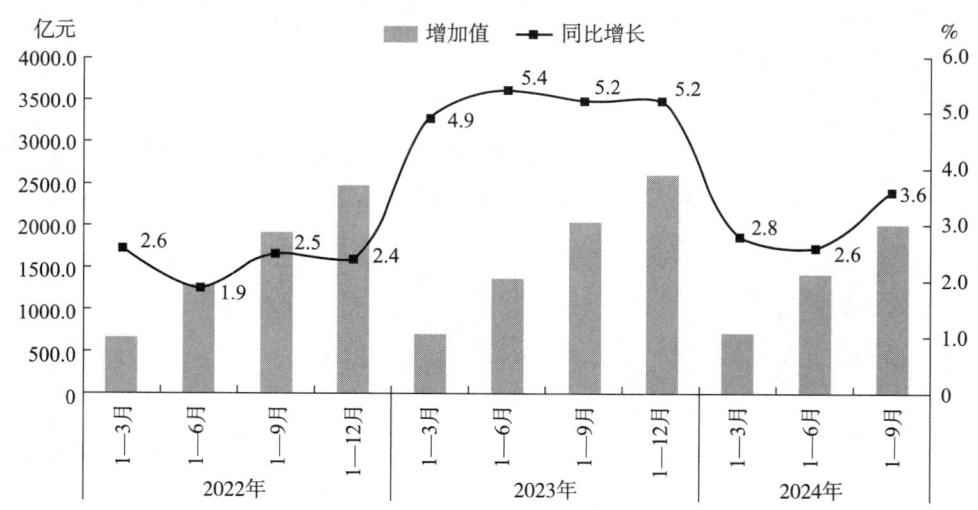

图 1　2022 年以来重庆市金融业增加值及增速变动情况

（二）主要特点

1. 金融机构多且门类齐全，综合竞争力不断增强

重庆金融机构体系不断完善，金融综合竞争力、影响力不断增强，9 月末金融机构数量 1860 余家，成功入围 2024 年国际金融中心指数 100 强（第 94 位）①、中国金融十强城市（全国第 5 位、中西部第 1

---

① 北京立言金融与发展研究院联合 GYBrand 全球品牌研究院联合发布。

位)①。一是银行业金融机构发展壮大。9月末重庆银行业总资产近8万亿元,银行业经营机构数量超4360个,外资银行数量稳居西部首位,重庆农商行和重庆银行综合实力分别居2024年中国银行业100强榜单②第22位和第41位,且重庆农商行位列全国农商行之首,重庆银行业金融机构发展领先中西部地区。二是地方金融组织规模稳步扩大。目前重庆地方金融组织法人机构超550家,其中,小贷公司、典当行、融资担保公司数量分别占42%、19%、18%。消费金融、小贷公司贷款余额分别居全国第1位、第2位,商业保理公司和地方资产管理公司资产总额均居西部之首,地方金融组织综合竞争力不断增强。

2. 存贷款总体保持增长,贷款结构不断优化

2024年,重庆大力实施金融服务能力提升工程,信贷对实体经济支持力度不断增大,居民端对存款增长支撑作用增强。一是贷款投放结构优、成本降。9月末,全市本外币各项贷款余额5.9万亿元,同比增长6.4%,较6月末回升0.1个百分点,但较上年同期回落1.9个百分点。信贷结构持续优化,本外币企业贷款余额达3.65万亿元,同比增长8.9%,且中长期企业贷款余额同比增速达13.3%,创近7年同期新高,信贷有力支持实体经济发展。社会综合融资成本稳中有降,前三季度企业新发放贷款加权平均利率降至3.45%,持续处于历史低位水平。二是居民端对存款增长支撑作用增强。2024年重庆存款呈低位增长态势,9月末本外币存款余额同比增长3.1%,低于上年同期4.4个百分点。居民端有力支撑存款增长,居民存款余额同比增长10.2%,余额占比较上年同期提高3.7个百分点至57.1%,且居民存款定期化趋势持续③,有利于增强存款增长稳定性。

3. 证券交易有所回暖,债券市场融资稳步增长

2024年,重庆积极实施资本市场深化拓展行动,上市储备明显增加,证券交易有所回暖,上市渝企市值有所提高,债券融资稳定增长。一是上市储备稳步增加。在全国IPO审核趋严背景下,2024年重庆企业上市步伐较慢,前10月全市仅1家企业成功上市且有2家企业退市。不过"千里马"行动推动企业上市储备大幅增加,9月末市级拟上市后备库入库企业达1098家,较上年同期新增360家。二是上市渝企市值不断提高。截至10月29日,重庆上市企业总市值达1.15万亿元,较6月末上涨20%以上,赛力斯、长安汽车等新质生产力企业市值超千亿元,上市企业竞争力和融资能力提高。三是银行间市场债券融资稳健增长。1—9月,全市各类主体通过银行间市场发行债券1718.7亿元,同比增长6.3%,其中,绿色债券、科创主体小微金融债分别达116.5亿元、40亿元,债券市场有力支持科技创新、绿色低碳等重点领域发展。

4. 保险业运行向好,风险保障功能日益增强

2024年,重庆市保险业保费收入和赔付支出稳定增长,服务经济高质量发展作用持续强化。一是保费收入稳定增长。受人身险保费收入快速增长拉动,前三季度重庆实现原保险保费收入978亿元,同比增长9.1%,快于上年同期1.0个百分点,保费增速居全国第6位。在寿险保费大增带动下,人身险保费收入同比增长12.2%;但受车险增长不足预期等因素影响,财产险保费收入同比仅增长1%。二是保险赔付支出稳定增长。前三季度重庆保险赔付支出399亿元,同比增长23.9%,与上年同期总体持平,高于全国水平。10家主要在渝保险公司赔付支出仅3家增长放缓,中邮人寿、泰康人寿、中国人寿赔付支出同比增速分别达到117.7%、12.5%、11.3%。三是风险保障功能增强。重庆保险法人机构综合偿付能力、核

---

① 中国社会科学院城市与竞争力研究中心2024年9月发布《中国城市金融榜单》。
② 数据来自中国银行业协会。
③ 9月末重庆居民定期存款占比达到75.8%,较上年同期提高1.1个百分点。

心偿付能力充足率均保持在合理区间，绿色保险提供风险保障突破万亿元，保险业为全市经济社会发展筑牢风险屏障。

5. 西部金融中心高水平建设，金融改革开放蹄疾步稳

2024年，重庆提速建设西部金融中心，纵深推进金融供给侧结构性改革，金融开放水平不断提升。一是西部金融中心建设加速推进。出台《重庆市大力实施"智融惠畅"工程高质量建设西部金融中心行动方案（2024—2027年）》，与香港国际金融中心建立联动发展机制，建成重庆金融会展中心，西部金融中心建设按下"加速键"。二是绿色金融基础不断夯实。出台全国首个绿色金融数字化转型计划，9月末绿色贷款余额是2019年绿色金改试验区创建初期的4.4倍，重庆绿色金融建设经验在二十国集团（G20）可持续金融工作组官网展示，绿色金融示范效应增强。三是金融开放纵深推进。高质量完成国家区块链跨境金融特色领域创新应用试点，全国首笔铁路提单质押融资业务在渝落地；重庆成为中西部唯一的跨境贸易高水平开放试点城市，经常项目和直接投资跨境人民币结算量居中西部第一、全国前列。

二、存在的主要问题

（一）企业端对存款增长拖累影响明显

9月末，全市本外币存款余额同比仅增长3.1%，较上月和上年同期分别回落0.7个和4.4个百分点，其中，企业存款余额同比下降5.2%（占各项存款的24.2%），对存款增长拖累作用明显。具体表现在：一是受企业订单持续不足影响，生产企业应收账款回款更加困难，应收账款周转天数、应收账款占流动资产比重较上年同期分别增加6天，提高1.6个百分点，制约生产企业存款增长。二是房地产行业不良率攀升[1]制约银行授信，叠加销售低迷，导致房企到位资金连续35个月下降，资金来源不足持续制约房企存款增长。三是2024年地方融资平台大量偿还债务，9月末平台公司存款余额同比下降30%以上。存款持续增长不足不利于企业稳定经营，也会制约银行信贷投放并增大银行流动性管理压力。

（二）金融服务实体经济力度有待加大

一是民营企业融资难融资贵问题仍存。受抵押不足等因素影响，9月末民营经济贷款余额占全市贷款总额、企业贷款余额比重分别为18.3%和28.1%，融资获得情况与民营企业对经济贡献（占GDP的59.9%）和民营经营主体占比（97.8%）差距较大。普惠小微贷款利率高于企业平均利率0.7个百分点，调研中部分企业反映[2]贷款综合成本甚至高达12%以上，民营融资成本仍较高。二是金融服务制造业发展力度不够。银行信贷是制造业企业获取长期稳定资金的主要渠道，9月末全市制造业贷款余额占各项贷款比重仅8.9%，同比仅增长4.4%，低于贷款总体增速2.0个百分点，相关金融产品和供给模式创新明显不足。三是金融对科技创新支持不足。全市仅30%银行机构拥有针对科技型企业的特定授信评价模型，仅3只国有基金专注投资早期科技企业，且存续规模仅35亿元，与成都、西安等地超百亿级规模差距较大。注册在重庆的私募股权、创投基金投资市内高新技术企业金额占比不足20%，对科技创新企业融资支持有限。

（三）金融辐射带动能力还不够

一是行业发展规模总体仍有差距。2024年，重庆金融增加值增长放缓，前三季度增速低于GDP增速2.4个百分点，占GDP比重（8.6%）低于上年同期，不如北上广深，与成都12%左右水平也有较大差

---

[1] 9月末重庆房地产不良率为全市贷款平均不良率的2.1倍。
[2] 资料引自市委金融办最新调研数据。

距。同时，金融机构和基础设施能级还不够高，总部型、功能型、国际化金融机构不多，尚无外资银行总部，缺少全国性银行机构、高评级保险公司、跨境金融服务平台和国际金融交易机构。二是数字化金融服务平台集成待加快。全市统一的数字金融底座尚未建立，现有金融服务平台多跨融合不够，不动产、纳税、社保、公积金等数据标准化治理和开发应用不到位，政务数据在金融领域共享开放存在短板。三是金融开放能级有待提升。金融开放合作机制"以点带面"效能不足，重庆联动西部省市、东盟国家推进金融开放创新的示范性还需加力，跨境融资增速有所放缓，中新理财通、国家级基金、通道银行等重大事项落地仍需加力。

三、2025年发展环境及展望

（一）全球经济金融形势更加复杂严峻，国际金融波动不断

国际货币基金组织、经合组织和世贸组织均预测2025年全球贸易流量将继续上升，但地缘政治局势紧张，欧美等主要经济体就业、消费疲软等问题将增大全球经济企稳压力。国际金融市场因国际政治经济局势影响将出现一定程度波动，带动市场避险情绪持续升温，资金大量涌入黄金等避险资产，部分行业股价将面临震荡。主要发达经济体已进入降息周期，但因还未实现通胀目标，2025年主要央行货币政策宽松幅度有限，由此，中美货币政策周期错位逐步改善，将在一定程度上减弱对我国货币政策实施的外部约束。动荡的全球金融环境将加大对我国人民币汇率、跨境资本流动影响，进而对重庆金融业平稳运行带来一定压力。

（二）我国金融改革纵深推进，融资环境稳定宽松

为进一步支持经济稳定增长，我国将坚持适度宽松的货币政策立场，进一步提高货币政策调控精准性，通过综合运用降低存款准备金率和政策利率、买卖国债、再贷款、再贴现、调降房贷利率等多种货币政策工具，为经济稳定增长和高质量发展创造良好金融环境。金融改革将纵深推进，中央银行制度将加快完善，《关于银行业保险业做好金融"五篇大文章"的指导意见》《关于进一步强化金融支持绿色低碳发展的指导意见》等政策文件将落地显效，助力培育新质生产力。同时，资本市场内在稳定性长效机制将逐步形成，与投资和融资相协调的资本市场功能进一步增强，以满足实体经济和人民群众多层次多样化的融资服务需求。我国融资环境进一步宽松，金融业发展体制机制活力不断增强，将为重庆金融业平稳运行奠定良好基础。

（三）重庆金融高质量发展，赋能经济社会行稳致远

重庆将深入实施"智融惠畅"工程，以全面深化改革为动力，围绕金融"五篇大文章"持续发力，全面推进金融高质量发展。积极引导金融机构不断优化信贷结构，加大对重点领域和薄弱环节的支持力度，着力推动国家战略腹地建设。全力打造"长江渝融通"线上服务平台、"长江绿融通"绿色金融大数据综合服务系统，快速提升金融服务便捷性、高效性和智能化水平，为金融活水精准滴灌实体经济提供数智支持。深入推进金融改革开放，高标准建设绿色金融改革创新试验区，扎实推进本外币跨境贸易和投融资便利化试点、数字人民币试点，加快建设立足西部、面向东南亚和南亚、服务共建"一带一路"国家和地区的西部金融中心。重庆金融业将呈向好运行态势，更好地服务现代化新重庆建设。

（四）2025年重庆金融业运行展望

2025年，重庆金融综合实力将进一步增强，金融市场体系更加完善，金融改革开放迈向更高层级，金融生态更加优化，金融活水更好地浇灌实体经济之田，不断开创金融高质量发展新局面，为现代化新

重庆建设注入金融动能。预计2025年全市金融业增加值同比增长4.5%左右。

四、对策建议

（一）增加企业和居民收入，促进存款增速企稳回升

一是落实好企业增利和居民增收政策，力促存款回稳增长。贯彻落实好近期一揽子财政金融增量政策，有效发挥"两新""两重"扩内需政策撬动作用，降低企业库存，增强企业发展活力，促进企业存款稳步回升；进一步完善居民收入分配制度，加大稳岗就业支持力度，增加居民财产性收入，促进居民稳步增收并形成良好增长预期，增强存款增长动能。二是加大存款产品创新力度。在利率市场化改革全面实施背景下，积极引导商业银行平衡好规模增长与价格约束的关系，改革传统高息吸储模式，通过金融科技产品创新、营销体系改革、客户分层管理等非价格领域创新，增强吸储能力。三是完善存款增长考核评价机制。引导商业银行在监管合规基础上，充分发挥综合绩效考核指挥棒作用，创新绩效考核方式方法，重点突出账户拓展、代发工资、数字经营、联动营销等重点领域和关键环节，着力强化存款源头营销和支持保障。

（二）聚焦重点领域，着力提升服务实体经济效能

一是拓宽普惠金融服务的广度和深度。构建普惠金融发展长效机制，健全金融服务民营和小微企业政策体系，稳步实施民营企业金融服务能力提升工程，加快推进中小企业成长多元融资机制改革，创新中小微金融产品和服务模式，不断提高民营企业融资服务覆盖面。继续引导金融机构压降民营企业贷款利率，着力规范涉企评估费、担保费、服务费等涉企金融服务收费，促进民营综合融资成本进一步降低。二是加大金融支持产业发展力度。聚焦构建"33618"现代制造业集群体系，深入实施金融支持"四链融合"专项行动，推广"渝链贷"等产业链供应链金融创新，畅通金融资源进入实体经济、转化为新质生产力通道。积极推动金融机构对接信息服务、现代物流、文旅等重点领域企业融资需求，加大金融支撑现代服务业力度。三是大力发展科技金融。聚焦构建"416"科技创新布局，优化科技金融服务体系，深入实施金融支持"双倍增"专项行动，强化融资对接、产品服务创新；完善科技企业全生命周期服务体系，引导政府投资基金等耐心资本投早、投小、投长期、投硬科技。

（三）强化数字开放引领，高质量建设西部金融中心

一是加快建设现代金融机构和市场体系。鼓励中央金融机构积极参与西部金融中心建设，支持全国性金融机构区域中心、资金运营中心以及外资金融机构落地重庆，探索地方法人银行改制全国性股份制商业银行，支持地方金融组织做强做优，增强重庆金融资源配置能力。二是提高数字金融竞争能力。探索构建"金融大脑"，迭代升级"长江渝融通"货币信贷大数据系统，推动金融数据与产业数据、公共数据集成共享，拓展金融业务应用场景，实现政银企综合服务和应用平台多跨融合、协调高效。加快金融机构数字化转型提升，打造数智普惠金融机构头部企业集聚地。三是提高金融开放水平。健全西部陆海新通道金融支撑服务体系，深化中新金融多元合作，提升自贸试验区金融制度型开放水平，围绕产业、贸易、物流等重点领域，做好渝企出海金融保障，提升跨境投融资便利化。

[重庆市综合经济研究院（重庆市经济信息中心）产业经济研究课题组
主研：易小光　丁　瑶　余贵玲　蒋安玲　成秋明
执笔：成秋明]

之三：2024年重庆市物流业发展及2025年展望

2024年，世界经济温和复苏，部分主要经济体进入补库存周期，带动国际贸易需求逐步回升，但全球地缘政治风险加剧国际物流运行的复杂性和不确定性。国内经济强化宏观政策逆周期调节，经济延续稳中有进态势，生产消费需求逐步释放。重庆全面贯彻落实习近平总书记赋予"奋力打造内陆开放综合枢纽"的新定位新使命，加快构建现代化集疏运体系，打造陆海并济的综合物流枢纽，将为全市物流业发展开拓更大空间，注入更多发展动能。预计2024年全市社会物流总额将达到4.1万亿元左右，增长约6.3%；物流业增加值增长约3.0%，占全市GDP比重保持在4.2%左右。

一、2024年重庆市物流业运行情况分析

（一）总体情况

2024年以来，全市物流需求市场规模整体保持扩张。1—9月，全市社会物流总额为2.96万亿元、同比增长6.2%，增速较上半年回落0.2个百分点，高于全国0.6个百分点；社会物流总费用3150亿元、同比增长3.7%，较上半年下降0.7%，高于全国1.4个百分点。三季度全市交通运输、仓储和邮政业增加值实现996.0亿元，同比增长7.8%，占GDP、服务业比重分别为4.3%、7.8%，较上年同期提高0.3个、0.4个百分点，据此估算，1—9月全市物流业增加值约为1300亿元，占同期GDP比重约为4.2%，占服务业比重约为7.5%。

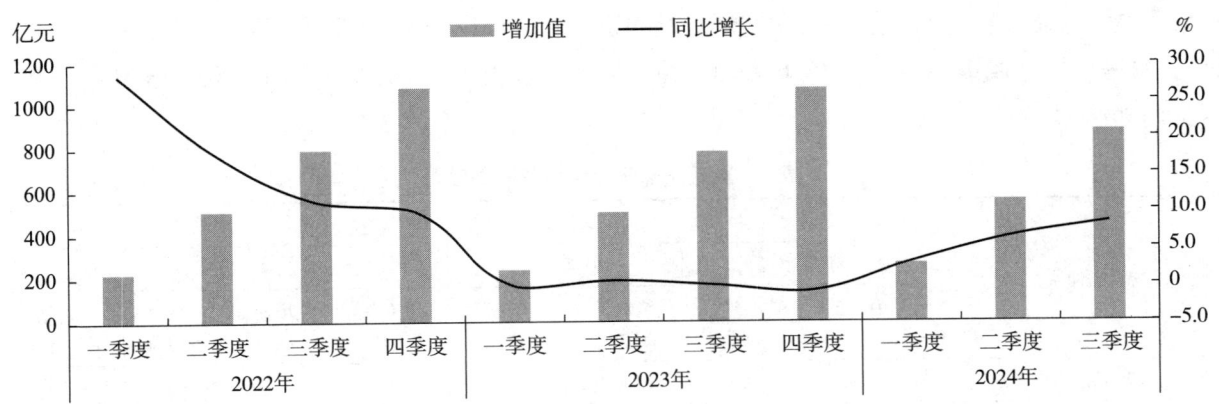

图1 2022年以来重庆交通运输、仓储和邮政业增加值及增速（季度累计）

（二）呈现的主要特点

1. 物流规模持续恢复增长

2024年以来，随着各项宏观政策措施协同发力，重庆经济运行趋稳向好，物流市场规模持续扩大。物流业主要经济指标运行在合理区间，1—9月，全市社会物流总额同比增长6.2%，高于GDP增速0.2个百分点；交通运输、仓储和邮政业增加值同比增长7.8%，较GDP增速高1.0个百分点，交通物流业营

业收入、邮政业务收入分别增长9.3%①、9.9%。企业经营状况逐步改善，三季度重庆市重点物流企业调查②数据显示，分别有72%、65%以上的被调查企业三季度物流业务总量、业务收入较上季度持平或增加。

2. 降本增效成效逐步显现

重庆深入推进物流降本增效综合改革试点，着力破解交通物流发展堵点卡点制约，推动物流降本增效取得实效。1—9月，全市社会物流总费用与GDP比率约13.4%，较2023年末下降0.3个百分点，低于全国约0.8个百分点，为服务实体经济创造了良好条件。此外，重庆积极探索创新物流降本增效新路径，多项改革全国首创，其中"重庆物流集团创新多式联运'一单制'打造中欧班列'钢铁驼队'"项目成功入围全国首批交通物流降本提质增效典型案例，并在全国范围进行推广；《重庆市沙坪坝区着力推进物流企业降本增效助力企业更好"出海"》成功入选全国营商环境创新实践案例。

3. 开放通道作用不断增强

重庆推动西部陆海新通道、中欧班列、长江黄金水道等高效联动发展，推动开放型经济发展质效不断提升。西部陆海新通道扩容升级，通道网络已覆盖国内72个城市，通达全球523个港口。1—9月，全市经西部陆海新通道运输货物18.3万标准箱，同比增长45%，货值348.7亿元，同比增长80%。中欧班列（成渝）运行提质增效，境外集散分拨点达113个，通达欧亚100余个城市和地区，前三季度，中欧班列（成渝）运输37.1万标准箱，同比增长6%。航空货运加快增长，江北国际机场新开和恢复至西雅图等9条国际（地区）航线，货邮吞吐量同比增长22.7%。水路货运止跌回升，1—9月全市水运共完成1.4亿吨，同比下降5.3%，降幅较上半年收窄0.4个百分点。

4. 枢纽口岸建设有序推进

重庆扎实推进服务内陆、联结全国、通达全球的国际枢纽口岸建设，突出放大内陆开放综合枢纽集成效应。国家物流枢纽设施和功能不断完善，枢纽物流资源集聚能力不断提高，1—9月空港型、商贸服务型、生产服务型等国家物流枢纽货物吞吐量均实现两位数增长。开放口岸运行稳中有升，铁路口岸完成集装箱运输22.9万标准箱，同比增长23.9%；航空口岸国际货邮吞吐量11.4万吨，同比增长8.6%；水运口岸完成集装箱运输36.6万标准箱，同比增长1.3%；全市开放口岸数量增加至7个，位列西部内陆第一。

表1 重庆重点物流枢纽货物吞吐量

物流枢纽类型	2024年						2023年	
	前三季度		上半年		一季度		全年	
	绝对量（万吨）	增速（%）	绝对量（万吨）	增速（%）	绝对量（万吨）	增速（%）	绝对量（万吨）	增速（%）
陆港型国家物流枢纽	2192	9.8	1211.9	1.2	633	5.3	3848.8	16.6
生产服务型国家物流枢纽	731.7	13.3	508	26.2	221.7	14.3	836.2	1.0
商贸服务型国家物流枢纽	754	18	480.7	15	81.7	4.4	836	8.9
港口型国家物流枢纽	1919.5	-6.7	1290.9	-1.8	594.7	-8.0	2694.9	4.4
空港型国家物流枢纽	34.3	22.7	22.7	28.3	11.1	32.8	38.8	-6.5

---

① 错月数据。
② 重庆市物流与供应链协会。

二、存在的主要问题

（一）货运量下行压力持续加大

一是有效货源供给不足。受地产低迷、基建疲软等影响，金属矿石、钢材、水泥、木材等大宗货物运输订单明显减少，1—9月，全市高速公路货车收费、车流量分别同比下降1.7%、2.1%；铁路、水路大宗货物货运量分别同比下降26.7%、7.4%，矿建材料经三峡过闸量减少约30%~40%。二是周边省市竞争分流加剧。四川西部陆海新通道江铁海联运班列绕开重庆果园港，改走隆黄铁路到钦州港，运行时间较原有线路节约2天以上；四川和湖北开行成都—荆州等地"翻坝"班列，运行时间较原有水运线路平均缩短约5~10天。受此影响，渝怀线货运量同比下降24%以上，"蓉万""达万""西万"铁水联运大通道货物运输量同比减少超120万吨。

表2 重庆货物运输主要指标

行业	2024年						2023年			
	前三季度		上半年		一季度		全年		前三季度	
	绝对量（万吨）	增速（%）	绝对量（万吨）	增速（%）	绝对量（万吨）	增速（%）	绝对量（万吨）	增速（%）	绝对量（万吨）	增速（%）
全社会货运量	99961.7	-3.1	65723	-1.8	30739.5	-0.7	140536.1	3.8	103151.9	2.7
铁路货运	1370.6	-2.8	896	-3.3	397.3	-20.1	1937.4	6	1409.6	8.1
水路货运	14325.0	-5.3	9352.2	-5.7	4063.7	-4.1	21001.5	-3.1	15129.7	-2.6
公路货运	84253.2	-2.7	55466.7	-1.1	26274.6	0.3	117583.8	5.1	86603.1	3.6
航空货运	12.8	32.7	8.2	33.3	3.9	31.8	13.5	9.8	9.6	-3.6

（二）物流基础设施建设仍不完善

一是铁路设施网络覆盖不足。目前全市仍有10个区县尚未开通普速铁路，已建成的枢纽东环线与襄渝、川黔干线未衔接；西部陆海新通道中线运力饱和，东线渝怀铁路客货运共线，西线存在缺失路段，重庆至毕节、重庆至宜宾铁路尚未纳入规划，渝滇缅—印度洋货运通道尚未畅通。二是航道航运设施仍有短板。部分航段航道等级不高，长江航道朝天门以上航段为三级航道，乌江白马枢纽至银盘枢纽段为四级以下航道，长江三峡船舶平均待闸时间长达12天，较2016年（44小时）增加5.5倍。"一城一港"运营尚未实现，港口资源分散、功能趋同。三是枢纽集疏运体系有待优化。江北机场尚未形成铁空无缝衔接的多式联运体系。11个建成投用的重点港口中，仅果园港、珞璜港、新田港等6个港口接入铁路专用线，且除新田港外，其他港口铁路专用线均未直通码头，铁水、铁公联运仍需二次运输短驳。大型产业园区、分拨中心缺少与港口和铁路枢纽连接的快速通道。

（三）高质量物流服务供给不足

一是经营主体能级偏低。全市现有物流企业约2.4万家，但限上物流企业、亿元级物流企业、A级物流企业分别仅有602家、130家、91家，数量均低于陕西、四川、广西、云南等通道沿线省区。全市缺乏具备供应链整合能力和平台组织能力的"链主"企业，第三方物流和供应链服务发展不足，深度融入国内外龙头企业供应链、采购链的水平有待提升。二是供应链整合能力不足。物流供需信息数字化整合度不高，货运资源整合能力偏弱，普遍存在"去程超载、回程空载"现象。综合服务集成和供给能力不足，干线运输与末端配送间存在结构性短板，通道与节点间融合不足，"最后一公里"瓶颈突出，大进大出的干线运输与小批量、多批次的城市配送之间的衔接效率问题突出。三是规则和标准体系建设仍不健全。铁路与海运设施标准不一、运输规则衔接不畅、一体化管理协同不足，椰壳纤维、葵花粕等商品在海运中被视为普通货物，但铁路系统将其作为易燃物不予运输，动力电池目前既不能通过铁路运输，也不能通过三峡船闸。铁路和海关的相关数据还未能有效交互共享，影响通道运行效率。

三、2025年发展环境及展望

（一）全球政治格局与经贸规则重塑，国际物流增长动力加速调整

全球物流供应链体系进入新一轮重塑阶段，机遇与挑战并存。一是全球货物及服务贸易增长，支撑国际物流需求回升。全球经济持续复苏、发达经济体通胀压力减弱，全球贸易市场有望逐步回升带动国际物流需求规模不断扩大。世界贸易组织预计2024年、2025年全球商品贸易量将较2023年分别提高3.8%和4.5%。二是全球基础设施互联互通加快推进，物流通道和枢纽布局迎来新发展。在"一带一路"倡议的推动下，中国与共建国家加快推进"六廊六路多国多港"互联互通架构和"陆海天网"四位一体互联互通格局建设。新一轮全球运输网络和枢纽体系的布局调整，将为我国建设对接全球的物流供应链体系带来重要历史机遇。三是科技革命加速渗透，为智慧物流全面发展提供新动能。随着大数据、云计算、物联网等现代信息技术的飞速发展，智慧物流体系建设成为推动物流加速发展的新引擎。同时，全球经济增长动能仍然偏弱，地缘政治冲突、国际贸易摩擦等问题频发，大国博弈背景下的去全球化态势和全球供应链产业链碎片化趋势仍将持续，未来国际物流供应链体系仍将面临多重风险挑战。

（二）现代化国家物流基础进一步巩固夯实，物流业高质量发展加速推进

面对复杂多变的市场环境和日益激烈的竞争态势，国内加快构建内外联通、安全高效的物流网络，健全现代物流发展支撑体系和强化政策支持力度，推动现代物流高质量发展不断提速。一是物流基础设施网络日趋完备，为现代物流供应链体系建设奠定坚实基础。目前，全国已建成2769家规模以上物流园区，形成151个覆盖全国、类型丰富的物流枢纽体系，86个骨干冷链物流基地获批，37个城市推动国家综合货运枢纽建设，为促进区域间经贸和产能合作、产业与物流聚集融合发展提供了有力支撑。二是现代产业体系迈向价值链中高端，为物流与产业深度融合拓展新空间。伴随我国现代产业体系逐步迈向价值链中高端，物流业需进一步充分发挥在塑造供应链竞争优势上的关键作用，深化物流与实体经济链条的高效协同，提升现代供应链服务水平和价值创造能力。三是降本增效支持政策强化发力，为现代物流高质量发展注入了强劲动力。2024年以来，中央持续致力推动物流降本增效工作，多个重要会议结合当前经济发展环境和发展目标任务，为有效降低全社会物流成本明确了目标、指明了方向、规划了"路线图"。

（三）重庆全力打造内陆开放综合枢纽，为物流业发展注入强劲动力

重庆着力构建陆海内外联动、南北通道辐射、东西双向互济、内外双向循环、全面对外开放的区域经济发展大格局，将推动全市物流业高质量发展迈上新台阶。一是落实习近平总书记要求重庆物流在打造全国示范上有新作为。习近平总书记在重庆考察时赋予重庆奋力打造新时代西部大开发重要战略支点、内陆开放综合枢纽"两大定位"，为重庆物流业发展提供了基本遵循、指明了主攻方向、注入了强大动力。二是新质生产力加速培育发展为重庆物流提质增效提供新动能。重庆围绕"416"科技创新布局和"33618"现代制造业集群体系，加快推进人工智能、区块链、物联网等现代信息技术的广泛应用，为低空物流、无人配送物流、共享物流等物流新模式加速发展提供重要技术支撑。三是多项增量政策加码发

力，助力重庆物流高质量发展进入新阶段。《重庆市支持西部陆海新通道高质量发展若干政策措施》《重庆市加快构建现代化集疏运体系实施方案（2024—2029年）》《重庆市加速推进现代生产性服务业高质量发展行动方案（2024—2027年）》等一批专项政策举措陆续发布，将为重庆现代化物流体系建设提供有力支撑和制度保障。

（四）2025年重庆市物流业发展趋势展望

2025年，重庆将抓住国家优化重大生产力布局、推进战略腹地建设等重大战略机遇，加快推动建设内陆开放综合枢纽，以构建面向国内国际产业链供应链的组织中心为导向，建成"4655"现代化集疏运体系，以高质量供给、高品质服务创造和引领物流业发展新需求。预计2025年，全市社会物流总额达到4.3万亿元左右，增长约7.0%；物流业增加值增长6.5%左右，占地区生产总值的比重约为4.2%。

四、对策建议

（一）强化物流通道建设，打造现代化集疏运体系

一是拓展西部陆海新通道网络辐射。加快推进西部陆海新通道"七大交通走廊"建设，开行钦州港至新加坡港"天天班"航线，满足陆海新通道远洋货物运输需求，降低物流成本，提升通道核心竞争力。加密中老、中缅班列班车开行，推动开通中老泰图定班列，谋划经老挝会晒至缅甸土瓦港、泰国拉廊港的印度洋公铁联运出海新通道。二是强化物流通道运行质效。加大中亚班列、中吉乌铁公联运开行组织力度，推动重庆至新疆"五定"铁路班列常态化开行。加快智慧长江物流工程二期建设，提升长江黄金水道航运效能。以补齐货运网络短板为重点加密重庆至欧洲、美洲的全货运航班，实现RCEP成员国家航线全覆盖。探索开行商品车滚装共享公共班轮，争取动力电池铁路运输试点，提升铁路和水运货运量。三是完善"五型"国家物流枢纽设施和功能。强化国家物流枢纽、产业园区、开放平台间的直连直通，完善"五型"枢纽铁路专用线、转运场站、公路联络线等配套服务设施，构建干线支线物流和仓储配送规模化组织、一体化运行的物流集散网络。做好国家物流枢纽建设重点项目策划和项目储备工作。

（二）提升物流组织效能，完善高效物流服务体系

一是推动供应链与产业链深度融合。深化物流与生产制造、商贸等产业的深度融合，支持物流企业与产业链"链主"企业共同建设物流与供应链协作平台，通过资源整合、流程优化和模式创新，打造快速响应、高效协同的供应链。二是打造高效便捷的多式联运服务体系。健全多式联运规则机制，制定"门到门"一体化运输组织的多式联运服务。丰富多式联运产品类型，创新"高铁+航空"联运产品、卡车航班产品，推进集装箱共享调拨体系建设，支持企业开展集装箱资源共享，推广"干支分离+同仓共配+服送到家"物流新模式。三是提升物流市场主体服务能力。加快促成中国物流集团在重庆战略布局，将全球运营总部落户重庆。招引培育全球性国际货代企业与营业收入亿元级优质国际货代企业。推动中小微物流和货代企业拓展专业细分市场，创新物流模式，提供精细化、特色化、定制化的高品质物流服务。

（三）加快物流数智升级，构建智慧物流生态体系

一是培育发展物流新质生产力。以科技创新为核心驱动力，拓展智慧物流在物流枢纽内的应用领域，促进自动化、无人化、智慧化物流技术装备以及自动感知、自动控制、智慧决策等智慧管理技术设备研发应用。抢抓低空物流发展窗口机遇，以eVTOL等新型航空器为平台，探索城际智慧交通和无人物流。二是提升数字化场景应用水平。加快智慧长江物流应用开发，构建长江物流供应链协同、船舶运行监管

等多跨场景,形成"三峡枢纽智能过闸""船舶运行监管"等重点能力。迭代完善并推广使用智慧铁海联运综合场景,推动西部陆海新通道、长江黄金水道、中欧班列有机衔接。三是推动智能化绿色化升级改造。创新国际贸易"单一窗口"特色应用,优化完善商品智能归类功能。推进枢纽智能仓库、智能分拣中心、智能运输车辆及无人机配送系统等物流基础设施的建设和升级,提高作业精度与效率。加强充换电和船舶岸电、加注氢、液化天然气(LNG)加注站等配套建设,促进新能源货运车辆、货运船舶应用。

[重庆市综合经济研究院(重庆市经济信息中心)产业经济研究课题组
主研:易小光　丁　瑶　余贵玲　李　霞　夏梁颖
执笔:夏梁颖]

之四：2024年重庆市软件和信息服务业发展及2025年展望

2024年以来，重庆市深入实施国家软件发展战略，大力推动软件和信息服务业提质增效，深入实施"满天星"行动计划，不断增强软件对经济社会各领域赋能、赋值、赋智效应，软件和信息服务业继续保持较快增长。2024年，全市软件和信息服务业预计实现主营业务收入4200亿元，同比增长15%左右。

一、2024年重庆市软件和信息服务业运行情况

（一）总体运行情况

2024年以来，重庆软件和信息服务业保持稳定增长态势。1—9月，全市软件行业主营业务收入持续增长，实现业务收入2531亿元，同比增长11.3%；1—8月，全市规模以上互联网和软件行业营业收入同比增长21.0%，拉动全市规模以上服务业企业营业收入增长3.3个百分点。其中，规模以上其他数字内容服务、集成电路设计、基础软件开发等行业分别增长14.0倍、2.6倍、54.6%。

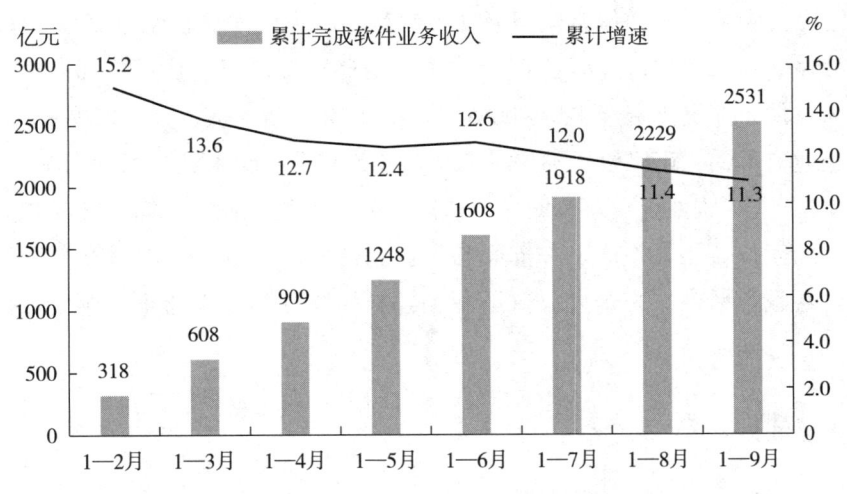

图1 2024年1—9月重庆软件业务收入情况

（二）产业运行主要特点

1. 软件产业竞争力不断提升

一是经营主体不断壮大。上半年，新增各类软件企业2901家，累计4万余家，其中工业软件企业1180家。从业人员累计达到39.8万人。中冶赛迪信息、中联信息、中科创达获评2024年国家重点软件企业，累计培育国家级优质软件企业31家。评选2024年重庆软件企业50强，累计培育首批"启明星""北斗星"软件企业39家。累计获批工业和信息化部试点示范项目85个，新挂牌建设软件产业园7个，累计27个。二是产业集聚效应明显。全市软件产业主要集聚在主城9区、两江新区和高新区，以及永川区，实现全市软件产业95%的产值，随着产业集聚效应增强，产业链不断完善。

2. 软件新质生产力加速形成

一是"满天星"行动计划深入实施。进一步实施优化产业发展载体支持、鼓励园区运营主体发展软件和信息服务业生态、支持企业壮大规模等政策措施，促进软件和信息服务业高质量发展。二是创新能力显著增强。实施面向机械制造行业产品精度设计及仿真优化软件开发项目，实现了基于PMI+AI与数模融合技术的自动建模和分析。开展面向整车及装备制造行业的国产高端CAE开发，突破了焊点/惯性释放等特殊边界、大规模问题和多类单元联合等技术难点。三是产业生态持续优化。举办2024年首届中国（重庆）智能汽车基础软件生态大会、软件重大项目专场签约等重大活动。开展2024年软件人才春季双选会专场招聘，组织70余家软件企业发布岗位1300余个。

3. 构筑软件人才方阵取得新成效

一是龙头企业汇聚软件人才。成功签约软件产业"满天星"行动计划第三批重大项目，16家知名软件企业签约入渝，累计签约合同投资金额超150亿元，将提供软件行业就业岗位4000余个，有望带动全市软件产业新增从业人员10万人。二是重点建设软件人才"超级工厂"。打通产教融合的高质量人才培养路径，建立以薪酬待遇为重点，以职业能力、工作业绩为导向的软件人才评价认证体系，形成精准化、订单化软件人才培育渠道。2024年，新建哈工大重庆研究院、中软卓越等软件人才"超级工厂"15家，培养人才2.14万人，全市已累计建成市级特色化示范性软件学院和人才实习实训基地35个。

4. 发展环境持续优化

一是政策体系更加完善。制定实施《重庆市深入实施软件和信息服务业"满天星"行动计划2024年专项行动方案》《加快重庆市工业和信息化领域现代生产性服务业发展行动方案（2024—2027年）》等政策措施，形成了战略、目标、措施、效能评价的政策闭环。二是资金扶持更加有力。通过设立专项资金、奖励等方式，为软件企业提供资金支持和政策激励，市级工信专项资金支持项目100余个。对入选国家鼓励的重点软件企业清单的，市级给予不超过200万元的奖励，对入选国家和市级专精特新"小巨人"企业、"北斗星""启明星"软件企业培育对象、"满天星"示范企业创建对象名单的，市级择优给予奖励。三是服务平台更加完备。征集并认定一批面向工业软件、汽车软件、卫星互联网领域软件等重点发展领域的市级软件公共服务平台，为企业提供适配测评、人才培养、市场拓展等全方位服务，并对入选企业提供政策支持。

二、存在的主要问题

（一）产业生态亟待完善

一是引育龙头项目不多。引进的带动性强、影响力大的项目不多，本地龙头企业较少，龙头项目行业分布不均，主要集中在汽车软件、人工智能、大数据等少数几个领域。二是开源平台基础能力不足。工业软件开源平台是推动技术创新、加速产品迭代的重要工具，重庆工业软件开源平台的发展相对滞后，缺乏具有广泛影响力的开源平台，现有平台在功能、性能和用户规模上均与国际先进水平存在较大差距。三是产业链上游支撑能力较弱。重庆作为全国一体化算力网络成渝国家枢纽节点，各数据中心的算力资源尚未实现统筹调度，智算中心建设不能支撑人工智能、无人驾驶等应用需求，数据资源开放共享和数据要素市场体系建设没有实质进展。

（二）产业集群需进一步优化

一是产业集群发展特色不够鲜明。各区县产业特色不鲜明，部分区县软件产业与当地基础产业关联性不强，造成在招商引资、企业培育孵化等方面不够聚焦。二是产业集群协作不足。地区间、企业间合作交流较少，集群内部企业之间关联性不强，竞争大于合作，无法形成紧密协作的上下游关系，跨地区间的产业集群合作共享难度大。三是供需对接不充分。市级部门和区县场景需求与本地软件企业对接不足，缺乏有效的供需对接平台和人才，存在信息壁垒和沟通障碍。

（三）产业创新动力不足

一是传统企业缺乏转型能力。软件产业创新与传统产业数字化转型密切相关，传统企业普遍缺乏场景创新，以及对场景创新的数字化转型能力及评估能力，对自身是否可以转型、如何转型缺乏清晰的认识，缺乏部门或第三方机构指导及提供咨询。二是国产软件推广应用存在堵点。国产软件产品生态不成熟，企业更换软件系统成本高昂，与之适配的硬件支撑不足，技术创新能力不足，缺乏高黏性用户群体。

（四）软件人才供需不匹配

人才是软件产业发展的第一资源，人才问题是长期困扰重庆软件产业发展的关键问题。一是高端复合型人才缺乏。基础类人才供给过剩，中高级软件人才、研发类人才、管理类人才供给不足，精通行业应用的复合型人才紧缺。二是人才流失现象严重。受北上广深蓉等城市虹吸效应影响，重点高校相关专业毕业生外流现象严重，留渝率偏低。三是人才吸引力不足。重庆在薪酬水平、工作环境、职业发展机会等方面与发达地区相比存在一定差距，对人才吸引力不大。

三、2025年发展环境及趋势展望

（一）全球软件产业将保持快速增长态势

2025年，全球软件产业将呈现持续增长、创新引领、加速融合的特点。一是软件产业市场规模将持续增长。人工智能、大数据、物联网等数字经济新技术为经济增长注入新的活力，软件产业作为数字经济的核心驱动力，其市场规模将持续扩大，预计2025年全球软件市场规模将突破万亿美元。二是创新引领产业发展。量子计算、云计算、大数据、区块链、物联网、卫星互联网等技术持续创新，催生应用场景创新，衍生出算力服务、数据交易等新兴行业和服务。三是产业融合加速。软件跨界融合边界不断拓宽，跨界融合成为常态，以软件为主导的技术进步正以数字化智能化形式改变各个行业，成为传统产业转型升级的重要路径，促进产业生态系统发生重构。

（二）我国将着力构建软件产业生态新格局

我国将加快推进数字经济和实体经济深度融合，软件产业将迎来新的发展机遇。一是打造软件产业创新发展新优势。以人工智能为牵引，软件研发将在基础软件、工业软件、云计算、大数据、区块链和物联网等领域取得更大技术突破，工业软件领域关键工序数控化率和数字化研发设计工具普及率将进一步提升，开源生态体系成果不断涌现，预计到2025年，我国将培育超过10个优质开源项目。二是持续优化产业协同。我国将持续支持骨干企业发挥引领作用，鼓励中小企业与骨干企业建立紧密合作关系，推动软件产业链上下游企业的合作与协作，加强高校、科研机构与企业的深度合作，加速科技成果转化和应用推广。三是进一步完善政策体系。启动编制"十五五"软件和信息技术服务业发展规划，明确"十五五"发展目标和方向。预计围绕数据要素市场体系建设、公共数据开放共享、数据要素市场化配置等领域加强政策研究制定。四是加快产业国际化步伐。进一步支持软件企业拓展海外市场，推动我国软件技术标准国际化，加强与"一带一路"共建国家软件产业合作。

（三）重庆将着力培育软件产业发展新动能

重庆将持续深入实施软件产业"满天星"行动计划3.0，助力"33618"现代制造业集群体系建设。一是推动产业集聚与协同发展。将重点打造十大软件产业集聚区，推动各集聚区在算力中心等基础设施方面共享合作，支持两江软件园、仙桃数据谷软件园、重庆软件园等园区创建中国软件名园。二是强化技术创新与应用。围绕"33618"现代制造业集群体系建设，聚焦人工智能、工业软件、信息安全等领域，加快研发设计类、生产控制类工业软件，提升关键软件供给能力。围绕"数字重庆"建设需求，聚焦党政服务、教育医疗、交通物流、金融财税等领域，发展数字化应用场景的行业应用软件和超大城市治理一体化解决方案。三是加强龙头企业（项目）和软件人才引进培养。2025年，全市将计划引进国际国内知名工业软件企业或项目2~3家，引进集成电路设计、人工智能、信息安全、工业互联网、软件开发等人才2万人以上。四是优化发展环境与服务。围绕适配评测、咨询规划、开发服务、技术标准等打造一批软件产业重点公共服务平台。

（四）2025年重庆市软件产业展望及主要指标预测

2025年，在全球数字化转型加速和国家软件发展战略深入实施的背景下，重庆将依托制造业基础优势，聚焦基础软件、工业软件、人工智能、信息安全等领域，推动软件和信息服务业技术创新和应用创新。2025年，预计全市软件和信息服务业规模将达到5000亿元，同比增长20%左右。

四、对策建议

（一）进一步加强产业生态建设

一是不断完善政策措施。支持民营企业做大做强，为初创期科创企业提供政策支持，支持龙头企业与中小企业、科研机构组成的联合体参与投标，强化知识产权保护，提升市场的开放性和公平性。二是增强产业链上游的支撑能力。加强全国一体化算力网络成渝国家枢纽节点建设，深化推进实施"疆算入渝"合作项目，支持成渝枢纽参与全国算力互联互通试点。三是加强龙头企业（项目）引育。引入链主型龙头企业，鼓励龙头企业通过增资扩股、兼并重组等方式整合资源，支持龙头企业成立软件研发公司，深入推进"揭榜挂帅"机制，促进攻关成果转化应用。四是开展开源项目建设和推广应用。鼓励发展开源基金、开源许可证、开源项目，推动开源软件生态建设，研制开源工业软件标准，完善开源工业软件治理规则，建立与国内、国际开源组织合作交流，依托重大项目和骨干企业，开展开源工业软件应用示范。

（二）依托产业基础打造特色产业集群

一是明确各区县发展定位。在分析本地传统产业基础上，围绕"33618"现代制造业集群体系建设，开展"一区（县）一策"研究，明确发展方向，加强项目策划储备。二是促进产业集群协同发展。鼓励区县结对共同发展，明确协同发展目标和方向，制定详细发展规划，加强区域间政策协调和合作机制建设，推动产业集群跨区域布局和联动发展，实现优势互补。三是打造供需对接平台。围绕产业集群建设，采用线上线下相结合，通过推动工业互联网建设应用、定期路演、行业交流会等多种形式，打通软信企业与应用需求方的沟通渠道，促进供需高效匹配。

（三）以应用创新推动技术创新

一是加强应用场景建设。明确应用场景建设的重点领域，广泛征集应用场景，针对性开放公共数据资源，鼓励高校、职业教育、研究机构、市场主体参与应用场景原型开发，推动示范项目与案例推广应用。二是推广国产软件应用。选择一批安全可控、相对成熟的国产基础软件、工具软件和行业应用软件纳入在渝高校和职业教育的教学内容，推动国产软件的行业应用。三是打造国产软件与用户的沟通平台。建立专业开发平台，拓宽用户反馈渠道，通过软件行业协会或企业联盟促进企业及时解决应用软件中出现的问题，打通学校（培训机构）与产业通道，共同解决核心关键问题。

（四）构建多层次复合型人才引培体系

一是加强人才政策落地见效。强化部门协作，全市人才政策办理事项均纳入"渝才荟"一网通办，针对特殊人才建立绿色通道。二是完善激励机制畅通成长通道。对在技术革新或技术攻关中作出突出贡献的领军人才，可破格晋升职业技能等级、提高待遇水平、配套保障子女教育及住房等，将成果转化所得收益以奖金、股权等多种形式给予奖励。三是搭建校企交流合作平台。畅通校企软件人才培育输送渠道，创建国家级数字经济高技能人才培训基地、市级软件人才人力资源产业园，加快建设软件人才"超级工厂"。四是加强人才服务平台建设。建好用好国家科技创新中心、科学城等科技创新平台，对参与国家重大战略、重大工程、重大项目、重点产业的领军人才服务载体提供政策支持。

[重庆市综合经济研究院（重庆市经济信息中心）产业经济研究课题组
主研：易小光　丁　瑶　黄利军　熊　姝
执笔：熊　姝]

之五：2024年重庆市房地产业发展及2025年展望

2024年以来，国内经济延续稳中有进态势，国家、重庆促进房地产业稳定健康发展的政策组合拳相继实施，供需两端同时发力，重庆房地产业虽仍处于调整阶段，但下降趋势不断收窄。预计全年重庆房地产开发投资下降7%左右，商品房销售面积下降12%左右。

一、2024年重庆市房地产业运行情况

（一）总体情况

受宏观环境复杂多变、经济增长压力较大等影响，居民就业、收入预期等不确定性增加，房地产市场信心仍未恢复，全市房地产业发展仍处于收缩态势。1—9月，全市房地产业实现增加值1089.0亿元，同比下降3.2%，与上年同期（-2.9%）相比降幅加深0.3个百分点；占全市地区生产总值的4.7%，较上年同期（5.4%）降低0.7个百分点，调整期仍未结束。

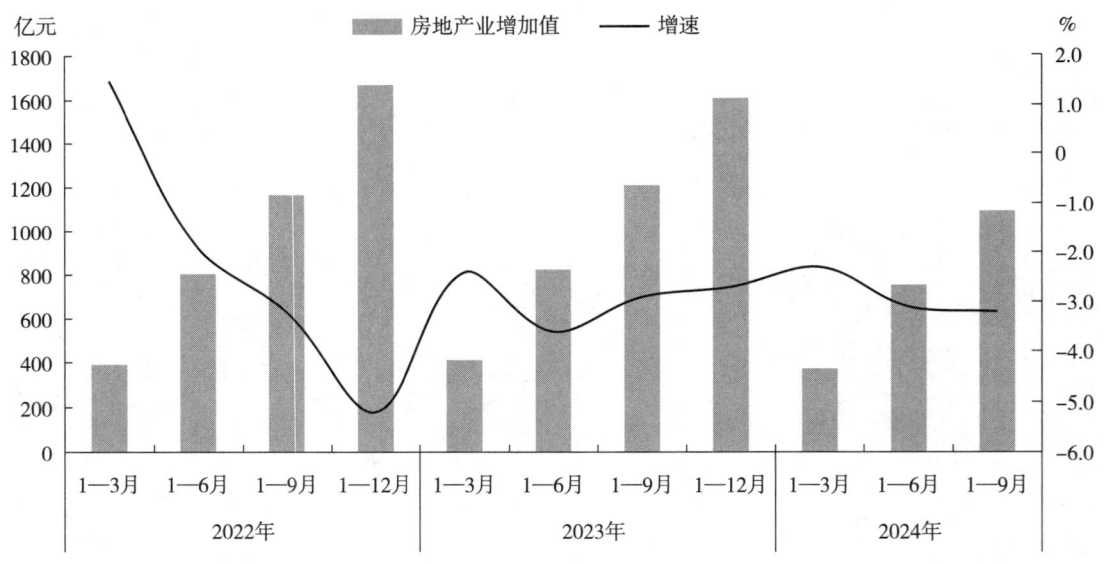

图1 2022年以来重庆房地产业增加值变化情况

（二）主要特点

1. 开发投资降幅同比收窄

在"双保""双久""三大工程"及房地产促稳政策等支撑下，全市房地产开发投资降幅明显收窄。1—9月，全市完成房地产开发投资2026.7亿元，同比下降9.7%，较上年同期收窄6.0个百分点，略好于全国平均水平（-10.1%）。一是各类商品房投资"两降一升"。商品住宅完成投资1593.3亿元，同比下降6.4%，较上年同期收窄8.7个百分点；受存量大、去化慢等影响，商业营业用房完成投资183.0亿

元,同比下降17.9%,较上年同期加深5.3个百分点;因上年同期基数低,办公楼完成投资44.2亿元,同比上升23.2%,比上年同期提高54.6个百分点。二是区域投资略有分化。中心城区、渝东北三峡库区开发投资跌幅较大,分别同比下降14.8%、12.6%;渝东南武陵山区开发投资小幅下滑,同比下跌7.4%;渝西地区、渝东新城开发投资增速由负转正,分别由上年同期的-25.3%、-28.1%上升至1.9%、4.0%。

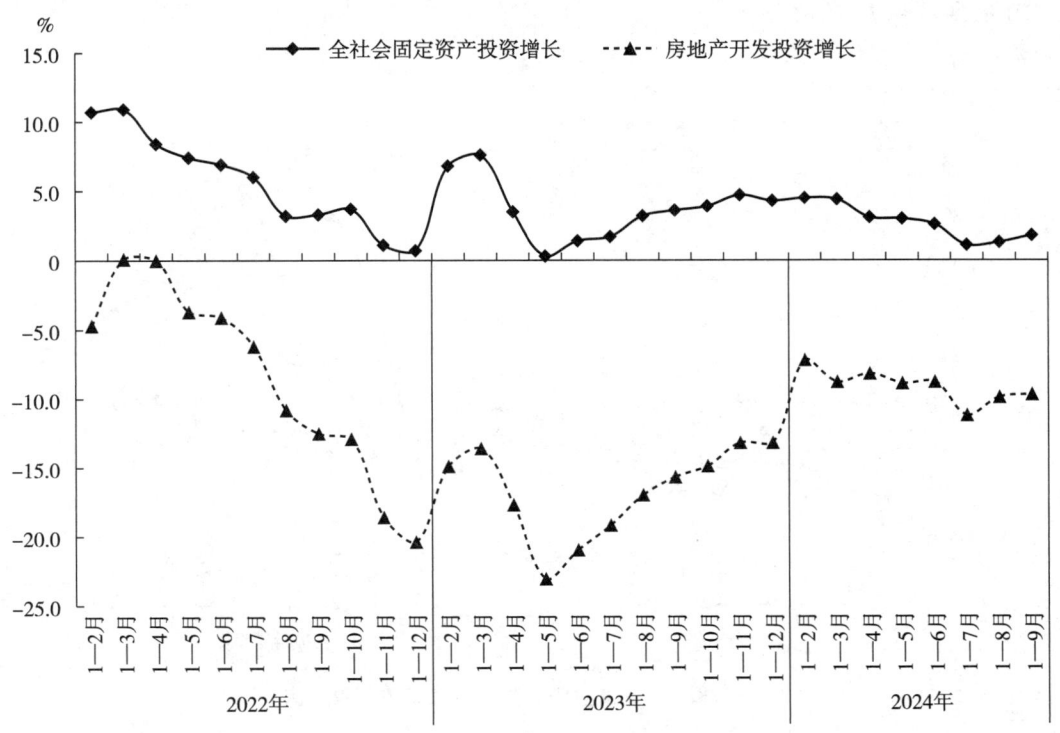

图2　2022年以来重庆固定资产投资及房地产投资变化趋势

2. 商品房建设持续放缓

受市场销售持续低迷、房企现金流紧张等影响,企业的商品房建设积极性仍较弱。一是商品房竣工面积大幅下降。1—9月,全市保交楼交付1.6万套,完成年度任务的89.4%,累计交付21万套,占应交楼总数的97.2%;保交房累计交付3.9万套,交付进度70.9%,排全国第3位。虽然"双保"行动持续深入实施,但受进度接近尾声、上年"保交楼"拉高基数等影响,全市商品房竣工面积1099.6万平方米,增速由上年同期的34.6%变为下降至-50.9%。其中,住宅、办公楼、商业营业用房分别同比下降53.8%、31.2%、54.9%。二是新开工、施工面积降幅加深。受成交土地大幅减少、市场销售不畅等因素影响,全市商品房新开工、施工面积分别为1171.3万平方米、16945.5万平方米,同比下降27.7%、16.2%,降幅较上年同期扩大17.0个、7.2个百分点。

3. 商品房销售低位运行

新房销售降幅略微收窄。受居民收入增长乏力、资产缩水严重、对期房交房风险的担忧等因素制约,新房销售持续下降,但在系列利好政策,房交会、市外展销等支撑下,降幅略微收窄。1—9月,全市商品房销售2365.3万平方米,同比下降17.3%,降幅较上年同期收窄1.7个百分点。近期,国家系列"组合拳"迅速实施,国庆节、秋交会期间全市商品房成交面积分别同比增长13.5%、12.3%;中心城区国庆节、秋交会期间分别增长55.7%、27.3%,有止跌回稳迹象。一是各类商品房销售"两降一升"。商品住宅、商业营业用房分别为1533.4万平方米、241.8万平方米,分别同比下降16.8%、0.7%,办公楼销售面积为83.2万平方米，同比上涨41.8%。二是现房销售明显好于期房。现房销售面积同比上涨12.2%，期房销售面积同比下降32.5%，其中办公楼、商业营业用房现房销售占比分别高达87.2%、71.1%，居民更偏爱即买即用。三是区域销售略有差异。中心城区、渝西地区、渝东北三峡库区商品房销售降幅较大，分别实现1005.2万平方米、604.2万平方米、328.6万平方米，分别同比下降20.5%、15.7%、19.3%；渝东新城、渝东南武陵山区降幅较小，分别实现254.3万平方米、173.0万平方米，分别同比下降9.7%、8.8%。

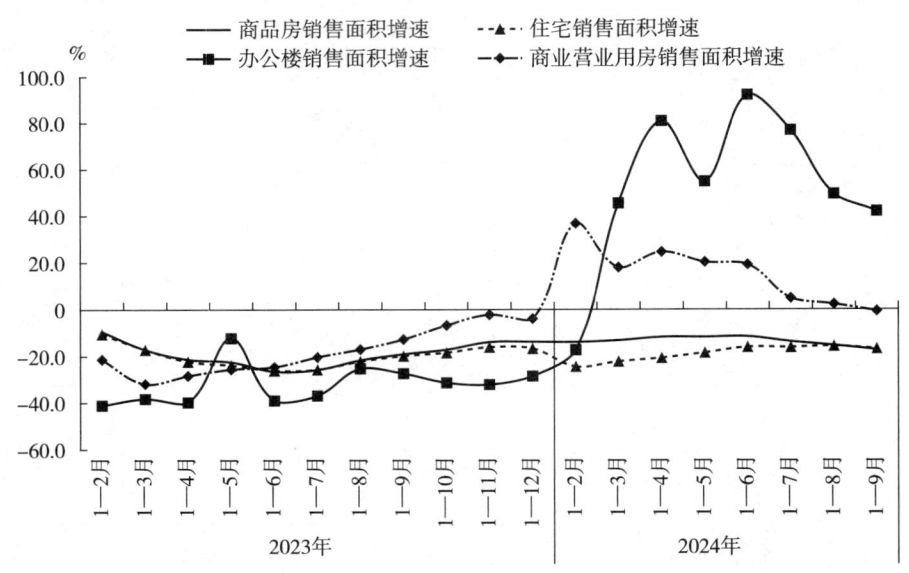

图3　2023年以来重庆各类商品房销售面积增速

二手房成交优于新房。1—9月，全市二手房成交2141万平方米，同比下降5.2%，降幅较新房低12.1个百分点。一是二手住宅成交超过新房。全市二手住宅成交1859万平方米，高于新建住宅（1533万平方米），二手房以"性价比""地段""现房"等优势分流客户。二是二手住宅价格跌幅较大。国家统计局数据显示，重庆中心城区二手住宅价格指数同比下降7.9%，跌幅在70个大中城市中居第21位。

市外人员购房占比持续提高。1—9月，在中心城区购房人员的来源中，中心城区占比45.3%，其他区县占比27.4%，在"三无"人员首套房无房产税、楼盘市外巡展等政策举措加持下，市外人员购房占比达27.3%，同比提高4.9个百分点。

4. 住房保障全面发力

通过租赁、配售方式强化保障房建设，结合公租房改革、老旧小区改造等，多举措保障重点人群住房需求。一是高效推进租赁型保障房。1—9月，全市筹集保租房近2.9万套（间），其中存量房收购6894套/间，首个项目佳寓光环店房源推出后不到三周即实现满租。二是稳步推进配售型保障房。全市开工新建房源3100套，民心佳园、美丽阳光家园等5个公租房转性项目处于申购中。三是深化推进公租房改革。持续优化完善申请分配、价格机制等政策，累计分配公租房约56.6万套，惠及140万住房困难群众。四是全面推进老旧小区等改造。2024年全市计划改造的1835个老旧小区已全部开工，完成城中村改造1.8万户，超时序进度2.8个百分点。

5. 开发企业探索多元化业务

在地产行业规模收缩背景下，开发企业积极探索代建、城市更新、商业运营等业务，向轻重并举、多元发展转型。一是积极布局代建业务。绿城、龙湖、中交等企业为平台公司提供全周期综合服务，落地绿城春江花月、龙湖凤栖湖畔等项目，加速盘活存量资产。二是有序发展城市更新业务。东原、嘉凯城、恒安等企业积极布局城市更新业务，洋炮局1862、印相里亲子运动公园等城市更新项目已对外开放。全市累计有20余项城市更新经验做法清单在全国推广。三是积极探索商业运营业务。龙湖、金科等企业通过长期租赁、委托管理等轻资产运营方式，已开业龙湖云领天街、龙湖星汇天街等项目，金科悦来汇等项目处于建设中，均有效盘活了存量资产。

二、存在的主要问题

（一）商业商务用房和车位存量大

受居民收入增长预期不确定性增加、投资需求大幅减弱，地面违停现象普遍等因素影响，当前全市的商业商务用房和车位去化困难。截至9月底，全市办公楼、商业用房、其他（车库为主）存量面积分别为187.1万平方米、613.0万平方米、1603.6万平方米，分别同比增长27.9%、下降9.7%、下降0.8%。三大业态中，待售一年以上的占比分别为59.5%、70.8%、73.6%，造成开发企业资金沉淀量大、资产变现难。例如，中心城区这一问题表现尤为突出，办公楼、商业用房、其他存量面积分别占全市的90.9%、49.5%、65.1%，严重制约了房企再投资能力。

（二）商品住宅供需匹配度不高

截至2023年底，重庆人均住房建筑面积47.6平方米，户均住房套数1.19套，加之重庆公租房体量居全国第一，刚性住房需求得到较好满足。当前，房地产市场步入以改善型需求为主的阶段，但受土地规划指标，普宅和非普宅标准差异等因素影响，住宅产品同质化现象突出，难以满足多层次、多样化购房需求。据铭腾机构数据显示，全市2024年新建的商品住宅供应多集中在中央公园、礼嘉、西永等外环区域，冉家坝、老沙区、渝中半岛等内环区域供应稀缺，同时供应产品多以90~143平方米为主，优质地段、大面积、高品质的改善产品稀缺，难以满足中高收入群体的需求，商品房供需结构性矛盾较为凸显。

（三）开发企业经营压力大

行业景气度较低，1—9月全市房地产业企业登记注销比持续维持在1以下，减少了658家企业。房地产开发企业现金流紧张，受销售回款少、融资困难等因素影响，全市开发企业到位资金同比下降19%，已连续下降34个月。房地产开发企业盈利困难，前三季度61家A股上市房企中，亏损房企占比达54.1%；典型本土房企龙湖地产2024年上半年开发业务毛利率仅为7.4%，较上年同期下降6.9个百分点。同时，重庆本土的房地产企业销售困难，据中指研究院"2024年1—9月中国房地产企业销售额排行榜（全口径）"数据显示，重庆5家本土企业上榜，比上年减少1家，企业排名"四降一升"，经营压力仍较大、竞争力依然不强。

三、2025年发展环境及趋势展望

（一）国家宽松政策力度持续加大将有助于房地产市场止跌企稳

国家房地产政策主基调仍将延续宽松趋势。党的二十届三中全会提出"充分赋予各城市政府房地产市场调控自主权，因城施策，允许有关城市取消或调减住房限购政策、取消普通住宅和非普通住宅标准。改革房地产开发融资方式和商品房预售制度"。近期，中共中央政治局会议强调要促进房地产市场止跌回稳，住建部等相关部委密集发布政策"组合拳"，包括取消限购、取消限售、取消限价、取消普通住宅和非普通住宅标准；降低住房公积金贷款利率、降低住房贷款的首付比例（统一最低为15%）、降低存量贷款利率（平均降幅 0.5 个点）、降低"卖旧买新"换购住房的税费负担；通过货币化安置等方式新增实施 100 万套城中村改造和危旧房改造、年底前将"白名单"项目信贷规模增至 4 万亿元。同时，允许向有条件的企业发放贷款收购存量土地等政策也将陆续实施。国务院还印发了《深入实施以人为本的新型城镇化战略五年行动计划》，部署实施新一轮农业转移人口市民化行动等 4 项重大行动。系列政策"组合拳"对全国及重庆房地产市场稳定将形成较强支撑。

（二）国家战略叠加和"两大定位"将会进一步增强重庆房地产吸引力

在高质量共建"一带一路"、长江经济带、新时代西部大开发、成渝地区双城经济圈、西部陆海新通道等系列国家战略叠加基础上，习近平总书记赋予重庆奋力打造新时代西部大开发重要战略支点、内陆开放综合枢纽"两大定位"，加之国家优化重大生产力布局，加强战略腹地建设，重庆在国家区域发展和对外开放格局中的战略地位和影响力将进一步提升。重庆经济活力持续恢复，2024 年前三季度全市地区生产总值同比增长 6.0%，高于全国 1.2 个百分点，居全国第 2 位。根据 2023 年度《中国城市国际传播影响力报告》，重庆进入中国城市国际传播影响力前十，将增强对外来人口的吸引力。中共重庆市委六届六次全会提出，加快实施以人为本的新型城镇化战略，到 2029 年，全市常住人口城镇化率将达 76%。同时，重庆深入落实国家房地产调控政策，结合地方实际出台了进一步调整优化房地产政策措施文件。诸多利好因素对重庆房地产业持续发展将形成较强支撑。但值得关注的是，近年来重庆人口规模增速逐年放缓，上年末全市常住人口首次负增长，2024 年前三季度结婚登记对数同比减少 20.3%，对重庆房地产市场止跌回稳形成一定制约。

（三）2025 年重庆房地产业发展趋势展望

在全球经济缓慢回升以及国家宏观政策发力显效、新动能加快成长等因素作用下，国家及重庆房地产政策组合拳将逐步显效，加之重庆城市对外吸引力增强，全市房地产市场有望止跌回稳，但受制于人口增长放缓，市场回稳力度不大，仍将维持调整走势。预计 2025 年，重庆房地产开发投资、商品房交易量降幅将继续维持收窄趋势。

四、对策建议

（一）多措并举促进市场止跌回稳

结合重庆实际，切实落实国家稳定房地产市场的系列调控政策，不断提振购房者信心，促进房地产市场止跌回稳。一是继续引导商业商务用房去库存。政府与开发运营企业加强招商合作，优先利用存量商业商务用房，着力引进企业总部、知名机构等，鼓励国有企事业单位租购闲置的商业商务用房用于办公和产业发展。加强对占道停车治理，促进库存车位消化利用。二是加大商品房促销支持力度。继续开展"金九银十"系列促销活动，加大消费券等奖补政策和货币化安置力度。支持房地产开发企业、房地产经纪机构、购房人三方联动，通过个人置换、企业收购、发放补贴、政策支持等方式，降低居民以旧换新门槛，促进住房新旧转化。探索实施住房公积金代际互助、"又提又贷"等政策。支持企事业单位集中团购商品住房，鼓励房地产企业给予"拼团价"等优惠支持。三是稳步开展存量商品房收储。利用好专项债收购存量商品房用作保障性住房、利用专项债收储土地政策，鼓励收购存量商品房用于安置用房以及养老、托育等公共服务用房。坚持"以需定购"，注重资金平衡，稳步推进收储已建成未出售的商品房用作保障性住房，探索收储用作租赁住房的项目以 REITs 方式上市盘活，提升对收储商品房的运营管理能力。四是推动商品房预售制改革探索。在房地产市场饱和背景下，积极探索现房销售机制，有效控制增量供给节奏，减轻市场压力和市场风险，助推房地产市场止跌回稳。

（二）强化高品质改善性商品房供给

适应住房需求变化，切实优化商品房供给结构，引导房地产开发企业打造绿色、安全、宜居、智能、友好、美观的"好房子"，满足改善性购房者对高品质住房的新需求。一是推动商品房增量品质化、智能化、绿色化开发。突出企业品牌、产品、设计、服务、景观，探索围绕城市灵魂、生态场景、建筑法则、社交系统、智慧科技、服务体系提升住房产品力，鼓励"第四代住宅"等高品质迭代开发，促进住房结构提档升级，满足居民改善型住房需求。针对老年人旅居、康养需求呈增加趋势，引导企业增加避暑地产开发和专业化运营管理。二是强化新建商品住宅品质提升政策支持。对高品质社区项目，因地制宜统筹配建公共服务设施，实施交付前住户提前预验收等新政策；对购买高品质住宅的，制定出台专项政策举措，实施增加住房公积金贷款额度等政策。

（三）推动房地产开发企业战略转型

积极应对房地产市场持续低迷周期，以高质量、新科技、好服务为导向，引导开发企业转型升级。一是引导房地产开发企业深入实施品牌战略。由重资产转向轻重并举、多元发展，用好品牌资产，推动代建品牌化，围绕长租公寓、产业新城、商业运营、城市更新等领域，向办公、商业、酒店度假、教育研发、物流仓储、医疗健康、公共物业等资产管理和服务转型，通过品牌延伸提升企业的社会价值与经济效益，增强企业生命力、竞争力。二是支持引导房地产项目并购重整。鼓励金融机构为优质房地产企业开展房地产项目兼并收购贷款业务。加快资本抵债地产项目破产重整或者清算，切实维护购房人合法权益。鼓励资产管理公司通过担任重整投资人等方式参与司法重整项目处置，盘活存量不良贷款，推动项目建设交付。采取"专项债+银行贷款"模式，支持有条件的企业市场化收购房地产企业持有的土地，盘活存量用地，缓解困难房企资金压力。推动房地产融资模式改革。要改变轻项目、重主体的融资模式，加强商品房项目预售资金监管，切实实现专款专用。

[重庆市综合经济研究院（重庆市经济信息中心）产业经济研究课题组
主研：易小光　丁　瑶　余贵玲　赵炜科　王　利　徐璐茜
执笔：王　利　徐璐茜]

之六：2024年重庆市文化产业发展及2025年展望

2024年，我国锚定2035年建成文化强国的战略目标，加快培育文化领域新质生产力，新业态、新模式不断催生。重庆市围绕服务国家重大战略、满足人民群众多元文化需求，不断优化文化产业结构，拓展消费场景、培育消费热点，文化产业总体保持平稳较快增长。预计2024年全市文化产业增加值将在1330亿元左右，同比增长约7%，占GDP比重约为4.2%。

一、2024年重庆市文化产业运行情况

（一）总体情况

2024年，重庆市不断健全现代文化产业体系和市场体系，通过数字赋能、业态融合，推动文化与旅游、农业、体育、非遗、艺术、节庆等元素结合，不断提升文化服务和文化产品供给能力，以文化产业高质量、多元化供给不断满足广大人民群众多样化、多层次、多方面的精神文化需求，产业发展质量发展态势得到进一步巩固，人民群众文化获得感、幸福感显著增强。1—9月，全市文化及相关产业增加值实现909.74亿元，同比增长6.9%，占GDP比重达到3.9%。全市文化、体育和娱乐业企业数量达到47666家，同比增长9%。

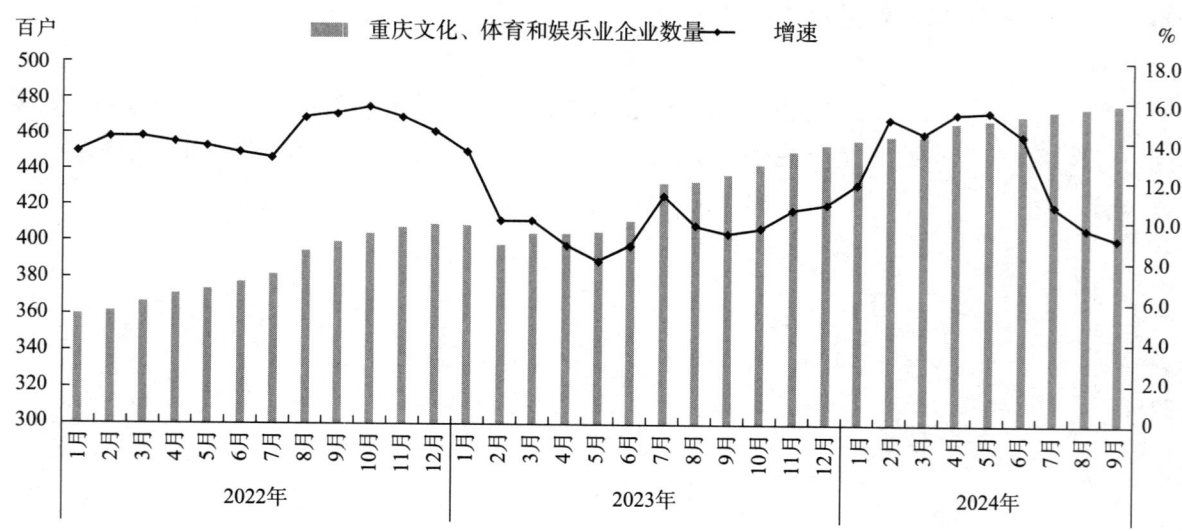

图1　2022年以来重庆市文化、体育和娱乐业企业数量同比变化趋势

数据来源：万德数据库。

表1 重庆市"十四五"期间文化产业主要指标

指标	2021年实际值	2022年实际值	2023年实际值	2024年预测值	2025年目标值*
文化产业增加值（亿元）	1057.11	1122	1239.32	1330	1500
文化产业增长率（%）	8.9	1.5	7.5	7	—
增加值占GDP比重（%）	3.8	3.83	4.1	4.2	4.5

数据来源：《重庆市文化产业发展"十四五"规划》。

（二）主要特点

1. 核心领域支撑能力更强

围绕内容生产、创意设计、文化用品和文化设备等核心门类，强化要素集聚、产业链整合，推动文化产业规模化、集约化、专业化协同发展，文化核心领域引领带动作用更为明显。2024年1—9月，新闻信息服务、内容创作生产、创意设计服务、文化传播渠道、文化投资运营、文化娱乐休闲服务六大文化核心领域增加值达到665.78亿元，比上年同期增长6.4%，高于全国增速0.1个百分点，占全市文化产业增加值比重为73.2%。文化辅助生产和中介服务、文化装备生产、文化消费终端生产等文化相关领域实现增加值243.96亿元，同比增长8.1%，高出全国3个百分点。

2. 文化演艺活动持续火热

围绕培育打造体现文旅融合的演艺新业态、新场景，着力提升文化演艺市场化和产业化水平，加快拓展文化消费新空间，繁荣发展重庆地方文化。1—9月，全市演出市场加速回暖，共举办营业性演出3.4万场次，同比增长61.9%，打造形成市级演艺新空间30余个。其中，5000人以上大型营业性演出56场，同比增长47.4%，观演人数89.1万人次，票房收入约7.3亿元，拉动消费约29.2亿元。开展"非常重庆非常好拍"、"渝味360碗"、"重庆四季好风光"网络达人采风等重庆文化专题宣传，全网络播放量累计超7.5亿人次。

3. 文化新业态发展势头强劲

适应大众对文化产业的多元需求，以数字化、网络化、智能化为主要特征的文化新业态加快涌现，成为推动文化产业高质量发展的重要支撑。以VR、AR等为特征的沉浸式文化新业态发展迅速，产业规模超10亿元，居全国领先地位。剧本娱乐行业顺应颠覆性创意、沉浸式体验、年轻化消费趋势，消费体验逐渐升级，吸引力大幅提升，剧本娱乐经营场所近600家。在现代信息技术和创意文化带动下，传统文化焕发新机，春来相声茶馆、扯馆儿剧场、索道喜剧果立方、重庆知了剧场等演艺新空间演出近百场，累计接待观众逾万人。重庆杂技艺术团、谭木匠工艺品、武隆喀斯特印象文化等7家企业被文化和旅游部命名为2024年新一批"国家文化产业示范基地"。

4. 数字赋能文化服务提档升级

围绕数字重庆建设，推动文化产业信息化应用、数字化转型和"上云入网"，不断丰富文化内容供给。打造形成综合反映各区域文化资源分布和服务运行的实时数据库，归集1031个镇街1.1万余个村社区的公共文化设施1.5万余个，发布文化活动3万余场。服务端打造"8小时外市民艺课堂"项目，汇聚线上艺培课程4000余节，以及日间、夜间、周末、假期等线下课程平均每月320节，打造了"江北北仓夜校"等一批新兴文化供给体。推广"文化·光影重庆"等重要数字应用，已覆盖全市所有区县超过

5000个拍摄基地、场景、道具、服装、演员等丰富拍摄资源。永川科技片场已打造成为全国目前单体规模最大、全流程使用虚拟拍摄技术的数字科技影棚。

二、主要问题

（一）传统文化旅游融合度不深

一是文化资源利用形式单一。对巴渝文化、抗战文化、移民文化等地域特色文化挖掘不够深入、研究不够透彻、阐释不够到位，缺乏像《重庆·1949》等生动展现重庆人文精神的文艺作品。对文化内容的活化形式及利用途径较为单一，山区、库区文化元素多以工艺品、实物展示等传统方式呈现，创新力不足、吸引力不强，同质化现象比较严重。二是文旅产品特色不够鲜明。缺乏像中原文化、荆楚文化、西域文化等独具文化核心优势的旅游产品、业态、项目和品牌。磁器口、洪崖洞、李子坝等旅游场所商业气息较浓，缺乏人文精神内核，旅游的文化属性彰显不够。山城巷、北仓、妙街等旅游景点对历史遗存的梳理、文化脉络的衔接不够，讲不出好故事，游客吸引力不足，"穷游"现象较为普遍。三是川渝文旅融合协作深度不够。川渝文脉相通、地域相邻，但跨区域、跨部门多方协同工作机制不够健全，"有利争破头，无利踢皮球"现象不同程度存在。文旅要素资源流动不畅，市场开放程度尚未得到根本性提升，产业平台资源配套难以实现最佳优化，对文化新场景新模式新业态挖掘不够，两地串珠成链的文旅融合精品不多。

（二）文化新业态培育面临短板

一是文化新业态规模小。全国文化新业态特征较为明显的16个行业小类规模（限额）以上文化企业营业收入约占全部规模（限额）以上文化企业营业收入的36%，而重庆市仅30%左右。即便是全市规模较大、发展较快的游戏产业，营业收入也远低于上海、成都、广州等地区。二是市场主体竞争力弱。龙头企业较少，缺少具有全国影响力的文化品牌。目前全市文化新业态上市企业数量为零，与成都上市近30家、广州上市近50家差距巨大。近年来市级文艺院团推出的舞台艺术重点作品中，本市编剧、导演、舞美的作品不到四成。三是市场环境有待进一步优化。全市文化新业态布局不够清晰，缺乏明晰定位，细分赛道缺乏顶层设计，尚未形成文化产业集群。文化服务重"线下"轻"线上"现象依旧存在，公共文化服务机构开通数字化场馆服务较少。缺乏国际化文化产业展示交易平台，本土文化企业和文化产品走出国门难、海外优质企业招引难、国际文化产业项目落地难。

（三）要素保障支持力度不够

一是政策供给不足。当前，重庆市每年仅有3000万元市级文化产业发展专项资金，且未明确新业态切块扶持比例，仅有少数区县对文化产业相关项目有专项资金支持。针对重点文化新业态缺少招商落户、创业孵化、规模发展、产品研发、平台建设、扩大消费等补贴和奖励政策。二是人才保障不足。高校和企业针对文化创意、动漫影视等人才培育和供给不充分，数字文化及相关产业人才缺口超过4万人。与此同时，重庆市数字化文化人才流失率超40%，非渝籍数字化从业人员在渝从业时间为3~5年，超过成熟行业人才正常流动年限。三是金融服务体系不健全。文化新业态融资渠道不畅、融资方式单一、融资资金较少，既缺少银行、保险、担保、小贷等传统金融机构支持，更缺乏VC、PE、产业基金等风险投资和股权投资机构的关注。

三、2025 年发展环境及趋势展望

（一）全球贸易摩擦风险进一步加剧，文化产业发展机遇和挑战并存

2025 年，世界经济环境将更为复杂严峻，未来文化产业的发展挑战与机遇并存。一是大国博弈向贸易和舆论领域渗透，中国文化出海受到的非行业因素影响明显增强，尤其是对影视动漫、演艺娱乐、印刷出版等以知识产权为核心的文化贸易产品产生重大影响。绘画、雕塑、陶瓷、古董等文化艺术品交易也将受到关税政策的影响，文化市场受到的影响较大。二是中国文化"走出去"已取得瞩目成就，以网文、网剧、网游为代表的流行文化"新三样"乘风出海，文化影响力不断增强，为影视、娱乐、文创、短剧等文化产业全面走向国际市场积累了经验、开辟了道路。三是随着经济的飞速发展，中国日益走近世界舞台中央，中国文化在全球的"能见度"不断提升。国际市场对中国历史传统文化以及近年来流行的网文、网剧、网游以及服饰、音乐和电影等文化产品需求也将快速上升，为我国文化产业加大开放力度，走向世界，实现高质量发展提供了诸多机遇。

（二）我国文化产业政策加快释能，文化产业发展动能进一步增强

2025 年，国家将进一步全面深化改革、推进中国式现代化建设，深化文化体制机制改革，文化产业发展动能将进一步积蓄。一是党的二十届三中全会提出要健全文化产业发展体制机制，提升国家文化软实力和中华文化影响力。习近平总书记在中共中央政治局第十七次集体学习时强调，要锚定文化强国战略目标，发展面向现代化、面向世界、面向未来的，民族的、科学的、大众的社会主义文化，为文化产业高质量发展提供优越的政策环境和有力的支撑。二是文化服务和消费市场将进一步扩大。《国务院关于促进服务消费高质量发展的意见》提出，要深入开展全国文化和旅游消费促进活动，持续实施"百城百区"文化和旅游消费行动计划，鼓励沉浸体验、剧本娱乐、数字艺术、线上演播等新业态发展，全国文化消费将持续升温。三是文化科技融合加速文化生产变革。随着新一轮科技革命和产业变革孕育兴起，大数据、智能制造、AI 等高新技术广泛渗透到文化创作、生产、传播、消费的各个层面和环节，一批如《黑神话：悟空》的文化产品将加速涌现，助推文化产业转型升级。

（三）全市加快培育发展文化新质生产力，推动产业高质量发展

全市经济仍将保持总体平稳发展态势，文化产业发展的各种要素支撑将进一步增强。一是随着国家战略深入实施，巴蜀文化旅游走廊、中西部国际交往中心、国际人文交流城市、国际消费中心城市建设等有序实施，文化产业发展信心提振，群众对文化体验需求不断升级，文创产品、非遗技艺、国风体验等在社会生活中的影响力越来越大，为重庆市文化产业提供了新的发展机遇。二是按照党的二十届三中全会要求，全市将加快完善文化服务和文化产品供给机制，积极营造具有重庆辨识度的健康文化生态、活跃文化环境，形成文艺精品和文化人才相互生成的生动情景，有利于加快培育以大数据和智能化为引领、以数字文化业态为支撑、线上线下融合发展的文化新质生产力。

（四）2025 年发展趋势及展望

2025 年，重庆市文化产业综合效益将不断提升，加速向全市战略性支柱产业迈进，努力打造国家文化产业中心城市，积极建设数字文化产业创新高地、文化艺术时尚创意高地、文化产业和旅游产业融合发展高地、文化用品装备研发制造高地，推动文化事业和文化产业繁荣发展。预计 2025 年重庆文化产业规模将进一步壮大，产业结构持续优化，文化产业增加值将在 1400 亿元左右，同比增长约 7.7%，占 GDP 比重约为 4.3%。

四、对策建议

（一）加强文旅深度融合，释放文化产业内涵价值

一是提升文化内核的挖掘阐释能力。加强与市内专业性强、具有丰富文旅产业运作经验的研究机构和企业合作，详细梳理有意义、有价值、有前景的特色文化要素及旅游资源，建设"重庆文旅融合创作开发题材库"，为全市文化内容的创新提供方向和指引。利用知名视听平台，打造"老重庆记忆""新重庆故事"等视频号，通过文化故事IP化，让优质文化内容高效传播，提升重庆文化资源知名度。二是打造具有重庆辨识度的文化旅游产品。统筹文化和旅游"两种资源""两个市场"，打造若干文旅融合示范项目，引领市场主体加速发展。在全市重要旅游目的地全面普及数字文旅技术，通过开发沉浸式体验游产品、共享数字文博资源、打造智慧旅游示范景区，运用数字化、信息化、智能化手段彰显重庆文化内涵、讲好重庆人文故事，力争让更多游客来渝后能够停下来、住下来，深度感悟重庆人文，提升消费欲望。三是进一步拓展文旅融合新空间。积极促进国有院团与民营团队合作，实现优势互补，提高国有院团优质演出空间利用率。充分开拓音乐景区、酒吧、茶楼、咖啡厅、酒店等可利用空间，深入挖掘游船、防空洞、火锅店等重庆特色演艺空间，开发主题公园、露天体育场、户外广场等"没有围墙"的剧场，结合城市更新用好旧厂房、老街巷、老居民楼等打造新演艺空间片区，实现"处处皆可演，全城都有戏"的供给格局，着力打造多元开放包容的演艺集聚高地。

（二）加快培育文化新业态，赋能产业高质量发展

一是建设功能集聚核心区。依托两江新区、渝北临空片区、南岸经开片区、永川区大数据产业园等，打造各具特色的数字文化产业集群；支持渝中区、江北区、沙坪坝区、九龙坡区出台剧本娱乐产业相关政策措施并大力发展剧本娱乐产业园区，加快建设"中国剧本娱乐产业基地"。在九龙坡区、渝中区、合川区等打造都市演艺产业集聚区、长江文化艺术湾区、金山文化时尚创艺特区，推动发展"文化+"融合新业态。二是加强市场主体培育。对文化领域创新创业给予无偿孵化资金支持或基金化、股权化融资支持。健全文化企业信用评价、融资担保和风险补偿政策。对自主建设运营文化新业态产业园区等平台、为入驻企业提供公共服务的给予补贴。积极推进"个转企""小升规"，全力培育"大优强"并推动上市融资，形成多层次、梯度化发展格局。开辟新兴赛道，主动融入数字重庆建设，深度运用数字变革成果，精准培育具备独角兽特征的文化企业，择优给予资金、政策、服务等专项支持。三是培育消费新热点。用好视听交互国家新一代人工智能开放创新平台，围绕元宇宙、数字创意、沉浸式体验等领域布局建设市级创新平台，加速高端创新资源整合集聚，开展共性关键技术攻关。举办电竞、街舞、动漫等文化业盛会和消费嘉年华，支持新业态企业参加市内外重大展会。扶持一批具有示范作用的文化消费新场景，探索定制消费、体验消费、互动消费等新模式。

（三）加强整体谋划，完善统筹推进机制

一是积极争取国家层面支持。争取国家发展改革委、文化和旅游部、商务部等部委支持，加快建设国家文化产业和旅游产业融合发展示范区，争创国家级文化和旅游消费试点城市、国家对外文化贸易基地，创建国家级夜间文化和旅游消费集聚区、国家级文化产业园区和基地。二是积极扩大对外文化交流传播。借力驻外使领馆、海外中国文化中心、驻外旅游办事处、重庆国际友好城市、重庆文化旅游境外交流推广机构等境外营销阵地，建设陆海新通道文化旅游交流合作中心，推进重庆国际文旅之窗建设，

争取澜湄旅游城市合作联盟总部落户重庆,深度参与"中华文明走出去工程"等国家文化战略。三是深化地方文化体制机制改革。加强川渝两地财政、金融、教育、科技、市场监管等部门的高效沟通、协同配合,推动文化产业发展要素正常流动。统筹构建全市文化新业态发展体系,进一步推进细分业态规划引导。推动建立相关职能部门联席工作机制,选择成长快、潜力大、后劲足的文化新业态项目进入各部门重点项目库,实施项目化、清单化管理。

[重庆市综合经济研究院(重庆市经济信息中心)产业经济研究课题组
　主研:易小光　丁　瑶　余贵玲　邓兰燕　曹　亮　李　林
　执笔:曹　亮]

之七：2024年重庆市旅游产业发展及2025年展望

2024年，重庆加快建设旅游强市，着力推动长江国际黄金旅游带、巴蜀文化旅游走廊建设走深走实，"网红城市"热度持续攀升，旅游业保持稳步增长态势。预计2024年重庆旅游产业增加值1340亿元左右，约占GDP的3.9%。

一、2024年重庆市旅游产业发展情况

（一）总体情况

2024年，重庆持续提升全市旅游消费规模和品质，进一步释放国际国内来渝旅游消费潜力。1—9月，全市接待国内游客3.28亿人次，同比增长10.1%；实现国内游客花费3552亿元，同比增长15.7%；重点监测130家景区接待游客1.33亿人次，同比增长15.6%。出入境旅游市场复苏进程加速，旅游已经成为城乡居民美好生活的刚性需求。

表1 2022—2024年1—9月重庆市旅游产业主要指标

指　标	2022年		2023年		2024年1—9月	
	绝对值	同比（%）	绝对值	同比（%）	绝对值	同比（%）
旅游产业增加值（亿元）	498	-2	1207	13.5	1216	7.3
占GDP比重（%）	3.7	-5	4.0	0.3	5.2	30
接待过夜游客人数（万人次）	5456	-38.2	10300	88.1	—	—
接待境内外游客（亿人次）	2.53	-27.7	—	—	3.3	10.1

注：数据来源于重庆市文化和旅游发展委员会。

（二）主要特点

1. 出入境旅游政策优化，带动出入境游双复苏

全市入境游市场回暖。得益于国际航线及航班数量持续增加、境外旅游服务供应链及服务网络加速重构、中国免签国范围的不断扩容、过境免签政策的进一步推行以及签证政策的全面优化等系列措施，重庆入境团队游业务进一步恢复。根据携程旅行网统计数据，1—9月重庆为我国入境游前十强热门城市之一。重大国际赛事和文化展演拉动跨国"旅游+"市场活跃。2024年巴黎夏季奥运会带动法国游、欧洲游热潮。根据携程机票预订数据显示，重庆在中国赴巴黎的热门客源城市排名中进入前十。"旅游+演唱会""旅游+游戏""旅游+医疗""旅游+研学"等出境游活动带动重庆游客前往日本、韩国、新加坡等海外目的地。从重庆出入境情况看，截至9月重庆边检总站共查验出入境中国公民82万余人次，较上年同期增长1倍多，出境游、海外研学等持续升温，占口岸出入境人员总量的八成。

2. 政策引领旅游下沉，带动县域旅游市场复苏

近年来，政策鼓励旅游市场下沉乡镇和重点乡村，2024年出台《重庆市"十四五"旅游营销奖励方

案（2024）》，鼓励旅行社组客前往渝东北、渝东南地区，特别是国家乡村振兴重点帮扶县旅游，推进全域旅游。渝东北做强"长江三峡国际黄金旅游带"品牌。2024年，奉节县白帝城·瞿塘峡景区成功创建国家5A级旅游景区，巫山县巫峡·神女景区通过国家5A级旅游景区景观质量评审。渝东北长江三峡国际黄金旅游带初步形成了集精品景区、品质邮轮线路、特色历史文化景观于一体的重大旅游休闲度假消费载体，带动沿线区县旅游产品提质转型和休闲农业配套基础设施完善升级。渝东南武陵山差异化发展各具特色的精品景区。2024年，武陵文旅发展联盟第四次会员大会在湖北咸丰举行，渝鄂湘黔川五省市文旅部门携手谋划大武陵文旅发展蓝图，并以差异化、特色化、融合化发展夯实合作基础。重庆市彭水苗族土家族自治县蚩尤九黎城、黔江濯水古镇、湖北省恩施土家族苗族自治州地心谷、湖南省湘西州芙蓉镇等融合山、水、情、史、节于一体的精品景区逐步形成各自鲜明县域旅游品牌特色。1—9月渝东南武陵山区旅游消费持续旺盛，接待游客数量同比增长超50%。

3. 重点项目持续推进，旅游新业态释放活力

以龙头项目引领打造国际知名旅游消费高地。2024年，重庆参照上海迪士尼、北京环球影城等项目规划布局，计划引进国际知名IP华纳，打造华纳威秀主题公园。项目落地后，重庆将推进建设继西班牙、澳大利亚、阿联酋后全球第四个、中国第一个华纳主题公园。迭代升级"两江游""三峡游"等文旅融合产品。2024年重庆着力打造山水、城市、人文有机融合的旅游场景，提升改造邮轮游品质，持续扩大重庆内河邮轮游名气。1—9月，主城"两江游"累计完成游客接待量281.3万人，同比增长6.3%，其中，夜班客运量237.9万人，占84.6%；白天航班接待量43.4万人，占15.4%。四川、陕西、河南、贵州、河北五省游客成为重庆"两江游"的国内主要客源地。外国游客是三峡邮轮游的重要客源，截至9月底，市级邮轮"荣耀"号接待入境游客人数超过1万人，同比增长450%。旅游新业态涌现满足多样化消费需求。重庆推动"演艺+旅游""非遗+旅游""美食+旅游"等多种新型业态，其中推出"低空经济+旅游"融合发展项目备受青睐。各区县坚持以航促旅、以旅强产、航产融合发展，开展云端机场观光、飞行体验营地、云端露营基地等低空经济相关旅游项目，如武隆举行首届仙女山飞行节、江津区打造四面山滑翔伞营地、梁平区开辟梁平—自贡川渝首条低空目视旅游航线。

4. 加力推广重庆故事，假日旅游市场活跃

加强国内外旅游推介活动。在中新（重庆）互联互通项目10周年，中国马来西亚建交50周年之际，1—9月重庆赴吉隆坡、新加坡等国外城市开展旅游推介会和国际旅游展。重庆通过中非合作论坛记者来渝探访，美国旅行商、世界各地侨商来渝考察踩线等各类推介活动进行旅游推广，加强旅游产品、旅游市场、客源互送等方面的合作探索，并在研学、小包团定制游、邮轮游、陆路三峡游等特色线路设计上交流洽谈。各类节假日旅游活动精彩纷呈。以节助兴、以节传情，举办丰富多彩的旅游活动。1—9月，全市春节、国庆等法定节假日累计接待国内游客数和旅游总收入均实现了较快增长，春节假期累计接待游客1068.5万人次，同比增长104.3%。区县积极策划节假日旅游活动，如彭水苗族土家族自治县以"世界苗乡·养心彭水"为主题，打造踩花山节宣传苗族传统节日活动；黔江区举办武陵山国际民俗文化旅游节，实现旅游资源与节日庆典、体育赛事和民族文化的有机结合。

二、存在的主要问题

（一）旅游市场秩序有待加强

旅游市场不规范现象依然存在，带来诸多隐患。根据市文旅委发布的2024年前三季度12起旅游市场

领域违法违规典型案例，其中9项是由于旅行社未取得旅游相关经营业务或采取非法转让旅行社业务许可导致，其余3项为李子坝、洪崖洞等热门景区景点周边衍生出的"票串串""带路党"及"旅拍"经营者长期占道阻碍游客，影响市容环境、道路通行和旅游体验的乱象。这表明，旅游行业监管部门对重点旅游景区、旅游市场主体的资质审核、景区规范管理制度和标准等方面的管理监督力度还不够。随着重庆网红城市效应的提升和网络社交媒体的发展，重点景区的游客数量将持续增加，游客通过微信、抖音、小红书等社交App开展自驾游、徒步、攀岩等旅行活动的数量也将增加，网络组织旅游活动的自发性和隐蔽性对旅游执法机关的监管将带来挑战，相关法律法规的完善迫在眉睫。

（二）国际游客入境旅游环境有待改善

重庆入境游的便利度不高。目前，许多景区景点、文博场馆采用微信小程序预约入场，预约时限一般是提前一周。由于出国游往往需要提前计划安排购票，这对国际游客时间安排不利。同时，全市各大旅游景区、大型商圈、文博场馆、酒店、医院、交通枢纽站点等重要商户中还未全面设立外币兑换点、境外银行卡刷卡业务、银行线上服务平台个人外汇业务，外籍游客支付方式单一。其原因是：一方面，为了加强游客数量监测的景区景点预约制，要求填写护照号、年龄、有效期等诸多信息，程序较为繁琐；另一方面，数字化发展造成国内外主流支付产品和服务存在差异，外籍来渝旅游人员未形成线上支付习惯，旅游场所未相应保留移动支付、刷卡支付、现金等多种支付所必需的软硬件设施，造成入境游便利度不够。

（三）研学旅游产品问题较为突出

随着研学游观念的进一步普及，消费者为子女报名参加研学游项目的需求持续增长，但研学游产品收费普遍较高，质量参差不齐，导致其投诉量攀升。根据重庆消费者委员会发布的《2024年前三季度受理消费者投诉情况分析报告》，服务类投诉2516件，其中暑期"研学游"投诉量攀升。究其原因，一方面是研学游的直接服务对象大都是未成年人，几乎没有消费能力，研学游团队为提高利润而直接压低吃、住、行等成本，导致研学游体验普遍不高；另一方面是研学游组织方、承办方、供应方涉及学校、家长、景区、高校、研学基地、营地等多个主体，协调管理难度大。

三、2025年发展环境及趋势展望

（一）国际旅游市场将呈复苏态势

2025年，国际出入境旅游将持续复苏，将呈现发达经济体恢复程度较高、新兴经济体增长势头更明显等的特征。尽管目前国际旅游市场仍然面临一系列经济和地缘政治挑战，但旅游市场依旧出现持续反弹，随着各国放宽签证政策，航空运力的逐步恢复，游客的国际旅行需求强劲。据2024年9月联合国旅游组织报告显示，欧洲和美洲国际游客数量分别恢复到2019年的99%和97%，亚太地区国际游客人数为2019年的82%，这反映了国际旅游业在经历了强劲反弹后，将逐步回归正常化发展态势，联合国旅游组织对2025年的国际旅游市场预期持乐观态度。

（二）国内新技术新趋势将催生旅游产业新形态

2025年是我国谋划"十五五"发展规划之年，随着新质生产力培育、数字化智能化技术应用、新型城镇化建设推进等重点领域的研究深入，在构建现代化产业体系、全面推进乡村振兴、促进区域协调发展、推进高水平对外开放等重大领域取得突破，有利于催生更多旅游业相关新业态新模式。随着数字化和技术创新推动行业发展，在线预订、移动支付、虚拟现实体验等新型技术的应用，将为游客提供更加便捷、个性化和沉浸式的服务，创新更多旅游消费场景应用。同时，通过大数据分析，旅游企业能够更加精准地了解游客需求，从而优化产品和服务。随着中国人口老龄化加剧以及家庭对亲子陪伴的重视，低龄老人旅游市场和亲子旅游市场将持续扩大，针对这两个群体的旅游产品和服务将不断丰富和完善。2025年多部门推出的一揽子消费增量政策把促消费和惠民生结合起来，培育新型消费业态，各项政策将使旅游产业进入发展新阶段，文旅体消费新场景将激发改善型消费活力，深化文化旅游融合创新发展，促进推出多种类型特色旅游产品，鼓励新业态发展，进一步激活消费潜力。

（三）打造"重庆辨识度"精品旅游将释放旅游新需求

2025年，重庆将坚持文旅融合发展，将持续完善全域旅游提质、入境旅游振兴的政策，进一步做强重庆本土旅游"拳头产品"，扩大旅游投资，持续打造彰显国际范、中国味、巴渝韵的精品旅游项目，做靓"世界山水都市"文旅名片，依托长江黄金水道做强"壮美长江三峡"文旅名片，依靠武陵山区民族风情和生态资源优势，打造文化旅游产业融合发展示范区。在完善巴渝文化旅游走廊建设专项工作联席会、长江三峡区域旅游渝鄂轮流主题会、武陵文旅大会等区域旅游合作协同发展机制的基础上，重庆将迭代升级川渝文旅大市场，推出更多区域旅游品牌。2025年重庆有望实现低空飞行"县县通"、2027年实现低空飞行"乡乡通"的低空经济发展目标，空中游览、飞行表演、水上飞行运动等文旅项目和消费业态将很快成为丰富旅游消费的新兴业态。

（四）2025年发展趋势展望

2025年，全球航空业的复苏和大幅放宽的市场准入政策将使各国出境游加快复苏，"一程多站"旅游模式也将更加普及，世界旅游业将步入高增长高质量发展阶段。我国国内旅游市场也将进一步提升品质，出入境旅游市场在多国免签、优化出入境手续等政策刺激下也将呈快速回暖之势。重庆将着力完善现代旅游业体系，加快建设旅游强市，持续扩容重庆旅游的"朋友圈"，推动巴蜀文化走廊建设。综上考虑，预计2025年重庆旅游产业将实现恢复性增长，接待境内外游客数量将保持较快增长，旅游产业增加值总额1400亿元左右，同比增长约10%。

四、对策建议

（一）加大旅游市场规范化建设和监督力度

一是开展专项行动治理。针对"不合理低价游"、违规违法带团景点购物等突出问题，加强对损害游客合法权益，影响重庆旅游市场良好秩序问题的整治。二是发挥旅行社和行业协会作用。加强对旅行社等市场主体的培训教育、普法宣传、日常检查和执法监管，压实旅游企业主体责任，引领旅游业高质量发展。行业协会要进一步强化行业自律，发挥桥梁纽带作用，指导企业依法守信规范经营，帮助企业纾困解难。三是加强协同管理。各级执法机构要强化日常检查，加强部门协作。采取线上线下双促进方式，加大执法办案力度，强化投诉快速处置机制，及时妥善处理游客诉求。结合具体问题，举一反三全面深入开展自查自纠，加强教育管理、安全培训和应急演练，提升旅游服务质量，树立良好形象，坚决防止安全事故发生。四是严打网络虚假宣传和违规旅游活动组织行为。加强对发布误导性旅游攻略、诱导消费者前往自然保护区、森林公园和未开发景区景点等户外开展徒步、攀岩、自驾游等涉旅违法违规网络信息治理。加强对旅游机构的资质审查，对非旅游企业和个人利用户外俱乐部、社团组织和网络平台、公众号、短视频平台等方式发布旅游线路的行为进行严格的封号及处罚。

（二）加强旅游服务国际化便利化建设

一是完善国际服务设施和产品。针对入境游客需求，强化旅游精品意识，增加提供多语种导览服务、建立国际支付系统、建设符合国际标准设施项目，研发、设计出适应国际市场需求的产品，以满足不同国家和地区游客需求和兴趣。二是实施入境游消费体验升级行动。深化"城景通""景景通"工程，打造"一站式"旅游综合服务，推进"导游兼司机"试点工作，创建一批国家级智慧旅游沉浸式体验新空间。三是开设专用通道。根据景区景点接待能力，选择性进行预约制入场方式，针对境外团队参照国际常规做法，开设团队游客专用通道。四是多方面提升重庆国际支付便利度。逐步扩大在全市选取多个旅游景区开展国际支付便利度试点范围，增加旅游场所针对外籍游客进行刷卡支付、现金支付的软硬件设施。联合各大银行在旅游景点、大型商圈、文博场馆、酒店、医院、交通枢纽点等设立外币兑换点和增加各类商铺的境外银行卡刷卡业务。

（三）加强研学旅游产品服务规范

一是加大对研学产品的监督。教育部门和文旅部门应对研学游内容和相关的指导师进行定期审核，加强对研学机构的培训和指导，提高其专业素养和服务水平。二是注重研学游品质的把控。优质的教育体验是吸引学校和家长的关键，引导社会在开发研学产品时保证安全、提升质量、丰富活动内涵，尊重孩子的意愿与兴趣是赢得社会认可的关键。三是建立研学游产品评估机制。定期对市场上的研学产品进行评估和公示，为消费者提供更加透明、更加公正的选择机会。旅游企业加强与家长、学校等各方的沟通与合作，共同打造更加完善的研学服务体系。

[重庆市综合经济研究院（重庆市经济信息中心）产业经济研究课题组
  主研：易小光 丁 瑶 余贵玲 赵炜科 孙茂曦
  执笔：孙茂曦]

之八：2024 年重庆市住宿和餐饮业发展及 2025 年展望

2024 年，中国经济持续稳中向好态势，消费市场高质量发展基础进一步夯实，住宿和餐饮业市场需求稳步释放。重庆不断优化和拓展支持政策，持续提升供给质量和服务水平，住宿和餐饮业整体上呈稳中有进发展态势。预计全年全市住宿和餐饮业营业额将达到 3000 余亿元，同比增长约 10%。

一、2024 年重庆市住宿和餐饮业运行情况

（一）总体情况

2024 年，在节假日旅游消费旺盛、促消费政策落地见效、出行需求激增等带动下，重庆市消费市场稳步复苏，住餐消费增势良好。1—9 月，全市住宿业和餐饮业营业额分别达到 314.62 亿元、1832.95 亿元，同比增速分别达到 5.8%、9.6%；其中，餐饮收入达到 1879.80 亿元，同比增长 10.4%，增速高于全国同期 4.2 个百分点，呈现较强增长动力，但增速较上半年回落 1.5 个百分点。

表 1 2022—2024 年 9 月重庆市住宿业和餐饮业营业额变化情况

时间	住宿业		餐饮业	
	营业额（亿元）	同比增速（%）	营业额（亿元）	同比增速（%）
2022 年 1—3 月	76.38	6.1	444.04	4.8
2022 年 1—6 月	164.42	-1.0	965.59	3.2
2022 年 1—9 月	255.68	2.1	1498.26	4.9
2022 年 1—12 月	362.62	1.5	2011.42	1.9
2023 年 1—3 月	86.79	13.6	499.84	12.6
2023 年 1—6 月	189.79	15.4	1081.06	12
2023 年 1—9 月	297.37	16.3	1673.15	11.7
2023 年 1—12 月	422.94	16.6	2310.78	14.9
2024 年 1—3 月	95.25	9.7	553.52	10.7
2024 年 1—6 月	203.43	7.2	1189.95	10.1
2024 年 1—9 月	314.62	5.8	1832.95	9.6

数据来源：重庆市统计局网站统计月报。

（二）主要特点

1. 线上消费持续活跃

以线上预订、网络点餐、外卖等为代表的多元化消费场景进一步拓展，住宿餐饮行业线上消费持续活跃。一是餐饮业"线上带动线下"效果显著。1—9 月，全市限上住餐单位通过"线上"实现收入增长

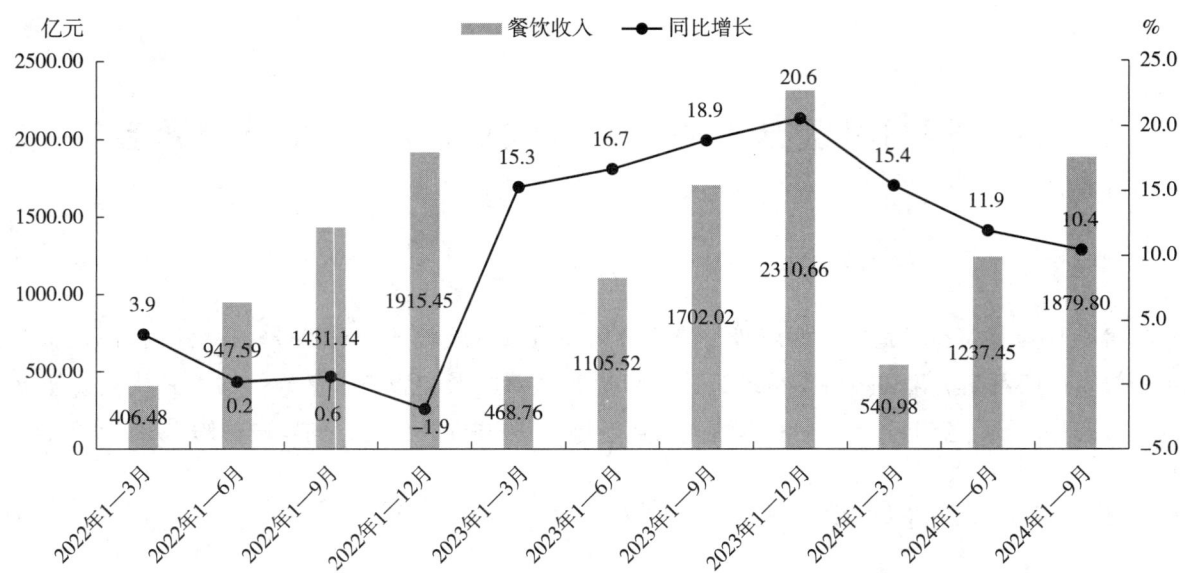

图1 2022年以来重庆餐饮收入变化情况

数据来源：重庆市统计局网站统计月报。

21.4%，高于全市限上单位餐饮总收入增速14.6个百分点，拉动全市餐饮收入增长1.5个百分点。2024年，重庆火锅年欢节聚集7500余家重庆火锅门店及多家线上购物平台推出春节促销活动，拉动到店、到家火锅相关消费近40亿元。二是住宿业线上消费增长强劲。加强与电商平台合作，通过打造在线预订系统、客户关系管理系统等数字化平台，住宿行业线上消费实现较快增长。艾普思咨询抽样数据显示，重庆线上酒店住宿门店数量在15个监测城市中居第2位，达到1.39万家。去哪儿平台数据显示，"五一"假期重庆酒店预订量居全国第2位（仅次于北京），带动解放碑、观音桥等热门商圈线上预订和线下消费等消费热度持续走高。

2. 产业跨界融合不断深入

围绕不断增加服务供给、丰富个性化体验，住餐行业与文化、旅游、康养、研学、演艺等加快跨界融合，新的业态和应用场景不断催生。一是与文旅产业深度融合。"美食+旅游"新业态新场景加快营造，全景沉浸式文化主题餐秀——重庆市·礼宴巴国入选"2024美食旅游创新发展案例"。住宿与景区游览、文化体验等结合度不断提高，江景、文化、亲子、康养等主题酒店和民宿供给质量持续提升。二是与健康产业融合。餐饮行业健康意识持续提高，德庄餐饮、新喜悦酒店等餐厅获批重庆首批减盐示范餐厅。住宿行业加快拓展健康饮食、养生SPA、康复理疗等应用场景，积极与康养产业开展深度合作。三是与教育研学融合。借助全国首批研学旅行试点地区先发优势，通过创新"餐饮+住宿+研学"模式，深化跨界合作，推出集研学餐饮住宿于一体的"研学套餐"和"教育包"，推动关联行业协同发展。

3. 智能化升级加速推进

推动硬件设施智能化升级、服务流程优化，持续增强住餐行业智慧服务能力。一是智能化设施升级提速。明月湖未来酒店、凯瑞汀智慧影音酒店等多家酒店和餐饮企业引入智能家居系统、智能机器人服务、智能点餐系统等先进智能化硬件设施，极大提高住餐行业服务效率和顾客满意度。二是服务流程不断优化。部分餐厅通过引入智能化点餐系统、智能厨房设备等，实现全流程智能化管理，以明月湖未来酒店、丽苑维景酒店等为代表的智慧型酒店，通过打通酒店管理系统、公安系统、客控系统，实现自助入住、人脸识别身份、机器人自助送物等，智能便捷服务水平不断提高。三是消费体验显著提升。

利用电商平台的大数据手段，通过分析顾客消费行为和偏好，华宇温德姆至尊豪廷酒店、金辉套房假日酒店等推荐适合的房型、提供个性的餐饮服务等定制化服务更加精准高效，顾客消费体验更加便捷舒适。

4. 地方特色加快塑造

以"政策+活动"全面提升住餐行业服务质量，行业规范化、品牌化、特色化发展趋势更为明显。一是精准投放支持政策。《重庆市推进火锅产业高质量发展的意见》印发实施，明确创建世界火锅之都目标。以商圈、特色街区和旅游景区为重点，分批次发放消费券，西部（重庆）科学城在开学季、中秋、国庆消费节点通过云闪付发放 200 万元酒店、餐饮定向消费券，大众消费潜力得到有效释放。二是评选活动助推行业品质化发展。累计开展 2 批次 245 道"重庆地标菜"的评选，评出重庆美食"渝味 360 碗"头碗菜 43 道、特色菜 360 道。培育认定国际美食集聚区 5 个，全国首个以国际友好城市为主题的美食街区——重庆国际友城美食街在重庆天地开街。三是住餐消费促进活动精彩纷呈。以"爱尚重庆·渝悦消费"为主题，连续多年举办"中国（重庆）国际消费节""成渝双城消费节"以及推动重庆小面制作代表做客"与辉同行"直播间，多渠道推广重庆美食文化。以"民宿+"推动旅拍非遗文娱研学等业态融合发展，民宿体验和服务供给进一步丰富。

二、存在的主要问题

（一）高品质消费供给有待增强

重庆市住宿餐饮行业中低端产品供给占比仍然较高，地方特色不足，营销手段较为单一，消费场景营造不够。美团和大众点评"2024 黑珍珠餐厅指南"中，重庆仅有 5 家餐厅上榜，与上海 66 家、北京 38 家、成都 20 家相比差距明显，餐饮品质化特色化发展不足。文化和旅游部网站数据显示，2024 年，重庆四星、五星级饭店仅 61 家，仅为上海的 63%、北京的 48%，不足广东的 30%。二季度全市星级饭店平均房价仅为 338.33 元/间夜，低于全国平均水平（373.01 元/间夜），不足海南、上海的 50%，住宿行业高品质服务供给不足的问题仍然较为突出。

（二）行业龙头企业不足

住宿和餐饮企业单体规模普遍偏小，具备引领作用的头部企业不多，带动整个行业发展的力度明显不足。限额以上住餐企业数量不足四川的 50%、上海的 55%。《2024 胡润中国餐饮品牌 TOP100》重庆餐饮品牌仅 7 家上榜，与上海 23 家、北京 15 家、广东 12 家相比差距明显。在当前热门的茶饮咖啡和面粥粉赛道，重庆无一品牌上榜，中餐地方菜赛道仅杨记隆府一家上榜。民宿行业具有全国影响力的知名品牌较为缺乏，行业品牌效应和市场竞争力优势不足。

（三）"增收不增利"现象较突出

2024 年，原材料、人力等成本继续上升，全市住宿餐饮行业经营成本普遍增加，住餐企业发展压力日益增大。同时，受住餐企业创新意识不足影响，行业同质化竞争依旧明显，引发行业内卷和价格战，导致行业利润空间被进一步压缩，"赔本赚吆喝""增收不增利"等现象时有出现，最终损害消费者的利益和住宿餐饮行业品牌声誉。此外，尽管当前针对住餐行业出台的税费减免、资金补贴等政策加快落地，但由于住餐行业迎合市场特征明显，导致政策供给滞后和精准性不足客观存在。

三、2025年发展环境及趋势展望

（一）国际政经环境将更趋错综复杂，住餐行业发展机遇与挑战并存

全球发展形势日益错综复杂严峻，经济发展不确定性显著增加，住宿和餐饮业发展面临充满挑战又蕴藏机遇的双重局面。一是复杂严峻的全球经济导致住餐业增长承压。全球经济增长潜在风险不断增多，增长动能明显减弱，居民消费预期趋于保守，国际游客在规划旅行时会更加谨慎，缩短旅行时间、降低消费标准等更为普遍，进一步缩减了国内入境游客住宿餐饮服务消费。二是数字化、个性化、多样化发展趋势催生住餐消费新需求。现代化信息技术和数字化手段的深度应用，将推动住餐行业更加智能化和便捷化，叠加顾客个性化、多样化需求，"住宿+教育""住宿+博物馆""住宿+艺术""餐饮+非遗""餐饮+潮玩""餐饮+文化"等产业融合发展模式将更为普遍，消费新需求将显著增加。

（二）我国消费市场增长态势持续巩固，促进住餐消费不断增长

2025年，伴随各项消费刺激政策逐步落地显效，住餐行业稳中有进态势仍将延续。一是促消费政策将加快释放消费活力与潜能。党的二十届三中全会提出，要完善扩大消费长效机制，减少限制性措施，合理增加公共消费。尤其是《国务院关于促进服务消费高质量发展的意见》明确提出，要挖掘餐饮住宿消费，并在增强服务消费动能、优化服务消费环境、财税金融和人才支撑等领域出台具体举措，住宿和餐饮行业高质量发展政策环境和支撑体系将更加完备有力。二是旅游对住餐消费的带动作用持续加大。当前，国内旅游市场持续反弹，"吃得好、住得好"以及"特色美食打卡""新奇住宿体验"逐步成为旅游行程规划和目的地选择的重要选项和考虑因素，越来越多的游客为了追求美食去旅游、为了体验住宿去打卡，通过住宿餐饮感受当地特有的生活气息和人文魅力，进一步带动住宿餐饮与旅游牵手实现高质量发展。

（三）重庆将从供需两端共同发力，助力住餐行业持续高质量发展

重庆聚焦做实"两大定位"、发挥"三个作用"新定位新使命，全力推动成渝地区双城经济圈建设，加快建设国际消费中心城市，打造富有巴蜀特色的国际消费目的地，不断集聚住宿餐饮行业发展动能。一是促消费稳增长政策为住餐市场稳步发展提供了有力支撑。随着全市促消费稳增长政策持续加码，将从消费端发力，通过发放消费券、举办促销活动等途径提高消费意愿，刺激住宿餐饮需求，不断挖掘并释放住餐消费潜力，带动住宿餐饮市场繁荣发展。惠企强企支持政策也将从供给端持续发力，不断优化营商环境，进一步降低企业运营成本，激发市场主体活力，赋能住餐企业发展。二是重庆市文旅市场蓬勃发展将带动住餐行业进一步发展。重庆作为旅游热门城市，夜经济、网红经济增长势头强劲，144小时过境免签政策进一步赋能境外旅游市场，深夜食堂、国际住餐街区、主题酒店、特色民宿等新场景加快培育，将有效激发并壮大消费新增长点，住宿与餐饮消费对经济的拉动作用有望得到进一步提升。三是新场景新模式的涌现将推动行业向品质化方向发展。作为麻辣火锅发源地的重庆，有望在"火锅+文创""火锅+夜市""火锅+潮玩"等多样化场景中，为消费者提供更为丰富的用餐体验。"住宿餐饮+康养""住宿餐饮+研学"等新兴消费场景不断涌现，将推动行业融合创新，进而提升重庆住宿餐饮行业的竞争力。

（四）2025年发展趋势及展望

2025年，全市将继续围绕国际消费中心城市建设，在促进服务消费高质量发展上下功夫，加快推动存量政策和增量政策协同发力，推动住宿餐饮行业与旅游、文化、研学、康养等相关产业深度融合，不

断催生新的发展业态和新的消费需求，增强行业整体发展活力，预计全年住宿和餐饮行业将继续呈增长态势，营业额达到 3200 亿元左右，同比增长约 8%。

四、对策建议

（一）优化营造住餐消费场景，深度挖掘行业增长潜力

推动住餐与重庆特色夜经济与网红元素融合，着力丰富住餐消费供给、营造多元消费场景，不断满足多元化住餐消费需求。一是推动"旅游+住餐"融合发展。围绕"夜经济""网红经济"，强化住餐与旅游高品质融合发展，深化夜间美食示范街区与江湖菜夜市品质建设，推动特色餐饮店铺、特色酒店、精品名宿落地，融合地域文化、自然景观与现代创意，打造多元化餐饮、住宿品牌矩阵，带动住餐品牌特色化、品质化发展。二是激活"健康+住餐"消费新市场。注重食材源头把控，积极调整菜品结构，加大餐饮技术创新力度，精准对接多元化健康需求，推出更多减糖、减脂、低 GI、低碳水及"健康多巴胺"等有机健康餐饮产品，推动餐饮供给向更健康、高营养、精细方向转型，激活餐饮消费新市场。引入智能床垫、睡眠监测系统等先进设施，为追求健康睡眠的消费者提供多样化住宿选择，引导制定健康睡眠酒店评定标准、健康睡眠酒店设计规范等，促进住宿行业规范化、标准化进程。三是聚焦"一老一小"需求创新住餐服务。深入挖掘"一老一小"群体饮食需求，持续优化产品与服务，推出定制化、营养化餐品，通过提供上门送餐、社区食堂等创新服务模式，通过在线预订、智能推荐等手段，提升服务效率与顾客体验。充分考虑家庭游、亲子游住宿需求，在户型设计、无障碍设施配备等方面提供更加贴心和便利的住宿体验。

（二）持续优化行业发展环境，促进住餐经营主体引育

加快完善住餐行业扶持政策体系，优化市场准入机制，降低行业运营成本，加强行业监管与公共服务平台建设，全面激发市场主体活力。一是持续推动政策环境优化。在国家《促进餐饮业高质量发展的指导意见》基础上，结合重庆住宿餐饮行业发展需求，实现政策靶向发力，提高政策实施的精准性，积极谋划开展特色住餐促消费活动，抓好已出台政策落实显效，注重减税降费、金融信贷、财政扶持等政策进一步细化实化，对促进消费、扩大投资、助企纾困等方面的政策适当加码，最大限度发挥政策撬动作用。二是注重行业监管与服务。建立健全食品安全追溯体系，确保住餐企业食品来源可追溯、质量可控。加强行业协会建设，提升行业自律水平，规范市场竞争秩序。建立服务质量评价体系，鼓励企业创新服务模式，提升顾客满意度。引导推动搭建住餐行业公共服务平台，为住餐企业提供政策咨询、技术培训、市场信息等服务，帮助企业提升经营管理水平。三是着力提升行业人才素质。通过加强职业技能培训，举办各类烹饪大赛、服务技能竞赛，选拔和培养一批具有创新精神和实战能力的人才，以满足住餐行业对高素质人才的需求。鼓励院校与企业深度合作，建立产学研一体化的人才培养体系，培养一批具有专业技能和创新能力的住餐人才。

（三）强化住餐企业品牌建设，积极拓展国际国内市场

通过建立品牌培育体系，支持优势品牌企业发展，促进产业链融合与品牌国际化，推动住餐行业高质量发展。一是大力提升住餐服务品质。积极谋划举办"中华美食荟"系列活动，传承发扬川渝传统烹饪技艺和餐饮文化，培育名菜、名小吃、名厨、名店，打造特色小吃产业集群，争创"美食名镇""美食名村"。依法依规盘活农村闲置房屋、集体建设用地，发展乡村酒店、客栈民宿服务。大力提升住宿服务品质和涉外服务水平，培育一批中高端酒店品牌和民宿品牌，支持住宿业与旅游、康养、研学等业态融

合发展。二是推动企业建立品牌培育机制。引导企业明确品牌定位，打造具有独特性和辨识度的品牌形象，注重提升产品和服务质量，塑造具有地方特色的住宿及餐饮品牌。通过举办美食节、住宿体验活动等，让消费者亲身体验产品和服务。利用抖音、小红书等媒体平台，借助微博、微信、抖音等社交媒体平台，开展线上互动和营销，进行品牌宣传和推广。三是积极引导住餐企业引进来走出去。在火锅、小面、快餐、江湖菜、特色民宿等领域，培育一批具有国际发展视野和先进管理经验的大中型企业集团。鼓励企业探索新的餐饮领域，如新式茶饮咖啡、创新火锅、面食粥连锁等，进一步拓展新赛道、新领域。推动企业国际化发展，鼓励大中型住宿餐饮企业在境外布局，争取国际知名住宿餐饮品牌在重庆设立区域首店或旗舰店。

[重庆市综合经济研究院（重庆市经济信息中心）产业经济研究课题组
主研：易小光　丁　瑶　余贵玲　李　林　邱　婧
执笔：邱　婧]

之九：2024年重庆市健康服务业发展及2025年展望

2024年以来，世界经济缓慢复苏，国内经济稳中有进，健康服务业呈积极发展态势。重庆深入学习贯彻习近平总书记视察重庆重要讲话重要指示精神，持续实施健康中国重庆行动，健康新产业、新业态、新模式快速涌现。预计2024年全市健康服务业将继续保持良好发展态势。

一、2024年重庆市健康服务业发展情况

（一）总体运行情况

2024年以来，重庆市以健康服务业高质量发展、转型提质发展和跨领域融合发展为主线，加快推动健康服务业与现代制造业领域以及大数据、云计算等深度融合，一体推进数字医疗、智慧养老、健康管理等业态发展壮大，体育、养老、养生、休闲等业态持续提质增效，健康服务业高质量发展态势进一步巩固。

（二）主要特点

1. 成渝健康服务一体化发展提速

围绕"成渝健康圈"建设，持续推进《2024年推动成渝地区双城经济圈建设卫生健康一体化发展十项行动》，川渝两地健康服务一体化发展水平和区域医疗服务体系整体效能不断提升。一是医疗卫生资源共享进一步深化。两地累计成功创建国家临床重点专科20余个，消化内科、妇产科等国家临床重点专科提速建设。已成立成渝老年医疗护理联盟等跨区域专科联盟90个、远程医疗协作网281个。二是健康信息互联互通水平加快提升。两地实现检查检验结果互认平台互联互通，截至目前，291家二级及以上公立医院实现线下检查检验结果互认110余项、互认60万人次。所有互认项目均将在报告单上标注"川渝HR"标识，二级及以上公立医疗机构电子健康卡"扫码互认"全面推进。三是区域康体文旅融合持续加速。联合开展运动赛事活动，面向全国游客共同发行"成渝文旅一卡通"，联合举办了第四届"巴山蜀水·运动川渝"体育旅游休闲消费季，成渝文娱体旅协同一体化发展持续显效。

2. 医疗服务水平和质效不断提升

以健康需求为导向，医疗卫生服务网络加快完善，全市医疗服务质效不断提升。一是健康城镇健康细胞建设加快推进。深入实施健康细胞扩面活动，健康企业、健康促进医院、健康村、健康社区、健康家庭等七大类健康细胞提速建设，累计建成健康企业480余家、健康促进医院1090余家、健康乡镇95个、健康社区2040余个。二是医疗卫生服务网底进一步夯实。不断推动优质医疗资源扩容和均衡布局，4个国家区域医疗中心建设项目全部开工，2024年以来新增三级医院23家、国家临床重点专科9个、国家中医药高水平重点学科2个、国家中医康复中心1个，19人入选国家岐黄工程人才培养项目。三是群众健康服务获得感持续提升。"一老一小"服务体系不断完善，目前全市每千人口托位数达3.28个，82.4%的医疗机构建设成为老年友善医疗机构，老年医学科设置比例达60.4%。门诊"一站式"服务中心实现

全覆盖。

3. 健康服务智能化进程逐步加快

推动健康服务的智能化、数字化升级，数字健康服务新模式和整体智治机制加快构建。一是智能化健康服务平台加快建设。在数字重庆"1361"整体构架下，将"重庆12320"平台升级为"渝康健"便民服务平台。医检互认子平台应用覆盖了全市二级以上医疗机构。围绕"一人一码一档"，累计实现超过960家医疗机构扫码就诊。二是现代化新技术深度应用。"互联网+预约诊疗""互联网+健康查询""互联网+远程医疗""互联网+公共卫生"等"互联网+医疗"服务新模式新业态不断涌现，为方便群众看病就医、增强经济发展新动能发挥重要作用。

二、主要问题

（一）产业链综合竞争力不强

健康服务业产业链条向上下游延伸还不够，与周边产业融合拓展还不深，产业链稳定性较差、竞争力较弱。一是健康服务链短板和盲点依然存在。健康服务对未病提前干预和以养代医等前端维持健康，以及健康管理跟踪等后端促进健康的供给力度依然不足，尤其是针对高端收入群体的个性化、定制化的家庭医生、健康保险、未病干预等尚不成熟。二是健康服务区域协同发展不足。全市各区县健康服务产业链自我循环和自我服务特征仍然较为明显，产业链上下游产业配套和供应链多专注当地，不同区县健康服务资源和产业链缺乏协同和互动，与周边的四川、陕西、湖南、湖北等健康服务领域的合作较少。三是与周边产业融合不够深。健康服务与旅游、文化、养老等产业的融合程度还不够深，医疗旅游、健康大数据、健康智能终端以及健康食品等产业发展还不充分，高附加值健康产品缺乏，健康服务应用场景拓展不足。

（二）政策扶持力度仍然不足

现有支持政策适配性、融合度仍然不够，政策协同效应尚未充分发挥。一是政策精准性不足。健康服务业政策大多处于宏观层面，对于健康服务业的市场准入、土地供应、财税支持以及基层医疗、人才队伍建设缺乏具体有效安排，尤其是专门针对健康服务业配套的金融、税收等支持政策精准性还不够。二是政策融合度不够。健康服务业各领域在政策制定时往往对自身领域考虑较多，对周边产业的融合性以及各领域适配度还不够，不同领域之间政策匹配性差等现象时有出现。三是人才政策不多。当前健康服务业仍然处于培育发展阶段，开放程度不高，人才培育和引进的导向性政策支撑不够，各类人才尤其是立足重庆、面向川渝、具有国际化视野的复合型人才较为缺乏。

（三）终端服务供需矛盾犹存

全市健康服务的终端产品供需结构性矛盾仍然存在，多元化、个性化、订制化、高端化、智能化健康服务供给不足。一是个性化健康服务供给不足。健康服务业经营主体对老龄化、少子化、亚健康、未病管理等个性化健康需求趋势认识不到位，对健康消费变革和新业态应用场景把握不够，高端化和个性化健康服务供给不足，难以满足人民群众健康需求。二是基层医疗服务水平不高。基层医疗资源布局不优，尤其是山区库区部分区县医疗设备落后、医疗人才缺乏，整体水平依然较低，乡镇卫生院和村卫生室功能不完善、就医环境较差，难以满足基层人民群众就医需求。三是新兴健康服务业态培育滞缓。目前全市健康服务业发展依然呈现出规模小、分布散、竞争力不强等突出特征，家庭式健康管理、智能化就医问诊、个性化方案订制等新兴业态培育不足，应用场景缺乏。

三、2025年发展环境分析及展望

（一）全球政治经济局势复杂多变，健康服务业发展机遇大于挑战

全球发展形势更趋复杂多变，健康服务业发展机遇和挑战并存，但整体上机遇大于挑战。一是新型健康需求将进一步激发产业发展活力。随着生活水平提高和生活方式转变，人们对健康的认识日益提升，健康需求由单一的医疗服务需求向疾病预防、健康促进、保健康复等多元化需求转变，对居家检测、AI订制、压力管理、精神健康等健康服务的需求激增，健康消费市场潜力加速释放。二是多业态融合成为健康服务业主要发展模式。人工智能、基因组学、远程医疗、虚拟现实和增强现实等技术将在医疗健康领域发挥重要作用，医疗服务、卫生干预、养生康体、健康旅游、体育休闲等健康服务业态发展势头强劲，融合发展态势更加明显。三是复杂严峻的全球经济形势对健康服务业影响较大。全球复杂多变和风险挑战明显加大，经济形势不确定、不确定因素增多，美西方主导的"断链脱钩""小院高墙""去风险"将深刻影响世界产业分工，对高端化、智能化健康消费及投资等领域产生较大的负面影响，尤其是未病治疗、疫苗研发、基因测序、智能医疗等新技术新业态的研发和产业化应用受到较大迟滞。

（二）我国经济继续呈稳中有进态势，健康服务业发展环境持续优化

当前我国经济延续稳中有进态势，向好积极因素累积增多，健康服务业健康发展空间将进一步拓展。一是促消费政策将加速释能。《国务院关于促进服务消费高质量发展的意见》（国发〔2024〕18号）明确提出，要培育壮大健康消费，并在增强服务消费动能、优化服务消费环境、财税金融和人才支撑等领域出台具体举措，健康服务业高质量发展的政策环境和支撑体系将更加完备。二是健康服务新型业态加快催生。健康体检、咨询、管理以及精神健康干预、体育健康养生等新型服务业态逐步走进"寻常百姓家""互联网+医疗健康"快速打通医疗数据流动障碍，多元化健康保险以及智能化个性化的医养结合服务和康复疗养服务等"竞相登场"，健康服务场景将更趋丰富。三是健康服务与AI融合发展态势逐步显现。"AI+"全面融入了筛查测评、分诊导诊、预问诊、报告解读、健康咨询等日常健康服务中，也在疾病管理方案、情感疏导、情绪管理、压力测试等领域得到应用，将加速健康服务业创新发展步伐。

（三）重庆经济量增质升态势持续巩固，健康服务业发展基础不断夯实

全市正围绕"两大定位"，不断增强高质量发展动力，健康服务业发展基础将进一步夯实，将继续处于快速发展区间。一是围绕在开放中发展、在合作中共赢，健康服务业发展能级进一步提升。围绕"两大定位"，着力建设"六个区"，积极争创国家医学中心，加快建设国家区域医疗中心，将不断优化健康服务业发展业态结构，进一步提升产业开放合作能级、区域竞争力。二是全市少子化老龄化人口特征突出，健康问题成为人口高质量发展的"必答题"。当前，重庆市人口发展总体上呈"质升量减"态势，少子化老龄化特征突出，65岁及以上占比超过17%，居全国第2位，开始进入深度老龄化。"一老一小"对基础医疗、养老护理、健康管理、康复护理以及前端预防和后端干预等健康服务需求将呈现高速增长态势，健康服务业市场空间仍将处于扩张区间。三是围绕唱好新时代西部"双城记"，健康服务业发展空间将进一步拓展。聚焦"两中心两地"建设取得更多标志性成果，推进川渝卫生健康一体化发展行动，川渝两地健康要素流动更为频繁高效，"成渝健康圈"和区域健康共同体建设持续加速，有利于进一步扩大重庆健康服务辐射半径，提升产业发展质效。

（四）2025年重庆市健康服务业发展趋势及展望

2025年，全市健康服务业发展环境将更加优化、支持政策将更为精准高效，在健康优先发展战略深

入实施背景下，健康服务业发展业态持续催生、应用场景不断丰富、发展潜力加速释放，业态创新和模式创新持续深入，整体将继续保持良好发展态势。

四、对策建议

（一）突出多业态融合多领域联动

围绕健康服务业发展方向，推动多类型业态融合发展，整体提升产业发展质效。一是发展养生旅游产业。持续推进重大温泉旅游项目建设，完善山地康养度假旅游产业布局和政策支持体系。创新养生旅游模式，提档升级国家级旅游度假区，建设一批集休闲度假、特色医疗、保健养生于一体的温泉特色小镇、温泉疗养基地和温泉旅游度假区。积极拓展森林康养游、运动康养游等业态。二是发展健身康体产业。发展健身休闲、赛事活动、健身用品等业态，推动健身康体产品和服务层次更加多元优质。建设山城步道和山城自行车绿道，发展山地型自行车运动赛事。建设一批体育公园、健身休闲步道。争取一批国际国内高水平赛事活动落户，鼓励各类体育社会组织的触角向城市社区和乡镇农村延伸。三是发展健康管理服务产业。加强长期护理保险承办机构业务培训，提升机构服务水平。加大对评估机构的定点考核管理，强化对评估队伍的培训管理力度。压实保险公司责任、规范经办服务行为，切实维护参保人权益。

（二）加快提升医疗卫生服务水平

突出创新驱动，全面提升医疗服务水平，打造国家医学名城。一是建设高端研发平台。持续推进国家健康资源中心建设，不断提升原始创新水平。推进重庆市卫生健康委重点实验室建设，完善重庆卫生健康科创载体平台布局，打造生命健康科创高地。以全国智慧医保大赛为契机，着力开展智慧医保创新研发和成果转化。二是加快集聚高层次人才。加强医学类高等院校师资队伍建设，大力集聚海外高层次人才，形成集成式人才发展环境。持续开展博士"直通车"项目和市杰出青年科学基金项目，培养青年人才。三是创新外包服务模式。支持企业开展国际服务外包业务，积极组织相关企业参加服贸会、广交会、数贸会等服务贸易知名国际性展会。推动产业研发服务发展，做好交流平台运行管理，为医疗机构和医药研发企业提供交流平台。

（三）持续深化大数据智能化应用

深化大数据应用对接，全面推动健康医疗智能化发展。一是加快数字健康大脑建设。进一步完善数字重庆"一朵云"卫生健康云专区基础能力，推动基层医疗卫生机构上云用云。做强卫生健康数据统一规范采集、归集和分类治理，提升卫生健康公共数据仓支撑能力。二是持续推进数字健康应用场景建设。打造"渝康健"信息便民服务品牌，持续壮大"智慧医疗"信息服务体系。加强"疫智防控"应用建设，全面构建以哨点医院主动监测为核心、其他医疗机构监测信息为补充、多方位协同监测内容、覆盖多渠道的检测网络，推动覆盖更多医疗卫生机构。三是加强跨部门信息融合交换共享。提升健康服务智能监测预警能力，持续深化数字医学影像服务改革，加快卫生健康数据融合创新实验室建设，高水平打造国家智能社会治理实验重庆卫生健康特色基地，探索数据创新应用和价值化开发。

（四）不断壮大健康服务经营主体

深化医药健养合作，打造一批主导产业突出、带动能力较强的产业领军企业，推动健康服务业高质量发展。一是着力培育领军企业。发挥政府引导、市场主导作用，打破行业、地区、所有制壁垒，支持重点企业跨行业、跨地区、跨所有制兼并重组、合资联营、联盟经营，培育一批具有国际竞争力和市场影响力的健康企业集团和领军企业，逐步形成"以点带线、以线成面"的产业发展格局。二是打造健康服务"小巨人"。引导中小企业向温泉休闲、森林疗养、气候养生、田园养老、文旅康养、体育保健等特色健康领域转型发展，培育专精特新"小巨人"企业。三是推动企业延伸服务领域。推动现有健康服务企业加快向医药融合、医养融合、养生旅游融合、健身康体融合等方向发展，促进"医药养健管"多业态融合，以主导产业带动关联产业发展，提升企业市场竞争力。

（五）持续加大对外开放合作力度

推动对外开放与区域协同发展，不断蓄积健康服务业发展新动能。一是深化成渝地区健康服务业合作。持续推进川渝卫生健康一体化发展行动，协同打造公共卫生体系，建设川渝区域健康共同体。积极应对川渝人口老龄化趋势，共同完善养老产业机制，共建共享老年健康服务体系。持续推进成渝体育产业联盟建设。二是加大健康服务市场开放力度。围绕"一带一路"倡议、长江经济带、新时代西部大开发、西部陆海新通道、国家战略腹地建设等国家战略需求，加快在人才培养、产业合作、平台共建等领域开展区域广泛合作，拓展健康服务业服务半径。三是深化国际合作。着力引进国际知名的健康领域企业进入重庆市场，利用其市场网络、营销渠道、品牌声誉，提升重庆健康服务国际影响力。

[重庆市综合经济研究院（重庆市经济信息中心）产业经济研究课题组
主研：易小光　丁　瑶　余贵玲　李　林　简华球
执笔：李　林]

区域卷
主城都市区篇

之一：2024 年主城都市区经济运行分析及 2025 年展望

2024 年，国际经济形势错综复杂、不稳定不确定因素增加，国家强化宏观调控力度，促进经济运行稳中有进。重庆主城都市区围绕推动成渝地区双城经济圈建设，强化极核引领功能，积极打造市域高质量发展重要增长极和核心动力源，预计全年 GDP 同比增速约为 6.0%。

一、2024 年主城都市区经济运行情况

（一）总体情况

主城都市区统筹推进中心城区强核提级、渝西地区高质量发展和现代化渝东新城建设，1—9 月实现 GDP1.83 万亿元①，同比增长 5.9%，略低于一季度和上半年，但总体平稳，占全市 GDP 比重从上年同期的 76.9% 提升到 78.9%，占川渝两省市 GDP 比重从 26.1% 提升到 26.7%。中心城区、渝西地区、渝东新城分别实现 GDP0.94 万亿元、0.56 万亿元、0.33 万亿元，分别占全市经济大盘的 40.3%、24.4%、14.2%。

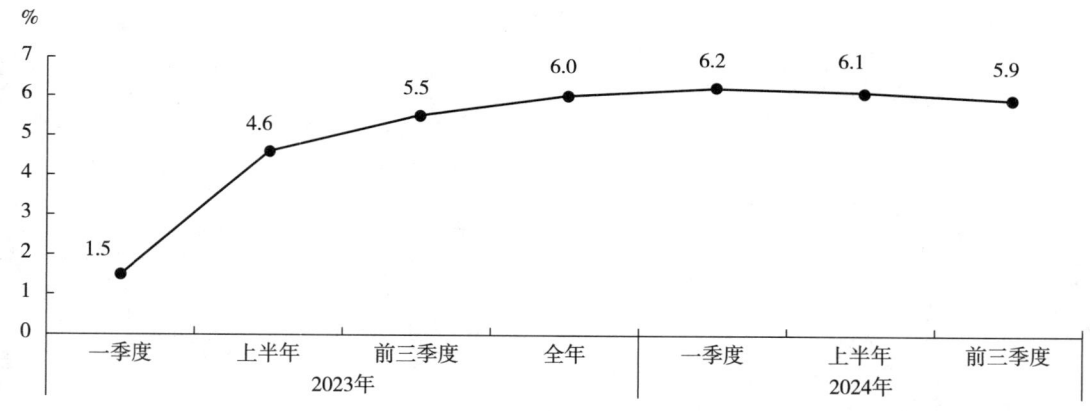

图 1 2023 年以来主城都市区 GDP 分季度同比增速

（二）主要特点

1. 工业发展稳中向好

主城都市区聚焦全市"33618"现代制造业集群体系，加快培育工业新质生产力，工业增势较好，1—9 月规模以上工业增加值同比增长 8.2%，较上年同期提升 2.6 个百分点。一是区域工业发展不平衡。中心城区、渝西地区和渝东新城规模以上工业增加值分别同比增长 10.2%、5.7% 和 8.1%，分别高于全市 2 个百分点、与全市持平、低于全市 2.4 个百分点。22 个区县均实现工业增长，渝北、沙坪坝、南川、涪

---

① 全文主城都市区 2024 年数据包含垫江县，2023 年数据不含垫江县。

陵、大足增速高于全市，居主城都市区前列。二是万亿级产业集群持续壮大。智能网联新能源汽车、新一代电子信息、先进材料产业集群加速补链延链、重点产品量价齐升。赛力斯新能源汽车产量超32.1万辆，同比增长2.7倍，问界M9成为全国50万元以上车型销量冠军。建成两江仁宝新一代智能屏显终端产业链一体化、长寿年产75万吨高端金属材料等重大项目。三是未来产业加快培育。启动未来产业先导区建设。两江新区空天信息产业集群雏形初现，集聚上下游企业100余家，发布北斗规模应用操作系统。重庆高新区上线国家（西部）算力调度平台，汇聚多元化算力资源超1.5万P。巴南、永川、大足获批全市首批低空经济先行区。

2. 服务经济稳步增长

主城都市区统筹发展生产性和生活性服务业，1—9月实现服务业增加值1.02万亿元，同比增长5.9%，较上年同期提升0.8个百分点，中心城区、渝西地区、渝东新城分别同比增长5.2%、7.3%、6.2%。一是生产性服务业加快发展。软件信息、现代金融、现代物流等生产性服务业加快壮大。两江软件产业园规模以上软件企业营业收入增长超30%。渝中率先建设支付便利化示范区，集聚全市近70%金融机构。西部陆海新通道江津班列累计开行1305列，同比增长65.6%。二是生活性服务业发展动力增强。体育赛事、文化旅游、住宿餐饮等服务业发展活跃。成功举办重庆市第七届运动会、全国青少年艺术体操冠军赛等多项大型赛事。江北机场海关监管入境旅客38.53万人次，同比增长176.6%。住宿和餐饮服务业回温，长寿、大足住宿和餐饮业增加值分别增长10.9%、7.0%。

3. 消费需求平稳增长

在稳消费政策拉动下，1—9月实现社会消费品零售总额8658.7亿元，同比增长3.5%，占全市比重从上年同期的72.2%提升到74.3%，国际消费中心城市核心承载功能进一步增强。一是中心城区消费领头雁作用持续彰显。中心城区实现社会消费品零售总额5003.9亿元，占全市的42.9%，潮流消费、高端消费和夜间经济发展活跃。渝中新增首店50余家，约占全市的1/3。江北加快建设全市首个百亿级高端商业体——中環万象城，大九街都市文化旅游特色街区日均人流量超过10万人次，南岸餐饮营业额超2/3在夜间完成，夜间消费市场同比增长5%。二是渝西地区、渝东新城消费潜力加速释放。渝西地区、渝东新城分别实现社会消费品零售总额2359.7亿元、1295.1亿元，增速（4.9%、5.1%）均高于全市，其中璧山、南川分别同比增长6.3%、6.1%，领跑所在片区。涪陵长涪汇·巴国故都文化长廊开街运营、日均客流量超2万人次。永川国庆期间消费总额同比增长8.1%。

4. 投资低位分化运行

主城都市区大力落实"两重""两新"政策，强化项目投资调度，1—9月固定资产投资同比增长0.2%，领域和区域表现分化。一是三大领域投资分化运行。在大规模设备更新和工业技改投资拉动下，主城都市区工业投资1—9月同比增长14.2%，增幅较上年同期扩大2.5个百分点。基建和房地产投资低迷，房地产开发投资整体下降9.4%。二是区域投资分化运行。中心城区1—9月固定资产投资同比下降7.6%，但负增长区县较上半年减少1个。渝西地区、渝东新城固定资产投资分别同比增长9.1%、8.7%，其中垫江投资同比增长17.2%，增速领跑主城都市区。

5. 开放型经济有序推进

主城都市区紧扣内陆开放综合枢纽建设，着力稳外贸稳外资，开放型经济发展取得新进展。一是外贸发展好转。主城都市区深入实施"外贸转增攻坚"行动，外贸负增长形势有所好转，1—9月进出口总额负增长区县较上年同期减少3个，且降幅整体同比收窄。沙坪坝推动汽车出口4.8万辆，进出口增速止跌回正，同比增长0.5%，进出口总额达2262亿元，居全市首位。二是利用外资改善。主城都市区各区县加大外资项目招引力度，1—9月累计新增外资企业257家，占全市的92.8%，吸引外资规模同比增长60.5%。两江新区新增外资企业109户，同比增长55.7%。重庆经开区落地新加坡鹏瑞利国际医疗综合体等外资项目，实际使用外资同比增长116.8%。

6. 超大城市治理成效显著

主城都市区加快探索超大城市现代化治理新路，数字治理、精细治理水平稳步提升。一是数字化治理排头兵引领明显。数字基座不断夯实、三级治理中心实战能力显著提升。渝北建成全市首个城市物联感知系统，接入35.6万余台感知设备。涪陵全面建成区级人口综合库，实现多维度查询、数据分析展示等功能。二是精细化治理更加有力。各区县紧盯民生"关键小事"创新城市治理，城市服务更加精细。巴南创新推出城市"管家"服务，引入物业公司组建"城市大管家"联合体，一体化开展环卫保洁、垃圾收运等业务。南川在小区、街心公园周边创新推出"潮汐摊位"，划定区域供菜农和果农贩卖经营，定时定点管理，获中央电视台报道。

二、存在的主要问题

（一）稳工业压力大

一是重点行业发展存忧。新能源汽车市场份额未达预期，长安燃油车库存积压严重，加之汽车价格战持续、美欧制裁我国电动汽车，汽车产业难以维系高增长。笔电企业因订单减少，生产仅能保稳。二是企业经营承压明显。企业经营面临成本上升、利润压缩等困难。九龙坡规模以上工业企业营业成本连续8个月上升，部分企业调产减亏。长安新能源汽车业务尚未实现盈利，笔电等智能终端行业利润率不足3%。三是持续增长动能不足。工业新质生产力培育滞后，集成电路、高端装备等新兴产业发展不充分，未来产业尚处起步阶段，加之项目储备不足，难以快速形成多点支撑。

（二）稳投资压力大

一是中心城区投资乏力。中心城区作为全市投资布局主阵地，固定资产投资开年以来持续走低，1—9月同比下降7.6%，降幅分别较一季度和上半年扩大7.2个、1.7个百分点，6个区县投资增速低于全市。江北和大渡口工业投资增速同比回落30.7%、30.0%，排名全市后两位，13个区县房地产投资负增长。二是投资增长后劲不足。受业主投资信心不足、政府投资项目管控政策及政府化债影响，区县投资项目数量不同程度下降，"签而不建""签大建小"等情况突出，投资后续支撑乏力。三是重大项目谋划不够。"两重""两新"项目申报存在政策把握不准、向上争取力度不足、前期要件不全等问题，导致项目申报成功率不高。

（三）稳外贸外资压力大

一是外贸出口持续承压。受全球贸易保护加剧、地缘政治风险上升、主要市场增长乏力等影响，1—9月主城都市区近半数区县出口额同比负增长，渝北连续8个月负增长。电动汽车出口受限明显，出口额占全市比重不足2%。惠普、翊宝等企业产线外迁东南亚，笔电订单逐季减少，笔电出口后劲乏力。二是稳外资压力大。随着美西方国家产业链供应链远岸化、友岸化、近岸化，外商投资者暂缓投资，区县外资引进难度加大，实际利用外资减少且主要依赖存量企业。

三、2025 年经济运行环境分析及展望

（一）国际环境

从国际看，全球百年变局加速演进，发展机遇和挑战并存。一是全球增长前景仍面临挑战。地缘政治冲突加剧，世界经济下行风险增加，美西方围堵我国高科技产业，在电动车、半导体、人工智能等领域，对华采取加征关税、出口管制、投资制裁等措施，加之特朗普再次当选美国总统，将加速推动制造业"去中国化"和回流美国，主城都市区外贸外资发展的不确定性上升，新能源汽车、机电等产业产品"出海"难度加大，电子信息、人工智能、量子计算等高技术产业发展面临较大制约。二是全球经济格局重塑释放新机遇。全球供应链产业链持续"东移"，我国所在的亚太地区作为全球发展重心前景广阔，加之新一轮科技革命和产业变革深入发展，有利于主城都市区发挥产业基础、创新潜力、开放通道等比较优势，提速建设中新（重庆）科技创新国际合作标杆园区等平台，深化与新加坡等东盟国家在智能制造、产业创新、数字经济、供应链等领域合作，推动产业链价值链升级，在全球产业链重构中弯道超车。

（二）国内环境

从国内看，全国经济向好基本面没有改变，经济将延续平稳回升态势，发展机遇大于挑战。一是优化生产力布局释放机遇。国家优化重大生产力布局，支持内陆地区建设国家战略腹地，引导资金、技术、产业等向中西部梯度转移，有利于主城都市区依托两江新区、重庆高新区、沿江承接产业转移示范区等平台，加快承接东部产业及要素转移和央企布局，增强布局关键设备、关键材料和关键零部件，补齐产业链条短板，提升产业备份和产业引领功能。二是扩内需增量政策激活发展。国家强化运用超长期特别国债、中央预算内资金等专项资金工具支持"两重""两新"项目建设，增加 6 万亿元地方政府债务限额、新增 4 万亿元专项债置换存量隐性债务，将有效缓解主城都市区相关区县化债压力，有利于主城都市区腾出更多精力和资源用于发展经济，促进大规模设备更新和消费品以旧换新，提振消费和投资。三是新型城镇化战略纵深推进助力发展。国家深入实施以人为本的新型城镇化战略五年行动计划、现代化都市圈培育行动，发布第三届"一带一路"国际合作高峰论坛达成的 20 城市可持续发展倡议，有利于主城都市区加快一体化发展、深化城市更新、提升城市品质，建设现代化国际大都市。

（三）市内环境

从重庆看，全市经济发展稳中向好，处在加快建设现代化新重庆的重要机遇期。一是重庆的国家战略地位更加凸显。习近平总书记赋予重庆奋力打造新时代西部大开发战略支点、内陆开放综合枢纽"两大定位"，重庆成立六个专班推进相关工作，有利于主城都市区加快建设中新互联互通、中老泰"三国三园"等标志性项目，提升中心城区西部陆海新通道主枢纽功能，更好地服务全国改革开放大局，带动西部地区大开放大开发。二是多重国家重大战略持续叠加赋能。共建"一带一路"、长江经济带高质量发展、西部陆海新通道建设等国家战略叠加效应持续释放，尤其是成渝地区双城经济圈建设提速，有利于主城都市区发挥综合优势，集成式提升科技创新、先进制造、门户枢纽、国际消费、国际交往等核心功能。三是主城都市区极核引领行动迭代推进。区域空间优化拓展为 22 个区县 3.02 万平方公里，两江新区和重庆高新区等争创国家级未来产业先导区、先进制造业发展"渝西跨越"计划稳步实施、现代化渝东新城加快建设，将促进主城都市区梯度互补、一体协同发展，提升产业能级和城市能级。

（四）2025 年经济运行展望

2025 年，主城都市区将抢抓发展机遇，加快建设创新、开放、便捷、宜居、生态、智慧、人文的现

代化国际大都市，活跃增长极和强劲动力源作用将持续提升，经济运行将保持良好发展态势。预计GDP同比增长6%左右、战略性新兴产业增加值占GDP比重达到34%、服务业增加值占GDP比重达到57%。

四、对策建议

（一）培育新质动能，增强工业支撑

一是推动重点行业稳产放量。强化赛力斯等新能源汽车供应链本地配套，做好新车型上市服务，帮扶燃油车拓展国内外销售渠道。稳住电子行业智能终端存量订单，加快导入AI PC、服务器等"新整机"，推动三安意法半导体等重点项目尽早投产达效。鼓励医药企业布局3D打印、再生医学等新兴领域。二是因地制宜发展新质动能。支持中心城区前瞻布局空天信息、元宇宙、AI、新型储能等未来产业。深化实施先进制造业发展"渝西跨越计划"，壮大智能网联新能源汽车零部件产业，加速建设璧山新能源智能网联检测平台等项目。建设涪长新材料产业协同创新区，发展高性能纤维及复合材料、高端合成材料。三是强化产业承接战略备份。支持沿江承接产业转移示范区承接东部产业链转移，支持巴南、九龙坡重点承接总部型企业，璧山、永川、荣昌和双桥承接汽车整机整装和配套环节，涪陵重点承接新能源动力电池产业和先进材料产业。深化央地合作，争取工业母机、机器人等关键领域关键部件、关键材料、核心软件增量布局。

（二）稳定有效投资，增强发展后劲

一是抓好关键领域投资。稳定工业投资，推进两江汽车轻量化零部件智能制造产业化基地、高新区12英寸集成电路特色工艺线一期等重大项目放量，支持企业扩大技改投资。稳定基建和房地产投资，提速建设江北国际机场T3B航站楼及第四跑道、轨道交通等大体量基建工程，加大房地产"白名单"项目的贷款投放力度。用好"两重""两新""三大工程"和超长期特别国债政策机遇，储备一批产业升级、设施配套、城市更新、民生保障等重大项目。二是激发民间投资活力。落实支持创业投资"20条措施"，鼓励各区动态更新面向民间资本项目机会清单。跟踪服务产值产量负增长、用电用气下滑、用工紧缺的重点民企，切实帮助企业强化要素保障、降本增效。三是盘活国有资产。深入推进"三攻坚一盘活"，推动国有资本向战略性新兴产业、未来产业和民生等关键领域集中。推动国企战略性重组，建立市场化选人用人和薪酬激励机制，健全国企改革发展综合报表体系，强化对国企运营数字化穿透式监管。深化制造业亩均论英雄和园区开发区改革，推动园区低效用地腾退出清、运营公司"瘦身健体"，完善园区产业链图谱，支持园区差异化发展优势产业。

（三）激活市场消费，壮大消费内需

一是落实优化促消费政策。优化消费品以旧换新政策，提高汽车以旧换新奖补资金规模，补充新增家电参与单位及门店，调整扩大消费品品类。落实取消限售、降低最低贷款比例等房地产交易政策，激活居民刚性和改善性住房需求。优化促进养老、育幼等服务消费专项政策，培育服务消费新增长点。二是强化消费场景建设。提速建设重庆陆海国际中心、解放碑时尚文化中心等城市综合体项目，增强解放碑—朝天门、观音桥等重点商圈高端消费资源集聚能力和首店首发消费引领能力。支持各区县打造数字消费新场景，支持永辉等传统零售企业借鉴胖东来经验，优化商品结构、完善销售服务，提高线下消费吸引力。三是强化活动赋能促消费。办好中国国际消费中心城市（重庆）精品消费月暨第四届解放碑国际消费节，持续开展"百万职工游巴蜀"活动。借力澜湄旅游城市合作联盟平台，与澜湄流域国家共同举办旅游、会演、美食、购物等特色文旅消费活动。

（四）稳定外贸外资，增强开放动力

一是积极稳定外贸。深化"渝车出海""百团千企"行动，推进KD件出口新模式。扩大长安、赛力斯等车企新能源汽车出口体量，引导重钢、川维、玖龙纸业等企业加快升级产品结构。落实进口促进专项行动，扩大矿砂、化工原料、纸浆、医药、生物制品等商品进口。建好中老泰"三国三园"，畅通中老泰国际物流通道，扩大与中南半岛和东盟经贸。二是促进内外贸一体化发展。促进内外贸标准规则衔接，支持新能源汽车、铝基新材料等优势特色产业参与国际标准制（修）订，支持制造企业发展内外贸"同线同标同质"产品。引导内贸企业采用跨境电商、市场采购贸易等方式开拓国际市场，支持外贸企业拓展国内市场。依托西洽会等内外贸一体化发展平台，加强与境内外采购商、供应商供需对接。三是积极稳定外资。加大招引世界500强和供应链关键企业，支持外企在渝设立研发中心。深化服务业扩大开放综合试点，引进全球知识产权、科技中介等专业服务企业。"一对一"跟进服务"三个一批"外资项目，推动思可源生物燃料中国区总部等美在华跨国企业圆桌会签约项目尽快落地。

[重庆市综合经济研究院（重庆市经济信息中心）区域经济研究课题组
主研：易小光　丁　瑶　邓兰燕　曹　亮　李　林　汪　婧　郑秋霞
执笔：汪　婧]

之二：2024年渝中区经济运行分析及2025年展望

2024年，渝中区上下坚持以习近平新时代中国特色社会主义思想为指导，认真贯彻落实党中央、国务院和市委、市政府决策部署，坚持稳中求进工作总基调，全力以赴推动经济加快回升向好，经济运行总体平稳、符合预期。前三季度，实现地区生产总值1268.7亿元，同比增长5.2%，整体运行趋势与全国、全市保持一致。固定资产投资完成167亿元，同比增长5.3%。社会消费品零售总额1121.2亿元，同比增长4.1%，总量保持全市第1位。区级一般公共预算收入38.52亿元，同比增长15%。

一、2024年渝中区经济运行分析

（一）全面落实重大战略部署

一是扎实推进成渝地区双城经济圈建设。持续完善双圈工作机制、架构，建立"十项行动"评价指标体系，有序推进215项"四张清单"事项，"渝中区和锦江区、金牛区深化商圈交流合作"纳入成渝双核联建年度合作项目清单。二是深度融入西部陆海新通道建设。启动打造国际货代集聚区核心区，引进新资企业60余家，中新（重庆）国际金融数据港完成测试并运行，落地全国首笔货物贸易项下对公跨境数字人民币汇款。三是持续推进"一区两群"协调发展。深化巫溪对口协同发展，完成对口帮扶资金4013万元，推动三峡巴蜀中学、人和街小学建设。探索"飞地经济"取得新突破，"渝中·武隆协同发展产业园"落户重庆天地。联动打造渝中洪崖洞—武隆仙女山休闲度假游等精品路线3条、文旅连线产品30余个。

（二）现代产业体系加快构建

一是生产性服务业承压增长。建立健全渝中区现代服务业高质量发展专项工作机制，助力生产性服务业企业业务拓展、发展壮大。9月末，全区金融机构本外币存贷款余额1.35万亿元，同比增长2.9%；累计实现保费收入199.1亿元，同比增长14.0%。规模以上软信服务、多式联运业分别增长52.7%、19.5%。二是生活性服务业逐步复苏。积极响应"两新"政策，配套出台细化落实举措，策划节庆消费活动，持续提升供给品质与消费体验，有效释放消费潜力。前三季度，全区累计接待游客7105.6万人次，同比增长11.66%；实现社会消费品零售总额1121.2亿元，同比增长4.1%，分别较全国（3.3%）、全市（3.8%）高0.8个、0.3个百分点。三是未来新兴产业加速布局。高标准实施"五强工程"，加快推动未来新兴产业布局发展，7个典型应用场景入选全市产业技术创新典型应用场景名单，8家企业入选重庆市创新型中小企业名单。

（三）重点项目建设提质提速

一是固定资产投资增速高于全国全市。前三季度，全区固定资产投资完成167亿元，同比增长5.3%，分别较全国（3.4%）、全市（1.8%）高1.9个、3.5个百分点，在中心城区排名第2位。其中建筑安装工程投资完成122.6亿元，同比增长8.8%；基础设施投资完成89.3亿元，同比增长14.1%，高于全市

13.5个百分点。二是重点项目顺利推进。21个市级重大建设项目完成投资159亿元，投资完成率达98.9%；2个成渝双城经济圈重大建设项目完成投资3.6亿元，提前完成项目投资计划；67个区级重点建设项目完成投资92.7亿元，投资完成率91%。三是积极争取上级资金。积极争取专项债额度16.57亿元，中央预算内、超长期特别国债资金等上级资金5.3亿元，同步做好项目池和资金池衔接，保障项目顺利推进。

（四）重点领域改革见行见效

一是社会信用体系建设全面深化。"信用+商圈"应用场景成功入选全市信用应用场景试点。加强"信易贷·渝惠融"平台推广使用，注册市场主体3989户，成功授信220笔，金额超1.3亿元。二是数字社会建设积极推进。积极谋划构建民生领域"一件事"场景，"培训监管一件事"场景纳入区县"一本账"管理并上线试运行，通过三级城运中心办理事件36个，办结率100%。承接根治欠薪、就业、社保等12个"社会·渝悦系列"应用在渝中运行贯通。三是"宜商渝中"品牌持续擦亮。制定《着力打造一流营商环境行动方案》《优化营商环境专项行动方案（2024—2027年）》，提出实施政务服务提优、法治环境提能、市场活力提升、创新赋能提质、要素保障提效、信用建设示范六大工程等重点任务。成功举办渝中区优化营商环境大会，创新打造"宜商锦渝"品牌，促成锦渝优化营商环境合作协议签署，推动渝中与锦江在政务服务、市场监管、司法办案、人才引育等方面形成合作清单，建立常态化合作机制。

（五）科技创新赋能深入实施

一是持续做强创新平台，支持辖区医院建设重庆市转化医学中心，2家总部（重点企业）获市级重点实验室称号。二是积极支持企业开展技术创新，支持区内科研企业获得市级2024年重大（重点）专项扶持以及市科技局"揭榜挂帅"资金支持等。大力实施"双倍增"行动，新入库科技型企业173家，累计达1402家，新申报高新技术企业90家。三是持续完善创新生态，强化科技金融赋能，新增5家企业知识价值信用贷款0.12亿元，支持242家企业享受研发加计扣除政策金额4.9亿元，完成技术合同交易31.8亿元。四是营造创新氛围。新增市级科普基地3家、区级科普基地12家。指导支持科普基地广泛开展科普教育、科普扶贫、科普宣传等科普活动数百场次，组织开展"弘扬科学家精神　激发全社会创新活力"科技活动周线上线下活动30余场，吸引3万余人参与。

（六）经济发展质效稳步提升

一是财政收入保持增长。前三季度，区级一般公共预算收入完成38.52亿元，增长15%，高于全市、主城九区8.3个、11.7个百分点；其中，区级税收收入25.06亿元，增速高于中心城区5.3个百分点。二是市场主体总量提升。强化市场主体分型分类精准帮扶政策供给，前三季度，全区累计新增经营主体14079户，截至9月底，全区实有经营主体共计121227户，注册资本总额达4423.2亿元。三是就业民生保持稳定。前三季度，全区城镇新增就业4.32万人，实现年度目标任务的93.91%。15件民生实事各项任务总体推进顺利，黄花园立交街头绿地提质项目等7项工程类民生实事已完工，开展非学科类校外培训机构审批和日常监管等23项工作事项类民生实事已完成。

二、2025年发展展望

从国际看，世界百年未有之大变局加速演进，保护主义、地缘政治冲突、金融市场波动、供应链产业链碎片化发展等对国际贸易和投资产生一定影响，随着部分主要经济体的复苏和新兴市场的崛起，2025年世界经济可能呈现持续温和恢复态势。从全国看，全球经济形势的复杂性和不确定性可能会为中国的经济增长带来一定影响，特别是为中国的出口和产业链供应链带来挑战。但随着中央国务院一揽子增量政策的持续发力和落地见效，全国内需持续扩大，企业信心活力不断增强，资本市场稳定向好，新质生产力加速培育，2025年全国经济有望保持稳定增长态势。从全市看，全市经济也面临外部环境的不确定性和内部结构调整压力等挑战因素，但经济运行总体保持平稳增长，发展韧性持续显现，随着改革开放不断深化，重点产业的快速发展和新兴产业的崛起，区域经济更加协调，预计2025年全市经济将继续保持稳定增长态势。从渝中看，消费市场还未完全恢复，市场主体仍旧承压前行，经济持续恢复的基础仍不牢固，但国家战略叠加、都市中心、开放窗口、山水人文、现代服务业引领、综合配套、创业成本、创新潜力等比较优势、后发优势将持续为渝中经济社会高质量发展创造有利条件和潜力空间，"4311"现代产业体系的加快迭代构建，经济社会发展积蓄的内生动力、市场活力的持续释放，有望支撑2025年继续延续稳中加固、稳中向好态势。

三、2025年重点工作

2025年，渝中区将聚焦市委六届五次全会提出的奋力谱写中国式现代化重庆篇章的新部署新要求，全力围绕重庆母城、都市极核、品质半岛、首善之区"四大定位"，着力打造现代服务业发展新高地、内陆改革开放新高地、历史人文传承新高地、美好城市建设新高地、超大城市中心城区现代化治理新高地、新时代城市党建新高地"六个新高地"目标，在奋力谱写中国式现代化重庆篇章中走在前争一流。

（一）持续聚焦重大战略抓机遇，全力推进区域合作

一是推进成渝地区双城经济圈建设走深走实。依托成渝双城（重庆）国际商务中心等平台，发挥成渝核心商圈党建联盟等作用，联动锦江、青羊、金牛等地，深化打造世界知名商圈、"宜商锦渝"等辨识度、标志性合作成果。二是纵深推进区域协调发展。深化对口巫溪协同合作，在产业协同、城乡互动、科技协作、市场互通、人才交流等领域同谋划、共发力、强合作，探索"总部+基地""研发+生产""科技+策源"等合作发展模式，积极打造产业合作发展新高地。三是促进高水平对外开放。深度融入西部陆海新通道建设，加快打造国际货代集聚区核心区，进一步深化与新加坡合作，全力实施自贸试验区提升战略，以制度创新带动项目落地，全方位带动产业开放和园区开放。

（二）持续优化产业结构稳增长，夯实经济发展基础

一是推动现代金融、专业服务、科创服务、现代物流四大生产性服务业向专业化和价值链高端延伸。加快打造西部金融中心主承载区，切实做好"五篇文章"，深入实施"智融惠畅"工程，持续提升渝中金融辨识度。加快打造西部区域性高端专业服务中心，推动专业服务业向高层次、多门类、规模化迈进。加快打造科创中心特色功能区，壮大科研服务业规模，聚焦软信产业"1146"发展方向，着力创建中国软件名园。加快推进现代物流发展，推动邮政快递、港航物流、道路运输等产业数字化升级。二是推动现代商贸、文旅文创、大健康三大生活性服务业向高品质和精细化特色化升级。加快打造国际消费中心城市核心区，做靓三大地标商圈，巩固发展商贸总部经济，繁荣壮大特色消费经济，打响"渝中消费"国际名片。加快打造世界知名文化旅游目的地，提升文体娱乐、文化创意、都市旅游等产业质效，促进文商旅城融合发展。加快打造重庆国家医学中心和区域医疗中心核心区，构建"医、药、养、健、管"大健康产业链。三是巩固提升现代建筑业，强化建筑业总部集聚优势，支持区内龙头企业智慧化、绿色化、数字化发展。四是培育发展新兴产业集群，围绕全市"33618"现代制造业集群体系，因地制宜发展算力经济、卫星互联网、工业互联网、低空经济、人工智能、云宇宙、生命科学、绿色产业等未来新兴产业，培育更多新业态新模式新动能。

（三）持续聚焦重大项目稳投资，提升城市品质能级

一是紧盯项目建设强统筹。持续将项目建设作为工作落地的重要支撑抓紧抓实，推动计划项目早开工、建设项目早竣工、前期项目早转化，强化重点项目分级调度机制，协调解决卡点难点问题，确保项目倒排工期、挂图作战、打表推进。二是抓实项目策划谋储备。优化完善项目储备机制，聚焦中央预算内、超长期特别国债等支持方向，重点做好城市地下管网和地下综合管廊建设改造5年实施方案，做深做细项目前期研究、策划、设计等工作，同步推进项目招商，吸引有实力的企业入驻投资。三是紧盯城市更新强提升。以城市更新保留建筑不动产登记和土地供应综合改革试点、地方政府转型债券扩大为契机，实质性推动菜园坝滨江新城、中山三路等重大项目建设，加快老旧楼宇改造，推动产业园区、城市街区、景点景区融合发展。

（四）持续聚焦重大民生兜底线，维护社会安全稳定

一是促进高质量充分就业。全面贯彻劳动者自主就业、市场调节就业、政府促进就业和鼓励创业的方针，深入实施青年就业攻坚行动、就业困难人员帮扶暖心行动，保持"零就业家庭"动态清零，确保城镇调查失业率低于全市平均水平。二是扎实办好民生实事，持续滚动实施15件重点民生实事，深入开展"八大人生关怀"行动，探索构建"渝中怡家"商服互嵌新场景，统筹推进综合救助服务体系、基本社会服务体系等建设，打造更高水平的"10分钟公共服务圈"。三是全面发展社会事业，持续优化校点布局，加快打造全国一流基础教育强区，全力打响"15年高品质教育在渝中"品牌。深入实施健康中国渝中行动，全方位、全周期保障人民群众健康。四是全力维护社会安全。分类化解、妥善处置重点领域风险，持续开展拖欠农民工工资问题整治，切实保障农民工合法权益。推动扫黑除恶常态化，严厉打击各类违法犯罪，确保社会安定有序、人民安居乐业。

[渝中区发展和改革委员会　吕劲枫　王　轶　戴玉笛]

之三：2024年大渡口区经济运行分析及2025年展望

2024年，大渡口区上下深入学习党的二十大、二十届二中三中全会精神，全面贯彻习近平总书记视察重庆重要讲话重要指示精神，突出"稳进增效、除险固安、改革突破、惠民强企"工作导向，全力以赴拼经济、促发展，经济运行稳中有进、稳中向好。

一、2024年大渡口区经济运行分析

（一）经济运行基本特征

1—9月，全区实现地区生产总值278.3亿元，同比（下同）增长5.6%。其中，第一产业增加值实现0.9亿元，同比增长4.5%，增速居全市第2位；第二产业增加值实现148.4亿元，同比增长5.7%，增速分别居中心城区第4位、主城都市区第14位、全市第28位；第三产业增加值实现129亿元，同比增长5.4%，增速分别居中心城区第4位、主城都市区第16位、全市第26位。经济报表整体位列全市B档、第10名。

1. 工业经济稳步增长，制造业集群式高质量发展

在第六届全国产业转型升级示范区建设现场会上作经验交流发言。积极融入"33618"集群体系，发展壮大大数据智能化、大健康生物医药、新材料3个主导产业，海康威视三期、萤石生产制造基地项目加快建设，国际复材聚氨酯节能门窗等下游项目落地。加快培育生态环保、重庆小面2个特色产业，引入南天智联、驭志环保等环保企业，建成重庆小面体验中心二期。1—9月，海康科技、萤石电子、春风弘睿、秋田齿轮、数码模等企业增长较快，带动电子制造、汽摩配等行业产能释放较好，全区规模以上工业总产值增长5.9%，增加值增长6%。

2. 服务业加快发展，生产性服务业增势良好

发挥现代生产性服务业高质量发展专项工作机制作用，引进生产性服务业重点企业56家，全区规模以上限上生产性服务业实现营业收入325.7亿元，同比增长6.4%。"满天星"行动计划深入实施，3家企业入选"满天星"示范企业创建名单，现代产业链服务中心获银行授信超5.7亿元。其他服务业增加值增长9.1%，重点行业规模以上企业营业收入增长19.2%，7个行业工资总额增长18.2%，同比分别提高16.5个、4.7个百分点。全区银行业资产规模增长9.7%，高于全市平均4.29个百分点；本外币存贷款余额增长8.8%，增速居中心城区第2位。

3. 新业态消费持续活跃，消费潜力有效激发

主城首条低空飞行游览项目落地大滨路，4号仓库影视基地获评"重庆市影视产业基地""金鳌田园"创建4A级旅游景区。1—9月，全区社会消费品零售总额增长5.2%，高于全市平均1.4百分点，增速居中心城区第2位。零售业、餐饮业、住宿业、批发业销售额分别增长12.3%、10.5%、10.2%、7.4%，增速分别居中心城区第3位、第2位、第1位、第7位。新建商品房累计销售111万平方米，同

比下降5.3%，降幅低于全市平均12个百分点。

4. 重点项目有序推进，固定资产投资稳步增长

万吨商旅融合总部基地、中梁山EOD、潜能喜来登酒店、五一互助及民新民乐片区城中村改造等重点项目开工入库，成渝铁路重庆站至江津站段改造工程、西南大学附属中学等续建项目加速推进，带动全区固定资产投资增长5.5%，高于全市平均3.7个百分点，增速连续9个月居中心城区第1位。工业投资增长18%，高于全市平均1.7个百分点，增速居中心城区第4位；基础设施投资增长8.2%，高于全市平均7.6个百分点；房地产投资增长3.3%，高于全市平均13个百分点，增速居中心城区第2位。建筑业产值实现255.5亿元，同比增长12.1%，高于全市平均8.1个百分点。

5. 深化改革稳步推进，新质生产力加快培育

截至9月末，新增国家改革试点项目5个、市级改革试点项目12个，改革经验获全国性肯定评价和全市推广55次。优化营商环境连续两年获得市政府督查激励。有序推进"三攻坚一盘活"改革，深化园区开发区改革，重新划定建桥园区四至范围，编制园区高质量发展规划。科技创新与产业创新融合提速，科技型企业累计达751家，较2023年增长40%；综合创新指数72.9%，居全市第1梯队；研发投入强度5.41%，居全市第1位；战新产业、高新产业占规模以上工业总产值比重分别达到57.3%、41.4%。招商引资态势较好，签约市级项目37个，合同投资额179.7亿元，到位资金81.37亿元。

6. 重大政策落地显效，民生就业保障有力

1—10月，争取中央预算内资金5.74亿元、超长期特别国债1.64亿元（包含"两重"项目4个、争取资金1.1亿元；"两新"项目5个、争取资金5369万元）；地方政府专项债通过国家审核额度1.94亿元，创历史新高。9月末，制造业中长期贷款余额增长7.12%，绿色信贷余额增长22.06%，高新技术企业贷款增长13.78%，普惠型小微企业贷款余额增长52.86%。一般公共预算收入完成13.3亿元，同比下降19.9%。一般公共预算支出完成23.78亿元，同比下降9.3%。全力实施稳就业举措，城镇新增就业10366人。全区居民人均可支配收入39884元，同比增长3.6%。20件63项重点民生实事按时序推进。育才雪芮学校建成投用，D9地块新建学校、区实验小学扩建一期加快建设。三甲医院一期项目竣工验收，卫生健康服务工作获得市政府督查激励。

（二）经济运行中存在的主要问题

1. 有效需求依然不足

居民消费潜力释放不足，外需持续疲弱，全区进出口总额持续下滑。固投增长缺乏接续支撑，计划新开工项目、招商类项目开工率较低，增量投资不足。

2. 产业新动能亟须培育

工业经济结构性问题突出，未来制造业储备项目不足。现代生产性服务业发展质效不高，金融业增加值回升缓慢，其他服务业发展不平衡。

3. 企业生产经营持续承压

1—9月，规模以上制造业企业税收同比下降9.6%，93家规模以上工业企业产值降幅超过20%的共20家。136家规模以上服务业企业中，营业收入下降超过20%的企业共24家。

（三）2024年主要经济指标预测

初步预测：2024年全区GDP同比增长6%左右；固定资产投资同比增长5%左右；社会消费品零售总

额同比增长6%左右；服务业增加值同比增长6%左右。

二、2025年经济运行环境分析及趋势展望

从国际看。外部环境更趋复杂严峻，国际地缘政治局势不稳，大国博弈对抗性上升，局部冲突和动荡频发，全球贸易保护加剧。但也要看到，全球经济呈复苏态势，国际贸易增长有所恢复，国际资本流动为引进外资带来新机遇。高质量共建"一带一路"扎实推进，我国与共建国家不断增进互联互通、深化合作共赢，给我国企业拓展国际市场带来新机会。

从全国看。当前，总量问题与结构矛盾并存，有效需求不足，投资增长面临制约，消费能力和意愿不够强。经济运行出现分化，一些传统行业企业发展面临困难挑战。但也要看到，我国经济发展的基本面没有改变，市场潜力大、经济韧性强等有利条件没有改变，随着各项存量政策效应继续释放，特别是增量政策出台实施，市场预期明显改善，市场活力有力激发，为经济增长注入强劲内生动能。

从全市看。经济发展仍然面临一些困难和挑战，如稳投资压力加大，居民消费意愿不强，外贸外资承压前行，产业转型有待加快等。但也要看到，全市上下抢抓成渝地区双城经济圈建设、西部陆海新通道建设、长江经济带高质量发展等重大战略机遇，深入推进以数字重庆建设为牵引的全面深化改革，加快构建"33618"现代制造业集群体系、"416"科技创新战略布局，全市生产稳定增长，新动能新优势加快培育，经济稳中向好基础在持续巩固。

从大渡口区看。经济发展能级还有待提升，产业总体规模较小、质效不高、竞争力不足，新质生产力需加快培育。但也要看到，近年来，在全国老工业基地改造方面取得积极成效，从"试点"成为"示范"，现代产业支柱实现重构，创新发展动能持续增强；柴可夫斯基音乐学院落户，钓鱼嘴片区开发建设提速推进，将有力提升大渡口的区位价值和区位优势，带动滨江沿线和全域高质量发展。

三、2025年工作重点

（一）狠抓深化改革，全力激发高质量发展动能

强化数字重庆建设和重点领域改革双轮驱动，围绕"1361"整体架构，持续深化"三项核心绩效"，一体推进六大应用系统，加强"八大板块"平台建设，打造更多具有全市影响力和大渡口辨识度的标志性成果。抢抓柴院落地机遇，加快建设"西部文商交流中心"。深化成渝地区双城经济圈联动改革，推动区域协作实现新突破。高质量完成"三攻坚一盘活"改革突破任务，完善国资监管体系，推动国有企业聚焦主业做强做优做大，提升建桥园区整体发展质效。深入推进营商环境创新试点，深化政务服务模式创新，持续推进社会信用体系建设、清廉市场建设。发挥好"重庆市公共资源交易中心大渡口分中心"作用，打造市区共建交易平台合作"样板"。

（二）狠抓产业升级，全力培育新质生产力

迭代升级国家产业转型升级示范区，积极融入"33618"现代制造业集群能级。抓龙头企业扩能放量，推动海康威视、萤石科技、春风动力等重点企业产能持续释放，推动红九九、虹龙科技新厂房等项目加快建成投产。坚持常态化、长效化开展好企业服务工作，强化企业纾困解难，帮助拓展销售渠道。抓好招商引资工作，用好链主、龙头企业信息资源优势，集聚产业链上下游企业，推动春风动力二期等在谈项目落地。深入实施制造业重大技术改造升级和大规模设备更新工程，全力指导、支持企业开展技术改造。

（三）狠抓引优育强，全力提质现代服务业

大力发展现代生产性服务业，加强企业服务、招商引资和升规培育，完善产业公共服务平台，围绕低碳环保、人力资源、检验检测、跨境电商等领域谋划打造生产性服务业集聚区。深入实施满天星行动计划，推动现代产业链服务中心等平台发挥更大效益。扩容提质生活性服务业，大力发展商贸服务业，布局推进"一核三带"商贸业发展格局。升级打造商贸消费载体，盘活万象汇B区等闲置商业商务载体，推动龙湖剑崎天街、双山潜能喜来登酒店等重点项目建设。全力促进消费提振回暖，持续优化"两新"工作调度机制，落实好全市住房"以旧换新"等优惠政策。提升文化产业竞争力，加快推进柴可夫斯基音乐学院等重大项目建设，加大影视基地培育力度。千方百计稳外贸，助推垃圾焚烧、生物医药、跨境电商等项目开拓海外新业务，深化钓鱼嘴半岛发展国际贸易研究，积极谋划对俄大宗贸易。

（四）狠抓项目建设，全力扩大有效投资

加强重点项目分类管理，推动鲍斯气体净化与材料研究生产基地、保障性住房等项目开工入统，推动万吨商旅融合总部基地、西南大学附属中学等项目提速建设。围绕国家政策导向和支持方向，谋划储备一批"两重""两新"重大项目，加快推动项目前期工作，提高项目成熟度，做好中央预算内投资、国债、地方政府专项债项目储备和申报工作。创新投融资模式，运用好"城市机会清单"，拓宽社会资本投资渠道。

（五）狠抓民生保障，全力增进民生福祉

坚持过"苦日子"，进一步严控"三公"经费和一般性支出，兜牢兜实"三保"底线。围绕"一旧一危""一老一小""一堵一安""一生一困"，认真办好民生实事。推动多渠道灵活就业，做好高校毕业生、退役军人、农民工等重点群体就业服务。加快建设西大附中等项目，推进全国义务教育优质均衡发展区、学前教育普及普惠区创建。加快公立三甲医院建设，做优"一院一特色专科"。加强兜底性民生建设，构建分层分类社会救助体系。

[大渡口区发展和改革委员会　王　文]

之四：2024年江北区经济运行分析及2025年展望

2024年，江北区全面贯彻党的二十届三中全会精神，深入落实习近平总书记视察重庆重要讲话重要指示精神，牢牢把握稳进增效、除险固安、改革突破、惠民强企工作导向，聚焦"当好五个先行示范"的指示要求，推动经济发展质效持续提升，在全市大局中继续发挥支撑作用。预计全年地区生产总值将突破1900亿元，增速达6.5%左右。

一、2024年江北区经济运行分析

（一）运行特点

1. 经济"大盘"总体保持平稳

前三季度，全区地区生产总值（GDP）实现1361.4亿元，同比增长7.6%，总量继续居全市第3位，增速居全市第1位，实现"双超"目标（分别高于全国、全市平均2.8个、1.6个百分点）。

2. 产业"大局"共同发力支撑

金融、商贸、制造业、数字产业"四大支撑"共同发力，是经济增长的核心动力。一是金融总体保持稳定。1—9月，存贷款余额约1.9万亿元，保费收入增速达24.8%。新增落地9个金融项目，新增编福科技、昕杰环保2家OTC挂牌企业，QDLP基金规模突破5000万美元，绿色贷款余额约1700亿元，余额增量全市占比继续远超全市平均。二是商贸延续快速增长。1—9月，批发业、零售业分别同比增长19.5%、17.4%，中環万象城年底即将商业封顶，长安文化国际商业街全面推进，"我在重庆"国际大街区持续火爆，举办2024不夜重庆生活节、2024重庆秋季房地产暨家居展示交易会等40余场，接待海内外游客约3887万人次、同比增长7.73%，旅游总收入194亿元、同比增长22.39%。三是制造业持续稳定增长。1—9月，规模以上工业增加值同比增长6.1%。赛力斯、深蓝、阿维塔等新能源汽车生产继续保持较快增长，新能源汽车产量达18.2万辆，同比增长26.7%，占全市比重超30%，战略性新兴制造业产值同比增长17.7%。四是数字产业蓬勃发展。累计集中签约"满天星"项目32个，数字赛道研究院发布全市首款全波电磁仿真设计软件。1—9月，规模以上互联网和软件服务业营收同比增长113.7%，增速居全市第1位。

3. 重点"大项"持续加力推进

一是落实重大战略有新作为。1—9月，市级成渝重大项目投资完成率达132.2%，经西部陆海新通道班列719列，同比增长51.4%，长江北岸岸线生态综合修复工程等推动长江经济带高质量发展重点项目开工建设。二是新赛道布局有新突破。前瞻部署现代生产性服务业"1357"发展路径，签订SDG卫星中心项目战略合作协议，重庆市会计产业园计划年底挂牌。三是重大项目建设有新进展。举办重点项目开工仪式2次，重庆金融会展中心等16个项目建成投用，渝闽时代服务贸易中心、北滨路东延伸段等重大项目加力推进。四是"三攻坚一盘活"改革有新成效。截至9月，已成功实现国企集中统一监管、止损治亏、资产盘活及资金回收、政企分离、不动产确权、降债减负和融资成本控制完成率"6个100%"，累计盘活存量资产40.4亿元，全区规模以上制造业亩均税收同比增长32.4%。五是优化营商环境有新亮点。持续深化落实"百千万"联系服务经营主体全覆盖工作机制，营商环境便利度考核实现"三连冠"，以第一的成绩获评全市法治政府建设示范区，获评清廉重庆建设标杆案例，政府合同履约监管系统已正式上线。1—9月，新增经营主体2.2万户（其中，民营企业8023家）。

4. 民生"大事"得到有力保障

一是财政收入整体平稳。1—9月，完成一般公共预算收入54.6亿元，区级税收收入总量（44.4亿元）、财政收入质量（81.42%）继续居全市行政区第1位，政府性债务化解平稳有序、进度居全市第1位。二是就业形势积极改善。1—9月，城镇新增就业（51986人）、城镇失业人员再就业、就业困难人员就业均提前完成全年任务，城镇调查失业率为5.4%控制在5.5%以内。三是重点民生实事有序推进。12件市级有9件、10件区级有5件已提前完成全年任务，预测均可全部完成年度目标。四是公共服务持续提升。优质教育资源覆盖面稳步扩展，鲁能巴蜀中学高中部、区医疗综合服务中心、望江中心改扩建工程等项目获得国家资金支持，养老服务工作获得全市激励通报。

（二）存在问题

1. 工业持续承压运行

在汽车市场"油电切换""价格战"以及消费持续紧缩等多重因素的影响下，燃油车及部分新能源新车型不及预期，导致汽车产业对工业增长拉动力大幅减弱。

2. 需求不足持续凸显

固投增速、工业投资增速、社零增速等关联指标持续处于低位运行。

3. 稳定运行存在挑战

财政收支平衡难度进一步加大，风险防范压力依然较大，欠薪、就业、房地产、安全生产等领域需要持续重点关注。

二、2025年经济运行的环境及因素分析

2025年，放眼世界，世界百年未有之大变局加速演进，逆全球化思潮抬头，单边主义、保护主义明显上升，国际环境将更趋错综复杂，经济增长不确定性和挑战增多；聚焦国内，国内经济正处在结构调整转型的关键期，传统增长动能和新兴增长动能接续转换在加速演进，党的二十届三中全会部署任务深入实施，将有力激发全社会发展活力，经济稳定运行、长期向好基本面没有改变；着眼江北，正深入学习贯彻党的二十届三中全会精神和市委六届六次全会部署，聚焦"13457"总体发展思路，大力推动高质量发展、创造高品质生活、实现高效能治理，努力建设中国式现代化重庆先行示范区。

三、2025年工作举措及主要指标预测

立足自身优势，巩固和支撑经济持续回升向好，力争全区GDP增速达到6%，并重点抓好五方面工作。

（一）全力稳经济增长

推动金融、商贸、制造业、数字产业"四大支撑"转型升级，大力发展现代生产性服务业，积极培

育有增长潜力企业，充分寻找挖掘增长支撑潜力，确保经济可持续稳定增长；下沉企业做好服务，既要宣讲政策，帮助企业策划包装项目、争取支持，又要挖掘新的增长点，激发新的投资意愿，以商招商，还要切实帮助解决企业痛点难点卡点问题；加强经济运行监测，更加密切关注经济形势和宏观调控政策变化，加强对先行指标、滞后指标的延展性分析，实时研判重点行业、重点企业、重点项目运行情况，着力打通制约经济社会发展的卡点、堵点、难点。

（二）落实一揽子政策

充分理解研究政策，提高对政策变化的敏感度，找准江北切入点；围绕中央预算内投资、超长期特别国债、地方政府专项债等政策，高度重视项目储备，千方百计加快项目前期工作，让更多成熟的项目等着争取资金；积极争取支持，及时跟踪国家发展导向、精准对接市级需求，"两眼向上"加强对接，及时掌握政策动向，做好争支准备，在高技术产业、大规模设备更新、现代服务业、新引擎新赛道、新能源等领域持续发力，"早争快享"更多政策支持。

（三）高质量编制规划

五年发展规划是做好经济社会工作的方向遵循和重要抓手，按照《江北区"十五五"规划编制工作方案》，围绕"1+13+N"规划编制体系，提出基本思路，深入研究一批关系江北未来发展的重点课题，做好"十四五"总结、向上争取支持、规划衔接贯通等工作，科学谋划提出事关全局、引领未来的思路、目标、举措。

（四）抓投资促消费

投资方面，进一步强化重点项目对固定资产投资的支撑作用，全力服务好重点项目投资放量，能快则快抓前期、抓开工、抓建设，强化项目"等资金"的谋划储备机制。消费方面，继续做实以旧换新政策，扎实落实住房、汽车行业等优惠政策，全面释放汽车、家电、商品房等消费市场潜力；办好特色消费活动，围绕文旅体融合发展、沿江岸线资源提升发展培育更多新型消费业态和场景。

（五）持续增进民生福祉

全面保障重大项目、基本民生等重点领域支出，持续实施一批事关人民群众切身利益的重点民生实事；兜牢民生底线，围绕人民群众关心的"四位"（岗位、学位、床位、车位）以及住房、收入、公共安全、生态环境、文化体育等方方面面，不断增强优质公共服务供给能力；进一步加大对离校未就业高校毕业生、失业人员等就业困难群体的帮扶力度，着力化解重点领域矛盾风险。

四、政策调控措施建议

建议进一步加大政策调控力度，大力支持实体经济发展，围绕企业生产经营中的困难和问题，出台针对性更强的措施；针对有效需求不足等问题，出台提振消费的新模式新政策，深入研究影响消费需求增长的深层次主要矛盾，由传统的补贴促销转变为降低消费成本；建议更加关注居民就业及收入增长，消费的扩大取决于就业质量和居民收入的增加，建议加大对社保的补助力度，降低企业用人成本，更好稳岗稳就业，建议持续拓宽灵活就业渠道、支持在新质生产力发展等领域创业，在现代生产性服务业、低空经济等方面给予更多创业指导、技能培训和支持政策。

[江北区发展和改革委员会　李　兴]

之五：2024年沙坪坝区经济运行分析及2025年展望

2024年，沙坪坝区上下深入学习贯彻习近平总书记视察重庆重要讲话重要指示精神，对照目标、聚焦问题、强化调度，立足实际、放大优势、服务大局，经济运行好于预期、稳中向好。1—9月，GDP增长7%，居中心城区第2位，其中，第一产业增加值增长4.6%，居全市第1位；规模以上工业增加值增长18.7%，居全市第2位；固定资产投资增长0.3%，其中工业投资增长51.9%，居中心城区第3位；规模以上其他服务业企业营业收入增长62.5%；进出口总额增长0.5%，高出全市平均3个百分点。

一、2024年沙坪坝区经济运行分析

（一）工业经济增势强劲，汽车产业支撑有力，新质生产力加快培育

全区规模以上工业总产值实现2041.6亿元，同比增长14.8%。围绕赛力斯持续强链补链延链扩链，整车销售31.7万辆，同比增长364.2%，浙江兴宇汽车零部件等5个核心配套项目成功落地，汽车制造业增长3.68倍。生命健康产业加快培育，引进国家高性能医疗器械创新中心、深圳国创等专业机构，多重耐药铜绿假单胞菌等创新成果落地转化，生命健康产业完成产值54亿元，同比增长21%。大力实施"双倍增"行动，引育高新技术企业36家、新入库科技型企业348家，任务完成率分别达189%、147%，居中心城区第1位，完成技术合同登记44亿元，居全市第2位。

（二）固定资产投资总体平稳，工业投资发挥主引擎作用，重点项目支撑有力

固定资产投资增长0.3%，连续3个月保持正增长。工业投资高速增长，完成投资97.6亿元，同比增长51.9%、居中心城区第3位。全面推进工业大规模设备更新，入库技改项目11个，总投资超17亿元，完成技改投资9.9亿元，同比增长30.3%。重点项目推进总体符合预期，创新建立"12345"① 重点项目调度机制，实施重点项目"百日百亿"攻坚专项行动②，1—9月区级重点项目完成投资193亿元、完成年度投资计划的77%，48个市级重点项目完成投资38.8亿元、完成年度计划投资的85%，有力支撑建筑业注册地产值、建安工程投资分别增长7.2%、9.5%。

（三）服务业保持较快增长，生产性服务业势头良好，金融市场逐步回暖

规模以上其他服务业营业收入增长62.5%，高于全市49.5个百分点。打好"商文旅体"组合拳，租赁和商务服务业、文化体育娱乐分别增长118.5%、44.4%。软信产业生态加快构建，新增软件信息服务业企业2159家，营业收入增长7.5%。金融业规模持续增长，9月末，本外币存贷款余额分别增长4.6%、6.3%，其中贷款增速较6月末上升3.8个百分点。

（四）消费活力逐步恢复，"两新"政策带动大宗消费回暖，新业态消费持续活跃

批发业保持快速增长，销售额1089.5亿元，同比增长22.5%。拓展磁器口直播产业园、麦秀直播基

---

① "12345"重点项目调度机制："1套专班、2份函件、3色管理、4项晒比、5级调度"。
② "百日百亿"攻坚专项行动：抢抓最后100天时间，紧扣时间节点，完成100亿元项目投资。

地等零售新业态，9月限上家电类商品零售额增长26.6%，高于全市7.1个百分点。文旅消费热度不减，1—9月累计接待游客超3597万人次，同比增长12.3%；旅游综合收入超170亿元，同比增长9.2%；磁器口游客约1482万人次，同比增长70.7%。

（五）对外贸易逐步回稳，通道贸易快速增长，使用外资增势强劲

持续放大"通道+口岸+综保区"联动效应，开行国际班列3637列货值762.9亿元，分别增长19.2%、55%，进出口总值2262亿元，7月在全市率先转正后已连续3个月保持正增长，增幅较上半年提高1.9个百分点，并持续高于全市平均水平，其中，出口同比增长6.4%，高于全市4个百分点，进口同比下降13.8%，降幅较上半年收窄4.4个百分点。推进现代物流业与制造、商贸等高附加值产业深度融合，"百亩百亿"产业生态圈汽车销售额增长2.5倍，清关出口整车超5万台，实际使用外资3.4亿美元，占全市的51.8%。

（六）就业收入总体稳定，民生福祉持续增进，民生实事有序推进

城镇新增就业3.24万人，提前完成全年3万人的预期目标。城镇调查失业率5.4%，居全市第6位、较上半年提升3位。10件区级民生实事5件提前完成年度任务，建成土主街道文广社区"一老一小"活动中心、新桥街道康养中心，新增停车位1537个、便民步道4公里。13件市级民生实事7件提前完成年度任务，新增婴幼儿托位946个、老旧小区改造稳步推进，总体符合时序进度。

（七）重点领域风险有效防控，政府债务有序化解，"保交楼"进度靠前

全区未发生一起债务违约。扎实开展保交房工作，推动8个项目进入房地产"白名单"，发放贷款3亿元，有效缓解房地产开发企业资金压力，保交楼项目已按约定时间交付房屋11497套，交付率达90%，剩余房屋将于2024年内全部完成交付。

二、2025年趋势展望

当前，沙坪坝区经济回稳向好的基础尚不够牢固，稳增长压力仍然较大。2025年将重点抓好以下6项工作。

（一）狠抓优势产业集聚

一是加力推动创新链产业链深度融合。打造环重庆大学、重庆师范大学创新创业生态圈升级版，推动环陆军军医大学、重庆电子科技职业大学建设。深入实施"双倍增"行动计划，确保完成新增科技型企业、高新技术企业全年任务。加快推动高校科技成果转化，建设新一代信息技术、数智科技概念验证中心。二是加快推动先进制造业转型升级。聚焦智能网联新能源汽车产业、生物医药和医疗器械等主导产业，持续补链延链强链。帮助赛力斯保生产、保交付。加快建设国药太极西南医药产业基地等重点项目，推动欧林生物尽快投运。大力发展装备制造产业，引进力劲等一批高端装备制造领域领军企业。三是大力发展生产性服务业。进一步健全现代生产性服务业发展机制，加快创建一批市级和区级生产性服务业集聚区。

（二）狠抓重点项目牵引

一是抓好重点行业挖潜增效。加快实施"三大工程"，加力处置"保交楼""两久"项目，提速西站TOD、富洲新城商业、华宇城商业项目建设。深挖高新区建筑业增量。二是抓好重大项目投资放量。加大项目前期工作力度，积极推行并联审批、容缺审批等办理模式。全力解决项目开工过程的卡点、堵点，推动项目尽早开工、提速建设、加大放量。深入开展项目策划包装行动，抢抓"两新""两重"政策机遇，精准策划符合政策支持投向领域的系列重大项目，完善项目前期工作和申报成熟度，尽最大努力向上争取资金。三是抓好重点片区开发提速。对物流园区、井双片区逐一现场调度，提速推动成渝中线科学城站片区、大学城北拓区、重庆炮校片区等重点片区的开发建设。

（三）狠抓消费信心提振

一是全域开展消费促进活动。强化商文旅体联动，策划全区焕新消费季活动。加快实施以旧换新，聚焦汽车、家电、家居、家装四大行业，整合金融机构、行业协会等多方资源，引导企业开展以旧换新活动、旧车置换服务。围绕公积金、二手房交易、购房补贴等系列利好政策，聚焦大学生就业落户、农业转移人口等策划房地产交易活动，加快释放刚性和改善性需求。二是加快打造消费新场景。持续推进三峡广场等传统商贸载体提档升级，打造品质消费地标，提供更多消费供给。大力促进首店经济、直播经济发展，推动麦秀直播基地发展壮大，形成更多消费"引爆点"。大力发展城市"后巷经济"，加快建设壹心巷、龙坎铺、电力巷、松林路等特色街巷。三是强化优质企业招引。加快打造新能源汽车消费生态圈，招引更多知名汽车品牌向三羊马汽车中心聚集，引进汽车后市场、汽车体育文化等业态。

（四）狠抓内陆枢纽建设

一是提速推进综保区建设。高标准建设专业化、特色化、智慧化综保区，围绕整车、冷链、临铁装备制造等主导产业，加快推动项目签约落地。继续争取在区设立铜交割库，构建有色金属大宗商品交易场景。二是纵深推进产业融合互促。瞄准5A级物流企业、行业50强、100强，力争落地50亿级重大项目。做强医药物流产业，拓展进口药品种类规模。做优冷链产业，加快中交冷链产业园、联丰智慧冷链产业园建设，促进冷链企业扩大进口肉类业务，提升冷链产品交易额。三是全力营造高水平开放生态。聚焦推动降本增效，加大数字通道建设力度，不断扩大铁路提单信用证、多式联运"一单制"应用范围。全方位融入中西部国际交往中心建设，推进与中老磨憨—磨丁经济合作区等国际产业园联动发展。

（五）狠抓重点改革攻坚

一是加快数字重庆建设。结合"1361"整体架构，对照"八大板块"全上跑道，提质建设数字化城市运行和治理中心，集成打造"抢险救灾应急指挥调度"综合场景，开发"数字燃气管网"等应用，形成更多实战标志性成果。二是深化"三攻坚一盘活"改革。聚焦关键指标、重点环节，强化统筹调度，把工作往前做、把进度往前赶，项目化、清单化闭环落实，确保高质量完成改革任务。三是全力防范化解债务风险。多措并举筹集资金，推动债券置换，打好政府隐性债务和国企债务风险防范化解攻坚战，坚决守住不"爆雷"底线。

（六）狠抓人民城市建设

一是大力推动城乡融合发展。提速井双新城片区开发，推动融智学院地块开工建设，启动磨床厂家属区改造提升。深入挖掘歌乐山和山洞街道的红色文脉，重塑歌乐山文旅品牌。二是打造人与自然和谐共生现代化的沙坪坝范例。常态化抓好中央生态环保督察问题整改，深化实施河长制、林长制，建好"两江四岸"贯通工程等重点项目。加强生态系统保护修复，加快补齐管网、污水处理厂等基础设施短板。三是全力维护社会安全稳定。统筹做好安全生产及自然灾害防治各项工作，紧盯高层消防、道路交通、建筑施工、电力燃气等重点行业领域，持续强化排查整治，切实消除安全隐患。

三、政策调控措施建议

建议适当增发超长期特别国债，增加地方政府专项债券、政府隐债置换债券额度，进一步释放大规模设备更新和消费品以旧换新需求，促进投资增长、债务风险化解。

[沙坪坝区发展和改革委员会　王　健]

之六：2024年九龙坡区经济运行分析及2025年展望

2024年以来，九龙坡区全面贯彻党的二十大和二十届二中、三中全会精神，深入学习贯彻习近平总书记视察重庆重要讲话重要指示精神，全力推动党中央关于高质量发展决策部署落地见效，认真落实市委六届五次、六次全会精神，扎实推动区委十三届七次、八次全会部署，完整、准确、全面贯彻新发展理念，积极服务和融入新发展格局，突出"稳进增效、除险固安、改革突破、惠民强企"工作导向，以"勇挑重担、走在前列"的奋斗姿态，加快打造"东西一体化、全域现代化"的大美九龙坡。前三季度，地区生产总值、规模以上工业增加值、固定资产投资、社会消费品零售总额、一般公共预算收入分别增长6.0%、4.4%、0.9%、3.9%、14.3%，经济持续回升向好，社会大局和谐稳定，高质量发展迈出坚实步伐。

特别令人振奋的是，"四件大事"为区域发展注入了新动力、增添了新气象。一是习近平总书记视察开启发展新征程。2024年4月，习近平总书记在重庆视察时亲临九龙坡民主村社区，实地调研城市更新，关心关怀保障和改善民生，提出"中国式现代化，民生为大"的重大论断，全区上下深受鼓舞、感恩奋进。二是枢纽港城增添发展动力。市委将重庆枢纽港产业园列为西部陆海新通道建设的重大标志性项目，将"西三镇"50.9平方公里纳入"一核"的开发建设范围，为九龙坡推进"东西一体化、全域现代化"发展战略带来重大机遇，"向西挺进、突围跨越"迎来最佳时机。三是"十大行动"重塑发展空间。全区上下锁定"创新之城""开放之城""便捷之城""宜居之城""生态之城""智慧之城""人文之城"的"七个之城"前景目标，牢固树立"把城市当景区建设、当客厅管理、当资本运营"理念，扎实开展具有九龙坡辨识度的城市现代化治理十大行动，蹚出一条共建共治共享的治理新路。四是国企改革筑牢发展底座。将"三攻坚一盘活"改革突破作为重中之重、首中之首的改革任务来抓，围绕城市开发、产业发展、城市运营等方向组建集"投融建管营还"于一体的三大集团公司，高质量完成国企、园区开发区和国有资产盘活改革任务。

一、2024年九龙坡区经济运行分析

（一）抓转型、促增长，经济能级持续提升

前三季度，完成地区生产总值1446.0亿元，同比增长6.0%，总量保持全市第2位。规模以上工业增加值、固定资产投资、社会消费品零售总额、一般公共预算收入分别增长4.4%、0.9%、3.9%、14.3%。聚焦"轻氢航空、数创能动"梳理谋划未来产业方向，在重庆枢纽港产业园九龙坡片区加快构建"一港九园"现代产业格局，西南铝宽幅板带和2.5万吨大规格挤压生产线等项目落地，"庆铃+华为"携手智驾商用车战略，"隆鑫+宗申"启动摩托车倍增计划，1—9月实现规模以上工业总产值1072.2亿元，同比增长1.4%。加快建设国际消费中心城区，限上批发业、零售业销售额分别增长15.2%、5.8%，集聚市场主体26.2万户，居全市第1位，其中民营企业9.6万家。重塑"1+8"开放发展平台体系，带动外贸进出口总额142.1亿元，同比增长13.2%，实现旅游综合收入195.6亿元，同比增长34.7%。

（二）抓创新、促赋能，科教实力持续增强

坚持创新制胜、人才引领、改革突破协同发力，加快打造具有全国影响力的创新型城区，高新技术企业、科技型企业分别增至645家、4000家，完成技术合同成交额32.3亿元，均居全市前列。万人发明专利拥有量37件，市级以上创新平台和市级以上认定高层次人才分别达408个、1181人，区县科技竞争力居全市第2位。规模以上工业研发投入13.3亿元，软信技术服务业营业收入30.7亿元，同比增长40.1%、高于全市水平24.8个百分点。教育综合改革成效居全市第1位，成功创建全国首个教育强国实验区，育才中学科学城校区、科学城谢家湾学校等5个重点教育项目建成投用，新增学位1.3万个。

（三）抓品质、促融合，城乡风貌持续焕新

全区国土空间分区规划（2021—2035年）获批实施，232平方公里管辖区域实现一体规划、一体开发、一体建设。完成城市更新177万平方米、老旧小区改造90.8万平方米，重庆电厂二期等项目启动更新盘活，民主村入选住建部完整社区建设十大案例。将整治环境卫生、道路交通不文明行为作为城市文明培育的重点，变铁栏杆、石墩子等"道路硬隔离"为礼让守序的"街面软管理"。深化"三百黄金半岛""双百公园城"等公共区域经济社会价值探索，鼓励"特许经营、以园养园"等发展模式。推进全市首批县乡村公共服务一体化试点，建成市级绿色示范村12个、市级美丽宜居乡村17个，初步构建起由"半城半乡"到"伴城伴乡"的新图景。

（四）抓保护、促涵养，生态本底持续夯实

纵深推进"九治一体、九龙九美""一江一山三河"生态安全屏障加快构建，环保投诉办理成效被列入中央生态环境保护督察正面典型案例，河长制以劳代偿生态修复创新做法得到全市推广。前三季度，空气质量优良天数达248天，同比增加4天，居主城第1位；长江国考断面水质稳定保持Ⅱ类，重点建设用地安全利用率保持100%。加快打造全员全季全时全域的"大美九龙坡""半岛小渡"开航即成"爆款"，星级酒店增星和A级旅游景区提A的"双50"计划稳步推进，助力旅游业发展尽早实现"五个显著提升"和"十大融合"。

（五）抓保障、促共享，人民生活持续改善

切实兜牢基本民生保障底线，基本养老保险、基本医疗保险参保率达96%、100%，累计发放低保、特困、临时困难救助等资金超5000万元。重点民生实事、票决民生项目扎实推进。居民人均可支配收入29484元，居全市第3位。持续深化"双就近"就业服务机制，新增城镇就业2.7万人。落实住房租赁市场发展试点工作，开工建设保障性住房552套，公租房签约1089户。深化医保支付方式改革，大力实施社保扩面提质专项行动，加快建设区人民医院新院区，获评全国医养结合示范区。推动养老托育服务体系优化升级，建设社区食堂16家，婴幼儿托位数达5400个；新增体育场地15万平方米，文化活动惠及群众15万余人次。

二、经济运行存在的主要问题

当前，九龙坡区部分主要经济指标增速不及年度预期，增长的内生动力还不强，经济稳定恢复性增长的基础还不牢固，近期主要经济体普遍实施降息，国际市场波动明显，全球贸易保护加剧，给九龙坡区经济运行带来多方面冲击，经济运行支撑不够、投资乏力、结构不合、新增不足；化债对各方面影响集中体现，资源要素保障更加困难，各类风险隐患需高度关注。

（一）工业增长支撑不足

价值链水平偏低，高端化、智能化、绿色化发展不够充分，汽摩、装备制造等传统制造业迈向先进制造业的步伐还不够快，新材料产业占比大，亟须寻求新的工业增长点，以氢能为重点的新能源产业还在培育壮大、氢能产值尚未放量。重点企业支撑乏力，十亿级企业西南铝、中煤科院、高新区长安跨越产值下降。主要产品市场低迷，铝材加工费下降冲抵铝价上涨优势。

（二）社会消费品零售增长压力较大

限额以上社会消费品零售占比偏低，企业数量多但龙头企业偏少，限额以下社会消费品零售低位运行，"小马拉大车"现象比较突出，未实现板块轮动支撑作用。居民消费意愿和能力尚不足，餐饮业短期无明显好转迹象，龙头企业增长乏力；全区燃油类汽车占比较高，受新能源市场冲击及价格下降影响，汽车板块下行压力依然较大。

（三）投资增长后劲乏力

持续高位运行压力较大，全区投资连续五年高位运行，年平均增速高于全市4.5个百分点，居中心城区第1位，持续稳增长压力较大。招大引强仍需发力，2024年招商引资签约项目中尚无百亿级项目，与经济大区、工业大区的地位还不够匹配，推动高质量发展缺乏支撑。

（四）财政"紧平衡"仍将持续

财政收入可持续性不足，自然税源增长乏力，资产交易等一次性事项占比较高。支出端"三保"、城市运维等刚性支出体量大、持续增长，可支配财力不足，历史欠账较多，财政"紧平衡"状态仍将持续。债务化解任务重，区属国有企业无法新增融资，筹资能力受限，偿债压力较大。

三、2025年重点工作

2025年是"十四五"收官之年，九龙坡将深入贯彻习近平总书记视察重庆重要讲话重要指示精神，全面贯彻党的二十届三中全会精神，细化落实市委六届五次、六次全会和区委十三届七次、八次全会精神，抢抓国家战略腹地建设、"三大工程"建设等机遇，咬定目标不动摇，努力交出经济社会发展高分报表，全力推动"东西一体化、全域现代化"大美九龙坡建设行稳致远。

（一）全力抓有效投资放量

一是加快推进在建项目建设。抓实周跟踪、月调度、季通报、年考评机制，定期对在库项目投资进行全面筛查，解决项目卡点堵点问题，逐个项目督促落实，推动各个重点项目加快建设。加快完善土地划转、项目备案、规划用地、工程招标、施工许可等投资全流程跟踪调度入统机制，确保全区投资项目应统尽统、颗粒归仓。二是提速推进新建项目前期工作。抢抓"两重""两新""三大工程"等政策窗口期，认真谋划2025年计划建设项目、3年滚动规划项目、5年储备项目库，对重点项目提前介入前期手续办理，推动项目应开尽开、能开早开。三是持续提振民间投资信心。迭代升级支持民间投资的政策措施，搭建社会资本与政府沟通对接平台。加快民间投资项目前期工作审批效率，及时协调解决问题，推动民间投资项目尽快放量。四是全力提升招商引资质效。锚定"500强""专精特新""独角兽"等目标企业，力争引进一批投资大、带动强、生态优的项目，加快推进招引项目投产放量。

（二）全力抓新质动能培育

一是大力发展先进制造业。瞄准"轻氢航空、数创能动"八大产业主攻方向，实施"千亿架梁、百亿立柱、特色夯基、新星扎桩"工程，深化打造"248X"高能级现代制造业集群体系，加快形成一批"九龙创造""九龙智造"等"九龙品牌"，推动先进制造业增加值占比明显提升。二是加快培育新质生产力。突出产业创新策源，支持企业与高校、科研院所面向未来产业重点领域，共建创新联合体和新型研发机构，支持龙头企业和重点骨干企业加强核心技术、关键工艺协同攻关。围绕创新链布局产业链，加快构建新型储能、量子科技、AI及服务机器人、低空经济等未来产业企业矩阵。三是发展壮大企业主体。大力实施"双倍增"计划，聚力建强"1+7+N"实验室体系，深入落实全市制造业领军（链主）企业跨越发展"鲲鹏"行动和"独角兽""瞪羚"企业培育行动，加快推动优质中小企业梯度培育改革，全力抓好新建企业升规入统。积极引导企业采用四新技术实施技术改造、智能化改造和绿色化改造，加快兑现稳增长奖励、促进制造业高质量发展等系列惠企政策，激励企业稳产贡献。

（三）全力抓消费潜能释放

一是加快实施消费品以旧换新。做好工业、农业、城建、交通、教育、文旅、医疗以及重点领域节能降碳改造、用能等领域设备更新，深入实施汽车、电动车、家电家装以旧换新，推进居家适老化改造，用足用好上级资金支持和消费券等工具，谋划推行住房以旧换新，释放消费活力。二是挖掘重点领域消费潜力。稳定扩大传统消费，围绕吃穿住行、娱教医养策划开展房交会、购车季、消费节等精品活动，特色发展夜间消费集聚区，激发消费市场活力。培育壮大新型消费，大力发展数字消费、绿色消费，挖掘打造沉浸体验、展览演艺、体育电竞等新型场景业态，积极培育智能家居、文娱旅游、国货"潮品"等新的消费增长点。三是强化消费资源集聚。全面开展国际消费中心区建设和文旅融合试点，持续推进消费载体建设，拓展消费新空间。

（四）全力抓外资外贸增效

一是全力提升通道效应。着力推动黄磏港扩能提质，提速推进渝昆高铁、成渝铁路改造工程等外向通道建设，全力推进科学大道九龙坡段、陶家隧道、轨道27号线等重大交通节点建设，加快打造立体高效综合交通枢纽。二是打造高能级开放平台。高质量规划建设好重庆枢纽港产业园九龙坡片区，高标准推动深化国家外贸转型升级基地、市级跨境电子商务示范区等8个平台建设，不断提升亚马逊跨境电商产业园出口量。深入推进自贸区九龙坡板块创新发展，持续实施领航提升行动计划。三是全力发展外资外贸。组织企业赴东盟、欧盟、南美等市场参加国际展会和对接会，大力开拓新兴国际市场。推动龙头企业与境外客商加强沟通对接，加快生产出口进度。用好用足外商再投资税收减免政策，增强外商扩大投资信心。

（五）全力抓改革攻坚突破

一是全力落实数字重庆整体部署。加强基础能力建设，着力增强三级中心贯通实战能力，加快推动六大系统高效协同。提速"一件事"及子场景上线贯通，持续谋划推动"一件事"纳入全市"一本账"，尽可能争取承接市级应用子场景和综合场景试点。二是深入推进"三攻坚一盘活"。进一步理顺三大集团公司运营体制机制，持续推进行政社会事务剥离，实现"政企畅通、管理流畅、监督有效、创新引领"，全面提升核心竞争力。提速完成园区改革任务，力争改革综合评价保持全市前列。深化清理政企分离改革，确保经营性国有资产集中统一监管。进一步挖掘可盘活资产，创新盘活方式，力争国有资产盘活取得更多标志性成果。三是持续优化营商环境。深化打造"九久满意·亲清联盟"政企交流平台，一项一项工作对标全市第一补短板，致力实现营商环境西部一流、重庆最优。

（六）全力抓惠企利民见效

一是加大经济主体服务支持力度。持续深化服务企业专员制度，依托"渝企配政策"功能平台，推动政策文件"一键直达"、奖补政策"一键计算"、适配政策"一键推送"。完善支持民营经济发展制度机制，及时协调解决民营企业发展合理诉求，做实做细"惠企、援企、稳企、安企、强企"。二是持续推进居民增收。持续深化创业就业，健全完善"双就近"就业机制，进一步激发零工驿站（市场）、菁英创谷等就业服务载体活力，做好重点群体就业服务，加大就业岗位供给，推动就业补贴政策"免申即享""直补快办"。落实好全市优化收入分配体制机制、促进低收入群体增收实施方案等政策举措。三是坚决守牢安全发展底线。全力推进"长安杯"创建，落细落实平安九龙坡法治九龙坡建设各项工作任务，严格抓好政府隐性债务和国有企业债务风险管控，做好迎峰度夏电力保供，全力抓好森林防火、江河堤坝防护、防洪排涝工程建设、地质灾害防治等专项工作，实施城市现代化治理"十大行动"，持续抓好社会治安突出问题治理，稳妥化解社会矛盾纠纷，确保重点领域风险防范、安全生产、社会安定"三个万无一失"。

[九龙坡区发展和改革委员会　董　超　周　慧　赵　琳　张欣玮]

之七：2024年南岸区经济运行分析及2025年展望

一、2024年南岸区经济运行分析

（一）供给端持续改善，两大产业平稳运行

工业经济平稳增长。前三季度，规模以上工业总产值完成742.1亿元，同比增长7%，规模以上工业增加值同比增长6.5%，排中心城区第3位。内部行业看，八大行业呈"四升四降"态势，其中，电子行业增长9.5%、摩托车行业增长48.3%、能源行业增长8.9%、装备行业增长3.2%。龙头企业拉动工业增长，17家"双百企业"实现产值374.4亿元，同比增长9.9%，高于规模以上工业增速2.9个百分点。产业升级加快推进，新增国家级"小巨人"企业3家、市级"专精特新"企业46家、创新型中小企业33家，三峡电缆、岷能电动车、九洲隆瓴等7家入选全市设计驱动型企业。深化"亩均论英雄"改革，盘活鹏熙、港鑫等闲置工业用地118亩、闲置厂房6.4万平方米。

服务业稳进提质。前三季度，服务业增加值完成470亿元，同比增长6.9%，排中心城区第3位，高于全市水平1.1个百分点，占GDP比重达61.3%。金融业高速发展，金融业增加值完成120亿元，同比增长22.3%，拉动GDP增长约3.1个百分点，本外币存贷款余额达8026.6亿元，同比增长17.4%，其中，贷款余额增长22.8%，排中心城区第1位。"满天星"行动深入实施，新增软件企业18家，新升规点轩科技、驰碧电子2家企业，规模型、"小巨人"等标签企业占比超30%，西南集成等6家企业入选全市软件和信息服务企业综合竞争力前50强，中林广生等3家企业4个产品入选2024年第一批全市首版次软件产品，打造重庆软件园、数字内容·渝、物联地带·渝等3个"满天星"市级示范楼宇。

（二）需求端逐渐恢复，三驾马车协同发力

投资增长态势良好。前三季度，全区完成固定资产投资275.2亿元，同比增长5.2%，高于全市3.4个百分点，排中心城区第3位。其中，基础设施投资150.3亿元，同比增长5.1%；工业投资29.1亿元，同比增长78.6%；房地产投资75.6亿元，同比下降1%。重点项目加快建设，弹子石南滨路片区排水管网改造项目、大南山水环境综合治理四期等项目开工建设，江南隧道及茶黄路工程、江南立交改造工程、东南医院二期等项目有序推进。积极争取资金支持，全区共争取超长期特别国债、中央预算内投资、地方政府专项债资金总计约30.8亿元，其中，抢抓全国"两重""两新"项目建设政策机遇，累计获批超长期特别国债资金10.7亿元（南岸区7亿元、经开区3.7亿元；已到位6.8亿元，资金还在陆续下达中），预计全年将获得超长期特别国债资金约14亿元。

消费市场基本平稳。前三季度，社会消费品零售总额完成520.8亿元，同比增长4.2%，高于全市0.4个百分点。分行业看，批发、零售、住宿、餐饮分别同比增长0.3%、7.5%、1.1%、6.5%。消费场景逐渐丰富，京东生态企业销售额同比增长22.8%，拉高零售业增速5个百分点，南坪龙湖TOD、万达坊等项目加快建设，上海城商业改造升级形成初步方案。消费活动供给丰富，推出"新南坪 悦生活"金秋消费季活动，南坪商圈国庆期间销售总额同比增长6.5%。会展经济蓬勃发展，举办West Joy、第二届重庆国际消费品博览会、爱尚重庆·2024南岸购车节等重点展会110场，拉动消费近3亿元。商文旅

体融合发展，成功举办无人机光影秀、第二届中国（重庆）航空航天商旅文化消费节等文旅活动，吸引游客4023.5万人次，同比增长5.1%，其中，过夜游客290.07万人次，实现旅游接待收入313.7亿元，同比增长7%。

对外开放纵深推进。前三季度，外贸进出口完成60.9亿元，同比增长5.4%，增速排中心城区第3位，实际使用外资预计完成9145万美元，同比增长116.8%。强化自贸板块建设，南岸自贸板块新增注册企业532家，注册资本金13亿元，形成4条自贸试验区可复制推广经验案例，其中，"区外工单核销"助力加工贸易发展入选全市首批自贸试验区联动创新区优秀实践案例。

（三）效益端向稳向好，发展质效显著提高

财税收支稳健可控。前三季度，一般公共预算收入完成52.1亿元，同比增长26.8%，其中，税收收入完成31.3亿元，同比增长0.3%。探索自营、出租、引入战投等方式，推动闲置资产"止血+造血"，非税收入完成20.8亿元，同比增长110.7%。着力防范化解风险，提前做好资金预判和统筹，落实"一债一策"，截至9月底，已完成政府性债务化解全年目标任务的77.1%。一般公共预算支出全力保障"三保"和化债等重点支出，其中，农林水支出、城乡社区支出、住房保障支出分别增长105.2%、428.5%、102.4%。

居民生活稳步改善。前三季度，房地产、居民服务业、卫生等行业工资增速均高于全市平均水平，城镇新增就业3.8万人，城镇调查失业率控制在5.5%以内，统筹城乡养老保险、医疗保险参保覆盖率均在95%以上。

二、当前工作中需关注的问题

尽管全区经济运行保持总体平稳，但外部环境仍旧复杂，有效需求仍然不足，经济持续增长的基础尚不够牢固，具体有以下几方面问题需重点关注。

（一）主要行业指标有回落压力

工业方面，占工业增加值近1/4的重烟增速低位运行，远低于全区平均增速，难以维持当前的高增速，美的通用、桐君阁、圣华曦等龙头企业受高温影响企业排产，规模以上工业增加值要实现保档形势较为严峻。商贸方面，2024年以来，行业占比最大的限上批发业销售额持续负增长；受医保统筹等因素影响，医药流通持续下滑。金融业方面，金融业面临高基数的困难，在无大体量金融机构落地的情况下，2023年以来的高增长难以维持，行业增速将逐渐趋缓。建筑房地产业方面，全区建筑业企业合同额大幅下滑，行业增长缺乏后劲；房地产消费需求不足，全区商品房新开工面积、施工面积连续下降超20个月，在建房地产项目同比减少两成。

（二）投资形势依然严峻

一方面，社会资本参与不足，随着国内外形势不断变化，房地产市场持续低迷，从2020年疫情开始全区房地产投资已连续4年为负增长。加之社会资本对市场敏感性强、研判谨慎，如果既不能获得高盈利，又会在相当长时间范围内带来资金占用问题，将导致企业投资意愿不强。另一方面，政府投入缺口较大，随着广阳岛建设进入尾声，重庆东站、轨道6号线延伸段、24号线一期等重点项目2025年将逐步建成投用，后续南岸区投资缺口预计将在50亿元以上。南岸区承担茶惠大道、鹿角隧道、铁路东环线、渝湘高铁等市区共建项目征拆资金约60亿元，按照国家政府债务风险管控、政府融资平台转型发展的要求，项目征拆资金无法直接融资、发债，筹集渠道非常有限，区级财政已难以承担征拆资金需求，缺口巨大。

三、2025年主要工作

为实现2025年一季度开门红,要及早谋划南岸区2025年发展思路、主要目标和重点任务,提前做好项目策划和项目储备,重点抓好几件大事。

(一)强化规划引领

开展"十五五"规划纲要及各专项规划编制,科学制定未来五年发展目标,提出未来五年重点工作任务,谋划好重点项目库,为"十五五"时期全区经济社会持续发展做好指引。

(二)强化产业发展

工业要重点聚焦广阳岛片区,重塑片区发展定位,开展片区规划调整,以汽车电子为重心,深化与长安、赛力斯等企业合作,新引进一批车身传感器、汽车软件等项目;金融业要做好蚂蚁消金等龙头企业服务工作,持续推广好数字化信用管理平台暨信用融资产品"重信贷",尽快落地全国第四张个人征信牌照,形成消费金融、互联网保险、征信等特色金融体系;软件信息业要发挥南岸区成熟载体优势,加快闲置楼宇收储改造及专业化运行,聚焦游戏、动漫、影音等新赛道,引育一批行业龙头企业,推动产业发展"集点成片"。

(三)强化投资增长

要围绕国债具体调整方向,提前围绕"两重""两新"支持的八大方向、17个具体投向,依托区位优势、资源禀赋、产业基础等实际情况,统筹科技创新、产业转型升级、民生保障、基础设施建设,重点聚焦符合南岸区申报领域(城市地下管网、医院病房改造、普通中等教育基础设施建设、保障性租赁住房、污水管网改造、重要物流基础设施、工业领域设备更新改造及数字化智能化改造),根据重要性、紧迫性和可行性,提前开展前期工作,形成储备一批、开工一批、建设一批、竣工一批的滚动循环,提升项目转化率。

(四)强化消费提升

要推动消费与民生深度融合,落实好国家、市级消费品以旧换新补贴政策,努力扩大养老、托育等服务消费;聚焦国际消费中心城市中心区建设,打造"南滨C湾"独有城市IP,培育和引进一批体验式商业项目;抓住全国房地产政策加码、全市房地产交易政策调整优化的窗口期,加快土地供应,推介长嘉汇和黄御峰、中铁建元时代等优质楼盘,全力刺激住房消费。

(五)强化招商引资

要重点围绕广阳岛片区转型发展及重庆东站枢纽新城建设,聚焦汽车电子、总部经济、未来产业等符合规划导向的重点产业方面,盯准世界500强、央企等资源,着重引进一批立竿见影、利于长远发展、对指标形成支撑的招商项目。

[南岸区发展和改革委员会　赵剑敏　罗永杰　谭光宇　李少龙　梁　鑫　李　爽]

之八：2024年北碚区经济运行分析及2025年展望

一、2024年北碚区经济运行分析

（一）运行特征

2024年以来，在区委、区政府的坚强领导下，北碚区上下深入贯彻习近平总书记视察重庆重要讲话重要指示精神，细化落实中央、市委经济工作会议精神，按照区委十三届七次全会、区委经济工作会议安排，牢牢把握稳进增效、除险固安、改革突破、惠民强企工作导向，区委、区政府主要领导靠前指挥、精准调度，各级各部门抓细抓实，积极克服高温极端天气不利影响，扎实推进各项年度目标任务。1—9月，全区实现地区生产总值633.24亿元，同比增长4.2%；规模以上工业增加值同比增长2.9%；完成固定资产投245.87亿元，降幅连续5个月收窄；实现社会消费品零售总额154.84亿元，同比增长2.2%。主要呈现5个特征。

一是工业新动能培育加快。1—8月，数字经济核心产业产值同比增长9%。1—9月，战略性新兴产业总产值占工业总产值比重达67.8%、居全市第3位，高出全市平均水平28个百分点。重庆材料研究院有限公司入选第八批国家级制造业单项冠军企业，全区单项冠军企业实现"零的突破"。国家级专精特新"小巨人"企业累计29家，全市占比9%；市级"专精特新"企业299家，全市占比6.3%；"瞪羚"企业11家，数量居全市第4位；潜在"独角兽"企业3家，数量居全市第1位。完成技术合同登记额27.6亿元，占地区生产总值比重超4%，较上年同比增长140.4%。截至目前，全区科技型企业3729家、居全市第5位，高新技术企业431家、居全市第3位。

二是服务业发展提质增效。1—9月，全区实现服务业增加值341.05亿元，同比增长5.2%，增幅居中心城区第5位。建立现代生产性服务业高质量发展专项工作机制，软件和信息技术服务业、互联网和相关服务业保持高位增长。神驰北碚中心、蔡家兴悦里商业中心提档升级，吾悦新印巷盛大开街。举办"碚有滋味 味你而来"美食节、2024"爱尚北碚"消费品以旧换新推荐等系列促消费活动，1—9月社零增速由负转正，同比增长2.2%。

三是数字重庆建设全面推进。积极谋划区级"一件事"应用，5个应用进入全市区县应用"一本账"，位居全市前列，4个特色应用开发上线。争取市林业局赋权北碚试点缙云山森林防灭火应用；自主谋划的化粪池监管应用，首批进入全市区县典型应用"三个一批"复制推广名单。建成视联网系统，24个视联网点位覆盖全部镇街和重点单位。完成全区建成区L2级实景地图建设，"一标三实"数据贯通全部镇街。承接贯通市级应用52个，其中26个应用贯通镇街基层治理中心。目前，区治理中心和各镇街基层治理中心每天处置事件约700余件，办结率保持在99%以上。

四是"三攻坚一盘活"蹄疾步稳。15户纳入"止损治亏"范围的企业均实现扭亏为盈，21户目标企业均已完成企业法人压降，管理层级保持在3级。政企分离改革攻坚提前完成任务。北碚经济技术开发区正式挂牌成立，开展"十库十增"专项行动，"亩均论英雄"改革持续深化，亩均税收同比增长11%。完成国有资产盘活72.8亿元、资产变现43.2亿元，超额完成资产盘活任务。偏岩古镇资产盘活纳入全市资产盘活和全面深化改革典型案例。

五是人民群众福祉稳步提升。14件市级重点民生实事和8件区人大代表票决民生实事扎实推进。全年预计实现城镇新增就业2.2万人，全区就业形势总体稳定。《五社联动·寻幽入微：乡土助老志愿服务新探索》获首届全国社会工作和社会治理创新优秀案例，4家老年食堂获评市级优质食堂。"莎姐守未环境整治工作"排查问题76个，已全部完成整改。新增6所普惠性幼儿园，作孚小学等4所小学建成投用，王朴中学等5所城市学校更新建设有序推进。国家区域医疗中心、市六院北部院区、市九院两江分院、市十三院蔡家院区等4个三甲医院新院区加快建设。金融、房地产、政府债务、安全生产等重点领域风险得到有效防范，发展安全保障水平持续提升。

（二）存在问题

一是投资恢复向好压力较大。受新增项目体量较小、在库项目投资速度放缓影响，工业投资2024年以来持续超20%大幅下滑。此外，房地产市场仍然处于下行区间，房地产企业"以销定投"，扩大投资意愿低，基础设施项目受政府化债、"三张清单"管控等因素影响也难以放量。在没有新的大型项目落地开工情况下，全年投资仍将处于下行区间。

二是外贸形势隐忧仍在。受发达国家对华"去风险""脱钩断链"、欧美针对出口"新三样"提升关税壁垒和非关税壁垒等政策影响，外需不确定性仍然较大，主要市场补库存力度和持续性有待观察，企业接单仍面临较多不确定性，京东方、神驰等重点企业外贸进出口均有不同程度下滑。

三是财政运行和债务风险凸显。1—9月，区金库一般公共预算收入同比下降4.8%，增速较1—8月下滑13.7个百分点，其中区级税收收入同比下降4.3%，增速较1—8月下滑5.6个百分点，形势不容乐观。政府性债务化解成效67%，未达序时进度，受经济大环境、土地、房地产市场低迷以及平台公司融资管理严控、融资项目储备不足影响，资金筹集工作举步维艰，化债压力较大。

二、经济与社会发展形势预测

（一）2024年主要指标预测

预计全年地区生产总值增长3%左右。

（二）2025年经济发展环境及趋势预测

2025年，外部环境更加复杂多变，全球贸易保护主义、地缘政治冲突不断加剧，产业链、供应链安全风险持续加大，国内发展不平衡、不充分问题仍较为突出，全市政府债务、进出口等领域风险隐患较多，将对全区经济持续恢复发展带来较大挑战。但总体来看，北碚区区位交通优势明显、生态人文底蕴深厚、产业发展空间充足，全区经济回升向好、长期向好的基本面没有变，保持经济平稳健康发展有基础、有条件。尤其是2024年4月习近平总书记到重庆视察，新赋予重庆奋力打造新时代西部大开发重要战略支点、内陆开放综合枢纽"两大定位"，市委六届五次全会明确要深刻把握现代化新重庆建设的新目标体系，重点打造"六个区"，为现代化美丽北碚建设带来千载难逢的重大机遇和政策红利。北碚区将紧抓全市成渝地区双城经济圈建设、西部陆海新通道建设、"33618"现代制造业集群体系建设、数字重庆建设、美丽重庆建设等战略机遇，赛马比拼、唯实争先，推动现代化美丽北碚建设开创新局面、再上新台阶。

三、下一步工作打算

（一）锚定全年目标，努力实现主要经济指标企稳回升

紧盯目标任务，对地区生产总值、固定资产投资、规上工业增加值等主要经济指标进行实时监测、动态跟踪，特别是GDP结构调整后，提前谋划，采取相应措施，确保优势指标保持领先，弱势指标尽量缩小差距，努力完成"674"全年目标。加强重点企业发展质效监测研判，全力抓好企业"升规纳统"。持续加大向上汇报衔接力度，提前谋划全区明年经济工作目标任务，力争四季度主要经济指标回暖、明年一季度实现开门红。

（二）强化多点支撑，加快构建现代化产业体系

聚焦打造"1+2+4+X"现代制造业集群体系，强化龙头企业带动作用，围绕京东方、睿蓝等链主龙头企业补链延链强链，支持"川仪系"等特色产业链条做大做强，全面优化企业服务，积极宣传落实"技改专项贷""大规模设备更新再贷款"等支持政策，加快推动数字化智能化转型升级，促进新型显示、智能网联新能源汽车、传感器及仪器仪表等产业链成势壮大。加快打造具有北碚特色的"12366"现代生产性服务业产业体系，深入落实"满天星"行动计划，持续打造以腾讯、紫光华山为核心的现代信息技术产业集群，支持企业整合资源设立独立的工业设计中心或建设设计研究院，提前谋划布局未来产业发展。

（三）聚焦补链强链，全力提升招商引资质效

进一步细化实化机会清单和招引图谱清单，在强"主链"拓"支链"、优"老链"建"新链"、延"短链"补"断链"、聚"单链"融"多链"上齐头并进、下实功夫，做大做强软信（电子）产业、智能网联新能源汽摩、智能传感器及仪器仪表、现代商贸服务（文、旅、体）以及食品及农产品加工产业等重点产业链。加强与两江新区合作招商，争取更多先进制造业项目布局北碚。精准制定项目开工建设"作战图"，全力做好重大项目用地、资金、能耗等方面协调保障。

（四）提速项目建设，力争固定资产投资降幅持续收窄

按照能快则快尽量快的工作要求，主动靠前服务，推动本贸重庆新型算力中心、东阳陆港物流园（首开区）、渝西高铁北碚南站综合交通枢纽及配套设施建设等项目加快土地招拍挂和规划调整等前期工作，力争提前开工建设，全力服务保障在建项目投资放量。结合"十五五"规划编制工作，抢抓"两重""两新"政策机遇，围绕中央预算内投资、超长期特别国债、地方政府专项债券等投资导向和政策支持方向，持续做好项目储备工作。密切跟踪已申报国债项目进展情况，确保资金下达即开工。

（五）深挖消费潜力，力争社会消费品零售总额增速稳中有升

加快实施消费品以旧换新，推动第二轮汽车消费购置补贴，落实好电动摩托车、绿色智能家电、家装厨卫消费品以旧换新政策，释放全区汽车、家电、家装消费市场潜力。扎实用好关于公积金、购房补贴等系列利好政策，加快释放购房刚性和改善性需求。持续做好"渝味360碗"北碚美食推介，激发消费活力。对拓速乐、壳牌、中石油、快乐食间等重点企业做好"保姆式"服务，及时帮助解决经营中存在的问题，掌握了解企业的新动向和新情况，助力企业做大做强。

（六）着力惠企利民，全力促进民营企业减负提质增效

持续深化服务企业专员制度，用活用好"企业吹哨、部门报到"平台，政策解读员机制，及时回应

解决企业发展问题，主动助企纾困解难。落实《重庆市加强分型分类精准帮扶促进个体工商户高质量发展实施方案》，分型分类培育高质量个体工商户。加大对脱贫劳动力、失业人员等重点群体的就业帮扶力度，促进创业带动就业，保质保量实现全年新增就业2万人目标。持续推进居民增收，着力抓好根治农民工欠薪工作，力争居民收入增速与经济增速同步。

（七）兜牢安全底线，切实抓好重点领域风险防范

落实国家和全市支持房地产平稳运行相关政策，加快推进"两久"项目处置，打好"保交房"攻坚战，确保年底前完成80%的交付任务。强化"三资"盘活，着力抓好隐性债务化解，持续压减非必要非急需支出，切实以高水平安全护航高质量发展。持续深化道路交通、能源化工、消防安全、建筑施工等重点领域风险排查，统筹推进社会治安、信访、维稳等各项工作，确保社会大局和谐稳定。

[北碚区发展和改革委员会　张　红　刘妍艺　杨利华　马　淼]

之九：2024年渝北区经济运行分析及2025年展望

2024年以来，在以习近平同志为核心的党中央坚强领导下，在重庆市委、市政府带领下，渝北区上下深入贯彻习近平总书记视察重庆重要讲话重要指示精神，细化落实中央以及重庆市委、市政府系列会议精神，全力保供稳产、守牢安全底线，经济运行总体平稳。

一、2024年渝北区经济运行分析

（一）经济运行主要特点

1—9月，全区实现地区生产总值1887.7亿元，同比增长5.2%，经济总量保持全市第一。其中第一产业增加值21.67亿元，同比增长3.2%；第二产业增加值687.4亿元，同比增长13.4%；第三产业增加值1178.6亿元，同比增长0.7%。总体呈现6个方面特点：

1. 工业经济支撑有力

规模以上工业增加值增长20.2%。长安新能源投产，赛力斯、阿维塔持续放量，新能源汽车产量达到14.7万辆、同比增长17.1倍，占全市总量的1/4，带动汽车产值完成1267.2亿元，同比增长48.2%。举办中小企业数字化转型推广大会，第一批60余家试点企业数字化转型改造基本完成。新认定专精特新"小巨人"企业5家，7家企业通过复核。

2. 重点项目建设稳步推进

市区两级重点项目年度投资完成率分别达75.4%、81.4%，均超时序进度，天箭惯性等5个区级重点项目提前完工。渝北换流站等3个成渝地区双城经济圈重大项目投资完成率超120%，长安渝北工厂置换升级项目提前完工，超额完成全年目标。成功举办第六届"空中丝绸之路"国际合作峰会，签约项目6个，总投资达300亿元。

3. 消费市场平稳增长

深入落实以旧换新政策，开展"中央公园焕新乐购季"活动100余场，推动汽车消费增长7%，带动社会消费品零售总额增长4.3%。提质打造商业综合体，投资2亿元的SM广场现代智慧新零售升级改造项目签约落地。文化演艺市场持续繁荣，共审批音乐会、演唱会等各类演出活动800余场次。

4. 对外贸易总体平稳

强化内外贸一体化发展，进出口总额完成1232.8亿元，同比增长1.6%。其中，进口增长30%。平台建设加力推进，川渝高竹新区累计入驻企业数量较刚成立时实现翻番，汽车装备产业集群雏形初现。临空经济示范区提质发展，方大重庆航空城建设稳步推进，临空经济指数居全国第6位，较2022年上升1位。

5. 民生福祉持续增进

落细落实就业创业政策，实现城镇新增就业5.8万人，提前完成年度目标。举办高校毕业生留渝来渝、人才夜市等活动，促进青年留渝来渝就业创业1.8万人，离校未就业高校毕业生就业率72%。41件民生实事子项任务稳步推进，其中17项提前完成全年任务，新增10万平公园绿地、98万平体育场地，老旧小区改造项目开工率100%，人居环境进一步改善。

6. 重点领域风险可控

统筹抓好债务化解和风险防范，政府债务化解成效保持A档。中小金融机构持续正常经营，未发生重大非法集资刑事案件。"保交楼"攻坚战有序推进，12个项目已销号11个。

（二）存在问题

1. 房地产业仍未触底，对关联行业影响大

商品房销售面积降幅在1—6月逐月扩大，且扩大趋势比全市更快，加上渝北区房地产业占经济总量比重超过5%，导致房地产业波动对全区经济增长影响更大、更为深远。关联产业上，重点建筑业企业产值锐减且出现失信、停业申请破产等情况，同时主营业务为与房地产开发相关的科研服务业企业营业收入、行业劳动工资均持续下滑。

2. 金融业持续低位运行，短期内增长困难

因企业融资需求不足、个人住房贷款低迷，叠加银行贷款收益和净息差持续压缩，传统银行盈利能力面临挑战。即便通过调整经营策略、创新金融产品以提高利润仍需要积累和沉淀，金融业增长趋势难以在短时间内出现较大扭转。

3. 商贸活力有待进一步提振

受消费信心不足、会展吸附不够等综合影响，批发业、零售业、住宿业、餐饮业增速逐季下降，尤其是新能源车价格战冲击燃油车销售，以及周边省市补贴差异导致汽车消费存在，汽车市场持续疲软，支撑社会消费品零售总额增长动力不足，全区前20强汽车销售企业中已有14家出现销售额下降。

4. 社会投资信心不足，固定资产投资止滑企稳困难

前三季度，全区固定资产投资由正转负，且呈现降幅逐渐扩大，加上具有影响力的存量大项目已不多，其中房地产在建项目投资余量所剩不多、基础设施重大项目锐减、受市场因素影响工业大项目接续不上，全区固定资产投资在短时间内难以形成较大增量，形势严峻。

5. 财税收入增长压力加大

受土地出让不及预期、房地产业税收持续下降、重点企业税收贡献减少等综合影响，财政收入增速放缓、税收收入由正转负。

（三）全年预测

纵观全年，随着我国国民经济运行总体平稳、稳中有进，多数生产需求指标预计持续好转，市场预期不断改善，加上国家、市级稳经济系列政策举措显效，推动全区经济回升向好的积极因素势必会累积增多。全年GDP有望增长6.5%左右，其中规模以上工业增加值增长22%；固定资产投资全力收窄降幅，力争实现正增长；社会消费品零售总额有望增长5%；进出口总额增速保持正增长。

二、2025年渝北区经济运行环境及因素分析

2025年，全球经济不确定、不稳定因素增多，我国外部经济环境预计难以出现根本性转好。国内经济仍然面临总体需求不足的局面，消费和投资增速预计仍将处于相对低位。消费增速受制于居民收入增

速较低以及消费者信心处于较弱区间。投资增速较低则受制于内外需求不足、房地产市场调整与地方政府债务压力。需要增强信心，善于创造并把握机遇。从全国看，国家对于经济结构调整的决心坚定，将陆续出台一系列稳增长、促转型政策以及财政、货币、房地产、地方债等领域更有针对性的政策组合拳，有助于稳定市场预期，并为新兴产业发展提供支持。加上我国经济具有巨大的发展韧性和潜力，长期向好的基本面没有改变，2025年全国经济增长将有望继续保持在5%以上。从全市看，2025年将全力推动"十四五"规划顺利收官，推动成渝地区双城经济圈建设进一步走深走实，"33618"现代制造业集群体系打造提速，战略性新兴产业、高技术产业规模持续增长，绿色低碳循环发展经济体系初步形成，内陆开放高地、国际消费中心城市等基本建成，全市经济动能将不断增强、城市能级将持续提升。

从全区看，随着产业结构调整进一步深入、重点项目提质上量、营商环境持续优化、服务两江新区水平不断提高，加上切实落实助企纾困政策有力有效，市场信心和活力将进一步增强，全区经济将总体平稳向好。

三、2025年趋势展望及主要指标预测

立足渝北发展实际，初步预计2025年：全区经济增长与全国、全市趋势同向，经济运行继续保持在合理区间；工业总产值稳步增长，高技术产业占规模以上工业比重进一步增加；固定资产投资规模总体稳定，投资结构持续调整；社会消费品零售总额合理增长；外贸进出口总额、实际利用外资保持总体稳定；居民就业、增收等政策持续显效，相关指标完成"十四五"规划目标。

四、措施建议

2025年，渝北区全力推动经济高质量发展，确保"十四五"顺利收官，着力抓好各项重点工作。

（一）优产业提质效

加快打造智能网联新能源汽车、新一代电子信息两大主导产业集群。在智能网联核心技术、车载智能装备、车用系统软件等关键环节上发力，推动技术研发、企业总部、高价值产品不断集聚。支持智能终端龙头企业建设新技术研发联盟，鼓励配套企业在各自领域加大技术研发力度，在"芯屏器核网"上找准市场紧缺性、技术薄弱点，研发和生产新一代智能终端设施设备。以仙桃数据谷为核心，加快打造数字经济创新策源地，促进成果就地转化。加快打造现代都市农业新高地，推进国家数字农业创新应用基地项目，促进人才、高新企业、创新平台等集聚，培育形成一批带动性强的农业高新技术产业集群，全力建成国家乡村振兴示范区。服务方大重庆航空城建设发展，加快形成临空经济示范区可视化成果。

（二）抓项目促投资

做好"十五五"时期重大项目策划、储备，围绕城市提质、乡村增美以及先进制造业集群体系和现代服务业体系，持续滚动策划一批优质基础设施、产业项目。依托高质量项目储备、推介，联动全区"招大商、招优商"工作，积极引入央企和优质社会资本集聚，推动一批重点产业项目落地开工。坚持"周调度、月通报"，持续跟踪、打表推进，全力加快推动重点产业项目建成投产。创新投融资模式，强化民间资本招引，全面清理可盘活、可利用的存量资产，用好"发展机会清单"工具，做好投资推介，积极撬动社会资本投资渝北。

（三）促消费提信心

突出国际化、高端化、智能化、体验化，加快建设中央公园商圈，抓好核心购物中心培育以及周边

配套设施完善提升，扩容提质嘉州商圈、两路空港商圈。依托嘉州商圈向外辐射，支持特色街区、网红街区发展，提升消费能级和档次。整合优质文旅资源，策划一批有渝北特色的游玩路线、目的地，打造一批有特色、有底蕴、聚人气、带流量的休闲旅游场景。发展赛事经济、演艺经济，依托龙兴足球场、全民健身中心等现有场馆，积极申办各级各类高端赛事和大型演出。推动"会展+"融合发展，支持悦来国博中心提升展览、会议、餐饮、住宿、演艺、赛事等承载能力和服务水平，全方位引流。

（四）优环境促发展

加快推广应用"渝快办"政务服务平台，深化"一窗综办"改革。深化"签约即供地""拿地即开工"等举措，进一步缩短项目全流程审批时限。强化"互联网+监管"，依法保护各类市场合法权益。深化"双随机、一公开"监管，完善执法人员数据库和监管对象数据库。全面落实市场准入负面清单制度，贯彻落实反垄断反不正当竞争规则。聚焦企业全周期全方位服务，着力打造市场化法治化国际化一流营商环境。

（五）促民生保稳定

切实落实就业优先战略，促进高质量充分就业。用好"一库四联盟"就业服务资源，深化"15+5"便民服务圈打造，大力支持重点群体就业。切实做好社会救助兜底保障工作。增强优质教育、医疗卫生资源供给，着力推进一批重点项目加快建设，推动一批制约发展的问题得到有力解决，不断增进民生福祉。

[渝北区发展和改革委员会　沈迎春　蒲晓霞]

之十：2024 年巴南区经济运行分析及 2025 年展望

2024 年以来，外环境更趋复杂多变，巴南区处在经济结构调整转型、新旧动能转换的关键期，调整的阵痛正在释放。面对问题挑战，巴南区牢牢把握"稳进增效、除险固安、改革突破、惠民强企"工作导向，实施"稳存量创增量攻坚年"行动，围绕"一区五城"建设和五大产业集群发展，积极挖掘经济增长潜力，经济运行呈现筑底回升态势，主要经济指标出现积极变化，推动经济向上向好的积极因素累积增多。

一、2024 年巴南区经济运行分析

（一）经济触底回升、持续向好

前三季度，巴南区完成地区生产总值 834.8 亿元，同比增长 4.3%，增速较上半年提升 1.8 个百分点。分产业看，第一产业增加值 45.6 亿元，同比增长 3.2%，增速较上半年回落 0.4 个百分点，拉动经济增长 0.2 个百分点；第二产业增加值 396.9 亿元，同比增长 5.1%，增速较上半年回落 1.6 个百分点，拉动经济增长 2.4 个百分点，其中，工业增加值 256.7 亿元，同比增长 5.8%，拉动经济增长 1.8 个百分点；第三产业增加值 392.4 亿元，同比增长 3.6%，增速较上半年回落 2.1 个百分点，拉动经济增长 1.7 个百分点。

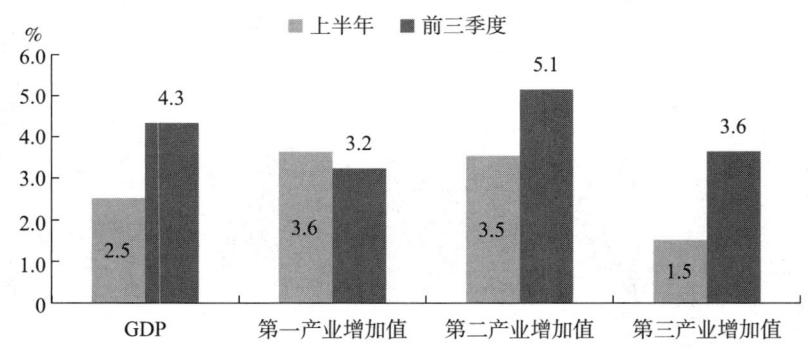

图 1　2024 年上半年和前三季度主要指标增速情况

（二）投资承压前行、企稳改善

加快项目促建，全区 123 个重点建设项目完成投资 159 亿元，占年度计划的 74%。新玉 500 千伏变电站、定型钢模智能制造等 26 个项目按期开工建设，数智产业园孵化基地、云篆山公租房二小、数字星空锦悦苑项目等 14 个项目已提前完工投用。加大资金争取，锁定八大储备方向 17 个重点领域，成功争取超长期特别国债、中央预算内资金 7.67 亿元，居中心城区第 3 位，是 2023 年全年的 2 倍。前三季度，全社会固定资产投资同比下滑 3.4%，较上半年提高 2.7 个百分点。其中，工业投资增长 5.9%，比上半年提高 2.8 个百分点。

（三）创新活力增强、能级提升

大力实施科企高企"双倍增"行动，1—9月新增科技型企业553家、总量达5948家，居全市第1位。生物医药产业在研创新药物56个、进入临床23个、Ⅲ期临床10个，全市首款1类创新药赛立奇单抗注射液于8月27日正式获批上市，全国首个生物人工肝产业化基地项目在重庆国际生物城落成投用，重庆市生物医药产教联合体在巴南正式成立。

（四）产业加快转型、积势蓄力

聚焦"1246"先进制造业集群体系，新增40户创新型中小企业、62户"专精特新"中小企业、3个智能工厂、4个数字化车间，成立重庆市中小型航空动力研究院，获批全市低空经济创新示范区。长安铃耀技改完成升级，美利信加快海外布局，宗申加快产业资源整合，宗申集团上榜"2024中国制造业企业500强"榜单，全市共10家企业上榜。前三季度战略性新兴产业占规模以上工业总产值比重提升至43.9%。积极推进产业融合发展，巴南区入选第三批国家产融合作试点城市名单，全市仅5个。入选2024年度农产品骨干冷链物流重点县建设名单，全市仅3个。

（五）消费业态丰富、潜力释放

培育演出经济，华熙LIVE承办WTT重庆冠军赛、刘德华等艺人演唱会28场次，带动商业消费4亿元。全球首家玻尿酸酒店开业运营，首创奥特莱斯获评国家级绿色商场，华熙LIVE·鱼洞获评全市首条中国特色商业街，滨江机车街建成全市最大摩托车主题商业街区。促进商文旅融合，西流沱滨江旅游街区入选国家级夜间文化和旅游消费集聚区，白居寺大桥"网红"变"长红"。开展促销活动，举办以旧换新活动，截至10月20日开展活动60余场次、交易13929笔、申领补贴1188万元，带动销售金额6248万元。推动二手车健康发展，培育限上企业23家，具有出口资质12家，前三季度实现销售额12亿元，同比增长79.4%，实现二手车出口5800余万元。

（六）开放提质增量、更为广阔

强化通道运营，联动中欧班列开辟泰国—重庆—德国，越南—重庆—荷兰2条多式联运新路径。推动通道合作，与云南红河州签订战略合作协议，新增云南片马陆路（公路）口岸线路，新设立缅甸曼德勒省海外分拨仓。截至目前，西部陆海新通道跨境公路累计发车19113车次，发运国际标准箱42969TEU、总重32.58万吨、总货值124.14亿元。提升开放能级，椰青进口试点、南彭B保分类监管等事项纳入全市《落实〈海关支持打造内陆开放综合枢纽进一步推动西部陆海新通道建设重点举措〉事项》，新发地参与进口椰青试点工作获海关总署正式批复。前三季度南彭B保进出口总额27.8亿元，居全国第13位。

（七）改革稳步推进、释放活力

新增国家级、市级改革试点23个，提前完成国企改革、政企分离改革、国有资产盘活年度任务，亩均论英雄改革稳步推进，园区改革取得阶段性进展，市打赢园区改革领导小组办公室工作简报及重庆发改公众号，刊登改革经验《巴南区以数字化解决企业"成长烦恼"推动园区开发区营商环境提质升级》。城乡融合改革扎实推进，村集体经济经营性收入50万元以上村达到74个，新增"三变"改革试点村60个，实现农村产权交易39宗，上榜全国农村集体经营性建设用地入市试点2023年度典型示范案例。

总体看，巴南经济"稳"的态势有效延续，"进"的步伐坚定有力。但也存在不少问题短板，必须客观看待、沉着应对。比如，新旧动能衔接尚未完成，工业存量项目产能已近峰值，新的大项目尚未投产，生物医药产业由于高投入、长周期的特点，目前多数创新药尚处于研发阶段，仅1款正式上市，大规模投产放量、形成关键支撑尚需一定时间，新的动能接续还有差距。又如，部分企业发展受市场波动影响大，汽车、摩托车受终端价格内卷、原材料价格高位运行等影响，上游配套企业利润空间收窄甚至亏损，部分企业减产减量。部分企业受俄罗斯市场收款难、"双反"和欧美市场订单下降等因素影响，出口受挫、降幅超过20%。综合研判，当前和今后一个时期，既要面对更多逆风逆水的外部环境，还要克服经济结构调整带来的阵痛，实现全年经济发展目标存在一定挑战。

二、2025年经济运行环境分析及趋势展望

当前，巴南区正深入学习贯彻党的二十大和二十届二中、三中全会精神和习近平总书记视察重庆重要讲话重要指示精神，持续深入贯彻党中央、国务院部署和市委、市政府工作要求，以成渝地区双城经济圈建设为总抓手总牵引，发挥中心城区"主力部队"作用，聚力推动国家城乡融合发展试验区、重庆国际生物城、环樵坪山数智城、滨江人文城、大江科创城、重庆高职城"一区五城"建设，培育壮大"生物医药、数智经济、高端装备、商贸物流、生态创新"五大产业集群，扎实推进工业强区、科技强区建设，高质量发展态势不断巩固，预计2025年巴南经济运行总体上将保持平稳运行的态势，地区生产总值、规模以上工业增加值、社会消费品零售总额等主要经济指标增速预计保持平稳增长。

三、2025年工作措施建议

（一）聚焦重大战略，以战略势能推动经济发展

1. 加快成渝地区双城经济圈建设

优化升级"1+10"行动方案，打表推进"五张清单"年度任务，全力推动重点合作事项落地和重大项目建设，努力实现双城经济圈重大项目赛马保持A档。加快产业合作示范园区建设，深化与温江区生物医药产业、交通运输区港物流协同一体化发展。持续推进"一区两群"协调发展，深化与丰都县在产业协同、城乡互动、科技协作、市场互通等领域的协同发展。

2. 加快商贸服务型国家物流枢纽建设

加快构建公铁水多式联运枢纽微循环体系和服务辐射网络，布局打造东盟农产品集散中心、商贸物流提质区、"四网融合"服务区、现代物流集聚区等功能片区，加快打造东盟贸易服务总部基地，高效运营重庆RCEP投资贸易服务中心，推动佛耳岩码头、铁路南彭站、东盟公路港"三港"融合发展。全力支持企业抢订单、拓市场、扩规模。

3. 加快国家城乡融合试验区建设

深入推进"强镇带村"工程，积极培育500万级、100万级强村公司。实施城镇功能品质提升行动，推动城区市政设施提档升级、公共服务设施提标扩面、环境基础设施提级扩能。推进乡村全面振兴，持续推进城乡融合改革，积极推进农村集体建设用地入市。全力推进城市更新提质，推进"大综合一体化"城市综合治理体制机制建设，全面推进韧性城市建设。

（二）聚焦现代产业，以稳存创增赋能实体经济

1. 坚定不移推进农业强区建设

实施"6+16+80"的"大集群小单元"产业发展计划（即打造粮油、蔬菜、畜牧、水产、花木和果茶药六大农业产业集群，围绕产业集群打造五布河粮油产业带、猪牛禽畜牧产业组团等16个产业带组团，到2027年累计建设80个"小而精小而美小而优"的现代农业产业单元）。做大做强"一主两辅"产业，

高质量建设高标准农田，全力保障粮食安全。提升食品与农产品加工业规模，依托新发地特色冷链仓储，打造东盟中高端绿色食品加工产业集群。因地制宜做好"土特产"文章，壮大"耘农我有+"系列数字认养农业等新业态，加快建设"双高"农业先行区。

2. 坚定不移推进工业强区建设

紧扣"1246"先进制造业集群体系，统筹推进传统产业转型升级、战略性新兴产业发展壮大。全力打造生物医药国家创新型产业集群，以智翔金泰、博唯生物等为龙头，推进产业强链补链延链。持续壮大新型显示产业集群，突破大尺寸超高清、柔性显示等新型显示技术，充分释放惠科金渝产能。加快构建现代汽摩产业体系，推动汽摩新能源化、智能网联化、高端化发展。提质智能装备及智能制造，加强关键技术装备研发，加快宗申航发、高端零部件等项目发展，推动美利信等企业稳产增效。深入实施"满天星"行动计划，提速新型光电子集成产业园建设，提升软件信息服务业。培育壮大无人机整机及航空动力装备产业集群，打造一批示范应用场景。

3. 坚定不移推进科技强区建设

实施好高新技术企业和科技型企业"双倍增"行动计划，重点打造生命健康、数智科技和国防科工三大科创基地。大力推进产学研深度融合，高质量推进环理工大创新创业生态圈建设，支持先进技术创新中心创建国家级孵化器，支持国际免疫研究院创建市级重点实验室，加快推进军民融合创新示范基地建设，推动落地一批战略性产业备份和物资储备项目，着力打造国家战略腹地建设重要承载地。

4. 大力培育壮大现代服务业

提档扩容餐饮、物业、家政、康养、娱乐等生活性服务业，做亮"巴实服务"品牌，更好满足群众多元化、品质化、便利化消费需求。提档升级汽摩消费聚集区，聚力打造西部国际汽摩城，推动长安新能源南部交付中心落地运营，滨江机车商业街打造高端品牌旗舰店集聚地。深化与京东集团合作，京东汽车交付中心落地建设。大力引育工业设计、现代金融、文化创意、法律咨询、检验检测等业态，生产性服务业。

（三）聚焦有效投资，以招商引资和项目促建培育经济动能

1. 全力以赴抓项目稳投资

积极承接东部地区、沿江地区产业转移，落地建设一批战略性产业备份和物资储备项目。围绕"两重""两新""三大工程"等重点支持领域滚动储备项目，扎实做好专项债券申报工作。抢抓国家推动大规模设备更新机遇，全面落实"技改二十条""技改专项贷"等政策，全力推动技改投资。全力稳住房地产投资，加快开发存量项目，推动"两久"项目攻坚放量。

2. 积极探索建立招商引资新模式

重塑构建"新质生产力+统一大市场"发展新范式，以改革的思路研究制定重点领域招商引资政策和工作方案，加快推动招商引资从比拼优惠政策搞"政策洼地"向比拼营商环境创"改革高地"转变。加强主导产业及战略备份项目策划生成，聚焦新一代电子信息技术、生物医药、低空经济等重点领域，精准谋划、压茬推进主导产业及战略备份项目策划生成。强化与市级部门联动，主动加强与国家相关部委对接，做好与国家政策规划衔接，积极争取将策划生成项目纳入国家重点支持范围。

（四）聚焦内外贸易，以挖潜组合拳提升经济活力

1. 全力挖掘消费潜力

紧扣政策促消费，开展"陆海之约·畅享巴南"和消费品以旧换新系列消费促进活动。整合多方资

源，用好各类产业发展资金，进一步释放汽车、家电、家装消费市场潜力。加快实施《2024年巴南区火锅产业工作要点》，着力打造巴南国际火锅食材交易中心，加快推进新发地东盟国际食品产业园项目建设，积极引育一批火锅底料、火锅食材优质企业和产业链配套企业入驻。推动二手车行业集群发展、规模化，提升擦亮汽摩消费重庆名片。

2. 扎实推进开放型经济发展

充分发挥跨境公路班车"3向11线23口岸"形成的重庆—东盟国际物流大通道功能，持续提升中国东盟公路港能级。高质量建设和运营重庆RCEP投资贸易服务中心、中国（重庆）—东盟物流行业对接基地，办好中国（重庆）—东盟物流行业合作会议，打造东盟贸易服务总部基地。推进"公铁水"多式联运体系建设，推动南彭站、南彭公路港、佛耳岩港"三港"枢纽联动，加快推进佛耳岩海关监管场所建设，提升面向西南腹地、西部陆海新通道、RCEP地区的商贸辐射能级。持续完善二手车出口相关配套功能，用好环宇车驾管服务站车辆登记"转让待出口"一站式办结试点功能，做大二手车出口量。

（五）聚焦改革攻坚，以制度变革助推经济发展

1. 深化拓展"三攻坚一盘活"改革

深入实施园区运营公司市场转型增效行动，推动政企分离改革后企业市场化运营、高质量发展。千方百计盘活资产资源，完善国有资产经营效益评价机制，提升国有资产盘活效能。加快推进与央企、兄弟地区在创新融资模式、促进资产处置、国有公司转型等方面的合作。深入实施国企改革提效增能行动，推动国有企业聚焦主业做强做优。持续深化园区管理制度改革，完善园区服务和集聚功能，深化亩均论英雄改革，建立健全工业用地项目控制指标体系。

2. 持续打造一流营商环境

深化"放管服"改革，加快推进"一类事"一站办，上线一批"高效办成一件事"市级试点应用。实施运用信用评价，建设重点应用场景。推出超常规举措，着力研究解决具体困难问题，以更大力度、更实作风塑造"无事不扰、有事必到""亲而有度、清而有为"新型政商关系，培育壮大民营经济。扎实开展"巴心助企巴实服务"行动，用好"巴巴实"企业服务云平台和渝商e服务平台，深化"三级走访"服务机制，对企业需求做到心中有数、承诺事项绝对说话算数、助企纾困使出浑身解数。

（六）聚焦民生福祉，以共建共享提升人民幸福感

1. 纵深推进"美丽巴南"建设

深入打好蓝天碧水净土保卫战，统筹推进农业面源、工业、城市生活、尾矿库等污染防治，积极推进黑臭水体清零区创建和污水零直排区建设。全面推进中央生态环境保护督察、国家长江经济带生态环境警示片等反馈问题和自身发现问题整改落实。坚持山水林田湖草沙一体化保护和系统治理，提质建设"两岸青山·千里林带"，加强河库和消落区保护治理，因地制宜开展水土流失、危岩地灾等防治。统筹推进碳达峰实施方案19项行动，强化企业端、居民端、产业端、治理端协同发力，推进减污降碳协同增效。积极培育壮大绿色低碳产业链供应链，大力发展绿色制造业、高效生态现代农业和生态服务业，加快建设绿色工厂和绿色园区、零碳园区。

2. 扎实推动"平安巴南"建设

深入实施安全生产治本攻坚三年行动，一体推进平安巴南、法治巴南建设，确保基层稳定、社会安宁。严格落实安全生产责任制，对建筑施工、交通等重点加强风险隐患排查整治，坚决防止较大及以上

生产安全事故发生,确保"不死人、少伤人、少损失"。紧盯涉房地产、涉军、涉教信访等突出领域,深化矛盾纠纷"大排查大起底大化解"专项行动。深化"枫桥式"工作法,成立区级矛盾纠纷综合调处中心,进一步做实驻"警调""诉前调",健全平安建设"一把手"日、周、月、季、年履职清单落实情况评价机制,发挥好化解矛盾纠纷的主阵地作用。

3. 多措并举增进民生福祉

实施"稳岗扩岗"就业容量拓展工程和"雪中炭火"就业援助行动,持续抓好高校毕业生、退役军人、农民工等重点人群就业工作。持续抓好欠薪整治,扎实开展清理拖欠中小企业账款和农民工工资专项行动,压紧压实属事属地责任和企业主体责任,严厉打击恶意欠薪违法犯罪行为。聚焦群众关心的大气、水、土壤环境污染问题,建立民生项目清单,加速推进人居环境整治、黑臭水体清零等生态环境保护修复和治理工程。稳步推进基本公共服务优质均衡发展,全面完成各项民生实事。完善优化民生诉求"敏捷感知、动态响应、闭环销号"新机制,确保群众关切得到及时回应。

[巴南区发展和改革委员会　蒋　渝　赵　娟　郝成磊]

之十一：2024年涪陵区经济运行分析及2025年展望

2024年以来，涪陵区上下坚持以习近平新时代中国特色社会主义思想为指导，深入贯彻落实习近平总书记视察重庆重要讲话重要指示精神，坚持稳中求进工作总基调，着力扩大内需、优化结构、改善民生，全区经济运行总体平稳，主要指标持续向好，高质量发展扎实推进，前三季度GDP完成1253.5亿元，同比增长6%。

一、2024年涪陵区经济运行分析

（一）工业经济保持较快增长，企业效益持续改善，新质生产力加快培育

1—9月，全区规模以上工业增加值增长8.8%、高于全市0.7个百分点，居全市区县第7位。规模以上工业产值实现1982亿元，同比增长8.3%，总量居全市第3位。主导产业持续壮大，汽车与装备制造、清洁能源、消费品、电子信息、材料产业产值分别增长14.5%、17%、13%、4.8%、4.7%。园区平台加快发展，白涛工业园区成功拓区，产值增长18.7%，高新区（综保区）产值增长0.3%，较上半年提高1.9个百分点。规模以上工业企业利润总额105.4亿元，同比增长7%，营业收入利润率6.6%，较上年同期提高0.3个百分点。高性能复合材料产业集群获评国家级中小企业特色产业集群，三爱海陵获评国家单项冠军企业，榨菜集团、华兰生物、建峰化工上榜市级单项冠军企业。战略性新兴产业产值增长3.5%，新引进新一代信息技术、空天信息、低空经济等产业项目21个。

（二）科创赋能活力迸发，创新平台加快打造，产业数字化纵深推进

"双倍增"行动成效明显，新增科技型企业306户，累计达2302户，高新技术企业通过评审89户，累计达250户。涪陵页岩气田压后裂缝区钻井取心技术获得重大突破、居世界领先水平，10个产品上榜2024年度全市重大产业技术创新产品培育名单，数量居全市区县第2位。华峰中试基地、低碳研究院加快建设，重庆智能建造研究院、太极科创中心建成投用，新增市级以上研发机构14家。完成智能化改造项目15个，新增智能工厂、数字化车间14个，累计达94个，居全市区县第1位，中药行业标识解析二级节点正式上线，华峰运用数字孪生等技术打造智慧安全环保系统、成为化工园区智慧大脑。

（三）现代服务业加快发展，物流枢纽功能不断完善，金融服务实体有力有效

1—9月，涪陵区服务业增加值增长6.8%，高于全市1个百分点。重庆港水运口岸扩大开放龙头港区成功获批，西部陆海新通道铁海联运班列稳定开行，企业运输时长缩短10天以上，经西部陆海新通道运输货物8246标准箱，货值16亿元，较上年全年分别增长19.9%、45%。成功入选国家产融合作试点城市，金融机构本外币贷款余额1083.2亿元，同比增长4.2%，制造业贷款余额增长6.8%，高于全市3.2个百分点，"专精特新"、高新技术企业贷款余额分别居全市第1位、第3位。其他服务业增加值增长8.8%，较上年同期提高5.5个百分点。

（四）固定资产投资平稳增长，重点项目提速建设，招商引资成效明显

1—9月，固定资产投资增长5.8%，高于全市4个百分点。工业投资支撑有力，同比增长16.6%，新

入库技改项目43个，较上年同期增加18个，技改投资增长12.7%。房地产投资同比下降11.3%，低于全市1.6个百分点。89个区级重点项目完成投资209亿元，超时序进度19.8个百分点，首键药用玻璃瓶、玻芯成玻璃基芯片等16个项目开工建设，钱江摩托等9个项目建成完工。新签约招商引资项目121个，其中百亿级项目1个，协议资金707.8亿元、到位资金188.6亿元，分别增长10.4%、15.1%。

（五）消费市场保持增长，商贸消费逐步回暖，文化旅游提档升级

1—9月，社会消费品零售总额增长4.8%，高于全市1个百分点。开展各类促消费活动96场，直接拉动消费超30亿元。新增"江边小筑""瞧院"等消费新场景9处，落地"凯高潮玩""粟米新零售"等首店11家，"长涪汇""五桂堂""欢乐汇"等特色街区营业收入超1.2亿元。"以旧换新"政策效应开始显现，家电商品销售数量、销售额分别增长236.5%、186.7%，汽车置换直接拉动销售额超8000万元。涪陵博物馆获评国家二级博物馆，童乐家家原动力亲子乐园建成开园，全区接待游客2927万人次，实现旅游收入260亿元，分别增长11.9%、10.6%。

（六）农业生产稳中向好，特色农业加快培育，和美乡村建设全面推进

1—9月，农业增加值增长3.2%，高于全市0.3个百分点。重点农产品稳产增产，预计全年粮食产量45.5万吨。水果、蔬菜、水产品产量分别增长10.2%、4%、5%，生猪出栏55.5万头，立华牧业上市成鸡约72.4万羽。榨菜产业产值突破100亿元，中药材种植面积累计达15.9万亩。新增及改造提升高标准农田2.5万亩，新发展农民合作社27家、家庭农场91家，新创巴渝和美乡村示范村5个。

（七）财政收入较快增长，重点支出保障有力，国企民企齐头并进

1—9月，一般公共预算收入实现87亿元，总量居全市区县第1位，同比增长60.6%，高于全市53.9个百分点，实现税收42.8亿元，总量居全市区县第3位，增长9.1%，高于全市8.5个百分点。一般公共预算支出增长44.9%，其中教育、科学技术、社会保障和就业、城乡社区等重点支出分别增长1.8%、50%、23.7%、95.1%。国企改革提前完成全年任务，区属国企营业收入、利润总额分别增长20.5%、26.8%。新入选中国500强制造业企业2户、全市百强企业9户、百强制造业企业12户；新铝时代成功上市，成为2024年全市首家上市企业。

（八）实物量指标持续回暖，就业形势总体稳定，社会民生有效改善

1—9月，规模以上工业用电量、用气量分别增长5.5%、6.3%。公路货运周转量增长4.1%。民间投资增长19.1%，快于固定资产投资增速13.3个百分点。城镇新增就业2万人，继续保持城镇"零就业"家庭动态为零。8件重点民生实事有序推进，城镇老旧片区改造提升提前完成全年任务。浙涪友谊学校获评全国中小学科学教育实验校，区域医学检验中心建成投用。空气质量优良天数240天，同比增加12天，$PM_{2.5}$浓度下降19.5%。

二、2024年经济指标预测

综合研判宏观经济发展形势和涪陵区实际情况，初步预计涪陵区全年GDP同比增长6.5%左右，总量达1700亿元左右，一、二、三产业增加值分别同比增长4%左右、9%左右和6%左右；全体居民人均可支配收入同比增长4%左右。经济加快恢复提振，主要经济指标总体向好，高质量发展动力持续增强。

三、2025年经济运行环境分析

总的来看，国际政治经济环境纷繁复杂，但我国一揽子增量政策持续发力，经济回升向好态势进一

步巩固，经济高质量发展步履铿锵。从全区看，新时代推动西部大开发、成渝地区双城经济圈建设、西部陆海新通道建设等重大战略机遇叠加，涪陵战略支点城市区位优势独特、制造业基本盘稳定，现代物流、商贸服务、文化旅游持续发力，创新平台能级不断提升，高质量发展势头依然强劲。初步预测2025年涪陵区经济增长6%左右。

四、2025年重点工作

（一）着力培育发展新质生产力，加快打造特色鲜明优势突出的现代化产业体系

聚焦"2349"现代制造业集群体系，深入推进新型工业化，加力实施"十百千万"工程、五大行动和四个专项，全力抓好建链、补链、延链、强链，力争规模以上工业产值达2900亿元。深入推进战略性新兴产业集群发展，加快发展新材料、智能终端、新能源汽车等领域，积极布局前沿材料、人工智能、氢能储能、生命科学等未来产业，争创市级未来产业先导区。持续推动数字技术和实体经济融合，大力发展数字农业、数字制造业、数字商贸业、数字服务业，打造具有全市竞争力的数字经济产业集群。加快发展现代物流、金融服务、检验检测、研发设计等生产性服务业，推动生活性服务业向多样化、高品质转变。

（二）着力提升科技创新能力，加快培育壮大发展新动能新优势

全力构建"1238"产业科创体系，深入实施创新驱动发展战略，加快高水平创新载体建设，持续推进国家级高新区创建，高标准建设慧谷湖科创小镇、科创CBD、长江软件园，加快建设华峰中试基地、卡涞科创中心、理工清科先进材料研究院等研发平台，培育一批工程中心、重点实验室、企业技术中心。增强企业创新主体地位，深入实施"双倍增"专项行动，构建企业梯队培育体系，支持引导企业加大研发投入，持续壮大创新型企业集群。优化科技创新生态，强化人才引领，加大高端人才、青年人才、紧缺人才等引育力度，打造"智汇涪州"品牌，开展"年度科创事件"评选、创新创业大赛等活动，持续激发全社会创新创造活力。

（三）着力实施扩大内需战略，加快推动消费投资相互促进良性循环

深入实施"抓项目促投资"专项行动，持续激发国有资本、社会资本、外商投资等多元主体投资活力，落实"开工—推进—投产"全生命周期管理。持续培育建设区域消费中心城市，落实好大规模设备更新和汽车、家电消费品以旧换新行动，打造一批烟火气、涪州味、时尚潮的消费集聚区，拓展首店、首发、首品等消费新模式，繁荣发展夜间经济。持续完善"2349"产业链招商图谱，拓展未来网络、人工智能、低空经济等未来产业领域，重点引进世界500强、中国500强、行业前10强、独角兽等优质企业和项目。全力稳定外资外贸，积极参与"百团千企"国际市场拓展计划，高质量推动综保区建设，加快发展保税贸易、跨境电子商务、采购贸易等外贸新业态。

（四）着力畅通经济循环，加快推进更深层次改革和更高水平开放

加强数字重庆建设，不断推进全区数字资源"一本账"建设，打造区内特色应用场景。深化重点领域改革。加快绘制"1+6+12"国企改革转型蓝图，接续完善国有企业科技创新机制、市场化经营机制。加快落实园区开发区发展规划，完善行政权力事项清单，实现"企业办事不出园"。持续深化亩均效益改革，加快信用体系建设，接续推进国家紧密型城市医疗集团试点建设。深入优化营商环境，迭代升级"百千万"联系服务经营主体全覆盖工作体系，提速建设"1+2+X"企业全生命周期服务专区。深入推进高水平对外开放，高水平开发建设国家级经开区，建好用好国家外贸转型升级基地、国家中医药服务出口基地等开放平台。强化区域协调发展，积极承接东部产业转移，加强与龙泉驿区、眉山市、达州市、泸州市等战略合作，强化与武隆对口协同，联合武隆、丰都推进国家文化产业和旅游产业融合发展示范区建设。

（五）着力推进规划建设治理，加快形成城乡区域融合发展新格局

增强城市综合承载能力，完善城区路网系统，推动城市管网基础设施改造提升，完成步阳路、龙湾等19个片区老旧小区改造，加快倪峰片区、新阳片区等4个城中村改造，持续推进海绵城市建设。构建数字城市管理"1+5+N"体系，迭代升级数字化城市运行管理服务平台，提速推进"设施运行"板块重点能力建设。深入推进乡村全面振兴，深化强村富民综合改革，培育一批高素质农民、致富带头人，推进和美乡村建设，完成"和美东桥"巴蜀美丽庭院示范片等3个市级村镇建设。

（六）坚持生态优先绿色发展，加快促进山水人城和谐相融

加强生态系统保护修复。统筹推进山水林田湖草沙一体化保护和系统治理，接续实施"两岸青山·千里林带"等重要生态系统保护和修复重大工程。加强长江岸线生态保护修复，推进长江、乌江干支流及中小河流治理。统筹做好石漠化、水土流失、消落区等综合治理，推进矿山生态修复。系统开展污染防范治理，打好蓝天、碧水、净土保卫战，加快实施入河排污口规范化建设工程，统筹抓好露天焚烧、烟花爆竹、施工扬尘、工业废气等重点问题整治。有序推进绿色低碳转型，推进国家级减污降碳协同创新园区试点、市级气候投融资试点建设，构建多能互补清洁能源体系，推广绿色低碳出行。

（七）着力保障改善民生，加快提升群众幸福感获得感

全力促进居民就业增收，大力实施以工代赈，切实保障重点群体就业，稳步提高居民收入水平、缩小城乡收入差距。促进教育资源供给优化提质，推动学前教育优质普惠、义务教育优质均衡、普通高中特色多样发展。深入推进健康涪陵建设，建好老年病医院、老年友善医疗机构，积极争创市级卫生健康高质量发展区。增强城市文化综合实力，加快白鹤梁题刻与埃及罗达岛尼罗尺联合申遗步伐，深入推进文体惠民，办好龙舟邀请赛、半程马拉松等各类重大赛事活动。健全多层次社会保障体系，加快完善多元化住房保障体系、分层分类救助帮扶体系，推动社会保险实现法定人群全覆盖，构建生育友好型社会。

（八）统筹发展和安全，加快构建社会治理新格局

加强粮食能源安全保障，持续推动撂荒耕地复耕复种，加快建设城郊大仓基地，推动中粮粮谷、中储粮重点项目一期顺利投产、二期启动建设。推动支撑性保障性能源项目建设，加强生产生活用能服务保障，确保迎峰度夏（冬）能源供应平稳有序。防范化解重点领域风险，深入开展安全生产治本攻坚三年行动，抓好建设施工、道路交通、危化品、防汛抗旱、森林防火等重点行业专项整治，加强食品药品监管，提升风险和突发事件防范处置能力。全面提升社会治理效能，力争创成第三批全国法治政府建设示范区，持续开展矛盾纠纷大排查大化解，强化信访问题源头治理和突出问题重点化解，常态化开展扫黑除恶斗争，保持社会大局和谐稳定。

[涪陵区发展和改革委员会　彭任重　戴大文　蒲　鹏]

之十二：2024年长寿区经济运行分析及2025年展望

一、2024年长寿区发展现状

前三季度，长寿区实现地区生产总值733.9亿元、同比增长6.4%，规模以上工业总产值1199.2亿元、同比增长2.6%，固定资产投资286.7亿元、同比增长6%，社会消费品零售总额239.2亿元、同比增长5.3%，全体居民人均可支配收入同比增长4.5%。

（一）在打造西部地区高质量发展先行区中当先锋打头阵

加快推动重大战略落实。深度融入成渝地区双城经济圈建设，与中心城区共创重庆市智能网联新能源汽车特色产业园区，两江新区至长寿区快速通道项目长寿段完成23.9%，"十项行动"重大项目完成投资15.82亿元、投资完成率107.7%。积极服务国家战略腹地建设，加快建设万亿级新材料产业核心承载区，新材料化工项目完成项目选址、可研。加快建设千亿级天然气化工新材料基地，新落地双欣集团80亿元PVA光学膜、三美化工公司29亿元氟化工一体化等标志性项目10个。加快推动项目投资放量。推动存量企业增资扩产和技改扩能，云天化集团投资128亿元双百产业基地11个子项目陆续开工，恩捷基膜涂布线等149个技改扩能项目完成投资36.6亿元、增长28.9%。抓好招商引资，签约项目116个、合同引资438亿元，引进20亿元以上项目6个。狠抓项目建设，新开工光谱PVA光学膜等项目51个、总投资90.1亿元，新投产弈柯莱生物产业化基地二期等项目62个、达产预计新增产值235.6亿元，前三季度完成工业投资152.4亿元、增长7.4%。加快培育发展新质生产力。与市科技局等共建长涪新材料产业协同创新区，建成投用中国（重庆）新能源金属材料研究院、惠泽研究院、重庆市光电显示材料工程技术中心，联合131家企业打造长江上游新材料产业联盟，新增科技型企业203家、高新技术企业95家。多项"卡脖子"技术、首台（套）装置取得实质性突破。

（二）在打造内陆开放国际合作引领区中当先锋打头阵

打造长江上游航运中心和多式联运示范基地。与长航集团、浙江海港集团投资25亿元共建的三港合一、多式联运川江物流枢纽开工建设，推动市场化整合11个码头，保税物流中心（B型）预计明年三季度封关运行。建成投用全市首座一站式重卡换电站、数字物流服务平台和渝东区域物流分拨中心，降低企业物流成本20%。打造西部陆海新通道东线重要枢纽节点。万州—长寿西部陆海新通道多式联运集结专列、老挝铁矿石经西部陆海新通道中老班列上行至重钢海铁联运等实现首发，预计西部陆海新通道到发5500标准箱、货运值8.5亿元。打造内外联动的产业链供应链枢纽。全力争创国家物流枢纽经济区，千信集团千亿级智慧供应链及产业基地贸易额达400亿元，义乌小商品城（重庆）数智产业园开园、"四基地一中心"加快建设。前三季度实现外贸进出口73亿元。

（三）在打造全面深化改革先行区中当先锋打头阵

先行先试打造数据要素产业集聚区。打造数据应用场景示范区，建成投用制造业数字化转型赋能中心，集聚数商主体100余家，天然气化工新材料、生物医药、双碳行业3个产业大脑入选数字重庆建设一周年成果45项机会清单。打造数据流通交易核心区，完成全市首单数据资产入表。高质高效推进"三攻坚一盘活"改革。止损减亏国企51户、完成率100%，融资成本净压降153个基点（BP）、完成率382.5%，有序推进隐性债务化解，综合债务率控制在200%以下。长寿高新区整合并入长寿经开区，前三季度经开区规模以上制造业企业亩均税收增长15.7%。政企分离10户、完成率100%。统筹推进"三个一批"重点领域改革。新增建设全国县级水网先导区等国家级改革试点项目8个，长寿经开区"一园一策一图"国家级示范试点作为西部唯一典型案例在全国推广，全国首个聚氨酯产业链安全联盟入选2024年全市经济领域改革典型案例。优化营商环境培育壮大民营经济，构建"1+6+N"全周期企业服务工作体系，"企业+项目"双服务专员工作成效获评2023年全市服务企业十佳优秀案例。

（四）在打造超大城市治理示范区中当先锋打头阵

提升城市数字治理水平。夯实一体化智能化公共数据平台底座，建设长寿数据仓和镇街数据池。推动区治理中心贯通实战，全量承接68条跑道、249条子跑道，贯通市级应用52个，实现市级应用和贯通子跑道全覆盖。强化镇街治理中心"执行末端"定位。提升城市基层治理水平。加快推进"大综合一体化"行政执法改革，加强矛盾纠纷排查化解，初访问题化解率94.8%。持续深化社会治安和突出问题挂牌整治，扎实开展安全生产治本攻坚三年行动。提升城市文明建设水平。深入践行社会主义核心价值观和新时代长寿人文精神，大力实施文化惠民工程，组织开展"书香重庆 红岩少年"等群众文化活动30余场。

（五）在打造城乡融合乡村振兴示范区中当先锋打头阵

坚持以人为本推进新型城镇化。完成《大美长寿城乡风貌整体规划》编制，编制完成城市管理导则，扎实推进总投资52亿元的4个城中村改造项目，"平急两用"入国家项目库39个、数量全市第一，28个老旧小区改造全面开工。加快建设巴渝和美乡村。深入推进"四千行动"，有序推进2.9万亩高标准农田建设，建成投用中国科学院西南首个伏羲农场，稻谷产业集群入选农业农村部2024年优势特色产业项目，与中国水稻研究所共建西南研究中心，入选第二批国家数字乡村试点区县。推进农文旅深度融合发展。加快打造长寿湖文化产业园、明月山—黄草山人文农旅体验区、大洪湖未来城市度假村、长寿国际慢城等核心文旅IP，成功举办2024年全国春季"村晚"主场活动、全国青少年铁人三项锦标赛等重要赛会活动7场次，长寿菩提古镇获评国家级夜间文化和旅游消费集聚区，获评市级历史文化名城。

（六）在打造美丽中国建设先行区中当先锋打头阵

强力推进中央生态环境保护督察反馈问题整改，督察组交办的举报投诉案件已全部办结。筑牢绿色生态本底。新增"两岸青山·千里林带"2.16万亩，"生态环境分区管控与国土空间规划衔接"全国首批试点通过国家级验收。强化污染防治攻坚。空气质量优良天数同比增加9天。连续10年开展桃花溪专项治理，顺利通过全国幸福河湖复核评估，长江长寿段水质常年稳定达标。在全市率先开展"无废园区"试点。打造绿色低碳发展标杆。试点推进近零碳园区建设，新增市级绿色工厂2家，零碳社区等3个项目入选全市生态环境导向开发模式试点。

二、2025年发展思路和重点任务

（一）全力推进重大改革

全面落实党的二十届三中全会关于全面深化改革、推进中国式现代化的各项战略部署和市委六届六次全会有关工作安排，积极争取中央和市级改革试点，集中力量推动"三个一批"重点改革项目，培育在全国具有影响力、具有长寿辨识度的改革创新实践案例。巩固拓展"三攻坚一盘活"改革成效，打造一批全市攻坚改革典型案例。持续推进数字重庆建设，加快建设三级数字化城市运行和治理中心，持续完善"大综合一体化"城市综合治理体制机制，着力提升市级应用贯通试点。积极融入全国统一大市场建设，持续优化营商环境和社会信用体系，全面完成营商环境短板提升整改，迭代升级项目和企业服务专员制度，完善支持民营经济发展机制，不断强化公共资源出让监管。加快办理区级重点民生实事，确保超额完成年度任务目标。聚焦高校毕业生等重点就业群体推动城镇新增就业任务完成。多措并举促进民众增收，推进全体居民人均可支配收入增速超过GDP增速。坚决守牢安全底线，持续推动隐性债务化解，严厉打击非法金融活动，坚决遏制重特大事故和群死群伤责任事件发生，切实维护社会和谐稳定。

（二）全力实施重大政策

积极融入成渝地区双城经济圈建设，打表推进"四个重大"，切实推进一批标志性成果重点任务落地落实。聚焦交通、产业、生态等关键领域，协同共建区市县高质量推进合广长、明月山等毗邻平台建设，共同打造具有辨识度的川渝协作亮点工作。加快推进生产服务型国家物流枢纽建设，加快推进长寿港国际仓储物流基地等项目建设。全面启动"十五五"规划编制工作，完成"十五五"规划编制重点前期课题研究，初步提出面向2030年的主要发展目标，初步形成下一个五年期间全区经济社会发展的目标体系、工作体系、政策体系、评价体系。结合"十五五"规划契机，研究建设"天赐长寿·渝东新城"的重要抓手和具体路径，着力提升区域性综合交通枢纽、商贸物流中心等特色化功能，积极建设国家战略腹地重要功能承载地。

（三）全力实施重大项目

坚持"项目为王、谋划为先、招商为重、落地为要"，迭代升级项目建设和投资工作。持续抓好政府投资项目谋划储备，紧扣超长期特别国债、中央预算投资、专项债等国家支持的细分行业赛道，持续推进政府投资项目的策划包装并加快推进前期工作，动态完善政府投资项目三年滚动计划。坚持把高质量招商引资作为稳投资的首要抓手，坚持产业链招商、专业化招商，探索市场化招商、资本招商、展会招商。持续加强项目调度管理，紧盯项目开工建设、主体施工、竣工投产等关键环节及资金、用地、审批等问题症结，进一步加大项目问题协调解决力度和推进力度，确保完成年度目标任务。更加注重发挥技改投资对工业投资的支撑作用，做深做实企业服务专员机制，提振企业投资信心，加快技改投资包装入库。全面提速项目前期审批，倒排前期工作时间节点，打表推进项目审批，为项目开工建设争时间。依法合规采取"并联审批、容缺受理、承诺制"等方式，为中央预算内、特别国债项目开辟"绿色通道"。更加重视提级论证工作，超前谋划和对接好明年一季度提级论证工作。积极在水利、交通、城市基础设施、市政环卫等领域探索以特许经营合作为核心的政企合作新机制。

（四）全力建设重大平台

深度融入全市"33618"先进制造业集群体系，加快发展新质生产力，着力建设具有全球影响力的新材料高地。加快推进长寿经开区打造世界一流园区，加快赛力斯配套产业园等项目落地，争创先进材料类国家级战略性新兴产业集群。提质扩面智改数转，积极创建智能化工厂、数字化车间。加快建设全市科技创新重要战略支点，深度融入全市"416"科技创新战略布局，R&D经费投入占地区生产总值比重超过3%。围绕产业全生命周期做强生产性服务业，加速"两业"融合发展，培育做强专业市场群，培育壮大金融业，统筹推进会计、法律、检验检测等服务业高质量发展，力争第三产业增加值增长6%以上。加快创建国家现代农业产业园，大力推进"一主两辅"优势特色产业链打造示范工程，做大做强"自然长寿"区域商标和"中华长寿原乡"特色品牌。

[长寿区发展和改革委员会　董　龙]

之十三：2024年江津区经济运行分析及2025年展望

2024年，江津区坚持以习近平新时代中国特色社会主义思想为指导，深入学习贯彻习近平总书记视察重庆重要讲话重要指示精神，紧紧围绕"一枢纽三高地"建设目标，提前、密集部署开展经济社会发展工作，全区经济总量稳中有增。

一、2024年江津区经济运行分析

前三季度，江津区实现地区生产总值（GDP）1075.4亿元，同比增长5%。其中，第一产业增加值109.4亿元，增长3.1%；第二产业增加值595亿元，增长4.6%；第三产业增加值371亿元，增长6.4%。经济报表排位较上季度上升两位，连续两个季度进位，处于B档，列全市第11位。GDP、规模以上工业增加值、服务业增加值、固定资产投资、工业投资、社会消费品零售总额、一般公共预算、税收等8项指标增速高于全国；农业增加值、服务业增加值、固定资产投资、工业投资、社会消费品零售总额、一般公共预算收入、税收收入等7项指标增速好于全市。

（一）工业运行总体稳定，支柱产业稳中有进

实现工业总产值1443.9亿元、同比增长2.4%，工业增加值增长6.1%。支柱产业中，电子产业因群光、群电订单增加，同比增长16.1%；能源产业因新升规企业昆仑燃气带动较大，同比增长6.2%；材料产业同比增长0.4%；装备产业同比增长3.2%；汽摩产业同比增长2.2%。

（二）服务业运行良好，交通运输增长较快

商贸指标快速增长。以旧换新政策见效，补贴笔数15501笔，促成销售额超6000万元，仲夏消费季、富硒美食文化节等活动频繁举办，全区实现社会消费品零售总额354.6亿元、同比增长5.9%，排名全市第8位，批发业销售额同比增长14.5%，零售业销售额同比增长10.6%。交通运输、仓储及邮政业增加值实现双位数增长，达到12.7%。冠艺建设、新陆海两家企业升规，推动其他服务业增加值同比增长4.1%。

（三）农业形势相对稳定，畜牧产业低位运行

粮食生产保持平稳，预计全年水稻和玉米产量均增长0.9%。特色产业稳步壮大，中药材产量7804.6吨、同比增长5.9%，干花椒产量5.6万吨、同比增长7.5%。畜牧业负增长，猪肉价格持续低位，全区生猪出栏53.56万头、同比下降11.4%，家禽出栏816.1万只、同比下降0.5%。

（四）固定投资持续放量，重点项目有序推进

完成固定资产投资406.7亿元，同比增长9.2%，分别高于全市、全国7.4个、5.8个百分点，完成工业投资171.6亿元、同比增长17.4%，分别高于全市、全国7.4个、5.8个百分点。重点项目支撑力度增强，5000万元以上建设项目214个，完成投资250亿元，占建设项目投资的89.4%，同比增长15.8%，高于投资增速6.6个百分点，对投资增长贡献率99.3%，拉动总投资增长9.1个百分点。

2024年主要指标预计完成情况：GDP增长5.2%，农业增加值增长3.3%，规模以上工业增加值增长5.5%，服务业增加值增长5.5%，社会消费品零售总额增长5.5%，固定资产投资增长8%。

二、存在的问题

一是工业运行未及预期。全区192家规模以上工业企业产值下降，占比高达32.9%。50亿级企业中，小康增长3%，华能电厂增长1%，益海嘉里负增长10.3%，支柱企业支撑作用明显下降，导致工业下拉GDP（对比全年预期增长目标7%）0.9个百分点。

二是新增长点培育缓慢。高附加值高技术领域企业匮乏，战略腹地项目、低空经济、生物医药等新兴产业板块尚在谋划和培育阶段。升规企业数量减少，拉动力下降，2024年以来仅有百世威、北冰洋、康硕等3家工业企业月度升规，相比上年同期减少50%。

三是就业增收难度加大。全区城镇调查失业率为5.5%，高于全市0.2个百分点，结存登记失业人数为6731人，增长10.3%。居民人均可支配收入增长3.9%，低于全市1.6个百分点。

三、2025年经济运行环境分析及重点工作

2025年，江津区经济运行的内外环境依然严峻复杂，机遇与挑战并存，但机遇大于挑战。二十届三中全会以来，中央出台的一系列改革措施，为经济持续回暖打了一剂强心针，成渝地区双城经济圈建设、西部陆海新通道、渝西一体化高质量发展等重大战略深入推进，为江津区发展带来了政策利好和项目利好，作为传统工业强区，江津区经济发展仍有"底子厚""韧劲足"的先天优势，总体来看，江津经济稳中向好、长期向好的基本趋势没有变。江津区将抢抓打造新时代西部大开发重要战略支点、内陆开放综合枢纽战略机遇，把建强西部陆海新通道重庆主枢纽将作为江津最具辨识度的发展成果，坚持工业强区不动摇，统筹推动传统产业转型升级、战新产业培育壮大、未来产业布局建设，全力以赴提振经济。

（一）抓战略机遇，促示范引领

坚持把重庆枢纽港产业园建设作为全区"一号工程"来抓。推动项目快速落地达产达效形成引爆点，加快形成一批"西部领先、全国进位和具有重庆辨识度"的标志性成果，全力打造重庆枢纽港产业园先行区示范标杆。加快建设西部陆海新通道重庆主枢纽综合服务区。大力提升重庆港水运口岸珞璜港区开放能级，强化小南垭和珞璜港海关监管作业效能。积极融入数字陆海新通道建设，全力打造智慧物流综合服务平台，进一步提升物流运营能力水平。

（二）抓政策方向，促红利落地

吃透国家一揽子政策精神内涵。围绕加大宏观政策逆周期调节、扩大国内有效需求、加大助企帮扶力度、推动房地产市场止跌回稳、提振资本市场等方面研究谋划、对接争取、转化落地。吃准上级资金支持方向。针对性做好2025年中央预算内投资项目、超长期特别国债项目和地方政府专项债项目储备工作，做到项目等资金。

（三）抓产业发展，促经济向好

增强工业经济驱动力。加快提升"3+3+X"现代制造业集群能级，坚持存量增量一起抓，实施"五大倍增"行动，支持存量企业增资扩产、改造提升，切实提高企业生产能力和产品竞争力，坚持招大引强，聚焦"高大上""链群配"，大力引进一批龙头企业、领军企业、链主企业，促进上下游、左右链企业加快集聚，不断补链延链强链。提升服务业质效。及时分析研判货币金融服务增加值指标变化趋势并

做好应对，加快释放线上以旧换新补贴政策效能，提速补贴资金兑付，迅速掀起新一轮以旧换新消费热潮。确保农业经济稳定运行。重点发展早菜和高山蔬菜，进一步引进新品种，推广新技术，提高蔬菜、水产品供给能力。发展一批鲜食加工皆宜的甜橙基地，推进枳壳矮化技术集成和品种选育，提升产量和品质，推动泸永江现代高效特色农业产业带建设取得新进展。

（四）抓项目建设，促投资增长

强化项目调度。持续优化项目服务和管理方式，积极跟进问题解决情况，加快土地征收和供应进度，做好电力迁改、燃气管道迁改等工作，优先保障重点项目建设用地需求。加强项目监管。用好中央预算内投资、专项债券、超长期特别国债等专项资金，督促已发行债券项目加快建设进度和资金支付进度，确保各专项资金转化成为有效投资。

（五）抓动能培育，促多点支撑

打好新兴产业基础。聚焦光伏产业发展，加快推动众能光储钙钛矿等已签约项目尽快实质性动工，形成有效投资。培育低空经济产业，加快推进枢纽港产业园低空经济"一园两区"项目，策划"空天科技博览园"，打造低空运营服务及低空飞行器研发和制造全产业生态体系，争取中国航空学会西部产业促进中心落户江津。提升招商质效。重点聚焦长三角、珠三角、京津冀等产业重点区域，精准绘制覆盖产业链上下游关键环节的"产业链图谱"，拓宽引资渠道。充分研究枢纽港产业园三大主导产业，加强与西部陆海新通道沿线国家和地区合作，全力引进一批高效益的高技术产业项目和带动力强的外资外贸项目。

[江津区发展和改革委员会　万　强　黄　亮]

之十四：2024年合川区经济运行分析及2025年展望

2024年以来，合川区坚持以习近平新时代中国特色社会主义思想为指导，全区深入学习贯彻党的二十大和习近平总书记视察重庆重要讲话重要指示精神，认真落实市委、市政府决策部署，以"党建统领·赶考亮卷"为统揽，坚持稳中求进总基调，紧紧围绕建设现代化区域中心城市总目标，扎实推进"两地、两城、一枢纽、一试验区"建设，有效落实各项政策措施，全力巩固经济回稳态势。

一、2024年合川区经济运行分析

前三季度，合川区GDP完成779.03亿元，同比增长4.9%，一、二、三产业增加值分别增长3.2%、5.9%、4.7%。

（一）工业经济总体向好，龙头带动作用增强，产业集群化和集中度不断提升，新增长点加速涌现

实现规模以上工业总产值401.9亿元，同比增长7.7%，高于全市平均1.4个百分点。一是骨干企业带动有力。新培育德呈威、希尔安"链主"企业2家，顺博、健能等"双百企业"5家，哈丁、持恒、红忆等"瞪羚"企业5家。新增市级"专精特新"企业47家，累计达157家。二是增量企业加速壮大。新投产谦牧汽车零部件、锋达汽车零部件等工业企业23家。新升规宏伟达和达汽车零部件等27家规模以上工业企业，总数达到308家。平伟汽车等智能网联新能源汽车零部件加速放量，拉动整个汽车零部件产业实现产值119.1亿元，增长34.2%。三是支柱产业支撑有力。"两主四特"产业实现产值272.2亿元、增长18.7%，占全区的67.7%，较上年同期提高7.6个百分点。"火锅食材"被评为国家级中小企业特色产业集群，"大排量摩托车产业集群"被评为市级中小企业特色产业集群。

（二）消费市场加速活跃，赛事活动拉动效应明显，政策刺激效果显现，绿色消费呈上升趋势

实现社会消费品零售总额282.4亿元，同比增长5.1%，高于全市1.3个百分点，较前两个季度提升1.1个百分点，全市排名第20位。一是限上支撑更加有力。新培育普来克供应链、康嘉医药科技等16家限上商贸主体，总数达到704家（其中限上企业150家、限上个体554家）。二是赛事活动拉动明显。借势七运会住餐消费快速增长，住宿企业文悦、瀚瑞宏营业额分别增长3.6%、15.7%，餐饮企业俏巴渝、吉浩渝营业额分别增长10.9%、45.2%，整体上全区住宿业实现营业额14.7亿元、增长8.6%，餐饮业实现营业额55.2亿元、增长11.4%。三是龙头带动高位增长。顺博粮油、顺博铝合金等5家企业销售额同比增长超过100%，带动全区批发业实现销售额524.3亿元、增长21.6%。四是政策刺激效果显现。在以旧换新等刺激政策带动下，绿色消费类零售企业保持较快增长，拓新、正茂、正洋、前方通讯等电器类零售企业销售额同比分别增长54.3%、65.3%、106%、7.5%，带动全区零售业实现销售额178.4亿元、增长8.9%。

（三）投资保持较高速增长，重大项目加速放量，争资引项进展顺利

完成全社会固定资产投资同比增长9.9%，增速连续10个季度高于全市平均。其中，建安投资完成268.4亿元、增长14.2%。一是工业投资快速增长。新开工舜驱动力、建安等工业项目31个，实施金同成汽车零部件、德佳实罐车间改扩建等技改项目77个，全区完成工业投资137.6亿元、增长21.8%，较前两个季度提高1.9个百分点，其中，技改投资51.7亿元、增长26.4%，9月当月完成工业投资21.2亿元、增长42.3%。二是重点项目有序推进。渝武高速复线（北碚至合川段）年度累计完成投资14.7亿元、西渝高铁（合川段）完成13.3亿元、新能源汽车关键零部件暨工装模具产业园项目完成2.1亿元，298个区级重点项目中，26个重点项目完成投资超1亿元，共完成投资119.8亿元、占年度投资计划的50.8%。27个市级重点项目完成投资29.8亿元，完成年度投资任务的47.8%。三是争取国家资金项目进展顺利。截至目前，已争取到中央预算内投资项目15个、资金5.3亿元；争取到位并下达超长期特别国债项目8个、资金4.7亿元；国家发展改革委、财政部双审核通过项目两批共10个、专项债券需求4.3亿元。

（四）农业基本盘持续巩固，产品供给保障有力，一产质效稳步提升

实现农业总产值128.9亿元，同比增长3%；农业增加值86亿元，同比增长3.2%，高于重庆市0.3个百分点，居渝西第1位。一是粮食增收形势好。小春粮食播种面积19.5万亩，同比增长0.5%；产量3.2万吨，同比增长1.4%，面积及产量增幅均高于全市。二是重要农产品供应稳。蔬菜产量81.6万吨，同比增长3.3%，居全市第5位；水果产量12.4万吨，同比增长7%；水产品总产量4.5万吨，同比增长3.4%；生猪出栏量83万头，同比下降4.6%，低于全市3.9个百分点；家禽出栏量1129万只，同比增长1.7%，高于全市6.8个百分点。三是农产品加工增长快。实现全区农产品加工规模以上产值72.19亿元，同比增长3.4%，较上半年提升0.7个百分点；实现农产品加工总产值102.3亿元，同比增长4%。

（五）进出口增势向好，重点行业增势强劲

实现外贸进出口额21.8亿元，同比增长30%，增速居全市13位、渝西片区第3位。其中，出口21.1亿元，增长31.9%。一是新增外贸主体发挥作用明显。普莱克摩托、赤华再生资源、鑫特创机械、汤嫂食品出口1.2亿元，4个企业贡献了全区24%的增量。二是汽摩、通机产品占比持续提高，两个行业进出口额分别占全区进出口总额的66.9%、17.3%。三是重点产业进出口态势向好，智能网联新能源汽车零部件产业进出口额3.6亿元、增长99.8%，火锅食材产业进出口额0.5亿元、增长36.1%，摩托车产业进出口额10.3亿元、增长27.5%。

（六）要素供给保障有力，市场信心逐步回暖

有效应对三季度持续高温天气，用电、用气保障有力，金融支持更加充分，市场主体加速增长。一是工业用电小幅增长。1—9月全区工业用电15.1亿千瓦时（不含新储能用电为13.7亿千瓦时），增长8.6%（不含新储能增速为1.8%），其中9月当月工业用电1.8亿千瓦时（不含新储能用电为1.6亿千瓦时），增长0.1%（不含新储能增速为2.3%）。工业用电增速低于工业经济增速，主要原因是部分重点企业光伏发电自用不纳入工业用电统计，例如，平伟项目在高温晴好天气期间光伏自发电基本满足自身生产需要。二是金融支撑持续稳定。截至9月末，金融机构本外币存款余额1261.8亿元，同比增长7.2%；金融机构本外币贷款余额904.5亿元，同比增长5.3%。金融业增加值增速6.9%，其中，利息净收入增速、手续费及佣金净收入增速4.9%（全市1%），排名全市第10位；保费收入增速10.6%（全市10%），排名全市第9位。三是市场主体信心逐步恢复。1—9月新增各类市场主体9025户，市场主体新发展率

9.9%；新增"四上"企业52家，在库"四上"企业达到771家。

二、存在的困难和问题

（一）工业行业多点支撑不足

受订单转移、库存积压、市场减弱等因素影响，新型建材、电梯、能源等行业连续下滑，导致产值增长压力较大。同时，重点企业支撑不够，招商引资头部工业项目招商有待突破，新招商引资项目龙头企业少、带动引领不够。

（二）消费疲弱问题依然突出

受居民收入增速低于经济增速、疫情疤痕效应等影响，居民预防性储蓄增加，消费意愿和能力疲软。大宗商品消费持续下滑，汽车市场萧条，销售额同比下降严重。

（三）房地产市场持续低迷

一方面，居民收入降低，收入预期下降，市场活跃度仍无较大改善，住房消费市场呈不敢买、不愿买现象。另一方面，房地产企业面临较大资金压力，房地产市场呈现建设项目量少、企业不愿、不敢投资放量，有的甚至停建现象。同时，新建住房设计标准、户型和产品质量不高，产品结构不适应改善型购房群体需求，无法形成更好的市场带动效果。

三、2025年工作计划

（一）研政策争支持，夯基蓄势赋好能

一是紧盯国家战略腹地建设、渝西地区高质量发展等重大战略，积极谋划争取于合川有利的战略定位、发展空间和重大项目。二是紧盯国家密集出台一揽子增量政策窗口，针对性加大项目策划、储备、申报、对接力度，争取更多上级项目和资金支持。三是紧盯系统谋划"十五五"契机，坚持立足国家和重庆所急所需、合川所长所能，积极深度参与上级相关规划编制、课题研究和方案起草，争取合川利益最大化。

（二）增信心强调度，全力冲刺收好关

一是加强动态分析和预警监测，紧盯年初各项目标任务，回头看、查进度、补欠账、往前赶。二是抓住"五经普"机会，进一步优化各板块结构比重。三是以目标进度倒逼工作力度，以工作力度推动问题解决，以问题解决促进经济运行，确保经济运行在合理区间。

（三）抓项目促投资，加速放量强拉动

一是聚焦中央预算内投资、增发国债、超长期特别国债等上级专项资金项目，点对点、手把手加强调度、加密通报，着力加快项目建设进度和资金支付进度。二是围绕能源、交通、水利等板块的市区两级重点项目，进一步强化专班推进、闭环落实，着力消除项目推进中的堵点卡点，加速投资放量。三是抓住产业有序转移机遇，积极引进央企、国企、上市企业等实力企业来合投资兴业，增强投资后劲。

（四）培育产业强主体，巩固工业好态势

一是聚力抓项目，坚持招落建投全生命周期服务机制，"一项目一专班一方案"开展工业项目建设攻坚，促进瞬驱动力二期、博盟科技新能源汽车零部件等项目早建成、早达产、早见效。二是聚力抓培育，实施工业倍增计划，大力引育"链主"企业，推动中小企业梯度成长。三是聚力抓提升，锚定成渝中部

地区先进制造业基地建设目标，加速壮大"2446"现代制造业集群，力争"两主四特"产值和调整后的高新区规模以上工业产值占比均提升至70%以上。

（五）浓氛围促消费，增添发展新活力

一是用好国家"两新"政策，加快制定合川区消费品以旧换新实施方案、合川区进一步促进二手车流通健康发展方案，持续释放汽车、家电、家装等消费潜力。二是扩大"市七运会"带动效应，持续开展"爱尚重庆·渝悦消费"系列消费促进活动，加快打造火锅食材美食街区等消费新地标，大力发展会展经济、夜间经济，带动餐饮、住宿等消费稳定增长。三是深入落实"三服务"机制，高度关注核心企业经营状况，切实抓好升规升限入库工作，努力培育壮大市场主体。

[合川区发展和改革委员会　粟榆涵]

之十五：2024年永川区经济运行分析及2025年展望

2024年是中华人民共和国成立75周年，是实现"十四五"规划目标任务的关键一年，也是启动谋划"十五五"时期现代化建设重点目标任务的年份。永川区深入实施"一三五"总体发展思路，突出稳进增效、除险固安、改革突破、惠民强企工作导向，全力克服极端天气影响，经济运行稳中有进、稳中向好。前三季度，全区地区生产总值实现1001.3亿元，同比增长7.6%，增速排全市、主城都市区第1位。

一、2024年永川区经济运行特点

（一）前三季度经济运行特点

1. 新质生产力加快培育发展，三次产业稳步增长

工业生产稳中有升。1—9月，规模以上工业增加值同比增长7%，排名全市第11位、主城都市区第9位；规模以上工业总产值实现1270亿元，同比增长3.4%。持续提升产业能级，"永川造"二代哈弗H9上市，雅迪科技入选工业和信息化部第一批符合《电动自行车行业规范条件》企业名单，7家企业上榜2024年重庆企业100强榜单。智能网联新能源汽车、消费品、高端装备、生物医药及大健康产业产值分别同比增长2.9%、4.6%、10.7%、27.7%。产业转型发展步伐加快，2个永川造产品入选2024年度市级重大产业技术创新产品培育名单，培育创新型中小企业213家、市级"专精特新"企业169家，新增重庆市数字化车间4家、智能工厂3家。

数字经济创新高地加快建设。1—9月，大数据产业园实现营业收入220亿元，同比增长19.5%。科技影视产业成绩斐然，意大利威尼斯国际电影节向世界推介永川，大数据产业园获第三届全球数字贸易博览会先锋奖。自动驾驶稳步发展，智能网联汽车时空数据在线审查平台上线，顺丰快递无人车即将投运，百度第六代RT6、长安、赛力斯等多种自动驾驶车型开展测试，测试运营车辆累计达到147台、里程超过330万公里。服务外包提质扩容，座席规模突破1.7万席，拓展地理信息产业赛道，获评测绘地理信息创新高地。新兴产业加快培育，加速编制低空经济产业园区发展规划，成功签约四川腾盾、椭圆时空（北京）科技，永川自动驾驶测试基地入选空天信息大跨度综合应用场景。

现代服务业稳中向好。其他服务业支撑有力，1—9月，其他服务业增加值同比增长8.4%，高于全市（6.8%）1.6个百分点，居民服务、修理和其他服务业营业收入同比增长59.4%，信息传输、软件和信息技术服务业，文化、体育和娱乐业等行业营业收入增速均超20%。交通运输业总体平稳，交通运输、仓储和邮政业增加值同比增长7.1%，永川南站建成通车，"十一"期间经停永川的列车班次同比增长12.1%，累计到发旅客18.8万人次。金融业稳健运行，金融业增加值增长6.1%，高于全市（3.6%）2.5个百分点，9月末金融机构人民币存、贷款余额分别增长12.1%、11.3%。

建筑业和房地产业稳步发展。建筑业企稳发力，入选市级智能建造试点区县名单，1—9月，建筑业增加值同比增长7.9%，高于全市（5.2%）2.7个百分点；建筑业注册地总产值居全市、主城都市区第2位，同比增长10.7%，高于全市（4%）6.7个百分点；建筑安装投资同比增长14.1%。房地产业降幅收

窄，商品房销售面积同比下降5.9%，较1—8月降幅（10.4%）收窄4.5个百分点，增速高于全市（-17.3%）11.4个百分点，总量排全市、主城都市区第3位。

农业经济总体稳定。1—9月，第一产业增加值增长1.8%。粮食稳中略增，夏粮播种产量同比增长1%、秋粮播种预计产量同比增长0.56%。特色产业持续做优，食用菌新品种白灵菇试种成功，重庆西南茶业（集团）茶叶加工厂运行投产，蔬菜、水果产量分别增长1.7%、4.7%。港桥产业园入选2023年度全市食品及农产品加工产业高质量发展"十佳园区"激励奖补名单。

2. 投资消费外资保持较好增长，三大需求结构更趋优化

有效投资持续扩大。1—9月，全区固定资产投资同比增长9.5%，高于全市（1.8%）7.7个百分点。豪斯特热成型、电池壳体等汽车零部件生产、医疗器械产业园项目一期等11个重点工业项目建成投产，工业投资同比增长13.4%，拉动全区投资增速7.1个百分点。房地产开发投资同比增长9.7%，高于全市（-9.7%）19.4个百分点。民间投资同比增长10.9%。

项目建设有序推进。1—9月，157个区级重点项目完成投资159.9亿元，成渝高速改扩建工程（永川段）、理文110万吨绿色新材料全产业链项目等加快推进。统筹投资发展需求和化解政府债务风险，制定全区加强政府投资项目管控方案。争取资金成效显著，整体获批资金额较上年同期增长140.7%；实际到位资金额较上年同期增长107.8%。

消费活力有效激发。1—9月，社会消费品零售总额同比增长6.1%，高于全市（3.8%）2.3个百分点，排全市第5位、主城都市区第3位。商贸业迸发新活力，批发业销售额、零售业销售额、住宿业营业额、餐饮业营业额分别同比增长34.9%、8.1%、10.2%、10.7%。试点推行"潮汐摊区"，大力推进汽车、家电等以旧换新活动，区内家电企业销售额同比涨幅在120%~269%。文旅产业提质升级，茶山竹海、永川博物馆景区、乐和乐都景区入选成渝古道旅游线路。"假日经济"持续升温，2024年松溉古镇中秋追月灯会暨古镇消费季吸引超10万人次，获央视专题报道；1—9月，全区接待游客人次、实现旅游收入分别同比增长16.6%、13.8%。

外资外贸保持稳定。开放经济持续壮大，举办2024年德国智能制造企业"走进永川"系列活动，综合保税区二期项目加快推进，西门子（中国）有限公司成功落户。制度型开放取得成效，柒遇星辰、弗伦德希等企业率先获批二手车出口资质，永川高新区1项案例入选重庆自贸试验区联动创新区首批"优秀实践案例"。1—9月，全区经西部陆海新通道运输货物8719标准箱、货值7.1亿元，实际使用外资预计实现8172万美元、同比增长53.9%。

3. 改革开放深入推进，科技创新成效显著

重点改革取得成效。数字重庆建设加快推进，数据治理率和合格率均达100%，率先在全市争取到数据仓独立部署试点。加快推进"三攻坚一盘活"改革，加速国企改革攻坚，截至9月底，永川区止损、治亏进展率分别达130%、100%，国企亏损面下降至14.6%；平均综合融资成本较上年下降134个BP；全区国有企业资产总额同比增长9.5%、营业收入同比增长15.3%。提前完成政企分离改革年度任务，38户企业党政机关和事业单位所属企业全面"脱钩"。坚决打赢园区开发区改革攻坚战，高效推进社会管理事务职能移交，高新区、综保区四至范围已通过市级联合审核。

营商环境持续优化。政务环境更加高效，"一窗综办"事项集中进驻率达99.2%，"一件事一次办"套餐、"川渝通办"异地业务、"政务服务帮帮团——蓝马甲"服务业务分别办理3.65万件、4.1万件、1.1万件。法治环境更加公正，推行涉民营企业执行案件财产查控、资产处置"绿色通道"，办案周期缩短至52天。金融惠企利民力度加大，"永增信贷""永信用贷""永就业贷"2024年累计发放29笔、

9690万元。全区新增民营经营主体1万余户，累计达到11.7万户，占全区经营主体的比重达到98.1%。

科技创新能力不断提高。持续壮大创新主体，新增市级科技型企业190家，总量达到1906家，高新技术企业、科技型企业"双倍增"目标任务完成率分别达95.5%、108.9%，分别高于时序进度20.5个、33.9个百分点；全区规模以上企业研发投入同比增长50%。加快高能级创新平台建设，国家铁路创新研究院落户并启动建设，新增市级以上创新平台10个，技术创新中心、重点实验室5个。加速创新成果转化，组建规模5亿元的启迪方信创投基金，环重庆文理学院创新创业生态圈一期通过验收，4个成果获2024年重庆市科技进步奖。着力营造一流创新生态，举办2024年"永创汇"创新创业大赛（第一期）、"院士专家永川行"等活动，技术合同登记金额同比增长419.4%，发放知识价值信用贷款金额、在贷余额均排名全市第2位。加快汇聚高层次人才，重庆数智产业人才创新创业服务港在永正式挂牌，引进市内市外人才2868人。

4. 实物量指标延续向好态势，市场信心不断提升

匹配性指标持续回升。1—9月，全社会用电量同比增长6.7%，较上半年（1.7%）提高5个百分点。全社会用气量同比增长147.6%，较上半年（118.5%）提高29.1个百分点，其中工业用气量同比增长233.6%，较上半年（194.9%）提高38.7个百分点。

要素保障持续增强。能源保障能力不断提升，页岩气产量稳中有增，产气量同比增长105%，长城汽车分布式光伏项目、重庆渝昆高铁友助村牵引变220千伏外部供电工程建成投运。土地供应有序推进，新增工业项目按标准地出让比例达100%。

招商引资加力推进。建立区领导带队、市区联动的"央企一对一"招商专班和工作机制，围绕全区重点产业链，对接央（国）企43家。1—9月，全区共引进项目90个、合同引资544.5亿元；到位资金276.4亿元、同比增长24.9%。

5. 民生福祉持续增进，就业收入总体稳定

就业形势稳中向好。1—9月，深度开展线上线下"春风行动"大型招聘会、"川渝携手·春风送岗"、"职等你来与你同行"等活动，达成就业意向2.5万余人。加大创业担保贷款扶持力度，发放就业见习补贴、一次性吸纳就业补贴、失业金6130.2万元。全区城镇新增就业2.3万人，发放创业担保贷款1.54亿元，失业保险扩面19.3万人，分别完成全年目标任务的102%、118%、102%。

居民收入持续增长。1—9月，全体居民人均可支配收入实现34771元，同比增长5.1%。其中，城镇常住居民人均可支配收入实现39643元，同比增长4.6%；农村常住居民人均可支配收入实现21954元，同比增长4.7%。城乡居民人均可支配收入比为1.81∶1，较全市水平（2.32∶1）缩小0.51。

（二）存在的主要问题

总体来看，前三季度经济运行总体平稳、稳中有进。同时也要看到，外部环境更趋复杂严峻，部分指标距离实现全年目标任务还有差距，经济回升向好基础仍需巩固。一是部分行业增长压力较大，工业稳增长支撑不足、畜牧业低迷影响农业增长、房地产业回暖尚需时日。二是有效需求不足制约市场活力释放，消费疲软问题依然突出、企业生产经营状况不佳、外贸恢复增长缓慢。三是部分项目建设进度未达预期，稳投资难度较大，扩大有效投资难度加大，部分项目建设和上级专项资金支付进度较为缓慢。四是部分指标与经济增长匹配度不高，财政税收持续承压、交通运输业还有短板、稳就业还需进一步加力。

（三）2024年全年预测

初步预测，全年地区生产总值增长7.5%左右。要切实增强做好经济工作的责任感和紧迫感，以目标

进度倒逼工作力度，决胜全年红，努力交出全年经济社会发展高分报表。

二、2025年经济运行环境分析及趋势展望

从世界范围来看，当前经济处于持续性低增长的过程，IMF将2025年全球经济增长预测下调至3.2%。国际少数发达国家的遏制和打压逐步加剧，新兴经济体分流效应逐渐显现，贸易不再成为经济增长的火车头，全世界的政府债务、财政赤字上升，地缘政治风险急剧上升，经济发展的外部环境不确定性增加。从国内情况来看，我国经济的基本面及市场广阔、经济韧性强、潜力大等有利条件并未改变，总体上，虽然宏观经济面临供给与需求双向冲击，但随着宏观调控力度加大，有效经济政策落地，将有力应对供求双向冲击，推动经济高质量发展。从全市来看，随着"两大定位"、发挥"三个作用"新定位新使命聚焦做实，高质量发展加快推动，推动成渝地区双城经济圈建设走深走实，打造"33618"现代制造业集群体系深入完善，培育新质动能更加有力，经济发展向好的动力增强。对于永川来说，作为西部陆海新通道新枢纽、国家战略腹地重要承载地、内陆开放综合枢纽创新区，战略机遇叠加，培育建设市域副中心城市将进一步提升永川的区位价值和区位优势，一揽子增量政策逐步落实落地将进一步释放发展潜力，2025年，预计将延续经济回升向好发展态势。

三、2025年工作重点

（一）聚焦项目建设提速推进，推动投资稳定增长

一是加快推动项目建设工程进度。强化专班推进、节点调度和定期通报，着力打通堵点卡点，切实提高项目建设进度。二是抓实重点领域投资放量。持续落实大规模设备更新、"技改专项贷二十条"等政策，支持工业企业技改投资和扩大再投资；优化产业链招商、基金招商等方式，稳定工业项目投资接续；突出"三大工程"促投资作用，加大"白名单"项目贷款投放力度，支持盘活存量闲置土地。三是放大上级资金支持乘数效应。提升项目谋划的精准性和有效性，聚焦"两新""两重"领域，精准对接超长期特别国债、地方专项债券资金投放方向，策划包装资金需求急迫、拉动作用强的重大项目，积极争取专项债等市级资金支持，有效支持四季度投资放量。督促行业主管部门建立上级资金项目储备和资金使用台账，切实提高资金支付进度，更好发挥政府投资带动作用。

（二）聚焦培育壮大新动能，强化三次产业支撑

一是强化工业主引擎作用。推动重点行业、重点企业稳产放量，进一步强化重点企业供应链本地配套，帮扶电子信息、新材料、智能装备等行业企业稳定订单，助力企业增收。全面落实招落服"一体化"机制，举办央企永川行活动，充分发挥产业投资母基金等资金引领作用，加快推动重大工业项目尽快形成新增产值。二是大力发展数字经济。加快推进科技片场二期、百度自动驾驶中心、生物技术产业园等项目建设。大力发展数字文创、人工智能和物联网、生物技术与大健康等产业以及空天信息、集成电路、AI等新兴产业。三是深入挖掘消费潜力。加快释放线上以旧换新补贴政策效能，围绕汽车、家电、家居等大宗消费持续发力，以展会节庆活动促进消费，大力发展会展经济、夜间经济。推动服务消费扩容升级，落实促进养老、育幼、家政服务消费的专项政策，满足"家门口""楼底下"优质普惠服务需求。加大游戏IP与文旅联动，推动文旅体育赛事"进商圈、进景区、进街区"，持续培育"文旅+"消费新业态、新场景、新品牌。四是推动农业提质增效。切实抓好粮食和农业生产，适时抢收秋粮和晚秋作物，确保颗粒归仓。持续开展水稻、油菜、高粱等主要粮油作物社会化服务，促进区域化、规模化、机械化

生产。加强蔬菜、生猪等"菜篮子""肉盘子"产品价格监测、生产调度,保障市场均衡供应。

(三)聚焦改革开放创新,增强高质量发展内生动力

一是深化重点领域改革。深入推进数字重庆建设,推进数字化赋能城市治理,以应用贯通提升治理中心实战能力。抓好"三攻坚一盘活"扫尾工作,加强国企精细化管理,健全国有资产盘活机制。持续打造一流营商环境,着力畅通政企沟通渠道,完善民企诉求解决闭环落实机制,在减税降费、降低生产成本、规范平台运营等方面加大对中小微企业和个体工商户政策支持,设身处地为企业投资营造更加安全和便利的发展环境,搭建民营资本"聚集地""避风港"。二是提升高水平开放能级。持续完善开放通道,加快永津高速、永璧高速、渝昆高铁、成渝高速扩能等项目进度。挖掘出口新增长点,引导传统内贸企业开放转型,加快签约并投产长城坦克300整车出口基地项目。积极参与"百团千企"行动,支持企业开拓海外市场。提高开放平台承载力,争取增值税一般纳税人资格和选择性征收关税试点,帮助综保区内企业更好统筹利用国内国际市场及资源。三是提高科技创新水平。着力完善梯度培育体系、科技培育体系、政策支撑体系、工作推进体系,贯彻落实"创新11条",强化"双招双引",加快推进东方希望、理文全球研发中心等龙头企业重大创新平台建设,推动铁路创新研究院、清华大学联合研究中心、中国科学院科技战略咨询研究院落地投运。

(四)聚焦稳就业促增收防风险,不断增进民生福祉

一是促进就业质的有效提升和量的合理增长。做好应届高校毕业生、农民工、脱贫人口、零就业家庭等重点人群就业工作,加大对就业困难群体的帮扶力度。实施离校未就业毕业生服务攻坚行动,确保应届毕业生年底就业率不低于90%。二是多措并举促增收。挖掘乡村规划师、农业经理人等新职业,发展网络直播、夜市经济、零工市场等新业态,做好住户调查周期内样本轮换和培训工作,抓好增收因素梳理汇总,力争城乡居民收入增长提速。三是统筹落实增量政策和风险防范。承接、配套和落实好国家一揽子增量政策。加大力度筹集财政收入,全力化解政府性债务。深入推进打击非法金融两年专项行动,筑牢金融安全防线。全力打好保交楼收官战、保交房攻坚战、"两久"项目处置攻坚战,稳步推进房地产领域"三大工程"建设。

[永川区发展和改革委员会　王文征　马寒卿　张瀚予]

之十六：2024年南川区经济运行分析及2025年展望

2024年，面对错综复杂的国内外环境，南川区深入学习贯彻党的二十大、二十届三中全会精神，深化落实习近平总书记视察重庆重要讲话重要指示精神，全面执行市委六届五次、六次全会和区委十五届七次、八次全会部署，坚持稳中求进工作总基调，牢牢把握稳进增效、除险固安、改革突破、惠民强企工作导向，全力以赴拼经济，铆足干劲促发展，前三季度（下同），实现GDP 330.16亿元、增长6.5%，预计全年实现GDP 450亿元、增长6.5%左右。

一、2024年南川区经济运行特征

（一）抓质效提能级，产业支撑更趋坚实

一是工业经济培优聚新。大力培育"332"先进制造业集群体系，8家企业升规入统，新能源汽车及配套、新能源及新型储能、中医药、先进材料增加值分别增长13.9%、14.5%、19.9%、70.9%，带动规模以上工业增加值增长9%。强化创新驱动和数字赋能，新培育国家"小巨人"企业1家、市级"专精特新"企业23家，新认定国家高新技术企业24家、市级科技型企业137家。二是文旅康养精彩出圈。着力打造"一山一片一带多点"空间布局，高位推动山王坪片区康养项目开发，协同推进中海黎香湖、良瑜、兴茂等项目建设，累计销售（含认购）康养物业15.2万平方米。深入实施品质提升三年行动，"大金佛山178环山趣驾"入选重庆文化旅游系统最佳实践案例，全区接待游客3207万人次、增长10%，实现旅游综合收入202.85亿元、增长10.5%。三是现代农业提质增效。耕地保护红线和粮食安全底线筑稳守牢，播种粮食面积73.89万亩、产量31.37万吨，入列全市"农产品出海"行动试点区县，"千年金山红"古树茶出口新加坡，"庆酒""豆干休闲食品"纳入全市爆品打造计划，获批国家中医药传承创新发展试验区，国家农业现代化示范区创建中期评审获评全市唯一"好"等次，"推进'一主两辅'优势特色产业发展"获激励表彰，食品及农产品加工业产值增长15.1%。

（二）抓投资扩消费，经济运行稳中向好

一是千方百计扩投资。深化"抓项目促投资"专项行动，打表推进"三张清单"，新开工重点项目74个、竣工17个，226个重点项目完成投资204.2亿元，其中，35个市级重点项目完成投资45.5亿元，46个增发国债、专项债、超长期特别国债、预算内项目完成投资28.09亿元，带动固投增长9%。争取上级资金34.6亿元，融资到位160亿元，征收土地2145亩。二是全力以赴促消费。以商文旅体融合发展示范城市建设为引领，举办金佛山旅游文化节、"味道南川"美食节等消费节会20余场次，紧扣"相约金佛山·惠享福南川"主题，开展迎春消费节、消费品以旧换新等消费促进活动30余场，带动批零住餐销售（营业）额分别增长13.3%、10.7%、10.3%、11.4%，支撑社会消费品零售总额增长6.1%。培育"大金佛山178环山时令风物"电商品牌，带动方竹笋、大树茶等时令风物网络零售额超10亿元。

（三）抓开放促合作，重大战略落地落实

一是积极融入新发展格局。抢抓新时代西部大开发战略机遇，深化与西部省市对接合作、协同发展，

积极参加西洽会、智博会、广交会等经贸活动，签约新能源汽车零部件等项目30余个，协议引资120亿元，其中高铝矾土熟料、瑞科航空燃料等投资10亿元以上工业项目2个。二是成渝地区双城经济圈建设务实推进。打表推进144项年度任务，127项达到时序进度、占比88.2%。深化与四川乐山、广元、都江堰等地交流合作，落实"一区两群"对口协同制度，与武隆等地联动发展，成功举办金佛山登山赛、新能源汽车定向赛等赛事活动。三是西部陆海新通道节点城市建设有力有效。扎实推进4项重大改革、6项重大平台和31项重大项目清单，渝湘高铁、渝湘复线高速加快建设，西环高速竣工通车，大方向智慧物流园、昌达智慧物流园、水江物流集散中心提速建设，鸿路钢构首批5000吨钢结构件出口东盟，南涪铁路成功开行建材专列。

（四）抓改革谋创新，发展动能持续释放

一是聚力优化营商环境。突出"首要工程"，高位推动优化营商环境，召开"新春第一会"，打表推进优化营商环境"四本账"、316条任务，"信用+民宿"应用场景纳入全市试点，企呼我为"闭环办"、行政执法"综合查一次"等"自选动作"获企业好评。累计减税降费约3亿元，新发展市场主体6097户、新发展率8.7%。二是聚力深化数字赋能。区级治理中心高效运行，承接贯通市级综合场景16个、典型应用21个，就医"一件事"纳入市级试点，露营服务"一件事"上线运行，40家露营基地入驻平台。三是聚力深化重点改革。全力推进"三攻坚一盘活"改革突破，86户区属国企"止损治亏"超额完成，4户区属重点国企管理层级全部控制在3级以内，压减企业法人进展率93.8%，政企分离改革全面完成，28户涉改企业全部"脱钩"，13户"僵尸企业"全部出清，盘活存量国有资产、回收资金分别完成年度目标的261.7%、130%。

（五）抓城市兴乡村，城乡面貌有效改善

一是城市更新有序推进。加快推进"三大工程"建设，污水管网、城乡供水、城市路网等44个城市更新项目完成投资29亿元，拆迁720户14.13万平方米房屋，1780套安居工程开工建设，4个老旧小区项目加快推进。工职院南川校区全面开工，渝湘高铁南川北站主体完工。万达广场、东街等城市商圈日趋完善，夜市经济、潮汐摊区规范发展，城市生活充满烟火气。二是乡村振兴加力提速。深入实施"四千行动"，承办全市高标准农田项目现场会，创建巴渝和美乡村示范村3个，建成头渡镇美丽宜居示范乡镇、观音村"龙岩山居"巴蜀美丽庭院示范片。深化强镇带村、强村富民综合改革，农村集体经营性建设用地入市试点获评自然资源部"农地入市"典型示范案例。坚决守牢不发生规模性返贫底线，无一人因灾因病返贫。

（六）抓服务惠民生，社会事业稳步发展

一是惠民有感落到实处。15件区级重点民生实事全部开工，累计完成投资5亿元，完成年计划的79.1%。举办线上线下招聘会61场次，城镇新增就业7697人、完成全年任务的110%，发放创业担保贷款5123万元，城乡居民人均可支配收入分别增长3.8%、4.3%。着力构建城乡便民服务体系，西胜小学建成投用，区人民医院纳入重庆医科大学直属附属医院，隆化职中获评重庆市十佳职业教育学校，新增公办幼儿园2所。二是生态环境持续改善。深入推进"无废城市"建设、农村黑臭水体治理等行动，大溪河等考核断面水质稳定达到Ⅲ类及以上，高标准推进中央生态环保督察反馈问题整改。三是风险防范有力有效。守牢债务底线，综合债务率持续下降，化债成果进一步巩固。7个"保交楼"项目全部竣工交付。扎实开展安全生产治本攻坚三年行动，深入推进道路交通安全突出问题、燃气管道"带病运行"等专项整治，安全生产形势总体平稳。

二、存在的问题

（一）市场需求减弱，部分行业经营困难

一是建材行业需求不足，近六成企业产能下降，商品混凝土、钢结构、水泥等产品产量分别下降5.9%、7.4%、12.3%，传导绿色建材行业下降14.7%。二是居民消费意愿不足，戴斯酒店、平价火锅、永辉超市营业额分别下降13.7%、14.0%、8.2%。三是房地产市场不景气，商品房新开工面积、销售面积分别下降21.5%、2%。

（二）市场信心恢复不足，稳投资压力较大

一是重大项目支撑不足，在库在建10亿元以上项目仅7个。二是社会投资严重不足，原计划开工项目116个、实际开工75个，传导民间投资下降19.2%。三是项目储备不足，水利、交通、养老等领域储备项目规模小、数量少，其他领域项目前期工作进度较慢。

（三）收入收窄，风险防范压力大

一是财税收入不及预期，制造业、建筑业税收分别下降18.9%、19.9%，税收收入连续3个月负增长，非税收入、土地出让收入完成全年任务的42.9%、16.1%。二是化债任务重。平台公司处于还本付息高峰期，"防爆"压力较大；政府性债务化解进度偏慢，离年度目标差距较大。

三、2025年重点工作

（一）抓产业培育，夯实发展支撑

一是做强先进制造业。坚持"大抓工业、首抓制造业"鲜明导向，围绕"332"集群体系，加快建设全市先进制造业基地。开工瑞科航空燃料、慈诺药业、铝器时代（三期）等21个项目，竣工大镁高铝熟料、民主风电等33个项目，推动页岩气增储上产、金鸿纬满产达效，释放146家规模以上企业现实产能，新升规纳统企业10家，稳住经济增长基本盘。强化创新驱动，深入实施"双倍增"行动，高新技术企业、科技型企业分别达到105家、890家，研发投入增长10%以上。强化数字赋能，推进传统产业改造升级，实施技改项目30个，打造一批智能工厂、数字化车间。二是做靓文旅康养产业。聚焦"一山一片一环多点"格局，推动景区景点游、民宿露营游、农旅融合游、康养避暑游全链条升级，打造全市文旅康养首选之地。擦亮金佛山"金字招牌"，高水平办好金佛山冰雪节、国际登山赛等大型节会和国际赛事，打造具有影响力的四季康养名山。完成投资10亿元以上，推动山王坪片区文旅康养项目大规模动工，先期推出"首开区"，加快建设文旅商体配套综合体、换乘中心等项目。提档升级"178环线"品质，迭代升级"趣"系列旅游产品，新培育20家精品民宿、14个露营地，拓展飞拉达、滑雪、漂流、山地越野等运动场景，增强游客体验感。三是做精现代农业。围绕"一主两辅"优势特色产业，推进南川米订制化生产、蓝莓集群化种植、大树茶品牌化发展，推动供应链、加工链、价值链"三链同构"，扩大庆酒、方竹笋等特色农产品出海规模，加快国家中医药传承创新发展试验区建设，提速国家农业现代化示范区创建，打造现代农业示范区。

（二）抓需求释放，稳定社会预期

一是扩大有效投资。落实重点项目"四个一批"机制，强化土地、资金、审批"三个保障"，打表推进工业、农业、商贸、文旅、交通、水利、教育、医疗、城建等9个板块项目建设，加快竣工渝湘高铁、

渝湘高速复线、工职院南川校区等大块头项目，推动G353、洪塘水库、北师大高中等46个"四类"专项资金项目加快放量，支撑固投增速高于全市。把项目储备作为重中之重，围绕国家一揽子增量政策策划包装项目，坚持"项目等资金"，谋深谋实"十五五"重大项目，做细做精2025年争资项目，借智借力咨询机构，全力向上争资，确保到位资金增长10%。二是激发消费活力。以商文旅体融合发展示范城市建设为引领，围绕"178环线"，迭代游乐、美食、民宿、露营"四张地图"，打造消费增长点。抓牢"两新"契机，以汽贸城、家居建材市场等为载体，策划推出展销促销活动，落实信贷支持政策和激励措施，持续释放汽车、家电、家居等大宗消费潜力。依托万达、东街等"主战场"，大力举办"惠民消费季"等促销活动。加强培育助残、托育、养老等新消费场景。大力发展物流、仓储、咨询设计等生产性服务业。三是全力招商引资。顺应招商引资新形势，紧盯制造业战略转移，推动园区平台加快向产业投资转型，积极盘活存量土地和厂房，强化"一把手"招商，全力以赴"招实引制"，力争全年签约正式合同额350亿元以上、引进产业项目80个以上、到位资金100亿元以上，其中引进制造业企业40家、协议引资160亿元以上。加强招商项目跟踪服务，推动新能源汽车配套、碳纳米管、精瓷半导体等在谈项目加快落地，提升项目开工率、资金到位率、投产达产率。

（三）抓改革开放，增强发展后劲

一是强化改革突破。以经济体制改革为"牛鼻子"，巩固拓展"三攻坚一盘活"改革成果，做好国企改革后半篇文章；探索建立民营经济健康发展新机制，建立规范化机制化政企沟通渠道，鼓励社会资本参与政府和平台工程。加快数字重庆建设，全量承接贯通市级应用，积极谋划特色应用2个以上。提速推动"强镇带村"、农地入市、全生命周期"一件事"等重点改革，形成典型案例。以更大力度优化营商环境，落实好"9大行动"年度任务，围绕企业关切，再迭代实施一批新措施、新举措，坚定不移打造全市优化营商环境标杆城市。二是扩大对外开放。以建设西部陆海新通道重要节点城市为统领，加快提升通道能级，竣工投用渝湘高铁、渝湘高速复线，争取市域铁路C6线、万正高速等纳入市"十五五"规划，构建"通道带物流、物流带经贸、经贸带产业"格局。大力引育外贸企业，积极拓展海外市场，推动蓝莓、中医药、轻量化汽车轮毂等特色产品出口。拓展川渝合作深度，联动武隆协同发展，重点围绕文旅康养、能源矿产、电子商务等领域，达成一批合作事项，落地一批共建项目。

（四）抓融合发展，改善城乡面貌

一是推动城市更新。持续优化住房供给，实施5个片区城市更新项目，推进8个安居工程建设，有序完善23个老旧小区配套设施，开工江澜御府，启动城投天元（二期）主体建设，加快泽京南樾府（二期）等项目开发。持续完善城市"里子"，完工公共供水管网漏损治理工程（二期），提速老旧城区排水管网和东部片区污水管网建设，更新改造排水管网10公里、污水管网20公里。深化大城细管、大城众管、大城智管，上线城市"运管服"平台，全力打造宜居、韧性、智慧城市。二是推进乡村振兴。持续推动巩固拓展脱贫攻坚成果同乡村振兴有效衔接，落实好"一户一策"帮扶措施，确保不出现规模性返贫。深入实施"四千行动"，改造高标准农田7万亩，创建巴渝和美乡村示范村镇5个以上，加快5个强村富民综合改革市级示范试点建设。深化农村厕所、垃圾、污水革命，有序开展"五清理一活动"，持续改善农村人居环境，建设宜居宜业和美乡村。

（五）抓民生保障，提高生活品质

一是突出就业增收。坚持就业优先导向，落实促进青年就业三年行动，开展"巴渝工匠"终身职业技能培训，加大以工代赈、托底安置、公益性岗位等帮扶力度，城镇新增就业7000人以上。二是增进民生福祉。聚焦群众"急难愁盼"，滚动实施一批民生实事。健全多层次社会保障体系，优化教育、医疗、养老、托育、文化体育等资源供给，落实低收入人口动态监测和救助帮扶机制，推进基本公共服务均等化，打造"一刻钟便民生活圈"。三是提升环境质量。深入实施美丽重庆建设南川行动，迭代升级"九治"方案，全力打好蓝天碧水净土保卫战，确保城区空气优良天数超过330天，考核断面水质稳定达标，森林覆盖率稳定在56%以上，推进国家森林城市、国家生态文明建设示范区创建。四是维护安全稳定。防范化解债务、金融等重点领域风险，扎实开展重点领域安全专项整治，持续提升粮食、能源保障能力，加强社会治安防控，维护社会大局安全稳定。

[南川区发展和改革委员会　熊　波　罗　益]

之十七：2024年綦江区经济运行分析及2025年展望

2024年以来，綦江区牢牢把握稳进增效、除险固安、改革突破、惠民强企工作导向，用好改革开放关键一招，打好招商引资、防范化解风险两场攻坚战，做好产业升级、城市提质、"土特产"三篇大文章，全力拼经济、抓项目、促发展，预计全年地区生产总值增长5%左右。

一、2024年綦江区经济运行情况

（一）运行特征

一是工业经济承压运行。抓工业项目投产达效，新开工标准化厂房建设等项目38个，投产友利森（三期）等项目26个，工业投资增长16.8%，其中制造业投资增长33%。建工高新、松藻电力等64个项目实施技改，完成投资11亿元，工业技改投资增长47.9%。盘存量挖潜增效，盘活闲置土地844亩、闲置厂房24.8万平方米。建平台扶强扶优，升规蟠龙等企业11家，新增产值8亿元。聚源塑料、有研重治等5家企业成功创建市级绿色工厂，高新区成功创建市级绿色园区。抓创新提质赋能，扎实推进高新技术企业、科技型企业"双倍增"行动，搭建高新技术企业后备库企业136家，科技型企业达2523家、排全市第8位。

二是有效投资持续扩大。重大项目支撑有力，新开工小湾水库、建筑新型材料产业基地（一期）等项目37个，竣工移通学院三期、轻量化生产基地等项目7个。双圈项目稳步推进，12个涉綦双圈项目完成投资25.3亿元、完成年度计划的94.8%。其中蟠龙抽水蓄能电站（一期）全面投产发电，累计发电超7亿千瓦时；国家区域医疗中心江苏省人民医院重庆医院主体结构封顶；藻渡水库完成截流，进入主体工程施工阶段。

三是消费市场稳中趋缓。举办"綦江首届米粉文化节"等系列活动20余场，拉动消费1亿元，零售、住宿、餐饮分别增长9.1%、7.4%、11.8%。持续开展以旧换新活动，9月单月家电销售额增长53.2%。电子商务集聚区累计入驻市场主体48家，带动就业300余人，限上网络零售增长8.5%。"四级直播"新体系和石角镇电商赋能"新农村"2个案例成功入选商务部2024农村直播电商优秀案例并全国推广。成功入围全市县域商业"重点县"。

四是农业生产恢复缓慢。种植业保持平稳，粮食、蔬菜产量分别增长0.7%、2.3%。培育重庆市农产品加工业"双百企业"5家。广大和正大合作的生猪标准化代养场建设项目、100万头生猪全产业链项目加快建设。高标准农田改造提升项目有序推进，完成撂荒地整治0.8万亩，新建高标准农田1.6万亩。新培育经营性收入50万以上的村级集体经济94个。

五是服务业平稳发展。开展服务业"增主体、强身体"专项行动，累计升规（限）企业22家。铁路运输总周转量增长6%，公路运输总周转量增长4.2%。经西部陆海新通道运输货物48.2标准箱，货值1825万元。进出口总额增长50.9%；实际使用外资增长9.1%。金融业保持平稳，全区存、贷款余额分别增长7.6%、13.2%。

六是社会民生逐步改善。14件市级民生实事涉綦事项有序实施，十大区级民生项目总体按节点计划推进。实施就业促进富民行动，发放各类就业补贴8520余万元，惠及2.63余万人次，城镇新增就业9850人，完成年度目标的98.5%。猪肉、水果等重要商品价格稳定，粮油等重要物资保障充足。

（二）存在的问题

綦江区经济运行态势与全国、全市大体一致，经济回稳向好基础尚不牢固，短期面临企业预期偏弱、居民增收困难、政府债务压力较大等制约，长期面临区域发展竞争加剧、产业结构调整难度加大等挑战。

一是产业转型步伐较慢。淘汰煤炭产能后，接续替代产业培育不足，全区仅轻合金材料集群产值超100亿元。招商引资质效不高，1—9月签约项目62个，开工率不到50%。

二是市场主体信心不足。1—9月，民间投资（不含房地产）下降30%，商品房销售面积下降7.1%。新设立经营主体下降15.4%、注销经营主体增长42.9%。

三是财政收支紧平衡。化解债务、兜牢"三保"底线等任务艰巨，国有企业债务压力较大。财政税收结构不优，财政税收占比低于全市平均水平。

二、2025年经济运行环境及因素分析

当前和今后一个时期，全区发展仍处于重要战略机遇期，继续发展具有多方面的优势和条件。成渝地区双城经济圈、西部陆海新通道、新时代西部大开发等战略叠加，为打造区域中心城市、渝黔综合服务区等注入强大动力。数字重庆建设、"33618"现代制造业集群体系和"416"科技创新战略布局，特别是智能网联新能源汽车、新一代电子信息制造业、先进材料三大万亿级产业集群，与綦江主导产业高度契合，为加快培育新质生产力提供了高速赛道。年发电量超150亿千瓦时，页岩气已探明储量8500亿立方米，水库库容3.76亿立方米，石灰石储量4500亿立方米，有成熟建设用地超2万亩、空置房屋近50万平方米，高质量发展具有充足可靠的要素支撑。2025年是"十四五"规划收官之年，一系列重大战略任务、重大改革举措、重大工程项目正在全面落地见效，随着各项政策特别是一揽子增量政策落地见效，经济运行中的积极因素在持续增多，经济运行持续保持稳中向好态势有基础、有条件。一是投资方面，2025年投资计划与往年总体持平，好的势头在延续。二是工业方面，蟠龙一期将全面入统，新增新格合金新材料等规模以上工业企业15家，招商引资项目投产达效要素保障充分，稳的态势有基础。三是消费方面，随着以旧换新和消费金融政策落地，以及"到綦江+"品牌效应的影响带动，消费潜力将进一步释放。

三、下一步工作建议

2025年，綦江区将牢牢把握稳进增效、除险固安、改革突破、惠民强企工作导向，用好改革开放关键一招，打好招商引资、防范化解风险两场攻坚战，做好产业升级、城市提质、"土特产"三篇大文章，确保实现"十四五"顺利收官。

（一）健全全面贯彻国家重大战略落实机制

完善央地合作共建、承接产业转移等机制，加快推进中煤綦江煤炭储备基地等项目建设，打造区域性战略物资储备基地、全市重要产业备份基地、西部首个"平急两用"公共基础设施示范区，助力国家战略腹地建设。探索推进经济区与行政区适度分离改革，提速建设川南渝西融合发展试验区、渝黔先行区等功能平台，有序推进藻渡水库等重大项目建设，打造优势产业集群共有、重大基础设施共建、优质

服务资源共享新范例。

（二）加快构建现代化产业集群体系

完善"2+4+N"产业链图谱，迭代"产业链链长+专班"工作机制，壮大铝产业核心资源，大力推进铝轻合金材料、智能装备制造主导产业集群发展，构建"科技型—高新技术企业—科技领军企业"梯度培育体系，推动"个转企、小升规、规改股、转股上市"，促进实体经济和数字经济、先进制造业和现代服务业深度融合发展，加快形成新质生产力。提速推进页岩气、煤层气开发利用，大力发展高山光伏、分布式光伏、新型储能，构建多元化新能源体系。

（三）突出抓好重点项目建设、扩大有效投资

聚焦"两重""两新""三大工程"等重点领域，持续谋划储备一批特别国债、中央资金项目，全力以赴争取纳入上级支持"大盘子"。严格落实区级领导"一盘棋、下深水"推进重大项目机制，深化"四个一批"项目管理，用好调度、晾晒、评估、督办等机制，精准储备投资超5000亿元、数量超700个的项目库，全力推动114个区级重大项目建设。其中，新开工安习高速、新型建筑智能制造产业园城中村改造等项目50个，加快建设下北街防洪及城市更新、中华居城中村改造等在建项目64个，竣工投用福林水库、江苏省人民医院重庆医院等项目30个。

（四）持续激发消费潜能、释放消费活力

深化县域商业体系建设，推动以金街为代表的商圈提档升级，大力实施消费品以旧换新，积极开展汽车换"能"、家电换"智"、家装换"新"等活动。加快建设数字婚庆、数字殡葬产业园，积极创建国家级银发经济产业园。唱响"到綦江+"系列品牌，推动文旅与住宿、餐饮等行业协同联动，打造更多消费场景和业态。推动"久建未完"项目建设和"保交房"项目按期交付。加快推进城中村改造和保障性住房建设，促进房地产市场平稳健康发展。

（五）加快推动城乡融合协调发展

实施城市更新行动，加快推进下北街防洪及城市更新、东部新城基础设施提质升级、老旧小区改造等工程建设。更好统筹新型城镇化和乡村全面振兴，深化"强镇带村""强村富民"改革试点。争创国家现代农业产业园，大力发展设施农业、工厂化农业，发展壮大生猪、山羊、萝卜等特色产业集群，加快正大集团100万头生猪全产业链项目建设，探索山羊产业数字化发展模式，提升萝卜精深加工转化率，培育更多"綦字号"品牌和地理标志产品。

（六）大力推进改革创新

深化重点领域改革，纵深推进"三攻坚一盘活"改革。以"数字重庆"建设为契机，持续完善数字资源"一本账"，加快城市体征指标接入，推动城市运行和治理全域覆盖、全程感知、全时响应。聚焦高频、紧急、多跨事项，持续加强"一件事"谋划。持续优化国家高新区创建路径，统筹推进以科技创新为核心的全面创新。

（七）着力激发市场主体活力

持续实施好促进经济高质量发展系列惠企政策，及时兑付企业补助资金，不断增强企业获得感。坚决破除市场准入、项目招投标等方面的隐性壁垒，加大对民营企业政策、金融、要素保障等支持力度，及时协调解决民营企业发展合理诉求。纵深推进"千人进千企"行动，着力提升企业满意度。推动清廉市场建设，全面提升营商环境标杆城市成色。千方百计扩大民间投资。

（八）扎实抓好社会民生保障

突出抓好稳就业工作，做好高校毕业生、农民工等重点群体就业帮扶，全面推广以工代赈政策，带动群众就近就地就业，促进群众增收致富。健全收入合理分配机制，多举措增加低收入群体收入，稳步扩大中等收入群体规模。健全多层次社会保障体系，深化"社会救助+慈善帮扶"试点，做好"一老一小"服务保障。建好用好国家区域医疗中心。大力实施"高校入綦"。着力保供稳价，确保重要民生商品价稳量足。有序推进市级、区级重点民生实事，确保年内全面"交账"。

（九）防范化解各类风险

深化政府融资平台公司综合治理和转型发展，加强政府债务风险监测预警。抢抓历史机遇，充分利用隐性债务化解、专项债券投向扩面、平台金融债务置换等系列化债政策工具，持续优化债务结构。强化"三保"支出预算执行硬性约束，兜牢"三保"底线。深化重点行业领域的重大隐患排查整治，全力抓好安全防范和风险化解，推动各类风险和矛盾纠纷发现在早、处置在小，全力维护经济社会发展平安稳定。

[綦江区发展和改革委员会　张元静]

之十八：2024年大足区经济运行分析及2025年展望

2024年以来，大足区上下坚持以习近平新时代中国特色社会主义思想为指导，全面贯彻落实党的二十大和二十届二中、三中全会精神，深入学习贯彻习近平总书记视察重庆重要讲话重要指示精神，坚持稳中求进、以进促稳、先立后破，突出稳进增效、除险固安、改革突破、惠民强企的工作导向，科学调度、精准施策，把落实成渝地区双城经济圈建设任务作为全区工作总抓手，全力做好"国际文旅名城、特色产业高地、城乡融合示范"三篇大文章。全区经济持续恢复，生产需求稳中有升，民生保障有力有效，发展韧性不断展现。

一、2024年大足区经济运行情况

2024年前三季度，面对严峻复杂的国内外环境，大足区坚持稳中求进工作总基调，着力谋开局、稳增长、扩需求、调结构、提信心、防风险，全力以赴推动经济运行整体稳定向好，主要指标符合预期并高于全国、全市水平。全区地区生产总值同比（下同）增长6.9%，分别高于全国2.1个、全市0.9个百分点，居全市第9位、渝西地区第2位；规模以上工业增加值增长8.4%，固定资产投资增长13.5%，社会消费品零售总额增长4.0%。

（一）运行特征

1. 农业生产保持平稳

全区农业总产值达到73.3亿元，增长2.6%。粮食播种面积94万亩、产量42.7万吨，油菜播种面积25.6万亩、产量3.8万吨，蔬菜播种面积27.8万亩、产量44万吨。完成撂荒地复耕复种810亩，"非粮化"整治2223亩，改造提升高标准农田4.35万亩。强化"一主两辅"特色生态产业培育，大足黑山羊良种繁育、饲草自种、绿色饲品认证等工作取得阶段性成果，新增稻渔基地6.99万亩，大足冬菜开拓线上集中销售，惟德药业开展试生产。

2. 工业经济支撑有力

全区规模以上工业总产值完成309.7亿元，增长2.4%。智能网联新能源专用车和摩托车及其零部件、再生资源及新材料2个主导产业分别完成规模以上产值89.9亿元、55.6亿元，现代五金、智能电梯、锶盐、光电4个特色产业分别完成规模以上产值56.9亿元、6.2亿元、2.5亿元、57.7亿元。新兴产业加快发展，战略性新兴产业规模以上工业产值71.7亿元，占全区规模以上工业总产值比重为23.2%。建成大足数字经济产业园、五金行业工业互联网平台，新增数字化车间3个、智能工厂1个、市级绿色工厂2个。成功获批全市首批低空经济先行试验区，锶盐新材料产业园被正式认定为市级化工园区，盛泰光电成功入选重庆市潜在"独角兽"企业，荣爵科技、长足飞越入选重庆市"瞪羚"企业。

3. 商贸文旅加速复苏

大力抓好市场采购贸易方式试点，引育市采配套企业61家、境外贸易专线企业12家，与西部陆海新

通道等国际物流平台签订战略合作协议，优化"渝采通"服务功能，组建跨境服务专业团队并提供外贸综合服务1.2万余次。全区实现进出口总额48.5亿元，增长101.6%。大足石刻首次实现"五山同开"，云游·大足石刻元宇宙景区正式上线，成功举办大足石刻国际旅游文化节、"青春依然"群星演唱会等大型节会活动20余场，联合东方演艺集团创作《天下大足》舞剧，携手我国首款"3A"游戏《黑神话：悟空》推动千手观音等经典造像1∶1上线游戏世界，龙水湖环湖步道获评"重庆最美山城绿道"，大足上榜2024年全国市辖区旅游综合实力百强区。全区接待游客2998.6万人次，增长7.8%；旅游总收入174.1亿元，增长11.8%；过夜游客67.8万人次，增长5.7%。

4. 改革创新纵深推进

"三攻坚一盘活"取得实质性成效。分层分类推进国有企业"止损治亏"，实现减亏23户、扭亏7户，压减法人18户、申报退出融资平台7户。园区开发区压减至2家、开发区管理机构整合为2个，完成政企分离15户，提前完成100%脱钩。农村"五合一"综合改革入选首届全市改革创新奖提名奖。强村富民综合改革、"大综合一体化"行政执法体制改革、机构改革等重点改革加快推进。高新技术企业通过认定89家，累计达到244家，超额提前完成市局全年任务；新增入库科技型企业179家，累计达到1713家。

5. 民生保障持续改善

一是着力拓展就业岗位。积极推广"渝职聘""数治就业"等平台，开展线上线下系列招聘活动48场，助力1.6万余人精准人岗匹配，赴北京、上海等地开展万名青年留足来足活动29场，吸纳青年2000余人，实现城镇新增就业12325人。二是稳步推进教育事业。大足中学、大足一中、龙岗一小、实验小学入选重庆市教育科研实验基地名单，重庆科技职业学院五期、工程学院双桥校区二期等项目加快建设。三是提高公共卫生水平。"DRG支付改革助力公立医院高质量发展"获评重庆市深化医改年度十大典型案例之一，区中医院被授予"中国中西医结合重症康复专科联盟委员单位""国家中医重症医学优势专科联盟委员单位"。全面完成疫情防控、精神卫生、智慧急救三大重点应用的数据贯通，数字医学影像检查结果互认率达36.26%。四是切实做好"一老一小"工作。新建社区老年食堂3个，为周边老人提供助餐服务1.7万余次，落实老年人福利保障，发放80~99周岁高龄津贴447.3万元；开展"童心相伴""足够爱你"儿童关爱项目，打造"指挥中心+求助热线+监测设备+测评程序+N"多元数字安全监测体系，化解轻生风险隐患40起，解决普通求助547个。

（二）存在的问题

2024年前三季度，全区上下凝心聚力、攻坚克难，奋力推动经济社会平稳健康发展。但推动全区高质量发展还存在不少困难和挑战。一是宏观环境面临较大不确定性。市场需求不足，经济增长内生动力还不强，经济回升向好的基础尚不稳固，实现全年经济社会发展主要目标需要付出艰苦努力。二是实体经济面临困难较多。部分产业链供应链不够完善，缺乏龙头企业引领发展，企业竞争力偏弱、产业规模较小、创新活力不足、抗风险能力弱，产品结构单一、附加值低；市场订单减少，企业用工成本、原材料价格、能源成本等生产经营成本偏高，企业利润空间被挤压。三是有效投资不足。政府投资项目分级分类管理对项目推进约束明显，新开工项目对投资支撑较弱，全区新开工项目投资额下降趋势明显，基建投资、房地产投资下行压力较大。四是消费恢复不及预期。城乡居民收入增长放缓，导致居民消费能力和消费预期下降，汽车、家电、家装等消费疲软，重点限上商贸企业经营状况不佳，销售额普遍下滑，加之新的消费增长点有待加快培育，商贸恢复增长后劲不足。五是财政收支平衡压力较大。受减税降费政策调整、三年疫情等因素影响，财政收入恢复不及预期，且刚性支出快速增长，财政支出缺口较大；

加之一般公共预算收入结构不优，税收占比处于全市靠后水平，受政府化债要求、金融政策收紧等因素影响，筹资较为困难，偿还债务本息压力也较大。

二、2025年经济运行环境及因素分析

预计2025年，全球经济将持续呈温和滞胀态势，其间，经济全球化进程遭遇保护主义与单边主义抬头的双重阻碍，加之局部冲突与动荡的频繁发生，使得外部环境在复杂性、严峻性和不确定性方面显著加剧。在面对需求疲软、企业预期低迷、财政增收困难以及政府债务化解等多重挑战的同时，大足区也迎来了新一轮科技革命和产业变革深化、国际经贸规则重塑等新的发展契机，展现出其独特的强大韧性与巨大发展潜力。一是区位条件得天独厚。大足区位于成渝双城经济圈建设的主轴线上，在重庆市着力构建"一区两群"协调发展格局中被列为主城都市区桥头堡城市，在承接东部沿海地区产业转移方面大有可为。二是文旅资源丰富多样。大足石刻是重庆市唯一的世界文化遗产，龙水湖国际旅游度假区、香国公园、饶国梁故居、隆平五彩田园等景区，也随处彰显着大足的文化旅游魅力，开发潜力巨大。三是产业特色鲜明且优势突出。已探明锶矿占世界总储量的1/4、国内储量的1/2，拥有西部最大的电梯产业基地和西部最大、配套最全、辐射最强的五金生产加工基地和产品集散地。新一轮经济转型机遇下，大足区经济文化底蕴深厚，发展底盘稳，跨过改革"阵痛期"后，高质量发展之路将越走越宽广。

三、2025年重点工作

2025年，大足区将继续坚持以习近平新时代中国特色社会主义思想为指导，深入贯彻党的二十大和二十届二中、三中全会精神，深学笃行习近平总书记关于全面深化改革的一系列新思想、新观点、新论断和视察重庆重要讲话重要指示精神，紧扣"奋力谱写中国式现代化重庆篇章"总纲领总遵循，围绕服务全市做实"两大定位"、发挥"三个作用"、建设"六个区"，持续打造一批具有"大足辨识度、重庆影响力"的标志性改革成果，全力做好"国际文旅名城、特色产业高地、城乡融合示范"三篇大文章，加快做靓享誉世界的文化会客厅、建强链接成渝的"两高"桥头堡。

（一）全力推动成渝地区双城经济圈建设

加快推进成渝中线高铁、江西环锂新能源动力电池综合利用、渝西水资源配置、大足区循环经济产业园等重大项目建设，积极承接国家战略腹地建设重大任务布局大足。扎实深入推进资大文旅融合发展示范区、川南渝西融合发展试验区等跨区域合作平台建设，深度融入巴蜀文化旅游走廊建设。推动与周边区（市）县建立健全基础设施互联互通、产业专业化分工协作、生态环境共保共治等机制。全面落实"川渝通办"清单，推动区域公共服务信息互联、标准互认、资源共享。

（二）全力推动国际文旅名城建设

全面推进文物保护工作，加快实施妙高山石刻抢救性保护工程等项目。加强大足石刻历史文化系统性研究，加快编撰《巴蜀石窟全集》，办好《大足石刻研究》学术期刊。举办石窟寺保护国际论坛，常态化举办大足学国际学术研讨会等高层次学术会议，把大足打造成为世界石窟文化和学术交流中心。常态化办好大足石刻国际旅游文化节、环龙水湖国际马拉松赛等节会活动，加快创作《天下大足》主题舞剧，全方位讲好文物故事，持续唱响"精美的石刻会说话"。

（三）全力推动制造业高质量发展

加速构建"246"现代制造业集群体系，因地制宜发展新质生产力，持续推进中小企业"苗圃""育

林""参天"梯次培育计划,切实推动两大主导产业产能优化重整和产品结构调整,四大特色产业提质增效、成群成势,六个细分产业集群加快引育、积势见效。积极争取重大科技基础设施、市级重点实验室和中央企业研发总部等科技力量落地,加快实施人工智能、先进制造、现代五金等科技专项,提升科技成果转化和产业化水平,形成一批引领性技术成果、开发一批战略性产品。

(四)全力推动城乡融合发展

大力实施"提质、扩容、强核、融圈"行动,加快建设站城一体、产城景文融合发展的大足石刻文化城,系统布局现代基础设施和优质公共服务网络,强化产业配套功能,高品质建设宜居韧性智慧城市。加快形成农村"五合一"改革标志性成果,深入开展"五星村庄"评选,全面推广一套农房建设规范管控导则,持续实施三项五年行动计划,纵深推进农村生态环境改善工作。发展生态特色农业,以大安农业园区建设为引领,培育壮大优质粮油菜、以大足黑山羊为重点的现代畜牧业、以稻渔稻虾为代表的生态渔业和大足冬菜四大特色产业。

(五)全力促进商贸消费提质扩容

深入实施"巴渝新消费"八大行动,加快建设商文旅体融合发展城市。围绕吾悦广场、大足印象、大融城—昌州古城、MK购物广场等商圈,打造精品零售、餐饮娱乐、文化休闲、流行时尚等功能复合的区域消费中心。深化国家市场采购贸易方式试点,提升国际贸易大厅、海关监管作业场所、"渝采通"跨境贸易服务平台功能,常态化开行欧洲北线专列,加速集聚发行欧洲中线及南向通道货物,提高通关速度、降低物流成本。持续办好全球足商大会、中国(重庆)国际五金博览会等节会。

(六)全力增进民生福祉

聚焦一老一小、交通出行、老旧小区改造等重点领域加大民生投入,持续滚动实施一批重点民生实事。坚持就业优先,实施"大丰大足·渝创渝新"创业扶持工程和重点群体"家门口"就业帮扶工程,支持灵活就业、新就业形态发展,推动实现更加充分高质量就业。深入推进义务教育优质均衡发展和城乡一体化,完善普惠性学前教育和特殊教育保障机制。有序扩容和均衡布局优质医疗资源,深化"县聘乡用"改革,加快紧密型医共体建设,打造区域医疗卫生次中心。健全困境儿童和城乡留守儿童关爱服务体系,加强妇女、残疾人等权益保障。落实积极应对人口老龄化国家战略和市域人口发展战略,健全三级养老服务网络,培育社区养老服务综合体、社区嵌入式养老机构,加快推动老旧小区开展适老化改造。

[大足区发展和改革委员会　翟伟杰]

之十九：2024年璧山区经济运行分析及2025年展望

2024年以来，在市委、市政府坚强领导下，璧山区深入学习贯彻党的二十届三中全会精神和习近平总书记视察重庆重要讲话重要指示精神，紧扣"奋力谱写中国式现代化重庆篇章"，统筹做好高质量发展、高品质生活、高效能治理和高水平化债各项工作，全区经济运行稳中有进、趋稳向好势头巩固增强。

一、2024年璧山区经济运行分析

（一）运行特征

前三季度，璧山区地区生产总值增长6.9%，三次产业结构为4.3：46.5：49.2，经济报表得分居全市第7位，为全年交出经济发展高分报表奠定坚实基础。

1. 工业经济趋稳向好，重点产业贡献突出，新质生产力加快培育

前三季度，全区规模以上工业总产值完成773.7亿元、增加值增长4.2%、企业利润增长37.6%，规模以下工业总产值增长9.6%，璧山高新区亩均税收增长56.3%、居全市第3位。智能网联新能源汽车、电子信息两大主导产业继续发挥"主引擎"作用，完成产值544.2亿元，智能装备、先进材料、生命科技三大支柱产业支撑有力，完成产值149.3亿元。新增高新技术企业165家、科技型企业289家、市级以上研发平台9个，13家企业入选市级"瞪羚"企业名单。3家企业获评2024年重庆市制造业单项冠军。

2. 固定资产投资稳健增长，工业投资快速回升，重大项目建设蹄疾步稳

前三季度，全区固定资产投资完成374.3亿元，增长5.6%，预计全年增长7%。工业投资完成185亿元，增长14.6%，增速较上半年提高5.1个百分点；工业技改投资完成59亿元，增长9.3%。房地产开发投资完成88.7亿元，下降2.8%，降幅较上年同期收窄4.2个百分点。招引签约项目77个、合同额468.6亿元，其中50亿级以上项目4个，资金到位额168.7亿元、同比增长32.4%，38个项目实现开工。重点项目有序推动，32个市级重大项目完成投资105.2亿元，同比增长25%；123个区级重点项目完成投资139.1亿元，占年度计划投资的82.5%。

3. 现代服务业增长势头强劲，新兴产业快速发展，金融市场保持活力

前三季度，全区服务业增加值增长9.4%，居全市第2位，拉动经济增长4.3个百分点。规模以上服务业企业实现营业收入58.6亿元，同比增长28.1%。互联网和相关服务业营业收入同比增长81%，居全市第1位，科学研究和技术服务业营业收入同比增长37.3%，租赁和商务服务业营业收入同比增长34.6%。新增服务业市场主体2000余个，梯次培育亿元以上服务业企业4家、科技型服务业企业44家。科技、绿色、普惠、养老、数字"五大金融"驱动有力，金融主导产业增长8.4%；本外币各项贷款余额833.1亿元，同比增长11.4%。

4. "两新"政策带动作用明显,消费市场得到有效刺激,对外开放能级不断提升

前三季度,全区社会消费品零售总额同比增长6.3%,居全市第2位。"设备更新"推动有力,获批国债资金1.4亿元,惠及12家企业、预计带动投资9.1亿元;"以旧换新"加快实施,组织家电促销活动15场,成交订单9483笔,完成销售金额4573万元、补贴852万元。网络消费持续活跃,限上批零行业网销额增长34.7%,限上住餐行业网销额增长41.8%。全区接待游客1228.9万人次,实现旅游收入81.9亿元,同比增长21.7%,带动住宿、餐饮营业额分别增长11.2%、13%。外贸进出口逐步回暖,总额完成54.4亿元,降幅持续收窄。实际使用外资完成2393万美元,居全市第5位,增长33.6%。

5. 农业生产稳中有升,粮食等重要农产品保障有力,乡村振兴持续推进

前三季度,全区农业增加值增长2.6%,预计全年增长4%;农村常住居民人均可支配收入达到22255元,居全市第2位。粮食产量达到17.3万吨。油菜、蔬菜、水果、水产品产量分别增长7.6%、2.6%、11.6%、5%。完成存量"非粮化"整治面积11347.3亩,完成高标准农田改造提升5000亩。落地食品及农产品加工项目3个,规模以上食品及农产品加工业完成产值29.2亿元,增长23.3%。全区社会化服务面积达到2.6万亩。

6. 先行指标持续向好,就业形势总体稳定,民生实事加速推进

前三季度,全社会用电量增长12.7%,工业用电量增长7.9%。"八大资金池"累计支持企业获得贷款81.6亿元;普惠小微贷款余额137.5亿元、增长11.4%,制造业贷款99.7亿元、增长39.9%。城镇新增就业1.35万人,城镇调查失业率控制在5.4%;新发展市场主体7378家。区级重点民生实事项目进展顺利,农村黑臭水体治理攻坚等4个项目已完成全年目标任务,城镇老旧小区改造等2个项目超过序时进度,"树洞口袋"等4个项目按时序进度推进。

7. 统筹发展和安全,政府债务稳妥化解,重点领域风险有效防控

前三季度,保交楼收官战和保交房攻坚战成果明显,累计销号保交楼项目15个、交付21556套、交付率98%,12个项目完成保交房任务、累计交付3027套、任务完成率73%。全区无非法金融活动及群体性事件、无重大产品质量事件,安全生产事故起数、死亡人数实现"双下降"。

(二)存在问题

1. 工业领域新老问题交替并融

重点产业产值"三降两增",智能网联新能源汽车、智能装备、先进材料产业产值分别下降5.6%、10.5%、2.5%,拉低规模以上工业产值增速4.4个百分点;新一代电子信息、生命科技产业分别增长7.1%、21.4%,但由于基数相对较低,拉动力有限。璧山区工业对GDP贡献率下降至26.7%,较上年同期低20.6个百分点。招商引资进入瓶颈期,对招商政策的调整不够适应,三季度仅签约项目18个、合同额62.6亿元,较二季度减少14个、137.4亿元。多点支撑的格局尚未形成,技改投资占工业投资比重31.9%,对标先进还存在差距,新的增长点仍然缺乏,新投达产10亿级项目仅有辰致科技,2024年7家新升规企业和25家小升规企业三季度完成产值5亿元,未实现明显提升。生物医药、生物制造等新兴产业达产周期较长,短期内难以作出产值贡献。

2. 有效投资后劲不足

三季度仅完成有效投资99.1亿元,较一季度、二季度分别减少41.5亿元、35.5亿元。房地产投资在建项目38个,同比下降17.4%。化债和要素保障困难的影响仍在持续,上级资金项目建设和支付进度严重滞后，部分市、区两级重点项目和提级论证项目建设情况不及预期。双城经济圈重大项目完成计划投资压力较大，中新生命科技城（一期）尚未形成有效投资。项目谋划储备不足，2025年向上争取资金储备项目存在对政策研判不精准、前期工作深度不够、要素保障不到位等问题，特别是在城市更新（除城中村改造外）、民生、节能降碳3个重点领域投向项目储备少、争资规模小；排水管网等部分支持领域的存量改造更新内容完成度较高，新建项目的规划滞后，导致相关项目的储备存在困难；国家明确2025年重点支持的城市燃气管道老化更新改造、排涝通道建设等领域投向无储备项目。

3. 服务业增长存在隐忧

行业龙头企业、典型示范企业、大型央企的储备较少，50亿级、100亿级的现代服务业项目仍是"空缺"。创新主体过少，在库高新技术服务业企业仅14家，规模以上服务业企业中研发型企业仅15家。成果转化较弱，缺少在区域内打通科研成果转化并投入市场的渠道。生产性服务业发展缓慢，规模以上生产性服务业企业共68家，占服务业企业比重不到20%，缺乏支持制造业技术进步、产业升级和提高生产效率等的通用型生产性服务业企业。

4. 消费市场缺乏活力

居民消费信心不足，消费品"以旧换新"政策红利未完全释放，部分消费者对电子产品、家电等大宗消费持谨慎态度，家具家电、通信器材类销售额3亿元。文旅项目体验性不强，文化旅游产业链条短，景区深度文化体验、互动娱乐项目少，缺乏引爆性、体验感的龙头项目，"商、养、学、闲、情、奇"等旅游新业态不足，重庆狼队赛事、玉泉湖公园灯光秀等文旅品牌转化为实际消费的能力不强。前三季度，过夜游客110.9万人次，仅占接待游客的9%。

5. 外资外贸承压明显

外贸恢复增长压力较大，龙头企业弗迪、美达进出口总额分别下降51%、83%，合计减量约19亿元。新增项目仅金冠汽车、悍威新能源实现进出口，中车恒通、智能工贸等项目还处于起步和培育阶段。利用外资后续乏力，外资项目储备不足，2024年使用外资以存量项目到资为主，后续外资到资压力较大；新增项目实际到资额偏少，AFC、华特动力等项目均无法预期到资金额及时间。

二、2025年璧山区经济运行的环境及因素分析

2024年以来，璧山区迎来多重机遇交汇赋能。习近平总书记赋予重庆"两大定位"，为重庆立足西部、服务大局提供根本指引；袁家军书记随即来璧调研宣讲，为璧山发展举旗定向、把舵引航；市委考虑将璧山作为内陆开放综合枢纽创新区的承载区域，璧山进入跨越式发展的上升通道。区委紧密衔接全市"六个区"目标任务、科学研判所处历史方位和阶段特征、系统擘画现代化建设新蓝图。璧山机场、中新生命科技城等重大平台全面起势，璧山机场获得"辐射西部、服务全国、链接全球的交通枢纽、物流枢纽、产业链枢纽"的新定位，有关市领导多次召开会议研究推进机场及临空经济区建设；中新生命科技城上升为西部枢纽国际开放合作区建设重点项目，市政府主要领导带队访问新加坡并专题推介。多重机遇叠加，为璧山经济发展注入强大信心。

（一）工业"压舱石"作用将进一步凸显

预计2025年智能网联新能源汽车、智能装备、先进材料等重点产业产值将扭转下滑态势，规模以上工业增加值增速实现由负转正。一是重点企业支撑更加有力。弗迪锂电池2024年已度过价格上涨、产品类型调整等困难期，前三季度产值触底，四季度将实现满产运行，2025年在电池价格保持稳定态势下，

产值能够实现较大幅度增长；龙润汽车、青山工业完成订单调整优化，2025年产值将保持稳定增长态势。红宇精工特种装备项目已实现开工，建成投用后将贡献产值50亿元。二是规模以上工业企业齐发力。辰致科技已进行试生产，2025年将接续投用生产线，预计实现产值5亿~10亿元。大江动力、EPP材料、凌创新能源等项目将陆续开工，日联科技、榆璧陶瓷等工业项目将于2025年建成投产，2025年预计实现15.5亿元增量产值，为工业经济增长注入新动力。

（二）重点项目建设投资将提质放量

加力推进"大片区+大项目"拉动"大投资、大发展"，片区开发重点项目提质提速；PPP政策调整结束后，曙光湖智造城PPP项目即将完成银行复贷手续，2025年将充分投资放量；绿色循环经济产业园、新材料产业园将实质开工建设；生命科技城一期2024年底开工建设，生物制造中试平台加快打造，助力中核BNCT肿瘤联合治疗中心、东熬现代中药生产基地、A-Z理研等生命科技领域签约项目加速投资放量；"梦界空间"数字经济产业园项目加快推进，推动复星体育集团·第二总部暨电竞板块总部、哔哩哔哩·西南动漫总部等8个项目签约。推动长安线控底盘及轻量化中心、动力电池研究总院等5个项目进入2025年共建双城经济圈市级重大项目，2025年将完成投资25.7亿元以上。闲置厂房盘活有效，招引落户成都豪能智能制造核心零部件项目，一期将投资10亿元。

基于上述背景，预计2025年璧山区经济发展稳中加固、稳中向好的态势将持续巩固，力争地区生产总值增长7%以上、固投增长6.5%以上、工业投资完成243亿元以上、房地产开发投资完成105亿元以上。

三、政策调控措施建议

（一）出台相关债务政策减轻基层财政压力

一是建议延长部分债务还款期限，鉴于现阶段发行的地方政府债券期限均超10年、国债发行期限为30年或超长期，建议市级协调出台相关抗疫特别国债、保交楼专项借款、城中村专项借款延长还款期限的债务政策，缓解地方政府还款压力，更好地保障地方财政渡过"寒冬期"。二是建议出台相关置换政策，使用超长期国债或发行地方政府专项债券置换保交楼专项借款和城中村专项借款，缓解地方政府还款压力，有效保障地方政府兜牢"三保"支出。

（二）完善市对区县一般性转移支付分配

一是扩大一般性转移支付分配因素范围。建议新增市对区县一般性转移支付分配因素范围，将建成区面积和企业数量等指标纳入测算。二是重新评估并调整基数。建议重新评估并调整基数，以确保转移支付更加符合当前的政策目标和发展要求。

（三）加强中新生命科技城先行先试政策支持力度

建议市级层面完善以中新互联互通示范项目推动制度型开放的政策体系，在争取国家深化服务业扩大开放综合试点方面，围绕中新生命科技城探索在健康医疗等更广领域放宽准入。在招商政策调整背景下，指导开展对新加坡和香港地区专业服务业的招引行动，推动实际使用外资合理增长。

（四）建议完善国有耐心资本培育相关政策措施

针对国有资本风险回避削减资本耐心，建议市级出台基金分类考核指导性意见，依据基金功能定位，对科创类母基金、产业类投资母基金以及市场化直投基金实施分类考核。针对央地利益存在不一致性导致目标侧重不同的问题，建议着力构建央地互为补充的国有耐心资本投资体系，争取中央层面基金发挥好耐心资本"压舱石"作用，在投资中敢当领投资本、甘当劣后资金，撬动和吸引更多其他资本进入；地方层面可作为国有耐心资本的助推器，与中央层面基金互为补充、相互衔接、接续投资，助力企业项目与新兴产业落地发展。针对"政府投资基金偏好'产业招引'、削弱耐心资本功能发挥"的问题，建议遵循"政府的归政府，市场的归市场"的原则，明晰各类国有耐心资本的功能定位，优化国有耐心资本的整体结构布局，强化国有背景基金与投资的耐心资本属性；构建覆盖企业全生命周期的国有资本耐心体系和全生命周期的基金体系，并根据需要辅以设立功能基金、并购基金、重大专项基金。

[璧山区发展和改革委员会　王　黎]

之二十：2024年铜梁区经济运行分析及2025年展望

2024年以来，铜梁区上下认真贯彻落实党中央、国务院决策部署和市委、市政府工作安排，深入贯彻习近平总书记视察重庆重要讲话重要指示精神，细化落实中央经济工作会议、党的二十大和二十届三中全会精神，加强宏观调控，有效应对风险挑战，生产需求继续恢复，发展质效稳步提升，民生保障有力有效，新动能持续培育壮大，经济运行总体平稳。全区地区生产总值同比增长4.8%，规模以上工业增加值同比增长1.3%，固定资产投资同比增长9.5%，社会消费品零售总额同比增长3.8%，一般公共预算收入同比增长0.4%。

一、2024年铜梁区经济运行分析

（一）工业经济承压前行，新型储能产业持续发力

1—9月，全区规模以上工业增加值同比增长1.3%，规模以上工业企业产值（不含供电）完成476.5亿元。新型储能产业支撑有力，获评国家中小企业特色产业集群，产值实现55.9亿元，同比增长59%。智能网联新能源汽车零部件和摩托车产业产值实现143.7亿元，机电设备、智能家居、合成材料、冷链食品四大特色产业分别实现产值67.7亿元、71.6亿元、61.0亿元、15.2亿元。战略性新兴产业实现产值89亿元，同比增长19.8%，占规模以上工业总产值比重18.1%。科技赋能产业高质量发展，持续实施"双倍增"行动计划，1—9月新增入库科技型企业225家，新培育高新技术企业31家，科技型企业双倍增完成率达108.46%。新增市级重点实验室2家，市级重点实验室实现"零的突破"。

（二）固定资产投资稳定增长，房地产开发投资止跌回稳

固定资产投资同比增长9.5%，高于全市7.7个百分点。爱玛西南制造基地、云鹿智能门等工业项目建设有力有序，全区工业投资同比增长22.7%，高于全市6.4个百分点。大规模设备更新政策效应持续释放，技改投资同比增长60.1%。川气东送二线、光伏建设等项目有序推进，金蒲大道A段等配套道路加快实施，基础设施投资同比增长35.1%。邦泰·颐和上院、巴川赋等房开项目建设有序，推动房地产开发投资延续上半年以来正增长态势，同比增长4.4%，高于全市14.1个百分点。重点项目建设有序推进，铜梁区牵头的市级重点项目完成投资146.4亿元，投资完成率110%，211个区级重点项目完成投资290亿元，投资完成率72%。

（三）消费市场稳步复苏，文旅消费持续火热

第三产业增加值同比增长8%，增速居全市第5位。全区社会消费品零售总额同比增长3.8%，与全市平均水平持平。成功举办美食嘉年华、汽摩展、新能源汽车下乡等系列活动，拉动消费1.5亿元。以旧换新消费政策扩围加力，家电类零售额同比增长36.7%，累计销售额达2500万元。商品房销售面积保持上半年以来正增长态势，同比增长0.2%，高于全市17.5个百分点。文旅消费不断升温，全区游客接待量和旅游综合收入分别达到1637.4万人次、106.2亿元，同比增长12%、11.7%，带动住宿、餐饮收入分别同比增长6.4%、8.2%。持续做强球迷经济，举办铜梁龙足球队主场赛事13场，吸引观众13.71万次，

带动消费 7000 万元。

（四）农业生产基本盘稳固，重要农产品供应总体稳定

第一产业增加值增长 2.6%。粮油生产稳定增长，小春粮食、油菜产量分别达 1.77 万吨、1.7 万吨，分别同比增长 0.9%、9.76%。秋收进展顺利，全年粮食有望再获丰收。保供水平持续提升，蔬菜、水产品、水果产量分别同比增长 2.8%、4.03%、5.3%。畜禽出栏量总体保持稳定，家禽、牛出栏量分别同比增长 1.07%、9.2%。农业产业稳步发展。侣俸巴岳农庄、现代农业产业科技创新中心等项目有序推进。农旅融合发展势头良好，成功举办荷文化节、康龙溪戏水季等节庆活动，接待乡村游客 1065 万人次。

（五）金融信贷平稳健康，实物指标走势趋好

金融服务实体经济质效提升，银行存贷款余额 1378.06 亿元，同比增长 10.62%；投放实体经济贷款 187.05 亿元，同比增长 17.66%；制造业中长期、普惠小微、绿色贷款分别同比增长 60%、17.46%、39.76%。实物指标回升向好，招商引资稳步推进，引进中广核光伏发电、李群机器人智造科研产业基地等重大项目 33 个，协议引资额 355.3 亿元，项目到位资金 184 亿元，同比增长 39%，项目开工率 59.2%，较上年同期提升 2.1 个百分点。

（六）社会民生保障有力，居民收入稳步提升

就业形势总体稳定，城镇新增就业 11920 人，完成市级年度目标任务的 103.65%。持续推动重点群体就业，举办各类专项行动 37 场，带动重点群体实现就业 2643 人。开展职业技能培训 3546 人次，发放创业担保贷款 1.66 亿元。全体居民人均可支配收入同比增长 5.5%，居全市第 9 位、主城都市区第 1 位。高质量办好市区两级民生实事，13 件市级民生实事和 25 件区级民生实事有序推进。

（七）重点领域风险防控有力有效，安全保障能力进一步提升

金融领域安全风险稳妥化解，非法集资陈案化解率稳定在 100%，银行不良率（0.52%）持续低于全市平均水平。地方政府债务化解稳步推进，全区政府综合债务率继续保持在 200% 以内的黄色区间。房地产领域风险可防可控，8 个保交房项目已交付 508 套。粮食安全基础进一步巩固，全面完成区级政策性储备粮食增储任务。能源安全保障不断夯实，川气东送二线天然气管道工程（铜梁段）、页岩气勘探开发等重点能源项目建设推进有力，川渝 1000 千伏特高压交流工程预计于 2024 年年底完工投用。

二、存在问题

（一）工业经济持续承压，企业生产经营困难较多

全区规模以上工业增加值同比增长 1.3%，低于全市 6.8 个百分点，规模以上工业总产值（不含供电）同比下降 10.6%。产业增长分化明显，工业增长多点支撑不足，除新型储能产业产值保持增长态势以外，智能网联新能源汽车和摩托车、机电设备、智能家居、合成材料、冷链食品产业产值延续年初以来下降趋势，分别同比下降 15.6%、5.6%、18.8%、14.3%、17.4%。电子信息、汽车终端等市场需求疲软，订单流失严重。企业物流、用气用电等生产经营成本仍然较高，导致企业缺乏竞争优势。

（二）消费增长总体放缓，服务业发展压力加大

全社会零售总额增速收窄，较一季度和上半年分别回落 2.7 个、1.2 个百分点，批发、零售、餐饮增长速度均低于全市平均水平。居民消费预期偏弱，储蓄意愿强烈，居民存款余额同比增长 10.66%。部分优势商品消费疲软，9 月当月限上粮油、食品类消费下降 6.3%、金银珠宝类消费下降 18.3%。服务业产业缺乏重大项目、企业支撑，发展后劲不足，先进制造业和现代服务业融合发展力度不够，全区生活性

服务业和生产性服务业企业规模普遍偏小，难以有效支撑服务业增长。

（三）居民就业增收难度较大，就业结构性矛盾仍然存在

前三季度城镇调查失业率5.5%，高于全市0.1个百分点，较前两个二季度增加0.3个百分点。企业招工难、技工荒和重点群体就业难并存，高技能人才存在缺口，区内技能人才外迁明显。全区发布招聘岗位2.49万个，同比下降20.5%，失业保险发放量仍呈增长态势，累计发放2.54万人次，同比增长25%。城乡居民生产性和经营性收入减少，全体居民人均可支配收入增速较上半年回落0.5个百分点。

（四）财政税收增长乏力，资金保障依然严峻

2024年以来，防范化解地方债务风险攻坚持续加力，在稳经济、稳就业等宏观政策目标下，刚性支出不断增加，全区一般公共预算收入32.22亿元，同比增长0.4%，较上半年下降15.1个百分点，一般公共预算支出54.3亿元，同比下降6.7%。区级税收增长疲软，同比下降9.3%，其中工业、房屋建筑业、金融业税收均以两位数幅度下降。部分重点项目因资金支付困难，未按计划竣工投用，项目投资放量增长减缓，政府投资带动作用发挥不充分。

三、2025年经济运行环境及因素分析

从国际形势来看，美联储降息有利于对冲全球经济下行风险，支撑中国出口延续韧性，但同时俄乌冲突长期化、巴以冲突风险持续外溢，地缘政治风险不断上升，导致全球供应链分化，贸易及投资信心将进一步被削弱。根据国际货币基金组织（IMF）于2024年10月22日发布的最新一期《世界经济展望报告》，预计2024年和2025年全球经济增速为3.2%，与前期发布的2024年预测值对照保持不变，2025年预测值下调0.1个百分点，全球经济增速放缓。

从全国来看，宏观调控经济力度不断加强，9月下旬中央政治局重要会议召开，两新政策、调整优化房地产政策、超长期特别国债、地方政府专项债等一揽子增量政策加快推出，扩内需政策加力显效。同时民营经济促进法加快修订，对保障民营企业合法利益、鼓励投融资和科技创新、营造良好发展氛围等方面作出统一部署，将有效增强市场信心，改善社会预期，激发市场活力。战略腹地建设、产业转移等国家政策将有利于区域协调发展，增强中西部地区发展动能。

从全市来看，成渝双城经济圈建设、国家战略腹地建设、东部产业转移等国家战略部署将引入一批重点产业、重点项目、重点平台，为全市经济增长带来机遇。"33618"制造业体系加快构建，产业链供应链不断延伸，产业结构将进一步优化。数字重庆推进有力，数字经济发展质效稳步提升。外资企业圆桌会议成功召开，将吸引更多外资企业在渝布局投资，有利于重庆加快构建高水平开放型经济新体制，外资外贸逐步恢复向好。

从全区来看，成渝双城经济圈、国家战略腹地、渝西高质量发展等重要战略将有利于铜梁区积极争取更多产业项目布局。渝隧复线（北碚—铜梁段）、璧铜线通车，成渝中线高铁加快建设将有力提升全区交通区位优势。"2+4"产业体系进一步优化，10平方公里新型储能产业园初具规模，海辰、金汇能等新型储能产业重点项目将陆续投达产；产业转型升级有序推进，庆兰实业成为西部地区最大轿车制动盘和前轮毂制造商，南雁实业新能源高精度减速器市场占有率国内第一、全球第三。总体来看全区经济增长潜力依然较强，但目前经济回稳向好基础尚不牢固，短期仍面临企业预期偏弱、居民增收困难、政府债务压力较大等制约，长期面临产业发展竞争加剧、产业结构调整难度加大等挑战，各类风险隐患仍需高度关注。

四、2025年趋势展望及主要指标预测

随着国家一系列存量和增量政策持续发力，在这样的政策支持下，综合2025年全区宏观经济的自然

走势，全区经济将保持稳中有进发展态势，经济韧性不断增强，按照"跳一跳、够得着"的目标，预计2025年GDP增速6.5%，规模以上工业增加值增长6%，固定资产投资增长6%，社会消费品零售总额增长6.5%，居民人均可支配收入增长6.5%。

五、政策调控措施建议

（一）降低企业生产经营成本

一是进一步完善减税降费政策，降低企业税费负担、企业融资成本，确保制造业、餐饮业、建筑业和交通运输业等主要行业税负明显降低，推动供给端恢复。二是加大与新疆、四川等能源富足地区的合作力度，推出系列降低用电、用水、用气等生产要素成本政策举措。同时充分利用页岩气资源建设燃气轮机发电项目，强化本地电源供给，降低企业生产要素成本。三是降低企业物流成本，加快基础设施互联互通，提升物流信息化水平，有序推进便民生活圈设施建设，健全城乡物流配送体系，推动物流降本增效。

（二）优化产业布局

一是抢抓国家战略腹地建设和重要产业备份等机遇，出台相关产业扶持政策，持续优化营商环境，强化资源要素保障，完善产业投资环境，吸引更多高新技术企业落地重庆。二是统筹渝西地区高质量发展，一体化推进渝西产业发展、基础设施建设、招商引资等工作，支持先进制造业优先布局渝西片区，加速打造全市新型工业化"主战场"。突出"同城化"导向，出台相应政策举措，积极开展试点示范，持续推进医疗、交通、教育等公共服务跨区域同城化协同发展。

（三）持续扩大有效需求

一是扩大有效投资。财政货币政策要持续用力、更加给力，加大对教育、医疗、科技创新、绿色发展等重点领域和薄弱环节的投资力度；合理扩大地方政府专项债券支持范围，放宽市场准入条件，进一步激发民间投资积极性。二是促进消费增长。优化消费环境，加大对消费基础设施建设支持，建立健全直播带货、即时零售等新型消费模式管理规范。推动落实带薪年休假，优化节假日安排，刺激假日消费；持续开展消费券发放、举办购物节活动，挖掘居民消费潜力。

（四）提高对外开放水平

一是加大稳外贸政策力度，进一步加大对出口企业的支持力度，在出口退税等方面多给予出口企业优惠政策，增强外贸企业活力；简化跨境服务贸易手续，降低交易成本，推动外贸质升量稳。二是稳步扩大进口，深化和周边国家能源、高新技术等领域的合作，拓宽先进技术、关键零部件、优质能源资源等优质产品的进口渠道，积极争取承办进口博览会、进出口商品交易会等重大展会活动。

（五）促进居民就业增收

一是充分发挥政策性岗位吸纳作用，稳定并适度扩大招录高校毕业生规模，鼓励引导基层就业，稳定"三支一扶"计划、大学生志愿服务西部计划等基层服务项目招募规模。二是研究鼓励企业扩大高校毕业生招聘的相关政策，对于吸纳应届大学生的企业根据招聘人数，实施社保减免、贷款支持等政策。三是加大职业技能培训力度，积极推动各类职业院校、职业培训机构开展重点行业、急需紧缺职业技能培训，提升劳动者技能素质，缓解结构性就业矛盾。

［铜梁区发展和改革委员会　刘云鸿］

之二十一：2024年潼南区经济运行分析及2025年展望

2024年以来，潼南区深入学习贯彻党的二十大、二十届二中、三中全会精神和习近平总书记视察重庆重要讲话重要指示精神，细化落实市委六届五次、六次全会精神，突出"稳进增效、除险固安、改革突破、惠民强企"工作导向，以推动成渝地区双城经济圈建设为总抓手总牵引，统筹抓好一揽子增量政策和重大存量政策落地见效，扎实做好经济运行监测、改革攻坚突破、风险防范化解，各项工作取得积极成效。成功争取"国家数字乡村试点区""减污降碳协同创新试点城市""深化气候适应性城市建设试点""国家骨干冷链物流基地""普惠金融发展示范区"等一批国家级、市级牌子，内生动力持续增强，高质量发展扎实推进。

一、2024年潼南区经济运行分析

总体来看，潼南区一季度经济基本实现"开门红"，二季度经济回升向好、稳中有进的态势持续巩固增强，三季度积极应对7月汛情、8月连晴高温影响，个别指标增速下滑，经济运行整体平稳。1—9月，全区GDP增长5.3%，低于全市0.7个百分点，全市排第27位、主城都市区第14位。固定资产投资增长12%，高于全市10.2个百分点，全市排第13位、主城都市区第3位。一般公共预算收入增长15.3%，高于全市8.6个百分点，全市排第11位、主城都市区第4位。

（一）运行特征

1. 农业生产韧性增长，乡村产业融合发展

实施千万亩高标准农田改造提升行动，完成高标准农田建设6.8万亩，撂荒地整治2.67万亩，建成粮油绿色高质高效示范片31个。积极应对连续68天高温晴热旱情影响，夏粮产量0.94万吨、同比增长1.1%，蔬菜、瓜果、特经作物产量分别增长2.4%、8.7%、8%，农业增加值增长3%。全链条发展蔬菜、柠檬、油菜3个百亿级产业集群，蔬菜、柑橘获2024年全市农业生产十大亩产最优榜，获批全国现代设施农业创新引领区，获评"中国生态柠檬之都"区域公共品牌，成功举办"柠聚世界檬创未来"2024年中国（潼南）柠檬产业高质量发展大会。建成投产玮益中药用柑橘类精深加工等项目，规模以上食品及农产品加工产业产值同比增长16.2%，高于全市10.2个百分点。

2. 工业经济承压企稳，创新驱动趋势明显

全力实施"涪江奔腾"计划，培育壮大"3+3+N"现代制造业产业集群，签约中国华电、中核汇能等主导特色产业工业项目34个、正式合同额196.19亿元，到位资金20.49亿元、同比增长113.3%。开工建设净业环保、川香园食品、铸源环保等项目21个，竣工投产吉程生物、东群纳米、棱镜能源等项目28个，工业增加值增长5.9%。大力发展新质生产力，全力打造中国第一汽车后市场，推动弘喜汽车、同辉气体等35家企业实施数字化转型，天河超算重庆分中心、浪潮成渝中部数字经济运营中心等加速建设，国内领先大容量高能量密度纳米固态钠离子电池中试下线。新增市级"瞪羚"企业3家、市级创新型中

小企业24家，民丰化工等4家企业获评全市企业创新奖，重庆巨科电镀工业园成功获批全国清洁生产审核创新试点项目。

3. 生产性服务业提质增效，发展潜力加快释放

大力发展现代服务业，推动生产性服务业创新发展，新增"四上"服务业企业10家，服务业增加值增长5.7%，拉动GDP增长3.2个百分点。深入实施软信产业"满天星"行动，提质打造氪空间创新中心，新增科技型企业151家、完成年度目标任务128.0%，带动科学研究和技术服务业营收增长19.6%，潼南城运中心获批2A+。持续优化"公铁水"运输结构，多式联运和运输代理业营收同比增长11.4%，邮政业务总量增长14.6%。加力推动银企对接，金融机构本、外币存贷款余额分别增长12.1%、14.4%，增速分别居全市第1位、第5位，潼南区获批2024年中央财政支持普惠金融发展示范区。

4. 有效投资持续放量，重点项目序时推进

159个市区两级重点项目开工137个、开工率86.2%，完成年度投资93.28亿元、完成率74.5%。固定资产投资增长12%，高于全市10.2个百分点。其中，工业投资增长87.7%，高于全市71.4个百分点，全市排第3位、主城都市区第1位；房地产开发投资增长6.8%，高于全市16.5个百分点，全市排第10位、主城都市区第6位；交通投资增长-51.9%，降幅较上半年收窄13.4个百分点。成功争取并推进国家骨干冷链物流基地建设，现已建成的城镇建设用地面积合计960亩，冷链物流相关设施建设面积590亩，聚集大中型农产品冷链物流企业23家，冷链物流及相关产业收入6.5亿元。稳步推进"平急两用"公共基础设施建设，仓储物流、医疗应急领域共6个项目成功被纳入国家正式项目，涉及总投资34.36亿元。双城经济圈首批重点项目之一——双江航电枢纽年底可实现首台机组发电，全市能源重点项目潼南华电一期已完成投资1.5亿元、完成率187.5%。

5. "两新"政策效应显现，消费活力有效释放

抢抓暑期文旅消费热点推介"郊游潼南"新IP，创新开展潼南"柠"聚力、潼台比武"镇"功夫、"来潼南 嗨一夏"等系列活动，推行"A级旅游景区免门票"政策，文旅市场持续火爆，累计接待游客1378.8万人次，实现旅游综合收入100亿元，同比分别增长7.2%和12.6%。提速打造"世界宽谷·田园城市"绿色生态城，搭建"U8不夜城""涪江天街"等消费新场景，加力落实消费品以旧换新政策，开展"以旧换新""不夜涪江·酣畅生活消夏季"等消费促进活动，批发、零售、住宿、餐饮业营业额（销售额）分别同比增长13.2%、8.6%、6.7%、11.2%，带动社会消费品零售总额同比增长3.9%。

6. 对外贸易大幅增长，外贸主体活力增强

完成外贸进出口总额16.5亿元，同比增长47.7%，增速居全市第9位、主城都市区第2位，提前超额完成市级下达目标106.3%。其中，电子元器件、小型服务器及芯片进出口总额10.63亿元，同比增长58.7%，占比64.4%；化工新材料进出口总额5.64亿元，同比增长30.3%，占比34.2%；柠檬产品进出口总额0.23亿元（4928吨），同比增长228.6%，占比1.4%。国家外贸转型升级基地（柠檬）加快建设，新增柠檬出口备案基地14家，正式运营马来西亚—潼南柠檬交易（体验）中心，签约共建数字农业产学研示范园；弘喜汽车成功办理二手车出口资质，6个出境水果包装厂通过"即报即核""集中考核"获得出口资质，潼南出口水果注册包装厂数占全市28.6%，全市第一。

7. 民生实事稳步推进，社会民生保障有力

26件市区两级民生实事推进情况总体良好，其中发展婴幼儿照护服务、启动火车站升级改造项目等12件（市区两级各6件）民生实事提前完成年度任务。一般公共预算收入增长15.3%，及时足额偿还到

期政府债券本息,政府债务偿付保持"零违约"。加力推进"免申即享""直补快办",为3256家企业减免失业保险费2064万元,市场主体新发展率为9.5%,总量接近6.7万户、同比增长1.2%。重点就业群体保障有力,城镇新增就业1.16万人,完成市级目标任务的116%。主要粮油零售价格微幅波动,居民消费价格同比温和上涨0.5个百分点。

(二)存在的问题

1. 经济增长承压较大

GDP增速未达预期目标,全市排名下降15位。一是受涝旱急转极端气候影响,全区农作物受灾面积5.26万亩,蔬菜、生猪两个主导产业未能形成有效支撑。前三季度全区蔬菜产量增长0.27%,增速低于全市0.1个百分点;生猪出栏同比下降6.5%,降幅高于全市1.3个百分点。二是受内外需求不足影响,生物医药、汽车再制造及智能网联新能源汽车零部件、新能源及新型储能产业产值同比分别下降16.73%、9.4%、5.01%,规模以上工业增加值增速低于全市0.6个百分点,规模以上制造业亩均税收负增长4.3%。三是受房地产新房市场疲软影响,商品房销售面积负增长9.3%,房地产业增加值负增长1.3%。

2. 投资增长后劲乏力

在政府化债和项目分类管理双重约束下,基建投资持续下行,交通领域投资连续三个季度负增长50%以上,潼南区金福小学建设工程等7个项目未按计划开工,潼南区城镇垃圾分类处理设施(一期建设)等27个项目未按计划完成投资,稳投资难度持续加大。随着招商引资公平竞争政策落实,全区在能源、物流成本等方面的劣势有所凸显,短期内产业项目招引难度加大。全区储备项目中,社会投资项目个数少,占比21.4%,总投资占比低于50%,政府投资撬动社会投资效果不佳。

3. 企业、居民预期偏弱

受经济下行、成本上升、行业竞争加剧等因素影响,全区市场主体新增量同比下降22.3%,发展信心亟待提振。生产经营端困难逐步传导至居民就业端,城镇调查失业率高于全市0.1个百分点,城镇、农村居民人均可支配收入分别增长3.8%、4.8%,低于全市0.8个、1.7个百分点。收入、就业对消费带动不足,全区18个大类商品零售额增速下降面达44.4%,其中汽车类、石油及制品类降幅分别达到12.4%、7.7%,限额以上单位商品销售额增速下降0.6%,社会消费品零售总额增速较上半年收窄1.3个百分点。

二、经济与社会发展形势预测

(一)2024年主要经济指标预测

前三季度,尽管有效需求不足,但全区经济依然保持增长稳、增量新的基本态势。进入四季度,消费增长受到政策支持,外贸表现超出预期,"3+3+N"制造业集群占比将持续扩大,新动能新优势将持续显现,全年经济增速有望快于全市,实现赶超跨越。

(二)2025年经济发展环境分析及趋势预测

2025年,宏观环境存在新的不确定性,有效需求不足、社会预期偏弱等挑战仍将长期存在,重庆市发展面临的矛盾问题或将更加复杂、突出,将给潼南区经济持续回升向好发展带来较大挑战。同时也要看到,以习近平同志为核心的党中央高度重视重庆发展,多次亲临重庆视察工作,作出重要讲话、重要指示，现代化新重庆建设稳步推进，给潼南现代化建设带来千载难逢的重大机遇和政策红利。潼南区将紧抓成渝地区双城经济圈建设、新时代西部大开发、西部陆海新通道建设、数字重庆建设、美丽重庆建设等战略机遇，牢记嘱托、奋发进取，促进经济持续向好，力争各项主要增速指标高于全市平均、排名全市前列。

三、2025年重点工作

潼南区将全面学习贯彻党的二十大和二十届二中、三中全会精神，深化落实习近平总书记视察重庆重要讲话重要指示精神，按照市委六届历次全会部署要求，牢牢把握高质量发展首要任务，以成渝地区双城经济圈建设为总抓手总牵引，锚定目标、埋头苦干、稳扎稳打、久久为功，系统落实一揽子增量政策，积极应对国内外形势变化和经济下行压力，切实解决当前发展存在的突出问题，奋力交出经济社会发展高分报表。

（一）积极抢抓重大发展战略，唱好新时代西部"双城记"

以成渝地区双城经济圈建设为总牵引总抓手，迭代实施"十个先行"，强化战略协作、政策协同、平台对接、利益共享。服务国家战略需要，加强国家重大战略和重点领域安全能力项目建设。切实扛牢渝西一体化"三区一极一枢纽"战略使命，主动融入川渝立体交通网，全面融入先进制造业发展"渝西跨越计划"。服务区域协调发展，加快遂潼川渝毗邻地区一体化发展先行区建设，落实"一区两群""双核联动"协调发展政策举措，深化与上海市静安区等非毗邻地区合作层级。加快打造具有潼南辨识度的标志性成果，努力在服务国家重大战略建设中乘势跃升、赶超跨越。

（二）全面提高现代产业能级，加快发展新质生产力

大力实施"涪江奔腾"计划，统筹推进传统产业转型升级、战略性新兴产业培育壮大、未来产业布局建设。实施优质企业培育攻坚突破行动，积极引育新兴氢能、智能汽车等未来产业，加快打造中国第一汽车后市场、西部绿色原料药基地、"成渝氢走廊"成本洼地和产业高地等。持续推进科技创新和产业创新深度融合，加强与南昌大学研究院等高端平台合作，推动先进制造、汽车再制造、农产品深加工等重点科技专项，形成一批引领性技术成果。持续深化5G应用场景试点示范，推动建成以柠檬为主导的农副产品精深加工工业互联网二级节点。

（三）加快完善通道平台建设，拓展高水平开放新空间

全面融入西部陆海新通道建设，高效联动共建"一带一路"、长江经济带高质量发展，更好跨越山海、走向世界。加快火车站货运站场升级改造，加力国家骨干冷链物流基地建设，提速快递物流电商产业园、邮件处理暨电商仓配中心建设，构建联动成渝、辐射西南的冷链物流重要门户枢纽。持续建好重庆自贸区联动创新区，深化与两江新区、重庆高新区联动发展，加快建设国家外贸转型升级基地；加快打造中新食品产业园，争创新加坡、中国香港"潼南绿"直供基地。以"海外华文媒体潼南行"为契机和牵引，深化与德国、日本、新加坡、贝宁、尼泊尔等合作交流，做好柠檬鲜果、柠檬果胶出口业务，打造汽车再制造、化工产品出口基地，开展"世界宽谷·田园城市"文旅国际推介等。

（四）坚持以点带面系统集成，充分激发改革发展新动能

扎实推动人民群众和企业可感可及的改革，以改革攻坚赢得高质量发展先机。深化党建统领"双网共治""潼南民企夜话""潼南青竹荟""潼心照护"等改革，走好新时代群众路线。强化数字重庆和重点领域改革，提升"首席数字官""产业村支书"等改革品牌效应，深度破解数字人才少、乡村人才荒、

青年人才留住难等问题。坚定不移支持民营经济发展壮大，扎实开展主体引育、培优扶强等"七大行动"，叫响"潼服务·家速度"，构建"亲而有度、清而有为"新型政商关系，为加快现代化新潼南建设注入改革动力。

（五）深入践行人民城市理念，积极探索城市治理新路径

深入践行人民城市理念，创造性探索高质量发展新机制、高品质生活新模式、高效能治理新体系。推动数字化城市运行和治理中心与"141"基层智治体系协同互促，健全"大综合一体化"城市综合治理体制机制。精心完善城市功能，加快谋划公厕、公园、劳动者港湾等一批"民生服务实事"转化为线上场景。深化气候适应型城市建设试点，加快"潼南新时代数字生命工程"建设，提升城市韧性。加强历史文化保护传承活化利用，延续城市文脉、厚植城市底蕴。推进移风易俗，用好居民公约、村规民约等方式提升群众素养，弘扬"清白传家""三舍文化"等优良家风。高标准一体推进文明城市、生态园林城市、节水型城市、垃圾分类先锋四大创建，实现城市文明程度和市民文明素质双提升。

（六）着力破除体制机制障碍，培塑城乡融合发展新范例

统筹新型城镇化和乡村全面振兴，着力打造城乡融合发展"潼南样板"。扎实推进以人为本的新型城镇化建设，优化"一江两岸三轴五组团"空间布局，打造"世界宽谷·田园城市"绿色生态城。深入推进"强镇带村"，实施中心镇功能品质提升行动。学好用好"千万工程"经验，全链条壮大蔬菜、柠檬、油菜等特色产业集群，建好重庆农科城、重庆市现代种业创新基地、成渝中央厨房产业园、全市"平急两用"重点保供基地四大平台，全力推进国家农业现代化示范区、农业科技现代化先行区建设。深化国家城乡融合发展试验区建设，深入实施"四进三回"行动，深化"强村富民"综合改革，深化"三位一体"综合合作试点，推广运用"五破五立"经验，培塑城乡融合发展典型示范。

（七）坚持生态优先绿色发展，积极打造生态文明新高地

贯彻长江经济带高质量发展战略，坚持生态优先、绿色发展，系统推进"九治"工作，确保涪琼两江水质分别稳定在Ⅱ类、Ⅲ类，争创国家级示范河湖，奋力打造人与自然和谐共生现代化滨江田园城市。深入实施绿色低碳转型行动，坚决遏制"两高一低"项目盲目发展，有序推进重庆市"近零碳园区"建设和"潼南高新区园区环境污染第三方治理"试点工作。扎实开展城市减污降碳协同创新试点，实施节能、节水、节地、节材、节矿"五项工程"，倡导简约适度、绿色低碳、文明健康的生活方式。开展"美丽中国，我是行动者"系列活动，让节约集约利用资源成为全社会行动自觉。

（八）全面提升公共服务水平，增强人民群众幸福感、获得感

积极践行以人民为中心的发展思想，扎实开展惠民富民安民行动，加强产业工人队伍建设，推动实现更高质量的充分就业。推进困难群众基本生活保障扩围增效政策，推广"救助通"小程序，确保救助覆盖面稳中有升。推进精康荣华专项行动，提升精神障碍社区服务能力。紧盯群众所需所盼滚动办好民生实事，创建国家义务教育优质均衡发展区，推进区人民医院、区中医院创"三甲"，完善体育场馆等场地设施，提升"一老一小"公共服务供给。坚持统筹发展和安全，扎实做好保交楼、保民生、保稳定各项工作，做好民族宗教领域平安稳定工作。统筹推进全区应急救援力量建设，做好预警叫应"双敲门"和应急物资"双备份"工作宣传。优化完善"枫桥经验+社会治安防控体系"治理模式，常态化开展扫黑除恶，建设更高水平的平安潼南、法治潼南。

[潼南区发展和改革委员会　王建民　龙　旭　余麒麟　蓝羞月]

之二十二：2024年荣昌区经济运行分析及2025年展望

2024年以来，荣昌区着力强化"稳进增效、除险固安、改革突破、惠民强企"工作导向，紧紧抓住成渝地区双城经济圈建设、西部陆海新通道建设、国务院出台一揽子增量政策等重大战略机遇，深入贯彻落实市委经济工作会议精神，努力推动高质量发展、创造高品质生活，推动落实稳经济一揽子政策措施，经济运行稳中有进、稳中向好。

一、2024年荣昌区经济运行情况

（一）经济运行主要特点

1—9月，荣昌区地区生产总值同比增长6.6%，第一、第二、第三产业增加值分别同比增长2.6%、6.7%、7.4%，固定资产投资同比增长10.2%，社会消费品零售总额同比增长4.3%；城、乡居民收入分别同比增长4.7%、4.8%。具体运行呈现以下特点：

1. 加快构建现代化产业体系，推动新质生产力发展

深入实施现代制造业集群提质专项行动。加快推进新型工业化，积极融入全市"33618"现代制造业集群建设，优化构建"2335"先进制造业集群体系。聚力打造智能网联新能源汽车零部件及智能制造、食品及农产品加工2个主导产业集群，升级打造生物医药、电子信息、新材料及新能源3个支柱产业集群，持续壮大陶瓷、服饰、兽药3个特色优势产业。1—9月，规模以上工业增加值增长6.7%，工业投资增长61.6%。智能网联新能源汽车零部件及智能制造、生物医药、电子信息产业规模以上产值分别增长8.2%、10.7%、31.4%。加强企业培育，新增规模以上工业企业13家、市级"专精特新"企业36家、重庆市领军（链主）企业2家、"瞪羚"企业5家。规模以上工业企业亩均税收剔除2023年缓缴税因素后增长20.5%。培育数字经济新动能。实施智能化改造项目58个，新增数字化车间8个，现有规模以上、限上数字经济企业68家。

强化科技创新引领。坚持以科技创新支撑引领高质量发展，深入实施科技型企业和高新技术企业"双倍增"行动。以国家畜牧科技城为统揽，加快建设国家级生猪大数据中心、国家生猪技术创新中心，国家生猪技术创新中心新认定为国家级博士后科研工作站。聚力打造火炬云创、重牧硅谷等创新平台。加快创新主体培育，预计2024年底国家高新技术企业累计达到240家，新增市级科技型企业273家，达1830家。新增市级创新平台8个，新发放知识价值信用贷款1.1亿元。全社会研发投入强度预计达到2.4%。

2. 深入实施扩大内需战略

固定资产投资稳定增长。1—9月，固定资产投资增长10.2%，工业投资增长61.6%，民间投资增长32.9%。120个区级重点项目完成投资93.3亿元。小刀新能源等76个产业项目开工建设，42个项目建成投产，其中列入市级重点投达产项目36个。区人民医院迁建等重点项目加快推进，重庆城市管理职业学

院荣昌校区建成投用。争取中央预算内投资3.99亿元、超长期特别国债资金3.75亿元。积极促进房地产市场止跌企稳，对多子女家庭购房等群体给予购房补贴，前三季度全区房地产投资增速为-9.4%，高于全市增速0.3个百分点。

消费潜力不断释放。举办千年荣昌历史文化周、以旧换新家电节等促消费活动20余场，1—9月社会消费品零售总额同比增长4.3%，高于全市（3.8%）0.5个百分点。批发、零售业销售额和住宿、餐饮业营业额分别同比增长7.7%、10.8%、8.7%、8.3%。接待游客1367万人次，同比增长21.9%；旅游总收入75.2亿元，同比增长26%。预计全年进出口总额完成13亿元，实际使用外资230万美元，同比增长56.4%。前三季度经西部陆海新通道到发集装箱同比增长85%。

招商引资稳步推进。大力实施招商引资突破专项行动，坚持高位推动，党政主要领导带头抓招商。推行"1+9"专班工作机制，设立4个驻外招商组，专班、部门协同作战，累计邀请来荣洽谈企业530余家。前三季度新签约市外项目49个，合同额243.5亿元。引进亿元以上项目27个，20亿元以上项目6个。

3. 农业经济保持稳定

1—9月，第一产业增加值同比增长2.6%。全区粮食播种面积67.2万亩，预计产量29.3万吨，面积和产量分别同比增长0.3%、0.9%。受生猪产能调控影响，生猪累计出栏44.2万头，同比下降7.6%。荣昌猪产业集群获批全国首批优势农牧特色产业集群。

4. 成渝地区双城经济圈建设加快推进

推动交通互联互通。成渝高速扩能荣昌段、永自高速荣昌段、安荣合高速项目前期工作有序推进，G348安富至四川界项目完成路基工程的96%，夯实重庆主城至渝西快速通道建设基础，带动区域深度融入西部陆海新通道建设。深化产业协作共兴。荣昌·隆昌产业合作示范园区通过两省市终期考核，荣昌·隆昌产业合作第二届企业互配互采推介活动订单金额超7亿元。联合泸州、隆昌共建中国西部陶瓷之都，玻、陶包装制品销量分别占全国酒类包装市场份额的11%、23%。共建西南玉米种业基地核心区4000亩，"双昌"现代农业合作示范园稻渔综合养殖通过验收。推动公共服务共建共享。持续推进川南渝西教育共同体建设，与华西二院、西南医科大学附属医院合作不断深化。加强濑溪河、大清流河等跨界河流污染联防联治。联合开展川渝交通、医保基金监管领域联合执法16次。联合两省市12个市区成立成渝古道文化和旅游发展联盟。

5. 深化重点领域改革

推动"三攻坚一盘活"改革突破，一是国企改革。推动国企"止损治亏"，32户亏损企业已全面实现减亏扭亏。减户瘦身方面：压减区属国企19户，完成目标任务的100%（不含平台公司）。二是园区开发区改革。全区园区开发区管理机构精简为1个，完成荣昌高新区"三定"方案制定，四至范围划定待市级审批，明确管理机构荣昌高新区管委会与开发运营公司宏烨公司职责边界。三是政企分离改革。已全面完成生猪大数据中心7户企业的政企分离，实现政企"脱钩"，经营性国有资产实现100%集中统一监管。四是盘活国有资产。已盘活企业国有资产4.57亿元，完成目标任务的324.2%。

6. 抓好民生保障和改善，推动绿色低碳发展

推进重点民生领域补短板，提升群众生活品质。聚焦民生诉求办好11件重点民生实事，民生支出占财政支出比例稳定在80%以上。托育和养老服务建设、老旧小区改造、照亮家园工程、便民出行工程等民生实事有序推进。全力做好稳岗就业，前三季度实现城镇新增就业9362人，完成市级目标的90.9%；

城镇就业困难人员就业 3699 人，完成市级目标的 205.5%，全区就业形势稳定。落实党政机关过紧日子要求，严控一般性支出。落实常态化"三服务"机制，扎实开展"百名干部进企业""企业服务专员"等行动，对产值下滑的企业加强指导帮扶，全力帮助企业纾困解难。持续优化营商环境，迭代升级"123456"营商环境品牌。办好民营经济活动周，促进民营经济发展壮大。

加强资源节约集约循环高效利用，推进绿色低碳发展。申报国家级绿色工厂和市级绿色工厂各 2 家、国家级绿色园区 1 个。入选全国首批自然资源节约集约示范县（市），荣昌濑溪河流域成功创建市级"绿水青山就是金山银山"实践创新基地。推进公共机构和工业园区屋顶分布式光伏开发，建成投用约 20 兆瓦。垃圾焚烧发电项目于 2022 年底投用并稳定运行，全区生活垃圾全部得到无害化处理并实现废物利用。厨余垃圾利用中心项目通过特许经营方式引入民营资本正加快建设。园区循环化改造有序推进，静脉产业园已入驻垃圾处理、厨余垃圾利用中心、固废有害废物收集、医疗垃圾处理等项目。

（二）经济运行中存在的主要问题

一是经济恢复增长的基础还不牢固。有效需求动力不足，第二产业工业经济增长存在困难。1—9 月，全区在产规模以上工业企业受市场需求不足、产成品价格走低等因素影响，食品及农产品加工、新材料及新能源 2 个产业较同期仍然呈负增长，下行趋势未得到根本扭转。新增规模以上企业 13 户，新增产值 3.5 亿元，仅拉动规模以上工业总产值增长 1.38 个百分点。第三产业消费恢复乏力。1—9 月，限上社会消费品零售总额增长 14.9%，增速较上半年下降 4.7 个百分点。批发业、零售业销售额增速较上半年分别下降 6.4 个、2.9 个百分点。商品房销售面积下降 26.2%，限上石油制品类、建材类零售企业业绩下滑。二是固定资产投资增长后劲不足。受宏观投资大环境的影响，目前社会投资和政府投资均缺少投资体量较大的新开工项目，存在增量不够、存量不足的情况。在库项目存量投资不足。群众购房需求逐渐饱和，企业拿地动力不足，房地产投资下降。受全国地方政府债务化解、政府投资项目管控等政策因素影响，政府投资项目投资体量已在逐步紧缩，增速可能进一步放缓。三是财政收支平衡压力大。部分重点行业税收下行趋势尚未根本扭转，经济恢复基础尚不牢固，财政增收难度增大，刚性支出不断增加，可支配财力严重不足，财政从"紧平衡"变为"难平衡"的趋势更显突出。四是城市建设、乡村振兴、社会民生等领域仍存在不少短板弱项，基础设施有欠账，与高品质生活需求有差距，教育、医疗、养老、老旧小区改造等民生保障工作仍需加强。

（三）2024 年指标完成情况预测

预计 2024 年荣昌区地区生产总值增长 6.5%，力争规模以上工业增加值增长 8%，固定资产投资增长 10% 以上，社会消费品零售总额增长 5%。

二、2025 年荣昌区经济运行环境分析

从重庆和荣昌自身看，重庆深入贯彻落实国家重大发展战略，加快推动成渝地区双城经济圈、西部陆海新通道建设，推动渝西地区一体化高质量发展和成渝中部地区崛起，持续深耕科技创新、先进制造、现代服务、民营经济等领域发展，经济活力不断释放。荣昌作为主城都市区"桥头堡"城市，作为新型城镇化、新型工业化的主战场，在重庆西拓、成都东进"相向发展"中面临重大战略利好、政策利好。近年来，荣昌坚定不移抓工业，工业发展成效明显。成渝地区双城经济圈建设、川南渝西融合发展试验区、渝西地区一体化高质量发展、国家畜牧科技城等重大战略持续推进实施，市级给予了荣昌更多更有力的支持和指导，荣昌的发展前景必将更加广阔。

三、2025年荣昌区经济运行趋势展望及主要指标预测

2025年，荣昌国家高新区建设持续发力，国家畜牧科技城、国家生猪技术创新中心、川南渝西融合发展试验区、国家城乡融合发展试验区加快建设，一批招商引资项目将逐步落地转化，一批重大项目和民生实事将逐步实施，实体经济发展、市场化法治化国际化营商环境逐渐形成、高质量市场主体持续增长，这些都将为经济增长注入强劲动力。

2025年荣昌区主要指标预测：初步预计，力争2025年全区地区生产总值增长6.5%以上，规模以上工业增加值增长8%，固定资产投资增长8%以上，社会消费品零售总额增长5%。

四、措施建议

坚持以习近平新时代中国特色社会主义思想为指引，全面贯彻习近平总书记视察重庆重要讲话重要指示精神和市委经济工作会议精神，突出稳进增效、除险固安、改革突破、惠民强企工作导向，坚持唯实争先、埋头苦干，完整、准确、全面贯彻新发展理念，加快构建新发展格局，深入实施"转型提升十大行动""民生改善十大工程"，推动成渝地区双城经济圈建设"一号工程"走深走实，着力打造"六个方面先行区"，推动落实一揽子稳经济政策措施，围绕年度计划任务，进一步挖掘增长潜力，拓展发展空间，全力推动经济平稳健康发展。

（一）加快推动产业转型升级

推动制造业高质量发展。深入实施现代制造业集群提质专项行动。全力打造"2335"现代制造业集群体系，聚力打造智能网联新能源汽车零部件及智能制造、食品及农产品加工2个主导产业集群，升级打造生物医药、电子信息、新材料及新能源3个支柱产业集群，持续壮大陶瓷、服饰、兽药3个特色优势产业。加快推进重庆电子电路产业园、重庆休闲食品产业园等5个市级特色产业园建设。全年规模以上工业增加值增长8%。强化优质企业培育，力争全年新增"专精特新"企业15家以上，"小巨人"企业1家以上。推动服务业提档升级。推动全年社会消费品零售总额增长5%。持续开展消费品以旧换新等促销活动。大力发展现代服务业，积极发展科技服务、现代物流、现代金融等生产性服务业。加快转化"公路港"等重点项目建设，加大A级物流企业引进及培育力度，推动物流降本增效。大力发展数字经济。推动"5G+工业互联网"试点示范，实施智能化改造项目50个，新增数字化车间和智能工厂3个。

（二）突出抓好项目建设，增强经济发展后劲

深入实施项目投资增效专项行动，争当抓项目促投资的"新引擎"，全年实施区级重点项目110个以上，年度计划投资160亿元以上。统筹推进交通、水利、新型城镇化、新基建等"两新""两重"项目和发展先进制造业集群、完善公共服务等领域项目建设。切实发挥工业投资第一支撑作用。加快推进人民医院新院区等在建项目，力争更多投资放量。做好"十五五"重大项目的谋划储备，在双城经济圈背景下在新型城镇化（濑溪河流域）、新型工业化（南部片区）、城市副中心建设（北部片区）三个板块做好谋划储备项目。规范推进政府与社会资本合作新机制，持续向民间资本推介重点项目，引导社会资本参与基础设施、生态环保等领域工程项目建设，推动民间投资增长12%以上。

（三）持续强化科技创新引领

抓创新平台建设，加快国家畜牧科技城、国家生猪技术创新中心、国家级生猪大数据中心等重大平台建设，建好"火炬云创""重牧硅谷"等科技孵化载体。抓创新主体培育，力争国家高新技术企业达到

270家，市级科技型企业达到2000家。新增创新平台15个以上。

（四）全力抓好招商引资

深入实施招商引资突破专项行动，完善"1+9"重点产业招商专班工作机制，突出产业链精准招商。推动全年新签约市外项目合同额350亿元以上，战略性新兴产业项目占比达到50%以上。发挥产业引导基金作用，提升项目转化率、落地率。

（五）大力推动成渝地区双城经济圈建设

深化平台建设，做实产业园区。推动内荣现代农业高新技术产业示范区建设，加快川南渝西地区融合发展，深化经济区与行政区适度分离改革探索，实现南翼跨越发展、壮大成渝主轴、促进中部崛起。持续推进"双昌"合作示范园农文旅融合项目建设，高质量推动成渝现代高效特色农业带建设成势见效。推动荣隆市级玉米制种基地扩建至隆昌石碾，争取建成国家级玉米种业基地。提升开放水平，打通交通动脉。力争开工建设成渝高速扩能荣昌段和永自高速荣昌段，加快推进安荣合高速前期工作。积极争取重庆都市圈环线铁路、市郊铁路C4线（永川—荣昌段）等项目的规划建设。推动建设安全、便捷、高效的现代化综合立体交通网络。强化战略协同，深化合作共建。在成渝氢走廊、巴蜀文化旅游走廊等川渝合作项目中共建合作载体，深化川渝能源合作，推动共建自贸区联动创新区。突出惠民有感，强化共建共享。推动川南渝西教育共同体扩面提质，深化紧密型医联体等公共服务协作机制，加强与华西二院、西南医科大学附属医院合作。加强濑溪河、大清流河等跨界河流污染联防联治。

（六）全力打造一流发展环境

落实常态化"三服务"机制，深入开展"百名干部进企业""我为企业办实事"等活动，千方百计帮助企业解决难题。严格落实"非禁即入"，规范和加强公平竞争审查，持续破除影响各类经营主体发展的政策障碍和隐性壁垒，推进政务服务标准化，切实降低企业生产性经营成本和制度性交易成本。大力弘扬新时代企业家精神，举办民营经济高质量发展活动周。迭代升级"123456"营商环境品牌，推动优化"营商环境"向"宜商环境"转变。

（七）切实抓好民生保障和改善

聚焦民生诉求，办好一批重点民生实事，统筹推进城市提升和乡村振兴，大力发展教育文化、医疗卫生、养老育幼等民生事业，全力抓好污染防治、兜底保障、安全生产等各项工作，全力营造安全稳定的社会环境。

[荣昌区发展和改革委员会　陈　荣]

之二十三：2024年垫江县经济运行分析及2025年展望

2024年以来，垫江县上下坚持以习近平新时代中国特色社会主义思想为指导，深入贯彻党的二十大、二十届三中全会精神和习近平总书记视察重庆重要讲话重要指示精神，全面落实市委六届五次、六次全会部署，牢牢把握稳进增效、除险固安、改革突破、惠民强企工作导向，按照县委十五届七次、八次全会要求，深挖存量政策，加力增量政策，稳增长、推改革、惠民生、防风险，先战洪涝、再战高温，迎峰度夏，服务企业，全力巩固经济回升向好势头，助力经济实现质的有效提升和量的合理增长。

一、2024年垫江县经济运行情况

1—9月，垫江县经济总体平稳、符合预期，承压奋进、企稳向好态势不断增强，全年经济目标有望较好实现。集中表现在以下方面：

（一）稳的基础持续加固，进的因素不断积累

全量化落实中央和市委、县委一揽子稳增长、强改革政策，不断促进经济循环畅通、高质量发展。经济增长符合预期。1—9月（下同），实现地区生产总值433.6亿元、同比（下同）增长6.5%，增速分别高于全国、全市1.7个、0.5个百分点，与上半年基本持平，较一季度提高0.9个百分点，排全市第14位、主城都市区第8位，低开稳走的经济曲线辨识度、显示度较为明显。产业指标支撑有力。三次产业分别实现增加值49.3亿元、192.7亿元、191.5亿元，分别增长1.8%、7.9%、6.5%，第二产业增速与上半年持平，第三产业增速较上半年提高0.2个百分点，第二、第三产业对经济增长的贡献率分别达53.1%、43.6%，其中，第二产业贡献率分别较一季度、上半年提升1.6个、1.1个百分点。经济报表承压回升。经济报表获C档评价，较上半年提升1档，总分排全市第19位、主城都市区第12位，分别环比上升9位、6位，11项晾晒指标分别获4A、3B、2C、2D成绩，排名实现"7升3降1平"。双城经济圈重大项目投资完成率、固定资产投资增速、工业投资增速等4项指标连续进位升位保持A档。市场主体稳步增长。新增市场主体5831户，其中，内资企业1737户，市场主体总量7.6万户、增长11.9%。新增"四上"企业21家，累计达594家，其中，新增规模以上工业企业10家，累计达156家。财税金融平稳运行。一般公共预算收入20.1亿元，增长10.1%，增速排全市第16位、主城都市区第7位，其中，税收收入8.9亿元，降低5.1%，降幅较上半年收窄1.9个百分点；一般公共预算支出50.4亿元，增长5.1%，较上半年提高5个百分点，保持了必要的财政支出强度。存贷款余额957.1亿元，增长7.9%，其中，贷款余额364亿元，增长6.1%，绝对额均创历史新高。金融主导产业增长8.1%，较上半年提升1.3个百分点。"垫小贷"金融产品上线运行。

（二）主导产业有力拉动，三次结构持续优化

聚焦产业发展的重点领域和薄弱环节，持续推动传统产业朝高端化、智能化、绿色化方向发展，着力构建现代化产业集群体系。农业生产基本托底。有效应对"7·11"特大暴雨和8月、9月连晴高温干旱对农业影响，农业增加值增长2%。大春粮食作物种植面积88万亩、产量39.3万吨，分别同比增加

0.39万亩、0.04万吨，分别增长0.44%、0.11%；蔬菜产量70.9万吨，增长3.3%，增速排全市第9位、主城都市区第5位；水果产量8.8万吨，增长9.1%，增速排全市第6位、主城都市区第4位。工业经济稳定增长。规模以上工业增加值增长6.7%，与重庆全市差距从1.7个百分点缩小至1.4个百分点，在全市、主城都市区排名分别上升5个、4个位次。工业企业用电、用气分别增长10%、23.4%，连续三个季度保持2位数增长。主导产业集聚壮大，"2+1"主导特色产业产值167.8亿元、增长9.2%，先进材料产业、食品药品及农产品加工产业、汽摩装备产业分别实现产值98.5亿元、33.9亿元、35.4亿元，分别增长5.7%、9.6%、20.2%。园区产业集聚显效，智能农机产业园、新型合金材料包装生产等一批项目建成投用。高新区规模以上工业产值增长7.6%，高于全县规模以上工业产值增速0.3个百分点，工业园区集聚作用明显。工业体量不断壮大，新增规模以上工业企业10家、累计实现产值4.4亿元，同比新增产值3.7亿元。招商引资到位金额71.7亿元，完成率89.6%，其中，工业项目资金到位额占比75.5%。首签中山涪原高端阀门等台商投资项目2个。建筑业巩固提升。注册地建筑总产值358.4亿元，增长13.1%，增速排全市第10位、主城都市区第4位。建筑业增加值104.7亿元，增长9.5%，拉动经济增长2.3个百分点，分别较一季度、上半年提升0.6个、0.1个百分点。建筑业市场主体不断壮大，新增建筑施工企业41家，升级一级专包企业1家，建筑业市场主体累计达1047家，建筑行业税收4.5亿元，占税比达25%。新质产业加快成长。规模以上战略性新兴产业产值16.9亿元、规模以上高技术产业产值16.4亿元，分别增长20.4%、12.1%，分别占规模以上工业总产值的9%、8.7%，规模以上战略性新兴产业较上年同期提升5个百分点。新培育"专精特新"企业1家，创建国家、市级绿色工厂各1家，中昆铝业、天圣制药等4个数字化车间改造完成。31家高新技术企业通过市级评审，新增182家科技型企业，成功创建市级创新型企业19家。

（三）市场信心有序恢复，消费潜力不断激发

推动"两新"政策落地落实，极力拉高市场消费。社会消费品零售总额237.6亿元，增长5.8%，较上半年提升0.6个百分点，排全市第9位、主城都市区第6位。大宗消费供需互动。"15分钟便民商圈"加快创建。获评重庆市县域商业体系建设"重点县"。渝东农特产品电商物流产业园开工动建，明月山网货加工基地项目完成投资进度80%。开展汽车、家电等消费品以旧换新促消费活动29场次，吸引社会资金投入300万元，拉动消费8000余万元。市场日趋活跃。中国（垫江）石磨豆花美食文化节、第三届明月山绿色发展示范带名优农特产品展等农文旅活动联袂上演。"爱尚重庆·惠享垫江"系列促销活动带动销售收入1.85亿元。批发、零售销售额分别增长13.8%、10.8%，分别较上半年提升1.4个、0.1个百分点，均排全市第11位；住宿、餐饮营业额分别增长9.5%、12.6%，均排全市第7位。实现电子商务交易额123.2亿元、增长14%，网络零售额5.8亿元、增长17.6%；被纳入全国农村电商"领跑县"典型案例在第三届全球数字贸易博览会上公布。服务消费不断叠加。促进先进制造业与现代服务业融合发展，助力生产性服务业发展壮大。全县科研及技术服务营业收入增长10.1%；软件和信息技术服务营业收入增长76.6%；客运周转量同比增长41.1%。以文旅为代表的生活性服务业"双量齐升"，累计接待游客873.2万人，旅游综合收入59.2亿元，分别增长13.1%、18.2%；过夜游客36.4万人、增长3.4%，旅游从业人数20.9万人、增长3.8%。游客"流量"与消费"留量"加速转化。外贸消费积极作为。新增外贸市场主体7家，实际利用外资17万美元，完成年度目标任务170%。实现外贸进出口3.3亿元、增长32%，增速排全市第12位、主城都市区第4位。西部陆海新通道货运量310标准箱，增长20%。川久蒸鸭被乌兹别克斯坦遴选为"一带一路"国宾伴手礼。

（四）有效投资高位拉动，新兴动能加快集聚

积极扩大有效投资，激发稳增长动能，促进供给侧改革与需求侧管理有效衔接，加快培育新兴动能。

投资增速持续上扬。完成固定资产投资215亿元，增长17.2%，增速分别高于全国、全市13.8个、15.4个百分点，排全市第6位、主城都市区第1位，增速连续5个季度高于全国、全市两位数以上。投资结构持续优化。建安投资200.4亿元，增长14.9%；工业投资97.8亿元，增长50.2%，增速分别高于全市、上半年33.9个、3.5个百分点，排全市第9位、主城都市区第6位；高技术产业投资24.6亿元、增长143.8%，高技术、战略性新兴产业投资占比不断增大。争资争项成效明显。聚焦中央预算内资金、中长期国债、专项债券等投资政策，围绕"两重""两新"争资争项，累计争取中央预算内资金项目9个、资金5.8亿元，获批超长期特别国债项目5个、资金4.52亿元，地方政府专项债券项目12个、债券额度19.91亿元，三大平台公司完成项目融资45个、额度27.9亿元。重点项目梯度放量。年度168个县级重点建设项目完成投资61.2亿元，占年度计划投资的55%。三季度集中开竣工项目40个、62个，总投资均在80亿元以上，年度计划投资20亿元。大垫丰武高速公路垫江段、G50垫江南出口连接线等"四大工程"标志性项目加快推进，年产值4亿元的"亿年峯"饮品重庆垫江生产基地投产，填补垫江无瓶装矿泉水企业空白。"双城"战略加力推进。"双城"战略协同化、项目化进程加快，西部智能阀门产业园、龙溪河生态修复综合整治等4个年度川渝共建项目提速推进，纳入全市十项行动方案的西部智能阀门产业基地项目完成投资6.4亿元，占年度计划投资的128%。川渝"电子证照"互认共享、"免证办"事项分别扩大至16项、21项。长垫对口协作持续推进，年初帮扶计划目标序时推进。重点改革攻坚突破。数字重庆提速推进，物联感知设备完成编目55类、12.4万个，已接入41类、10.7万个。"数字资源"一本账形成，30个应用实现三级贯通，24个应用实现市县两级贯通。"三攻坚一盘活"改革显效，国企营业总收入21.9亿元、增长63.8%，利润额3亿元、增长338.5%。高新区规模以上工业产值137.3亿元、营业收入145.2亿元，分别增长5.5%、22.9%，制造业规模以上企业亩均税收增长-7.4%，较上半年提升16.1个百分点。15户涉改企业平稳过渡、完成改革任务，经营性国有资产100%集中统一监管。盘活国有资产43.7亿元、回收资金15.8亿元，进展率分别达120.2%、120.1%。

（五）社会民生持续改善，安全风险有效化解

大力推动普惠型、基础性、兜底性民生建设，滚动实施一批年度重点民生实事，持续增进民生福祉。民生实事加快完成。20件年度重点民生实事提前完成13件、完工率65%，完成投资2.1亿元，占年度计划投资的107.7%。其中，县十八届人大常委会第四次会议票决通过的6件重点民生实事完成投资1.83亿元，投资完成率达110.8%。居民收入回升向好。22个"以工代赈"项目累计发放劳务报酬270万元，带动就业720人。全体居民人均可支配收入28977元，增长5.1%，较上半年提升2.6个百分点，其中，城乡居民人均可支配收入分别达38523元、18662元，分别增长4.2%、5%，增速分别较上半年提升2.4个、2.8个百分点，均排全市第15位。就业创业总体稳定。新增城镇就业6043人，完成目标任务的118.5%；城镇登记失业人员就业1731人，完成目标任务的86.6%；脱贫人口务工人数1.02万人，完成目标任务的114.8%；离校未就业高校毕业生就业率81.7%，完成目标任务的90.1%。重点风险有效化解。积极应对历史罕见的特大暴雨，全力开展抢险救灾、恢复重建，最大限度降低灾害影响。42天连晴高温，全县森林火灾"零"发生。"7·11"特大暴雨抢险救灾有力有效，灾后恢复井然有序。全县债务化解进度79.2%，较上半年提升17.2个百分点。保交楼项目整体交付进度100%，保交房项目累计交付进度14.7%。

二、存在的主要困难和问题

在看到成效的同时，垫江县也清醒认识到，当前经济恢复增长的基础还不牢固，不确定性和不可预

知性因素仍然存在。

（一）农业经济持续走低

受洪涝、连晴高温、猪肉价格波动等因素叠加影响，1—9月，粮食、生猪、家禽、渔业较上半年全面回落。其中，生猪存、出栏分别下降12.6%、8.1%，降幅分别较上半年扩大2.2个、0.1个百分点；家禽存、出栏分别下降4.1%、11.4%，水产品产量、产值分别下降1.6%、2.1%。叠加导致第一产业增加值仅增长1.8%，分别较一季度、上半年下降2.2个、2.7个百分点，低于全国、全市1.6个、1.1个百分点，对经济的贡献率仅为3.3%。

（二）工业经济增长后劲不足

存量企业规模偏小。全县156家规模以上工业企业报停14家。规模以上工业增加值增速低于全市1.4个百分点，仅较上半年缩小0.2个百分点；新增项目落地不足。受全国统一大市场构建政策影响，短期内招商引资项目落地困难，1—9月，全县已签约工业项目落地率仅48.6%，增量空间持续收窄。生产订单有所下降。受市场需求萎缩和产业迭代转型影响，传统行业竞争加剧，高新区兴发金冠、辉虎科技等重点工业企业订单、价格"双降"，工业税收较上年均有所下降，1—9月，高新区规模以上制造业还原税收2.86亿元、同比下降3.8%。

（三）建筑业增长承压

2024年以来，全县建筑业增加值一直保持两位数左右的高速增长，但受房地产行业深度调整和地方债务管控影响，市场需求和政府投资拉动不足，建筑行业后期保持高位增长难度较大。1—9月，建筑业增加值增速分别较一季度、上半年下滑0.8个、0.3个百分点。

（四）市场消费有待进一步激活

受市场信心不足影响，1—9月，全县住户存款新增42亿元，总量同比增长12.4%，较上半年扩大1.5个百分点。房地产销售面积下降14.2%，降幅分别较一季度、上半年扩大2.7个、5.4个百分点，传导建筑及装潢材料类消费下降7.3%，市场消费潜力有待进一步挖掘。

（五）财政收支矛盾突出

一方面，财政收入有限。受部分实体企业产销下滑、房地产业持续疲软等叠加影响，1—9月，税收下降5.1%，减收4805万元，欠序时进度1.32亿元，税占比由2023年末的48.1%降至44.52%，财政实际可用财力有限。另一方面，"三保"、政府化债、新成立国企注册资本金等系列新增刚性支出累计超7亿元，加之基金收入滞后，库款长期低位运行，财政紧平衡压力进一步加大。

三、2025年经济运行环境分析及趋势展望

2025年，俄乌冲突、中东地缘政治动荡等使全球形势仍较复杂，经济增长势头有待巩固，经济全球化遭遇逆流；美国大选特朗普上台，涉华贸易摩擦或将加剧；全球地缘政治风险多发频发。这些都将通过贸易、投资、金融等渠道给我国带来不利影响，我国面临的外部不确定性和不可预知性因素较多。国际货币基金组织预计2024年全球经济增速3.2%、发达经济体经济增速1.7%、发展中经济体经济增速4.3%。国内经济周期性、结构性矛盾交织，市场需求内生动力不足，居民对中高端可选消费更趋谨慎，经济增长的活力和动力仍需进一步激发。综合研判，2025年国内宏观经济发展机遇和挑战并存，随着党的二十届三中全会精神的深入贯彻落实，新的机遇、新的动能加快释放，发展的机遇仍大于挑战。全国全市全县经济稳中向好、长期向好的基本面没有变，经济发展的韧性和潜力具在，国家稳增长的政策具

在，庞大市场主体空间具在，良好的产业支撑具在，投资消费、创新开放的潜能具在。

（一）财政地产资本市场政策"大礼包"落地发力

2024年9月26日，中央政治局会议召开，随之，财政、货币、房地产等一系列的稳增长的政策出台。货币方面，降低存款准备金率，实施有力度的降息，进一步畅通货币的市场流通；财政方面，加大财政货币政策逆周期调节力度，保证必要的财政支出，国家通过财政赤字，国债、地方专项债券持续发力。房地产方面，供需两侧同时发力。供给侧：加大"白名单"项目贷款投放力度，加力改善稳健经营房企的流动性，地产产业链资金循环有序盘活。需求侧：持续"调整住房限购政策"，房地产刚需和改善型需求潜能将陆续激活。

（二）习近平总书记视察重庆重要讲话重要指示精神落地发力

2024年4月，习近平总书记视察重庆，作了一系列重要讲话、重要指示，赋予重庆打造新时代西部大开发重要战略支点、内陆开放综合枢纽"两大定位"，部署提出"四项任务"，并就推动新时代西部大开发形成新格局明确"六个坚持"重要要求，全市上下将围绕做实"两大定位"、发挥"三个作用"、建设"六个区"，奋力谱写中国式现代化重庆篇章。抓住用好成渝地区双城经济圈、西部陆海新通道、长江经济带高质量发展等战略机遇，积极承接中西部产业转移，加快从打造国家战略腹地转变为打造中西部产业高地，加快推动全市经济高质量发展。

（三）4万亿元新增地方专项债券和6万亿元债务限额落地发力

11月8日，财政部明确从2024年开始连续五年从新增地方政府专项债券中安排8000亿元补充政府基金财力，累计可置换隐性债务4万亿元，加上全国人大常委会批准的6万亿元债务限额，可以直接增加地方化债资源10万亿元，按平均数计算，全市可获得3000亿元，区县可得70余亿元。将有力化解地方债务，腾挪有限资金推动经济发展。

（四）"十五五"规划和"345"发展规划叠加

2025年是"十四五"规划收官之年、"十五五"规划谋划之年，也是全县构建"三个功能区"、建设"四大工程"、实现"五大跃升"的关键之年，随着五年规划的编制，全县未来五年发展思路、发展目标、重点任务和重点项目进一步明确和完善，经济跨周期设计势必引领全县经济持续恢复快速增长。同时，县十五次党代会提出的"345"发展规划纵深推进，成果将通过"十五五"规划固化提升、接续推进，势必带动全县生产力空间格局、投资结构、产业结构的优化升级，经济发展迎来新机遇。

（五）"十五五"规划加速"渝东新城"建设

新一轮重庆市国土空间规划将垫江纳入主城都市区，建设与中心城区功能互补、融合互动的现代化渝东新城的重大使命。2025年，是"十五五"规划编制之年，全市将进一步厘清未来五年经济社会发展的空间布局、产业布局、基础设施布局，为垫江加速融入主城都市区、建设渝东新城提供思路引领和工作遵循，全县将以此为契机，高质量编制"十五五"发展规划，切实厘清思路、制定目标、明确任务，积极汇报、对接争取，加大与涪陵、长寿等周边区县的合作，不断在推进渝东新城建设中实现共建共享共赢。

展望2025年，垫江县作为主城都市区新成员、"唯一县"，站在全面建设现代化新重庆的新征程和"融城入圈"的新起点上，有信心有能力实现经济增速"高于全国全市水平"目标。预计2025年，全县地区生产总值增长6%以上，农业增长4%左右，规模以上工业增长8%左右，建筑业增长8%左右，服务业增长6.5%左右，固定资产投资增长8%左右，社会消费品零售总额增长6.5%以上，一般公共预算收入增长8%左右，城镇新增就业6000人以上，城乡居民收入与经济实现同步增长。

四、主要工作思路和举措

2025年，全县上下将全面贯彻党的二十届三中全会和习近平总书记视察重庆时的重要讲话重要指示精神，深入落实市委六届五次、六次全会和县委十五届七次、八次全会精神，按照市委、市政府工作部署和县委、县政府工作要求，坚持目标导向和问题导向，着力发挥比较优势、用好政策空间、找准发力方向，抢抓"新机遇"，用好"政策包"，蓄积"项目池"，打好"组合拳"，加力推动经济社会高质量发展，加快融入主城都市区，建好区群联结点，打造产业新高地，着力迈出建设生态美经济强百姓富现代化新垫江的步伐。

（一）厘清思路，整合要素，打好年度"提前量"

一是谋深做实2025年计划工作。全方位、多领域、全量化落实市委六届五次、六次和县委十五届七次、八次全会精神，一体贯穿国家区域发展战略，客观审视宏观经济，准确把握全县实际，筹备开好2025年经济工作务虚会、重点项目策划会等，高质量撰写2025年经济社会发展计划报告，目标化、项目化、事项化做好2025年工作部署安排，以最小颗粒度助力全县经济社会高质量发展。二是精准策划重点项目。聚焦国家东部产业转移和"两重""两新"重大政策走向，着力围绕互联互通、产业平台、科创平台、公共设施提级、城市更新、粮食能源等重点领域，策划一批年度重点项目，积极主动承接东部沿海地区和主城都市区产业转移，下好"先手棋"、打好"备份牌"、留足"冗余度"，力争在新一轮国家产业优化布局战略中赢得"份额""配额"。三是多元争取资金支持。打好央资、外资、融资、引资"四张牌"。聚焦中央预算内资金、中长期国债、专项债券资金，策划一批具有代表性、示范性、可行性的重点项目，为2025年争资工作打好基础；支持引导中昆、川久食品等更多县内民营企业"走出去"，不断提高进出口总额，加大外资的利用率；协同渝垫、兴垫公司，进一步盘活国有资产，争取更大融资空间；围绕主导产业、未来产业，积极适应新的招商规则，加大招商引资力度，力争在招大引强上实现新突破。

（二）编制规划，前瞻引领，谋划五年"新蓝图"

一是加强组织领导。统筹成立县"十五五"规划编制工作专班，组建规划起草工作小组，建立完善"十五五"规划编制工作联动机制，依法依规选聘第三方咨询机构，联合建立"十五五"规划专家库，协同制定"十五五"规划编制目标体系、工作体系、政策体系和评价体系，高质量推动五年规划编制。二是促进规划协同。对接全市"十五五"规划编制体系，结合全县实际，拟定全县"十五五"规划编制"1+1+N"体系。坚持开门编规划，问计于民、问需于民，加大"十五五"规划调研宣传力度，全面提高社会民众对"十五五"规划编制工作的知晓度和参与度，广泛凝聚合力，切实将社会期盼、群众智慧、基层经验吸纳到"十五五"规划中来，推动生态美经济强百姓富现代化新垫江建设走深走实。三是强化规划支撑。坚持规划文本和重点项目、重点改革、重点政策"三张清单"同步谋划、同步推进，促进规划思路、重点任务、重点改革、重点项目等一体贯通、支撑衔接，相互作用、耦合孪生，形成协同效应。

（三）做大增量，做优存量，构建现代"产业链"

一是大力招商引资。聚集东部沿海产业大转移，围绕"2+1"主导特色产业体系，全方位链接项目资源渠道，提高招商引资针对性、实效性。充分运用产业链招商、以商招商、亲情招商等方式，引进更多大项目、好项目，重点在战略性新兴产业、高技术产业、龙头项目等方面实现突破，全力做好产业增量文章。二是提速重点项目。重点推动西部智能阀门产业基地检测中心、铸造产业园、表面处理中心等项目建设进度，不断促进阀门产业生态形成，集聚带动促进更多阀门类项目落户垫江。三是深化"亩均论英雄"改革。进一步完善全县工业"亩均论英雄"改革评价体系，分类支持规模以上工业企业发展，引导更多企业创新发展、提质发展、转型升级。四是强化助企服务。坚持问题导向，强化服务意识，提升"垫小二"服务企业质效，分类梳理形成企业问题清单与工作台账，每周通报更新疏解难点堵点，确保问题解决。

（四）扩大内需，畅通循环，培育新的"增长点"

一是进一步扩大有效投资。按照重点项目五年储备、三年滚动、一年实施的思路，全要素推动2024年度168个县级重点建设项目投资放量，延续前三季度项目投资良好态势，确保全年固定资产投资增长10%以上。精准策划一批代表性强、成熟度高、资金承载量大的2025年度重点项目，对接落实好"两重""两新"投资政策，确保全社会固定资产投资不失速、不掉位、不滑档。二是进一步挖掘消费潜力。打好消费品以旧换新和房地产新政"组合拳"，抓好"双十一"、元旦、春节等重要节庆消费，高质量筹办各类促销活动，持续扩大汽车、家装、家电等大宗消费。推动农文旅深度融合，大力发展电商、网络直播等线上消费，多点培育首店经济、首发经济、首牌经济、首秀经济，支持引导银发经济、"它"经济发展，集聚打造消费新热点、新场景、新业态，形成新流量、新支撑。三是进一步促进开放融合。积极申报2025年共建成渝地区双城经济圈重大项目，接续推进西部智能阀门产业园等重点项目，加快实施"十项行动"，迭代升级"四张清单"，着力打造全县推动双城经济圈建设五周年标志性成果。清单化推进长垫对口协作，努力实现更大范围、更多领域合作。四是进一步推动改革攻坚。持续推进国有企业市场化改革和产业化转型发展。全面完成市级高新区"以认促建"验收工作，更好发挥产业发展主阵地作用。持续加强政企分离改革后续监管，不断提升国有资产盘活效率和效益，坚决夺取"三攻坚一盘活"改革工作全年胜利。

（五）改善民生，化解风险，织密发展"安全网"

一是持续改善社会民生。精准调度民生工作，着力解决民生问题，努力交出全年民生高分报表。高质量完成2024年度重点民生实事。全面落实异地就医费用直接结算，做好医疗保障"一站式"服务、一窗办理，切实提升医疗保障服务。加快完工渝东卫生学校中医药职业教育培训基地和垫江县中医院门诊综合楼新建项目，进一步提升医疗卫生服务质量。持续滚动实施一批2025年重点民生实事，不断在发展中保障和改善民生，持续增进民生福祉。二是统筹做好债务化解。坚持远近结合、疏堵并举、标本兼治。开"前门"，对接融资，做好应急周转，合理安排新增地方政府债券，有序化解政府债务；堵"后门"，完善预算管理制度，坚决遏制违法违规举债融资，加强风险源头管控；拉"闸门"，精准管控新增项目融资，严禁违规变相举债，加重债务。三是保障粮食能源安全。健全粮食收储转运机制，建立完善粮食应急供应网点，强化政策性粮食储备。落实国家"双碳"政策，推动整县光伏发电试点项目建设，推广分布式光伏能源应用，保障天然气长输管网安全，稳定能源供给。四是积极做好就业服务。推广运用"渝职聘"平台，发布用工信息，加强企业用工服务。大力拓展市场化岗位、稳定公共部门岗位、开发见习岗位，力争年度实现青年群体留垫来垫就业3700人。落实灵活就业社保补贴政策，确保全年城镇新增就业6000人，城镇调查失业率控制在5.5%以内。五是抓好安全生产和社会治理。加强道路交通、建筑施工和城镇燃气、能源、消防等重点行业领域和关键环节的安全防范，深入开展社会矛盾纠纷大排查，坚决防止安全生产事故发生。

［垫江县发展和改革委员会　刘成富　谭　立　余秦胤］

之二十四：2024年万盛经济技术开发区经济运行分析及2025年展望

2024年以来，万盛经济技术开发区上下全面贯彻党的二十届三中全会精神、习近平总书记视察重庆重要讲话重要指示精神以及市委、市政府主要领导调研万盛安排部署，牢牢把握稳进增效、除险固安、改革突破、惠民强企工作导向，党工委、管委会高位推动，区领导高频调度，行业主管部门高效落实，全区经济运行平稳、稳中向好、稳中提质。前三季度，GDP增长7.4%，排全市前列，经济报表总成绩A档。

一、2024年万盛经济技术开发区经济运行分析

（一）工业经济承压趋稳，主导产业支撑明显，科技创新加速赋能

前三季度，规模以上工业增加值增长9.2%，工业质效保持全市前列。一是产业集群支撑明显。"231"现代制造业集群加快发展，产值增长7.3%，占规模以上工业总产值比重达89.5%，拉动规模以上工业总产值增长6.3%。二是工业效益稳步回升。在全市汽车产业强力增长的带动下，福耀玻璃、浮法玻璃利润增长超过100%。在重庆电厂的带动下，工业税收增长65%。工业用电量、用气量分别增长2.1%、1.5%。三是新质生产力加快培育。引导企业创新发展，新增科技型企业61家、"专精特新"企业10家，"双倍增"完成率超过100%。注重科技成果转化，高新技术产业产值增长8.1%，占规模以上工业总产值比重达45.2%，战略性新兴产业产值占比27.5%。

（二）服务业蹄疾步稳，文旅消费持续发力，市场信心加快恢复

加快培育现代生产性服务业，丰富生活性服务业供给，服务业增加值对经济的贡献度持续上升。一是文旅体消费热度攀升。有序推进商文旅体融合发展城市建设试点，新增4A级旅游景区1个，举办夏季"村晚"等文化旅游活动30余场次、"校园之春篮球赛"等体育赛事40余场次，全区接待游客数量增长6.3%，旅游综合收入增长12.5%。二是政策效应逐步显现。推进消费品以旧换新，举办汽车置换更新、家电家装以旧换新等活动20余场次，带动社会消费品零售总额增长5.6%。其中，批发、零售、住宿、餐饮分别增长8.6%、12.2%、8.9%、11.9%。房地产"止跌回稳"政策加速落实，启动秋季房交会，商品房销售面积持续收窄、好于全市。三是生产性服务业加快培育。金融业稳定运行，存贷款余额增长9.5%，其中贷款余额增长9.3%。数字服务发展态势良好，科学研究和技术服务业营业收入增长33%，软件和信息技术服务业营收增速回升11.4个百分点。交通运输业发展迅速，道路运输总周转量增长6.4%，排全市前列。

（三）农业生产稳中提质，农产品加工业发展迅速，农民生活持续改善

农业农村工作有序推进，农业总产值增长2.3%。一是农业产业化进程加快。"一主两辅"产业体系加快形成，建成食用菌标准化种植基地2个，食用菌产量3.59万吨。农产品加工业发展迅速，规模以上农产品加工业产值达16.35亿元，增长36.9%。提前完成耕地"非粮化"整治目标，建成一期、二期丘陵山区高标准农田改造提升示范1.8万亩。二是农民收入持续增长。乡村旅游持续升温，春季踏春赏花休

闲之旅精品线路被农业农村部选中并在全国推介,乡村旅游收入增长9%。"强镇带村"试点扎实推进,29个行政村组建"强村公司",经营性收入20万元以上的村占比达到80.3%。三是农村发展基础不断夯实。加大农业资金投入,农村道路、水利等基础设施不断完善。积极开展村庄清洁、美丽庭院评比等活动,打造乡村治理示范村4个,累计建设宜居宜业和美乡村13个。

(四)重点项目稳步推进,工业投资持续回升,固定资产投资稳中有升

强化重大项目储备和工作调度,释放重点建设项目晾赛比拼机制激励作用,固定资产投资增长6.1%。一是重点项目有序推进。加快推进重点项目"四张清单",万盛高性能轻量镁铝合金生产基地等14个项目完成或超过投资计划,奥陶纪(板辽湖)亲水旅游度假区等6个项目建成投用。市级重点项目建设提速,完成投资32.07亿元,完成投资进度的85.6%,快于全市6.3个百分点。二是重点领域投资加速回升。在重庆(万盛)绿色建材关坝镇年产500万吨砂石骨料建设项目等工业项目拉动下,工业投资增长16.5%。设备更新政策加力落实,技改投资增长313.3%、增速排全市前列。在保交楼等政策的拉动下,房地产投资增长25.8%,高于全市35.5个百分点。基础设施投资降幅持续收窄,较上半年收窄8.9个百分点。三是争上招引成效明显。实施招商引资攻坚突破年行动,整合重组招商力量,前三季度签约项目20个、协议引资240亿元。注重向上争资,积极承接一揽子增量政策,人民医院等项目获得超长期特别国债和中央预算内投资7.9亿元,增速超过100%。

(五)民生福祉保障有力,营商环境不断优化,发展活力动力持续释放

落实民生为大理念,城镇新增就业人数完成年度目标的131.7%,20件民生实事中13件提前完成全年任务。一是营商环境不断优化。深入开展营商环境巩固深化年行动、"四上"市场主体百日攻坚行动等,发放普惠小额贷款约34.75亿元,中小微企业贷款余额增长65.88%,新增"四上"市场主体15户。改革开放有效统筹。"三攻坚一盘活"改革突破有效推进,国企"止损治亏"成效明显,园区改革攻坚5个核心指标提前完成3个,国有资产盘活效率不断提升。二是开放水平持续提升。重庆(万盛)内陆无水港低碳产业园完成投资5.6亿元,西部陆海新通道发送货物量412标准箱、货运值5560万元。三是财税金融总体平稳。一般公共预算收入增长6.3%,税收收入增长9.5%。政府性债务化解成效明显、排全市A档。金融主导产业增加值增长20.99%,排全市A档。

二、2025年经济运行的环境因素分析及趋势展望

当前,全球主要经济体增长动能弱、债务负担重,国内有效落实存量政策、加力推出增量政策,国民经济运行总体平稳、稳中有进,挑战与机遇并存。从全市看,重庆聚力做实"两大定位"、发挥"三个作用"、建设"六个区",着力以全面深化改革促进高质量发展,经济将保持平稳增长。就万盛而言,党工委、管委会保持战略定力,坚持高质量发展方向不动摇,团结带领全区上下干部群众久久为功、善作善成,高质量发展持续推进,地区生产总值增速排位平稳,工业经济保持全市领先地位,在资源枯竭城市转型绩效评价中获优秀档次,能源保障基地建设取得突破性进展,区位、产业、资源等比较优势不断积蓄,经济保持平稳健康发展有基础、有支撑、有动能。同时也应清醒看到,万盛自身发展存在经济总量偏小、产业多点支撑不够、创新活力不足、采空区历史遗留矛盾较多等问题,推动高质量发展仍然任重而道远。

综合考虑全国全市宏观经济形势和主城都市区各区经济发展态势,为助力全市新时代西部大开发重要战略支点和内陆开放综合枢纽建设贡献万盛力量,结合万盛经开区发展实际和未来所需,2025年万盛地区生产总值增速与全市保持一致,推动经济实现质的有效提升和量的合理增长。

三、调控措施及建议

（一）着力抓项目促投资，夯实经济硬支撑

紧盯1.3万亿元专项债、5000亿元超长期特别国债、5万亿元中央转移支付、1万亿元民生补助、1.8万亿元乡村建设等政策窗口期，精准把握政策导向、资金投向，积极向上对接，确保申报项目投向精准、前期深入、基础扎实、后劲长远，做到"争得来、落得下、有效益"。全力抓好项目前期工作，力争城市燃气用户设施改造等前期项目如期开工，形成更多有效投资。建立常态化要素保障机制，加大项目规划、用地、审批等工作力度，推动"久供未建""久建未完"项目开工复工。围绕补链、强链、延链精准发力，提升招商项目开工率、资金到位额和投资转化率。

（二）着力抓产业促提升，培育新质生产力

持之以恒实施"工业强区"，稳步推进园区改革，帮助冠宇、惠伦等龙头企业增加订单、抢占市场，促进"231"产业均衡发展。以创新驱动、数字化变革赋能新质生产力，加快传统产业智能化改造，推动工业转型升级，确保工业技改投资增速保持全市前列。落实全市打造具有重庆辨识度、全国影响力特色现代生产性服务业产业集群各项任务，力争生产性服务业增加值占服务业比重达到全市平均水平。推进城乡融合示范建设，守牢粮食安全和不发生规模性返贫"两条底线"。

（三）着力抓活动促消费，激发消费新动能

跟踪落实全市优化消费品以旧换新政策，深挖消费增长潜力，加力推动更多商贸企业入库。深入举办商文旅体融合发展系列促销活动，提振消费市场活力。保持奥陶纪烟花音乐秀场热度，推动乡村文旅深度融合。鼓励有条件的物业服务企业与养老、托育、餐饮、家政等企业合作，满足"家门口""楼底下"等优质普惠服务需求。点亮夜间经济，打造万盛老街、滨江路夜市、体育公园、国能美食街等特色街区。用好微万盛、菜天下等电商平台，丰富服务类型，提供更加便捷、优惠的消费新体验。围绕近期出台的房地产增量政策，大力开展秋季房交会，加快释放刚性和改善性购房需求。抓实保交楼后续工作，打好保交房攻坚战，推动房地产"止跌回稳"。

（四）着力抓就业促增收，保障民生大需求

深入实施就业促进富民行动等九大行动，确保调查失业率控制在5.5%以内。持续优化营商环境，闭环落实民营企业困难和诉求，促进各类所有制企业公平参加市场竞争，进一步规范涉企执法监管行为，让企业投资有信心、创新有定力、发展有预期。畅通政企沟通渠道，加大政银企对接力度，严格落实减税降费、降低能源成本等方面对中小微企业和个体工商户的支持政策。深入开展"四上"市场主体培育百日攻坚行动，加大助企服务力度，精准有效解决企业生产经营困难，推动企业发展壮大、做优做强。

（五）着力抓调度促落实，统筹发展和安全

坚持高位推动、高频调度、高效落实，用好经济运行、经济报表调度机制。围绕经济报表主要指标、经济板块KPI等开展动态跟踪监测，推动经济运行在合理区间。跟踪落实党中央、国务院近期围绕加大宏观政策逆周期调节等5个方面推出的一揽子增量政策，抢抓政策窗口期，抓紧向上对接，找准结合点，分行业分类别抓好落实，全力赋能经济社会发展。统筹好化债与发展，优化财政收支结构，腾退财力兜牢基层"三保"底线，合理安排资金支持重点项目建设。高效盘活国有资产，增强国有企业造血功能。持续深化消防、燃气、道路交通、建设施工、工贸等重点行业领域的重大隐患排查整治，有效防范遏制重大事故隐患。

[万盛经济技术开发区发展改革局　彭　越　马春雪　李正琴]

区域卷
渝东北三峡库区篇

之一：2024年渝东北三峡库区经济运行分析及2025年展望

2024年以来，渝东北万州、开州、梁平、城口、丰都、垫江忠县、云阳、奉节、巫山、巫溪10个区县深入贯彻习近平总书记视察重庆重要讲话重要指示精神，认真落实市委六届五次、六次全会重要部署，坚持稳中求进、以进促稳，推进生态优先、绿色发展，实施"小县大城""强镇带村"行动，经济运行总体保持稳中有升，预计全年地区生产总值增长6.5%，高于上年同期0.2个百分点。

一、总体情况

渝东北各区县深度融入新时代西部大开发、长江经济带高质量发展、成渝地区双城经济圈建设，聚焦打造城乡融合推动山区库区现代化和高质量发展样板，加快产业升级、强县富民，精准实施"一县一策"，高质量发展和绿色转型态势不断巩固。1—9月，渝东北三峡库区完成地区生产总值3601.65亿元，占全市比重为15.5%；同比增长6.4%，高出全市0.4个百分点。

（一）主要特点

1. 三峡制造提质增效

各区县强化抓项目稳投资，工业实现提质育新、强基增效。1—9月，渝东北第二产业增加值达1300.71亿元，同比增长7.6%，高于全市0.9个百分点。一是规模以上工业实现较快增长。1—9月，渝东北规模以上工业总产值达1316.06亿元，同比增长7%，高于全市0.6个百分点。其中，万州加快先进材料等五大重点产业迭代升级，规模以上工业增加值同比增长11.2%，居全市第4位。开州加快打造中国智能穿戴锂离子电池基地，集聚规模以上工业企业达到143家。城口规上工业总产值实现17.1%的快速增长，增速居全市第1位。二是工业投资动力较强。1—9月，渝东北三峡库区工业投资增长30.7%，高于全市14.4个百分点，居全市各板块第2位。所有区县均实现两位数增长，丰都增长120.3%，居全市第2位。制造业投资、技改投资分别达34.7%、53.7%，分别高于全市20.5个、26.7个百分点。巫溪、巫山制造业投资增速达224.5%和172.3%，居全市前2位，巫山、奉节、开州技改投资增速居全市前3位。

2. 三峡农家稳步壮大

聚焦"一主两辅"加快壮大特色农业，农业全产业链加快激活，"三峡牌"特色农产品加速"出海"。1—9月，渝东北第一产业增加值达435.96亿元，同比增长3%，高于全市0.1个百分点。一是农产品加工业加快发展。各地加强龙头企业引育并举，围绕"农头工尾"做好"土特产"文章，形成预制菜、中药材等百亿级农产品加工产业集群。梁平预制菜全产业链企业达318家，原料标准化供应基地达40个。城口中药材全产业链产值达15亿元，占全县GDP的1/5以上。开州大力发展绿色蔬菜、优质粮油加工，农产品加工业产值超70亿元，居渝东北首位。二是农产品加快"走出去"。"巫山脆李"品牌估值连续5年蝉联全国李品类第一，上榜《中国农产品品牌索引名录》。"中华名果"奉节脐橙远销10余个RCEP国家，综合产值已超60亿元，带动全县1—9月进出口增长122.5%，居全市第2位。"巫山恋橙"出口量已占渝东北的25%，带动"三峡柑橘"品牌国际影响力持续提升。

3. 特色服务业活力迸发

各区县抓消费、活市场，服务业发展持续向好。1—9月，渝东北第三产业增加值达1864.98亿元，同比增长6.3%，高于全市0.5个百分点。一是商贸文旅进一步复苏提振。1—9月，渝东北社会消费品零售总额达1969.27亿元，同比增长5%，高于全市1.2个百分点，云阳、开州增速分别居全市第1位、第3位。新兴文旅产业壮大拉动商贸消费快速增长，巫山、巫溪等地推动夏季高山露营等"热"经济火出圈，推动批发业销售额增长15%以上，住宿业、餐饮业营业额增长10%以上。梁平高空跳伞持续火爆，带动全区游客接待量同比增长129%。二是物流金融发展势头较好。巫山开通运行脆李邮政专线航班，万州新田港开通中老铁路保税进口粮食直达专列，云阳经西部陆海新通道货运值增长270%，带动进出口额增长85.6%。云阳绿色贷款余额增长60%以上，岐山草场项目成为重庆首例"自然资源清单+委托代理协议书"典型融资案例。丰都落地全市首笔牛肉产业"陆海新通道绿色跨境贷"，带动肉牛进口稳步增长。

4. 基础设施持续改善

各区县交通物流设施提速建设，产业载体和公共服务设施持续完善，经济循环更加通畅。一是重大基础设施提速建设。渝西高铁、成达万高铁完成总工程量的50%，巫云开高速总体形象进度超90%，小江航道提升工程正式开工，新田进港铁路建成投用。万州加快推进机场航空口岸基础设施项目建设，万州港集散转换多式联运示范工程全面建成，成为全市唯一"双口岸"区县。万开云同城化发展水网建设先导工程、川渝东北一体化水资源配置工程等重大水利项目加快推进。二是产业及公共服务设施逐步完善。建成忠县现代农业柑橘产业园、万州进口牛肉深加工项目、丰都共用型冷链保税仓库等产业设施，开州区智慧城乡冷链物流基础设施建设工程、巫溪EGO渝陕鄂新经济数字产业项目等加快推进。三峡文化艺术中心、三峡心脑疾病中心等公共服务项目提速建设，三峡库区公共就业服务平台、渝东北综合邮件处理中心等项目全面开工。

5. 绿色转型深入推进

各区县强化高水平生态保护，形成全域整体大美格局，绿色发展质效逐步提升。一是生态高水平保护持续加强。强化三峡库区水体保护，长江干流水质持续保持为优。水生生物多样性稳步提升，细鳞裂腹鱼、四川白甲鱼等物种加快恢复。森林覆盖率和自然保护地建设质效提升，城口森林覆盖率达到72.8%，稳居全市第1位，巫溪阴条岭国家级自然保护区监测到野生动物种群达到59种，忠县国家重点保护野生动植物种类保护率达到100%。二是绿色转型发展成效凸显。奉节生态经济占GDP比重达到71.8%，风电清洁能源、生态旅游成为产业新名片。城口绿色工业产值占工业总产值的80%，工业能耗占比全市最低，完成矿山生态修复74.6公顷，建成中国西南国际写生基地。开州铁峰山国家森林公园综合整治实践入选"美丽重庆建设典型案例"。

（二）需关注的主要问题

1. 产业韧性有待增强

一是主要产业竞争力不强。各区县传统工业、初加工和代加工企业占比较高，企业创新能力、核心竞争力较弱。1—9月，受市场需求影响，部分区县规模以上工业产值大幅下滑，丰都水泥建材产值下降12.6%，云阳船舶制造产值增速下降31个百分点，分别拉低两县规模以上工业产值5.8个和1.2个百分点，导致产业财税收入承压。二是部分产业"两头在外"风险攀升。部分重点产业产品缺乏议价能力，万州新材料产业、奉节眼镜产业等原材料、销售市场"两头在外"的占比达80%以上，导致产品受市场波动影响大，如2024年以来万州新材料产业主要产品因国内外需求下滑，影响产品价格，挤压利润空间。三是工业投资后劲乏力。万州、忠县、开州等地主要依靠存量项目放量支撑，新开工和入库储备项目不足，影响后续工业增量投资。

2. 农业、文旅产业抗风险能力不强

一是农业规模化发展不足、抗风险能力弱。农业机械化程度较低制约农业规模化经营和农业加工业发展，渝东北农产品加工业产值与农业总产值之比仅0.61∶1，远低于全国2.52∶1和全市1.67∶1的平均水平。农产品附加值依然不高，三峡库区柑橘、脆李、龙眼等以鲜售为主，中药材、薯类深加工不足。2024年1—9月，畜牧板块下滑趋势严重，多数区县猪、牛等畜牧生产下行，丰都恒都农业等龙头企业减量减产，影响本地养殖户收入。二是现代文旅产业链短群小、增长缓慢。巫山、巫溪、云阳、奉节等地旅游产业延链强链不足，"有景区缺产品"、文旅消费热点挖掘不够。特别是避暑消夏游、高山露营等季节性旅游项目过季回落，长江三峡国际旅游航线多为峡谷观光游、过境游，互动体验性项目少，文化创意产品、邮轮经济形态不够丰富，制约"区县游"游客数量增长。1—9月，渝东北三峡库区接待游客不足全市的15%，远低于主城都市区。

3. 市场要素保障仍不充分

一是用能及物流成本高企。电力成本平均较四川、陕西、贵州分别高11.7%、19%、11.4%，天然气供应价格整体高于毗邻的四川区县。物流运输时间长、运输成本高企，综合运输成本高出全国平均水平0.19元/（吨·公里），导致企业引进困难，产品出口优势被削弱。二是资金、人才困难依然突出。农业加工企业融资难、融资贵问题依然明显，金融机构授信过度依赖抵押物，导致融资渠道缺乏。高新技术企业的高端技术人才引入依然面临优质公共服务保障性困难，员工子女就学仍有"后顾之忧"，调研数据显示，约40%的装备、新材料行业企业创新研发人才长期缺乏。

4. 基础设施和新型城镇化水平亟待提升

一是交通能源基础设施亟待完善。万州、开州等到成渝"双核"货运铁路需绕行达州至重庆主城，制约融入西部陆海新通道，区县间要素流通不畅制约区域协调发展。巫溪、城口等县管道燃气覆盖不足，风能、太阳能等清洁能源开发水平有待提升，巫溪朝阳风电（二期）、红池坝风电等能源项目尚未投产，整体仍是能源净输入地。二是城镇化动力减弱。忠县、巫山、巫溪、奉节等年轻劳动力长期净流出，新生儿逐渐减少，原有的在外务工的收入用来在家乡为子女进城读书而购房的"异地工业化带动本地城镇化"难以为继。老龄化持续加深，65岁及以上人口约占18%，高于全市平均水平，适老化社会治理能力和治理水平有待提升。

二、2025年经济运行环境及展望

（一）国际经济环境分析

一是国际宏观经济环境延续复杂严峻局势。地区性安全热点问题难以降温，大国博弈对抗、地缘冲突及难以遏制的扩散性效应，导致全球贸易投资流动性减弱，全球经济增长、政策运用走势和预期出现分化，给渝东北各区县开放发展、进出口贸易、外资外企引进与发展带来较大挑战。二是渝东北国际投资贸易合作面临更多挑战。部分渝东北区县的汽车、电子信息关键原材料进口，装备及建材加工品出口至欧美以及东盟等地区，受俄乌冲突、巴以冲突影响，物流链可能受阻，物流成本增高；受美国加征关税的覆盖面从高新技术产业向劳动密集型、资源型产业拓展等影响，贸易链竞争力和市场容量受限；东南亚缅甸等地区动乱加剧，国际陆海新通道沿线地区产业链供应链合作稳定性受到一定制约。

（二）我国宏观经济环境分析

一是宏观政策持续发力形成稳经济强有力支撑。中央加强宏观政策逆周期调节、扩大国内有效需求、加大助企帮扶、推动房地产市场止跌回稳、提振资本市场，促进全国经济稳的支撑更加牢固、进的动力保持强劲。2025年将进入第十五个五年规划时期，我国将更大力度推进区域协调发展、优化生产力布局，统筹新时代西部大开发、长江经济带高质量发展等战略贯通衔接、一体推进，更加关注绿色低碳发展、老少边穷地区发展，为渝东北三峡库区培育新的经济增长点带来更大机遇。二是新一轮政策措施带来巨大发展红利。国家出台《进一步推动西部大开发形成新格局的若干政策措施》以及支持重庆的重大政策措施清单和重点项目清单，为渝东北三峡库区带来更多产业、投资政策红利、项目红利。国家推动大规模设备更新和消费品以旧换新、超长期特别国债、专项债等政策工具叠加发力，引导示范作用不断增强，为渝东北各区县扩大消费、拓展有效投资空间提供有力支撑，增强投资消费对渝东北三峡库区经济的拉动作用。

（三）市内及渝东北三峡库区环境分析

一是全面落实国家重大政策带来重大发展机遇。全市锚定"两大定位"，加快建设西部地区高质量发展先行区等"六个区"以及陆海并济的综合物流枢纽等"九大关键枢纽"，使渝东北三峡库区作为双城经济圈东向开放合作重要门户的地位更加凸显。重庆在国家战略腹地建设背景下争取更多战略性产业、战略性资源、战略性基础设施建设和备份布局，将推动渝东北粮食、能源等资源应急保障基地布局，提速建设万州粮储基地、奉节储煤基地等项目。全市加快落实党的二十届三中全会改革举措以及中央加力推出的一揽子增量政策，为渝东北三峡库区落实中央以及市级政策，获得政策、资金支持，加大特色产业培育、支持民营经济发展、融入全国统一大市场，深化城乡融合、增强内生增长动力提供良好契机。二是全市重大基础设施建设和区域协调发展的带动作用持续增强。随着垫江被纳入主城都市区，渝东北区域板块在全市占比有所下降，给渝东北三峡库区提升经济体量、提升协同水平带来挑战。但渝万高铁、成达万高铁、万达开高速、川渝东北一体化水资源配置等重大项目加快建设，万达开统筹发展和万开云同城化发展深入推进，使渝东北三峡库区与重庆主城都市区以及毗邻地区的联动性、协同性进一步增强。三级数字化城市运行和治理中心加快贯通，数字化将全面覆盖渝东北，为区域产业变革、科技变革带来重要机遇。全市"1+18+N"的推动山区库区高质量发展的"一县一策"政策组合拳，将强化主城都市区与山区库区项目、资金、人才等资源要素协同高效配置。

（四）2025年经济运行趋势展望

2025年，考虑到铁水联运的优势进一步凸显，对产业发展的带动逐步增强，高铁、高速公路等基建投资效应显现，万州、云阳、开州、梁平等地陆海贸易班列形成开放新优势，要素集聚能力稳步提升，绿色发展、创新发展加快转型，渝东北三峡库区经济运行将稳中有升、快于主城都市区的增长态势将得以延续。预计2025年，渝东北三峡库区GDP同比增长6.5%左右。

三、对策建议

（一）着力增强产业发展韧性

一是推进工业"向新向绿"发展。加快推动产业创新，支持各区县加大技改投资力度，实施大规模设备更新工程，加强工业互联网应用，提升工业高端化、智能化水平。补齐工业创新链和品牌链，提升工业品附加值。加强新型产业发展载体建设。持续壮大"三峡制造"绿色工业，加强产业园区绿色化智能化改造，大力建设绿色工厂、绿色园区，加强"零碳"示范项目创建。大力发展绿色能源工业，加快丰都、奉节、巫溪等抽水蓄能、光伏产业项目建设，打造全市清洁能源基地。

二是提升农业、文旅产业抗风险能力。依托区县对口协同健全渝东北区县农业、文旅全产业链协同发展机制。加强产业园区平台共建、招商引资协同，积极与主城都市区以及毗邻省份协作共建"产业飞地"，加强万达开云新兴产业合作示范。充分利用三峡库区对口支援、中央单位定点帮扶等政策资源，加强柑橘、中药材、预制菜、畜产品加工等优势农产品开发供需对接帮扶，加速特色农产品"走出去"。深层次开展景区共建，探索联合打造、股权出质等旅游协作模式，深化旅游线路联合开发，推进旅游联营联销，促进5A级景区、非遗文化等文旅品牌共创共用。

（二）推进稳投资扩消费提质增效

一是强化基础设施建设和产业投资。用好用足支持重庆的重大政策措施和重点项目清单，以及超长期国债、大规模设备更新等国家支持政策，推动区县加强项目储备和推进。加快启动万州机场国际航站楼航空口岸开放基础设施改造、小江航道能力提升、云阳复兴港改造以及开州航空飞行营地等项目。提速建设渝西高铁、渝万高铁、新田港二期、巫云开高速等基础设施，打通物流人流信息流关键通道。深化重点产业抓项目促投资行动，加大万州先进材料、开州绿色建材、梁平食品加工以及集成电路、奉节中药材、忠县新能源等特色产业招商引资力度，强化产业项目接续储备。

二是进一步激活新兴消费增长点。支持各区县持续激活消费，在文化旅游、零售、餐饮、住宿、体育等领域发放数字消费券。大力培育文旅新兴消费，推动忠县、万州、奉节等地加快发展邮轮游艇旅游，梁平、开州等地加快发展低空经济，开发"航空游"等个性化旅游产品，巫溪、城口等地创新避暑避寒、运动休闲等多业态融合型产品，协同办好中国长江三峡国际旅游节。大力实施汽车、电动车、家电、家装等大宗用品以旧换新行动，联合培育汽车、家电消费等展会。持续推动"数商兴农"农产品出村进城，协同办好三峡柑橘国际交易会，加快特色农产品"出海"步伐。

（三）推动市场要素保障更加充分

一是着力优化企业要素保障服务。进一步降低企业用水用电用气用网等成本，健全错峰互济、跨域调节、互为备用等优化配置机制，定期跟踪收集企业诉求，强化政策落实情况督查督导。聚焦企业物流成本高、融资难等问题，积极指导企业积极申报各项政策扶持资金、融资贷款等支持项目，确保产业政策应享尽享。加强各区县引才留才指导，探索给予高端人才中心城区子女就学优惠及购房优惠等支持政策。

二是强化助企惠企精准施策。深入实施"分级挂钩企业服务机制"，分行业健全实时对接长效机制，完善民营企业常态化沟通交流机制，通过政策帮扶、企业互助等方式分类解决区县企业急难愁盼问题。加大对制造业转型高质量发展、未来产业培育、流动性困难企业的助企政策支持，合力营造公平市场环境。推动基础设施竞争性领域向经营主体公平开放，促进民营企业参与重大战略性工程项目、重点战略性资源储备和重大产业备份。

（四）加快新型城镇化和城乡融合

一是畅通城乡资源要素良性循环。推动"小县大城""强镇带村"双管齐下，以区县城和中心镇为重要载体全面推进新型城镇化。重点完善万开云同城化组团以及忠县、巫山、巫溪等区县城交通、市政、商贸流通、消费等设施，推动人口、产业向区县城和中心镇集聚。做实万达开统筹发展示范区、明月山绿色发展示范带、城宣万革命老区振兴发展示范区等川渝毗邻合作平台，加快将万州培育为市域副中心，推进万州分水、开州临江等经济发达镇扩权赋能，大力发展专业功能镇，增强城镇对大山区大库区大农村发展带动力。创新城乡资源要素双向流动机制，搭建城乡产业协同发展平台、资源要素云平台，健全城市工商资本和科技、人才下乡有序引导机制，加强城乡资源要素网络化对接。

二是加快推进乡村全面振兴。深化实施强村富民综合改革，探索发展"强村公司"，壮大新型集体经济，因地制宜做好"土特产"文章。实施农村致富带头人培养行动，提升村庄经营水平。深化"三权"分置改革，强化产权对城乡要素合理配置的激励作用，积极开展农业设施、生物资产、农村闲置宅基地和闲置住宅盘活利用，增加农民财产性收入。

三是加快绿色生态资源要素价值转化。深入实施"一县一策"，加强清洁能源、水资源、特色农业等资源高效转化利用，推动巫山等地打造农业强县、奉节等地建设旅游名县，形成更多"一县一策"标志性成果。持续完善流域、森林等生态补偿机制，加速生态产品价值转化。大力发展生态文旅，推广梁平"小微湿地+"模式，建设一批生物多样性体验地。支持巫溪、城口等生态资源富集的县做深全域旅游，共同打好"三峡牌""文化牌""生态牌"。

[重庆市综合经济研究院（重庆市经济信息中心）区域经济研究课题组
主研：易小光　丁　瑶　邓兰燕　曹　亮　李　林　王志军
执笔：王志军]

之二：2024年万州区经济运行分析及2025年展望

2024年以来，万州区坚持以习近平新时代中国特色社会主义思想为指导，深入贯彻党的二十大和二十届三中全会精神，全面落实习近平总书记视察重庆重要讲话重要指示精神，以区委六届六次全会提出的"3710"改革发展总体架构为指引，牢牢把握高质量发展首要任务，突出"稳进增效、除险清患、改革求变、惠民有感"工作导向，锚定目标、苦干实干，经济运行稳中有进、稳中向好，呈现出一季度开门红、二季度继续稳、三季度持续好的特征。

一、2024年万州区经济运行情况

（一）经济运行的主要特征

前三季度，万州区实现地区生产总值906.9亿元、同比增长6.6%，增速分别比全国、全市高1.8个、0.6个百分点，为完成全年目标任务奠定坚实基础。其中，第一产业增加值86.65亿元，同比增长3.6%；第二产业增加值301.23亿元，同比增长9.9%；第三产业增加值518.97亿元，同比增长5.2%。总体呈现以下特点：

1. 三次产业稳中有升

工业保持较快增长。全面融入全市"33618"现代制造业集群建设，完成规模以上工业产值526.42亿元，同比增长12.9%。五大重点产业加快发展，占规模以上工业总产值比重达96.5%，其中先进材料、食品加工、新型能源、装备制造业产值分别同比增长20.3%、12.3%、10.5%、3.6%。安佑生物饲料加工等23个重点项目开工建设，博安建材固废综合利用等22个重点项目竣工投产。企业转型升级加快，实施技改项目42个，完成技改投资27亿元，同比增长65%；新培育市级智能工厂1个、市级数字化车间7个，新认定市级工业设计中心1家、市级企业技术中心1家。

服务业加快恢复提振。制定实施促进服务业高质量发展行动方案，配套出台支持服务业高质量发展十条措施。新增限上商贸单位24家，新培育十亿级商贸单位1家，引进罗森便利店、理想汽车等知名品牌首店6家，批发业、零售业销售额和住宿业、餐饮业营业额分别同比增长13.1%、9%、5.1%、13.1%。其他服务业总体向好，6个行业规模以上营业收入均实现正向增长，公共管理社会保障和社会组织工资、教育工资分别同比增长10.3%、12%。金融业稳定增长，交通银行万州分行、平安健康保险万州中心支公司开业运营，9月末本外币存贷款余额分别同比增长4.4%、2.3%。

农业基本盘持续巩固。累计新建高标准农田6.8万亩、建成水稻绿色高产高效示范片3万亩，采取应急灌溉、补种增肥等措施应对连晴高温影响，粮食、蔬菜、水果产量分别实现50.5万吨、101.7万吨、45.4万吨，分别同比增长1%、3.5%、8.6%。新认定国家级龙头企业1家、市级"双百企业"8家、市级农产品加工"十佳企业"5家，华橙兴柑橘加工项目试产，完成规模以上农产品加工业产值32.1亿元、同比增长16%。举办第六届三峡柑橘国际交易会，推进三峡柑橘进成都、进长春，带动10个区县销售柑橘84.1万吨、实现交易额38亿元。

2. 内需潜力加快释放

固定资产投资承压上行。健全完善重点项目闭环管理工作机制，全面畅通项目问题"直报快响"渠道，103个项目开工建设，33个项目竣工，437个区级重点项目完成投资202.7亿元；累计争取到中央预算内、超长期特别国债资金共18.3亿元、同比增长33.6%，前三季度，全区完成固定资产投资202.1亿元、同比增长8.6%，其中房地产开发投资、工业投资同比分别增长53.5%、15.4%。构建"1+4+N"招商新体系，建立健全招商引资流程规范、招商引资项目评审等体制机制，举办"重庆—台湾周""万商引万企·合力促发展"等招商活动，签约24万吨粮食建仓、华夏一号粮油加工及仓储物流产业基地等招商项目57个、正式合同额201.2亿元，其中，50亿元以上项目1个、10亿~50亿元项目4个；到位资金62.8亿元。

消费市场加速回暖。1041家门店开展绿色智能家电以旧换新、直接带动消费超1亿元，申领汽车报废更新和置换补贴3700余份、直接带动消费超5.5亿元；组织开展促销活动30余场、拉动消费超13亿元，举办汽车消费展等展会活动16场、实现销售额超20亿元，前三季度完成社会消费品零售总额366亿元、同比增长5.2%。召开文旅招商推介大会，三峡之眼冰雪天地游乐园开放运营，三峡移民纪念馆配套服务设施、天生城文旅街区智慧化等项目建成投用；高质量举办长江三峡国际旅游节、世界大河歌会等节会活动，举办环三峡自行车赛等重大体育赛事40余场和大型商业演唱会4场，前三季度接待游客人次、旅游综合收入分别同比增长24.4%、25.9%。出台支持房地产业发展11条措施，开展春冬两季网上房交会，前三季度商品房销售面积同比增长2.4%。

3. 发展质效稳步提高

"三大改革攻坚战"深入推进。国企改革扎实有力，国企扭亏、减亏任务完成率分别达133.3%、111.7%，企业法人压降任务完成率96%，完成融资平台隐债清零3户、提前完成年度任务；全面推行国企员额制，企业集团实行"大部制"和财务集中管控，内设部室、中层职数分别压降14.8%、24.6%。国有资产盘活管理平台全面上线，盘活存量资产129.4亿元，回收资金44.4亿元，均提前完成年度任务。园区开发区改革成效显现，前三季度万州经开区规模以上制造业亩均税收同比增长44.2%，超年度目标40.2个百分点。

社会民生保障有力。开展"三峡人才节"专场招聘、三峡青年人才夜市等就业创业活动27场，城镇新增就业2.23万人，城镇调查失业率5.4%。前三季度实现全体居民可支配收入35111元、同比增长5.8%，其中城镇、农村居民人均可支配收入分别同比增长4.8%、6.8%。21件重点民生实事完成14.6亿元、达到年度投资计划的100.4%，8件提前完成全年任务。完成保交楼交付712套、累计交付率96.4%，保交房交付829套、交付率66%。

（二）存在的困难问题

1. 部分行业运行困难

工业方面，受市场竞争加剧、订单不足等影响，化工、照明行业产值分别同比下降2.4%、9.4%；工业项目招引落地不足，新签约工业项目较同期少25个，新开工项目同比下降28.1%。服务业方面，受企业业务调整、货源分流等影响，煤炭及其制品批发销售额同比下降53.9%，新车零售企业销售额同比下降42.5%，铁路货运量、公路运输总周转量呈下降趋势。农业方面，受畜禽养殖规模缩减等影响，出栏生猪、家禽数量分别同比下降4.9%、4.4%。

2. 固定资产投资稳增长承压

在库项目数量同比下降11.6%，其中新开工项目数量同比下降10.9%。房地产领域市场信心尚未全面恢复，房地产投资缺乏增量支撑。受化债及政府投资项目管控持续影响，基础设施及其他领域投资同比下降35%。

3. 稳就业促增收压力依然较大

新增失业保险领金人员呈连续上升态势，稳就业压力较大。一般公共预算收入进度滞后，"三保"等刚性支出持续增长，财政实现全年收支紧平衡难度较大。

（三）2024年预测

随着存量政策持续显效、增量政策有效落实、政策组合效应不断释放，经济运行有望保持回升向好态势。万州将加强经济运行调度，提升产业发展质效，全力巩固经济运行向好势头，预计全年地区生产总值增长7%左右、规模以上工业增加值增长14%左右、固定资产投资增长7%以上。

二、2025年经济运行环境及因素分析

从国际形势来看，世界经济不稳定性增强，国际政治不确定性增大，主要发达经济体宏观政策转向，贸易保护主义、单边主义出现抬头态势，我国稳外贸、稳外资压力加大；从国内来看，国内经济大循环仍存在难点堵点，需求收缩、供给冲击和预期转弱三重压力相互交织，周期性矛盾、结构性矛盾和体制性矛盾相互叠加、互为映射，但总体来看，我国经济发展的有利条件和支撑因素依然较多，党的二十届三中全会全面部署的300多项重大改革举措加快落地将为经济发展注入强劲动力，存量政策和增量政策加速显效将刺激节能降碳改造等领域需求全面释放，经济回升向好、长期向好的基本趋势没有改变。随着万州区锚定"3710"改革发展总体架构持续发力，现代产业体系加快构建，营商环境持续优化升级，重大项目投产放量，经济发展基础将更加坚实、发展动能将更加强劲、发展后劲将更加充足，预计经济回升向好、长期向好态势将进一步筑牢。

三、2025年重点工作

2025年，万州区将深入贯彻党的二十大和二十届三中全会精神，全面落实市委、市政府决策部署，抢抓成渝地区双城经济圈建设、西部陆海新通道建设等国家重大战略机遇，锚定"3710"改革发展总体架构，聚力推动经济社会高质量发展。

（一）加快建设现代化产业体系，巩固高质量发展向好态势

1. 坚定不移工业强区

加快湘渝盐化20万吨电池级纯碱（一期）等重点项目建设进度，推进高峰新材料铝材综合利用等重大项目开工建设。接续推动制造业高端化、智能化、绿色化转型升级，全面落实大规模设备更新、技改专项贷等惠企政策，支持引导工业企业升级改造工艺设备、提高科技研发创新能力，实施智能化改造项目35个以上，培育智能工厂和数字化车间4个以上、国家级智能制造示范工厂1家、市级企业技术中心1家、市级绿色工厂3家。深度挖掘存量和增量企业增长潜力，加大"213"龙头工业企业和制造业白名单企业培育力度，力争新培育规模以上工业企业15家；进一步完善"创新型—专精特新—小巨人""瞪羚—独角兽"企业梯度培育库，推动市级"专精特新"企业数量达到100家。

2. 提质增效现代服务业

加快建设长江之星商业综合体，提档升级万达广场、鸿欧广场等消费聚集地，着力引进一批区域性

总部、商业项目、国内外知名品牌，培育一批中华老字号、重庆老字号、钻级酒家、绿色商场等本土消费品牌。制定支持文化旅游体育产业发展政策措施，强化17个文旅招商项目招商力度，创新开发"玩转万州"旅游小程序，加快建设天生城大遗址公园、三峡移民纪念馆改陈布展等项目，培育国家级旅游休闲街区1个。优化金融服务供给，深化绿色金融改革创新试验区核心区建设，开业运营招商银行万州支行、国宝人寿万州中心支公司，支持三峡银行发展壮大、三峡人寿增资扩股。大力发展现代物流，提升"蓉万""达万""西万"等通道货运量，开工建设渝东北综合邮件处理中心等项目。

3. 发展壮大现代农业

坚决抓牢底线任务，新建高标准农田10万亩，建设水稻绿色高产高效万亩示范片3个、千亩示范片3个，粮食、蔬菜产量分别稳定在50万吨以上、150万吨，出栏生猪120万头以上。着力提升发展质效，大力发展蔬菜、水果等现代设施基地，以柑橘、生猪及种养循环全链条为重点，健全完善全域数字乡村平台，加快打造"数智"农业。壮大延伸产业链条，建成投产麦制品产业集群、中药材产业集群等项目，加快推进100万头生猪屠宰暨肉食品加工厂等重点项目签约落地；积极引进头部型和领军型加工主体，支持好泉鸿米业等潜力企业升规，争创市级百强领军型企业和百强成长型企业。

（二）全力扩大投资促进消费，激发高质量发展需求潜力

1. 着力抓项目稳投资

深入落实重点项目"一办三组"及督查工作机制，强化项目建设全生命周期管理，加快形成更多投资实物量。健全完善政府和社会资本合作机制，聚焦城市建设、交通运输等重点领域，制定民间资本推介项目清单，撬动社会资本参与重大项目建设。聚焦"两重""两新"项目等重点领域，动态谋划实施一批重大项目，最大限度争取中央预算内投资、超长期特别国债和地方政府专项债等资金。健全完善"1+4+N"招商体系，配套出台招商引资政策体系，加快组建产业发展引导基金；结合产业链图谱和招商项目需求清单，大力开展市场化招商、以商招商，着力签约一批补链强链延链项目。

2. 着力增活力促消费

高质量打造酒吧一条街、天生城文旅街区、红花地码头等街区场景，支持发展"后街经济""夜间经济""会展经济"等新型消费业态，组织商贸企业围绕汽车、家电、家居等开展系列促销活动。做出"江城慢慢游"文旅特色，适应市场变化优化复兴剧场、金狮剧院、三峡剧场演艺供给，发展壮大半山文旅新场景、新业态，打造平湖都市游"1日游""2日游"等线路产品，举办第四届巴蜀合唱节、2025世界大河歌会等节会活动，策划实施一批演唱会、音乐节、露营节等文旅活动，办好环湖马拉松、横渡长江系列赛事等区域品牌赛事，推动商气、人气进一步聚集。

（三）持续深化改革扩大开放，塑造高质量发展竞争优势

1. 深化重点领域改革

巩固拓展"三攻坚一盘活"改革成果，迭代升级国企"止损、瘦身、提质、增效"等改革目标和举措，加快探索管用有效的国有资产盘活方式，深入推动园区开发区运营模式转变、主业聚焦。精准落实优化营商环境4.0版举措，加快政务服务标准化、规范化、便利化建设，深化政府合同全面兑现行动，强化资金、水电气、人才等各类生产要素保障，完善民营企业服务体系。全面深化农村改革，持续推进强村富民综合改革，力争经营性收入百万级村集体占比超过40%；加快农村产权制度改革，完善农村产权流转交易平台市场化运行机制，稳慎推进安溪村第二轮土地承包到期后再延长30年试点，加快推进农业生产设施设备登记抵押改革。

2. 做深区域合作协作

全力推动成渝地区双城经济圈建设，迭代升级"四张清单"，谋划实施一批标志性合作事项；深化川渝万达开地区统筹发展，合力争取一批万达开统筹发展重点事项、重大项目被纳入国家相关规划，联合运营新田港二期工程，加快建设万达直线高速、成达万高铁等项目，协同打造多式联运合作试验区、协同创新示范区；深化万开云同城化发展，加快推进开万梁高速等项目建设，协同运营国货精品推广中心万达开云馆，协同举办第七届三峡柑橘国际交易会等产业节会，稳定运行万开云至珠三角地区公路货运班车等物流通道；深化万州区两江新区对口协同发展，高效运营万州两江新区现代产业投资基金，联合做强两江新区数字经济产业园万州园，协同共建分水镇、李河镇中小企业集聚区，推动两地企业产业链供应链配套协作。

3. 做强外向型经济

发挥"一区双口岸"优势，大力发展临港经济、临空经济、开放经济。提速推动万州经开区建设自贸试验区联动创新区，推进万州综保区创建跨境电商示范区，拓展保税研发、保税物流、保税仓储等外贸业态，培育壮大粮油食品、先进材料、汽车零部件等保税产业。加快口岸基础设施建设，深化"抵港直装""到港直提""一单制"等通关模式，提升跨境贸易便利化水平。深入推行"一城一港"，整合港口、码头、铁路线、管道网等资源，推动多网融合发展。鼓励外贸企业开拓东盟、俄罗斯、中亚等国际市场，依托金龙铜管、九龙万博、中储粮带动作用，做大做强外贸规模，加快打造进出口额超 20 亿级产业集群。

（四）扎实办好惠民利民实事，推动高质量发展成果共享

1. 增强综合医疗服务能力

加快推进三峡医学中心等项目建设，推动重庆大学附属三峡医院争创市级医学中心，支持重庆三峡医专附属中医医院创建三甲中医医院、区妇幼保健院建设区域妇幼保健中心，支持诺贝尔奖工作站发展建设，加快推进分水、龙沙、龙驹 3 个区县域医疗卫生次中心建设。加强中医药传承创新，推动创建市级中医重点学科中医传染病学，开展重庆三峡医专附属中医医院"两专科一中心"建设，争创重庆市名中医传承工作室 1 个、基层名中医传承工作室 1 个。深化医药卫生体制改革，加快促进医保、医疗、医药协同发展和治理，推进城市医疗集团和紧密型县域医共体高质量发展。

2. 推动教育资源提质扩容

适应学龄人口变化新形势，加强城区学校投入与农村学校学区制调整与管理；加大城乡一体办学推进力度，鼓励教共体内部在资源配置和质量提升方面大胆探索，加快形成"一校一品""一校多品"特色化内涵发展样态；全力推进学前教育普及普惠区和义务教育优质均衡区创建，全区城乡义务教育教共体学校占比达 15% 以上。持续推进"一大四院多专"布局，支持重庆三峡学院更名为大学，推进组建重庆第二医学院，开工建设重庆三峡职院和重庆安全职院新校区，深入推进中职学校达标建设。

3. 提升公共文化服务水平

优化公共文化空间布局，加快建设"15 分钟品质文化生活圈"，启动城市书房所有权和使用权分置改革试点，推动三峡艺术中心实现对外开放。抓好文化遗产活化利用，加强太白岩石刻群、太白岩公园等文物保护，加大文创产品研发力度，做好"研学+旅游"融合文章；做好非遗传承利用，打造玉和巷非遗街区 1 个、非遗工坊示范点 2 个、非遗体验馆 5 个，办好第二届三峡非遗文化节等系列活动。

4. 织密织牢社会保障网

加快建设三峡库区公共就业服务平台，做好高校毕业生等重点群体就业支持和帮扶，城镇新增就业2万人，调查失业率控制在5.5%左右，贫困劳动力就业人数稳定在5万人以上。做好灵活就业人员、新业态从业人员等重点群体参保，确保困难群体参保率100%。健全完善社保基金管理风险防控体系，扎实推进渐进式延迟法定退休年龄等改革。建设社会救助服务联合体，加强妇女儿童、残疾人关爱和权益保障，实施居家、社区机构养老融合发展改革。

四、政策措施建议

（一）建议进一步优化产业布局

受制于区位、交通、经济发展水平等因素，渝东北区域产业基础相对薄弱、发展滞缓，仅依靠自身力量发展难度较大。国家层面将加快引导资金、技术、劳动密集型产业从东部地区向中西部、从中心城市向腹地有序转移，建议市级层面在编制"十五五"规划时，对承接产业布局进行系统研究和综合考量，支持推动符合条件的产业项目落地万州等渝东北区域。

（二）建议支持万州建设全市重要城市副中心

为更好落实家军书记关于"争当渝东北重要增长极、山区库区高质量发展排头兵、全市重要城市副中心"指示要求，推动区域协调发展，建议支持万州建设全市重要城市副中心，将万州纳入国家、市级重大战略和改革试点范围，加大项目、资金、政策等资源倾斜力度。

（三）建议向上争取扩大"两重"专项支持范围

在落实超长期特别国债、地方政府专项债等过程中，"两重"领域地方能够承接的国家战略性项目较少，以加快长江沿线高质量绿色融合发展专项为例，水运新通道、沿江铁路、机场改扩建等领域的项目均由省市级统筹实施，该专项中区县级仅污水管网类等少量方向可申报，而地方急需推进解决的水利防洪基础设施建设、城市更新等领域尚未被纳入"两重"政策支持范围。建议向上争取扩大"两重"专项支持范围，将地方急迫需要解决的城市更新、土地储备、平急两用（除医疗以外）、大城市（大江大河沿线城市）防洪安全等专项纳入"两重"支持范围。

[万州区发展和改革委员会　黎　璐　卢　鹏]

之三：2024年开州区经济运行分析及2025年展望

2024年，开州区上下深入学习贯彻习近平总书记视察重庆重要讲话重要指示精神和党的二十届三中全会精神，细化落实市委六届五次、六次全会精神，突出稳进增效、除险固安、改革突破、惠民强企工作导向，不讲困难、不讲条件、不打折扣抓落实，难中求进、承压前行，经济运行总体符合预期。1—9月，地区生产总值实现525.6亿元、增长6.1%，增速分别高于全国、全市1.3个、0.1个百分点，居全市第21位，经济报表排名全市第3位。预计全年地区生产总值增长6%左右。

一、2024年开州区经济运行分析

（一）运行特征

1. 从主要指标看

农业、工业、建筑业、服务业产业结构由二季度的11∶18.4∶19.7∶50.9调整为13.4∶18∶19.9∶48.7；增速分别为2.9%、6.3%、8.8%、5.9%，对GDP的拉动力分别为0.4个、1.2个、1.7个、2.8个百分点。固定资产投资增速、建筑业产值、社会消费品零售总额增速、亩均税收增速、预算支出、预算支出增速、存款余额增速等指标均排名全市前十。

2. 从重点工作看

项目投资增长有力。39个市级重点项目投资完成率98.67%，居全市第2位；181个"五个一批"重大项目投资同比增长33.34%，提前3个月完成全年目标；巫云开高速开州段等24个项目完工或投产，跳蹬水库等20个在建项目进度超预期；工业投资增长28.9%，高于全市12.6个百分点，保持A档。整体拉动固定资产投资增长18.1%，居全市第3位，连续7个季度增长15%以上。

消费活力提振有方。消费品以旧换新政策获得补贴1500余万元，促进家电等消费持续增长。举办"开州金厨"特色美食展示展销等促消费活动，满月星空露营节荣获"不夜重庆生活节十大夜间特色活动"，"食药同源"美食文化街区、汽博中心盛大开业，建成进口商品展示展销中心、智慧化农贸市场。商品房销售面积增速高于全市11.1个百分点，批零、住餐增速分别达到10.1%、9.0%，分别高于全市0.7个、2.5个百分点，支撑社零增速6.2%，居全市第4位。

产业发展平稳有序。农业生产保持平稳，农业增加值增速2.9%，秋粮、蔬菜产量分别实现52.2万吨、21.41万吨，玉米亩产刷新全市纪录，生猪出栏83.6万头。"1234"现代制造业集群加快构建，工业增加值增速6.8%，新认定市级"专精特新"企业27家、市级创新型中小企业6家、"瞪羚"企业2家，战略性新兴产业和高技术产业分别增长6.9%、18.7%。服务业持续恢复，第三产业增加值增速5.9%，电商产业园、快递统仓共配中心建成投用，新创建2个国家4A级旅游景区。

财税金融运行有度。一般公共预算收入18.84亿元，其中税收9.4亿元，税收占比由二季度45.5%提升到49.9%。银行业资产规模达1224.5亿元、增长10.4%，金融机构各项存贷款余额1706.4亿元、增长

8.7%。新发放中小微企业贷款30.5亿元，成功落地全市首笔GEP质押贷绿色信贷。国有资产盘活47.1亿元、完成全年目标的206.9%，变现回收资金17.5亿元、完成全年目标的105.9%。争取增发国债29.4亿元、超长期特别国债4.4亿元、中央预算内资金5.7亿元、政府债券24.5亿元。

民生保障有效。22件民生实事进度超预期，其中4件提前完成。民生报表实现4A、2B、1C，A档、B档指标占比85.71%，城镇老旧小区改造开工率、人均公园绿地和体育场地面积等晾晒指标居全市前列。社会保险参保扩面和核定缴费"双率提升"，基本养老保险参保人数达97.7万人。持续加大高校毕业生、退役军人、脱贫人口等群体就业帮扶，城镇新增就业5515人，城镇调查失业率控制在5.5%以内。

风险防范持续巩固。紧盯消防、道路交通、建设施工等重点领域管控排查防范，各类生产安全事故起数和死亡人数均下降14.3%。政府性债务化解成效完成76%、达序时目标，比全市高2.7个百分点；政府综合债务率169.94%，处于全市较低水平。结案非法集资陈案2件，累计结案率83.3%。严厉打击违法犯罪，刑事治安全量警情等指标大幅下降，八类案件破案率100%，盗抢案件追赃返还率62.1%、诈骗案件追赃返还率86.02%。

（二）存在的问题

1. 产业贡献不足

三季度全区农业、工业、建筑业、服务业贡献率分别为6.7%、19.2%、28.1%、46%，与全市3.3%、34.1%、9.7%、52.9%的结构有较大差异。农业贡献未达预期，第一产业增速2.9%，与全市持平，较二季度增速下降0.5个百分点，排市第18位、渝东北第4位，对GDP的拉动贡献不够。工业仍处低位，规模以上工业增加值增速6.8%，比全市平均水平低1.3个百分点，与二季度持平，排全市第17位、渝东北第4位，虽为2023年以来最高增速，但较其他工业大区仍有差距。第三产业形势趋紧，增速5.9%，比全市高0.1个百分点，比二季度低1.3个百分点，排重庆全市第23位、渝东北第7位，增速、排名均出现较大降幅。

2. 投资消费后劲乏力

2024年来，全区固投、社零增速均保持全市前10位次，呈良好增长态势，但高增速难以保持。三季度固投增速18.1%，较二季度下降2.3个百分点，比全市高16.3个百分点，排全市第3位、渝东北第3位。四季度在库可报项目进一步减少，可能面临更大降幅。消费基数大、增长难，社零增速6.2%，较二季度下降0.3个百分点，比全市高2.4个百分点，排全市第4位、渝东北第2位，同样存在降幅风险。

3. 财税压力较大

三季度全区一般公共预算收入增速-17.7%，比二季度下降23.6个百分点，比全市低24.4个百分点，排名全市第40位、渝东北第10位，四季度组织收入压力空前。税收增长慢，全年税收目标完成率56.6%，增速-4.9%，比二季度低10.5个百分点，比全市低5.7个百分点，排名全市第30位、渝东北第9位。化债任务重，全年政府性债务化解成效76.2%，以当前财力四季度任务难以完成。

（三）2024年预测

预计地区生产总值增长6%左右，第一产业增长3.1%，第二产业增长6.0%，第三产业增长6.0%左右，固定资产投资增长10%，建筑业增长8.0%，社会消费品零售总额增长6%左右，居民人均可支配收入增长5.0%左右。

二、2025年经济运行的环境及因素分析

从全球看，地缘政治冲突将持续，发展预期不确定性仍然存在，但经济正逐步回暖复苏，科技的进

步将推动经济转型，绿色发展将成为重要趋势，推动基础设施建设和科技创新，成为全球经济增长的重要引擎。从全国看，经济发展基本面没有改变，市场潜力大、经济韧性强等有利因素有利条件也没有改变，尤其是针对当前经济运行中的新情况新问题，党中央、国务院科学决策、果断推出的一揽子政策，将有力推动经济持续回升向好。从全区看，拥有新时代西部大开发、共建"一带一路"、长江经济带、成渝地区双城经济圈、西部陆海新通道、国家战略腹地六大国家战略机遇，还拥有国家提前下达1000亿元中央预算内投资和1000亿元"两重"项目清单、6万亿元地方政府存量隐性债务置换额度、3.5万亿元地方专项债券、10万亿元地方转移支付、房地产贷款利率下调、消费品以旧换新等一揽子增量政策机遇，战略利好叠加政策利好，将推动全区经济实现质的有效提升和量的合理增长。

三、2025年趋势展望及主要指标预测

（一）狠抓2025年重点工作

1. 全力抓项目稳投资

抢抓国家一揽子增量政策，积极争取中央预算内、超长期特别国债、地方政府专项债券等上级资金。研究吃透国家政策导向和重大战略，谋划储备一批牵引性、标志性、未来性项目。落实重点项目分级协调调度和服务保障机制，打表推进渝西高铁、水环境综合治理等181个"五个一批"重大项目，全力推进已获批的政策性资金项目达到序时进度和支付要求，变政策"含金量"为固投"增加量"，力争全年固定资产投资增长10%以上。

2. 全力抓潜力促消费

持续实施区域消费中心城市"十大行动"，提速完善歇马、丰泰等城市新区商业功能设施，打造"一刻钟便民生活圈"。加快释放以旧换新政策效应，扎实开展"消费促进年"系列活动，办好"中国菜"美食嘉年华等消费促进活动。擦亮"中国（开州）厨师之乡"金字招牌，高质量举办"开州金厨"爆品发布会。持续举办汉丰湖水上欢乐季系列活动，带动文旅消费，力争社会消费品零售总额增长6.0%以上。

3. 全力抓产业增后劲

狠抓制造业集群，加快推动天然气化工园选址并提前谋划详细产业规划编制，做大做强以中药材加工为主的食品及农产品加工产业，优化布局重工业，积极打造临港装备制造产业园。壮大"一主两辅"农业产业，加长拓宽"粮果猪菜药"5条链，培优做特"茶鱼豆糖蛋"5小种，高质量筹办三峡道地中药材产业博览会。统筹抓好生产性服务业、生活性服务业，促进先进制造业与现代服务业深度融合。

4. 全力抓招商强主体

深化"654321"招商引资工作机制，围绕产业链深入开展规划招商、平台招商、展会招商、链条招商、承接转移招商、以商招商，重点招引电子信息、食品、医药等行业优势项目，精准开展"延链强链补链"行动，力争合同引资400亿元。研究符合国内大市场要求、契合开州实际、聚焦亩均效益的招商引资政策，用好专精特新基金，撬动社会资本，以市场化途径引入优质产能。

5. 全力抓财税添收入

紧盯10万亿元地方转移支付，加强政策解读、对接争取、部门配合、绩效管理，提高转移支付份额。持续加大能源、制造、房地产、金融等支柱行业税收征管力度，严防新欠、追缴陈欠，加快城区违建、两违整治等非税收缴。积极推动重点项目税收转化，促进外地企业承接的项目税收留在开州本地。加大

土地资源市场化推介力度，法治化、规范化推动"三资"盘活。贯彻落实习惯"过紧日子"要求。

6. 全力抓调度保运行

落实落细经济运行调度机制，强化地区生产总值、固定资产投资、社会消费品零售总额等主要经济指标跟踪监测，及时预警提示。精准掌握用电、用气、税收、价格等现行指标动态，及时指导指标异常的行业企业。压紧压实经济发展部门责任，做好行业领域稳增长指导。抓好经营主体升规入统，强化指导培训，做好填报服务，壮大"四上"主体，夯实经济基础。

（二）主要指标预测

预计地区生产总值增长6.1%以上，第一产业增长4.5%，第二产业增长6.5%、其中工业增长8.0%，第三产业增长6.2%，固定资产投资增长10%，社会消费品零售总额增长6.0%，居民人均可支配收入增长5.2%。

四、政策调控措施建议

建议市级加大对山区库区的政策支持力度。推动万达开共建"双城经济圈"副中心、万开云共建市域副中心，将其作为市级重大战略纳入规划。支持万达开共同创建国家承接产业转移示范区，承接沿海、沿江及重庆主城产业转移，出台承接产业转移专项扶持政策。支持万开云切块使用三峡电入渝配额，并在保障居民和农业用电的基础上，尽可能加大降低工业用电成本的力度。出台三峡库区高质量发展长效扶持政策，加大对三峡库区区县的财政转移支付力度，将税收、非税、基金等中央和省市级分成收入和计提事项更多留存地方。同时，支持发行不挤占三峡库区区县债务空间的三峡后续扶持专项债券或设立三峡库区发展专项投资基金。

[开州区发展和改革委员会　牟秀文　邓江弘]

之四：2024年梁平区经济运行分析及2025年展望

2024年以来，梁平区经济在持续恢复中稳中提质、不断向好，"韧性强、空间足、潜力大"的特点进一步彰显，GDP增长5.1%（1—9月，同比，下同），规模以上工业增加值增长0.7%，固定资产投资增长17.3%，社会消费品零售总额增长4.6%，一般公共预算收入增长10.5%。

一、2024年梁平区经济运行分析

（一）2024年经济运行总体情况

1. 重大战略有力推进，发展大局积极融入

突出战略引领，聚力服务发展大局，深入推动成渝地区双城经济圈、长江经济带高质量发展等国家战略落地实施。迭代升级2024年十项行动及"四张清单"，50个重大项目完成投资47亿元，30余项重大政策举措加密出台，23条重大改革事项有序承接、稳步推进。长江经济带绿色发展深入推进，梁平湿地保护与管理经验在2024年国际湿地城市市长圆桌会议上向世界分享，单位GDP能耗较"十四五"初下降13%，城市建成区绿地率达到37%，新增"专精特新"企业14家。

2. 产业持续迭代升级，新质生产力集聚成势

坚持以生态理念抓产业发展，以服务企业全生命周期为导向，统筹政府、市场、社会三方资源，强化创新、产业、资金、人才"四链"融合，更好结合有为政府和有效市场。预制菜被认定为全市中小企业特色产业集群。成功举办第二届全国预制菜产业高质量发展大会，创成"重庆市100亿级农产品加工业示范园区"并获评十佳园区。获批全市"低空经济先行试验区"，成功举办首届中国（梁平）通用航空发展大会，梁平作为唯一分会场高质量承办2024年中国航空科普大会暨第八届全国青少年无人机大赛。揭牌成立西部低空之城空域实验室。飞行总时长等指标居全市第1位、全国前列，成功试飞梁平—达州低空航线。

3. 各项政策落地见效，内生动能不断激活

抢抓政策窗口期加大对接争取力度，既抓好"两重两新、三大工程"等存量政策落实，也用好一揽子增量政策形成放大效应。争取上级各类资金近70亿元，有效支撑投资高位运行。深入落实消费品以旧换新补贴政策，拉动销售8000万元。推动重庆市量身定制《支持梁平区高质量发展若干举措》，32项政策举措进展顺利。抢抓低空经济"新风口"，出台低空经济高质量发展实施方案、十条激励措施。制定30条支持企业高质量发展政策措施，全年奖扶资金预计达1.6亿元。

4. 项目建设如火如荼，招商引资成果显著

区级重点建设项目完成投资75亿元，其中新开工33个，新开工率达90%。知德中学、梁平至开江高速、高新区保障性租赁住房等建成投用，牵引性项目龙象寺水库、都梁大剧院、集成电路产业园即将完工。20个增发国债项目全部开工，银河桥水库、国省干道灾后重建、中心水库提速建设，完成投资10亿

元。1—9月协议引资175亿元，鑫航盛、中山达宁等10家企业有望年内开工，新和盛饡食等6家企业即将签约落地。预制菜公司探索开展农产品出口业务，填补两群地区食品及农产品"出海"空白，农发行重庆市分行及黑龙江省分行在梁建立粮食"产销联盟"机制，推动进出口总额增长21.9%、较全市水平高24.4个百分点。

5. 改革开放持续深化，高质量发展乘风启航

认真贯彻二十届三中全会精神，坚持数字重庆建设和重点领域改革"双轮驱动"，重大改革标志性成果不断显现。数字重庆建设提速推进，累计实现巴渝治气、法治·智慧检务等51个市级应用贯通区、镇（街）中心平台。"三攻坚一盘活"改革成势见效。国企改革提效增能，实现减亏20户、扭亏2户、压减17户。园区开发区改革有力有序，园区规模以上工业产值完成48.9亿元、完成率达81.5%。政企分离改革提前完成全年目标，51户企业全部"脱钩"。全力盘活国有资产，盘活区级存量国有资产、收回资金等关键指标分别完成年度目标的229.2%、160.4%。《坚持"四个聚焦"推动"三攻坚一盘活"改革》经验做法获市委改革办肯定，并作为优秀案例报送中央改革办。

（二）经济运行中需要关注的问题

总体来看，全区经济运行中的积极因素和有利条件持续积累，但在推动经济恢复增长过程中，新旧动能转换仍存在阵痛，各类隐患问题和风险挑战仍需高度关注：一是农业增速不及预期。一产增加值仅增长2.6%，低于全市0.3个百分点，特别是生猪产业持续萎靡，生猪出栏量减少9.4%。二是内需不足的大环境下，居民消费多集中于生活必需类产品消费，升级类产品消费欲望不强，导致社零增长趋势较为平缓。三是企业稳岗压力大，用工需求持续下降（前三季度较上半年下降10.3%）以及技术人员、熟练工短缺与普通工人过剩的就业结构性矛盾较为突出。

（三）主要经济指标全年预测

初步判断，梁平区全年GDP增长6%以上、规模以上工业增加值增长8%左右、固定资产投资增长18%以上、社会消费品零售总额增长6%以上，一般公共预算收入增长3%以上，税收收入增长5%以上。

二、2025年梁平区经济运行的环境及因素分析

总体上，梁平区经济总量仍然不大，辐射力带动力仍然不强，发展不平衡不充分问题仍然突出，与满足人民群众美好生活的需求还有一定差距。特别是梁平区自2015年以来持续呈人口净流出态势，城镇化率提升压力较大，是新型城镇化建设的最大挑战；物流成本及效率的短板明显，对高新区招商以及预制菜企业引入等均有直接制约性影响，是新型工业化的最大障碍；全社会数字化仍较滞后，是推动系统重塑、整体智治的最大瓶颈。但也要看到，当前超长期特别国债、大规模设备更新和消费品以旧换新等国家政策利好，将提振投资和消费需求。"一县一策"以及"三攻坚一盘活"等重点领域改革多向发力，将提振市场预期和信心。全区正加快健全"232"现代制造业集群体系发展机制，推动形成预制菜、低空经济等标志性产业链发展全景图和先进制造业发展地图，经济发展活力将逐步释放。低空经济产业重大招商项目加快落地，银河桥水库、城中村改造等重点项目有序推进，将夯实经济发展基础。全区经济高质量发展势头不断向好，高质量发展活力加速释放，有条件、有能力、有底气用实实在在的高质量发展成效推动经济发展质量不断改善，经济运行延续回升向好态势。

三、2025年趋势展望及主要指标预测

初步预计，2025年GDP增长6%左右、规模以上工业增加值增长8%以上、固定资产投资增长10%以

上、社会消费品零售总额增长5%以上。

四、2025年重点工作

2025年，梁平区将坚持以习近平新时代中国特色社会主义思想为指导，全面贯彻党的二十大和二十届二中、三中全会精神，认真落实中央政治局会议精神，抢抓国家一揽子增量政策重大机遇期、窗口期，全力克服经济运行中的不利因素，全力以赴推动经济社会高质量发展。

（一）全力推动政策落地落实

强化宏观政策的统筹协调和系统集成，放大政策组合效应。抓好税费支持、失业保险援企稳岗、技能提升补贴等阶段性政策延续实施。积极争取2025年1000亿元中央预算内投资和1000亿元"两重"建设资金。持续实施大规模设备更新和消费品以旧换新，推动大宗商品消费持续扩大。聚焦供需"新平衡"，加快构建房地产业发展新模式。积极落实"四个取消、四个降低、两个增加"举措，促进房地产市场止跌回稳。充分利用允许专项债用于土地储备、支持地方政府使用专项债券回收符合条件的闲置土地和用于新增的土地储备项目、支持专项债券收购存量商品房用作保障性租赁住房以及新增100万套城中村改造和危旧房改造等增量政策机遇。深入开展企业上市"千里马"专项行动，推进平伟实业、欣维尔玻璃加快上市，滚动储备一批上市企业。支持符合条件的国有企业、民营企业发行债券融资。积极发展数字金融，推广"经济·数智金融服务"应用。

（二）全力抓好产业迭代升级

大力实施油菜单产提升工程，力促粮油稳产增收。实施生猪养殖产能提升项目，确保生猪养殖产能提升。集中精力发展设施蔬菜、设施养殖，扎实抓好新建和改造提升高标准农田、蔬菜和稻谷优势特色产业集群等重点项目建设，推动梁平水稻全产业链项目开工建设。聚焦工业高速增长，加快推动制造业高端化、智能化、绿色化发展。加快完善预制菜"五中心九平台"、低空经济"五中心七平台"等产业生态体系。强化龙头企业招商引资带动，集中优势资源，进行高频对接，聚焦新和盛飨、无人机等新引进项目签约落地。推进渝玫食品、品每食品等40家工业企业升规入统。加快实施张鸭子食品、天戈陶瓷等27个智能化改造项目。加快发展生产性服务业，实现制造业提质焕新。积极支持建筑企业做大做强，持续稳住建筑行业发展基本盘。大力培育建筑业企业资质升级，提升核心竞争力和市场占有率。

（三）全力打造一流营商环境

及时兑现企业升规达限奖补政策。不断迭代完善30条支持企业高质量发展政策措施等惠企政策包。扎实做好"企业想不到的事，单个企业不能做、做不了的事"，全力降低企业全要素成本，提供全生命周期服务。进一步规范涉企执法和监管行为，推行"综合查一次"组团式执法检查，保护好企业和企业家合法权益。着力构建促进专精特新企业发展壮大机制，建立健全优质中小企业梯度培育体系。大力推进"企业吹哨·部门必到"行动，常态化开展"三服务"，建立重点企业清单服务制度，强化"马上办""现场办"。落实好新出台的《民营经济促进法》《优化营商环境条例》，持续深化政商关系、市场准入、招标投标、信用体系等清廉市场重点领域建设。积极构建支持小微企业融资协调工作机制和中小企业成长多元融资机制，努力做到"应贷尽贷"。尽全力争取梁平区符合条件的重大项目被纳入能耗单列范围。

（四）全力扩大有效投资规模

加速实施开万梁高速、冷链物流园、辐照中心、城中村改造等市区级重点项目。加快中央预算内、增发国债、超长期国债以及地方政府专项债项目建设和资金拨付，推动固定资产投资保持高速增长态势。

积极协调久供未建项目申报"白名单"项目，加快开工建设并形成实质投资，确保房地产投资实现平稳增长。全力做好恒森观澜府、湖山云著等项目交付。抓好房交会及购房消费补贴活动政策落实，通过契税补贴、购房补贴、房企让利等多种措施促进房地产市场消费。谋划制定2025年区级重大项目清单，滚动储备一批未来2~3年拟实施的重点项目。锚定2025年城中村配套、老旧小区改造、独立工矿区、农林水设施、污染治理等7000亿元中央预算内投资重点方向以及城市地下管网、农村转移人口市民化、国道提标改造、物流仓储设施及大规模设备更新、消费品以旧换新等1万亿元超长期特别国债重点方向储备一批重大项目，力争更多资金落地梁平区。探索实施好政府和社会资本合作新机制，全力支持社会资本参与新型基础设施等领域建设。

（五）全力推进重点改革突破

全面准确理解党的二十届三中全会精神，推动改革举措精准落地见效，蹄疾步稳抓好各项改革工作，积极探索首创性、差别化改革。持续推进园区开发区改革，聚焦止损治亏、瘦身健体深化国资国企改革。提速推进数字重庆建设，推动市区一体化数字资源系统（IRS）建设管理各项指标保持全市前列。深化农村"三变"改革，盘活处置闲置宅基地，加快推进集体经营性建设用地入市试点工作，有效激活农村土地资源价值。加快推动农村宅基地制度改革，持续完善优化梁平区农村产权交易服务平台，畅通农村产权交易渠道。鼓励农村集体经济组织通过投资、参股组建公司，激发集体经济发展内生动力。接续办好明月山绿色发展示范带党政联席会议第八次会议。持续跟踪对接市级部门，加快推进"一县一策"落地形成现实生产力。强化"小县大城"试点牵引，积极推进以县城和中心镇为重要载体的新型城镇化建设，促进城乡融合发展。聚力打造"渝东北领先、全市进位和具有梁平辨识度"的标志性改革成果。

（六）全力加强经济运行调度

围绕政府工作目标任务，加力补短扬长、深挖潜力。聚焦重点行业、关键企业各项指标变化，把工作细化到最小颗粒度，加频加密调度，及时发布预警提示。坚持周分析、旬调度、月推进，逐项对标分析，主动向上对接，强化部门联动、多跨协同，针对性施策稳增长，巩固持续向好发展态势。做好"十四五"收官工作，始终高站位、高标准、高水平做好"十五五"规划编制工作。进一步谋深做实重大项目、重大政策、重大改革、重大平台，加强向市级部门汇报对接，积极争取在重大改革试点以及规划、政策、项目、资金等方面获得更多更大支持。

[梁平区发展和改革委员会　高雪峰　冉　磊]

之五：2024年城口县经济运行分析及2025年展望

2024年以来，城口县上下坚决贯彻落实市委、市政府决策部署，突出"稳进增效、除险固安、改革突破、惠民强企"工作导向，全力以赴抓发展、促改革、惠民生、防风险。全县经济运行在一季度"开门红"、二季度"持续好"的基础上，乘势而上，1—9月实现GDP 54.85亿元，同比增长7.4%，增速分别高于全国、全市2.6个、1.4个百分点，居全市第4位、渝东北第1位。

一、2024年城口县经济运行分析

（一）经济运行特点

1. 投资拉动持续向好

完成固定资产投资30.7亿元，增长11.6%（全国3.4%、全市1.8%），其中建安投资完成26.66亿元，增长16.5%，增速较上半年提高2.6个百分点。持续推动"抓项目促投资"专项行动，135个重点项目有序实施，其中，结转续建项目49个，完成投资18.1亿元；86个计划新开工项目已开工51个，完成投资12.6亿元；城市配电网项目、妇幼保健院迁建、育才中学等重点项目顺利完工。

2. 工业动能加快培育

强化运行监测和企业服务，加快培育工业新动能，1—9月新增规模以上工业企业4家（九龙洞矿泉水、泽远农业、加壹商贸和川渝矿业）。持续实施科企、高企"双倍增"计划，新增科技型企业46家、累计192家，新认定高新技术企业6家、累计18家。积极应对工业经济下行压力，推动食品及农产品加工、新型建材、新材料、纺织产能加快释放，产值分别增长26%、67%、17%、60%，实现规模以上工业总产值12.38亿元、增长14.7%，规模以上工业增加值增长6.4%。

3. 建筑行业支撑有力

坚持做强市场主体、拓展市场空间，实时跟踪城口高铁站前广场及配套设施项目、城口县体育公园项目等重点项目建设进度和产值情况。实现建筑业总产值实现5.2亿元、增长57.2%，推动建筑业增加值实现11.88亿元、增长22.1%，拉动GDP增长4.32个百分点，建筑业持续对县域经济发挥极大支撑作用。举办房交会等促销活动，房地产销售市场有所回暖，实现增加值1.97亿元、增长3.5%；商品房销售面积达到5.09万平方米、增长20%。

4. 服务业回暖向好

服务业增加值实现29.97亿元，增长4.0%，增速较上半年提高0.4个百分点，拉动GDP增长2.2个百分点。促消费政策持续发力，消费市场稳步恢复，社会消费品零售总额实现18.13亿元、增长4.0%，增速较上半年提升0.1个百分点。开展春季旅游、消夏康养节等文旅活动70余场，国庆黄金周接待游客11.8万人次、增长18.8%，前三季度共计接待游客535.3万人次、实现旅游综合收入14.24亿元，分别增长20.92%、51.04%。

5. 农业产业加快发展

特色产业巩固提升，实施乡村特色产业项目128个涉及资金1.5亿元。粮食产量基本稳定，播种面积38.64万亩，产量达到9.36万吨、增长1.0%。中药材、蔬菜及食用菌产量分别为1.62万吨和4.54万吨，分别增长7.8%和2.9%。培育县级农业龙头企业35家、"两品一标一名牌"59个。城口老腊肉走进京津冀推介活动暨消费帮扶重点产区建设（城口）产销对接活动，订单总额达7600万元。

6. 财政金融稳定向好

一般公共预算收入完成4.54亿元、增长10.0%，其中，税收收入完成1.90亿元、增长1.8%；非税收入完成2.64亿元、增长16.9%。一般公共预算支出34.64亿元、增长20.2%。严格执行债务风险管控"631"机制，累计化解隐性债务3.13亿元，年度化解进度达到80%。金融行业平稳发展，实现金融业增加值6.09亿元，增长5.1%，分别较一季度和上半年提高4.1个、0.4个百分点，呈提升态势。金融机构各项存款余额增长7.5%、贷款余额增长7.8%。

7. 民生福祉持续增进

15件年度重点民生实事加快推进，完成投资4.0亿元、投资完成率127.4%，其中城市绿荫工程、农村公路生命安全防护工程等11个项目完成年度任务。公共服务不断提升，育才中学建成投用，新增学位3000余个，县妇幼保健院新院区于10月底投用。就业形势总体稳定，发放创业担保贷款2141万元，城镇新增就业1570人，完成年度任务的105%。实施专项以工代赈项目8个，吸纳务工群众427人、人均增收6511元。

8. 重点风险有效防控

社会大局保持稳定，1—9月信访、接访总量分别为484件次、1431人次，分别下降10.48%、22.35%。全力打好商品住房项目"保交房"攻坚战，圆满完成554套保交房任务。公共安全保障有力，扎实推进"强基固安"提升行动，电信诈骗案件同比下降53.70%，未成年人犯罪案件同比下降76.92%。持续开展"根治欠薪"攻坚行动，化解欠薪隐患18条，追回劳动报酬195万元。常态化抓好重点行业安全生产专项整治等，无因灾亡人事件发生。

（二）经济运行过程中存在的问题

1. 农业贡献不及预期

受全市畜牧业数据衔接影响，生猪、牛、羊、家禽出栏核定值均大幅下降，增速分别下降3.8%、15.2%、24.5%、3.9%，较上半年进一步下滑，拉低第一产业增速。第一产业增加值仅增长2.6%，增速为近一年来最低，拉动GDP由上半年的8.3%下降到6.1%。

2. 工业经济持续承压

一方面，工业经济仍然依赖清洁能源产业，二季度以来因降水量减少等原因，巴山水电、蓬源发电产值回落，导致规模以上工业增加值增速持续下滑，全县规模以上工业增加值呈现连季下滑态势。另一方面，新质生产力培育力度不够。战略性新兴产业中仅有2家中药材加工企业入统，结构单一且薄弱，多元支撑的产业模式还未形成，工业韧性不足。

3. 投资放量后劲不足

投资稳增长放量接续不足，初步分析在建项目和新开工项目投资情况，有效投资余量支撑全年投资增长目标难度较大，2025年投资压力进一步加大。同时，民间投资仍处低位，1—9月民间投资完成8.31

亿元左右，同比下降6.2%，民间投资降幅虽有所收窄，但投资规模仍在低位，占全县固定资产投资比重仅27.1%。

4. 消费增长动力不足

居民消费意愿偏弱，储蓄意愿仍然较强。促消费政策落地有差距，暂不具备条件出台消费品以旧换新等系列政策的配套政策，只能贯彻落实国家和市级政策，能享受补助的市场主体、个人数量不多。同时，文旅产业效益较低。城口县旅游资源富集、人文历史厚重，但文旅开发深度不够、缺乏吸引力，资源禀赋尚未形成品牌和规模效应，旅游人均消费较低，对经济社会发展的带动力不足。

（三）2024年城口县全年经济指标预测

综合分析前三季度城口县经济运行态势和支撑城口经济增长的主要因素，预计城口县全年GDP增长6.5%左右，规模以上工业增加值增长8%，固定资产投资增长11%，社会消费品零售总额增长4.5%，全体居民可支配收入增长6%左右。

二、2025年经济运行环境分析及主要指标预测

（一）2025年经济运行环境分析

2025年是"十四五"的收官之年，也是"十五五"的规划之年。从国际层面看，全球政经形势更趋复杂严峻，地缘政治经济冲突依然易发频发，大国博弈背景下的去全球化趋势仍将持续，全球经济将维持温和滞胀格局。从全国层面看，我国仍将面临总需求不足的局面，消费增速受制于居民收入增速较低以及消费信心不足，投资增速则受制于内外需求不足、房地产市场调整等；同时欧美发达国家的贸易保护主义可能进一步抬头，2025年出口增速下行风险增大。但随着我国支持经济增长的宏观调控力度进一步加大，各项政策逐步落地，产生相应的经济带动作用，经济也将延续平稳回升态势。从市级层面看，重庆聚焦打造新时代西部大开发重要战略支点、内陆开放综合枢纽，深入推进成渝地区双城经济圈、西部陆海新通道等建设，经济发展活力将逐步释放。从县级层面看，目前城口县正处于"十四五"全面收官的时期，"一县一策""小县大城"试点等重大政策红利为城口带来强劲的发展动能，以文旅康养、中药材、老腊肉为主赛道的绿色产业蓬勃发展，"两山"转化的通道持续拓宽，"双高"时代来临的区位优势加快凸显，城口正迈入绿色高质量发展的快车道，未来可期。

（二）主要指标预测

初步预测，城口县2025年地区生产总值增长6.5%，城乡居民收入增长与经济社会发展同步，生态环境质量持续改善，单位生产总值能耗、主要污染物排放等约束性指标完成市级下达目标任务。

三、政策调控措施建议

（一）全力抓好战略政策落地落实

抢抓成渝地区双城经济圈建设、长江经济带高质量发展、新时代西部大开发、国家战略腹地等重大机遇，主动融入和服务重大战略布局。加强对"一揽子增量政策"的学习和研究，加大对接争取力度。用好用活国家乡村振兴重点帮扶县"一县一策"、推动山区库区高质量发展"一县一策"等政策措施。深入推进九龙坡对口协同、城宣万革命老区振兴发展区域协作。切实把政策含金量转化为发展实物量，努力形成政策"放大效应"。

（二）全力抓好规划计划落地落实

做好"十四五"规划总结评估，结合"十四五"规划中期评估结果，打表推进重点指标、重点项目和重点任务，确保"十四五"规划圆满收官。开展"十五五"规划前期研究，按照全市工作要求和时间安排，制定规划编制工作方案，谋划实施一批重大项目、重大政策、重大改革、重大平台，推动一批重大举措、重大项目被纳入市级规划。

（三）全力抓好产业根基壮大工作

加力培育"一主两辅多支撑"产业体系，因地制宜发展乡村旅游、休闲农业，迭代升级产业发展思路，专班推进文旅康养、中药、老腊肉、大木漆等特色产业；加快构建"1+3+N"制造业产业体系，培育壮大食品及农产品加工、绿色建材、新材料、现代中药、清洁能源等主导产业；加强企业服务，及时了解和掌握重点企业经营情况，精准施策，扎实推进山区库区强县富民。

（四）全力抓好项目投资管理工作

聚焦"两重""两新"等重点领域，紧盯中央预算内投资、超长期特别国债、地方政府专项债等资金投向，对标申报要求，加强项目谋划储备。强化项目保障，要素部门协同发力，压缩项目审批时限，确保项目早开工、早放量。抓好招商引资和服务，立足城口县区位、生态和资源优势，抢抓国家战略腹地建设和中西部产业转移等有利政策针对性招商引资；主动和企业进行对接，积极协调解决相关问题，争取项目尽早尽快落地实施。

（五）全力抓好消费市场信心提振

加大对具有升规潜力的小规模企业、个体摸排力度，引导支持"个转企、小升规"，不断壮大市场主体规模、提高市场主体质量。多措并举促消费，全面落实好恢复和扩大消费系列政策，策划好系列促销活动，发展网络销售、直播带货等新业态。坚持通过稳就业增收入来改善市场消费能力和水平，持续推动惠企纾困政策直达快达企业，及时兑现助企惠民补贴，稳步扩大就业岗位，全力稳住居民收入，夯实市场消费基础。

（六）全力抓好社会民生保障工作

严格落实"三保"优先，精准调度财政收支。全面完成2024年15件重点民生实事，及时策划2025年民生实事。扎实做好用水用电保障，落实粮油、果蔬保供稳价措施，加强重要民生商品价格日常监测。着力稳就业促增收，保障重点群体充分就业、城乡居民收入稳定增长，持续巩固拓展脱贫攻坚成果。

（七）全力抓好重大风险防范化解

及时识别和处置涉及房地产、金融、政府债务等重点领域风险隐患，守好守牢安全发展底线。严格落实常态化安全生产"15条硬措施"，坚决杜绝较大及以上生产安全事故和自然灾害责任事故。抓好耕地恢复补足、守牢耕地保护红线，筑牢粮食安全底线。全面掌握农民工工资发放情况，及时发现和整治欠薪隐患，确保农民工工资发放到位。

[城口县发展和改革委员会　张　骄　赵　娜　王橹堰]

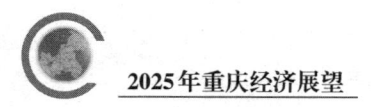

之六：2024年丰都县经济运行分析及2025年展望

2024年以来，丰都县以习近平新时代中国特色社会主义思想为指导，深入学习贯彻习近平总书记视察重庆重要讲话重要指示精神和党的二十届三中全会精神，全面落实党中央关于经济工作的新部署新要求，深入落实市委六届历次全会精神，牢固树立"稳进增效、除险固安、改革突破、惠民强企"工作导向，团结带领党员干部群众答好"丰都八问"，推动经济社会高质量发展迈出坚实步伐。

一、2024年丰都县经济运行情况

用好用活全市首个区县经济运行在线监测平台，通过大数据、数据可视化等数字化手段，系统全面分析县域经济运行情况，确保决策科学、调度合理，主要经济指标增长态势良好。1—9月，实现地区生产总值308.4亿元，同比增长7.2%，居全市第5位。其中，第一产业增加值40.1亿元、同比增长2.8%，第二产业增加值117.4亿元、同比增长8.8%，第三产业增加值150.9亿元、同比增长7.1%，三次产业结构优化调整为13∶38.1∶48.9。固定资产投资139.5亿元、同比增长22.5%，农林牧渔业总产值62.3亿元、同比增长2.5%，建筑业总产值225.8亿元、同比增长11.4%，社会消费品零售总额188.1亿元、同比增长5.3%，城镇居民人均可支配收入35609元、同比增长4.3%，农村居民人均可支配收入16117元、同比增长6.7%。

（一）三次产业协同增长，"稳"的态势在延续

一是农业增长逐步回稳。新农人培育提升行动走深走实，累计培育新农人6350名、联结农户4.98万户15.6万人，创新开发"新农人贷""肉牛养殖贷"等金融产品，累计发放"新农人贷"2462笔、4.89亿元。持续推进强村富民，累计建成共富农场317个，联结村集体经济组织313个，带动年经营性收入10万元以下的村全面清零。农业生产数字化水平不断提升，成功搭建"1+1+6+N"丰都肉牛产业"大脑"，在十直镇、包鸾镇打造高标准农田综合管理服务平台，建设包鸾无人农场。

二是工业发展克难进稳。坚持因地制宜发展新质生产力，加快构建"2+3"新型工业产业体系，依托白泡石、白云石、高钙石灰石等资源优势，推动玻纤及复合材料、氧化铝2个百亿级产业链重大项目落地丰都。紧扣"一主两辅多特色"农业资源，推动投资5亿元的西南地区王老吉大健康产品、投资1.2亿元的金鸡产业园等项目相继落地，带动1—9月食品及农产品加工业规模以上产值达37.43亿元、同比增长14.4%。依托风、光、水等资源，投资103亿元的栗子湾抽水蓄能项目序时推进，投资3亿元的垃圾焚烧发电项目竣工投产。大规模设备更新取得实效，摸排出东方希望水泥余热利用系统超低排放改造、骨料生产线搬迁技改等28个技改项目，带动1—9月工业投资增长120.3%、居全市第2位，工业增加值达40.2亿元、同比增长6%。

三是文旅产业向好企稳。成功举办丰都庙会、祈福文化节、南天湖冰雪旅游季等活动，"丰都庙会"抖音同城热搜持续占据全市前三，网络曝光量超2亿人次；成功举办巴蜀文化旅游走廊文旅产业协作"走进三峡"活动，10余家川渝旅游企业与丰都本地企业签订合作协议；"巴渝神鸟"城市雕塑走进墨西

哥、"十大阴帅""神鼓舞""鬼面舞"等非遗项目走进贵州"村超",实现1—9月接待游客2890万人次、旅游总收入135.4亿元,同比分别增长7.8%、6.2%。

（二）"三驾马车"并驾齐驱,"进"的力度在加大

一是投资放量"跃进"。围绕国家一揽子增量政策,找准承接点、打好提前量,储备重点项目147个、计划投资434.8亿元,争取中央预算内资金、超长期国债、专项债券等项目25个、总投资20.6亿元,教育领域中央预算内资金全市第一。深化"一项目一专班"服务,高效保障项目用地4132亩,解决空间拓展、水电气、用地指标等问题45个,实现100个重点项目序时推进,渝万高铁丰都段全线首梁和首桥成功架设合龙、建设进度居全市第1位,带动1—9月固定资产投资同比增长22.5%、居全市第1位。大力开展招商引资,1—9月共签订正式合同50个（亿元级以上15个）、金额74亿元,资金到位38.4亿元、同比增长124.4%。

二是对外贸易"快进"。组织外贸企业参加墨西哥经贸、中国香港美食博览会、巴西经贸等活动,现场确定8200余万美元订单。自由贸易试验区联动创新区平台项目获批落地丰都,建成"两群"地区首个冷链公用型保税仓库,在全市首创保税进口模式。西部陆海新通道完成货运70标准箱、货值2400万元,保持牛肉进口加工量居西部第1位,藠头出口量居西南第1位,榨菜单企单品类出口量居重庆第1位,鲟鱼鲜活产品出口重庆唯一,带动1—9月进出口总额完成2.2亿元、同比增长49.4%。

三是消费增长"稳进"。大力开展"最牛丰都"万人宴、"丰都麻辣鸡"美食节、"丰都八大碗"品鉴汇等系列促销活动,发放消费券3.4万余张、带动消费1940余万元。完成"龙城香街"改造,吸引20余家各类老字号餐饮、非遗美食等商业主体入驻。"龙城天街"入驻率超80%,9个"一刻钟"便民生活圈即将竣工验收。促进汽车和家电以旧换新同比增长58%、88%,新增限上批零住餐企业11家,带动1—9月农产品网络零售额超23亿元,社会消费品零售总额188.1亿元、同比增长5.3%。

（三）重大改革序时推进,"变"的成果在显现

一是数字重庆"蝶变"。健全感知预警体系,全面承接"8+68+249"板块跑道体系,谋划特色子跑道18条,上屏体征指标3000余条、KPI指标500余条,编目接入感知设备47类、22.16万个。提升决策处置效能,配置智能预案215个,促进闭环办结各类事件24.3万件、办结率99.32%;复盘改进总结经验、形成典型案例104个,切实将"解决一件事"变成"解决一类事"。持续开发特色场景,防汛救灾智能化模拟、校家社协同育人等4个综合场景具备实战能力；"企业升规入统"应用被纳入区县典型应用"提前储备一批"名单。

二是国资国企"蜕变"。纵深推进"三攻坚一盘活"改革,坚持"业务归并、资源协同",促进国企市场化转型,实现47户亏损企业全部减亏扭亏,营业收入增长22.6%、净利润增长78.4%。推动政企分离,18户涉改企业实现100%脱钩、100%集中统一监管,涉改人员100%稳妥安置。聚焦"优化布局、招优引特",将2.2平方公里城镇开发边界调整到工业园区"四至"范围,园区承载力逐步增强。注重"资产归集、政策集成、土地集中",盘活资产45亿元、完成率525%,盘活回收资金18.5亿元、完成率415%。

三是营商环境"嬗变"。全面落实稳企惠企政策,新增减税降费4.9亿元,惠及纳税人12.1万户次。开展春风行动、就业援助月等线上线下招聘活动22次,多渠道多形式助企招工500人。建立"1号茶叙日""组团式服务"等工作机制,创新部门"服务力指数",常态开展"企业评议部门"活动,优化"办不成事"反映窗口,推动企业满意度达95%以上。

(四)社会环境持续改善,"好"的因素在积累

一是"小县大城"推进较好。丰都图书馆、滨江公园等城市"大件"建成投用,横五路、龙河新城互连互通道路等重大项目序时推进,适老化、适儿化改造朝华文化公园,完成街头绿地提质改造3.4万平方米、山城绿道2.6公里,新增城市绿地10万平方米。围绕"补缺位",新增划线停车位1511个、打造错时共享停车泊位1195个,整体装修3个劳动者港湾,整治外墙瓷砖脱落隐患3.3万平方米。筹集保障性租赁住房150套,实物配租113户。

二是生态环境持续向好。启动社坛场镇雨污分流精细化提升工程,碧溪河水质均值达Ⅲ类标准;累计整治销号长江干流排污口297个、销号率99%,排查整改次级河流排污口309个。以县城规划区治气攻坚为重点,实施东方希望水泥厂超低排放改造,1—9月空气优良天数达263天,同比增加两天。加快推进"无废城市"建设,建成"无废城市细胞"25个,全面完成紫光化工剩余物料废物处理,农作物秸秆资源化利用案例被评为全市典型案例。

三是民生福祉投民所好。通过优化数字就业服务平台、创建"社区工坊"等举措,新增就业5914人、完成年度任务131.4%。县人民医院、县中医院"三甲"医院创建指标合格率分别达94%、92%,30个乡镇医疗机构急诊室、抢救室建设合格率达100%,高标准打造村"五星"级卫生室13家。辐射巴南、渝北等11个区县的善成专门学校建成投用,推出城区"学生号"公交36条、61台,校园周边交通事故率下降50%,家庭教育互助会经验在中央改革办《改革情况交流》单篇刊载。

二、2025年经济运行环境分析及主要指标预测

从全球看,特朗普再次当选美国总统,美国等西方国家民粹主义兴起,全球贸易保护加剧,且俄乌、中东等局部地区冲突不断,对国际贸易和世界经济复苏造成诸多不确定性。但同时,广大新兴市场国家和发展中国家从自身发展需要出发,积极投身金砖国家、"一带一路"等国际合作框架,为世界和平发展持续注入稳定性,必将在变革中的世界展现更大作为。从全国看,国民经济正处于新旧动能转换的关键时期,旧模式尚未彻底出清,新动能尚未完全成形,经济结构仍在优化调整之中,企业和居民等微观主体预期偏弱,总体来看2025年仍将是需求决定经济增速的一年。但同时,随着国家一揽子增量政策效应不断显现,超长期特别国债发行、地方政府隐性债务置换、"两新""两重"等务实举措逐步落地,高新技术产业持续取得突破,发展的活力和动力将进一步释放,市场信心将进一步增强,高质量发展和经济平稳运行的基础将进一步夯实。从全市看,受宏观经济下行影响,消费、投资、进出口持续承压,需求侧疲软现状亟待改观。在这样的背景下,市委、市政府围绕做实"两大定位"、发挥"三个作用"、建设"六个区",进一步推动成渝地区双城经济圈建设走深走实,不断提升"33618"现代制造业集群能级,加快打造在西部地区具有影响力的高能级开放平台,产业转型升级之路蹄疾步稳,经济高质量发展韧性更强、潜力更大、活力更足。从全县看,投资、外贸逆势上扬,地区生产总值增速领跑全市。玻璃纤维、氧化铝等新材料产业项目签约落地,栗子湾抽水蓄能、风电、光伏等新能源项目蓬勃发展,"低空+"产业应用破土萌芽,高质量发展新旧动能转换序时推进。"来世界的丰都·看丰都的世界"旅游名片火爆出圈,城市更新建设日新月异,文旅融合发展势头正盛。"一主两辅多特色"现代山地特色高效农业与食品及农产品加工业相辅相成,现代畜禽产业基地加快建设。

综合分析各方面因素,2025年全县经济将保持稳定增长态势,预计地区生产总值同比增长6.5%左右。

三、2025年政策调控措施建议

（一）坚持因地制宜发展新质生产力，推动三次产业逐步转型升级

一是特色发展现代农业。重点支持国家级、市级龙头企业和"个转企、小升规"发展，助力企业"上规、上云、上市"，持续推动恒都公司打造"百亿恒都"并加快A股上市。打造10亿级"丰都麻辣鸡"特色品牌，建设100亿级食品及农产品加工园区，推动食品及农产品科研、种养、加工、储运、销售等全链条发展。严格新农人程序审核、有序退出，推动队伍量质并举。进一步完善共富农场合作机制，围绕肉牛、榨菜、鸡等特色优势产业，通过多村联建发展一批共富农场，带动村集体经济持续发展壮大。

二是重点发力工业经济。推动玻璃纤维项目一期全面建成投产，争取特铝新材料项目到位资金20亿元以上，推动龙璟纸业二期、红心柚深加工等项目建成投用。深化"新能源+天然气+产业"绿色发展模式，采取资源互换方式与中石油西南油气田分公司、国家电网重庆分公司、重庆燃气集团等达成合作，从根本上解决丰都大工业发展能源要素保障问题。持续招大引强、招新引优、招群引链，新引进项目200个，新培育1~2个百亿级产业。

三是大力发展文旅产业。持续举办祈福文化节、丰都庙会、南天湖避暑狂欢季和冰雪旅游季等重大文旅品牌节会，叫响"来世界的丰都·看丰都的世界"城市品牌。精心打造"夜游酆都城""仙境南天湖"等品牌，推出"三生三世"沉浸式夜游等产品，加快小官山密室体验、南天门沉浸式演艺等项目建设，推出望乡台、五云楼、祈福宴等祈福新场景。

（二）坚持扩大内需和稳定外需相结合，助力三大需求活力持续释放

一是全力推动投资放量。围绕国家一揽子增量政策，聚焦产业备份、稀有金属、沿江重大交通要道、畜禽育种、城市管网等方面超前谋划储备一批项目，做到项目等政策、项目等资金，确保能及时申报本地所需，又符合国家投资方向的好项目。进一步优化项目建设审批流程，结合信用承诺推广"容缺审批"制度，提高项目推进效率。持续开展"抓项目促投资"专项行动，重点解决项目卡点难点问题，推动栗子湾抽水蓄能、垫丰武高速、渝万高铁、横五路等项目加快建设，形成更多实物工作量。

二是持续深化对外开放。常态化开行西部陆海新通道公路班车及长江水运集装箱班轮，力争经西部陆海新通道货运量达80个标准箱以上。发展自贸试验区联动创新区特色经济，打造枢纽经济、数字经济、产业经济等"新名片"。持续提升开放平台能级，建设渝东北高能级开放平台集聚区。完善海关特殊监管区域布局，力争在丰都布局海关监管作业场所及综合保税仓，更好满足本地生产企业需要、辐射和服务周边地区。

三是有效激发消费活力。围绕重大节会活动做好展会、促销活动，完善南天湖景区、名山景区商贸设施，引进一批优质民宿、连锁酒店，吸引优质餐饮品牌入驻。持续建强消费业态，打造滨江路、金科黄金海岸、澳洲城等特色休闲街区，迭代升级四方田、河北步行街等美食街，发展网红经济、夜市经济，探索首店经济、低空经济等新业态。加强网销品牌培育和推广，打造配套麻辣鸡、榨菜及农特产品的电商产业园，引育跨境电商实绩企业2家以上。

（三）坚持全面深化改革，为经济社会高质量发展保驾护航

一是全面融入数字重庆。完善架构体系，进一步丰富特色子跑道、体征指标，优化完善"风险一张图"，推动形成管线管廊矢量数据。完成AI算力、算法本地部署，优化惠游丰都、林火智能监控系统+AI算法、中小河流防洪智能模拟等AI智能体运行。促进重点场所涉未管控等应用开发，同步推进城市房屋

装修服务、重点信访事项监管等"一件事"开发，重点打造干部履职评价、防汛救灾、家校社协同育人等场景，实现应贯尽贯、全面实战。

二是改好建强国企园区。"一企一策"制定国企降本增效措施，加大资产盘活利用力度，切实解决企业利润结构不优、经营性现金流较少等问题。深入推进国企"三改一加强"工作，系统梳理、重新核定核心功能，进一步推进战略性重组，持续瘦身健体。加强与市内外头部机构、产业龙头合作，积极导入增量产业资源和"战投"资金，打造"丰"字号国企品牌。全面提升园区能级，实施亩均效益提质行动，以企业技术改造、闲置用地改造为抓手，加速企业转型升级，力争规模以上制造业亩均税收增量及增速超4%。

三是持续优化营商环境。迭代升级"丰速度·助你行"营商环境服务品牌，推动优化"营商环境"向"宜商环境"转变。常态化落实"三服务"机制，深入开展"组团式帮扶企业""我为企业办实事"等活动，千方百计帮助企业解决难题。积极实施包容审慎监管，细化落实轻微违法免罚清单，推进首违不罚、轻微免罚。强化信用激励约束，推动企业信用与重点领域监管深度融合。

（四）坚持人民至上、民生为大，让改革发展成果更多更公平惠及全体人民

一是高位推动"小县大城"。加强城市老旧管线改造升级，开工建设老旧小区排水管网改造、城区污水管网改造等项目，不断提升城市韧性。建成投用龙河东滨江公园等公共设施，提质建设龙河国家湿地公园，深化打造城市休闲观光带。推动回购存量商品房用作配售型保障性住房，确保宏冠·江山印等第四代商品房项目建成交付，满足进城人口多样化居住需求。推进农业转移人口市民化，探索公共服务体系配置模式，实现搬迁进城11000人。

二是全面转型绿色发展。完成长江干流入河排污口整治销号，加速推进渠溪河流域治理，创建包鸾河市级幸福河湖，创建全市农村黑臭水体"清零"示范县。全力打好三峡库区危岩治理攻坚战，健全长江"十年禁渔"、野生动植物保护长效机制，创建国家"两山"实践创新基地和国家森林城市。加快推进栗子湾抽水蓄能电站、许明寺镇农光互补项目，力争开工回山坪扩建风电、南天湖风光一体化、涪陵丰都天然气管道工程等能源项目，提升清洁能源供应能力。

三是全力保障社会民生。落实就业优先政策，持续开发公益性岗位、引进"家门口"岗位，力争城镇新增就业4500人，应届高校毕业生就业率不低于90%。大力发展教育事业，建成投用培元中学，充分发挥幸福小学、育才中学等名校示范引领作用，建成全国学前教育普及普惠县。加大医疗服务保障，提速县人民医院感控中心、县中医院城西院区、南天湖景区医院等项目建设，新增甲级基层医疗机构2个，全面推动基层医疗机构上云。

[丰都县发展和改革委员会　朱　忠　陈　玲　皮雪锋　帅　麟]

之七：2024年忠县经济运行分析及2025年展望

2024年，忠县坚持以习近平新时代中国特色社会主义思想为指导，全面落实党的二十大和二十届三中全会精神，深入学习贯彻习近平总书记视察重庆重要讲话重要指示精神，认真贯彻落实市委六届历次全会精神，坚持稳中求进、以进促稳、先立后破，深入贯彻落实党中央、国务院决策部署和市委、市政府工作要求，紧扣"渝东北前列、全市争先进位和忠县辨识度"要求，统筹推进调结构、促改革、惠民生、防风险、保稳定，深入落实"1116"总体工作思路，鼓足干劲、锐意进取，奋力谱写中国式现代化重庆篇章贡献忠县力量。

一、2024年忠县经济运行分析

（一）经济运行特点

1. 特色产业势头良好

1—9月，度全县实现地区生产总值（GDP）415.55亿元，同比增长7.1%，增速比全国、全市分别高2.3个、1.1个百分点，在全市和渝东北片区分别排第6位和第3位，延续年初以来"稳中有进"良好态势。工业稳增稳进，积极融入全市"33618"现代制造业集群，聚力打造"2+4"现代制造业集群，推动爱谱华顿超导体新材料等13个工业项目建成投产，为工业生产蓄势赋能。前三季度，全县实现规上工业总产值166.15亿元，有力支撑全口径工业实现增加值80.6亿元，同比增长6.5%。农业平稳增长，推动柑橘、笋竹、生猪等"一主两辅"特色产业全产业链发展，"忠橙""忠县蜂糖李"品牌入围首批《中国农产品品牌索引名录》，"忠橙"品牌价值突破105.89亿元，获评"2024中国品牌500强""2024中国（橙类行业）十大领军品牌"。前三季度实现农林牧渔业总产值73.17亿元，同比增长2.2%。服务业态势良好，提速建设忠州商圈，全力推进万达广场高质量发展，忠州农批智慧城、五洲国际邮政县级物流配送中心建设建成投用，持续举办爱尚忠州·惠民消费系列活动。批发和零售业，交通运输、仓储和邮政业，住宿和餐饮业，金融业，其他服务业等主要行业均实现较快增长，分别增长6.6%、7.2%、7.6%、7.1%和10.2%。

2. 需求动力稳健前行

投资规模持续扩大，坚持"八个一批""四专周赋色、月推季考核"工作机制，强化协调联动和专班推进，爱谱华顿、忠润能源三期等重点项目投产达效，支撑固定资产投资保持较快增长。前三季度完成固定资产投资237.44亿元，增长13.3%，增速排全市第11位、渝东北第5位。消费市场活力迸发，商品零售174.14亿元，增长4.5%；餐费收入30.28亿元，增长5.6%；各类展销、促销活动推动全县前三季度实现社会消费品零售总额204.42亿元，增长4.7%。成功举办"花开四季·香约忠州"首届赏花节、2024首届长江三峡龙舟邀请赛等大型文旅活动，1—10月，接待游客1644万人次，旅游综合收入105亿元，"忠州八景"运营收入3200万元。对外贸易持续恢复。积极融入西部陆海新通道建设，成功开通

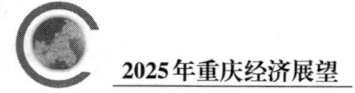

"忠县—东盟"跨境公路班车，成功招引3个外资项目落地，新培育出口企业6家，成功实现二手车出口"破零"。"忠橙"累计出口量超7000吨，居全市第1位。前三季度，全县实现外贸进出口总额1.0亿元，同比增长15.8%。

3. 新兴动能加快释放

重点改革走深走实，全面完成"三攻坚一盘活"改革突破年度目标任务，国企法人、平台公司压降17户，16户企业扭亏减亏，政企分离改革企业关闭注销51户，盘活国有资产33.33亿元，回收资金13亿元。扎实推进公共资源交易监管改革，完成全县首个"1+N"跨市远程异地评标项目。

开放水平持续提升，新增1个市级创新平台、2个县级创新平台。柑橘产业大脑建设项目纳入万亿国债项目，并完成第一阶段建设。强化招商引资，前三季度新引进招商项目113个，协议引资261亿元，到位资金90亿元。创新驱动深入实施，推进"双倍增"行动，全年新增高新技术企业5家、科技型企业96家，新培育"专精特新"中小企业3家，累计达34家，全社会研发投入近2.67亿元。前三季度，电子商务交易额突破39.3亿元，同比增长12.1%。数字经济增加值增长10%以上。

4. 发展效益显著提升

财税收入增势向好。持续加强税源管理，加大清欠力度，不断挖掘税收增长潜力，有力推动财税收入实现快速增长。前三季度实现一般公共预算收入23.23亿元，增长34.2%，较上半年快24.1个百分点。其中税收收入11.87亿元，增长23.1%，较上半年快56.8个百分点。居民收入稳步提升。前三季度，全县全体居民人均可支配收入28473元，同比增长4.8%；城乡差距依旧保持缩小态势，城乡居民人均可支配收入比为2.24∶1。企业收入持续改善，严格执行国家、全市、全县各类助企纾困政策，"四上"企业盈利情况不断改善。全县规上工业利润总额呈逐月收窄、逐月向好发展，前三季度增速回升至8.2%，全县规上服务业利润总额同比增长7.6%。

5. 民生民利持续改善

社会保障扎实有效。养老、医疗保险参保率分别稳定在95%、98%以上，低收入人口参保率达100%。城镇新增就业6271人，高校毕业生就业率90%，城镇调查失业率控制在5.5%以内。救助困难群众2.5万人次，发放社会救助资金1.3亿元。社会事业长足发展，全市首所县域大学重庆数字产业学院正式开学，报到人数超1000人。落实学前至大学的各类资助资金1.09亿元，惠及6.79万人次，改造校舍、运动场总面积约3万平方米。基层诊疗人次占比提升至67%，县域内就诊率保持在92%，家庭医生签约服务覆盖率46.99%，东溪兴旺村、黄金黄土村获重庆市卫生村。举办长江三峡龙舟邀请赛等大型文体活动近20场，开展流动文化进村服务活动1000余场。生态环境持续改善，坚决打好污染防治攻坚战，城区空气优良天数达270天，长江干流及其主要支流总体水质稳定达到Ⅱ类，完成国土绿化营造林24.06万亩，完成"两岸青山·千里林带"建设2.15万亩。

（二）存在的问题

1. 产业发展的问题

一是工业增长承压前行。前三季度，工业占GDP比重下滑至19.4%，同比下降0.8个百分点。制造业增加值增长5.5%，低于全县工业增加值增速1个百分点。高技术投资增长较为乏力，前三季度仅完成9.24亿元，下降12.2%。二是农业生产持续放缓。2024年洪涝旱灾对农业影响极大，全县农作物受灾面积近33万亩，畜牧业仍处于周期性调整期，前三季度，全县畜牧业产值为16.53亿元、同比下降8.3%，生猪存栏率、出栏率分别下降10.1%、9.1%，对一产业发展造成一定影响。三是服务业恢复不及预期。

大宗商品消费需求减弱，房地产业及相关行业持续低迷，部分行业总部结算企业占比过高，消费趋缓回落。前三季度，全县实现社会消费品零售总额204.42亿元，同比增长4.7%，较上半年回落0.4个百分点。

2. 项目建设的问题

一方面，部分项目未达预期。1—10月，143个应开工应完工项目中，长江忠县苏家至漕溪河码头段岸线生态修复工程等5个项目未实现按期开工，年产10亿粒射钉一体钉项目等9个项目未按期完工投产投用。三一绿建绿色智能产业项目等8个续建项目年度投资完成率未达到序时进度。另一方面，投资完成情况不均衡。从投资主体看，市场主导类项目投资完成率落后于政府主导类项目4.7个百分点，固废垃圾处置生产项目等市场投资项目2024年均未取得积极成效。从建设状态看，续建项目完成投资完成率108%、新开工项目完成投资完成率71%、策划项目完成投资完成率25%，差距较为明显。

3. 招商引资的问题

一方面，工作进度有所滞后。1—10月，协议资金欠序时进度13个百分点，到位资金欠序时进度8个百分点。县级责任单位协议资金仅完成全年任务值的32%、序时完成率为35%，到位资金仅完成全年任务值的28%、序时完成率为31%。部分专业招商组还未能引进项目，任务完成率低；5个县级责任单位协议资金、到位资金均为零。另一方面，项目能级有待提高。签约项目投资规模仍呈现"大项目数量少、小项目数量多"的特征，5000万元及以下项目有91个，占比高达80%；个体自然人投资项目有48个，占比超40%；50亿级及以上项目还未实现突破。

（三）2024年主要指标预测

从当前全县经济运行态势上分析，全县全年GDP预计增长7%左右，固定资产投资增长13%左右；规上工业增加值增长11%；社会消费品零售总额增长10%；全体居民可支配收入增长5%。

二、2025年忠县经济运行环境因素分析

2025年是新时代新征程新忠县建设发展的关键之年，是"十四五"规划目标任务的收官之年，也是"十五五"规划的谋划之年，做好政府各项工作意义重大。从发展动力看，党的二十届三中全会部署的300多项重大改革举措正在加快落地，进一步全面深化改革开放，将持续激发全社会内生动力和创新活力；创新驱动发展战略正在深入实施，实体经济与数字经济、先进制造业与现代服务业正在融合发展，培育新质生产力将形成更多新的增长点，持续推动新旧动能加快转换。从市场空间看，我国超大规模市场优势明显，还有巨大的市场需求有待释放。数字、绿色等新型消费业态，以及养老、托育等"一老一小"服务消费需求仍然旺盛，产业链堵点卡点有望进一步打通，这些都将不断催生新供给、创造新需求。从政策支撑看，一系列重大战略任务、重大改革举措、重大工程项目正在全面落地见效，经济回升向好、长期向好的基本趋势没有改变。但仍面临经济总量不大、基础不牢，产业发展能级还需持续提升；城乡区域发展不够平衡，教育、医疗、就业等公共服务供给与群众期盼仍有差距等困难挑战。

三、2025年趋势展望及下步工作措施

（一）抓工业稳住基本盘

一是提振存量。深耕细分市场，紧盯市场占有率高的氨曲南、NFC橙汁和医疗设备专用摄像头、药机空调等产品，挖掘培育一批制造业单项冠军企业。实施"七个一批"工作机制，确保经营主体净增1

万户以上。提速推进聚融集团、大美游轮上市进程，谋划拟上市储备企业 5 家以上。强化优质经营主体梯度培育，确保"四上"企业净增 60 家以上。二是扩大增量。持续做强新能源材料、化学药 2 个主导产业，开工建设京能忠县天然气调峰发电、单晶高镍三元正极材料等项目，加快建设乌杨医药产业园建设项目（二期）、复方红豆杉等项目。持续壮大智能制造装备、装配式建筑部品部件、粮油加工、果蔬加工等 4 个特色产业，开工建设忠信光学 SMT 集成摄像头、金龙船业改扩建等项目，促进爱谱华顿超导新材料等项目尽早达产达效，持续扩大面业加工、果汁加工产能。三是把握变量。用好"可优先承接新能源材料转移""可优先承接化学原料药产业转移"和"重庆市承接产业转移示范园区"等优势，实施国家产业链关键环节产能储备和备份部署。聚焦前沿技术和产业变革重点领域，积极融入全市生物制造、生命健康、航空航天、低空经济等产业布局。立足页岩油、页岩气等资源，提速推进万顺场储气库、中石化页岩油气勘探开发等项目建设，打造中石化国家级陆相页岩油气开发示范区。

（二）抓项目夯实投资支撑

一是完善项目机制。深入落实重点项目"四专周赋色、月推季考核"工作机制，落细落实重点项目建设"十个抓"和严把"六道关"的工作要求，确保全年新开工项目 130 个以上，新开工率达 90% 以上、完工项目 120 个以上，全力以赴冲刺完成全年固定资产投资总额增长 13% 以上目标。二是加强资金保障。用好"八个一批""四专周赋色、月推季考核"工作机制，力争全年入库重点项目 270 个，开工项目 130 个、竣工投产投用项目 120 个，年度投资 150 亿元、支撑固定资产投资 300 亿元以上。迭代升级"四长一专员"工作机制，力争协议引资 400 亿元以上、到位资金 130 亿元以上。三是抓好项目谋划。聚焦一揽子增量政策，以国家投资"新政"为契机，着眼"十五五"规划前期，统筹抓好基础设施、房地产、工业等领域分项投资，聚焦"两重""两新"等重点领域策划包装一批重点项目，扎实做好项目谋划储备工作。

（三）抓服务业迸发市场活力

一是不断拓展旅游产业。擦亮"三峡留城·忠义之州"招牌，做好"五城"宣传推广。高质量运营"忠州八景"，扩大李家院子等精品民宿影响力，谋划黄金大岭、新生天池、石子八斗台等避暑产业。挖掘马灌灌湖水乡、拔山阿金河等乡村旅游潜力，举办新立田园马等乡村文旅活动 20 场次以上。力争全年接待游客 2200 万人次，实现旅游综合收入 120 亿元以上。二是不断升级商贸产业。加快完善忠州商圈，推进万达 CD 馆开业运营。确保希尔顿惠庭酒店（忠州店）建成投用。提速建设银农国际数智农商冷链物流加工产业园、农批智慧城、五洲国际邮政仓储物流中心等项目，引进圆通、中通、极兔等物流企业建立分拨中心。加强专业市场建设，推动县城汽车销售维修集中经营。提升乡镇集贸市场活力，建设拔山、汝溪、新立等一批商贸强镇。三是不断发展数字经济。持续落实数字（电竞）产业高质量发展三年行动。促进实体经济和数字经济深度融合，支持海螺水泥全流程智慧工厂平台、河姆渡工业互联网、柑橘产业大脑等项目建设。强化数字金融赋能，力争全年实现贷款余额达 450 亿元。常态化开展政银企对接活动，做深做实小微企业融资协调工作。加快打造渝东北电商产业发展高地，培育直播电商基地 3 个、电商主体 120 家以上，力争网络零售额突破 25 亿元，同比增长 20%。

（四）抓农业推动乡村振兴

一是促进农地支撑基础更稳。牢牢守住耕地保护和粮食安全底线，抓好撂荒耕地复耕复种，大力开展粮油单产提升行动，稳定粮食种植面积 114 万亩以上，油料种植面积 25 万亩以上，大豆种植面积 16 万亩以上。保障蔬菜、畜禽、水产等重要农产品量足价稳。实施高标准农田改造提升行动，力争完成高标准农田建设任务 6.24 万亩。积极开展巴渝粮仓忠县试点，抓好农业面源污染防治。二是促进农业产业效益更好。推动柑橘、笋竹、生猪等"一主两辅"特色产业发展,运营好重庆(忠县)现代农业柑橘产业园,升级笋竹产业"返租倒包"经营模式,年出栏生猪78万头。融入龙溪河流域现代农业示范区建设,力争第一产业增加值增长4%左右。开工建设忠县肉兔产业一体化项目,加快牲畜屠宰加工一体化项目二期建设。持续唱响"忠橙""忠县蜂糖李"等名特品牌,力争"忠县造"农产品进入全国名特优新名录库达4个。三是促进农民增收成色更足。牢牢守住不发生规模性返贫底线。巩固全国农业社会化服务创新试点成果。稳步推进忠州独珠村、拔山高阳村、新立双柏村、三汇金龙社区市级强村富民综合改革试点。发展壮大新型农村集体经济,确保村集体经济收入超50万元的涉农村(社区)占比超30%。拓宽农民就业渠道,实现农村居民人均可支配收入增长7%以上。

(五)抓改革增强发展活力

一是深化改革。持续深化数字重庆建设,系统开展新一轮核心业务梳理,争取更多"一件事"进入全市"一本账"。深入推进农村产权流转交易规范化试点县建设。深化紧密型县域医共体改革。巩固拓展"三攻坚一盘活"改革突破成果,做实国有资产盘活,力争盘活巴山B地块、一胜特等存量闲置土地。深化"亩均论英雄"改革,确保园区亩均税收增长保持在4%以上。二是扩大开放。常态化开行西部陆海新通道跨境公路班车,推动5家企业获得农特产品出口资质,探索柑橘产品出口拍卖新模式。新培育出口企业6家。争取新生港口岸开放获国家级审批,推进海关监管场所、公用保税仓建设。实现进出口总额1.2亿元、同比增长10%,实际使用外资10万美元。持续拓展山东省、沈阳市协作广度和深度。三是优化环境。深入落实优化营商环境"三会三员、两评两督""走宣解"服务民营经济和重点企业(项目)"四定八帮"工作机制,坚持"企业宁静日"制度,加快创建重庆市营商环境标杆城市。高质量办好第三届全国忠商大会。落实助企纾困各项措施,健全防范和化解拖欠企业账款长效机制,解决好拖欠农民工工资问题。推动民营经济增加值增长7%以上,占GDP比重达72%。

(六)抓民生兜牢发展底线

一是持续扩大群众就业。完善和落实稳就业政策措施,确保城镇调查失业率控制在5.5%以内,城镇新增就业5000人以上。落实百万高校毕业生等青年留渝来渝就业创业行动计划,用好孵化基地、零工市场及农民工返乡创业园,挖掘培育"忠橙橘工"等更多特色劳务品牌。落实渐进式延迟法定退休年龄工作。做好退役军人年度接收安置任务。二是持续打造教育高地。加快打造"库区教育高地·重庆教育强县"。推进领秀滨江幼儿园投入使用,力争新增学前学位300个,义务教育大班额占比降至10%以内。推进普通高中特色多样化发展,培育1个市级学科基地。推进中职、高职一体化发展,提升重庆数字产业职业技术学院办学水平,新增专业5个、第二期招生到校突破1500人。三是持续守护群众健康。巩固国家卫生县城和健康县创建成果,推进县中医医院三级医院创建,推广应用针刀医学等特色中医技术。统筹推进疾控防治和综合监管,甲乙类传染病报告发生率控制在全市平均水平以下。推动建设生育友好型社会,保持孕产妇零死亡率,婴儿死亡率和5岁以下儿童死亡率稳定在3‰和5‰以下。

[**忠县发展和改革委员会　黄　星　江　涛**]

之八：2024年云阳县经济运行分析及2025年展望

2024年以来，云阳县上下坚持以习近平新时代中国特色社会主义思想为指导，全面贯彻落实党的二十大、二十届三中全会精神和习近平总书记视察重庆重要讲话重要指示精神，认真贯彻落实市委六届历次全会精神，全面落实县委十五届八次全会部署要求，坚持稳进增效、除险固安、改革突破、惠民强企工作导向，聚焦"一地三区两城"现代化新云阳建设，全力以赴拼经济、奋勇争先挑大梁，全县经济运行总体平稳，前三季度，全县地区生产总值同比增长（下同）6%，固定资产投资增长8.6%，规模以上工业增加值增长6.3%，社会消费品零售总额增长6.7%，一般公共预算收入增长0.4%，居民人均可支配收入增长5.9%。预计全年GDP增长7%左右。

一、2024年云阳县经济运行特点

（一）新质生产力加快发展，产业基础不断筑牢

1. "2238"制造业集群不断壮大

1—9月，全县规模以上工业增加值增长6.3%。"两主两支三优"产业实现产值101.5亿元，增长4.6%，其中汽摩零部件、服饰玩具增长超40%，新能源及新型储能产业增长17%。企业梯度培育出成效，优化"企业吹哨·部门报到""云上·企业·家"等平台，新增工业主体768家、其中工业企业486家，新增科技型企业90家、年度目标完成率120.2%，新增"高企"10家。工业动能持续增强，实施金田聚丙烯薄膜技改、宏霖食品扩建等技改项目38个，工业投资规模增长22.3%，持续居渝东北第1位，R&D经费投入强度提升至0.79%，跃居渝东北第2位。

2. 农业基本盘持续巩固

1—9月，全县第一产业实现增加值53.5亿元，增长3.7%。农产品稳定供给，多措并举消除灾情影响，水稻、玉米、高粱等秋粮收获基本完成，预计全年粮食播种面积136.6万亩、产量41.4万吨；蔬菜、水果产量分别增长3.2%、8.9%；受生猪产能调控影响，生猪出栏量下降3.6%。品牌建设有力推进，新增绿色食品8个、市级名牌农产品5个，宏霖酱油、前进食品桃片糕等11款产品被纳入市级消费品工业"爆品"培育清单，规模以上食品及农产品加工企业产值增长8%。乡村旅游助增收，打造凤鸣黎明农文旅融合园等10个乡村旅游示范点和5条示范线路，乡村旅游综合收入增长15.2%，村集体经济组织经营性收入增长39%，农村居民人均可支配收入达14488元，增长6.5%，居全市第7位。

3. 服务业持续向好

1—9月，全县服务业增加值增长6.9%。其他服务业增长较快，规模以上租赁和商务服务业、居民服务修理和其他服务业、文化体育和娱乐业营业收入分别增长25.8%、17.6%、20.1%。绿色金融改革加快推进，江来文旅集团岐山草场项目成为全国首例"自然资源清单+委托代理协议书"的典型融资案例，鑫福源再生资源回收公司成功入选市级金融服务绿色低碳示范工程名单，全市首创李子降雨气象指数保险，

绿色贷款余额增长60%，全县金融机构存、贷款余额分别增长10.4%、5.2%。交通物流稳定增长，开发应用小程序"智慧出行"，航运运力提升至286万载重吨、居全市第1位，"半小时高速、1小时云阳"乡镇比例分别增长至69%、88%，全县公路旅客周转量增长20.1%，水路客货运总周转量增长8.3%。

（二）全力以赴扩投资促消费强外贸，发展动能不断增强

1. 投资增长总体稳定

1—9月，全县实现固定资产投资276亿元、增长8.6%。实行重点项目县级双周调度机制，构建"日报告、周调度、旬督查、月晾晒、季考核"运行体系，组织举办重点项目集中开竣工活动2次，前三季度县级重点项目完成投资213.1亿元。基础设施投资快速增长，江龙高速、向阳水库等在建项目加速放量，交通、城建、水利投资分别增长6.9%、27.7%、159.4%，带动基础设施投资增长13.2%。更新"五年规划、三年滚动、年度实施"项目库，储备项目1247个，总投资超4000亿元，项目转化率达28.8%，超长期特别国债和中央预算内资金争取额度居全市前列；提前开展项目"提级论证"130个，已通过97个，通过率74.6%，通过数量居全市前列。

2. 消费市场持续向好

1—9月，全县实现社会消费品零售总额346.8亿元，增长6.7%，排全市第2位。多样活动激发消费潜力，全力打造"中国·云阳面食美食地标城市"，举办"中国（云阳）面食文化节"、2024年以旧换新惠民消费季"一汽一房三家"等促销活动20余场次，带动消费38亿元，家电以旧换新补贴金额居12县之首，汽车、家电消费分别增长11.9%、16.5%，云阳羊脚脚等8道特色美食获评"渝味360碗"，全县批零销售额、住餐营业额分别增长11.8%、12.2%、6.3%、13.7%，上榜全国县域商业"领跑县"典型案例。旅游消费提质升级，拟建云阳世界地质公园获联合国教科文组织全票通过，恐龙化石遗址馆对外开放，推出云阳地质公园"G"环线、"云阳八绝"3日深度游等路线6条；深入实施"100星100A"工程，新增"星"5颗、"A"6个，开展世界残排联沙滩排球锦标赛、"一带一路"记者组织论坛等国际性活动，全县接待游客、旅游综合收入分别增长23.2%、22.5%，连续6年获评全国县域旅游综合竞争力百强县。

3. 对外开放持续推进

1—9月，全县实现进出口总额1.1亿元，增长85.6%，排全市第5位。组织宏霖食品、优多科技等企业参展2024年西洽会、香港美食博览会，助推云阳红橙出口迪拜；推动南山峡黑木耳、领峰农业黑芝麻等9款产品取得FDA认证，食品类FDA认证个数排全市第1位；落地印度尼西亚SAK西南采购分公司，新培育白龙农业等2个农产品出口备案基地、重庆悦果堂等2个进出口水果洗选加工厂，培育穗五龙科技等外贸主体12家，全县经西部陆海新通道货运量、货运值分别增长114%、64.6%。云阳自贸试验区联动创新区获市级优秀实践案例。

（三）统筹高质量发展和高水平安全，人民幸福感获得感安全感不断增强

1. 区域协作不断加强

双城经济圈建设走深走实，深化落实重庆市"十项行动"，创建世界地质公园增补纳入市推动成渝地区双城经济圈建设"重大平台"清单，双城经济圈重大项目投资完成率130%、连续两个季度保持A档。参加川渝万达开地区统筹发展第四次党政联席会议，共同谋划实施"延伸拓展川渝东北地区对外大通道"等20项年度任务。对口协同不断加强，对口支援程德全故里文旅融合保护综合利用一期等9个项目建设，持续深化与"苏州对口地区四季文旅资源推介App"平台合作，推广云阳文旅资源；联合渝北推出"一

起渝阳探鲜"旅游推广活动、举行"天生云阳·乐购渝北"展销会，共同建立招标文件智能化审查、联合监管执法合作机制，联合签署提质增效基层医疗机构服务能力帮扶协议，云渝两地"校地共建""教师成长学院"合作学校达8所。

2. 重点领域改革纵深推进

"三攻坚一盘活"改革质效持续提升，29户亏损企业减亏21户、扭亏8户，法人压减任务全面完成，县属国企实现营业收入19.6亿元、增长35.3%。平稳撤销普安恐龙化石管委会，重新划定工业园区四至范围，制定产业发展规划、产业发展地图，建立园区行政审批"帮代办"服务制度，1—9月，工业园区规模以上企业营业收入102.1亿元。制定"一资一策"盘活方案，累计盘活资产回收资金10.5亿元。数字重庆建设深入推进，建成城市体征数据库，梳理上屏体征指标2813个、动态挂接率达100%，全市排名第1。"云检司法救助一件事""畜禽粪污资源化利用一件事"全市推广。

3. 民生福祉持续增强

开展书记校长访企拓岗、高校毕业生专场招聘等活动7场次，职业技能培训4100人次，举办"创业18月月会"，促进就业创业4680人，城镇新增就业6210人，城镇调查失业率保持在5.5%以内。劳务品牌培育有成效，"三把刀""云阳菊花工"被认定为重庆市特色劳务品牌，"云阳面工"全国职业技能大赛入选全市职业能力建设领域重大项目。25件市县重点民生实事顺利推进，发放低保、特困等各类救助补助金3.5亿元；新改扩建曙光小学等学校7所、新增学位2700个；成功创建2家社区医院、3家甲级基层医疗卫生机构，全县甲级基层医疗卫生机构达到9家；建成"四有五助"村级互助养老示范点10个，完成适老化改造1358户，新增养老床位1000张。

4. 重点领域风险有效防范

1—9月，一般公共预算收入完成13.17亿元，增长0.4%，其中税收完成6.52亿元，占一般公共预算收入49.5%，收入结构进一步优化。重点支出保障有力，"三保"政策全面、及时兑现，实现"三保"支出36.7亿元。印发《县级支出项目预算标准管理办法》，持续完善预算管理一体化系统，加快建立现代化预算管理制度。"多管齐下"稳妥化解政府债务，政府性债务化解成效连续三个季度为B档。启动防范和打击非法集资专项行动，无重大非法金融活动案件发生。锦绣城、江来城入选房地产项目"白名单"，2117套房屋全部按时交付，"保交房"工作在全市率先实现销号。推动安全生产治本攻坚三年行动，有效应对暴雨洪涝、干旱山火等大战大考，未发生较大交通安全事故，现行命案破案率连续14年保持100%，安全形势持续向好。

二、存在的问题

（一）工业经济支撑作用不足

全县龙头企业数量偏少，与周边区县产业配套不多，缺乏具备行业号召力、顶天立地的大企业。新企业拉动较弱，新入库企业产值占规模以上工业总产值比重较低，产值贡献不大。规模以上工业企业亩均效益较低，受技改扩能后产能未充分释放、增值税进项抵扣、市场下滑等因素影响，全县规模以上制造业企业亩均税收有所下降。

（二）投资增长乏力

房地产投资受房企拿地开发能力受限、新开工及在建项目减少、居民购房意愿低等原因制约，持续处于低位；工业投资受大项目接续不足、企业投资意愿偏低等因素影响，持续增长乏力；新入库投资10

亿元以上项目仅2个，大项目支撑不足。

（三）企业经营困难加大

随着市场需求收缩、劳动力成本上升、同行业和跨行业激烈竞争，民营企业融资满足度不高，预期不明朗，投资信心不足，企业经营困境和挑战增大，全县市场主体总量有所下降。

（四）财政平衡压力凸显

受存量企业经营困难、房地产业低迷等影响，制造业、房地产业、建筑业等重点行业税收收入持续下滑，全县一般公共预算收入增长放缓。同时，超额绩效清算、部门刚性项目、存量资金缺口等新增财政支出规模较大，存在新增暂付款的风险，"三保"、重点项目保障面临巨大挑战。

三、2025年经济运行的环境分析及趋势展望

2025年是"十四五"的收官之年，也是"十五五"的规划之年。稳中求进仍将是中国经济发展的主旋律。从国际看，外部环境更趋错综复杂，主要经济体增长动能弱、债务负担重，地缘政治经济冲突依然易发频发，去全球化态势仍将持续，不确定不稳定因素增多。同时国内面临有效需求不足、部分企业生产经营困难等问题，经济下行压力有所加大，但我国经济发展长期向好的基本面没有改变，市场潜力大、经济韧性强等有利条件没有改变，党中央总揽全局、正视困难、科学决策，围绕加大宏观政策逆周期调节、扩大国内有效需求等方面推出一揽子增量政策，为实现长期可持续的经济增长打下坚实基础。从全市来看，习近平总书记视察重庆，赋予重庆打造新时代西部大开发重要战略支点、内陆开放综合枢纽"两大定位"，部署提出"四项任务"，并就推动西部大开发形成新格局明确"六个坚持"重要要求，为重庆各项事业发展指明前进方向、注入强劲动力。市委六届五次、六次全会的召开，对谱写中国式现代化重庆篇章作出全面部署，叠加一揽子增量政策落地见效，将进一步极大提振市场预期、社会预期，充分释放全市高质量发展巨大潜能。从云阳县来看，县委十五届八次全会系统谋划"一地三区两城"的目标定位，加之成渝地区双城经济圈、西部陆海新通道等重大战略纵深推进，"小县大城""强镇带村"试点建设有力有效，"2238+2"产业发展体系打造提速，一系列增量政策红利和效应逐步释放，将进一步激发和增强创新活力、发展潜力。

四、2025年工作措施

（一）坚持产业为基、富民强企，做强"三区"产业支撑

加快建设山地农业优品区。开展主要粮油作物大面积单产提升行动，建好粮油新品种、新技术生产示范片，全面完成全年粮食生产任务，确保全年蔬菜、柑橘产量分别达60万吨、38万吨以上，中药材面积达到15万亩，生猪出栏90万头以上。聚焦休闲食品和调味品，打造超千万元"爆品"10款，实现食品及农产品加工产值增长8%，推进落实就业增收、经营增收等五大举措，确保农村居民人均可支配收入达到2万元。加快建设绿色工业集聚区。壮大"2238"现代制造业集群，投产锦艺新材料技改扩能等重点项目，提高三木汽车、雄业玩具等企业亩均产出，强化工业企业梯度培育，确保升规入库工业企业12家，规模以上工业增加值增长10%。强化科技创新赋能，建成"中国复眼"二期、空天动力研发测试基地，落地北京理工大学云阳研究所，推动云海药业等企业建立独立法人研发机构，力争实现有效发明专利15项以上、企业研发投入经费支出增长10%以上。加快建设国际旅游度假区。推动商贸消费扩容提质，常态化举办中国云阳面食文化节、金秋节、消费品以旧换新等系列促消费活动，升级打造集"商业+景区

观光、商业+婚庆庆典、商业+体育赛事、商业+专业展会"等于一体的景城融合体验式消费新场景，实施"面食带美食五大行动"，全县社会消费品零售总额增长7%。推动全域旅游提档升级，用好"云阳八绝"资源，开发游轮旅游、峡谷地质奇观、环湖自驾等区域性精品线路，完善特色G环线、恐龙地质公园配套设施，提档升级龙缸、张飞庙等景区，丰富中国复眼（二期）旅游元素，提速推进清水旅游度假区建设，加快创建国家级旅游度假区。

（二）坚持交通先行、城市发展，强化"两城"空间承载

加快建设区域交通枢纽城市。迭代升级交通专项规划，做好江龙高速南北延伸段、渝东北沿江普速铁路通道、复兴港、通用机场等项目前期工作，开工建设万云奉巫南线高速、G348陈家溪至万州界项目，建成通车江龙高速。加快构建农村物流基础设施骨干网络和末端网络，完善农村物流配送体系，成功创建"邮运通"示范县。以高速道口为中心建好与乡镇的连接路，串联贯通云阳八绝等县内景区，发展路衍经济、道口经济，带动产业综合开发，助推城乡融合发展。加快建设山水公园智慧城市。推动城市更新提升，全面建成8个老旧小区提升改造项目，加快推进平安寨国防主题公园、天池郊野公园建设，推进地下综合管廊、变电站、通信基站与城区联通建设，加快建设黄石垃圾中转站，扩容污水处理厂，着力构建一体化市政基础设施网络。扎实推进数字重庆建设，动态加载城市运行感知、体征数据，丰富拓展实景三维应用场景，提升县治理中心实战能力，城市智能化管理覆盖率达50%。强化公共服务供给能力，加快推进江口二小、县人民医院黄石分院、县第二养老服务院等建设，推动天池医养空间、医药配送中心等项目落地，全面提升教育、医疗、养老供给能力。

（三）坚持招商为要、项目为王，不断增强发展动能

着力抓好招商引资。严格落实"两通三集中"招商引资外联服务工作机制，加快出台《云阳县招商引资外联服务工作经费管理暂行办法》《云阳县招商引资工作激励办法》等配套文件，完善"八团两处"招商引资机制，依托市政府驻外办事处、东西部协作、对口协同（支援）等平台，持续优化完善产业图谱、产业链招商导航图，举办招商外联推介联席活动，开展"归雁"招商、以商招商，确保全年到位资金160亿元以上。着力增强投资后劲。聚焦中央预算内、超长期特别国债等支持投向领域，深入开展项目策划与储备，动态更新三年滚动规划项目库。强化"县级双周调度""1+7+9"日常协调机制，加快项目"前期、开工、在建"进度，加快建设抽水蓄能电站、向阳水库、生活垃圾焚烧发电等重点项目，建成洞鹿风力发电、工业园区屋顶分布式光伏发电项目，完成重大项目投资157亿元以上，推动全县固定资产投资增长6%。

（四）坚持整体统筹、重点突破，持续全面深化改革

深化国资国企改革。常态化推进"三改一加强"，健全国有企业投资管理制度，建立研发投入刚性增长机制，完善国有企业履行战略使命评价制度、分类考核评价体系，推动国企改革综合报表体系、债务临期预警管理系统等"数智化"平台建设，巩固园区、开发区改革成效，不断提升国资国企核心竞争力。持续推进"小县大城、强镇带村"建设。以"四街四镇"一体化发展深入推进"小县大城"试点，积极探索"伴城伴乡"试点和片区综合开发投融资模式，新增农业转移人口5000人以上。建设团滩村至沙溪村跨河大桥，推动县第二人民医院创"二甲"，打造北部片区客运物流节点，推动江口镇建设山区库区"强镇带村"示范镇。持续推动"强村富民"改革，建立健全农村集体"三资"监管体系，加快推进农村产权流转交易一体化、规范化、数智化"三化"集成，确保人和、巴阳农村综合性改革试点试验项目取得实效。着力打造全市营商环境标杆城市升级版。常态化开展营商环境"自评自查自改"活动，升级云上营商数字化治理平台、云上·企业·家平台，开展"信用+园区"建设，做深做实"云阳红橙"全链条信用体系建设试点，做靓"信用云阳"名片，推动城市信用监测工作保持全市前列。

（五）坚持以人为本、改善民生，打造高品质生活宜居地

全力稳住就业基本盘。稳定和扩大应届高校毕业生、农民工、脱贫人口、零就业家庭等重点人群就业，实施大学生创业"启航计划""加速计划"，开展高质量充分就业社区（村）建设，全面推行"培训+就业"联动模式，打通求职、用工、培训、招聘全链条，力争城镇新增就业6000人，城镇调查失业率控制在5.5%以内，离校未就业高校毕业生就业率90%以上。全面提升社会保障能力。持续提升医保参保质量，落实医疗保障待遇清单制度，有序推进渐进式延迟法定退休年龄、企业职工基本养老保险病残津贴、工伤认定辅助调查、职业伤害保障试点等改革工作，开展社保"扩面提质"专项行动，确保城乡居民基本医疗保险、养老保险参保率均巩固在95%以上。发挥"渝悦·救助通"赋能作用，健全救助事项联办机制、供需对接匹配机制，切实保障低保、五保、优抚对象基本生活。全力防范化解重大风险。全覆盖开展政府隐性债务风险动态排查，严防新增隐性债务，积极争取新增债券置换隐债政策，稳妥化解债务存量。突出做好非法集资、中小金融机构等重点领域风险监测，持续推进金融风险防范宣传"强基行动"，筑牢金融安全"防火墙"。全面监管在建房地产项目商品房预售资金，重点防范化解金科、碧桂园等房地产企业风险，改善资产负债状况，确保在建项目如期交付。开展重大安全风险源头管控行动、重大事故隐患动态清零行动等八大行动，统筹做好安全生产与自然灾害防治工作，坚守安全发展底线。

[云阳县发展和改革委员会　田秋香　张呈秋　刘琼英]

之九：2024 年奉节县经济运行分析及 2025 年展望

一、2024 年奉节县经济运行总体情况

2024 年以来，面对复杂严峻的外部发展环境和奉节县经济运行中的新情况新问题，在县委、县政府的坚强领导下，坚持稳中求进工作总基调，抓好政策落实落地，持续强化经济运行调度，1—9 月，奉节县地区生产总值同比增长 6.8%，高于全市 0.8 个百分点；固定资产投资同比增长 20.5%；规模以上工业增加值同比增长 6.7%，比上半年提升 8.4 个百分点；社会消费品零售总额同比增长 1.5%，实现由负转正；一般公共预算收入完成 11.68 亿元，同比下降 8%，其中税收收入完成 7.12 亿元，同比增长 2.7%。总体来看，全县经济运行总体平稳、稳中有进，主要经济指标好于预期，趋稳向好态势得到增强。

（一）重点项目建设加速向好，固定资产投资保持高速增长

1—9 月，77 个续建项目复工 72 个，复工率 93.5%，其中金凤山风电扩建（望天坪）项目、历史遗留和关闭矿山治理与土地复垦项目等 11 个项目竣工；59 个实质推进的新建项目开工 51 个，开工率 86.4%。全县重点项目累计完成投资 72.5 亿元，同比下降 15.6%，降幅比 1—6 月收窄 16.3 个百分点。1—9 月，全县固定资产投资同比增长 20.5%，其中，工业投资 19.9 亿元、同比增长 23.4%，房地产投资 15.1 亿元、同比增长 22.5%。投资结构逐步优化，民间投资占比达 67.9%。

（二）重点产业招商稳步推进，项目落地取得成效

1—9 月，全县新增签约招商项目 129 个，合同投资额 114.20 亿元，完成年度任务的 57.1%。招商项目结构优化，招引制造业项目 87 个、占比 67%，合同投资额 101.22 亿元、占比 88.6%、同比提升 19 个百分点。招大引强趋势向好，签约亿元及以上项目 18 个、合同投资额 80.29 亿元，占全部招商项目的 70.3%。项目落地成效明显，重大招商项目实现开工 52 个，近三年签约项目开工率达 68.3%，在建招商项目到位资金额 30.16 亿元，占全县社会投资的 77.3%，有力支撑全县稳投资、促增长。

（三）重点工业产业"三升一降"，要素保障稳定供应

1—9 月，全县 90 户规模以上工业企业实现产值 45.1 亿元、同比增长 4.6%；规模以上眼镜、食品及农产品加工、能源生产、新材料等四大重点产业分别实现产值 4.25 亿元、5.34 亿元、28.88 亿元、6.38 亿元，分别同比增长 31.7%、18.2%、3.5%、-11.3%，总体呈"三升一降"趋势。20 户产值负增长的规模以上工业企业主要集中在材料领域（12 户），集中在建材行业。要素方面，全县工业用电量 1.9 亿千瓦时，同比下降 2.7%；工业用气量 351.88 万立方米，同比增长 17.3%；新建 5G 基站 366 个、4G 基站 219 个。

（四）商贸消费加快恢复，房地产市场企稳回升，文化旅游持续火热

1—9 月，全县批发、零售、住宿、餐饮业营业总额同比分别增长 12.5%、4.7%、3%、12.3%，较上半年分别提高 0.3 个、6.5 个、7.2 个、3.3 个百分点。电商上行销售额实现 34.05 亿元，同比增长

11.2%。大宗消费方面，汽车销售1450辆，同比增长9.4%；新建商品房销售面积24万平方米，同比增长7.6%，排名全市第2位、渝东北第2位。文化旅游方面，累计接待游客3156.5万人次，超过2023年全年水平，同比增长22.7%。其中，景点购票187.5万人次、同比增长32.6%，过夜游客186.3万人次、同比增长15.5%，实现旅游综合收入184.46亿元、同比增长23.2%。

（五）农业生产总体稳定，粮食保障安全有力

1—9月，全县粮食播种面积120万亩，产量37万吨；蔬菜种植面积26.07万亩，产量44.20万吨，同比增长5.3%；小水果收获面积12.02万亩，收获产量8.2万吨，同比增长20%；茶叶已采摘面积1.85万亩，产量573吨。全县肉兔规模养殖场达114个，肉兔出栏300.4万只，同比增长274.8%；家禽出栏227.35万只，同比增长2.6%。

（六）财政收支持续承压，金融服务增量扩面

1—9月，全县财政收入完成17.29亿元，为年初预算数的48.4%，同比下降27.9%。全县财政支出完成62.16亿元，为年初预算数的61.8%，同比下降1.2%，其中一般公共预算支出完成51.23亿元，同比上升5.7%。全县存贷款余额956.99亿元，同比增长11.1%，排名全市第8位、渝东北第1位，其中存、贷款余额同比分别增长10.1%、12.2%，分别排名渝东北第3位、第1位。银行机构支持实体经济贷款余额336.59亿元，同比增长17.7%，金融保障有力有效。

奉节将持续巩固经济回稳向好态势，预计到2024年底，全县地区生产总值同比增长6.5%左右，规模以上工业增加值同比增长7%，固定资产投资同比增长12%，社会消费品零售总额同比增长7.5%，一般公共预算收入同比增长6%。

二、当前经济运行需要关注的问题

（一）消费恢复不及预期

受市场信心、就业形势等大环境影响，居民消费能力下降，重点行业消费动力不足，建材销售、成品油销售等下滑明显；房地产销售虽保持增长但企稳回升的基础不够牢固，存在市场不稳、信心不足的情况。此外，限上商贸单位数量不多、支撑能力不足，运行调度工作受到极大限制，完成全年目标存在较大困难。

（二）工业增长基础不牢

规模以上工业增长形势不容乐观，90家在库企业中仍有20家产值负增长，其中，梅溪河水电、隍赐建材、华筑混凝土产值分别较2023年同期减少4936.5万元、6027.2万元、3754.5万元，拉低整体产值增速3.4个百分点。制造业税收持续下降，全县规模以上制造业还原入库税收下降39.4%，园区税收下降51.9%，材料、眼镜、食品及农产品加工三大主导产业税收均出现下滑。工业总量小、结构不均衡，能源产业占比较高，工业稳定性差的现象没有得到改善。

（三）财政支出及偿债压力较大

一方面，受宏观形势影响，全县税收收入、非税收入均未达到预期进度；房地产市场持续低迷，土地出让收入仅完成全年预期的26%，新增可用财力有限。另一方面，"三保"、重大项目建设及社会民生服务等重点领域支出压力持续加大，财政运行持续承压，收支矛盾有进一步加剧的风险。此外，奉节县需要提前偿还债务金额大，置换隐债额度少，隐债化解困难加剧。

（四）文旅市场热度转化效益低

旅游二次消费水平较低，景区高度依赖门票经济，重庆白帝城旅游开发有限公司1—9月旅游接待收入中门票收入占比高达69.1%。存在游客在景区内停留时间短、景区售卖产品缺乏吸引力、缺乏配套等问题。旅游产业增加值质效不佳。旅游产业增加值同比增速仅1%，占GDP比重负增长。

三、2025年经济运行环境分析及趋势展望

（一）国际国内经济运行环境分析

国内外宏观经济环境复杂严峻，全球安全和经济发展预期不确定性加大，全球经济复苏与分化并存，国际贸易投资增长乏力；国内以高水平对外开放和深层次科技创新，积极应对全球性挑战。2024年全球经济在经历数年的波动后，逐渐显现复苏态势。各国政府纷纷采取积极措施，刺激经济增长和就业。然而，全球经济仍面临诸多挑战，如供应链中断、通货膨胀压力以及债务水平高企等。此外，全球经济呈现出明显的分化趋势，发达经济体和新兴市场及发展中经济体的增长速度差异显著。国内方面，我国对外开放取得了显著成效，2008—2023年，开放指数从0.6789上升至0.7596，升幅居全球前列。我国政府积极采取措施刺激经济增长和就业，同时加大在数字经济、绿色经济等领域的投入，以提升经济竞争力和可持续发展能力。此外，区域经济合作和全球贸易体系的完善也为国内经济的复苏与转型提供了有力支撑，科技创新继续成为推动全球发展的重要动力，人工智能、量子计算、生物技术、新能源等前沿领域取得了一系列重大突破。

（二）市内及渝东北三峡库区经济运行环境分析

全市深入贯彻党的二十大和二十届一中、二中、三中全会精神，全面落实市委六届二次、三次、四次全会精神，聚焦成渝地区双城经济圈、西部陆海新通道建设等重大战略，推动促消费、扩内需、抓项目、稳投资、畅循环、增动能等工作取得积极成效。全市《深入推进新时代新征程新重庆制造业高质量发展行动方案（2023—2027年）》要求，推动"两群"地区打造制造业绿色发展示范区。全市加快建设"1361"数字重庆，整体架构将加速覆盖渝东北三峡库区，为区域产业变革、科技变革带来重要机遇。全市聚焦"一县一策"推动山区库区高质量发展，为渝东北地区区县量身定制系列支持举措，带来更多产业、投资、项目红利。与此同时，随着渝西高铁、成达万高铁、银百高速等重大项目建设加快，三峡水运新通道加快前期工作，渝东北三峡库区区位优势和发展环境得到进一步增强和改善，长江黄金水道功能将得到充分发挥，形成开放新优势。随着万达开地区统筹发展、明月山绿色发展示范带以及城宣万革命老区振兴发展示范区等毗邻合作平台建设深入推进，"万开云"同城化等重点板块加快发展，"奉巫巫"长江黄金三角深入联动，以县城为重要载体的城镇化建设和"小县大城""强镇带村"试点示范深入推进，"两岸青山·千里林带"生态保护效益显现，绿色制造、清洁能源等产业加快发展，渝东北三峡库区绿色发展动力与活力将进一步增强。

（三）2025年经济运行趋势展望

2025年，奉节县经济将进一步恢复，呈稳步增长态势，但经济韧性、内生动能仍需增强。在高铁等大容量交通运输对消费及产业发展带动下，以及高铁、高速公路等基建、大型产业项目投资的发力下，通过深入推进绿色发展、创新发展，探索更广生态价值转化之路，深度融入国内国际双循环新发展格局，经济高质量发展的良好态势将进一步呈现。预计2025年，奉节县GDP同比增长6.5%左右。

四、下一步工作举措

（一）全力促进重点项目投资放量

抢抓四季度项目建设冲刺期，进一步强化项目调度，统筹力量加强要素保障，加快形成更多实物量。紧盯国家和市级支持政策，切实加强重大项目谋划储备和前期工作，精准谋划 2025 年中央预算内投资项目，加大"两重""两新"项目和超长期特别国债项目向上对接力度，争取更多项目通过提级论证、被纳入支持范围。精细化、专业化、科学化深度论证，尽早敲定 2025 年度重点项目计划，及早启动项目前期工作。

（二）全力抓好重点产业投达增产

密切跟踪汇源项目、储煤基地、风电光伏等重大产业项目，制定时间表、任务书，专班推进项目建设。抢抓大规模设备更新机遇，大力实施新一轮工业企业技术改造。着力抓好电力生产、眼镜制造、食品及农产品加工，以及畜牧业、种植业等重点产业，强化运行调度，加强统计数据填报指导，提高填报真实性、准确性，避免漏报少报情况发生。提前做好脐橙销售准备工作，确保果品优良、渠道畅通。

（三）全力保障财政税收平稳运行

加大税收征管力度，加强收入分析和调度，持续挖潜增收。抢抓中央预算内投资和地方专项债券、基金等资金机遇，加大"跑步进厅"力度，第一时间掌握上级政策变化和申报方向，全力争取更多资金项目落地。加大政府资金资源统筹，盘活财政存量资金，加强对重点项目、关键事项资金保障。强力推行全口径财政预算改革，提质增效预算绩效管理，助力财政节本增效。

（四）全力做好助企纾困、就业增收

逐条细化落实重庆支持企业高质量发展 30 条，深入实施梯度培育、技术创新、服务提升、人才引育、环境营造五大工程，引导企业和企业家增强信心、轻装上阵、大胆发展。助力"专精特新"企业补链成群、提质增效。发挥数字重庆、信用重庆作用，加强企业信用甄别监管，针对企业全生命周期，精准推出融资支持政策。通过网络招聘、远程招聘、直播带岗等方式，持续开发乡村振兴衔接资金公益性岗位，确保城乡劳动者"愿转尽转、应就尽就"，调查失业率控制在 5.5% 以内。

（五）全力引导有效消费恢复回暖

加强奉节区域消费中心培育发展，争取创建夔门印象市级夜间文化和旅游消费集聚区。推进商文旅体融合发展城市建设，围绕"城景通、景景通、铁景通"和酒店民宿等服务，推动文化旅游配套设施提档升级。开展城镇健康、文体、养老、托育、家政等服务消费扩容提质，举力创建兴隆国家级旅游度假区，大力培育避暑、冰雪、低空体验、近郊游等文旅消费新业态，扩大县乡、线上、外来消费，进一步聚集商气人气。

（六）全力推进重点领域改革攻坚

扎实推进国资国企改革攻坚战，深化国企"止损、瘦身、提质、增效"，推动国企战略性重组、专业化整合和市场化经营。打好打赢园区开发区改革攻坚战，深化实施生态工业园区权责清单，提升生态工业园区功能配套，加强产业入园和项目孵化，力争园区规模以上工业营业收入达到 45 亿元。全面盘活国有资产，创新闲置资源盘活方式。打好政企分离攻坚战，实现党政机关、事业单位和所属企业彻底"脱钩"。

（七）全力强化各类风险防范化解

坚持目标导向、问题导向，认真分析2024年各行业经济运行特点，找出制约全县经济发展的卡点、堵点、薄弱点，压实责任、强化统筹、加强调度，采取针对性工作措施，为2025年高质量发展夯实基础。积极防范化解各类风险隐患，统筹化债与发展，坚决遏制新增隐性债务，深化重点行业领域的重大隐患排查整治，加强企业安全生产，切实保障人民群众生命财产安全，牢牢守住安全底线。

[奉节县发展和改革委员会　刘启勇]

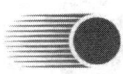

之十：2024年巫山县经济运行分析及2025年展望

2024年以来，巫山县深入学习贯彻习近平总书记视察重庆重要讲话重要指示精神，认真落实党的二十届三中全会、市委六届六次全会决策部署和县委十五届八次全会工作要求，坚持稳进增效、除险固安、改革突破、惠民强企工作导向，着力抓好经济安全发展、现代化产业体系建设、扩大内需等重点工作，积极因素加快集聚，经济运行总体平稳。前三季度，巫山县实现地区生产总值188.14亿元，同比增长6.3%，增速高于全国、全市同期1.5个、0.3个百分点，在全市、渝东北分别排第20位、第6位。

一、2024年巫山县经济运行情况

（一）经济运行基本特征

1. 第一产业总体稳定，主要农产品稳产增量

前三季度，第一产业实现增加值31.05亿元，同比增长3.4%。粮食安全保障有力，稳定粮食种植面积83.14万亩、产量21.4万吨，新改建高标准农田5.5万亩，大春粮食作物播种面积、产量分别同比增长0.7%、1.7%。特经作物态势向好，"巫山脆李产业大脑+未来果园"上线运行，脆李产量14万吨、同比增长3.7%，"巫山恋橙"批量自营出口俄罗斯、新加坡、菲律宾、马来西亚、中国香港，出口量占渝东北整体出口量的1/4。建设魔芋、洋芋、甜玉米、莱椒等订单基地3万余亩，蔬菜产量25.31吨，同比增长2.7%。抗旱减灾成效明显，及时成立专项组下沉一线，发布《高温期间水果生产管护技术指导意见》，长江、大宁湖流域两岸柑橘投产果园抽水抗旱覆盖率90%以上。

2. 第二产业运行平稳，建筑业支撑有力

前三季度，第二产业实现增加值55.57亿元，同比增长6.5%。建筑业增势强劲，成功扶持7家建筑企业实现资质升级，新培育3家二级施工总承包企业。前三季度，建筑业总产值同比增长11.6%，增速分别排全市、渝东北第12位、第2位。新兴动能加速集聚，新培育规模以上工业企业1家、市级"专精特新"企业1家、创新型中小企业2家，引进高频变压器、观光潜水艇生产加工项目等9个招商项目，生活垃圾焚烧发电项目建成投用。前三季度，工业投资同比增长43.7%，增速在全市、渝东北分别排第10位、第3位。清洁能源增长较快，争取清洁能源竞争配置指标24万千瓦，全容量并网发电总装机容量达51.81万千瓦，约占全市并网发电总装机容量的14%。前三季度，清洁能源规模以上企业产值同比增长19.6%，拉动行业增长2个百分点。

3. 第三产业稳中有进，文化旅游持续火爆

前三季度，第三产业实现增加值101.51亿元，同比增长7.1%。旅游市场增势强劲，成功举办2024年"中国·巫山长江云上生活季"，"三峡龙脊"徒步路线火爆出圈，"巫山神女"IP正式发布，荣膺2024年全国县域旅游发展潜力百佳县。1—9月，实现景区购票157.58万人次、过夜游客68.64万人次，分别同比增长11.6%、27.4%。商贸物流提质增效，获重庆市第二批农村物流三级服务体系融合发展示范

创建优秀区县，邮运通启动仪式在巫山成功召开。前三季度，批发业销售额同比增长23.7%，增速分别在全市、渝东北排第3位、第1位；公路运输总周转量同比增长4.7%，增速分别在全市、渝东北排第6位、第3位；水路运输总周转量同比增长0.3%，增速分别在全市、渝东北排第14位、第5位。其他服务业增势良好，精益诚、索索科技、奔风文化升规入统，前三季度，其他服务业增加值同比增长8.7%，规模以上信息传输、软件和信息技术服务业，规模以上租赁和商务服务业，规模以上科学研究和技术服务业，规模以上文化、体育和娱乐业分别同比增长21.6%、29.8%、50.1%、23.8%。

4. 投资运行企稳向好，消费市场趋缓回落

有效投资明显扩大，实现项目全生命周期管理，巫官高速临建工程开工，桃花铁矿顺利推进。前三季度，固定资产投资同比增长7.8%。争资引资有力有效，2024年来，共争取到各类资金14.5亿元。其中："两重"领域超长期特别国债5.4亿元，中央预算内资金2.3亿元，发行地方政府专项债券6.7亿元。消费市场保持增长，扎实开展房交会、"爱尚巫山·以旧换新"等系列活动，巫山烤鱼总店获评重庆美食"渝味360碗"2024年示范店。用足用好消费品以旧换新政策，完成家电以旧换新交易3000多笔，拉动销售额1400余万元。前三季度，社会消费品零售总额同比增长4.1%，增速高于全市同期0.3个百分点；商品房销售面积同比增长0.8%，增速在全市、渝东北分别排第9位、第5位。

5. 改革创新蹄疾步稳，发展动能加快集聚

纵深推进"三攻坚一盘活"，41户国企实现"减亏扭亏"，国企止损治亏完成率100%，政企分离工作模式获全市推广。园区、开发区规模以上工业企业营业收入完成率71%，存量国有资产盘活回收资金完成率100.9%。持续优化营商环境，出台重点项目前期审批优化简化政策措施，政府投资项目审批时限压减25%、企业投资项目审批时限压减30%；推进全流程电子招投标，规范限额以下工程建设项目发包备案管理，营商环境便利度在全市排名较2022年上升4个位次，民营经济增加值占GDP比重提高至66%。狠抓创新主体培育，制定出台《巫山县加快科技创新引领高质量发展十条政策》，新增国家级高新技术企业2家、市级科技型企业87家，高新技术企业和科技型企业"双倍增"目标完成率均达100%以上。

6. 城乡融合纵深推进，"小县大城"加快打造

城市品质提档升级，累计实施改造老旧小区289个，龙门复线桥、高峡路等项目加快推进，玖雅天辰等高品质住宅投入市场，温德姆酒店、洲际酒店主体完工，丽怡、喆啡等一批酒店建成投用。乡村全面振兴扎实推进，牢牢守住粮食安全、耕地保护、不发生规模性返贫"三条底线"，累计创建市级巴渝和美乡村示范村13个，130个村经营性收入达10万元，培育高素质农民2050人，《创新"四步协同法"筑牢防止返贫底线》案例已被中国乡村振兴杂志收录。城乡治理水平持续提升，数字化城运中心建成投用，"刑满释放人员帮教"应用上线，"141"基层智治体系实战实效。

7. 财政税收保持增长，民生质效稳步提升

财政税收持续增长，前三季度，一般公共预算收入同比增长143.1%，增速列全市第1位。其中，税收收入同比增长0.7%，增速分别在全市、渝东北排第17位、第6位。就业增收稳中有进，发放创业担保贷款6500万元，开发公益性岗位4267个。前三季度，新增城镇就业2658人，完成年度目标任务的110.8%。全体居民人均可支配收入21731元，同比增长5.8%，增速分别在全市、渝东北排第3位、第2位。民生福祉不断增强，引进重庆谢家湾学校入驻龙江小学，推动海亮教育集团与巫山二中深度托管，实现西大附中与巫山中学合作，县人民医院晋升为三级综合医院，发放各类生活保障金1.91亿元。

（二）存在的问题

1. 产业升级面临制约

农业产业链条薄弱，缺乏精深加工，产品附加值不高，现仅有食品及农产品加工规模以上企业5家。生态工业量小质弱，工业企业数量和总产值均不及全市平均水平的1‰，绿色建材企业受宏观经济下行、房地产市场低迷影响持续负增长，园区企业整体抗风险能力弱，订单下滑明显、亩均效益低。文旅产业支撑不足，有"流量"没有"留量"现象明显。上半年，文化产业增加值、旅游产业增加值占GDP的比重分别为2.1%、3.4%，分别较全市同期低1.8个、0.5个百分点。

2. 需求动力整体偏弱

居民消费意愿和能力呈现"双低"，前三季度，城镇调查失业率5.6%，全县住户存款增速明显高于住户贷款增速，住宿、餐饮、零售市场低迷，对经济增长贡献明显减弱。大宗消费支撑不足，房地产市场回暖不及预期，房地产开发投资降幅扩大，居民购房意愿低、商品房销售疲软未得到根本改善。投资增长后劲不足，在政府化债及项目分类管理双重约束下，投资项目接续不足，前三季度上报提级论证项目15个，通过率46.67%；10月仅3个项目入固定资产库，总投资8807万元，入库数量不足以支撑投资持续增长势头。

3. 改革质效有待提升

债务化解任务重，隐性债务化解已进入深水区，核销核减化债方式已使用完毕，只能依靠"真金白银"偿还，奋力完成半年序时进度后再化解后劲不足。资产盘活难度大，巫山县多数资产规模小、分布散，且尚未确权，变现周期尚不确定；受经济下行影响，市场投资购买意愿不强烈，大都处于观望状态。亩均税收增长难，受宏观环境下行影响，企业整体经营状况不佳，税收增长困难。国企改革质效不够高，国企盈利能力不够强，主责主业、功能定位不够明确，经营效益还需提升。

（三）2024年主要经济指标预测

综合研判宏观经济发展形势和巫山县前三季度经济社会发展基本特征，预计全年GDP同比增长6.5%。

二、2025年经济运行环境分析和趋势展望

2025年，国际环境更趋错综复杂，国内经济下行压力大，周期性矛盾和结构性矛盾相互交织。县域经济短期面临居民消费疲软、企业预期偏弱、财政收支平衡难、高校毕业生等重点群体就业矛盾突出等制约，长期面临新兴动能培育不足、产业结构调整难度大、区域同质化竞争加剧等挑战。但要清醒地看到，机遇和挑战并存，总体上机遇大于挑战。一是国内宏观政策将持续发力显效。党的二十届三中全会部署任务深入实施，一揽子增量政策将落地见效，"两重""两新"等重大举措有序推进，超长期特别国债、专项债等发行将进一步强化项目建设资金保障，降准降息有利于降低融资成本、提振市场信心，重大生产力优化布局和战略腹地建设将有助于增强中西部地区发展动能。二是重庆政策合力不断增强。成渝地区双城经济圈、西部陆海新通道建设加快推进，汽车、家电等以旧换新政策持续发力激发消费活力，存量房贷利率下调促进房地产市场止跌企稳，生产性服务业与"33618"现代制造业集群体系加快融合，党建统领"885"工作机制有力有效，数字重庆建设和重点领域改革协同推进。三是县域经济发展动能不断增强。县委十五届八次全会系统搭建全面深化改革四梁八柱，"一县一策"推动巫山县高质量发展若干举措精准实施，数字重庆建设以及"三攻坚一盘活"纵深推进，巫官高速、三峡库区应急救援基地等一

批重大项目加快推进，燃气管道、城市地下管网、社会事业等争取到上位资金的项目陆续开工，农业强县、旅游名县、工业特色县深入推进，县域经济将保持总体平稳、稳中有进的发展态势。

立足巫山发展实际，综合考虑当前面临的内外部环境，初步预计 2025 年地区生产总值同比增长 7% 左右。

三、政策调控措施建议

（一）坚持政策导向，全力推动重点任务落地落实

1. 抓好重大政策落实

抢抓"一揽子增量政策""窗口期"，加大向上对接力度，做好政策细化落实。全力争取债务置换额度，力争政府性债务化解成效完成全年目标任务；强化房地产领域支持举措宣传，滚动推送房地产项目"白名单"，扩大"白名单"项目融资规模，力争房地产市场加快回升。纵深推进"一县一策"，探索建立市县联席会议制度，确保支持举措落地生效。做好争资引资，加快谋划申报 2025 年超长期特别国债、中央预算内投资、地方政府专项债等项目清单，做深做实前期工作，确保在下一轮资金申报争取时，储备项目谋得实、拿得出、争得上。加密重点项目投资调度，用好已争取到的中央预算内、超长期特别国债等专项资金，推动项目投资转化。

2. 抓好重大改革见效

围绕县委十五届八次全会 12 个方面 32 项具体任务，细化措施，加快推动改革"施工图"变成发展"实景图"。深化拓展"三攻坚一盘活"，健全做实国企主责主业，推动县属国有企业培育更多营收增长点；深化园区"亩均论英雄"改革，确保制造业规模以上企业亩均税收扭负为正；加快推动公租房租转售，做好存量土地出让，加快盘活供水等特许经营权，全力推进国有资产盘活。

3. 抓好规划编制实施

打好"十四五"规划收官战，深刻总结"十四五"发展经验。高质量开展"十五五"规划前期调研以及 28 个重大课题研究，科学设置和测算目标指标，提出"十五五"时期发展思路、主要目标、重点任务，谋深谋实"重大工程项目、重大改革、重大政策、重大事项"，强化协调县领导、各行业主管部门向上对接，最大限度向上争取项目、资金、土地等要素倾斜以及各类生产力布局。

（二）坚持问题导向，全力推动经济运行回升向好

1. 工业要优存量扩增量

"一企一策"破除企业生产经营堵点、卡点，推动中润德胜、中胜矿业、巫峡粉丝、神女药业等重点存量规模以上企业稳产放量。加强主体培育，加快推动明阳三海、坤联机械、航一科技升规入统，醉香爱、小菜一碟等中小企业做大做强。用好新时代西部大开发沿海和东部产业转移契机，锚定新能源、电子产品、鞋服制造和文创产品生产加工等赛道，加大招商引资力度，形成新的经济增长点。

2. 文旅商贸要挖潜力增活力

以举办"长江云上生活季"、红叶节、电影周等活动为契机，做好旅游营销、形象推广和宣传报道，完善"吃住行游娱购"全要素保障，营造浓厚消费氛围。加大对文旅市场主体引育，切实将"流量"转换为"留量"，多为经济增长做贡献。全面梳理总结前期消费品"以旧换新"政策实施经验，按条件持续补充新增家电参与单位及门店，拓宽政策实施线上线下渠道范围。强化对中小商贸企业政策扶持，及时

兑现奖补政策，推动君合海鲜、下安石油等限上商贸企业尽快升限入统，积极探索夜市街、连锁药店等统一结算。

3. 农业要提质量增实效

迭代特色生态产业结构，着力构建以果品、中药材、蔬菜为主导产业的"3+N"现代农业产业体系。加强生猪、肉牛产能监测预警，引导养殖场户保持合理生产节奏，防止大起大落。提速食品农特产品中小企业集聚区、神女药业中药大健康产业园建设，大力发展乡村旅游，推动农业"接二连三"。

4. 财税金融要优结构强效益

财政方面，积极争取上位资金，强化收入组织和征管，做到依法征收、应收尽收。抓好税源培育，加快构建现代化产业体系，涵养扩大优质税源。金融方面，做好"政银企"对接，引导金融机构做好重点项目、企业金融服务，帮助企业争取上位金融政策。邀请中国人民银行重庆市分行、市级银行机构赴巫山调研，协助解决县域重点项目融资难题，推动县属国企、县域重点项目融资尽快落地。积极对接重庆银行、农商行争取互联网贷款产品额度，加大信贷投放力度，推动金融业企稳回升。

（三）坚持服务导向，全力推动惠民强企可感可及

1. 持续优化营商环境

落实好修订后的重庆市优化营商环境条例，扎实开展信用分级分类监管，依法依规开展失信惩戒，推动信用与产业融合、惠民有感走在全市前列。设身处地为企业投资营造更加安全和便利的发展环境，搭建民营资本"聚集地""避风港"。进一步规范涉企执法、监管行为。

2. 做实企业纾困

做好企业欠薪攻坚，严禁新增拖欠民营企业和中小企业账款。保障企业用工、用水、用电、用气，降低企业发展成本。承接用好助企纾困政策，在减税降费、降低能源成本、规范平台运营等方面加大对中小微企业和个体工商户政策支持。做好领导干部联系重点民营企业、民营企业事项闭环服务等工作，多渠道收集解决企业问题诉求。

3. 全力保障重大民生

落实好毕业大学生、农民工、退役军人、脱贫户等关键群体就业创业政策，强化援企稳岗，保持城镇登记失业率控制在5.5%以内，居民收入高于经济增长速度。加强城市低收入群体、农村规模性返贫情况监测，给予针对性就业指导、技能培训和最低生活保障。高质量办好市县级重点民生实事，切实解决群众急难愁盼问题。

[巫山县发展和改革委员会　吕　岱　何　姣　石玉婷]

之十一：2024年巫溪县经济运行分析及2025年展望

2024年以来，巫溪县坚持以习近平新时代中国特色社会主义思想为指导，紧扣总书记赋予重庆"两大定位"，聚焦重点打造"六个区"部署要求，全面对照全年经济增长目标任务，突出科学调度、重点发力、精准施策、积极对接，实现全县经济稳中有升，稳中有进。

一、2024年巫溪县经济运行分析

（一）经济运行情况

前三季度，巫溪县实现地区生产总值97.8亿元，同比增长6%，增速高于全国1.2个百分点，增速在全市、渝东北分别排第20位、第8位。其中，第一产业实现增加值18.7亿元，同比增长2.6%；第二产业实现增加值26.6亿元，同比增长9.2%；第三产业实现增加值52.5亿元，同比增长5.7%。三次产业对经济增长的贡献率分别为9.0%、41.3%、49.7%，分别拉动经济增长0.5个、2.5个、3.0个百分点，三次产业结构为19.2∶27.2∶53.6。

1. 农业生产总体稳定，粮油经济作物稳产增收，畜牧下滑趋势扩大

前三季度，第一产业实现增加值18.7亿元，同比增长2.6%，农产品产量大部分正增长。其中，夏粮产量、蔬菜产量、水果产量分别增长0.9%、2.2%、7.3%，中药材产量增长5.3%，牛出栏增长7.5%，禽蛋产量增长6.3%；生猪、羊、禽出栏分别下降5.2%、18.2%、3.2%。

2. 工业经济增长有力，建筑业贡献突出，重点产业发展迅猛

前三季度，第二产业增加值26.6亿元，同比增长9.2%。规模以上工业总产值前三季度实现12.4亿元，同比增长9.1%。亩均税收、工业投资、规模以上工业增加值分别同比增长29.4%、60.6%、6.9%。巫溪县85家资质建筑企业完成建筑业总产值38.2亿元，同比增长11.1%。食品医药产业前三季度累计产值2.83亿元，同比增长64%。

3. 消费市场稳步增长，其他服务业增势强劲，旅游消费持续火热

前三季度，第三产业实现增加值52.5亿元，同比增长5.7%。社会消费品零售总额53亿元，同比增长4.4%。其中批零住餐均呈正增长，增速分别为10.7%、9.3%、6.1%、5.2%。科学研究和技术服务业增长11.9%，居民服务、修理和其他服务业增长45.1%，租赁和商务服务业增长15.7%，信息传输、软件和信息技术服务业增长100.2%。实现旅游综合接待收入56.9亿元，同比增长15.7%。

4. 固定资产投资增速略微下降，招商争资成效明显，重点项目有序推进

前三季度，固定资产投资同比增长10.6%，较上年同期低11.5个百分点。分领域看，工业投资增长60.6%，房地产投资下降18.1%，基础设施增长5.6%；分产业看，第一产业投资下降24.5%，第二产业投资增长60.6%，第三产业投资增长7.8%。民间投资增长（不含房地产）119.7%。截至三季度，巫溪县共争取中央预算内项目18个，资金3.52亿元；专项债券项目9个，资金10.08亿元；超长期特别国债

项目4个，资金3.65亿元。完成实物量投资67.7亿元，占年度计划的51.3%。

5. 财政收入呈正增长，重点支出保障到位，金融市场平稳运行

前三季度，一般公共预算收入完成9.9亿元，同比增长4.3%。其中，税收收入完成3亿元，同比增长0.3%；非税收入完成6.9亿元，同比增长6.1%。一般公共预算支出完成45.7亿元，同比增长31%。巫溪县各金融机构存贷款余额497.4亿元，同比增长3.9%。其中，存款余额为292.3亿元，同比增长6.7%；贷款余额为205.1亿元，同比增长0.3%。

6. 居民收入持续增长，就业形势总体良好

前三季度，巫溪县全体居民人均可支配收入17583元，同比增长5.2%。按常住地分，城镇居民人均可支配收入26667元，同比增长3.3%；农村居民人均可支配收入10943元，同比增长6.5%。城乡居民收入比为2.44∶1，较上年同期缩小0.07。巫溪县新增就业2061人，登记失业人员就业1349人，就业困难人员就业1263人，城镇调查失业率平均值为5.5%，就业形势总体稳定并处于可控范围内。

（二）存在的问题

1. 农业增长面临短板

受三季度灾情旱情叠加及畜禽市场持续低迷影响，畜禽养殖全产业链不完善，抵御市场风险能力差；农村基础设施建设不完善，农业产业链条延伸不够，缺乏产品研发、加工、营销龙头企业，农产品附加值难以得到提高。

2. 工业增长不均衡性较为突出

能源企业受二、三季度连晴高温影响，产值下滑严重，县属规模以上水电企业产值下滑19.6%，光伏企业同比下降2.6%。

3. 消费意愿和能力偏弱

受就业压力增大、收入预期减弱、持续高温及节约用电等影响，居民消费意愿和能力"双低"，"不愿消费、更愿储备"现象仍较突出，居民外出购物、就餐等消费活动减少，对消费形成明显抑制。

4. 投资增长面临瓶颈制约

受政府投资项目分类管控政策变化影响，项目在包装策划、前期审批、资金争取等方面难度加大、审批耗时较长，绝大部分项目无法按照原计划推进形成实物量投资，投资增长难度巨大，项目用地手续办理较缓慢、项目征迁进度不容乐观、项目资金缺口较大等要素制约仍未有效解决。

5. 财政收支平衡压力凸显

当前土地市场预期较弱，房地产市场呈现下行趋势的情况下，基金收入很难完成年初预定的目标，基金短收将影响巫溪县"三保"落实和财政年底关门。隐债偿债主体基本为县属国有企业，巫溪县国企经营及变现能力普遍较弱，无法清偿到期隐债的可能性较高，风险传导将加剧财政失衡风险。

（三）2024年全年主要经济指标预测

综合分析2024年前三季度经济形势、宏观政策和经济增长支撑因素，预计全年地区生产总值同比增长6.5%左右，农业增加值同比增长5.5%，规模以上工业总产值同比增长15.0%，固定资产投资同比增长10.0%以上，社会消费品零售总额同比增长8.0%。

二、2025年经济运行的环境及因素分析

（一）重大机遇

交通区位优势凸显。巫云开高速即将全面建成通车，有力争取安张铁路通行巫溪，巫溪立足渝陕鄂川边区、畅通大西北大西南物流大通道的区位交通优势将进一步凸显，集聚人流、物流、商流、信息流的效应将进一步增强。

重点项目有力支撑。2025年将持续做好重大项目谋划储备，抢抓中央预算内投资、专项债券等政策机遇，扎实做好项目储备、推进、申报、实施、验收等工作。

政策利好持续显现。渝陕鄂川、奉巫巫区域协作和功能互补更趋紧密，国家乡村振兴重点帮扶县、"一县一策"推动山区库区高质量发展更为聚焦，将在更深程度上巩固放大国家和市级战略任务、叠加政策优势。消费有望扭转不利局面，虽然2024年消费增长回暖不足，但是间接地降低了基数，为2025年发展腾出空间，有望"轻装上阵"、实现有效支撑。

（二）困难挑战

当前，国家内外部环境复杂多变，经济回暖较缓，巫溪发展迎来更多挑战和困难。一是巫溪经济基础相对薄弱，工业综合实力有待进一步提升。巫溪县受地理环境的限制，经济总量偏小、工业基础薄弱，经济结构不优、发展后劲偏弱，高新技术产业发展滞后，导致经济增长乏力。二是产业链短缺削弱产业竞争力。巫溪县产业链供应链销售链尚处于低端水平，农业"接二连三"水平不高，规模农业、品牌农业不多；工业缺龙头企业，工业招商见效年限较长；高技术性、专精特新企业严重不足，产业竞争力有待进一步提升。三是消费市场复苏缓慢。企业销售收入降低，就业形势依然严峻，巫溪县财政收入将下降，加上基本公共服务供给不足、人民生活质量不高等问题仍突出，巫溪县实现绿色崛起受到严重制约。

三、2025年趋势展望及主要指标预测

2025年是"十四五"时期我国全面建成小康社会、实现第一个百年奋斗目标之后，乘势而上开启全面建设社会主义现代化国家新征程、向第二个百年奋斗目标进军的第一个五年的终局之年。巫溪县将继续认真贯彻落实党中央、国务院决策部署和市委、市政府工作要求，进一步做好深化经济体制改革工作，把握新机遇，应对新挑战，推动高质量发展，积极融入成渝双城经济圈建设，坚持稳字当头、稳中求进，全力以赴推动经济社会高质量发展，打好"十四五"规划收官之战。力争县域经济增长保持在6.5%左右，固定资产投资同比增长10%左右，规模以上工业总产值同比增长15%，社会消费品零售总额同比增长7%，城乡居民收入增长与经济社会发展同步，生态环境质量持续改善，单位生产总值能耗、主要污染物排放等约束性指标完成市级下达目标任务。

四、政策调控措施及建议

（一）聚焦"十项行动"持续发力，加快打造东向北向门户

深入实施"十项行动"，强化协同推进，推动成渝地区双城经济圈建设。推进强县富民，用活用好国家乡村振兴重点帮扶县发展若干政策、"一县一策"推动山区库区高质量发展若干举措等，探索新路子，强化产业支撑，发展县域富民产业。协同推进区域发展，深化对口渝中协同合作，牢固树立一体化发展理念，共建"产业园区"，探索"飞地经济"，以市场化、项目化等方式，探索"总部+园区""龙头+基

地""共同出资+公司控股"等合作发展模式。

（二）聚焦"三驾马车"持续发力，加快提升经济发展韧性

拓展有效投资空间，牢固树立"抓项目就是抓发展"理念，严格落实"四个一"重点项目调度机制，紧盯基础设施、城镇建设、产业发展、公共服务等重点领域专项投资，滚动争取中央预算内、专项债券、市级专项等项目资金。激发市场消费活力，增强消费能力，多渠道增加居民收入，创新消费场景，提档升级商圈、特色商业街区、夜间经济集聚区，着力打造"国际烤鱼之乡""西部小吃之都"等消费新地标新场景，促进"商文旅体"融合发展。努力发展对外贸易，依托"一带一路"、西部陆海新通道、成渝地区双城经济圈建设等重大战略，深化与毗邻地区交流合作，推动中药材、老鹰茶、鸡蛋等优质农特产品和挑花、木雕等传统工艺品、文创产品"走出去"，不断扩大区域品牌影响力，持续提升进出口实绩。

（三）聚焦"三大基础"持续发力，加快支撑经济行稳致远

实施交通"强基"工程，抢抓交通强市战略机遇，围绕构建渝陕鄂川边区"四高一铁一水"综合交通枢纽，着力构建"124交通出行圈"。实施水利"铸魂"工程，完成巫溪县水网规划编制，构建高质量水网框架，持续推进水源性工程建设，加快推进生态修复治理工程建设。实施能源"强躯"工程，强化工业项目投资，加快推进光伏、风电、抽水蓄能项目被纳入国家总体规划及建设。

（四）聚焦"三产融合"持续发力，加快构建现代产业体系

加快培育生态旅游业，实施"旅游景区建设"跃升行动，加快推进重点景区项目建设，大力发展乡村旅游，打造乡村旅游示范片。提质发展山地特色高效农业，聚焦"一主两辅"主导产业，围绕"10+1"特色产业，推动农业特色产业标准化、集约化、规模化发展。持续推进"1+1+5+N"现代农业产业园建设，推动马铃薯、生态畜牧、中药材等农业特色产业标准化、集约化、规模化发展。不断壮大绿色工业，主动融入全市"33618"现代制造业集群体系，着力构建"2+4"现代工业体系，加快传统产业转型升级，大力推进新型工业化。创新发展商贸服务业，着力建设"巫溪烤鱼"全产业链，将巫盐文化与巫溪烤鱼文化深度融合，打造具有巫溪辨识度的烤鱼独特名片。启动渝陕鄂川边贸物流中心建设，打造"仓储物流+批零销售"新业态。

（五）聚焦"以人为本"持续发力，加快提高社会民生水平

持续提升民生保障水平，落实"稳就业"政策，做好高校毕业生、农民工等重点群体就业工作，推动全民参保和医保惠民，健全多层次社保体系。加快补齐公共服务短板，推动教育医疗重点项目建设。坚决维护社会平安稳定，守住安全底线，防范化解各类风险，深入推进扫黑除恶常态化，高质量推进公共法律服务体系建设，切实维护司法公正。

[巫溪县发展和改革委员会　杜光青　罗　洋　邓杰平　李松林]

区域卷
渝东南武陵山区篇

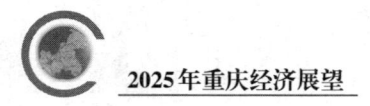

之一：2024年渝东南武陵山区经济运行分析及2025年展望

2024年以来，渝东南武陵山区的黔江、武隆、石柱、秀山、酉阳、彭水六区县坚持文旅融合、城乡协同发展导向，探索城乡融合推动山区现代化和高质量发展的新路子，经济呈现稳中有升的良好态势，预计全年GDP增长5.8%左右。

一、2024年渝东南武陵山区经济运行情况分析

（一）总体情况

渝东南武陵山区培育"武陵加工"特色产业集群，打造乌江画廊生态文化旅游示范带和生态康养基地，加快建设世界知名民俗生态旅游目的地，经济延续稳中有进态势。1—9月，实现GDP 1306.21亿元，占全市的5.62%，较上年同期提高0.02个百分点；同比增长5.5%，低于全市0.5个百分点。分区县来看，彭水、秀山、武隆分别以7.1%、5.8%、5.8%的增速居渝东南武陵山区前三位。

（二）主要特点

1. 山地特色农业稳步发展

渝东南武陵山区加快发展现代山地特色高效农业，培育"武陵农家"品牌，农业农村经济稳定向好，1—9月实现农业增加值156.67亿元、同比增长2.8%。一是主要农产品生产总体稳定。粮食生产稳定运行，1—9月渝东南武陵山区粮食产量同比增长1%左右、基本与全市持平。蔬菜、中药材、茶叶等经济作物增产增效，1—9月黔江、武隆蔬菜产量同比均增长2.7%，石柱中药材产量同比增长8.3%，彭水中药材在地面积10万亩，秀山新培育标准化茶园3000亩，酉阳油茶栽植面积居全市首位。二是农业发展支撑逐步夯实。农业平台能级持续提升，新增1个国家现代农业产业园和1个国家农业产业强镇。农业企业培育壮大，新增农业产业化市级龙头企业22家。三是农业影响力不断提升。武隆成功举办2024年中国番茄学术年会，秀山在全国率先发布"大叶滇黄精种植技术"团体标准，石柱莼菜被纳入6个具有"西部辐射力"的"土特产"品牌体系。

2. 绿色工业持续做特做优

渝东南武陵山区围绕"33618"现代制造业集群体系，因地制宜打造优势制造业，开展"武陵加工"品牌建设，工业经济平稳增长，1—9月规模以上工业增加值同比增长6.6%，高于GDP增速1.1个百分点。一是特色产业加快发展。黔江初步形成"一根玻纤一块铝"新材料产业格局，新材料产业规模以上工业总产值占全区比重超38%。武隆引进傲得航空、恒美亿航等重点项目，实现重庆通航整机企业"零的突破"。石柱引进国能集团等9家企业落地，风电开发规模居全市前列。秀山消费品、新材料两大主导产业加快发展，1—9月规模以上工业总产值同比分别增长21.1%、36%。酉阳华润三九医药产业园正式落地，医药健康产业年产值可突破30亿元。彭水清洁能源产业产值占全县的75%。二是工业企业和平台提能提级。新增市级专精特新中小企业41家、市级创新型中小企业34家、市级"瞪羚"企业6家、市级

数字化车间 6 家。秀山高新区成功被纳入重庆市食品及农产品加工业十大园区。

3. 文旅融合引领现代服务业稳步发展

渝东南武陵山区积极融入巴蜀文化旅游走廊建设，放大开放通道带动效应，以文旅产业为引领的现代服务业稳步发展，1—9月实现服务业增加值719.7亿元，同比增长4.4%。一是文旅产业提质增效。武隆入选2024年全国市辖区旅游综合实力百强区，彭水、石柱、酉阳入选2024年全国文旅融合综合竞争力百强县。1—9月渝东南武陵山区游客接待量和旅游综合收入大幅增长，其中彭水分别增长27.1%、32.4%。二是现代物流业潜力较大。西部陆海新通道黔江班列、中欧班列"武陵山号"顺利首发，钦州至秀山武陵山班列、秀山至缅甸仰光跨境公路班车实现周班稳定发运，通道对物流带动效应不断增强。黔江450万吨铁路货场集装箱功能区建成投用，酉阳进出口保税仓常态化运营。三是电商产业培育有序推进。新增国家农村电商快递协同发展示范区1个、重庆市"邮运通"试点区县2个。秀山"汇外秀中"跨境电商孵化器投用，武隆旅游全域电商交易平台上线。

4. 投资和消费保持较快增长

渝东南武陵山区加快推进一批重大项目建设，积极开展文旅消费促进活动，固定资产投资和消费市场稳健运行。一是投资保持较快增长。1—9月渝东南武陵山区固定资产投资同比增长14%、高出全市12.2个百分点。黔江烟厂易地技改项目总体形象进度82%，乌江白马航电枢纽完成全年工程量的60%，石柱国能新能源开发基地等项目落地建设，秀山16个市级重点项目完成年度计划的76.2%，酉阳风电项目梯次开工，彭水105个重点项目建设有序推进。二是消费市场稳定恢复。抓实消费品"以旧换新"，释放政策红利，1—9月渝东南武陵山区实现社会消费品零售总额735.73亿元，同比增长4.8%、高出全市1个百分点。其中，餐饮和住宿消费加快复苏，1—9月黔江、石柱、秀山餐饮和住宿业增加值同比增长均超8%。

5. 城乡协同发展稳步推进

渝东南武陵山区建设全国山地特色城乡融合发展典范区取得积极成效。一是新型城镇化建设扎实推进。秀山"小县大城"试点和石柱冷水镇、酉阳板溪镇"强镇带村"试点全面推进。黔江58个老旧小区改造全部开工，武隆完成城市门户更新项目12个。二是推进乡村振兴有力有效。脱贫群众增收稳定，黔江、酉阳采取"拓岗+送岗+稳岗"方式，分别稳定脱贫人口务工2.5万人、6.3万人。强村富民综合改革不断深化，武隆组建125个强村公司，石柱229个村集体经济组织中收入超10万元的村占比近70%。黔江高碛社区、武隆荆竹村等18个乡村成功创建巴渝和美乡村示范村。三是三级治理中心加快建设。黔江、武隆、石柱、秀山、酉阳、彭水数字化城市运行和治理中心加快建设，黔江入选全市治理中心建设示范区。

二、存在的主要问题

（一）产业发展基础不牢

渝东南武陵山区产业高质量发展依然面临诸多问题。一是山地特色农业发展面临制约。受国、市生猪产能调控等因素影响，畜牧板块下滑明显，导致农业增长乏力，1—9月渝东南武陵山区农业增加值增速较上年同期回落2个百分点。受2024年连晴高温干旱的影响，秀山辣椒、黔江猕猴桃等农业特色产业减产较为严重。二是绿色生态工业增长压力较大。渝东南武陵山区现代制造业体系不完备，新质生产力发展不足，工业发展动能支撑不足，1—9月规模以上工业增加值增速较上年同期回落0.8个百分点。龙头企业较少，2024年新增市级专精特新企业、市级"瞪羚"企业分别仅占全市的3%、4%。三是文旅融合产业提质增效存在短板。全市重点监测的130家旅游景区中，渝东南武陵山区接待游客占全市比重仅17.4%。旅游"流量"转化为"留量"不足，文旅产品创新能力较弱，观光打卡产品居多，景区运营缺少二次消费产品。

（二）投资增长后劲不足

渝东南武陵山区后续投资稳增长压力较大。一是基建投资面临制约。部分基建项目纳入禁止建设清单或提级论证范围，叠加资金要素、征地拆迁保障不足等影响，政府投资项目受制明显，黔江站综合交通枢纽工程一期等重点项目推进缓慢。二是工业投资缺乏支撑。黔江72个库内工业项目中已完工30个，其余项目年度计划剩余投资仅8亿元。民间投资意向减弱，1—9月武隆、酉阳民间投资分别下降33.1%、14.5%，秀山年产4万吨石墨材料、预制菜生产加工等市场投资项目落地困难。三是房地产投资持续下行。1—9月渝东南武陵山区房地产投资同比下降7.4%，其中石柱、秀山降幅居全市前列。黔江房地产缺乏大规模在建项目支撑，1—9月房地产投资增速较上年同期放缓8个百分点。

（三）收入增长压力较大

渝东南武陵山区财政收入、居民收入、企业效益等保持稳定增长压力犹存。一是财政税收压力较大。税收收入下行趋势明显，1—9月渝东南武陵山区税收收入增速较上年同期下降24.6个百分点。财政收支矛盾依然突出，除武隆外，其余区县财政收支缺口较上年同期均有所扩大。二是居民收入增速放缓。1—9月，除黔江外，其余5个区县全体居民人均可支配收入增速较上年同期均有所回落。房地产、建筑业等行业市场较为低迷，稳就业、促增收工作难度加大。三是企业收益整体不高。渝东南武陵山区部分企业面临资金压力较大、订单减少、利润下滑、成本较高等诸多问题，企业效益不高。武隆27户制造业企业中仍有8户企业收入呈负增长。

三、2025年经济运行环境分析及趋势展望

（一）环境分析

从国际来看，世界百年未有之大变局进入加速演变期，全球政经形势更趋复杂严峻，渝东南武陵山区发展机遇与挑战并存。一是世界经济延续缓慢复苏态势，跨境旅游、国际交往逐步恢复，给渝东南武陵山区入境旅游、文旅产业发展带来新的生机。二是新一轮科技革命和产业变革深入发展，科技创新催生新产业、新模式、新动能，为渝东南武陵山区引进新产业新技术、发展新质生产力、推动产业转型升级带来了机遇。三是国际形势错综复杂，全球供应链风险加剧并引发市场避险情绪，给渝东南武陵山区引进外资、发展外贸带来了较大挑战。

从国内来看，我国将加快推进中国式现代化建设，积极构建新发展格局，健全经济稳增长政策体系，实施更加积极的财政政策和适度宽松的货币政策，促进经济稳中有进，为渝东南武陵山区发展提供更多机遇。一是国家深入实施区域协调发展战略、区域重大战略，引导资金、技术、劳动密集型产业从东部向中西部、从中心城市向腹地有序转移，加大对革命老区等政策倾斜，为渝东南武陵山区引进资金、技术，承接国内产业转移，促进武陵山区革命老区振兴提供了机遇。二是国家加力推动"两重"、"两新"、超长期特别国债、支持民营企业发展等各项政策落地见效，有利于渝东南武陵山区提振市场主体发展信心，释放内需和扩大投资，增强内生发展动力。

从重庆来看，全市加快推进现代化新重庆建设，经济将延续稳中向好的态势，为渝东南武陵山区推

进现代化和高质量发展提供诸多利好。一是重庆市围绕"新时代西部大开发重要战略支点、内陆开放综合枢纽"两大定位，建设"九大关键枢纽"，为渝东南武陵山区当前和未来发展提供了根本指引。二是共建"一带一路"、长江经济带高质量发展、成渝地区双城经济圈建设、西部陆海新通道建设等国家战略叠加效应持续释放，将进一步促进渝东南武陵山区发挥双城经济圈腹地优势、西部陆海新通道东线通道优势、渝鄂湘黔交界区位优势，积极融入全市乃至双城经济圈的产业体系、开放体系、创新体系。三是重庆"一县一策"推动山区库区高质量发展，为渝东南武陵山区各区县量身制定若干发展政策，将推动渝东南武陵山区产业培育壮大、城乡融合发展、公共服务稳步提升、生态环境持续优化、民生福祉持续改善。

（二）2025年经济运行趋势展望

2025年，总体利好渝东南武陵山区发展，现代化和高质量发展的动能更强，政策支持和项目支撑更足，现代化产业体系、通道基础设施网络更趋完善，文旅融合、城乡协同发展更加深入，开放发展潜力逐步提升，经济将延续恢复性增长态势，预计2025年渝东南武陵山区GDP增长5.6%左右。

四、对策建议

（一）加快推动产业培优壮大，筑牢经济发展根基

深入实施"实体牵引、特色培优"产业转型升级行动，因地制宜培育特色产业集群，促进县域经济高质量发展。一是拓展农业产业链条。着力保障特经作物稳产达产的同时，重点发展食品及农产品加工业，策划以"武陵800"区域品牌统揽黔江猕猴桃、武隆高山蔬菜、石柱莼菜、秀山金银花、酉阳茶油、彭水红薯粉等特色产品，进一步提高农产品附加值。二是聚力培育优势制造业。立足现有工业基础，积极承接一批东部转移的劳动密集型产业，协调引进龙头企业，重点支持黔江新材料、武隆通航制造、石柱装备制造、秀山电子信息、酉阳时尚服装、彭水清洁能源等打造特色优势产业集群。三是促进文旅产业提质增效。深入挖掘民俗文化、农耕文化等特色文化资源，结合武陵山自然风貌，植入户外赛事、极限运动等，发展山珍食养、苗族医养、森林疗养、峡谷乐养、桃源闲养、江畔动养，深化文体康旅融合发展。

（二）挖掘投资消费外贸潜力，夯实经济发展支撑

扩大有效益的投资，激发有潜能的消费，挖掘有活力的外贸，加快融入新发展格局。一是加强项目储备建设。指导各区县开展"十五五"规划编制和重点项目策划储备，在项目审批、资金安排、项目推介等方面给予倾斜支持。继续加大中央预算内资金、超长期特别国债、专项债券资金争取力度，提高项目储备精准度和向上争资命中率。二是持续激发消费活力。推动大规模设备更新和消费品以旧换新政策落实落地，聚焦汽车、家电、家居等大宗消费，引导大型商贸企业开展消费促进活动。争创精品旅游线路、乡村旅游重点村、露营基地等旅游品牌，谋划推出系列节假日文旅活动。三是积极挖掘外贸潜力。发挥西部陆海新通道武陵班列、中欧班列"武陵山号"等通道优势，完善酉阳进出口综合保税仓功能，争创国家外贸转型升级基地，推动武陵山区农副产品、武陵加工产品等特色产品走出国门。

（三）着力推动收入稳定增长，持续增进民生福祉

完善政策体系，着力保障财政收入、居民收入、企业效益稳定增长。一是保障财税平稳运行。千方百计挖潜增收，巩固基础财源、壮大支柱财源，力争税收收入稳步提升。严格落实"过紧日子"要求，坚决压减低效无效支出，兜牢"三保"底线。二是推动居民增收就业。继续落实稳岗促就业政策，促

高校毕业生、农民工等重点群体稳定就业。深化"零工市场"建设，推进重点工程项目以工代赈，加快培育创办一批"强村公司"，促进群众就地就近就业。三是推动企业稳定发展。聚焦用地、用房、用工、用能、融资等重点要素、关键环节抓好企业服务，全面保障企业生产需求，帮助企业稳订单、拓市场、增产量，提高企业收益。

（四）持续推动城乡协同发展，提升城乡发展水平

积极探索城乡融合推动山区现代化和高质量发展路径，提升城乡协同发展水平。一是深化城乡融合发展改革。支持武隆、酉阳等利用县城拓展区打造新型城镇化建设示范，推进区县城产业配套及市政公用、公共服务等设施建设。一体推进小县大城、强镇带村、强村富民综合试点改革。二是推动城市更新提质。实施城市更新行动，稳妥推进棚户区、老旧小区、老旧街区等改造提升。优化园林绿化体系，抓好城市管廊改造等"里子"工程建设。加快建设数字化城市运行和治理中心。三是扎实推进乡村振兴。持续巩固拓展脱贫攻坚成果，建立最低收入户"一户一策"结对帮扶机制。加快建设宜居宜业和美乡村，持续开展农村人居环境整治提升，一体推进路、水、电、通信、物流"五网"建设。因地制宜发展田园综合体等乡村新型产业融合模式。

（五）持续用力推进改革创新，增强经济发展动能

持续优化营商环境，扎实推进改革创新，促进经济高质量发展。一是着力优化营商环境。严格落实市场准入负面清单制度，定期开展违背市场准入违规问题、妨碍统一市场和公平竞争的政策措施清理。二是务实推进"三攻坚一盘活"改革。深化园区开发区改革，落实好推动市场化运营、实行"亩均论英雄"等一系列措施。深化国企改革，推动区县属国有企业向实体化、市场化、效益化转型。推进政企分离改革，让服务回归政府、企业市场化运行。推动国有资产充分盘活，形成规范运营、保值增值的管理体系。三是持续深化投融资改革。推进市场化运作方式，吸引民间投资等社会资本参与项目建设运营。引导金融机构创新信用类贷款产品，加大对实体经济的金融服务和信贷投放力度。

[重庆市综合经济研究院（重庆市经济信息中心）区域经济研究课题组
主研：易小光　丁　瑶　邓兰燕　曹　亮　李　林　郑秋霞
执笔：郑秋霞]

之二：2024 年黔江区经济运行分析及 2025 年展望

2024 年，黔江区坚持以习近平新时代中国特色社会主义思想为指导，全面贯彻党中央、重庆市委决策部署，突出稳进增效、除险固安、改革突破、惠民强企工作导向，有效落实各项宏观政策，生产需求平稳增长，就业物价总体稳定，民生保障扎实有力，经济运行总体平稳、稳中有进。

一、2024 年黔江区经济运行情况

1—9 月，黔江区实现地区生产总值 226.5 亿元，同比增长 4%、较上半年回落 0.5 个百分点。三次产业结构为 11.0∶38.6∶50.4，分别增长 2.5%、6.3%、2.7%，分别拉动 GDP 增长 0.3 个、2.4 个、1.3 个百分点，对 GDP 增长贡献率分别达 7.5%、59.1%、33.5%。

（一）工业生产平稳增长

工业增加值同比增长 5.1%、与上半年持平。规模以上工业总产值同比增长 12.8%，其中新材料、消费品产业分别增长 43.9%、15.3%。主要产品中铝材产量同比增长 116.5%，15 家规模以上企业产值实现降幅收窄，其中 5 家扭负为正。规模以上工业营业收入、利润总额同比分别增长 13.8%、24.8%，分别高于全市 7.1 个、13.6 个百分点。荣水食品预制菜加工、正升食品年产 2000 吨肉制品加工等项目建成投产，玻纤改性塑料隔热条等项目加快建设，科瑞南海公司完成青蒿素生产车间技术改造。生产要素保障有力，工业用气、用电同比分别增长 25.6%、0.3%。

（二）服务业总体稳定

其他服务业增加值同比增长 3.8%、较上半年加快 0.3 个百分点。规模以上服务业营业收入同比增长 6.9%、较上半年加快 4.5 个百分点，其中规模以上居民、租赁、科学行业营业收入同比分别增长 15.3%、13.5%、7.8%。用好用活"白名单"及购房补贴等优惠政策，在恒大保交楼、邦泰天誉等楼盘的带动下，完成商品房销售 31.9 万平方米、同比增长 6%。9 月末本外币存贷款余额 863 亿元、同比增长 2.6%。其中存款余额增长 6.3%。保费收入 11.9 亿元，同比增长 2.9%、较上半年加快 1 个百分点。黔江火车站到发货物同比增长 10%，公路运输总周转量同比增长 5.4%，空港旅客、货邮吞吐量同比分别增长 65.1%、154.3%，邮政业务总量同比增长 35%。

（三）农业生产稳中有升

第一产业增加值同比增长 2.5%、较上半年加快 0.3 个百分点。粮食生产获得丰收，粮食播种面积、产量同比分别增长 0.3%、1%。油菜、蔬菜播种面积同比分别增长 1.4%、0.3%，产量分别增长 3.4%、2.7%。特经作物形势良好，收购蚕茧 8 万担，园林水果、茶叶、水产品、中药材产量同比分别增长 9.1%、6.9%、6.4%、5.9%。稳步推进生猪产业"11152"、牛产业"十百千万"工程，推动六九公司 50 万头无抗生猪基地和 20 万头保育场建成投用，"黔江高山黄牛"进入全国名特优新农产品名录，出栏牛 1.5 万头、同比增长 0.8%。

（四）投资规模持续扩大

完成固定资产投资61.9亿元、同比增长10.4%，其中，基础设施建设、工业、房地产开发投资分别增长21.8%、14.3%、6.7%。积极推进技改专项贷、大规模设备更新，新入库工业项目44个、同比增长35.8%，烟厂易地技改项目总体形象进度86%。重大项目有序实施，被纳入"两个计划"实施的173个项目完成投资28.6亿元，青杠储能电站等16个项目完工投用；21个市级重大项目完成投资25亿元、进度72%，渝厦高铁重庆东至黔江段全线进入轨道铺设阶段，工程总体形象进度达89.4%。向上争资扎实推进，下达超长期特别国债资金3.6亿元、中央预算内资金1亿元，争取地方政府专项债资金需求9.1亿元。

（五）消费活力持续释放

开展"爱尚重庆·约惠黔江"以旧换新大型促销活动和汽车消费展，社会消费品零售总额同比增长5.4%，批发、零售、住宿、餐饮业销售（营业）额同比分别增长10.8%、7.9%、8.5%、13.4%，家用电器和音像器材类商品连续9个月增速保持20%以上。消费中心城市加快建设，推动大十字购物广场品牌升级，龙湖"星都荟"落地正阳新城，武陵山电商直播基地开业。文旅消费持续火热，A级旅游景区实现购票142.7万人次、门票及二销收入2.5亿元，同比分别增长26.5%、33%。

（六）开放创新持续深化

印发实施全面融入成渝地区双城经济圈建设"五张清单"，100个重大项目、50项重大事项有序推进。推动黔江站综合交通枢纽工程一期被纳入"双圈"建设重大项目库，4个A级旅游景区融入"百万职工游巴蜀"惠民活动，实现川渝地区馆际图书通借通还。全面推进重庆高新区对口协同发展39项年度重点任务，成功交易耕地进出平衡指标666亩。鼓励企业积极通过参展拓展贸易"朋友圈"，实现进出口总额0.9亿元、同比增长15.3%。西部陆海新通道黔江班列实现常态化运营，推动大宗货物物流成本降低10%以上。深入实施"双倍增"行动计划，获批高新技术企业28家，新增科技型企业142家。技术合同登记额达3.4亿元、同比增长9倍，完成科技成果登记57项。发放知识价值信用贷款4904万元、累计达4.5亿元。

（七）发展质效稳步提升

"三攻坚一盘活"改革超序时进度推进，全面完成国企压降任务，园区亩均税收、亩均产值、亩均增加值分别增长39.7%、17.8%、63.7%。财政收支稳步增长，完成一般公共预算收入27.7亿元，同比增长10.2%；一般公共预算支出59.1亿元，同比增长21.5%。新签约招商项目48个，到位资金29.3亿元、同比增长123.3%，近三年招商项目开工率78.3%、同比提高29个百分点。新增市场主体3762户，推选"名特优新"个体工商户25户。9月末普惠小微、制造业、房地产开发贷款同比分别增长9.6%、13.6%、20%。

（八）民生保障有力有效

15件重点民生实事累计完成投资2.7亿元，投资完成率82.9%。其中开展残疾人关爱服务提升行动、发展婴幼儿照护服务等4件已提前完成。转移农民工就业15.4万人，开展职业技能培训3158人次，发放创业担保贷款9641.5万元，实现城镇新增就业12289人。全体居民人均可支配收入27256元、同比增长5.6%，其中城镇、农村居民分别增长4.5%、6.6%。成功引进重庆八中来黔成立重庆八中融合教育黔江集团学校，普通高考顶尖名校上线人数首次领先"两群"区县，中职高考本科上线人数连续8年全市第一。持续深化与华西医院战略合作，中心医院肿瘤科成功申报国家临床重点专科建设单位。强化"防爆雷、降成本、化隐债"统筹，3个保交楼项目全部建成交付。安全形势稳定向好，连续三年实现生产安全事故起数和死亡人数"双下降"，连续8年未发生较大及以上生产安全事故。

总的来看，全区经济运行总体平稳，但外部环境更趋复杂严峻，有效需求依然不足，经济回升向好基础仍需巩固。制造业增长动力不足，近半规模以上工业企业产值同比下降，新能源、生物医药产业产值同比分别下降9.4%、8%。金融行业持续下行，利息净收入和手续费及佣金净收入同比下降8.5%。农业生产低位运行，生猪出栏量持续负增长。投资增长后劲不足，"两个计划"整体年度计划执行率仅34%，112个新建项目开工率仅52%。居民消费预期偏弱，限上批发、零售、住宿、餐饮业销售（营业）额增速较上半年分别回落9.4个、7.8个、2.9个、2.4个百分点。

初步预计，2024年全年地区生产总值增长4%左右，规模以上工业增加值增长5%左右，固定资产投资增长10%左右，社会消费品零售总额增长5%左右，一般公共预算收入增长10%左右，全体、农村常住居民人均可支配收入分别增长5%左右、6%左右。

二、2025年经济运行环境及因素分析

全球经济有望实现全面复苏，发达国家经济稳步增长，新兴市场国家和发展中国家经济增速回升。从全国层面看，将更加注重"质量优先"的增长方式，通过提升生产效率、激活消费市场和优化投资结构来维持稳定增长。产业结构优化进入深化期，从传统制造业向高附加值的服务业和高技术制造业转型，增强经济的韧性和竞争力。更加注重与全球经济的协调发展，在国际贸易和投资中寻求新的平衡，在能源、工业和交通等领域加快绿色低碳转型步伐。从市级层面看，聚力做实"两大定位"、发挥"三个作用"、建设"六个区"，着力以全面深化改革促进高质量发展，经济将保持平稳增长。生产性服务业与"33618"现代制造业集群体系加快融合，有利于新质生产力培育发展，促进产业结构迭代升级。从区级层面看，成渝地区双城经济圈、西部陆海新通道以及长江经济带建设战略的持续推进，"一县一策"支持黔江打造渝东南新材料产业高地和武陵山区公共服务高地，作为国家和重庆市定位的渝东南区域中心城市，有望获得更多支持。

三、2025年趋势展望及主要指标预测

随着生产和需求的循环更加顺畅，经济恢复的基础将不断巩固，居民消费意愿和信心有望进一步稳定和提升，经济运行保持在合理区间，与全市趋势基本同向。初步预计，2025年地区生产总值增长6%左右，规模以上工业增加值增长7%左右，固定资产投资增长10%左右，社会消费品零售总额增长5%左右，一般公共预算收入增长5%左右，全体、农村常住居民人均可支配收入分别增长6%左右、8%左右。

四、政策调控措施建议

（一）着力稳定投资增长

一是强化向上对接，找准争资争项根本点。采取"走出去""引进来"等形式，积极"跑市争项"对接汇报项目申报情况，不断优化项目库，提升项目谋划质量，争取市级帮助向上推送项目，促进项目早批复、资金早落实。加大招商引资力度，充分利用聚焦主导产业招商的思路优势，明确招商目标企业。推行一体化招商和一把手招商机制，构建招商引资闭环管理机制。提前谋划新质生产力、战略性新兴产业项目，加快算力中心、数据标注、低空经济等项目布局，密切跟踪未来集团浸没液冷智算中心、华夏

云翼141航校入驻等项目签约。二是强化资金保障，抓好争资争项着力点。充分发挥财政资金的撬动作用，保障规划重大项目前期工作经费。设立产业发展基金，谋划特许经营+片区开发EOD、TOD等社会各类投融资模式应用项目，带动激发民间投资，提高项目转化率，畅通经济循环，促进经济长期持续健康发展。三是强化要素保障，做好争资争项支撑点。完善区级领导联系机制，强化对项目推进的保障支持。加强财政、环保、自然资源等部门联动配合，对已争取到资金的项目加快选址、立项审批，强化土地、资金等要素保障，提高争资争项的有效性和成功率。

（二）推进重点产业发展

一是抓好工业提质增效。持续深化服务企业专员制度，常态化开展联系服务工作，用好"企业吹哨·部门报到"平台，切实帮助企业解决困难问题，重点抓好烟厂、三磊玻纤、铝晟新材料等重点企业服务保障工作。重点跟进正好味肉制品、博悦塑胶等在建产业项目，以实现顺利投产和稳定运行。加速推动50万吨再生铝及铝加工项目前期工作，力争2025年上半年开工建设。二是抓好服务业补短提升。聚焦生产性服务业，大力完善现代服务业发展体系，加强其他服务业重点企业运行服务，填补规模以上企业行业空白，特别是文化行业，加快推动创驰文化等企业升规入统，填补爱莉丝庄园、芭拉胡歌舞剧团退库缺口。深化政银企沟通合作，争取浦发银行线上贷款尽快落地，加大保险行业营销和产品创新力度。策划房地产交易活动，激活改善性住房群体、新就业群体等住房需求。推进"渝运安"普货试点、邮运通融合发展。三是抓好农业产业延链。以保障粮食安全为底线，持续构建以"粮油桑猪牛"为主导、"烟果渔菌药"为特色的产业体系。

（三）拓展服务消费场景

一是深入推进消费品以旧换新。梳理总结前期政策实施经验，按条件持续补充新增家电参与单位及门店。加大以旧换新政策的宣传贯彻力度，激发企业、消费者参与热情，扩大政策影响力、覆盖面，深挖消费增长潜力。二是强化活动赋能促消费。抢抓旺季消费，加强产供销、政银企、线上线下等多方资源整合，着力围绕汽车、家电、建材等重点行业开展促销活动。持续开展黔江鸡杂主题线上营销，进一步塑造黔江鸡杂城市名片。三是推动服务消费扩容升级。鼓励有条件的物业服务企业与养老、托育、餐饮、家政等企业合作，满足"家门口""楼底下"优质普惠服务需求。持续开展文化六进、群众音乐会等演艺活动，激发文娱消费活力。

（四）强化社会民生保障

一是全力提振市场信心。做深做实民营企业联系服务，着力畅通政企沟通渠道，完善民企诉求解决闭环落实机制。在减税降费、降低要素成本等方面加大对中小微企业和个体工商户政策支持。强化"四上"企业培育，做好企业走访服务指导，及时兑现产业扶持政策。二是持续增进民生福祉。高标准推进15件重点民生实事，不断提升群众获得感、幸福感。大力开展订单、定向、定岗和项目制培训，拓宽高校毕业生等青年群体就业渠道。深化"零工市场"建设，实现全年城镇新增就业1.5万人以上。三是防范化解社会风险。密切关注社保欠费、投诉举报、社会舆情等反映劳动关系运行的指标变化情况，加强城市低收入群体、农村规模性返贫情况监测。全力防范债务风险，持续深挖债务核销核减空间，积极争取再融资债券资金置换存量隐债。聚焦道路交通、燃气、建设施工、危化烟花、消防、非煤矿山、工贸、特种设备等重点行业领域，持续开展安全生产治本攻坚三年行动，确保社会大局和谐稳定。

[黔江区发展和改革委员会　武伯容]

之三：2024年武隆区经济运行分析及2025年展望

一、2024年武隆区经济运行总体情况

2024年前三季度武隆区经济发展承接"总体趋稳"态势，规模以上工业、金融业、农林牧渔业、固定资产投资增速4项主要经济指标高于季度目标，GDP增长5.8%（低于年度目标0.7个百分点，较上半年下降1.7个百分点）。其中第一、第二、第三产业增加值分别增长2.8%（低于年度目标2.2个百分点，较上半年下降0.4个百分点，高于全市0.3个百分点）、11.3%（高于年度目标1.9个百分点，较上半年下降2.3个百分点）、2.3%（低于年度目标3.4个百分点，较上半年下降2个百分点）。

（一）产业发展基本成稳

持续优化"一主两辅多元"特色农业产业结构，扎实推进高山番茄谷等项目建设，举办2024年中国番茄学术年会，加快建设生猪养殖示范村，科技助农提升"玉米、油菜"万亩单产，完成机收面积5.2万亩、建立玉米单产提升示范片1万亩，秋粮产量15.5万吨、同比增长2.2%，预计2024年粮食产量19.6万吨、同比增长2.0%；蔬菜产量62.5万吨，同比增长4.0%。前三季度一产增加值增长2.8%。高质量建设重庆市旅游装备产业建设基地、低空经济先行试验区，打造国际低空飞行赛事基地，举办仙女山首届飞行节，智能轻质电力设备等40个工业在库项目有序推进，前三季度全区规模以上工业企业累计完成产值50.93亿元、同比增长13.3%，规模以上工业增加值增长18.6%、排全市第3位和渝东南第1位。建立"建设+销售+招商"全流程服务机制，持续开展"换新购"、房交会等促销活动，举办2024年重庆市避暑休闲地产高质量发展大会，荣融映江澜等25个在建房地产项目持续放量，前三季度注册在地建筑业产值14.22亿元、同比增长11.3%（高于年度目标1.3个百分点，高于全市7.4个百分点），商品销售房面积同比增长3.6%（较上半年上升1.1个百分点，高于全市20.9个百分点）。

（二）固投支撑动能不减

1—9月，25个市级重点项目系统报送投资20.76亿元，分别占年度计划、月度计划的77.75%、124.3%。78个区级重点项目累计完成投资67.28亿元，分别占年度计划、月度计划的73.27%、98.9%。重点项目带动下，前三季度全区固定资产投资完成94亿元，同比增长12.6%（连续18个月保持两位数增长，高于年度目标2.42个百分点，较上半年上升1.2个百分点，高于全市10.8个百分点）。其中，工业投资完成17.39亿元，同比增长21.1%（能源投资完成13.28亿元，占工业投资的76%）；基础设施投资完成46.16亿元，同比下降3.7%。民间投资（不含房地产）完成6亿元，占比6.4%。

（三）服务业有所恢复

前三季度，规模以上服务业企业营业收入增长12.6%（较上半年上升1.7个百分点），其中租赁和商务服务业、科学研究和技术服务业、文化体育和娱乐业营业收入分别增长6.8%、7%、3.8%，居民服务修理和其他服务业下降36.6%（受铭昊殡葬注销基数影响）。"两新"政策带动消费复苏，印发《武隆区加力促进消费品以旧换新实施方案》，截至9月，家电以旧换新销售1189单，销售金额461.27万元，补

贴89.40万元，限上智能家用电器和音像器材商品零售额同比增长16.5%。前三季度社会消费品零售总额增长2.2%（低于年度目标4.8个百分点，较上半年上升0.4个百分点，低于全市1.6个百分点），其中零售业增长8.8%（较上半年上升1.6个百分点）、住宿业增长6.5%（较上半年上升1.8个百分点）。

（四）文旅市场持续火热

强力推进以国际化为引领的武隆旅游"三次创业"，启明东方星聚城于国庆开园，武隆喀斯特世界自然遗产博物馆开馆，羊角温泉不夜城项目完成招商，成功举办第十九届中国国际山地户外运动公开赛等赛事活动，1—9月累计接待游客3923.80万人次、同比增长7.46%，旅游综合收入172.30亿元、同比增长8.68%，共计组客527.43万人、完成任务95.90%；其中境外游客12.38万人、完成总任务的123.83%、同比增长181.89%，国庆期间武隆客流指数125.62、排全国第3位。2024年成为全国市辖区旅游综合实力百强区，天生三桥景区获评2024年度国内旅游景区创新发展案例。《重庆市武隆区探索推进信用经济试点优化文化和旅游消费环境》获评文化和旅游部"2022—2023年度文化和旅游领域改革创新优秀案例"。

（五）财政金融趋于下滑

持续加强财源建设和收入征管，深入推进"跑冒滴漏"专项整治行动，大力盘活水厂、页岩气经营权、闲置资产等国有资产资源，加快优质地块出让（1—9月，土地出让金实现4.1亿元，同比增长65.3%），持续做大非税收入（1—9月，非税收入5.42亿元，同比增长43.6%），加大金融政策扶持力度，助力全区普惠小微贷款余额58.03亿元、同比增长13.57%。前三季度一般公共预算收入32.2亿元、增长85.8%，税收收入8.7亿元、增长12.1%；金融机构存贷款余额295.31亿元，同比增长7.18%，排全市第22位、渝东南第3位。

（六）"三攻坚一盘活"改革突破全面推进

市级下达的15项"三攻坚一盘活"改革目标任务已完成12项、序时推进3项。区属国企减亏、扭亏户数分别完成全年目标的100%、275%，压减融资平台公司1户、法人户数27户，区属国企综合融资成本阶段性下降68个基点（BP），超出目标任务38个基点。大力发展旅游装备、食品及农产品加工、新能源汽车及汽车零部件（配件）制造三大主导产业，实现园区规模以上工业企业营收18.83亿元、增长7.0%，规模以上企业亩均税收增速1.55%。政企分离实现党政机关和事业单位所属企业全"脱钩"，大力推进旅游景区基础设施公募REITs试点项目，盘活回收资金20.03亿元，统筹安排盘活资金用于化债，推动化解政府隐性债务16.52亿元，预计债务率控制在200%以内。

二、存在的问题

（一）产业发展多点支撑薄弱

农业产业中畜牧业占农业总产值40%以上，受全国生猪产能调控影响，生猪、牛、家禽出栏量降幅较上半年扩大0.7个、3.3个、1.8个百分点。"水电独大""矿业依赖"仍然突出，其中电力、热力、燃气及水生产和供应业占工业总产值达50%以上，受7月以来干旱天气、上游来水减少持续影响，预计四季度水电行业增长仍将持续放缓，工业投资过度依赖能源企业（全区工业投资和工业技改投资中能源投资占比高达70%以上）。

（二）企业生产和培育承压

全区27户制造业企业中仍有9户企业呈负增长，尤其是农副食品加工和其他制造业等两大传统性行业因市场订单减少、原材料成本上升等因素影响持续下降（其中的新希望饲料、隆泰稀土、捷利实业下降面超30%）。企业投资信心不足，民间投资（除房地产）完成6亿元，仅占6.4%。全年56户"四上"企业培育任务，已完成升规6户、送审2户；其余23个单位暂未完成1户及以上培育任务。

（三）消费疲软问题仍然突出

居民消费意愿和能力"双低"。三季度存款增量大于贷款增量10亿元左右，1—9月，限上零售业营收同比下降2.1%（较上半年下降0.1个百分点）；限上批发业营收同比下降14.2%（较上半年下降9.1个百分点），18家限上批发企业营收"6正12负"，同比下降15.12%，其中康兴瑞营收同比下降67.64%。受市场环境、政策扶持、入统因素影响，限上餐饮业营收同比下降3.9%（较上半年下降4.6个百分点），初步摸排全区限上商贸企业中已达到升限标准未入统的重点企业（含个体）31户。

（四）重点工作短板突破困难

经济报表提档进位难度大，三季度武隆区报表总分56.72分、环比降低6.4分，为D档、环比下降1档，排全市第29位、渝东南第4位，市级排位环比下降9位、渝东南排位环比下降1位。亩均税收增速、规模以上工业增加值增速、固定资产投资增速、工业投资增速4项指标为A档，政府性债务化解成效、金融主导产业增速2项指标为B档，双城经济圈重大项目投资完成率、GDP增速、农业主导产业增速、社会消费品零售总额增速4项指标为C档，地方财政税收占比1项指标为D档。"三攻坚一盘活"任务艰巨。全区挂牌转让资产成交率不足挂牌数的5%，三季度资产盘活回收资金为2.08亿元，仅占1—9月累计回收资金的5.8%；园区规模以上企业营收实现22亿元、完成率仅为68.8%，受上年同期基数偏高、建筑和房地产行业下行、4家园外企业税收增速较高等影响，园区制造业规模以上企业亩均税收增速低于目标增速（5%）3.45个百分点。

三、下一步工作打算

（一）抓调度抢进度，全力推动目标任务完成

紧盯经济发展主要指标、市级考核目标任务以及《政府工作报告》《计划报告》重点任务，全面开展"回头看"，尽快补齐"欠账"，全力以赴做好年度考核和年底收官各项工作。持续强化重点经济指标监测调度，加强专题研究，细化经济工作硬核举措，全力确保GDP增长6.5%的年度目标。

（二）抓项目促投资，加快有效投资放量

重点抓好市区两级重点项目、国家重点资金项目提速实施，对于进度滞后的项目全力以赴抢抓进度，同步挖掘其他项目投资。充分考虑当前投融资政策及政府投资项目分类管理工作要求，围绕2个1000亿元中央资金（1000亿元超长期特别国债、1000亿元中央预算内资金）和行业资金投向，按照"自上而下"和"自下而上"相结合的工作思路，抓好国家及市级资金争资项目重点突击工作。持续动态做好2025年投资计划编制和"十五五"项目库建设。

（三）聚焦市场主体，持续做好助企纾困

全面落实国家、市级和区级一系列稳经济政策措施，增强政策出台协调的一致性，挖掘培育"四上"企业，确保完成年度目标任务，及时划拨第四批扶持资金100万元，切实帮助企业解决实际困难。开展武隆区招商投资促进工作四季度攻坚行动，正式签约项目10个以上。

（四）提振消费信心，挖掘消费增长潜力

抢抓"双11""双12"等活动契机，指导行业协会、企业等举办各类促销活动带动消费，支持和引

导汽车、家电等重点企业开展新能源汽车下乡、家电"三进入"等活动。加快仙山里酒店管理等4家公司升规入统，做好七色花园度假酒店等4家企业前期运营升规工作。抓好农产品出口入驻马来西亚米客斯连锁超市，协助通耀集团出口火车100台到蒙古国。

（五）关注重点领域，全力保障社会民生

谋划提出2025年经济社会发展主要目标以及固定资产投资计划、市区级重点项目计划、争资计划、项目储备计划、"四上"企业培育计划、财政预算等一揽子计划盘子。扎实做好保交楼、稳就业、信访维稳和安全生产等各项工作，围绕"六稳""六保"全力保障社会民生。

[武隆区发展和改革委员会　李奉杨]

之四：2024年石柱土家族自治县经济运行分析及2025年展望

一、2024年石柱土家族自治县经济运行分析

2024年，石柱土家族自治县（以下简称"石柱县"）上下深入学习党的二十届三中全会精神，全面贯彻习近平总书记视察重庆重要讲话重要指示精神，按照市委六届六次全会和县委十五届八次全会要求，牢牢把握稳进增效、除险固安、改革突破、惠民强企工作导向，紧紧围绕"四新一地"建设目标，全力打好"五大主动仗"，努力推动全县经济社会高质量跨越式发展，全县经济运行总体平稳，民生福祉持续增进，风险隐患有效防范，社会大局稳定和谐。前三季度，全县GDP增长4.6%，规模以上工业增加值增长4.7%，固定资产投资增长15.7%，全体居民人均可支配收入增长4.6%，一般公共预算收入增长3.4%。

（一）运行特征

1. 农业生产形势向好

农业总产值可比价增长3.2%，第一产业增加值增长3.5%。一是粮食安全得到充分保障。稳妥推进撂荒地复垦，牢牢守住耕地红线，粮食产量增长0.7%。二是"三色"产业提质扩面。出台农业产业补助政策，激励种植大户、合作社规模化种植，千亩级辣椒示范基地4个、千亩级莼菜示范基地2个、建设GAP基地8000亩，全县"三色"产业种植面积达79万亩以上。蔬菜、中药材、水果产量分别增长1.8%、8.3%、8.4%。三是养殖业发展逐步恢复。强化重点企业帮扶，持续兑现产业补贴政策，提升散户养殖信心，生猪、牛、羊、家禽出栏量降幅保持在合理范围，水产品产量增长14.6%。

2. 工业经济企稳回升

规模以上工业产值同比增长8.1%。一是企业培育持续加快。新入库规模以上工业企业4家，拉动全县规模以上工业产值增长3.3个百分点。摸排的4家企业已达到小升规标准，12家企业营业收入状况良好，预计全年培育规模以上工业企业20家，拉动规模以上工业产值增长3个百分点左右。二是"四大产业集群"提速发展。工业投资增长33.5%。清洁能源方面，风电项目已建成7个、并网总装机容量46.47万千瓦，在建5个、装机容量46.025万千瓦，核准待建6个、装机容量54万千瓦，风电开发规模稳居全市前列。装备制造方面，2023年以来累计签约泵阀类项目91个、合同引资31.8亿元，在建项目22个，投产项目达19个。康养消费品方面，国药太极石柱产业园项目落地建设，年内将建成投产。新型材料方面，300万吨/年熔剂用灰岩矿项目动工建设，万宝铅锌矿1000吨/日硫化锌浮选项目8月正式投产。

3. 有效投资不断扩大

前三季度，固定资产投资增长15.7%，增速连续22个月在10%以上，连续8个季度排全市前10位、渝东南前3位。一是重点项目带动明显。8个市级重点项目完成投资15.59亿元、超时序进度3.8个百分点，共享储能电站项目仅2个月完工投用、较预期提前3个月；100个县级重点项目完成投资66.6亿元、超时序进度16.8个百分点，伟岸测量仪器仪表生产等21个项目完工并投产。二是项目储备不断加

强。共策划储备项目 280 个，项目估算总投资 466 亿元，年度计划投资 154 亿元。三是争资水平不断提高。紧盯中央预算内投资、超长期特别国债、中央和市级专项资金、专项债券、"两重"、"两新"等国家及重庆市政策，千方百计争资金。完成立项争资 62.81 亿元，完成目标任务的 96.2%。其中，已到位中央资金 11.8 亿元（中央预算内资金 0.78 亿元）、超长期特别国债资金 1.37 亿元、地方政府专项债券资金 4.9 亿元、市级资金 20.8 亿元。

4. 社会消费持续复苏

社会消费品零售总额增长 5.3%。一是传统商贸领域总体平稳。深入实施"以旧换新"行动，有力刺激汽车、家电等大宗商品消费，零售业商品销售额增长 13%，县内重点汽车销售商销售额增速超 20%，家电"以旧换新"销售额近 1000 万元、补贴额 190 万元，全面将政策红利转变为居民消费活力。以美食为载体，多渠道、全方位宣传推介石柱县民俗风情和康养美食，莼菜鱼、莼菜包子、土家洋芋饭等 9 项特色美食入选"渝味 360 碗菜品"，6 家餐饮企业上榜"渝味 360 碗"2024 年体验店、示范店、旗舰店、美食街区，带动餐饮业、住宿业营业收入分别增长 11.2%、10.3。二是电商新场景加快涌现。发动电商企业积极参加电商带货、直播促销、全市"618"电商节、蚂蚁集团"百县百品助农行动"、"与辉同行"重庆专场等系列资源对接活动。其中，"与辉同行"专场活动，石柱县 4 家企业 7 款产品成功上播，销售总量突破 20 万单，总交易额达 566 万元。三是开发水平和质量持续提升。组织 19 家企业参加西洽会，突出展示推介农业产业、文旅发展、工业制造三大板块发展成果，达成意向性订单 30 余个。大力培育自营出口企业，完成自营出口手续办理 4 家。三是康养旅游业取得历史性突破。抢抓成功创建黄水国家级旅游度假区这一"黄金节点"，持续提升大黄水片区接待能力，度假区单日接待游客峰值超 25 万人。新增秘境乐园 4A 级景区，全县国家级 4A 级景区数量达 7 个，前三季度累计接待游客 2623 万人次、增长 15.8%，创旅游综合收入 183.6 亿元、增长 13.8%。

5. 改革创新硕果累累

一是"三攻坚一盘活"纵深推进。县属国企减亏、扭亏数分别完成市考核目标的 113%、200%，企业法人户数完成市考核目标的 105%，清理盘活存量资产、回收资金额分别完成市考核目标的 1714.7%、1100%。园区规模以上工业营业收入完成率连续三个季度位列全市前四，1—8 月完成率达 89.25%、超时序进度 22.55 个百分点，居全市第 1 位。二是科创水平显著提高。加快实施智能化数字化改造，新创建市级数字化车间 3 个，累计创建智能工厂 2 个、数字化车间 7 个。深入实施"双倍增"计划，2024 年新入库市科技型企业 71 家、累计达到 453 家，新培育市级"专精特新"企业 5 家、累计达 23 家，累计培育国家"小巨人"企业 2 家、国家高新技术企业 23 家、企业技术研发中心 7 个，创新主体数量居渝东南前列。三是数字重庆建设扎实推进。初步编制形成核心业务集 4.0 版，"民宿监管一件事"完成开发建设并成功接入三级治理中心和"两端"，被市数建办纳入区县典型应用"加快推进一批"名单实施全市复用推广。

6. 民生保障有力有效

一是就业保持总体稳定。全县城镇新增就业 2636 人、完成年度目标任务的 90.9%，重点群体中城镇登记失业人员、城镇就业困难人员分别就业 1304 人、1137 人，分别完成年度目标的 108.7%、126.3%。二是教育事业高质量发展。稳步推进学前教育普及普惠县创建工作，普惠在园幼儿数覆盖率达 91.7%。渝中实验小学校被教育部认定为首批全国中小学科学教育实验校，冷水小学成功创建全国中小学国防教育示范学校，三河小学女子足球队成功入选全国"新时代好少年"。三是医疗条件持续改善。县人民医院被纳入重庆大学附属三峡医院集团成员单位，县中医院入选县级中医医院"两专科一中心"建设项目单位，群众就医门诊、住院次均费用分别比全市平均水平低 24.9 个、35.7 个百分点，门诊患者、住院患者、医务人员满意度居全市前列。四是文化体育事业蓬勃发展。举办石柱历史文化展演《千年玉带河》，开展"人到桥头自然直""书之韵"读书会、"石柱书香山寨行"非遗进校园等系列活动，强化文化阵地建设。将石柱狮舞（枫木沈氏）、石柱土司王宴制作技艺等13个项目纳入新一批次市级非遗代表性项目申报计划。五是群众急难愁盼有效解决。提前完成14件重点民生实事，全面完成1863套"保交楼"工作任务、交付率达100%，有力推进寰宇天辰、云山森语、江山月3个保交房项目644套住宅交付。

（二）存在问题

1. GDP增速不及预期

前三季度GDP增速4.6%，分别低于全国和全市0.2个、1.4个百分点，县域工业、批发业等产业历史遗留问题在2024年集中显现，拉低GDP增速明显。

2. 部分产业仍待提振

一产方面，农业规模化程度偏低、可视化成果较少，畜产业受国市统一调控以及市场行情等因素影响，止跌企稳面临较大压力，生猪、牛、羊、家禽出栏量持续负增长。二产方面，部分工业存量企业生产经营异常，"四大产业集群"正处于培育蓄势阶段，短期内难以形成巨大产能。三产方面，受宏观环境和政策调控影响，房地产业持续低位运行，前三季度房地产商品房销售面积同比下降29.4%；金融业持续低迷，前三季度利息净收入、手续费及佣金净收入仅增长0.9%，较上半年下滑0.4个百分点。

（三）2024年全年预测

预计2024年全县GDP增长6%、规模以上工业增加值增长6%、固定资产投资增长20%、社会消费品零售总额增长6%、一般公共预算收入增长10%。

二、2025年经济运行环境及因素分析

（一）优势分析

1. 国家及重庆市政策支持有力

2024年3月，市政府办公厅印发了《支持石柱县高质量发展的若干举措》，明确了支持石柱县打造全市清洁能源基地、打造国际森林康养基地、健全基础设施网络、加大政策扶持力度4个方面的11项具体措施。10月，国家发展改革委、财政部分别推出一系列的增量措施，从调控宏观政策、扩大有效需求、加大助企帮扶、推动房地产市场止跌回升、提振资本市场、保障财政运行等方面明确了具体的政策支持。以上两项重点举措，包括"两新""两重"等重点领域的有力政策，将为石柱县宏观经济保持良好发展态势提供有力支撑。

2. 产业蓄能即将释放

近年来，全县紧紧围绕以黄连、辣椒、莼菜为代表的农业"三色产业"，以清洁能源、装备制造两条"百亿级"产业链为主的"四大产业集群"，以避暑旅游、思政研学为主的康养休闲旅游业，全力推动三次产业加速发展，农文旅发展水平持续提升，各大产业发展取得了长足进步。2024年，国药太极集团的中药材GAP基地加快建设，国能、华润等央企投资的清洁能源项目建设推进迅速，泵阀产业招商引资蹄疾步稳，黄水国家级旅游度假区"金字招牌"美誉度和知名度不断提升，规模以上农产品加工业量质并进，工业投资保持迅猛增长，康养旅游接待能力显著增强，为2025年全县经济发展提供了充沛的内生动力。

（二）劣势分析

1. 金融业发展预计不及预期

居民消费活力仍然不足，预防性储蓄行为较为突出，截至 2024 年 9 月底，全县住户贷款呈现小幅负增长；受国市管控政策和宏观环境影响，国企融资贷款难度提高，民营企业技改、扩张意愿不强，非金融企业及机关团体的短期贷款同比下降 11.5%。加之 LPR 利率调低、银行机构实施减费让利政策，银行业利息净收入、手续费及佣金净收入增长速度可能将有所放缓。

2. 房地产市场提振仍需时日

全县房地产市场供需两端依然较弱，可出让土地数量不足且出让进度略显滞后，在售商品房中车位、商业占比偏高。在房地产销售市场不景气的背景下，可供选择的楼盘少，特别是满足改善性住房需求的商品房供应严重不足，2025 年房地产市场形势依然不容乐观。

三、2025 年趋势展望及主要指标预测

2025 年是全面完成第十四个五年规划的关键之年。五年以来，全县上下按照"十四五"规划纲要的总体思路，坚持"一张蓝图绘到底"，全面落实提出的具体任务，逐步探索出具有石柱地域特色的产业发展思路，全县经济总量持续攀升，发展质量逐步提升，内生动能不断增强。虽然 2024 年全县经济运行出现短期矛盾，但近几年来重点招引的大唐火风储一体化试点、中核汇能风电光伏、强钢铸造、金达铅锌矿等一大批清洁能源、泵阀、新型材料领域的在建项目加快投资建设，2024 年培育 110 家规模以上单位目标任务扎实推进，为 2025 年打好收官战奠定了坚实的基础。同时，国家及重庆市一系列支持措施持续发力，政策红利也将逐步体现，将进一步提升石柱县经济发展的强劲势头。2025 年，全县经济将持续总量升、质量提、结构优的良好态势，预计 GDP 增长 6%、规模以上工业增加值增长 8%、固定资产投资增长 20%、社会消费品零售总额增长 6%。

四、政策调控措施建议

（一）全面加大"一县一策"政策举措支持力度

"一县一策"已经明确了重庆市对石柱县的支持范围、支持措施和支持成果，政策举措的内容具有充分的数字辨识度，能够极大拉动全县经济社会发展。建议市级有关单位进一步加大支持，在产业布局、指标竞配、人才支持等方面予以石柱县更大倾斜。

（二）支持将重大事项纳入市级"十五五"规划

石柱县已向市级部门报送"十五五"重大事项 91 个，其中狮子坪抽水蓄能电站、"重庆市智能水表产业基地"等重大事项的意义深远，且已具备良好条件，建议将石柱县符合全市发展方向、契合石柱定位的重大事项纳入全市"十五五"规划，助力石柱县打造标志性成果。同时，将契合全市发展方向、符合石柱县发展定位的重大事项纳入市级专项规划，为石柱县经济社会发展提供政策保障。

[石柱土家族自治县发展和改革委员会　戴帛男]

之五：2024年秀山土家族苗族自治县经济运行分析及2025年展望

2024年以来，秀山土家族苗族自治县（以下简称"秀山县"）坚持以习近平新时代中国特色社会主义思想为指导，全面贯彻党的二十大、二十届二中全会和中央、市委经济工作会议精神，牢牢把握稳进增效、除险固安、改革突破、惠民强企工作导向，着力扩大内需，优化经济结构，深化改革开放，有效解决经济运行中的突出问题，经济运行总体平稳、发展动能加快转换、高质量发展扎实推进、社会大局和谐稳定，全面建设社会主义现代化新秀山迈出坚实步伐。

一、2024年秀山县经济运行情况

（一）经济运行主要特征

前三季度，秀山县经济持续稳定向好，主要经济指标符合预期。地区生产总值实现283.63亿元、增长5.8%，固定资产投资、规上工业增加值、社会消费品零售总额、一般公共预算收入分别增长11.6%、4.4%、5.8%、21.3%。总体呈现以下特点：

1. 工业转型向新向绿

持续抓好企业"全生命周期"服务保障，高新区新入驻工业企业15家、累计达到128家，竣工投产盛品创新能源电芯项目等产业项目9个，3家企业新认定为市级瞪羚企业。加快构建"235"制造业集群体系，高新区成功纳入重庆市食品及农产品加工业十大园区打造，3款产品成功列入重庆市消费品工业"爆品"培育清单，海王集团火锅伴侣上市销售，国泰康宁成为重庆希尔安集团化药口服制剂唯一生产基地，硅碳复合新材料产业集群获批重庆市中小企业特色产业集群。新增"专精特新"企业8家、累计达到40家。推动产业数字化转型，建成工业互联网平台，打造智能工厂2个、数字化车间6个。

2. 项目投资稳定增长

扎实开展重点项目攻坚行动，148个重点项目、196个重大储备项目有序推进。提速打造交通枢纽，黔吉高铁开展可研审查，秀印高速重新启动社会投资人招标，秀来高速完成可研编制，秀沿高速纳入市级规划。水利设施加快建设，马西水库完成下闸蓄水验收，马西水厂主体基本完工，平邑水库工程方案设计报告通过技术审查，平邑大灌区完成可研招标。膏田风电、龙凤坝光伏加快推进。制定全县"争资地图"，开展项目申报培训，争取上级各类资金47.7亿元，占全年目标任务的108.5%。积极争取债券资金支持，获批"双通过"项目39个、额度46.8亿元，年度已发行额度18.8亿元，均居渝东南第1位。优化土地征转用报批，获市政府批复项目52个、5534亩。

3. 商旅消费加快复苏

持续优化消费环境，福广建材市场三期建成投用，华南生鲜农产品交易市场（二期）即将开业，武陵汽博中心二期开工建设，16个乡镇商贸中心改造升级，区域首个进口商品店开业运营。开展"爱尚秀山·愉悦消费"等消费促进活动200余场，稳定和扩大汽车、家电、家居等重点消费，获评全国县域商业"领跑县"典型案例。电商发展持续提速，武陵山国际电商产业园开工建设，引进快手平台打造直播电商孵化园，新增电商企业 81 家，投产电商加工线 69 条，入选国家农村电商与快递协同发展示范区创建名单。跨境电商起势良好，投用亚马逊、速卖通、来赞达等跨境电商孵化器，引进正盒出海、汇外秀中等平台头部企业，新注册跨境电商企业 30 余家，新开设跨境电商店铺 120 个，发布跨境电商品牌"秀源·轻山"，与当地工厂开发海外产品 5 个。

4. 乡村振兴全面推进

大力实施高标准农田"四改一化"工程，新建和改造提升高标准农田 1.96 万亩，入选全国农业生产全程机械化示范县创建名单。深入实施粮食产能提升行动，粮食播种面积 77.55 万亩、产量 30.48 万吨，油菜播种面积 26.69 万亩、产量 3.8 万吨，入选全国油菜单产提升整建制推进县。新认证"两品一标"农产品 5 个、全国名特优新农产品 1 个、重庆名牌农产品 2 个，成功举办第四届中国黄精高质量发展研讨会，秀山毛尖品牌价值达到 6.34 亿元，增长 20.53%。培育"强村公司"28 家，超过 10 万元村占比达 91%。新建乡镇污水管网 8.5 公里，硬化入户道路 25 公里，改造户厕 1 万余户，创建无废乡村 5 个。

5. 城市建设统筹发展

城镇开发边界面积优化调整至 40.48 平方公里，城市建成区面积达 25.5 平方公里，常住人口城镇化率提升至 49%。着力推进城市更新，改造老旧小区 18 个，3 个社区城市更新项目有序推进。新增海绵城市 0.71 平方公里，总覆盖率达到 58.44%。持续完善城市路网，黄杨大道（石莲路至牛市井段）、石莲路（G319 至黄杨大道）建成通车，渝秀大道等城市道路加快建设。提档升级市政设施，完成城区路灯节能改造，新（改）建城镇雨污管网 48.8 公里，城市污水处理厂三期通水试运行，花灯广场加快升级改造。稳步推进城市绿地建设，人民民主主题公园建成投用，滨河西路提档升级，新增绿地面积 20 万平方米，人均公园绿地面积达 12.37 平方米。强化数字城管系统应用，处置各类问题 1.8 万个。

6. 民生福祉持续改善

20 件重点民生实事有序推进。学前教育有力推进，新增公办幼儿园 3 所，全县 3~6 周岁幼儿入园率达 95% 以上，学前教育普惠率达到 93.8%。秀山一中完成扩建，凤凰中学新校区建成投用，民族中学新校区、高新区小学前期工作加快推进，义务教育办学标准率在 90% 以上。2024 年高考特殊资格线上线率首次过半，达到 51.3%，清北上线 6 人，高考理科屏蔽生 1 人。洪安镇中心校被表彰为"全国教育系统先进集体"。大力拓宽就业渠道，城镇新增就业 4250 人，发放创业担保贷款 1999 万元。医疗服务能力持续增强，县人民医院肿瘤中心及平凯街道、官庄街道社区卫生服务中心建成投用，医技楼主体工程完工。城乡居民基本养老保险参保率、医疗保险参保率均保持在 95% 以上。青少年活动中心交付使用，残疾人康复中心开业运营。筹集保障性租赁住房 300 套。乡镇公办养老机构实现"公建民营"全覆盖，建成老年食堂 39 个。殡仪馆及配套设施建设项目加快推进，4 个农村公益性公墓启动建设。

（二）存在问题

一是产业转型面临挑战。产业层次不高、结构不优，制造业的支撑带动作用还未充分发挥，科技创新水平还有待提升，新旧动能转换仍需加力提速。二是投资增长后劲不足。在政府化债及项目分类管理的双重约束下，新开工项目不足，房地产开发投资持续低位运行，民间投资呈现疲弱态势。三是民生保障仍有短板。医疗服务水平不够高，高中学位供给不足，高校毕业生等重点群体就业问题日益凸显。

（三）2024 年预测

秀山县将进一步加强经济运行调度，持续巩固全县经济稳定向好势头，预计全年地区生产总值增长 6% 左右、规上工业增加值增长 4.4% 左右、固定资产投资增长 11% 左右。

二、2025 年经济运行环境及因素分析

从国际国内看，外部环境更趋复杂严峻，主要经济体增长动能弱、债务负担重，全球贸易保护加剧；国内经济仍面临有效需求不足、社会预期偏弱等挑战。但我国经济总体稳定向好的基本形势没有改变。从全市看，随着成渝地区双城经济圈建设、共建"一带一路"、长江经济带发展、推动西部大开发形成新格局、建设西部陆海新通道等重大战略叠加效应加快释放，将为全市经济高质量发展提供坚实支撑。从秀山看，全县上下以成渝地区双城经济圈、西部陆海新通道两大国家战略为牵引，以建设渝鄂湘黔毗邻地区中心城市为硬目标，加快构建"235"制造业产业集群体系，加快打造开放合作平台，加快推动黔江至吉首高铁等重大基础设施项目落地，将为我县经济发展提供有力支撑。

三、2025 年重点工作

2025 年是实施"十四五"规划的收官之年，也是"十五五"规划的筹备之年。要全面对标对表党的二十大部署，按照中央、市委经济工作会议要求，系统全面谋划，抓住关键环节，持续推动经济高质量发展，为推动现代化新秀山建设注入新动能。

（一）着力扩大需求，发挥投资关键作用和消费基础作用

全力扩大有效投资，积极发挥基础设施投资稳增长作用，力争开工建设黔吉高铁，加快秀印高速、桐梓水库、红岩水库等项目投资放量，加快推进秀来高速、平邑水库、平邑大灌区等项目前期工作。抢抓国家"两重"等政策机遇，积极谋划储备项目，扎实做好项目前期工作，全力争取国家政策和资金支持，用好中央预算内投资、地方政府专项债券、超长期特别国债等重点资金。持续释放消费潜力，认真落实促进消费相关政策措施，鼓励市场主体开展惠民促销活动，持续释放汽车、家电、家居等重点领域消费潜力，力争获评市级促进消费提质扩容督查激励县。壮大电商主体载体，建成投用武陵山国际电子商务产业园，争取落地京东等电商头部平台入驻，积极创建全国农村电商"领跑县"、市级跨境电商产业园，电商主体突破 3000 家，新增跨境电商企业 20 家、跨境店铺 100 个，实现网络零售额 50 亿元。

（二）持续推动产业优化升级，加快形成新质生产力

围绕构建"235"制造业集群体系，充分发挥"链长制"整合协调作用，出台新的招商引资政策，扎实推进招商引资工作，全年完成签约项目 50 个以上、协议引资 100 亿元以上、到位资金 50 亿元以上，引进 10 亿元以上项目落地龙池新材料产业园。大力发展现代特色农业产业，建成投用城郊农产品加工产业园，新培育 1~2 个爆款产品，培育县级以上农业加工企业 10 家以上，推动海王"山城特饮"投产量产。推动秀山红茶、秀山白茶注册国家地理标志，持续打造"秀山毛尖"等区域公用品牌，新认证"两品一标"农产品 6 个、续展 15 个。全力争创"国家现代农业产业园"，建成 2 个以上市级农产品出口示范基地。着力提升文旅产业竞争力，唱响"书中边城·画里秀山"旅游品牌，加快创建川河盖国家级旅游度假区、洪安边城国家 5A 级景区、西街国家级旅游休闲街区。

（三）统筹推进新型城镇化和乡村振兴，促进城乡共同繁荣

加快推进新型城镇化建设，完善空间规划体系，高质量完成 24 个乡镇（街道）国土空间规划，优化高铁新城片区整体规划。加快 13 个集镇基础设施建设，大力提升集镇综合承载力。推进城市供水管网、垃圾分类集中投放点、公厕等更新改造，加快建筑垃圾处置设施建设，建设劳动者港湾 2 个。有力有效推进乡村全面振兴，深化"141"基层智治体系建设，提升网格监测预警和中心决策处置能力，优化基层网

格员队伍，推动"一中心四板块一网格"高效运转。深入实施"四治融合"乡村治理工程，全面推广"12347+N"院落治理标准，提升乡村治理效能。深入推进"强村富民"综合改革，盘活用好农村"三资"，推动全县农村集体经营性收入年均增长10%以上。

（四）不断深化改革，激发创新活力和内生动力

持续深化重点领域改革，深化"小县大城"试点，充分发挥"以城带乡"作用，放大中心城区和集镇公共服务对农村群众的集聚和吸附效应。强化制造业亩均论英雄改革，确保县域制造业企业亩均税收增速扭负为正。持续抓好殡葬改革，建成4个农村公益性公墓，加快实现殡葬服务设施全覆盖。努力扩大高水平对外开放，建成投用重庆枢纽港秀山公路港，完成韵达快递扩能改造，推动重庆物流集团、禹联、鲸小仓等项目尽快落地投产，建成公路零担货物物流集散中心，加快运行18条周边区县日发班车、5条长途物流干线，县域快递到发量增长10%以上，快递总量突破6000万件。

（五）深入推进生态文明建设，加快建设美丽秀山

持续打好蓝天保卫战，力争城区空气质量优良天数稳定在350天以上。持续打好碧水保卫战，加强集中式饮用水源地保护，加强入河排污口管理，有序推动农村黑臭水体治理项目，确保城乡集中式饮用水水源水质达标率保持在100%。持续打好净土保卫战，全面完成第三次全国土壤普查，深入推动"无废城市"建设，确保重点建设用地安全利用率达到100%。持续巩固锰污染治理成效，积极创建国家生态文明建设示范县。

（六）切实保障和改善民生，持续提高居民生活水平

推进学前教育普及普惠发展，扩大公办学前教育资源供给，学前教育普惠率巩固在93%以上。推进义务教育优质均衡发展，启动建设高新区小学，建成投用民族中学新校区。全力推进县人民医院"三甲"医院创建，加快推进县中医医院和县妇幼保健院"三级"医院创建，推进梅江、溶溪创建医疗卫生次中心。加大家政服务等用工紧缺型行业培育，大力支持创业和灵活就业，城镇新增就业3000人以上，发放创业担保贷款1500万元以上。

四、政策措施建议

（一）支持秀山建设渝鄂湘黔毗邻地区中心城市

近年来，秀山在200公里范围内毗邻18个区县市的经济首位度、对外开放度、城市辨识度、产业带动力、要素吸引力、服务辐射力稳步提升，建议支持秀山县建设渝鄂湘黔毗邻地区中心城市，提升全市向南开放水平。

（二）支持秀山打造西部陆海新通道东线物流枢纽

建议支持秀山打造西部陆海新通道东线物流枢纽，同时支持秀山建设商贸服务型国家物流枢纽、保税物流中心（B型）、进口粮食和进口木材加工国家基地、跨境电商产业园，降低西部陆海新通道综合运价。

（三）支持秀山建设区域性综合交通枢纽

建议加快推动黔吉高铁、秀印高速建设，规划建设重庆经秀山至铜仁城际铁路，争取黔遵昭铁路在秀山接轨，推动秀山通用机场规划建设，加速开展秀来高速、秀沿高速、渝湘高速扩能前期工作等重大交通项目，支持秀山建设区域性综合交通枢纽。

（四）支持秀山高新区创建建设

建议支持秀山高新区建设，加快推进秀山高新区创建国家级高新区，同时加大产业重大项目向秀山倾斜力度，支持秀山高新区建设光电产业园、龙池新材料产业园、汽配产业园、中医药产业园、电子信息产业园等园中园，丰富秀山高新区产业业态。

（五）支持加快推进平邑水库、平邑大灌区建设

支持将平邑水库、平邑大灌区纳入全市"十五五"规划，并加快推进前期工作，推动项目尽早开工。

[秀山土家族苗族自治县发展和改革委员会　杨光鸿　冉　杰]

之六：2024年酉阳土家族苗族自治县经济运行分析及2025年展望

2024年以来，酉阳土家族苗族自治县（以下简称"酉阳县"）深入学习贯彻党的二十届三中全会精神和习近平总书记视察重庆重要讲话重要指示精神，把六届市委历次全会精神和市委书记历次对酉阳提出的工作要求一体学习、一体部署、一体落实，持续打好生态、乡村、文旅三张牌，高水平打造民族团结共同富裕示范地、美丽重庆先行地、巴渝和美乡村样板地，前三季度全县GDP同比增长5.2%，全县经济社会发展稳中有进、稳中向好。

一、2024年酉阳土家族苗族自治县经济运行情况

（一）经济发展稳步前行，主要指标保持向好态势

前三季度，全县实现地区生产总值183.52亿元，同比增长5.2%，高于全国0.4个百分点，整体经济保持稳定增长。三次产业同步增长，第一、第二、第三产业增加值分别同比增长2.7%、7.8%、5.2%，分别拉动经济增长0.46个、1.14个、3.59个百分点。三次产业结构为15.7∶14.8∶69.5，产业结构优化成效逐步稳固，三次产业对经济增长的贡献率分别为8.9%、22.0%、69.1%。

（二）农业发展形势向好，种植养殖业"一升一降"

以"酉阳800"区域公用品牌引领现代产业体系，不断放大山地农业的资源要素优势。农业增加值稳步增长，前三季度实现农业增加值28.85亿元，同比增长2.7%，全市排名第22位，较上半年提升7个位次。主要农作物平稳增长，粮食播种面积116.58万亩、产量36.11万吨，分别同比增长2.9%、5.6%；畜牧业呈下滑态势，生猪、肉牛、山羊、家禽出栏量分别同比减少9.7%、7.4%、15.6%、9.9%，其中家禽出栏量降幅有所减小，较上半年收窄1.5个百分点；果蔬产量不断提高，水果、蔬菜产品产量分别同比增长4.83%、0.65%，产量均居全市前列。

（三）工业经济支撑有力，工业投资实现较快增长

围绕"三个百亿"集群，华润三九（酉阳）制药、琥珀茶油、合创服装等公司接续落地、投产投用，逐步发挥对工业增长的支撑作用。工业增加值稳定增长，前三季度实现工业增加值11.05亿元，同比增长5%，其中规模以上工业增加值同比增长6.7%，渝东南排名第3位；工业效益稳步提升，园区、开发区规模以上工业营业收入18.7亿元，同比增长43.3%，较上半年提高3.9个百分点。鼓励企业开展以设备更新为重点的技改项目建设，工业投资继续保持高位增长，完成工业投资18.54亿元、同比增长167.6%，连续三季度排名全市第1位，远高于全市平均水平。

（四）重点项目加快放量，有效投资再挑"大梁"

渝湘高铁完成可研评审、线路方案确定，风电项目接续开工，城北入城大道、板溪物流快速通道等"一环七射"重要通道基本畅通。固定资产投资持续高速增长，前三季度完成固定资产投资89.94亿元，同比增长17.2%，已连续7个季度保持两位数增长速度，高于全市15.4个百分点，全市排名上升至第6

位；房地产投资完成 6.65 亿元、同比增长 3.5%。

（五）消费潜力有效激发，进出口实现"逆势增长"

全力推动"以旧换新"促消费政策落实落细，不断升级营销模式，社会消费品零售总额稳步增长，前三季度社会消费品零售总额实现 78.3 亿元、同比增长 4.6%、高于全市 0.8 个百分点；其中批发业、零售业、住宿业、餐饮业分别同比增长 6.9%、8.9%、4.6%、8.6%。文旅消费持续火热，成功举办首届酉阳桃花源游园灯会等大型活动活跃文旅市场，前三季度累积接待游客 3264.04 万人次，实现旅游综合收入 168.86 亿元，分别同比增长 32.83% 和 37.91%；外资外贸逆势发力，前三季度全县进出口总额达到 13.83 亿元，同比增长 14.4%，在全市进出口承压持续下滑背景下实现了大幅增长。

（六）财政收入持续优化，存贷款保持稳定

全县持续挖掘税收增量，不断加大财源培植力度，采取通报、催收等手段积极推动各类税收欠缴问题整改，前三季度全县实现一般公共预算收入 19.41 亿元，同比增长 53.9%，全市排名第 4 位、渝东南第 2 位，其中实现税收收入 5.9 亿元、同比增长 10.1%。财政收入税收占比较上半年提升 1.5 个百分点。存贷款增速基本稳定，前三季度金融机构存、贷款余额分别为 407.26 亿元、345.45 亿元，分别同比增长 6.3%、11%。

二、存在的问题

（一）经济增长仍不及预期

前三季度 GDP 增速较预期目标低 0.8 个百分点，低于全市 0.8 个百分点、全年目标 1.8 个百分点。从 GDP 绝对额来看，要完成年终目标，则四季度 GDP 要实现 82.58 亿元，较上年同期需增长 17.5%，环比增速需达到 22.3%，从前三季度同比增速和环比增速数据来看，实现年终目标的难度极大，同时前三季度累计同比增速均低于年终目标，GDP 难以实现 7.0% 的增速。三次产业结构优化成效不明显，前三季度第二产业增加值占 GDP 的比重再次低于第一产业，工业对经济增长的支撑作用较弱。

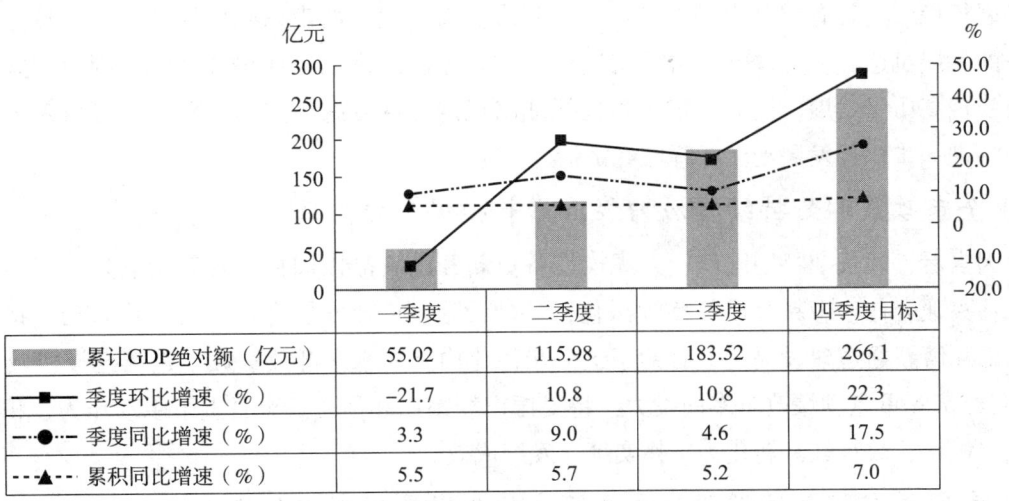

图 1　2024 年酉阳全县 GDP 完成情况

（二）农业发展严重受阻

一方面，自 2023 年以来，全县生猪、肉牛、山羊等主要畜禽产品生产者价格呈螺旋式下降；另一方面，人工、环保、防疫等方面养殖成本居高不下。在收入下降和成本上升的双重因素叠加下，农业

经营的收益明显降低，严重挫伤养殖户生产积极性，支撑一产的畜牧业增加值下滑严重，实现同比增长的难度较大。

（三）企业培育成效不够

当前，全县在库企业存在数量少、体量小、后劲弱、创新不足等问题，且近两年来升规企业中小微型企业占80%以上，大多数企业刚好位于标准线上，无法对经济增长形成大的支撑。前三季度新增"四上"企业仅22家，其中规模以上工业企业仅4家、建筑业企业1家；同时存在已升规企业退库的情况，截至目前，已有13家限上企业、12户限上个体退库，拉低社会消费品零售总额。

（四）投资消费后劲不足

截至目前，重点项目工作进度与时序目标任务差距较大，34个市级重大建设项目仅开（复）工14个、未开工率达58.8%，205个县级重点项目仅开（复）工101个、未开工率达50.7%，进度严重滞后；受房地产市场供需关系变化及消费降级大环境影响，商品房销售面积增速下滑严重，前三季度商品房销售面积同比下降30.4%，降幅较上半年扩大26.4个百分点，高于全市13个百分点；同时三季度全体居民人均可支配收入仅为18889元，全市排名第36位（全市倒数第3位），居民消费信心难以提振，消费能力严重不足。

三、2025年经济形势分析

当前经济发展面临着诸多困难和挑战，国内国外环境复杂多变，前行压力不断增大，但同时也应看到，全县经济发展面临的机遇大于挑战，国内宏观政策靠前发力、持续落实，全国经济将延续稳步回升态势；全市聚焦打造新时代西部大开发重要战略支点、内陆开放综合枢纽，经济发展活力将逐步释放；全县上下深入实施"六大攻坚""十五大专项行动"，将进一步厚植发展胜势，不断积蓄发展动能。

（一）习近平总书记视察重庆赋予重要战略使命和发展任务

习近平总书记视察重庆并发表重要讲话、作出重要指示，为"不断谱写中国式现代化重庆篇章"赋予了新定位、擘画了新蓝图。从时间维度看，对重庆因地制宜发展新质生产力、促进区域协调发展、推动高质量发展行稳致远具有重要指导意义；从空间维度看，地处西南内陆腹地的重庆，在融入国家战略中，迎来新的发展机遇；从发展维度看，将进一步推动重庆注重区域优势和特色，因地制宜发展新质生产力，不断实现高质量发展。全县坚定不移抢抓战略机遇，深度融入成渝地区双城经济圈、西部陆海新通道建设，将进一步积蓄发展动能、释放经济活力。

（二）全市政策利好持续释放为经济增长提供有力支撑

从支撑因素看，超长期特别国债、大规模设备更新和消费品以旧换新等政策利好，有利于提振投资和消费需求；央地合作、中新合作等持续深化，基础设施、产业发展合作项目加快布局，将夯实经济发展基础；西部陆海新通道建设提速，有助于进一步深化内陆高水平开放；数字重庆建设以及"三攻坚一盘活"、民营经济等重点领域改革多向发力，将提振市场预期和信心。全县上下主动作为、积极对接，努力争取将战略机遇、政策红利转化为工作实绩、发展成效。

（三）袁家军书记来酉调研为全县经济社会发展指明方向路径

袁家军书记赋予酉阳的重大定位和实践路径，前后贯通、层层递进，对酉阳工作要求迭代升级、拓展深化，体现了更高的新内涵新要求。全县按照"跳一跳、够得着""接得住、做得好"的要求，持续打好"三张牌"、高水平打造"三个地"、实现"三更两新"，深入实施"六大攻坚""十五大专项行动"，极大推动全县项目投资放量，为经济稳增长提供了坚实基础。

四、下一步工作建议

（一）抓好机遇提振发展信心

一是抢抓政策机遇。中央政治局9月26日会议后，国家在有效落实存量政策的同时加力推出了一揽子增量政策，随后国家发展改革委对系统落实扩大国内有效需求等五个方面增量政策的具体措施进行了部署，财政部推出了较大规模增加债务额度支持地方化解隐性债务等四个方面的财政增量政策加大逆周期调节力度，市场监管总局等四部门制定了精准扶持不同经营主体发展等六个方面的政策措施加大助企帮扶力度，住房城乡建设部等部门合力打出了四个取消、四个降低、两个增加的政策"组合拳"促进房地产市场平稳健康发展，为酉阳县经济稳定向上、结构不断向优、发展态势持续向好提供强力支撑。二是抢抓战略机遇。新时代西部大开发、成渝地区双城经济圈、西部陆海新通道、国家战略腹地等重大战略在重庆不断叠加，给酉阳县经济高质量发展带来战略机遇。三是抓好项目机遇。当前全县上下正积极谋篇布局"十五五"规划，各部门单位深入研究谋划了西部陆海新通道渝东南现代物流园货运枢纽工程等一批重大项目，为酉阳县经济发展注入强劲信心。

（二）多点发力推动经济向上

一是推动农业发展壮大。做大做强油茶主导产业、提质发展优势产业，加快推进乡村振兴有效衔接农业产业项目、到户产业项目，及时推进特色高效农业生态畜牧业项目建设进度，并全面指导项目建设，确保按时建成投产。二是推动工业总量扩大。围绕"三个百亿"产业，推动强力枇杷露等项目建设及青蒿素衍生物哌喹和托吡啶落地；推动油茶、酵素扩能，建成投用和奶牛生产基地落地；推动签约招引服装企业落地，大力回引、培育牛仔服产业工人。三是加快市场主体培育。做好惠企政策落实，加强"四上"企业培育责任部门之间联动配合力度，围绕升规入库目标任务，动态更新培育库重点库，及时解决企业生产经营问题，助推企业达产达标。

（三）多措并举助力投资扩大

一是保持固定投资高速增长。加快推动尚未启动的市级重大项目和县级重点项目开工复工，在建项目加快放量，高质量谋划一批投资项目，确保投资平稳接续。二是稳定工业投资高位增长。推动麻苓止咳糖浆生产线扩能、万源佳中药饮片扩能等重点项目建设投产，持续落实大规模设备更新、"技改专项贷二十条"等政策，调动企业技改投资积极性。三是力促招商引资落实见效。紧密关注招商引资项目，全力以赴促使签约项目转化落地；加大招商力度，积极寻找引进一批有意向、有能力、有资源的企业落地酉阳，助力全县经济发展。

（四）多方联动深挖消费潜力

一是继续落实以旧换新政策。按条件持续补充新增家电参与单位及门店，拓宽政策实施线上线下渠道范围；及时调整扩大以旧换新政策支持的消费品品类，深挖消费增长潜力。二是强化活动助力消费。积极筹备举办美食节、购物节、汽车展等一系列促消费的节庆展会活动，持续升级"全国百名达人游酉阳""广东万人游酉阳"的营销模式，提振消费信心、增加居民消费欲望。三是活跃房地产消费市场。抢抓政策窗口期，用好存量房贷利率下降政策，乘着央行下调贷款市场报价利率的政策东风，加大政策宣传力度，夯实小坝新城房地产的刚性需求，力争四季度房地产销售面积增速转负为正。

[酉阳土家族苗族自治县发展和改革委员会　王雪梅　陈子彦]

之七：2024年彭水苗族土家族自治县经济运行分析及2025年展望

一、2024年彭水苗族土家族自治县经济运行分析

（一）运行特征

2024年以来，面对错综复杂的宏观经济形势，彭水苗族土家族自治县（以下简称"彭水县"）坚持稳中求进工作总基调，抓项目、扩投资、惠民生、防风险、促增长，推动经济稳中向好，1—9月主要经济指标总体符合预期。相较2024年度计划目标，全县1—9月地区生产总值增长7.1%，高0.1个百分点；固定资产投资增长17.3%，高4.3个百分点；一般公共预算收入增长27.6%，高14.6个百分点；税收收入增长12.8%，高1.7个百分点；金融机构存款余额增长8.9%，与年度目标基本持平；贷款余额增长13.7%，高1.7个百分点。1—9月规模以上工业增加值增长7%，低于年度目标4个百分点；社会消费品零售总额增长6.1%，低于年度目标5.9个百分点；商品房销售面积下降4.4%，低于年度目标6.4个百分点。

1. 三次产业运行稳健

一是农业生产方面。强力保障"米袋子""菜篮子"，播种粮食120万亩，种植蔬菜20万亩、红薯30万亩，在地中药材面积10万亩、茶叶面积5万亩，采摘成品茶300吨，收购烤烟7万担。出栏生猪44.7万头、肉牛3.1万头、羊6万只、家禽158.7万羽，中蜂保有量13万群。二是工业经济方面。规模以上工业总产值46.72亿元，增长4.6%。得益于水电板块发力，大唐彭水水电公司实现产值11.93亿元，占全县规模以上工业总产值的25.6%。三是文旅服务方面。举办"世界苗乡·养心彭水"首届国际文化旅游消费季等大型文旅推介活动，累计接待游客2427.9万人次、增长27.1%，旅游综合收入131.11亿元、增长32.4%。

2. "三驾马车"平稳拉动

一是投资方面。统筹提升老城、新城、九黎城、高铁片区、工业园区等重点区域，开复工重点项目116个，固定资产投资增长17.3%，增速居渝东南第1位、全市第4位。二是消费方面。充分运用汽车、家电、家居、建材等市级消费促进政策，积极开展"魅力彭水·爱尚重庆""新能源汽车下乡暨以旧换新"等展销活动，充分挖掘消费潜能，实现社会消费品零售总额126.82亿元、增长6.1%。商品房销售面积29.02万平方米，较上半年增加9.35万平方米。三是出口方面。积极融入西部陆海新通道建设，依托"渝贸通"平台，实现外贸出口223万元，增长11.4%。

3. 三大收入持续增长

一是财税收入方面。统筹推动税收、非税、土地出让收入征管，实现一般公共预算收入18.83亿元，增长27.6%，其中税收9.07亿元，增长12.8%，占比48.2%。强化过紧日子举措，一般公共预算支出53.55亿元，增长9%。推动金融市场平稳运行，金融机构存款余额327.07亿元、增长8.9%，贷款余额368.48亿元、增长13.7%。二是企业收入方面。实现园区开发区规模以上工业企业营业收入16.6亿元，

年度任务完成率83%，超序时进度8个百分点。三是居民收入方面。实现全体居民人均可支配收入22648元、增长5.9%，其中城镇常住居民可支配收入31444元、增长5%，农村常住居民可支配收入13466元、增长6.5%。

4. 三大领域持续发力

一是向上争资方面。到位中央预算内投资和市级资金、超长期特别国债项目21个、资金4.16亿元。获得国家发展改革委、财政部审核"双通过"专项债券项目5个，债券需求15.05亿元，已发行5.42亿元。二是项目建设方面。新城17号路、摩围中学、苗薯精深加工等7个重点项目完工投用。黄荆水库、金山水库、老寨水库、鼓楼片区基础设施、四好农村公路、蓝湖半岛、云河院、乌江门等重点项目建设进度总体较快。加快推进前期工作，石彭务高速公路完成工程可行性报告编制和市交通运输委行业审查，其中石柱至彭水段初步完成特许经营实施方案编制，正在进行市场测试；郁山湖水库完成可研报告修改，正在编制移民安置规划；阿依河水库完成必要性及规模论证、成库条件论证报告编制。三是招商引资方面。签订招商引资项目正式合同54个、总投资180亿元，增长116.2%，近三年签约项目到位资金14.3亿元。全县目前累计招商入驻央企15个，签约高铁片区项目、清洁能源项目16个，计划总投资115.55亿元。

5. 三大民生保障有力

一是民生实事方面。序时推进2024年重点民生实事18项，其中城市街头绿地提质、青少年心理健康教育、残疾人关爱服务提升、缓解城市"停车难"、县城学校午餐保障、标准化食品快检中心、"四好农村路"等7项已顺利完成投用。二是公共服务方面。婴幼照护服务每千人托位数4.02个，公办在园幼儿占比55.34%，学前三年毛入园率90.22%，义务教育巩固率、托育（含幼儿园）机构备案率均为100%。三是就业帮扶方面。新消除风险监测386户1361人，发放"富民贷""渝快助农贷""小额信贷"1.74亿元，落实脱贫人口公益性岗位就业6481人。实现城镇新增就业3604人，发放创业担保贷款6505万元。

（二）存在问题

1. 工业经济预期不足

全县在库规模以上工业企业34家，10亿级以上企业仅九燃公司、大唐彭水水电公司2家。由于全县工业经济总量低、集中度高，平衡、对冲效应不足，在2024年垫高工业产值基数的情况下，2025年如无新增优质工业企业达产，工业产值增速容易出现大幅下跌。

2. 市场主体活力不足

1—9月，全县新设立各类经营主体4492户、下降31.37%，其中新设立个体工商户3304户、下降36.98%，注销各类经营主体4409户、增长110.76%。因小规模纳税人税率大多为3%，部分可减至1%，而升规后成为一般纳税人，税率大多增长为6%~13%，在现行政策条件下，部分企业升规意愿不强。

3. 项目要素保障不足

受资金保障、用地办理、企业决策等因素制约，摩围山旅游度假区森林旅游一期、摩围山创国家级度假区综合配套一期、摩围山亚高原康养设施、摩围山康养二期、肖家槽至代家梁子公路、乌江画廊旅游设施一期、富家水库、彭页5号至桑柘天然气长输管道、高谷至新城天然气长输管道、20万头生猪产业、川能塑料制品、恒祺服装、仿真工艺品、大叶蛋白菊种植加工、中药饮片与九苗产业等15个重点项目未按计划开复工。

4. 要素保障压力增大

因政府投资项目支持方向调整，国债和中央预算内投资项目投向收窄，以"两重"为主，彭水符合"两重"领域项目较少。同时受政府债务管控影响，地方政府专项债券项目重点支持在建项目，以及少量新储备的"白名单"项目，不支持提级论证项目，国家层面在审核项目时，严格审核地方综合财力和偿付能力匹配情况，致使专项债券争资压力加大。

（三）2024 年全年预测

根据前三季度全县经济社会发展情况，预计 2024 年地区生产总值增长 7%，规模以上工业增加值增长 5%，固定资产投资增长 15%，社会消费品零售总额增长 6%，一般公共预算收入增长 13%，税收收入增长 3%，城镇常住居民人均可支配收入增长 4.5%，农村常住居民人均可支配收入增长 7%，城镇调查失业率小于 5.5%。

二、2025 年经济运行的环境及因素分析

当前和今后一个时期，经济发展面临不少困难挑战，经济运行中的不确定不稳定因素仍然较多。同时也要看到，机遇和挑战并存，总体上机遇大于挑战。从全国看，党的二十届三中全会围绕中国式现代化部署进一步全面深化改革重大举措，将有力提振各方发展预期和信心，有力破解深层次体制机制障碍和结构性矛盾，有力释放超大规模市场需求潜力、推动新质生产力加快培育。从全市看，习近平总书记赋予重庆"两大定位"，后续国家将为重庆制定系列支持政策，带来新的发展红利；数字重庆建设和"三攻一盘活"改革突破，能更好统筹改革攻坚与化解债务、数字化变革高质量发展；"33618"现代制造业集群体系构建，将形成更完整、更高效的生产体系，为培育新质生产力提供支撑。从全县看，当前经济发展面临诸多利好因素：一是短期看，新的经济增长点较多。红薯品牌加快成形，将实现第一、第二、第三产业联动发展，对于助推脱贫攻坚与乡村振兴有效衔接、工业经济新增长点培育、旅游商品供给意义重大。清洁能源产业大力推进，2 个风电项目有望在 2025 年投产达产，对工业经济贡献力度大。探明玻璃用砂岩矿资源约 4100 万吨，位居全市第一，矿产品资源加快整合，有利于形成矿产品加工产业集群，助推全县工业经济真正实现结构调整。二是中期看，高铁、高速带来重大发展机遇。渝湘高铁、高速复线通车后，彭水旅游品质将得到有效提升，旅游运营体系有望重塑，彭水将真正意义上形成县域内第一个旅游环线（九黎城—阿依河—乌江游—九黎城），并带动摩围山景区、乌江画廊景区联动发展。同时，九黎城资产盘活将具备更多的路径和可能性。三是长期看，各类资源要素整合助推经济水平总体提升。政策方面，二十届三中全会、习近平总书记视察重庆赋予的"两大定位"等政策红利将逐步释放；资源方面，全县生态资源、能矿资源丰富，民俗文化生态旅游、清洁能源工业、矿产品加工业具备巨大开发潜力，具备形成百亿级产业集群基础；人口方面，全县常住人口城镇化率 51.1%，城镇化需求与动力充足，随着以县城为载体的新型城镇化加快推进，新城、老城、九黎城三城功能布局、产业布局、人口布局将全面优化。

三、2025 年趋势展望及主要指标预测

2025 年，彭水地区生产总值增长目标为 6.5%。主要有以下几方面的考虑：一是投资方面。已储备项目 151 个，估算总投资近 1200 亿元，目前达可研及以上深度项目 50 个，估算总投资 450 亿元。2025 年固定资产投资增速 10%以上。二是消费方面。促进华盛堂、重百等大型商超提档升级，推进新能源汽车和

绿色智能家电消费，举办各类展销会节等特色消费节庆品牌，带动社会消费品零售总额增长8%。三是产业方面。农业稳中向好，薯业、中药材、畜牧业支撑有力，第一产业增加值实现5%以上稳定增长；清洁能源助力工业发展，大唐公司10万千瓦光伏发电项目和岩东、靛水、冯家盖、摩围山4个总装机容量49.5万千瓦的风力发电项目投产，带动规模以上工业增加值增长7%以上；积极发展休闲康养、医疗保健、家政护理、托育托幼等多元服务业态，全力支持小微企业融资，服务业发展预期较好，预计增长7%。

四、政策调控措施建议

（一）抓实运行监测促产业发展

一是抓实农业防汛治病救灾，加强农产品价格监测预警，稳量提质发展生猪产业，确保"菜篮子"产品量足价稳，全年农业增加值增长5%。二是用好用活"技改专项贷"二十条和金融支持制造业高质量发展十五条等政策，扎实落实服务企业专员制度，主动帮助重点工业企业解决各类生产经营难题，全年工业增加值增长6%。三是积极开展旅游宣传推介，不断拓展客源市场，全年接待游客2600万人次，实现旅游综合收入145亿元。

（二）提速项目建设促投资放量

一是精准分类储备一批"中央预算内投资、超长期特别国债、地方政府专项债、平急两用"重点项目，做深做实前期工作，进一步提高落地率。二是加大力度争取中央预算内资金、专项债资金支持，争取尽可能多的项目被纳入国债支持范围。三是加快推进一批重点项目建设，提速推进黄荆水库、金山水库、老寨水库等水利项目，加快靛水风电、冯家盖风电建设进度，提速推进新城市政道路、高铁片区项目、妇幼保健院等重点项目建设，全年固定资产投资增长10%以上。

（三）释放消费潜力促消费恢复

一是整合现有资源持续实施消费品以旧换新政策，释放汽车、家电、家装消费市场潜力，确保社会消费品零售总额增长8%以上。二是支持重百、佳惠等传统零售企业优化商品结构、完善销售服务和消费场景，提高线下消费吸引力。三是落实中央和全市已出台系列支持政策，着力推进购房补贴、"换新购"活动等，全年商品房销售面积实现正增长。

（四）优化营商环境促市场活力

一是常态化开展"三服务""一企一策"协调解决企业痛点、难点、堵点问题，推动民营经济高质量发展。二是加强企业要素保障，为企业发展提供水电路信网气等全方位的基础设施要素保障，持续推广运用"信易贷·渝惠融"等线上融资服务平台，降低中小微企业融资成本。三是强化规模以上市场主体培育。及时兑现新入库企业扶持政策，全年入库"四上"企业30家。

（五）推进就业增收促民生保障

一是加快推动重点民生实事项目建设，确保全部达标完成。加强民生商品价格监测，保障居民生活水平。二是完工摩围中学、第三中学综合楼拆除重建项目，加快推进妇幼保健院及托育中心项目建设，扩大公共服务供给。三是继续落实稳岗促就业政策，促进高校毕业生、农民工等重点群体稳定就业，实现城镇新增就业3600人。积极推进重点工程项目以工代赈，帮助更多群众就地就近就业。

[彭水苗族土家族自治县发展和改革委员会　曹　燕]